出使日記の時代

清末の中国と外交

岡本隆司 Takashi Okamoto・箱田恵子 Keiko Hakoda・青山治世 Harutoshi Aoyama【著】

名古屋大学出版会

出使日記の時代　目次

第II部　出使の転換

第III部 出使と変法

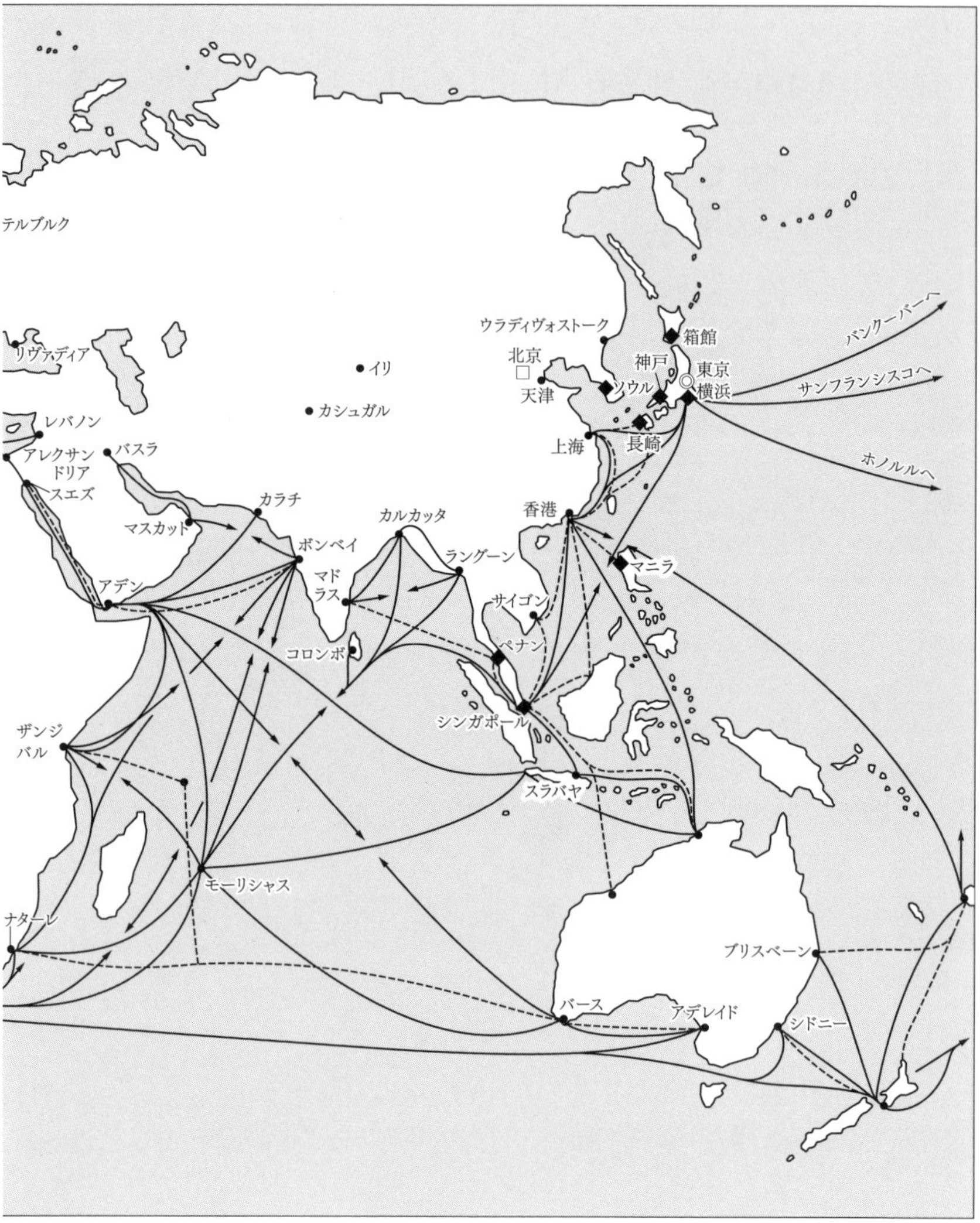
テルブルク
リヴァディア
イリ
カシュガル
レバノン
アレクサンドリア
スエズ
バスラ
マスカット
カラチ
ボンベイ
アデン
マドラス
コロンボ
カルカッタ
ラングーン
ペナン
シンガポール
サイゴン
香港
マニラ
上海
北京
天津
ウラディヴォストーク
ソウル
長崎
神戸
箱館
東京
横浜
バンクーバーへ
サンフランシスコへ
ホノルルへ
ザンジバル
モーリシャス
ナタール
スラバヤ
パース
アデレイド
ブリスベーン
シドニー

半の世界

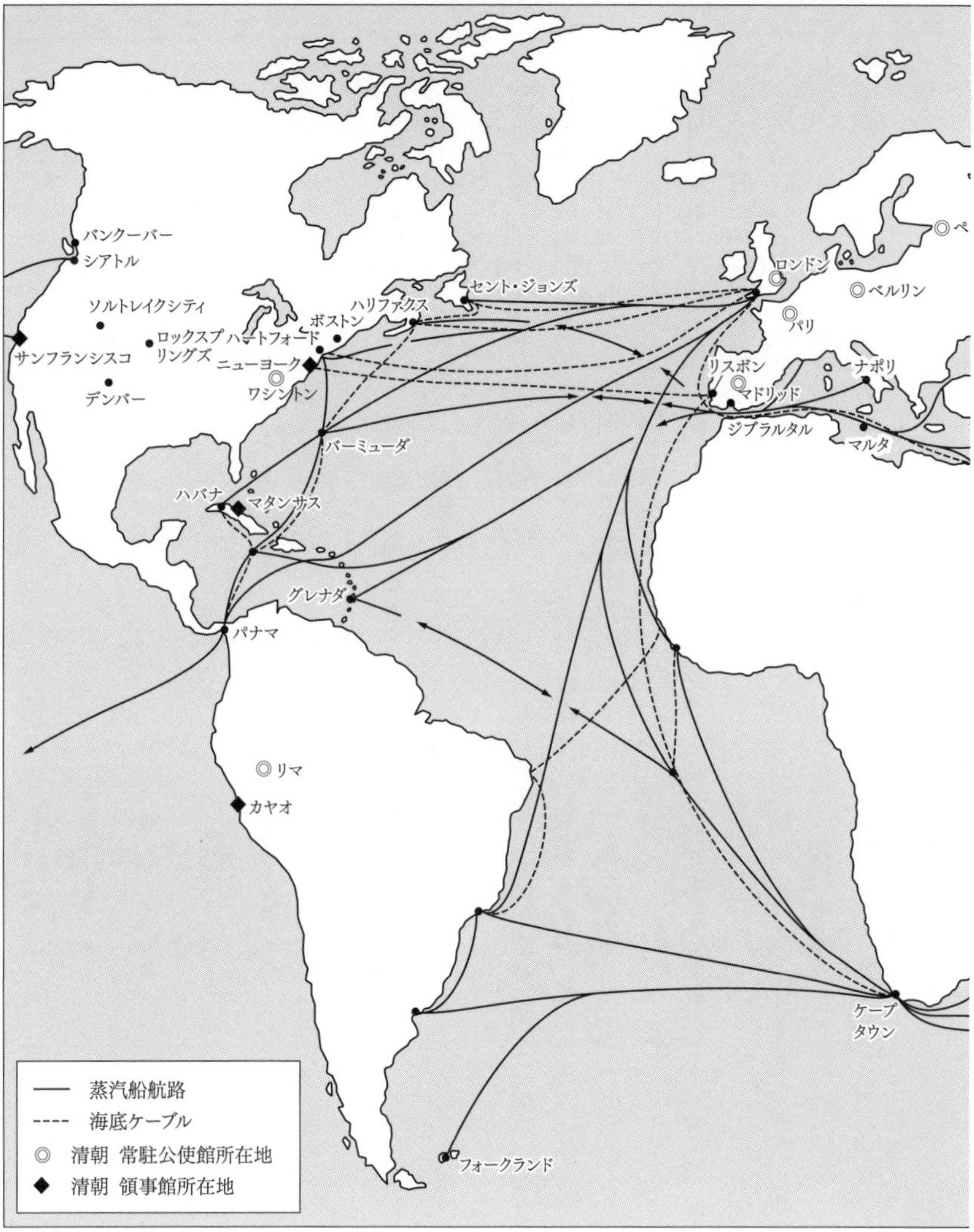

19 世紀後

出所）『講座世界史』見返しの図を基に作成。

凡例

一　とくにことわらないかぎり、本文・引用文を問わず、（　）は本書筆者による説明、注記である。

二　引用文中の□は缺字、【　】は割註であることをあらわす。また、……は引用者による省略、〔　〕は挿入、補足である。

三　漢文史料の引用にあたっては、原文の趣を残す、あるいは校合の必要から原用の漢語を残すため、訓読体を用いたところがある。その場合には、原則として正字・正かなづかいに従い、読解の便のため、適宜ふりがなや注記を加えた。

四　漢語の書名は、なじみの深い古典を除いて、正字で表記した。中国の固有名詞・官職名・概念、西洋人の漢名は、総督や総理衙門など、よく知られているものは、常用漢字にしたものの、なじみのうすい多くは、正確を期して、本文・引用文を問わず、原則として正字の表記にしている。不統一の譏りはまぬかれないが、読みやすさと正確さの両立をはかったものと諒解されたい。

五　日付は旧暦・西暦を交えて記し、必要に応じて適宜（　）で注記する。前者は「十一月二十五日」、後者は「一一月二五日」のように表記する。

六　註であげた文献・史料名は、一見してそれとわかるような略称にとどめ、編著者名、書名、刊行地、刊行年などのすべてを必ずしも記さない。書誌の詳細は、文献目録を参照されたい。

七　文献目録・附録は、必ずしも以上に従うものではないため、別途それぞれに凡例を掲出する。

総論　常駐公使と外交の肖像
――清末における在外公館と出使日記

岡本隆司

はじめに

外交官の一日

大使はもし賢明であれば、午前中の仕事として、まず前日の出来事や談話を日記の形で、速記者に書き取らせる。それから彼は丹念に任地の新聞を読み、特定の記事の意義について報道官と協議する。その時までに、事務局は前夜中に来た暗号電報を解読してしまっているだろう。これらの電報は訓令を含んでいるかもしれないし、あるいは情報と勧告を求めているかもしれない。彼はこれら電報にたいする回答を起草し、もし必要とあらば、駐在国外務大臣または外務次官との間に会合の日時を取り決めるであろう。朝便で到着した公文書や手紙は、スタッフによって、その時までに開封されており、……大使はこれら公文書や手紙のうちで重要なものを読み、とるべき行動について指令を与える。正午までには面談が始まるであろう。それは、ある外国の使節が彼の意見を打診するとか、ある著名なジャーナリストがインタビューを望むとか、財界の一大立者が援助を求めるとか、ある領事が報告するために上京して来なければならないとか、在留もしくは旅行中のある困った同胞が慰安と助言を必要とするといったようなことであろう。大・公使館の時間の大部分は、自国民たちが虐待をうけたといって不平を訴えてくるのにとられてしまう。午後になって、大使は外務大臣と会うかもしれない。そしてその場合、彼は帰館するとすぐ、まだ記憶の新しいうちに自国政府に報告を書かねばならないだろう。それまでにはさらに多くの電報が到着しており、さらに多くの公文書を読むか、または認めるかしなければならないだろう。大使館には規則的な時間も週末もない。平穏無事の時には、多くの休養時間があるかもしれない。危機にさいしては、館員一同昼夜兼行喜んで仕事をする。(1)

以上はニコルソン(Harold Nicolson)が描いた常駐在外使節の一日である。外交の現場に縁がない一般の人々にも、これで具体的な欧米外交官の職務がイメージできる。

こうした二十四時間の生活は、国と時期がちがっても、さして異なるものではないらしい。けだし常駐在外使節というものが、西欧起源の制度にほかならず、どこの国も西洋と外交関係をもったならば、多かれ少なかれ、その慣例に合わせなくてはならなかったからである。(2)

明治政府に遅れること五、六年にして、はじめて外国に常駐使節を派遣した清朝の場合も、やはり例外ではない。その使節たちの行動を細かくみてゆくと、任地の新聞の閲覧・公文書の検討や起草・任国外務省との折衝・名士との社交・在留華人への対処、および日記の準備などなど、おおむねニコルソンがあげた行為と同じことを日常的にやっていた。

そんなことがわかるのは、かれらもまた、日記を書き残していたからである。当時の称呼を用いて、これを出使日記と総称しよう。本書はそうした清末の出使日記を、包括的かつ具体的に研究するものである。

上の引用文冒頭に、外交官が「賢明であれば」、日記を作るという。これは後々のために記録を残しておくねらいがあってのことで、吉田茂にもこんな回想がある。

私は在外勤務中から日記をつけないと決めていた。どんなことで盗まれるとも限らず、落とさないともきまらない。日記のために問題を起し、他人にまた国家に、累を及ぼしてはならない。そんな実例がないでもないからである。……今更の如く痛感したのは、人間の記憶力が如何に頼りなきものであるかということである。自らは可成りの確信を以て、憶えているつもりの事柄でも、念のためにと、当時の公式記録に徴してみると、全く自分の思い違いであったのを発見したことも二、三にして止まらぬ。[3]

ニコルソン的な基準でいえば、どうやら吉田は「賢明で」はなかったらしい。それなら、吉田が述懐したよりはるか以前、日記をつけていた清末の常駐使節たちは、「賢明」だったのか。出使日記をみるさいに、そのような評価基準でよいのか。そもそもかれらが残した日記は、いかなるものなのか。そうした初歩的・基本的なことを研究しなくてはならない背景と動機から、まず説明しよう。[4]

清末在外公館の研究

いずれの世界においても、外交史を考えるにさいしては、外交の業務を担う外政機構のありようがわかっていなくてははじまらない。ところが、中国史の文脈では外交史そのものが、さしてさかんな研究領域ではないし、なかでも、外政機構に対する関心は高くない。

それでも本国の外務省にあたる総理衙門の研究は、ひととおりそろっているのに比して、[5]在外公館についてはあまりすすんでいない。そこには、どのような事情がひそんでいるのだろうか。まずこれまでの研究を大づかみに通覧してみよう。

第一にあげられるのは、外交史の文脈において、いわゆる「条約体制（Treaty System）」という視座から、それが「体制」化してゆく一過程として、在外公館の設置と制度化を位置づけた研究がある。[6]本格的な在外公館の研究はまず、これが出発点にあった。

ところがこの方向の研究は、さしたる進展をみせなかった。「条約体制」の表徴、構成要素として、在外公館制度のできあがるまでが、重大な歴史過程にほかならず、いったん成立してしまえば、それはもはやごくあたりまえの制度であり、とりたてて注目に値しない、とみなされたのであろう。

それに代わって、在外公館・在外使節にかかわる研究として高まりをみせたのは、海外に出た華人、とりわけ官僚・知識人の「西洋観」「世界観」[7]を追究したものである。これは本来、当時の外交官の事蹟を解明するという外交史的な問題関心から出発したものだった。ところが次第に、事蹟そのものより、観念・思想の考察が主流になってきた。[8]

そこには、外交官の存在があたりまえだという通念のほかに、史料の性格も大いに作用している。当時の外交官たちが書き残した記録には、かれらの交渉活動よりも、西洋・世界に対する見方・認識をうかがわせるもののほうが多く、その発掘整理がすすむとともに、思想史的な研究は、ますます増えていった。[9]

その傍らで、近年とみに顕著なのは、公使館・領事館の機能・位置をもふくむ設置過程をみなおす、第三の研究である。地域的にはヨーロッパ[10]のみならず、アメリカ大陸や東南アジアにもひろがりをみせた。[11]これは主題として、とりわけ華人の移民問題に関連するところが多く、いわば華僑史研究の深まりとともに、自覚されてきたテーマでもある。

以上の第一から第三は、ごくおおまかだが、ほぼ時系列的にたどってみた学説史の推移である。このうち現在も進行していて、最もぶ厚い研究領域をなしているのが、第二の世界観、西洋観という視点にたった思想史的な研究である。これには、関連史料の多くが、中国大陸でそうした視点から整理出版されたことも、大きく作用していよう。『走向世界叢書』を嚆矢とするそんな編纂事業は、いまなお続行している。

そのため外交当局者たちが、その在任中に何をみてどう思ったか、そうした研究は長足の進歩をとげた、といってよいだろう。その反面、かれらが外国にいて、そう考えるようになり、それを記録し、そして現在も残る、というそもそもの前提をなす事情は、どこまで考慮に入っているであろうか。

史料としての出使日記

元来、第一の外交史的関心から着手された在外公館研究は、その構成員の思想観念の解明が先行してしまった。それが重要ではない、不要だ、というのではない。構成員の言説をみるには、まずかれらが立脚した在外公館のありようを十分に解明しておくことがしかるべき順序ではないか、といいたいのである。制度的な位置づけや条件を解き明かさないまま、文字となって残るものを素材に、思想観念を論じるだけでは、その位置づけも十分にできないのではなかろうか。

近年ようやく外交史上の問題として在外公館の設立・活動過程をあつかう研究が出てきたのであって、それがすなわち第三の研究群である。そこで台湾出兵・海防論議、あるいは移民労働者、いわゆる華工の保護などを契機に、そうした対外的な個別案件に対処するなか、在外公館が設置、整備されてゆくいきさつや、それと本国の当局との関係が明らかになってきた。

要するに、研究の現状としては、制度の形成過程をみなおしつつある段階であって、在外公館が外政機構として果たした役割や、行った活動の実態・位置づけに対する具体的な検討は、なお十分だとはいえない。

そうした問題をあつかう場合、好むと好まざるとにかかわらず、使わねばならない史料が出使日記なのである。その出使日記は、これまで最もさかんであった第二の「世界観」研究の主要史料になってきた。しかしながら、それはあくまで対外交渉に携わる官僚の手になるものであって、したがって当時の外交、そして在外公館という文脈と切り離せない。

だとすれば、いわゆる「世界観」をみるためにも、まず外交のコンテキストでその史料・テキストを位置づけ、しかるのちに、その記述のどこまでが記述者の「世界観」、思想であるのか、を測定するのが、あるべき順序であろう。対象がいかなるものであれ、出使日記というものを使うなら、まずそれを文献学的に考察しておくことが不可欠なのである。

そうした観点からすれば、これまで漠然と出使日記とよばれてきたもの自体について、立ち入った検討がなされていないことに気づかされる。それはどんな体裁、性格を有するか、同時代の史料群のなかでどのように位置づければよいか、その正体は、いったい何か。

こうした疑問は、世界観や西洋観にかかわる記述を拾ってくるだけなら、必ずしもつきつめなくてもよかった。だからこそ、世界観・西洋観という漠然としたとらえ方にしかならなかったともいえる。しかし当時の政治外交の情勢とメカニズムのなかで、その史料をとらえようとするなら、以上の疑問にはぜひ答えなくてはならない。そうすることで、記述の意図と構造が明らかになれば、その執筆者の観念と活動とが判然と腑分けされ、厳密な意味での認識と行動が明らかになり、ひいては清末外政機構の全体像とともに、その構成員の思想の厳密な解明につながるであろう。

もちろんここで、そうした疑問のすべてに答えることは、到底おぼつかない。いくつか解答を試みるなかで、出使日記の特徴的な性格、その執筆者の意図や役割などを明らかにしていきたいと思う。

一 「出使日記」というもの

定 義

出使日記は文字どおりにいえば、「出使」した使臣がつけた日記、いわば旅行記ということになって、それで必ずしもまちがってはいない。ある任務をはたすため任地におもむき、そのさいにつける日記・日誌のうち、海外に奉使し、その旅程・交渉・任国の社会状況を記したものだというのが、おおよその位置づけであろうか。しかしそれだけでは、あまりに漠然としすぎているので、書き手によって、いくつかに分類してみよう。[12]

まず狭義のものとしては、常駐の出使大臣が本国に提出を義務づけられた日記がある。出使大臣とは、特殊な任務をはたすため、皇帝から直接任命される欽差大臣の一種であり、ほかに官職をもつ官僚が臨時に、通例三ヵ年の任期で他国の首都に派遣され、使臣として駐在する建前だった。皇帝に直属し、本国で対外関係を所轄する総理衙門などの官庁と対等の関係にあるため、西洋近代の外政機構・在外使節制度とは異なっている。もっとも当時、出使大臣が駐在した任国の側は、これを他国と同じ公使として遇したし、出使大臣みずからも「公使」と称したから、本書でもとくに必要のないかぎり「公使」と記す。[13]

それに対し、広義の出使日記は、常駐公使以外の使節や部下たちが書き残した日記も含む。たとえば、特使や随行員などの著述である。機能としては、やはり本国外政機構への報告書という性格を兼ねており、その点では共通する。

ただし特使は、そのまちまちな任務・事蹟と著述の残り方から、ケース・バイ・ケースの考察が必要で、そうした事情はたとえば、補論1に明らかなとおりである。随行員の残した日記も少なからずあって、常駐公使の日記と深く関わるけれども、これはむしろ後者を明らかにしたうえで、その位置づけを考えるべきものであり、本書では別途それも試みたいと思う。[14]ここでは、在外公館を位置づけるという課題から、ひとまず狭義の、常駐公使のものに限定して、[15]考察をすすめたい。

もっとも日記をつけるのは、当時の士大夫・読書人・官僚の、いわばたしなみの一つであって、それは「出使」しなくとも存在しうるし、当然そのほうが目につきやすい。いわゆる中国近代史でいえば、林則徐や曾国藩、翁同龢の日記などが、その典型であろう。だから広義、狭義を問わず、出使日記はたまたま海外に赴任した官僚が、その時期に記した日記、とみなされることが多い。じっさい近年来、中国で整理出版のあいつぐ、「出使」経験のある官僚の日記も、人ごとに分けた、いわば「別集」じたてにするものが多く、「出使」の側面は、むしろ後景に退いている[16]。

それなら、そもそもここで「出使日記」としてとりあげる必然性というのは、いったいどこにあるのか。そこから問いを発しなければならない。

出使日記が当時においても、あるいは現在においても、独立したものとして区別、認識される最大の理由はやはり、海外に奉使した官僚がその任期中に、事実上義務として日記を記さねばならなかったところ、かつまたそうした日記が、「出使」の日記として完結し、編集され、その形で読まれていたところにある。

作　成

それなら、そのように区別される日記は、なぜつくられるのか。出使日記全体にぴたりとあてはまる事情を説明するのは難しいものの、狭義の「出使日記」にかぎっていえば、それが常駐の出使大臣になかば義務づけられた、総理衙門などに対する報告・復命の一形態だったことに第一の原因がある。これは一八七七年の末に総理衙門が上奏し、裁可をうけた規定のなかで明文化された。以下かりにこれを「日記規定」と呼んでおこう。

……在外使節の一任務として、あらゆる交渉にかかわること、および各国の風土・人情は、すべて使臣がくわしく記録し、随時こちらに知らせることとする。そうすれば数年後には、各国の事情が中國の人員にも知悉できるようになり、何か対処するにあたっても、どうしてよいか、見当もつかないことにはなるまい。われわれのみるところ、海外諸国のあらゆる虚実は、その地に使節として赴任し、親しく見聞した者でなくては、記録することはできない。……もしいっさい隠して伝えないことがあれば、中國と外国のあいだは永遠に隔たったままで、在外使節はあっても、存在しないのと同然になるだろう。そこで以下のように、日本と西洋各国の出使大臣に命じてはどうか。必ず大小の事件を毎日、くわしく記録にとどめ、これまでどおり、毎月一冊にまとめて、わが総理衙門に送り、後日の調査点検のため保存することにする。海外の書籍や新聞で交渉にかかわりのあることが載っていれば、それも翻訳して、調査研究の一助として、ともに随時、送らせるようにする。[17]

したがって、とりたてて「出使日記」という場合は、在外公館の執務日誌、報告書という性格をそなえていたわけであり、まず「出使」の側面に重点をおくことにならざるをえない。ただし引用文に「これまでどおり」というとおり、この規定ができる以前、「出使」当初から日記を編んで、本国に送付する慣行は存在していたのであり、しかものちに、その慣行を規定として明文化しなくてはならなかった、という経緯もみのがしてはならない。

そのため「出使日記」には、通例の日記と異なる配慮も当然、要求された。すでに指摘のあるように、初代・第二代の駐英公使、郭嵩燾・曾紀澤の個人の日記と、それぞれの「出使日記」たる『使西紀程』『曾侯日記』とのあいだにみえる出入、つまり前者をリライトし、後者をしたてあげた処置は、明らかに「出使」という特殊な情況を意識し、遠からず特定の人にみせることを前提にしていた事情によるものである。[18]たとえば曾紀澤の日記には、「日記の繕本《コピー》を取り、尋常の瑣事を刪削す」というような記述が散見する。

したがって、そうした整理・編纂は、公使ひとりがそれにたずさわったわけではなく、公使館の構成員もそれを補佐したのであって、むしろ公使館全体の仕事であったとみるほうが正しい。[19]曾紀澤の「出使日記」に、フランスの高等教育・パリ万博・西洋の政治・社会を知らせる馬建忠の「李伯相（李鴻章）に上《たてまつ》りて出洋工課を言ふの書」が収められた[20]ことなどは、そのひとつの典型例であろう。

目的と影響

それでは、なぜ本国がそうした報告を徴したか。それは「日記規定」もいうように、「各国の事情が中國の人員にも知悉できるように」するためであった。いわば、外国に対するガイドブック的な情報源の役割を期してのことである。初期の段階では、いっそうその色彩が濃厚である。

一八七六年ロンドンにむかった、初代ヨーロッパ常駐公使郭嵩燾の「出使日記」を『使西紀程』という。これはそうしたガイドブックの典型であって、まず赴任途上の旅程、および各地の地誌・事情を記そうとしたものにほかならない。しかしそこに記されたことが、まもなく大きな問題になったところから、初期の「出使」においてガイドブックの占めた位置の大きさも、またうかがうことができる。

本国に送られたこのガイドブックは抄写、印刷され、「出使」の関係者に配布された。公刊された郭嵩燾の『使西紀程』はいわずもがな、かれとともに副使としてイギリスに赴任した劉錫鴻の「出使日記」たる『英軺私記』も、たとえば後任の曾紀澤が赴任前に参照していたし[21]、随行員などの手にもわたって「回し読み」されていた。そこから関係者以外の人士にひろがっていったことも確認できる[22]。

やがてこの正使の郭嵩燾と副使の劉錫鴻は、ロンドンで激しく対立する。それが互いの日記の存在と内容をひとつの争点にしていたことはみのがせない[23]。「出使日記」が関係者・後任者に影響を与えるガイドブックなればこそ、二人の確執も劇化したとみることができる。それは二人の思想・「路線」の問題であったと同時に[24]、それ以上に、「出使」という行為を、いいかえれば外政機構や「出使」集団、清朝官員の在外世界、すなわち在外公館をどう位置づけるか、という外交政策・外交史の問題でもあった。

そのため本書は、まず郭嵩燾と劉錫鴻の「出使日記」をとりあげて、その特徴をみることとする。そこで明らかになるように、この二人は「出使」して身を異国に置いたものの、その思考・頭脳はなお中国から離れる以前、在外公館を設けていない時とあまり変わっていなかった。それを「出使日記」に書き込んで表明したことが、両者の対立をみちびく大きな原因をなしている。

郭嵩燾と劉錫鴻の対立が及ぼした影響は、決して小さくなかった。当初「出使」に期されていた機能は、これによって少なからず麻痺してしまう。つまり外国事情を克明に、ひろく内外の当局に知らせる情報源として、「出使日記」の編纂と送付があったのに、その存続が危ぶまれたからである。郭嵩燾は自身が述懐しているように、『使西紀程』事件を経ると、「出使日記」をすてて「編録」しなくなった。[25]

そこで、部下の駐英公使館員であった黎庶昌から、以下のような意見が出てくる。

……郭〔嵩燾〕・劉〔錫鴻〕両公使が著した日記は、いずれも西洋諸国の事情にきわめてくわしく、役に立つものといってよい。ところが郭侍郎（郭嵩燾）は弾劾をうけてからというもの、日記を人には見せようとしなくなった。朝廷が在外使節の派遣を命じたのには、外国の事情をさぐる、という目的があったはずなのに、これではその本意にそむくのではないか。これまでどおり参考のため、随時、写しをとって本国に送るようにぜひ申しつけられたく、まさに「詞を以て意を害す」（『孟子』万章上）べからず、であると思う。[26]

郭嵩燾はそもそも、「出使日記」を軽視していたわけではない。「日記に事理を略陳するは、尤も忌避する所無し。總理衙門に録呈するは、實に〈國を覘ふ〉の要義に屬し、臣が職の當に為すべき所たり」と上奏で述べたとおりであろう。[27]しかしほかならぬその日記が紛糾をひきおこし、郭嵩燾じしんを窮地に追い込んだ。郭嵩燾はそのため、自分の日記を「人には見せようとしなくなった」のと同時に、自分を攻撃した劉錫鴻の日記を非難して、「出使日記」そのものの存続を危ぶませるようになる。それを憂慮する黎庶昌の建議が出て来ざるをえない情況があったからこそ、「日記規定」がさだまった、つまり明文の規則で「出使日記」提出を義務づけることによって、『使西紀程』刊行で起こった紛糾をおさえようとしたのではないか。

ともあれ、常駐公使が作製する「出使日記」は、明文をもって総理衙門が義務づけた報告書と定められ、そうした位置づけが確認される。しかもそう位置づけ、日記を徴しておきながら、総理衙門じしんはもはや二度とそれを公刊しようとはしなかったのも、『使西紀程』公刊の紛糾を動機としていたと考えれば、容易に納得できよう。

二　著述と刊行

「出使日記」の公刊

以上のように考えてくると、「出使日記」、なかんづく「日記規定」発布後のそれは、元来は「公刊」を期したものとはいえない。任国で著述、編纂し本国に報告して、外交関係者に「回し読み」される、いわば執務用のガイドブックにすぎないのならば、それは外交当局・外政機構の内に閉じた、事務的なものであり、「日記規定」を上奏した後の総理衙門は、まちがいなくそう期していた。そんな「出使日記」のありようは、アメリカ紀行をとりあげた補論2が恰好の事例を提供する。

それに対し、公刊される、ということになれば、その行われる範囲の広狭と及ぼす影響の性質はともかく、外交当局にはとどまらない、開かれた効果を期するものだといえよう。総理衙門が郭嵩燾本人に無断で『使西紀程』を刊行したのは、おそらくそうした企図がこめられていたはずだし、それゆえ事件になったといえる。そうした点で、著述・編纂と刊行のあいだには大きな径庭があり、両者は厳密に区別しなくてはならない。しかも事実経過としては、「出使日記」は総理衙門の意図に反し、次第に公刊が慣例となってゆく。その「公刊」のあらましを時系列的にリストアップしたのが、**表1**である。

いたって簡略な一覧だが、これだけでも、いくつかの論点がうかびあがってくる。

タイムスパンとしては、一八七〇年代後半より一八九〇年代後半、すなわち在外公館の設置から日清戦争・戊戌変法にいたるまでありながら、出使日記の刊行・存在がきわだってくるのは、ようやく一八九〇年代に入ってからであること、そしていわゆる変法時期に刊行が一挙にふえ、いわば全盛となることである。

そうなった事情、およびその動因を具体的に跡づけることが、「出使日記」とその公刊の特徴を示すものになる

表 1 清末「出使日記」公刊一覧（1877～1900 年）

	郭嵩燾 英仏 1875-79	劉錫鴻 英独 1875-78	曾紀澤 英仏露 1879-86	李鳳苞 独ほか 1879-84	劉瑞芬 英ほか 1886-90	薛福成 英仏意白 1890-94	何如璋 日本 1878-82	陳蘭彬 米西秘 1878-81	張蔭桓 米西秘 1886-89	崔国因 米西秘 1889-93
光緒 3 年（1877）	使西紀程（76.12.2-78.1.21）									
光緒 7 年（1881）			曾侯日記（78.9.26-79.4.17）							
光緒 9 年（1883）			金軺籌筆（80.8.4-81.2.23）							
光緒 13 年（1887）			金軺籌筆							
光緒 17 年（1891）	使西紀程＊1	英軺日記＊1（76.9.17-78.9.20）	出使英法日記＊1 金軺籌筆＊1	使德日記＊1		出使英法義比四國日記＊1（90.1.30-91.4.8）	使東述略＊1（77.8.17-78.1.23）	使美記略＊1（78.3.1-10.1）		
光緒 19 年（1893）			使西日記（78.8.25-86.12.14）							
光緒 20 年（1894）										出使美日祕崔日記（89.9.25-93.9.13）
光緒 21 年（1895）		英軺私記＊2		使德日記＊2（78.10.27-79.1.21）						
光緒 22 年（1896）	使西紀程＊3		曾侯日記＊3 中俄交涉記		西軺紀略（86.3.20-90.6.8）		使東述略＊3		三洲日記（86.3.13-89.12.5）	
光緒 23 年（1897）	使西紀程＊4		出使英法日記＊4 金軺籌筆＊4 使西日記＊5	使德日記＊4						出使美日祕國日記＊5
光緒 24 年（1898）						出使日記續刻（91.4.9-94.3.6）				

日記名の下に付した（ ）は，その日記が記述対象とした期間である。
＊1 は『小方壺齋輿地叢鈔』所収。ただし『出使英法義比四國日記』の刊行は別の版本が先行し，ほかの「出使日記」も 17 年中に刊行されたとは限らない。＊2 は『靈鶼閣叢書』所収。＊3 は『各國日記彙編』所収。＊4 は『游記彙刊』所収。＊5 は『小方壺齋輿地叢鈔再補編』所収。

であろう。

『使西紀程』から『曾侯日記』へ

「出使日記」の公刊第一号は、初代常駐公使郭嵩燾の『使西紀程』である。その公刊流布に強いアレルギー反応が出た事実とそれをめぐる郭嵩燾本人の動向は、よく知られたところであろう。けれども、上にもふれたとおり、総理衙門が郭嵩燾の許可なく、『使西紀程』を刊行した具体的な意図と経緯は、必ずしも明らかになっていない。

郭嵩燾個人ではなく、「出使日記」という側面からみた場合、総理衙門の動機と目的、およびその推移をどのようにみればよいかは、依然として検討課題として残っており、いまのところ、それを解明するすべはもたない。現段階で確実にいえるのは、「出使日記」に載せられた情報を、当局にとどめずに開放しようとした総理衙門の試みは失敗に帰して、以後、本国の外政機構がそうした挙を公式に行わなくなる、ということくらいである[28]。

しかしながら『使西紀程』公刊の挫折によって、出使日記の公刊がなくなったのか、といえば、そうではない。『使西紀程』はその版木棄却ののちも、なお「新聞紙が接續刊刻」していた[29]。そうした気運をうけ、郭嵩燾の後任・曾紀澤において、「出使日記」は新たな展開をみせる。本書で曾紀澤の日記をくりかえし、くわしくとりあげるゆえんである。

表1にみえるとおり、曾紀澤の「出使日記」は一、二にとどまらない。それぞれの具体的な内容は各章でとりあげることとし、ここではその公刊の経過を大づかみにみてゆこう。

まず刊行されたのは、『曾侯日記』である。これは曾紀澤が任命をうけ、スエズを経由し、マルセイユからパリをへて、ロンドン着任にいたる記録であり、ほぼ『使西紀程』にならった内容となっている。そしてかれがまもなく、本国に送ったその日記が刊行にいたった[30]。以下はその序文の一節である。

先日、友人の机の上に、侯（曾紀澤）の手書きの日記一部をみつけた。その体裁は古人の叙事の作品にならったものだが、とりわけ経由した諸国の政治・制度について、博く詳しく調べて、こまかに記載してある。機械製造などの些末な学問および風俗物産という瑣事ばかりにとどまらない。嗟嗟《ああ》、これを繙けば侯（曾紀澤）の意図がどこにあるのか、わかろうというものだ。そもそも国政にあたるには、その「大なる者・遠なる者」に務めなくてはならぬ（『左伝』襄公三十一年）。清朝は近年来、西洋諸国と通交をはじめ、およそ製造すべき機械は、すべて徐々に西洋に倣い、汽船・鉄甲艦船・銃砲・電線など、多大な費用を惜しまずに造っており、ますますその精密なるを追求している。のみならず、人材を養成するため方言館・同文館という外国語学校、水師学堂という海軍学校を大々的に開いた。これで西洋各国は、清朝に人物がいないわけではなく、あなどるわけにはいかないとの思いをもったであろう。そして侯（曾紀澤）はいっそうそうした趨勢の根本をおさえ、海外諸国の政治・制度に関し、くりかえし注意をうながしているのである。大臣というのはこうでなくてはなるまい。よって、この日記を排印に付して書物として刊行するものである。

この序文を記し、刊行にふみきった尊聞閣主人というのは、申報館主のイギリス人メジャー（Ernest Major 漢名は美査）のことである。『曾侯日記』は上海のマスコミ業者の手にわたって刊行をみたわけであって、そこには曾紀澤本人はおろか、清朝外政機構の意図もはたらいていない。

曾紀澤は自分の日記刊行の風聞を聞きつけると、ただちに総理衙門へ打電し、しかるべく処置されたい、ともとめた。パリでその実物を手にとって見たのは、それからしばらく経ったのちのことである[31]。

この刊本にいかなる反響があったのかはわからない。はじめからいわば坊刻だったためなのか、あるいはすでに時代がかわりつつあったのか、はたまた流布した範囲が限られていたのか、『使西紀程』公刊のときのような大騒ぎにならなかったことだけは確かである。

『金軺籌筆』という転機

しかも、曾紀澤の日記は、それだけでおわらない。まもなく出版されたのは『金軺籌筆』である。これはふつうにイメージする日記、あるいは上に定義した「出使日記」とはかなり趣を異にする。一八八〇年八月から翌年二月まで、およそ半年あまりのイリ問題をめぐる曾紀澤の対ロシア交渉、その談判の経過を記したものだからである。にもかかわらず、あえてこれをとりあげるのには、以後の「出使日記」に甚大な影響を及ぼした、という事実があるからである。

『金軺籌筆』は**表1**に示したとおり、一八八〇年代にくりかえし刊行されている。そのもとになったのは、曾紀澤が部下らに作らせて総理衙門に送ったロシア外交当局との交渉議事録であり、おそらくほぼ内容のかわらないものを知人にも配っていた。[32] はじめて刊行された版本が光緒九年（一八八三）のものであり、交渉を記す本文のほか、その交渉の結果むすばれたペテルブルク条約の漢文テキストを附録として収録する。序跋ともになく、封面に「光緒九年孟夏月陳揖秀山房鈔栞」とある。「陳揖秀」というのは、湖南省長沙貢院西街の書肆の名で、そこが版元だとわかるのだが、それだけである。

この版本は『揖秀山房叢書』にも入れられた。[33]『揖秀山房叢書』は、漢籍目録にはだいたい「朱克敬輯」と記すものである。朱克敬（一七八九〜一八八七）は甘粛省皐蘭県（いまの蘭州）の人、字は香蓀、太平天国以後、長沙に身を寄せ、湖南省の士大夫層と交遊し、かれらから経済援助を受けて生活していた人物で、好んで時事を語り、とりわけ郭嵩燾と親交が深かった。この叢書にはその朱克敬の著述が多く収録されていて、そこから、朱克敬が編集したもの、「揖秀山房」も朱克敬の室号だとみられたのだが、[34] その確証はない。『金軺籌筆』が刊行されたいきさつやねらいは、なお不明なのである。『揖秀山房叢書』に収められたことで、湖南の知識人社会と関係が深いと推測できるくらいである。[35]

そうはいっても、刊行というものは、往々にして思いもよらなかった、当初の動機とはかけ離れた結果をまねく。この場合も例外ではない。そこで、第二の刊行が問題となる。

その刊本は楊楷という人物の手によるものである。光緒十三年十一月の日付のある、その序文に言う。

このとき、曾侯（曾紀澤）はロシアにあって、あいついで交渉の情況を上奏報告し、部下の邵友濂を派遣して、条約と通商規則および附属文書・卡倫《カルン》（境界の哨所）の一覧を皇上のお目にかけるため、北京まで持参させた。あわせて、ロシア当局者との問答節略を保存点検にそなえるため、総理衙門に提出した。皐蘭の朱克敬は以上の文書をまとめて印刷して『掲秀山房叢書』に入れ、「金軺籌筆」と名づけた。念劬（銭恂）は書店で買い求め、見せてくれた。わたしはこれを読み終わるや、身を乗り出して言った。「昔、林文忠公（林則徐）は〈最終的に中國の外患となるのは、ロシアであろう〉といったことがある。現状によってみるに、それはどうやらまちがいのようだ。……ロシアのねらいは西進にある。……たとえ西に志を得ずして東進につとめても、計略を変えるのは、ロシアの本意ではない。侍郎の崇厚がヨーロッパ奉使からもどり、皇上のご意向にそえなかった、として獄に下されると、議論は喧しくなり、双方は有事にそなえ、辺境の軍備をかためた。ますます危機的な情勢となって、文忠（林則徐）の予言はまさにあたりかけたのである。ところが、使節としてロシアに急行した侯（曾紀澤）は身ひとつで、重大な原則的利害は力をつくして譲歩せず、くりかえし反駁し、決して屈服しようとしなかった。ロシアの君臣も、その忠信ぶりに感心して、交渉にあたっては誠心誠意、ついに前〔に崇厚がむすんだ条〕約を改め、戦争をやめ修好することにした。ロシアの大臣ギルス（H. K. Гирс）の言をみれば、ロシア本来の計略がわかる。以前から清朝とむすんでイギリスに対抗しようというつもりだったのだ。イギリスは中國との貿易が出超で毎年、三、四千万の銀を獲得しており、中國が貧困になったのは、これが発端である。清朝とロシアがもし和解すれば、ロシアはきっと軍隊をこぞってイギリスに集中し、両虎あいゆずらぬ形勢となろう。われわれはその間に商務を振興し、財貨の流出を杜絶し、富強の達成に努力すれば、労は半ばにして効果は倍になろう。いわゆる〈形格勢禁〉（『史記』孫呉列伝）の道である。そのためイリ紛争で侯（曾紀澤）が講和を主張したのは、ロシアとの和平が長続きするとわかっていたからだ。フランスとのベトナムをめぐる争いで、侯（曾紀澤）が主戦論をとなえたのは、戦わなくては講和もできないとわかっていたからだ。彼我にそなわる虚実と成敗・得失のバランスを明白にわかっていなくては、とてもこのようにはいかないのであり、たんなる在外使節にとどまる人材ではない」。これを聞いた念劬（銭恂）も大いに賛成してくれ、いっしょに何度も校勘し、編集方針をとりきめ、同志と謀って資金をあつめて、公刊し世に問うことにした。有志の士がもしこの書から取るべきを取って、他日有事のさい國家を守るのに役立てれば、洋務の津梁というにふさわしいものとなろう。

『捃秀山房叢書』に入れられた『金軺籌筆』を銭恂が買い求め、それを楊楷に見せたところ、かれが感動して銭恂と同志・資金をつのり、あらためて刊行した、というわけである。

内容はほとんど同じでありながら[36]、先行の版本が帯びていた、いわば湖南のローカル色は、ここに払拭された。しかも『曾侯日記』のようなマスコミの出版でもなく、いわば官人・知識人が国策、外交方針をきめるよすがとして、出使大臣の交渉記録を位置づける、「洋務之津梁」となすべきことをめざしている。そこに必ずしも通例の「出使日記」とはいいがたい『金軺籌筆』公刊の重要性があるといえよう。そして以後の「出使日記」の出版は、まさにこの方向をたどってゆく。

楊楷（一八五六〜一九三二）は江蘇省無錫県の人、字は仁山、光緒十八年（一八九二）の進士。光緒十年に同郷の寧波道台薛福成の幕友となり、そこで銭恂と知り合った[37]。かれは当時、『光緒通商列表』なる著述を編んでいたところである。これは英語で発刊された海関統計を漢文にふきかえて、そのデータを素材に、清朝の対外政策を評論したもので、なかでも最も重要なのは、「聯俄惎英」論であった。すなわち、貿易で中国の富をすいあげているイギリスを敵視し、対立関係にあるロシアと結ぶべし、というにある。ちょうどその時、銭恂から『金軺籌筆』を示されて、曾紀澤の対露交渉に感銘をうけ、ますます議論の過たざることを知ったのである[38]。

一八八〇年代を通じた、曾紀澤の「外交官」としての重要性は、いうまでもないことかもしれない。すでに当時から、外国人の評判も高かった。しかしそれが同時代の、本国の官界で、つまり一握りの政府上層のみならず、対外交渉の現場にいる当局者、そして知識人一般にも実感されるには、以上のような契機が必要であった。

さらにその実感が、まず薛福成の幕下で醸成されつつあったことも、またみのがせない。何となれば、そのほかならぬ薛福成が曾紀澤と同じように、ヨーロッパの常駐公使を拝命したからである。そしてかれの任命は、「出使日記」にとっても、一大転機となった。

三　時代の転換

薛福成の位置

薛福成について、くだくだしい解説は必要あるまい。曾国藩・李鴻章の幕友、いわゆる洋務思想家としてつとに著名であるし、「外交官」としても注目されてきた人物である。[39] もっとも、かれがこのとき、ヨーロッパ常駐公使に選ばれた詳しいいきさつは、よくわかっていない。しかし李鴻章は、遅くとも一八八〇年代はじめから、かれを出使の人材として嘱望しており、[40] 薛福成じしんもつとに、「洋務」にかかわる意見書、著述を積極的に公にし、出使と「出使日記」にも価値をみいだしていたから、[41] 外交上もっとも重要な英仏駐在の公使任命は、おそらく望むところであった。[42]

しかしあらゆる方面で、それが歓迎をうけたわけではない。かれが公使を拝命したことに、少なくとも任国のイギリスは、官民ともに警戒の眼でみた。かれが寧波道台時代に著し、公刊した『籌洋芻議』なるパンフレットに示す対外政策、簡潔にいえば、親露反英的な論調をとがめてのことだった。[43]

イギリスも注目したかれのこのような姿勢は、幕下にいた楊楷・銭恂の「聯俄惎英」論と同じであって、そのうち銭恂は、随員としてヨーロッパにも同行している。だとすれば曾紀澤、ひいては「出使」に対する薛福成の評価も、やはりかれらとほぼ同様であった、とみて大過あるまい。[44] そしてそうした態度は、着任後の交渉活動にも明確にあらわれる。ビルマ・雲南の境界画定交渉、香港・南洋の領事設置問題など、その精力的なはたらきは周知のところであろう。しかもかれ自身、それを克明に日記・著述に書きとどめた。

もっとも、精力的な活動と克明な記録というだけなら、ほかの常駐公使でも多かれ少なかれ、ありえないことではない。薛福成においてめざましいのは、自らの交渉活動を書き記すにとどまらず、それを在外公館の活動記録として公刊し、世に問おうとする企図を、おそらくはじめから、もっていたことである。

日記を報告書として六冊印刷し、パリから北京の総理衙門に送ったのは、光緒十七年十二月二十日（一八九二年一月一九日）[45]、それと前後して、そのテキストのまま刊刻がはじまっているので、総理衙門送付本が中国に着いてほぼ時をうつさず、中国での公刊をめざして手配が行われていた、とみてよい。いいかえれば、薛福成は公刊を織り込みずみで、日記の編集にあたっていたわけである。

そうしたやり方は決して、このときまで通例ではなかった。元駐米公使の張蔭桓がそれを証言している。かれは総理衙門大臣だった一八九四年の日記のなかで、着任まもないフランス公使ジェラール（Auguste Gérard）とのキリスト教会襲撃事件、いわゆる教案をめぐる論議を書きとどめ、ジェラールが会談中、「叔耘（薛福成）の日記」にカトリックを誹謗している、と指弾したことを述べたうえで、

わたしもさきに叔耘の日記をみて、心配していたが、印刷刊行してしまうとは思っていなかった。一昨日の晩に長素（康有為）が大いにほめたたえていたのは、この書にほかならない。[46]

と記した。「出使日記」の公刊はそのときもなお、必ずしも通例視されていなかったことがみてとれる。

かくてわれわれも眼にできるのが『出使英法義比四國日記』であり、ここにはじめて、必要にして十分な「出使

日記」の体裁が整った。たとえば、補論3で述べるとおり、二年ほど後に出版された崔国因の「出使日記」は、『出使英法義比四國日記』に影響を受けた可能性が高い。第6章でこの日記をはじめとする薛福成の著述をつぶさにとりあげるゆえんである。そのあたりの事情を『出使英法義比四國日記』の「凡例」に即してみてみよう。

そもそもはじめから、このように「凡例」を具備すること自体、薛福成がそれまでの「出使日記」にあきたらず、新境地を開こうと考えていたあかしである。その第二条に、

> 郭筠仙侍郎（郭嵩燾）には『使西紀程』、曾恵敏公（曾紀澤）にも出使日記（『曾侯日記』）があったが、いずれも旅程にはくわしいが、議論はところどころに展開してあるだけで、イギリス・フランスに着いてしまうと、それで終わってしまっている。本書は『出使英法義比四國日記』と名づけたから、この四国にすべて駐在してからでないと完結できない。庚寅（光緒十六年）の正月から辛卯の二月まで、閏月もあわせて都合十四ヵ月、出来事を述べた以外に、つとめて新しい思想をつたえるとともに、従来の知識をも網羅し、およそ世界の情勢・西学の起源・不可解な西洋事情・最新の軍事機器について、思いをいたしたところは若干筆をついやした。

という。郭嵩燾の『使西紀程』・曾紀澤の『曾侯日記』など、着任までの「旅程」記録との差別化をはかる企図だった。いわば既刊の赴任日記をとりあげたところに注目すべきである。薛福成はその立場上、未公刊の「出使日記」も見ていたはずなのに、あくまで公刊された「出使日記」を基準にしていたこと、そうした事情からも、はじめから公刊を、外交当局ばかりにとどまらない読み手を強く意識していたことがみてとれる。

この日記の記述は、上の引用文の末尾にいうように、「外交官」たるかれの執務以外にもわたっている。そのねらいをいっそう明白にしめすのが、つづく第三条・第四条である。

> 日記は使節に任ぜられたがために作るものであるから、この場合は、四ヵ国で見聞したことをくわしく記す、という体裁でよいはずである。しかしながら、中國が海外に使節を派遣するのは、各国の情勢を実地に観察

し、あわせて中國の要務に役立たせるためであるので、もし使節が気宇を大きくもって全局面を把握しきることができないなら、臨機応変の才識に乏しいばかりか、「己を舎《す》て人を芸《くさぎ》る」（『孟子』尽心下）との誹りもまぬかれまい。これでは、使節を派遣するそもそものねらいに違ってしまう。そこで本書は、使節の任にあたったものが留意すべきは、一つの場所、一つの物事ではすまないのだ、というのを明らかにするため、駐在した四ヵ国以外で、中國に関わる見聞はすべてくわしく記録し、各国に関わる見聞もやはり詳述した。

……この一編が出使日記である以上、記述の範囲をまったく限定しないわけにいかないのは当然である。洋務と関係することでなくては記さなかったが、官報や新聞を読んで書きとめておいたくらいのことでも、時局と関係するなら記さないわけにはいかなかった。

はじめて郭嵩燾がヨーロッパに赴任したさい、本来「出使」とその日記に想定されたはずの役割が、ここであらためて強調されている。それはまず、第四条がいう「洋務」でなくては記録しない、という逆説的なその重要性の主張にむすびつくのであって、当時かれ自身をも圧迫していた反「洋務」勢力に対する批判を意味した(47)。またそれはさらに、第三条末尾の一文にうかがえるように、本国の参考に資すばかりではなく、在外公館の機能・役割、在外使節およびその随行員の資質にも直結する事柄なのである。

　そこでいまひとつ、工夫を凝らしている。

イギリス・フランスの両公使館の保存記録には、光緒丙子（一八七六年）から庚寅（一八九〇年）まで、重大な対外交渉を記したものがかなり多い。そこで数ヵ月をかけてその保存記録を調査し、おおよそのところを抜き書きして、任意にこの日記に引用した。したがってこの書がカヴァーするのは、わずか十四ヵ月の期間にすぎないけれども、その重要な交渉案件を知るには、それまでの十五ヵ年の経過を調べなくてはならない。公使があつかう職務はもとより多端だが、これでその梗概がわかるであろう。

以上の第五条は、自身の在任中にとどまらず、その背後に厳存した、歴来の在欧公使館の外交交渉をアピールしようとしたものである。めざましい成果をあげた曾紀澤の交渉をはじめ、在外公館の任務と実績を公にすることで、その存在を正当化しようとする、郭嵩燾以来の課題に答えるものであって、かつまた、『金軺籌筆』を公刊した幕友の楊楷・銭恂たちからの影響も、そこにかいま見ることができよう。

風気の変化

ところでほぼ同じ時期、『出使英法義比四國日記』の刊行と前後して、王錫祺が上海で『小方壺齋輿地叢鈔』の編集、刊行を開始した。以後、光緒二十年、二十三年の「補編」「再補編」とつづく一連の『小方壺齋輿地叢鈔』編纂・刊行の事情については、なお不明の点が多い[48]。しかし書名・内容を一瞥すればただちに明らかなとおり、この叢書はいわば中国史上初の総合的な世界地誌をめざして編まれたもので、辺境もしくは海外の諸国・地域に関する論説や旅行記を、全文そのまま、あるいは節略しつつ、おびただしく収録する。いわば当時の地理認識・世界観をしめすものだといってよい[49]。

本書の関心に即してなかんづく特徴的だといえるのは、海外諸国に使節として派遣され、実地に見聞した官吏の日記が、その大きな割合をしめることである。おそらく既刊・未刊を問わず、それまで上海に蓄積されていた出使日記をまとめて収録したものであろう。ごく狭義の「出使日記」にかぎっても、郭嵩燾『使西紀程』、劉錫鴻『英軺日記』、曾紀澤『出使英法日記』(=『曾侯日記』)・『金軺籌筆』、李鳳苞『使徳日記』、陳蘭彬『使美記略』、何如璋『使東述略』、そして薛福成の『出使英法義比四國日記』を収録しており、これまで刊行されなかったものも含むのは、一目瞭然である。

もちろんその目的は、世界地誌の編纂にあって、海外事情を記載する出使日記が、その屈強の材料だったことになる。しかしいかに輿地学、地理書の範疇、関心にもとづいていたにしても、十年前に物議を醸した『使西紀程』をはじめ、主要な出使日記をまとめて読めるようにしたところ、それに対する潜在的な需要が存在していた、とみるべきである。『出使英法義比四國日記』の出版にせよ、『小方壺齋輿地叢鈔』の編集にせよ、そうした需要にこたえるものだったわけで、十年の間に起こりつつあった変化を表現するものであろう。

晩年の郭嵩燾が往時を述懐しつつ、

……各国に常駐公使を派遣するようになって十五、六年、さしたる裨益はなかったけれども、士大夫たちの喧しいたわごとも、ようやく夢から醒めたかのようで、議論は穏当になってきた。外国人も日々その猜疑を解くようになった。高圧的な強要を防いで、友好関係を通じてきているのだが、これはそうとは見えるかたちで変わった情勢ではないので、今の人たちがすべてわかっているわけではない(50)。

と述べた情勢、若き梁啓超が一八九二年に「国学の書籍に加えて、江南製造局の訳書や駐外公使の日記、およびイギリス人のフライヤー(John Fryer 漢名は傅蘭雅)が編集した『格致彙編』などを購入した(51)」という行動は、そうした変化の一環とみるべきである。薛福成で成った方向は、どうやら不可逆となりつつあった。

「変法」とのかかわり

こうした気運はやがて、日清戦争にはじまる対外的な危機の切迫と自覚にともなう、国内の対外的な関心の高まりに応じ、にわかに大きなもりあがりをみせる。そしてそれを反映して、従前の出使日記の奔流的な刊行がはじまり、いわゆる変法運動の一環をなしてゆく。狭義の「出使日記」にかぎった**表1**をみただけでも、その動向は一目瞭然であろう。注目すべきものをいくつかあげておこう。

ひとつは康有為・梁啓超らの庇護者にして「変法」の巨魁であった、総理衙門大臣の張蔭桓が、在外公使だったときの「出使日記」たる『三洲日記』の公刊である。

前註(46)の引用文でもみたとおり、張蔭桓はその公刊のわずか二年前には、薛福成の日記公刊をとがめていた。けれどもかれ自身、「出使日記」を軽視していたわけではない。それどころか、かれの記録は、第5章でその一端をみるとおり、ほかの誰にもまして克明詳細であり、話題もすこぶる多岐にわたっている。主として「洋務」、外交にたずさわってきた履歴と経験から、精細な日記記録を残しながらも、立場上、その刊行には慎重たるべし、という考えだったのであろう。事実、かれは『三洲日記』の「跋」にも、漢語の読める外国人に対する警戒を記している。そのかれすら、自分の日記を刊行しなくてはならなかったところに、「出使日記」の需要がとみに高まった、時代の変化をみることができよう。

そうした時代の変化を端的にうかがわせる書物として、『各國日記彙編』をあげることができる。これは「もし〈己を知り彼を知〉り（『孫子』謀攻）、外国事情を見切ってしまうのでなければ、いったいどうやって余裕をもって対処し、かの職責をはたすことができようか。そのため、とくに在外使節の著述から後世の範例となしうるものを選び、あつめて一書とした」というねらいのもと、それまでに出版されてきた『使西紀程』『曾侯日記』『使東述略』をふくむものであり、[52]やはり同じ軌道上に位置づけることができよう。

いまひとつ、湖南省で刊行された「出使日記」の一群がある。その立役者は当時、湖南学政として赴任していた江標である。江標（一八六〇～一八九九）、字は建霞、江蘇省元和県（いまの蘇州）の人、光緒十五年（一八八九）[53]の進士。湖南省で「変法」の気運をつくった一人がかれだったのは、もはやいうまでもない常識であろうが、その活動の一環として「出使日記」の刊行があったことは着目しておいてよい。

その系統は二つある。第一はかれが湖南で編んだ叢書、『靈鶼閣叢書』である。[54]その第二集に、劉錫鴻の『英軺私記』と李鳳苞の『使徳日記』を収める。いずれもすでに『小方壺齋輿地叢鈔』に収録されていたものだが、『靈鶼閣叢書』本は、その内容が異なっている。そのいきさつやねらいを正確に知ることは難しいけれども、江標なりの方針はかいまみえるので、補論4で若干の考察を試みたい。

第二の系統は、『游記彙刊』である。これは「出使日記」では、『使西紀程』『出使英法日記』（＝『曾侯日記』）『金軺籌筆』『使徳日記』を収め、ほかにも許景澄や鄒代鈞らの対外関係にかかわる著述、そしてイギリスのヤングハズバンド（Sir Francis E. Younghusband）・ゴードン（Charles G. Gordon）の旅行記をも含んだものであり、外交という見地からすれば、こちらのほうがいっそう特化、専門化したものだといってよい。

もっとも、収録する「出使日記」の版本は、『靈鶼閣叢書』があらたに編纂しなおした『使德日記』を除き、いずれも『小方壺齋輿地叢鈔』のものとほぼかわらないから、既刊の再録ということができ、その点では見るべきものはない。

『游記彙刊』で着目すべきは、その版元が湖南新學書局だったところにある。これはその名のとおり、「新學」「時務」に関わる書物を刊行した書肆であって、やはり江標の設立にかかる。[55] このような書肆の刊行物のひとつ、いいかえれば、変法をよびかける一手段として、「出使日記」が重要な位置を占めたところ、張蔭桓の『三洲日記』、あるいは『各國日記彙編』刊行と同じく、当時の風気を代表したものといえよう。

そこで看過できないのは、こうした現象のもつ意味である。「出使日記」の盛行というのは、たしかに従前とは時期を画したものである。しかし「出使日記」の執筆、そして編纂はもとより、刊行それ自体も以前から試みられてきたことであるから、それは質の転換というよりも、量の増大だとみたほうが肯綮に当たっている。つまり、従前との連続性を保っていた点に着眼すべきである。

駐米公使・総理衙門大臣を歴任し、「変法」を支持した張蔭桓は、たとえばそうした連続性を体現した存在にほかならない。また、江標も同文館で外国事情を学び、のち薛福成に「使才」を認められ、一八九八年の戊戌変法の段階でも、「使才」として推薦抜擢をうけ、康有為とともに総理衙門章京に任ぜられた、[56] という経歴をもっているから、そのひとりに数えられる。いわゆる「洋務派」に属する薛福成の対外意識、「出使日記」に対する志向は、江標に接続して「変法」に衣替えした、といってよい。「出使日記」ひとつとってみても、「洋務」と「変法」は従来のような対比的、断絶的、段階的な理解では、把握することはできないのである。

四　「出使日記」と公使館——その歴史的位置

戊戌の変法から庚子（一九〇〇年）の義和団事変をへると、中国にとって西洋式の対外関係・国際関係というのは、客観的にはもとより、主観的にもついに常態化し、それに関わる業務も、もはや何ら特別なことではなくなり、ルーティン化してゆく。

そのメルクマールのひとつが愛国主義・民族主義の勃興であり、外交史的にいえば、現代にまでつづく中国外交形成への出発である。特使や随行員のものもふくめ、戊戌までにピークを迎えた出使日記の公刊は、二〇世紀に入って以降、急速に下火になる。というよりも、出使日記というカテゴリーそのものが、外政機構の改編とともに消滅してしまった、と表現するほうが、正確なのかもしれない。

その明確な終末点を断定することは、いまのところ不可能である。けれども、少なくとも狭義の「出使日記」が、本国の総理衙門と任国の在外公館という辛丑条約以前の外政機構の枠組と不可分な著述であった、あるいは、その枠組を存立せしめていた体制と風気のなかにあって、はじめて存在しえた書物であったことは、おそらくまちがいない。

だとすれば、その「出使日記」に生じた変遷は、庚子以前の時期に、外政機構で起こりつつあった変容をも表現している、ということになる。もっとも一八八〇年代・九〇年代を通じて、外政機構の構成・構造そのものに、目につく大きな変動があったとはいえない。本国の総理衙門については、贅言を要すまい。在外公館もやはりそうであった。その推移を大づかみにでも見ておこう。

在外公館のありよう

まずその初期の実相を批判的に示すものとしては、馬建忠の意見書の右に出るものはあるまい。すでに明らかになっているとおり、これは一八七〇年代末という時期に、「各国は外交官の人材を選抜するのに、外交の学問をきびしく課することにしている」と西洋の制度を紹介して、「さもなくば、在外公館に無能の輩がたむろし、使節は使命を辱める結果になりかねません」と清朝にも専門的外交官の養成が必要だとうったえたもので[57]、そのなかで清朝の在外公館の、いわば現状と課題を提起している。

ところが実際には、使臣は赴任してきたら、任国元首に謁見して信任状を呈し、頌辞を捧げてしまえば、あとは小心翼翼、失態を演じなければ御の字、ほかに何も目に入らない状態です。首都の人士が名士を集めてパーティを開いても、ちょっと顔を出したら、すぐにひきあげてしまいます。門を閉じてひきこもり、すすんで交際しようという気はまるでありません。めずらしく交際があっても、相手は向こうでいわゆる幇間の輩でありまして、訪ねてくるのは多くは低俗な連中、見聞は例外なく庸劣、などという始末です。……つまり使臣は既成観念に閉じこもること、外国に駐在しながら中國にいるのと同じなのでありまして、使臣がはるばる西洋にやってきながら、重んぜられるに足らず、逆に軽んぜられる結果になるのも、ここからわかります。何とも惜しいことではありませんか。

それでも、使臣派遣そのものがまずい政策で、おこなってはならない、というのにはあたりません。やはり出使に適切な人材を得ておりませんし、その人材の養成方法は万全をつくしていないからです。

参賛・随員という名前はあっても、さしづめ失業救済のコネ人事のポストにすぎず、公務を補助する任にはなっておりません。そのポストに就いた者も、コネによるのは承知のうえ、数年間給料をためこんで、将来生活してゆく資にあてようと思っているにすぎないのです。

学問を研究するなら、その土地の言葉ができなくてはなりません。でも、やっと発音が板についてくるころ、交代の時期がおとずれ、あわただしく帰国して、呉下の阿蒙たるはあい変わらずなのです。いわゆる「洋務」とは何ぞや、と問われたら、中国から西洋に向かう船旅や、西洋の婦人が腕や胸をあらわにしている、といった品のない話題を記すにとどまります。少しは本質を分かっている者になりますと、西洋の政治は、おおむね利を重視して信を尊重する、と口にはしますけれども、それで終わり、です。なぜ利を重視するのか、信を尊重するのか、と問いつめますと、かえってくるのは、とりとめのない瑣事ばかり、根本原理のところは、まったく聞いたことがありません。嗚呼、朝廷が高い官位・手厚い俸給を用意して、特別にこのポストをもうけた本意は、まさかこんなことではありますまい。こんなはずではなかったのに、なりゆきでそうならざるをえなかったのでしたら、その間に生じた得失は、よくよく考えなくてはなりません。(58)

すでに筆者が指摘したように、ここには随行員もふくむ「出使」という行為・人員、そして常駐の出使大臣に任じた郭嵩燾・劉錫鴻、『使西紀程』『英軺私記』という「出使日記」への痛烈な批判がふくまれている。もちろんそれは、必ずしも当該の人物や制度に対する攻撃ではなく、むしろ在外公館を保守せんがためのレトリックとみるべきものだが、(59) 在外公館の現状をそれなりに映し出していることにかわりはない。

そしてこれは、やや傍観者の立場でもあった馬建忠ばかりにはとどまらない。常駐公使に任じた当事者の曾紀澤もやはり、初期の在外公館のありようを語る文章を残している。

筠翁（郭嵩燾）がつれてきたこれまでの人員と、紀澤《わたし》が新たにつれてきた連中とを合わせれば、一見したところ、仕事に比して人員が多すぎるようですが、しかしわたしの考えでは、いま外国との交渉案件を処理するには、熟練した人材の養成がもっとも重要です。有益な書物の翻訳、重大な事件の記録報告はそれに次ぎます。固陋な議論にとらわれて、いざという時の備えをしないようでは、使臣も削減の対象となってしまいましょう。(60)

立場は異なれども、公使館という器だけがあって、そこに盛り込む人材の不在、という趣旨では、馬建忠の言説と同じであり、ここでは、人材の養成に次いで、それにともなう西洋事情の紹介、事件交渉の報告、つまり「出使日記」の重要性も位置づけられていることに注目しておきたい。

それからほぼ十年を経過した一八八九年、『タイムズ』紙が清朝の駐英公使館をなお「揺籃期（infancy）」だと断じ、とても人材が精選されたとは思えない現状を活写して、「清朝の公使館は華人の植民地である」と論評した。[61]こうした評価がひいては、当時の清朝政府はなお依然として、在外公館およびその役割を重視していない、とする評価につながってくる。

ここで「清朝の外交使節（Chinese representation）」と称した謂は、「清朝の外交（Chinese diplomacy）」とはまったく異なる。後者が何であり、あるいは何でありうるか、というのは実際、ヨーロッパですこぶる大きな問題であり、その意味内容は国によって異なるだろうし、また同じ国でも時々によって異なるだろう。それに対し、使節というのは公的な、社会的な機関であり、外交政策を実施する主体である。……外交政策がこのようなものであれ、あるいは無きにひとしいものであれ、ともかく、その遂行には外交使節を不可欠とする。……ところが清朝の海外に駐在する外交使節のもっとも重大な特徴は、全体として、他国ほど重要な地位でない、というようにある。清朝の公使は本国での官位も高くないし、他国ほど慎重周到な人選を経ていない。……要するに、清朝政府は在外公使の任命を重視していないのである。列強との関係を過小評価しているからではなく、外国の首都に駐在する公使の性格や社会的地位が、対外関係に与える効果に十分に気づいていないからだ。[62]

外交や対外政策以前の、それを支える「機構（machinery）」として、外国に駐在する代表使節、「在外公館（representation）」を位置づける視点からの所論であり、そうした外の眼からみれば、十年経てなお、清朝の在外公館そのものに、大きな変容があったようにはみえないのである。

公使の「外交」観念と出使日記

しかしながらそのあいだ、一八八〇年代を通じてみれば、やはりそれなりの変化があった。制度・機構が大きく変容したわけではない。むしろ意識・観念の転換である。その詳細は後述、とりわけ第8章に譲り、ここではその端的な一例として、国際法に対する見方、およびその使い方に一瞥を加えておこう。

郭嵩燾の時代には、当時の清朝に対するその一律の、全面的な適用をむしろ回避しようとする姿勢で一貫していた。一八七八年八月、フランクフルトで開かれた国際法学会（the Association for the Reform and Codification of the Law of Nations）の年次大会で、かれが馬建忠を派遣して持たせた演説には、ヨーロッパ諸国との「外交と通商では、清朝は国際法を逸脱したことがない」といいながらも、「清朝の行政制度（The administrative system of China）はかなりの点でヨーロッパ諸国とは異なるので、すぐには国際法を採用できない」という一節があり、その直截な表明だといえよう。(63)

こうした姿勢は少なくとも本国には、曾紀澤も同様に表明していた。その日記に、国際法学会座長（Chairman of the Council）トウィス（Sir Travers Twiss）との対談を記していう。

「東方諸国は、まだ公法に入っていない。学会のメンバーは清朝が率先してよびかけてほしいと切に願っている」といわれたので、「中國の総理衙門は、いま万国公法の書物の主だったものを訳出している。およそ西洋諸国との交渉があれば、いつも公法にもとづいて立論しているはずである。しかし物事は急に達成できないので、目下はすみずみまで、ぴたりと公法に合わせるわけにはいかない。もともと公法は刑法に起原し、公法の書物は刑法家が完成させたものなので、互いの刑法が異なれば、意見に違いが出てくるのも免れないからである。要するに、公法とは情理の二字にほかならない。あらゆる問題は平心に断を下せば、自ずから公法とかけ離れたものではなくなろう。清朝は辺境の小國・朝貢国に対し歴代、深い仁徳、厚い恩恵でもって遇しており、これは公法の記載より、はるかに勝っている。西洋人はベトナム・琉球・朝鮮・シャム・ビルマの人々に問うてみれば、自ずとわかることだ」と答えた(64)。

これをみるかぎり、内政・「刑法」と西洋諸国との関係で、郭嵩燾とのちがいはないし、また「小國朝貢之邦」との関係では、一歩ふみこんで従前のあり方を肯定し、それが「公法」に優越するとの態度、立場を持している。一八七〇年代までは、いわば積極的に国際法を摂取しようとの姿勢ではなく、一定の範囲以外には「公法」に制約されない、と当の在外使節が対外的、対内的に表明をしていたわけである。

この曾紀澤の記述は、「琉球処分」とほぼ重なり合う時期であり、それを契機に、清朝の「小國朝貢之邦」との関係は、変化をきたしてゆく。そしてその変化をリードするのが、ほかならぬヨーロッパの在外公館であり、いわゆる「曾紀澤の外交」であった。その経過と実相は、すでにかなりの部分が明らかになっているので、ここでは立ち入らない。その結果として、かれ自身が表明した文章をみるにとどめよう。あまりにも著名な「中國先睡後醒論(China, the Sleep and the Awakening)」である。

清朝の対外政策の大綱は当面あきらかである。条約国との関係を改善拡大すること、外国の領土に居留する清朝臣民の待遇を改善すること、属国の宗主国に対する地位(the position of her feudatories as regards the Suzerain power)を曖昧ではないものにすること、清朝がアジアの大国(a great Asiatic Power)として有する地位にいっそうふさわしいように条約を改訂すること、である……清朝は属国の君主(vassal Princes)の行為に対し、これまでよりも監督を強化し、いっそうの責任を負うと決意した。すでに大臣([t]he Warden of the Marches)を派遣し、中国の辺境(China's outlying provinces)——朝鮮・チベット・新疆の保護(the security)をはからせている(65)。

これはもちろん外国人にみせるねらいで書かれたものであるから、多分に誇張があるとみてよい。それでも前註(64)の引用文と対比すれば、その西洋式の国際関係の全面的摂取が急速に進行したことはみてとれる。一八八〇年代を通じた、曾紀澤の「外交官」としての重要性は、その「外交」交渉の成果はもとより、それに劣らず、こうした対外関係の意識転換にも求めるべきであろう。

そしてそれは何も曾紀澤ひとりにかぎったことではない。かれもとりあげる華人移民問題がさらに深刻だったのは、一八八〇年代後半のアメリカとの関係である。その交渉に奔走した張蔭桓は、たとえば曾紀澤のように、ジャーナリズムへアピールした文章こそ残っていないけれども、恒常的に内外のマスコミ操作、任地の議会工作を試みていたことが、その『三洲日記』から読みとれる。これはほとんど現代の外交活動を髣髴させるもので、そこではやはり「公法」の援用をはばかっていない。

いっそう早い例では、駐日公使の何如璋・その部下の黄遵憲が一八七〇年代末、日本の条約改正の動きに影響をうけ、協定関税と治外法権の是正をうったえ、[66]また朝鮮との関係をみなおすよう求めている。現在の研究ではほぼ周知に属する、このような日本での活動[67]は、いかに出使日記と関係していたのであろうか。それは本書でも、看過できない問題なので、第7章で少しふれたい。ともあれ清朝の在外公館では、大なり小なり、近代国際関係に準拠した本国の対外関係再編をとなえるようになってきたわけである。

こうした動向を集大成して、はじめからその姿勢で交渉に従事し、しかも本国向けの文章でも表現、表明したのが、薛福成である。その代表的な文章「中國の公法の外に在るの害を論ず」で、「近年以来、各国に駐在する使臣が、しばしば公法を援用して交渉に役立てている。効を奏したりしなかったりではあるけれども、西洋人の旧習はいささか改まってきた」といい、またそれまで「公法の外」にある害、「内」に入る利をみすごしてきた本国に苦言を呈したのも、そうした含意である。[68]

このように、在外公館における対外交渉、とりわけ国際関係、「公法」に対する意識は、曾紀澤の在任中、一八八〇年代を通じて、いわば「外」にあるものから、「内」にとりこむ方向へ移行してきており、そのひとつの到達点を薛福成の対外交渉におくことができる。こうした在外公館の対外意識の変容は、『金軺籌筆』で転換しはじめ、『出使英法義比四國日記』でひとつの不可逆な方向を打ち出した「出使日記」公刊の経過と、ほぼ並行対応しているわけである。

一八八〇年代後半から九〇年代前半の在外公館は、目にみえる組織編成こそなお、設立時期とさしてかわらぬ「揺籃期」でしかなかったのかもしれない。それでも戊戌・庚子で大きく転換する本国の外政にさきがける動きをみせ、また現実にリードしていた側面をみおとしてはならない。かれらが著し、今に残る出使日記は、何よりもそのことを語りかけてくる史料なのであって、逆にいえば、出使日記なるものを存在せしめたこの時代を有することが、中国の対外関係史に独自な特徴的展開だったといえよう。

第Ⅰ部　使節の旅立ち

第1章　西洋と中国
——郭嵩燾『使西紀程』

岡本隆司

はじめに

『使西紀程』は中国史上初の在外常駐公使、郭嵩燾の日記である。はじめて公務で海外に長期滞在した清朝の代表が書き残した海外事情の記録として、注目されてきた。およそ洋務運動、在外使節を論じる著述で、言及しないものはない、といっても過言ではない。

しかしながら『使西紀程』そのものに、初の在外常駐公使ということで特徴的な記事があるわけではない。「出使日記」と総称する著述、あるいはジャンルを全体としてみれば、『使西紀程』はまぎれもなく、その嚆矢に位置するものであり、そういって必ずしも誤りではないだろう。けれども当時の事実経過に即してみると、はじめからそんな企図があったわけではない。いわば偶然、結果的にそうなったのであって、『使西紀程』を常駐公使初の「出使日記」という観点からみるだけでは、やはり不十分である。

著者の郭嵩燾は、中国近代史ではすこぶる著名な人物だから、伝記的な研究もおびただしく存在する。[1] 屋下屋を架す観はあるものの、ここでもひととおり、その略歴をたどっておきたい。『使西紀程』の内容にも、無関係ではないからである。

一　郭嵩燾という人

略　歴

郭嵩燾（一八一八～一八九一）、湖南省湘陰県の人。字は伯琛だが、史料には号の筠仙で出てくることのほうが多い。

道光二十七年（一八四七）、科挙に合格し、進士となった。李鴻章と同年である。翰林院庶吉士に任ぜられたが、官界に入ることはせずに帰郷し、道光末年から咸豊初年にかけ、両親を亡くして喪に服した。咸豊二年（一八五二）、太平天国が湖南に侵攻してくると、翌年、同じく服喪で帰郷していた友人の曾国藩に、義勇軍・湘軍の結成をうながし、以後かれのもとで、とりわけ軍費調達の活動に従事する。

咸豊八年、五年前に拝命していた翰林院編修に任ずるため北京にのぼり、その年末には、南書房行走にも就任した。このころ北京政府は、第二次アヘン戦争で英仏との対立をふかめており、郭嵩燾は咸豊九年、僧格林沁《センゲリンチン》とともに天津防衛設備の任にあたった。その九月末、勅命で煙台に特派されて、税収調査に従事したところ、僧格林沁にその不手際を弾劾されて、降格の処分を受ける。咸豊十年には病気を理由に北京を辞し、ふたたび帰郷した。

同治元年（一八六二）、江蘇巡撫李鴻章の推挙で蘇松糧儲道となり、翌年、両淮塩運使にのぼり、広東巡撫を代理した。以後三年ほど、広州に駐在する。ところが同僚の両広総督、毛鴻賓や瑞麟と折り合いがわるくなって、同治五年五月、解任された。以後、故郷にもどって八年間、城南書院や思賢講舎で講学した。

同治十三年、日本が台湾に出兵すると、朝廷の召集をうけて、北京にのぼり、意見書を提出する。光緒元年（一八七五）、福建按察使に任命されて福州に赴任するが、まもなくマーガリー事件が起こって、その謝罪のための出使英国欽差大臣に任命された。同年十一月には、総理衙門大臣を兼任して直接に対外折衝を担当し、翌光緒二年の十月中旬、すでに拝命していた謝罪使の任をはたすべく、渡英の旅に出るのである。

一八七七年一月下旬に到着して、任務をおえたかれは、そのままロンドンに駐在して、公使館を開設し、常駐公使となった。翌年、パリにも公使館を開いて、駐仏公使をも兼ねる。翌一八七九年はじめ、任期を終え、ヨーロッパ旅行をして、帰国の途についた。しかし前年に、ほかならぬ『使西紀程』の記述が原因で、囂々たる弾劾・非難を受けていたこともあって、北京には上らず、郷里に帰って余生を送ることになる。

履歴の特徴

このようにみてくると、郭嵩燾の履歴は、北京政府であれ地方当局であれ、官職につくたび、長続きせず離任して帰郷する、という経過をくりかえしているところに、その特徴があるといえよう。換言すれば、任官するたび、周囲とそりがあわなかった、ということになろうか。かれ自身も後年、「衆論の詆議する所と為る」などと述べている。(2)

時と場合によって、事情は異なり、原因も多々あっただろうが、外患にみまわれていた当時、かれのものの見方が、少なからぬ影響をあたえていたことは、想像に難くない。いくたりの研究で明らかになっている、その特徴をかいつまんであげてみよう。

第一に、外患に直面した当時の政府・社会の指導者層、いわゆる士大夫の言動に対する鋭い批判意識である。「南宋の習説」を墨守して外国との戦争をさけび、当局者も外国に対処する方策をもたぬまま、不毛の議論に明け暮れる、と日記に記したように、第二次アヘン戦争当時、かれの眼に映ったのは、官界の上下を貫く無責任と無定見だった。[3] かれはこんな俗論についていけなかったが、そのためにかえって、周囲から疎んじられるのも、またやむをえない仕儀である。なかば志をえず、なかば自ら望んで、一再ならず立身出世に背をむけた。こうしたいわば世渡りの拙さは、かれの生涯についてまわる。

いまひとつ、上のような士大夫批判と表裏一体をなす外国評価である。当時かれが目の当たりにした、南宋時代を髣髴とさせる対外強硬論とは、とりもなおさず外国の蔑視、夷狄視、攘夷論にもとづいていた。外国のことをよく調べも知りもしないのに、禽獣にひとしい夷狄とみなし、頭から嫌悪し排斥する。かれはそんな風潮に批判をくわえていたが、それぱかりでない。自らは周囲が目をそむける外国・西洋に対する研究をすすめ、その理解をふかめようとした。かれが後年、在外使節に任ぜられるのも、その姿勢に注目が集まったことによるのであろう。[4]

郭嵩燾の意見書

その代表的な成果が、光緒元年の「條議海防事宜」という意見書である。かれはそこで、攘夷的な士大夫・官僚はいわずもがな、凡百の洋務論者とくらべても、たしかに一頭地を抜く議論を披瀝している。いくつか抜粋してみよう。[5] 以下、引用で原文の趣を残す必要のあるところは、訓読体で引き、適宜、説明をくわえる。

西洋は國を立つるに本有り末有り、其の本は朝廷の政教に在り、其の末は商賈に在り。西洋の國を立つるは、廣く口岸を開き、商賈の轉運を資《たす》け、因りて其の税を収め、以て國用を濟《すく》ふに在り。是を以て國家の大政、商賈に與聞せざる者無し。けだし洋人はみな商賈を保護するの心有り。ただ其れ商賈を保護するを以て心と為す、故に能く商賈の力に資《よ》り以て兵を養ふ。洋人の利は通商に在りて、中國の土地を覬覦するの心無し。而れども其の蓄謀は、日び進みて功有るを求むるに在り、故に一荒島を得るごとに、則ち急に進みて之を開墾し、一口岸を得るごとに、則ち急に進みて之を經營す。

当時、一般には西洋といえば、もっぱら利を求める存在としか、認識してこなかった。郭嵩燾はそれに対し、その「本」、根幹のところに「朝廷の政教」が存在し、しかもそれが「末」、末梢に位置する商業と緊密な連携を保って、富強をもたらしている、とみなした。商業の保護が根本にあり、それを通じて政府を運営する、という論点である。ごく概括的ながら、西洋近代国家の構造的な理解だといってもよい。

かれの述懐によれば、士大夫批判をつのらせた一八六〇年代のはじめは、なお「泰西の政教・風俗がどのように富強をもたらすのか、何も知らなかった」という段階であった[6]。十数年ののち、かれは西洋の富強を構造的にとらえる視点を獲得していたのである。

従前のみかたがかわれば、いかにして西洋に対処するか、その方法も自ずから再考しなくてはならなくなる。この意見書を「洋人と相ひ接するは」、「ただ應付の方を講求するに在るのみ」としめくくった[7]のも、そのためである。

もっともそこでは、「應付の方」を具体的に説いてはいない。かれなりの答えを記すのは、翌年の文章「擬銷假論洋務疏」[8]である。若干を抜き出せば、以下のようになろうか。

> 應付の方は、理・勢の二者を越へず。勢とは、人と我と之を共にする者なり。……宜しく應ずべき者は之を許し、更に遲疑する無かれ。宜しく應ずべからざる者は之を拒み、亦た更に屈撓する無かれ。斯れ之を勢と謂ふ。理とは、自ら處る所以の者なり。古より中外交兵するは、先づ曲直を審らかにす。勢足りて理、固より違ふ能はず。勢足らざりて別に恃むべき無くんば、尤も理に恃みて以て之を折す。……斯れ之を理と謂ふ。

このように、西洋に対するには情勢をみきわめ、譲るべきは遅疑なく応じ、譲るべからざるは決して屈しない姿勢で臨み、さらに自らは道理を堅持し、曲直を明らかにしてよりどころとせねばならぬ、というのである。

それなら、現状はどうか。かねてより苦々しく思っていた「南宋以後の議論」の踏襲をふたたび痛烈な批判の対象とする。

洋務を辦理せること三十年、中外の諸臣、一に南宋以後の議論を襲ひ、和を以て辱と為し、戰を以て高と為し、數百年の氣習を積成す。其れ北宋より以前は、上は推して漢・唐に至るまで、邊を綏んじ敵に應ず、深謀遠略、載せて史册に在るも、未だ嘗て省覽せず。洋人の情勢は、尤も茫然たる所、其の底蘊を推測するも、其の究竟を窺知するも能ふ無し。

あらためて説明の必要はないだろうが、「北宋より以前」はそうではなかった、というところに着眼しておきたい。後文でさらに、それを言い換える。

有宋の大儒程頤、事は一是を折衷するを必すと論じ、其れ當時朝廷に五の及ぶべからざる有りと言ふ、一に曰く「至誠もて敵國を待す」と（『二程全書』「遺書」十五）。夫れ能く誠信を以て人を待さば、人も亦た必ず誠信を以て之に應ず。猜疑を以て人に待さば、人も亦た即ちに猜疑を以て之に應ず。

いわんとするところは、西洋に対するにも、「至誠」「誠信」をもってすべし、「猜疑」でしてはならない、にあって、程伊川をもちだしたのも、その正当化のためである。けだし「應付の方」と「南宋以後の議論」に対する批判とをむすびつける論点にほかならない。

上に引いた意見書は、いずれも郭嵩燾が渡英する前夜のもので、しかもその当時は、公にならなかったことに留意しておかなくてはならない。ともあれ、内外への関心の持ち方と認識のありようが、以上のように形づくられた、ちょうどそのときに、かれはヨーロッパへ旅立った。当然それは、旅行記の内容とも、ふかい関わりをもってくる。

二　『使西紀程』をめぐって

郭嵩燾は一八七六年一一月一〇日に北京を発ち、一二月二日、上海でイギリスP&O社の郵便汽船トラヴァンコア号（*Travancore*）に乗って出航した。香港、シンガポール、コロンボ、スエズ、マルタ、ジブラルタルなど、英領およびイギリス勢力下の各地を経由して、翌年一月二一日、ロンドンに到着した。『使西紀程』はこの上海出発から、ロンドン到着にいたる、およそ五十日分の記録である。ロンドンに落ちついてから以降の記述はない。

郭嵩燾の赴任にしたがう主だった人々は、附録2「清朝在外公館員表」でわかる。さらに外国人スタッフとして、マカートニー（S. Halliday Macartney 漢名は馬格里、字は清臣）とヒリャー（Walter C. Hillier 漢名は禧在明）がいた。前者はもとイギリス人軍医、中国にわたって清朝の軍事工場建設を助けた人物であり、この随行以後、逝去するまでおよそ三十年間、ロンドンの清朝公使館で歴代公使を補佐することになる。このマカートニーが清朝の官吏・三等翻訳（通訳官）だったのに対し、ヒリャーはれっきとしたイギリス外交官である。北京のイギリス公使館附設の通訳生学校出身で、このとき公使館の二等補佐官（2nd Class Assistant）、郭嵩燾の補佐を駐華公使のウェード（Sir Thomas F. Wade 漢名は威妥瑪）から命ぜられて同船した。渡英後の一八七九年にロンドンで、北京公使館の秘書官補（assistant secretary）に任ぜられる。

なお、『使西紀程』にはふれるところがないけれども、郭嵩燾じしんは妾の一人、梁氏をともなっていた。彼女はロンドンの社交界でも、「郭夫人（Madame Kuo）」として評判になっている。(9)

テキスト

『使西紀程』は現在、中国語圏で標点、活字印刷されているものをふくむと、おびただしい数の版本が存在するが、内容はほとんどかわらない。すでによく知られ、また先にも述べたように、『使西紀程』はいったん総理衙門が出版したものの、大きな非難を浴びて絶版となる。しかし民間では『萬國公報』をはじめ、転載がなされた[10]。一八九〇年代に入ると、刊行があいついで、その数たるや、附録1「出使日記関連史料総目録」（以下「総目録」と略記）にかかげるとおり、十指にあまる。

そのうちここでは、一八八〇年代に民間で印刷されたとおぼしい、上下二巻本を底本としよう。およそ二万字足らず、ごくコンパクトな冊子である。序跋や目次など、述作の縁起や内容の概要を知ることのできるようなものは存在しない。光緒二年十一月十六日、つまり一八七六年いっぱいまでを上巻、一八七七年に入ってより後を下巻と分かっている。

もっともテキスト本文は、『小方壺齋輿地叢鈔』所収の版本はじめ、一八九〇年代以後のものとほぼかわらない。異本としてむしろ着目すべきは、日付の重なり合う『郭嵩燾日記』の記述である。これを「日記」と略称しよう。またこれには、「『使西紀程』原稿」[11]も収められており、底本とは若干の出入がある。こちらを「原稿」と称す。以上を底本とつきあわせることで、『使西紀程』のなりたちの一端をうかがうこともできよう。

旅　程

光緒二年十月十七日（一八七六年一二月二日）に発った一行の旅程は以下のとおり。

十月二十一日、香港に到着
十月二十三日、香港を出発
十月二十八日、シンガポール到着
十月二十九日、シンガポール出発
十一月初六日（一二月二一日）、コロンボ到着

十一月初七日、コロンボ出発
十一月十五日、アデン到着
十一月十六日、アデン出発
十一月二十一日（一八七七年一月五日）、スエズ湾到着
十一月二十四日、ポートサイード到着、地中海に入る
十一月二十八日、マルタ島到着
十二月初三日（一月一六日）、ジブラルタル到着
十二月初四日夜、リスボン沿岸を通過
十二月初五日夜、フィニステレ岬を通過
十二月初七日、英仏海峡に入る
十二月初八日（一月二一日）、サザンプトン到着

以上の大づかみな紀行の特徴として、次の三点をあげることができる。

①移動と経由地の描写
②特徴的な風物の紹介
③郭嵩燾の意見や議論

もちろんこの三者は判然と区別できるものではない。①と②はガイドブック的な役割を期したもので、性格を同じくするし、②と③は著者の価値観と分かちがたく、往々にして一体をなす。そのあたりを念頭に置いて、かれの旅途を追いつつ、節目節目の記述をみてゆくことにしよう。

三　みどころ

香港とシンガポール

一行をのせ上海を出航したトラヴァンコア号は、まず香港をめざした。浙江・福建の沿岸を南下して、十月二十日（一八七六年一二月五日）、広東沿岸の洋上でイギリス艦船と挨拶を交わした様子を目睹した郭嵩燾は、その所感を次のように表現する。

彬彬然と禮讓の行はるるを見たり焉。彼の土の富彊の基の苟然に非ざるを知るに足るなり。

短文ながら驚くべき叙述ではあるまいか。中華文明の中核に位置する「禮讓」が、形を同じくしないにせよ、西洋にも文質彬彬としてそなわっている、と断言しているからである。

しかしこれは、このとき忽然と思いついた考えではない。すでにみた、この前年の文章で、西洋にも「本」と「末」があって、「本」とは「朝廷の政教」である、と述べており、この発言はそうした考え方に基づくものにほかならない。しかもその「禮讓」は、中国がなお達成できていない「富強」の基本をなしている、との認識である。それなら論理的につきつめれば、中国の「禮讓」実践は、西洋に及ばない、ということになろう。

果たして、かれのもとの「日記」では、この箇所は、

彬彬然と禮讓の行はるるを見たり焉。中國の及ぶ能はざること、遠し矣。

となっていた。つまり『使西紀程』の叙述は、「日記」を下敷に修改をほどこして、「中國」を「彼の土（西洋）」に、主体を客体に差しかえたもので、その意味するところはなかなかに興味深い。外国事情を伝えようとの姿勢だとまずみなすことができるが、要路の眼にふれることを慮って、郭嵩燾自ら中国批判のトーンを弱めた、とも考えられよう。

その翌日、香港に到着し、船の整備のため二日間、停泊した。そこで『使西紀程』も、滞在した香港の事情とその所感を述べている。香港政庁、学校、監獄などの記述があるうち、もっとも注目に値するのは、クィーンズ・カレッジの前身である官立中央学校（Government Central School）を見学したくだりであろう。とりわけそこでは、四書五経や中国の詩文を教授していること、またその教授法にも着目して特筆する。

「日記」はこの箇所を「規模、固より宏遠なり矣」としめくくり、これだけでも多分に称賛の意があらわれている。しかし『使西紀程』はさらに意をつくして述べる。「原稿」では、「日記」の短いフレーズを、

其の規條は整齊嚴肅、しかも所見宏遠なり、猶ほ古人の人才を陶養するの遺意を得たるがごとし。[中國の師儒の失教、愧有ること多し矣、之が為に慨歎す。]

とひきのばして、二十日条と同じく、中国・西洋の優劣論にまで展開したからである。ただし底本は、［　］のセンテンスを削除しており、公になったものは、結果的に中国批判を弱めた表現に落ちついた。

学校よりも分量が多いのは、翌二十二日に見学した監獄の記述である。その末尾に、「日記」「原稿」では「及ぶべからざる所以は、罰その罪に當たり、しかも法必ず行はるる所有るに在るのみ」とある。罪にみあう罰をくだし、法を厳格に執行するところに西洋の優越をみており、やはりその司法行政を讃美した議論である。底本はおそらく西洋讃美のトーンを弱めようと、「及ぶべからざる所以は」を削除するが、これでは文が暢達ではない。

香港出発ののち五日にしてシンガポールに到着、一日滞在する。そこで、のちにかれ自身がシンガポール駐在領事に任命する胡璇澤に会ったこと、富裕な華商の庭園や、もっとも多くの人口をしめる華人の暮らしぶりを記述する。ここは海外事情の紹介に徹している。

インド洋上

一行の船はシンガポールを発って、マラッカ海峡をへ、十一月初二日（一二月一七日）、インド洋に出る。その

翌日、サイクロンにみまわれた。この出来事を「日記」には、「大南風あり」、「風逾《いよい》よ勁《つよ》し」としか言ってなかったものが、「原稿」と底本は「旋風なる者は、閩廣人之を颱風と謂ひ、洋人之を賽格欒《サイクロン》と謂ふ、……」という記述を加えて説明する。翌初四日条も、船長との会話を書き足すことで、サイクロンをきわだたせている。

一行に随っていた料理人の柳樹仁が、コロンボ到着の前日に天然痘にかかっていることがわかり、トラヴァンコア号は船内の感染を調べるため、以後の航海が不可能になった。一行はP&O社の汽船ペシャワール号（S.S. *Peshawur*）に乗り換えて旅をつづける。

一日のセイロン滞在では、監獄や仏寺を紹介する記述があるが、「日記」になく、「原稿」・底本で書き足されたのは、セイロンの旧王宮に関するものである。そこでは、商人への売却のエピソードを記すと同時に、

　西洋の藩部《しょくみんち》を開闢するや、意、坐して其の利を収むるに在り、一切智力を以て經營し、囊括席捲す。而れども必ずしも人の宗を覆へし、以て其の國を滅さず。故に専ら兵力を以て取る者無し。此れ實に前古に未だ有らざるの局なり。

という。これなど、海外事情を独自の価値判断で伝えた好例である。「洋人の利は通商に在り」という「條議海防議」以来、表明してきた西洋観の一端としても注目できよう。

コロンボを出発し、アデンに寄港するまでにも、海外事情を紹介する記述が散見する。多くは外国人の説明を引いて、そのしめくくりに郭嵩燾の説明・所感を記すかたちをとる。

たとえば十一月十三日（一二月二八日）条では、イギリスの手中にあったソコトラ島・ペリム島に関するマカートニーのコメントを記したうえで、「英人は國の利を謀ること、上下心を一にす。其の沛然として以て興るも宜《むべ》なり」という。これは「日記」十一日条の記述を移してきたものである。

十四日条は、西洋における捕虜の待遇について、やはりマカートニーから情報をひきだした記述であり、しめくくりに「亦た西洋列國の信に敦く義に明らかなるの古に近きを見るなり」と論じる。香港でみた「禮讓」と同じよ

うに、「信」「義」という中華文明の本質にかかわる部分での評価とみてよい。「信義」という論点は重要で、後にも出てくる。

ヨーロッパへ

十一月十六日（一二月三一日）、アデンを出発して、紅海に入った。八日後、地中海に入り、そのまた八日後、ジブラルタルにつき、地中海を出るところまでくる。その間に注目すべき記事は、何といっても十一月十八日（一八七七年一月二日）条であろう。

そこに繋けてあるのは、これまで最も注目され、しばしば引用されてきた郭嵩燾の議論である。長文だが煩をいとわず引用しよう。

南宋以後、邊患日び深し。而れども邊事を言ふ者、峭急褊迫、以て自ら容るる無きに至る。程子大儒、本朝の五の及ぶべからざるを論じ、一に曰く「至誠もて夷狄を待す」と。北宋以前、規模の廣博なりしこと、猶ほ想見すべし。……漢の高祖は一たび平城に困して使を遣はし和親す。唐の太宗は屈して突厥を尊ぶに至る。開國の英主、以て諱と為さず。終唐の世、回紇《ウイグル》・吐蕃《チベット》と周旋し、隱かに忍んで含垢す。王者は國を保ち民を安んず、其の道固より應に此くの如くなるべし。夷狄を以て大忌と為し、和を以て大辱と為すは、實に南宋より始まる。然り而して宋明兩朝の季、其の效亦た睹るべし矣。

西洋は國を立つること二千年、政教修明にして、本末を具有す。遼金の一時に崛起し、倏《たちま》ち盛んなりて倏《たちま》ち衰へしと、情形絶へて異なる。其の中國に至るは、惟だ通商に務むるのみ。而れども窟穴已に深く、逼處憑陵し、智力兼ねて勝れり、所以《ゆえ》に應付處理の方、豈に能く一も講求せず、並びに和を以て論ずるを得ざらんや。故無く一の「和」の字に懸けて以て朝廷を劫持するの資と為し、侈口張眼、以て自ら其の議論を快とす、「寧ろ國家を覆亡すべくんも、以て和を言ふべらず」と言ふ者有るに至る。京師已に屢ば此の言を聞けり。……誠に意はざりき、宋明諸儒の議論流傳し、害を為すの烈しき、一に斯《ここ》に至るやを。〔随員の〕劉和伯（劉孚翊）言へらく「洋務を談ずる者、只だ見て一面の道理を得るのみ」と。吾謂へらく「道理は須らく是れ面面倶に到るべし、凡そ只だ一面を得る者は、みな私見なり、之を道理と謂ふべからず。いわゆる道理は他無し、之を以て己を處し、之を以て人を處し、行ひて宜しく、施して當れり、推して之を放ちて心理得、擧げて之を措きて天下安んず。……」と。

まずおさえておかなくてはならないのは、このくだりが「日記」十三日条の記述を下敷とすることである。構成や措辞など、かなりの修改、増補があるけれども、全体の趣旨はかわらない。日付を動かした究極的な理由はわからないが、逆にいえば、どの日に繋けてもよかったわけであり、必ずしも旅程と密接不可分に関連していない、ということになる。

それを念頭に置いて内容をみると、「南宋以後」の転換、西洋は「本末を具有す」るという趣旨は、すでにかれが出航する以前から論じてきたものであり、なかんづく傍線部の「程子」の引用、「和を以て大辱と為す」のくだり、さらには、「應付處理の方」とまとめるところなどは、さきに引用した「擬銷假論洋務疏」の議論をくわしくしつつ、くりかえしたものである。二重傍線部の「西洋は國を立つること二千年」以下も、「條議海防事宜」にみえる趣旨の焼き直しにほかならない。[12]

以上のように長大な論述のため、「日記」十八日条に元来あった国旗の記述は、「原稿」と底本では、十九日に移っている。これも海外事情の紹介だが、双方の末尾にやや出入がある。「日記」に「中國の旗式はこうした点、はなはだ不用意なものである。三角旗の使用も、古来そんな制度はない」とあるのを、「原稿」と底本は「そこで『周礼』の九旗を調べ、……紅《あか》い帛《きぬ》で旒《はたあし》をしつらえ、また古制に倣って、昇龍・降龍の二龍を旗に描くのがよい。以上、他日に旗式を決める一助ともするため、書きとどめておく」とする。前者が現状批判なのに対し、後者がその論調をあらためた、一種の提案となっている。

イギリス到着

十二月初四日（一月一七日）、船はジブラルタル海峡を抜けて北上、一路イギリスに向かう。その到着直前、十二月初六日条に、以下のような文章がある。これも十一月十八日条と同様、これまでしばしば引用されてきたものである。

近年、英・法《フランス》・俄《ロシア》・美《アメリカ》・徳《ドイツ》の諸大國、角立して雄を稱すも、萬國公法を創為《つく》り、信義を以て相ひ先んじ、尤も邦交の誼を重んず。情を致し禮を盡くし、質に其の文有ること、春秋の列國に視《くら》べて、殆ど遠《はる》かに之に勝る。……其の兵を中國に搆ふるや、猶ほ展轉として理に據りて争辨し、持重して後發す。此れ豈に中國高談闊論し、虚憍にして以て自ら張大なる時ならんや。輕重緩急、深く論ずるに足る無し。而れども西洋の國を立つるや、自ら本末有り。誠《も》し其の道を得ば、則ち相ひ輔けて以て富彊を致す、此に由りて國を保つこと千年なるも可なり。其の道を得ずんば、其の禍も亦た是に反す。班固の匈奴傳贊に曰へる有り、「來らば則ち禮を以て之を接け、畔《そむ》かば則ち兵を以て之を威す、而して常に曲をして彼に在らしむ」と。争奪に處するに猶ほ然り、しかも況んや、其の挾持する所の者尤も大にして、其の謀尤も深き者をや。

以上の議論は「日記」にはなく、『使西紀程』のために作った文章だといってよい。[13] おおづめの日付に繫けるところから、この条は『使西紀程』でかれがいわんとする主張の、いわばしめくくり、結論だとみなすことができよう。

その論旨は、「西洋の國を立つるや、自ら本末有り」という文にみえるように、十一月十八日条とほぼ同じだといってよい。また『漢書』匈奴傳論賛を引くのは、一八六〇年代末から七〇年代に執筆した『綏邊徵實』の序文と、まったく同じ論法である。[14] 西洋の「萬國公法」が新たな論点だが、これもすでに出てきた「信義」を引き出すための題材である。

そしてそれは、以上にみてきたように、かれが出国前に表明していた議論のくりかえし、もしくはひきのばしである。旅でそれを確認、確信することはあっても、あらたに獲得したものというのは、『使西紀程』にはほとんどあらわれていない。

到着間近となった十二月初七日（一月二〇日）条は、これまでの旅程をふりかえり、経由通過した地名をあらためてリストアップしている。そのリストは「日記」の十二月初五日条にあった記述を移したもので、到着に近い日付なら、どこにあってもよかったわけである。初六日条をかれの議論のしめくくりとするなら、初七日は旅程記録のしめくくりとみることができよう。

サザンプトンの港についた初八日、一行はさっそく汽車に乗ってロンドンにゆき、清朝海関職員キャンベル（J. Duncan Campbell 漢名は金登幹）の出迎えをうけた。この日に繋けてあるのは、同日夜の市街の様子、イギリス王宮の解説、ロンドンに駐在する他国の外交官、イギリス外務省、政府、議会、幣制に対するごく簡単な解説である。ようやく任国に身を置いての観察となるのだが、『使西紀程』はそのいわば幕開けで終わっている。

むすびにかえて——『使西紀程』の位置

周知のとおり、またさきにも述べたとおり、この『使西紀程』は本国の総理衙門に送られ、光緒三年、総理衙門が郭嵩燾本人に無断で刊行し、これをみた士大夫官僚から囂々たる批判がおこって、郭嵩燾に対する弾劾にまで発展した。

郭嵩燾は後世からみれば、たしかに初の在外常駐公使である。しかしもともとは謝罪使であり、出国当初、『使西紀程』の旅程にあった当時は、あくまで特使の位置づけである。その意味では、一八六六年の斌椿視察団、一八六八～六九年のバーリンゲーム使節団と変わるところはない。それぞれ『乗槎筆記』『初使泰西記』という旅行記行にふみきったものであろう。ところが、それは思いがけない結果になった。総理衙門はおそらくそうした情況をみて、『使西紀程』の刊を残しており、その出版に重大な不都合はなかった。

『使西紀程』の弾劾事件は、イギリスに使した正使の郭嵩燾と副使の劉錫鴻との関係をきわめて悪くし、在欧公使館の存立すら危ぶませた。郭嵩燾じしんについてみれば、この事件のため、公使の任期中、イギリス・フランスに駐在中にもかかわらず、意気阻喪した。[15]任期をおえ帰国した後も、もはや官途につかず、事実上、引退してしまう。だとすれば、『使西紀程』はかれの人生を決定づけた著述だったことになる。

弾劾をうけた郭嵩燾は、心外だった。かれにいわせれば、職務として当然なすべきことをやったまでであって、しかもその内容は、すべてがかれの独断、偏見ではない。辯明するとおり、たしかに「隨員たちと談論した」ところも、その材料になっている。[16]

しかしそれでも、上でみてきたとおり、『使西紀程』はやはり郭嵩燾の意見、議論を前面に出した、かれの著述にほかならない。しかもその基本的な立場と趣旨は、出国以前と何ら変わらないものであった。だとすれば、客観的にみるなら、この弾劾事件は、郭嵩燾がその経歴のなかで抱懐した「洋務」観念、西洋観とそれをいさぎよしとはしない勢力との対立が本質であり、それが『使西紀程』の刊行とともに顕在化した、というほうが適切であろう。本質はそうでありながら、その発信者・媒体が在外使節・出使日記であったため、結果的に「出使」や公使館、もしくは出使日記のありようが主要な問題となったわけである。

激しい、典型的な表現をあげよう。郭嵩燾の出国赴任前、北京で「その文章学問」を「世の鳳麟」と称えた李慈銘は、『使西紀程』をみて、「嵩燾はいったいどんな心底でこんなことを書くのか」[17]と罵り、同郷湖南人の王闓運は、「ほとんど西洋中毒で、採るべきものはない」[18]と言い捨てている。のち駐英公使となった薛福成が、郭嵩燾の「西洋の國政民風の美」の讃歎ぶりは「言い過ぎではないかといぶかしく思った」[19]という表現もある。いずれも西洋に行ったからそうなった、旅途で見聞するところの事物を讃美した、という理解なのだが、[20]真相は必ずしもそうではない。

郭嵩燾としては、平素の持論を赴任の旅によって確認し、あらためて筆にのぼせたにすぎない。客観的に新しいとみえるのは、西洋諸国間の「信義」くらいである。いささかの誇張はあっても、かれ自身ことさら新奇なことをいったつもりはなかったであろうし、その意見の根幹は、渡欧後・帰国後も変わっていない。[21] だからこそ、いっそうかれの絶望も深かったのではあるまいか。

『使西紀程』の弾劾事件は、賛否さまざまな論議をへて、ともかくも事なきをえた。まもなく「日記規定」が定められて、どうにか公使館は存続し、特使の見聞録だった出使日記は、常駐公使の報告書としても、作成・提出が義務づけられて、定着することになる。

このように『使西紀程』は、郭嵩燾の経歴と個性を色濃く刻印したもので、従来から潜在していた「洋務」をめぐる対立を鮮明にした。そしてそれは同時に、かれの期するところではなかったにしても、新たな常駐公使の「出使日記」という著述に道を開いたのである。それは在外公館のなかった一八七〇年代と、それを有した八〇年代を分かつ、いわば時代相の分水嶺的な位置をしめている、ともいえよう。

第2章　華夏と夷狄

——劉錫鴻『英軺私記』

岡本隆司

一　劉錫鴻と『英軺私記』

人物

はじめに、劉錫鴻を紹介しよう。原名は錫仁、字は雲生、広東省番禺県（いまの広州）の人。著書に『劉光禄遺稿』がある(1)。道光二十八年（一八四八）の挙人、光緒二年（一八七六）に刑部員外郎から三品銜候補五品京堂、光禄寺少卿となり、出使英国副使を拝命してヨーロッパにわたった。翌年四月、駐独公使に異動の命をうけ、十月ベルリンで信任状を捧呈した。光緒四年七月に任を解かれ、帰国後、六年に通政使司参議となる。光緒七年二月、李鴻章を弾劾して、西太后の怒りに触れ、罷免された。以後の事蹟は不明である。

以上が各種史料から拾ってみた、かれの確実な履歴だが、要するに、一八七六年の渡英から八一年の罷免までの五、六年間を除いて、よくわからない、ということである。一八二二・二三年の生まれといい、九一年の歿ともいうが、生卒年も実は定かでない。これはかれに関わる伝記的な資料の乏しさや、自身が書き残したものの少なさに由来している。

それにもかかわらず、かれはすこぶる有名であり、研究も少なくない。明らかになっている期間に、中国史上初のヨーロッパ常駐使節の副使として、正使の郭嵩燾に同行し、まもなく両者がするどく対立した、という史実があるからである。

研究史をふりかえってみても、もっとも注目を集めているのは、やはり「洋務派」で開明的な郭嵩燾との対立であり、多くはそこから、劉錫鴻を「洋務」に反対する陣営に属するとみなしてきた。そこでたとえば、使節として赴任する以前から一貫した守旧派で、いわゆる「清流」と気脈を通じていて、郭嵩燾を掣肘するため、同行の副使になった、とする解釈もある。(2)

以上のみかたは、清末における開明と守旧のいわば二項対立を、そのまま郭嵩燾と劉錫鴻との関係にあてはめて説明しようというもので、現在でも有力である。

近年ではこれに対し、郭嵩燾・「洋務」に反対したことはまちがいないけれども、それは当時の西洋・中国を十分に理解したうえでのことであって、反「洋務」でありながら、いな、あるがゆえに、以後の変法につながる先駆的な存在だと位置づける向きがある。(3) そして従来の二項対立的な史実解釈をみなおし、たとえば渡英前は、郭嵩燾との関係も良好で、使節に任命されたのも、その推薦による、との解釈もある。(4)

ごく簡単にまとめると、研究の現状は以上のとおりで、劉錫鴻の評価はなお、定まっているとはいいがたい。もっとも私見によれば、どの説にしても、立論じたいがまだまだ性急に失するように思われる。というのは、いずれも、かれが著した『英軺私記』を主たる資料としているからである。

テキスト

この著述は劉錫鴻のイギリス滞在時の見聞録というべきもので、清末士大夫の西洋体験を如実にあらわす記録として、郭嵩燾の『使西紀程』と並んで注目を浴びてきた。

ところが『英軺私記』にあらためて目を通してみて、あらゆる劉錫鴻・『英軺私記』に関わる研究に疑いをいだかざるをえなくなった。なぜなら、従来は例外なく、『英軺私記』すべてを劉錫鴻が手づから記したイギリス紀行だとみなしてきたけれども、必ずしもそうは思えないからである。『英軺私記』の記述が劉錫鴻の手にならないのだとすれば、従来の研究すべての前提は崩れ去るであろう。『英軺私記』を資料として使うには、どこからどこまでが劉錫鴻じしんの叙述なのか、をわきまえておかなくてはならない。

『英軺私記』のオリジナルの版本は、まださがしあてていないし、現存するのかどうかも不明である。光緒四年に「總理衙門刻」本が存在したこと、上下二巻の「光緒間鉛印本・袖印石印本」があることは判明しているが[5]、いずれも未見であり、後者が前者に該当するかどうかも、わからない。そこで、現在みることのできるテキストを簡単にあげておこう。大きく分けて、その書名を「英軺日記」とするものと、「英軺私記」とするものとの二つの種類がある。

前者は影印本もでている『小方壺齋輿地叢鈔』第一一帙に収録する版本が、もっとも使いやすい。「英軺日記」と称するのは、日記体になっているからであろう[6]。

後者は『靈鶼閣叢書』所収の版本で、近代中國史料叢刊第一六輯に影印本をおさめる。『小方壺齋輿地叢鈔』をはじめとする版本とは、体裁・分量がまったく異なる。日付を記さずトピック別にタイトルをつけて編集したダイジェスト版で、いっそうコンパクトな英国便覧という趣が強い。その特徴については、補論4でややくわしく述べる。

この二種の版本のうち、『小方壺齋輿地叢鈔』[7]本がオリジナルに近い。というのも、当時にこの著述を引用したもの、たとえば翁同龢・薛福成による筆写摘録や英文への抄訳[8]などが、いずれもこの『小方壺齋輿地叢鈔』本の内容と一致するからである。

しかしまったく原本どおりでもない。[9] その当時の書名も「英軺日記」ではなく、「英軺私記」だったようである。[10] そこで、これを編集しなおした『走向世界叢書』収録本では、『小方壺齋輿地叢鈔』本を底本としながらも、「英軺私記」と題している。その編纂・校訂に問題なしとはしないものの、[11] 現在ではもっとも利用に便利であるため、ここでも『走向世界叢書』所収の『英軺私記』を底本として、[12] 考察を加えることにしたい。

二　記述の特徴

劉錫鴻は郭嵩燾に同行して渡英したから、その旅程・人員は『使西紀程』で記したところとまったく同じで、あらためて説明する必要はあるまい。しかし同じ旅程をたどっているからといって、紀行が同じになるとはかぎらない。航海中の地域・気候について、『使西紀程』と比べて、その取材や記述はいささか簡略である。

また『使西紀程』はロンドンに到着した光緒二年十二月初八日（一八七七年一月二一日）で記述が終わっているのに対し、『英軺私記』は光緒三年八月十四日（一八七七年九月二〇日）までを収録しており、つまり前者には記さないイギリス現地での見聞の記録を含んでいる。このようにみると、『使西紀程』が旅途を、『英軺私記』が滞在を描いた、いわば相い補う著述であるとみなすこともできよう。

『小方壺齋輿地叢鈔』所収の『英軺日記』は日記体であるけれども、月日でパラグラフを区切るのではなく、その内容で改段を施している。そこで『走向世界叢書』は、『靈鶼閣叢書』本の編集方法を参考にして、全体を一三六篇に分け、それぞれにたとえば、「總論英國政俗」「英人愛重中國」などのタイトルをつけた。これでその記述内容も、一目瞭然わかりやすくなっている。本章では引用にあたって、参照の便のため、日付のほか、『走向世界叢書』所収の『英軺私記』の表題とその番号も明記することとする。

その記述内容の全体的な特徴をまとめれば、すでに指摘があるように[13]、以下の二点をあげることができる。

①イギリス事情の詳細な記述

②それを中国へ導入するにはおよばないという主張

この両者の併存が『英軺私記』を貫く基調をなす。そのあたり、実際の文章についてみていくことにしよう。

英国事情の筆法

まず①の事例である。これはたんなる説明にとどまらない。往々にして讃歎をふくんだ筆致になっている。二つほど例をあげよう。原文の趣を残すため、書き下しにとどめる。

(1)凡そ會堂を開かば、官・紳・士・庶、各《おのおの》見る所を出し、以て時政を議す。辯論の久しきこと、常に晝自り夜に達し、夜自り旦に達し、務《かなら》らず理に適《かな》ひ、事に當りて後已《や》む。官政乖錯せば、則ち之を舎《す》て以て紳民に從ふ。故に其の事に處するや、恆に力めて上游に據り、稍も人をして以て踐踏せしめず。而して擧辦一切、上下心を同じうせざる莫く、以て之を善成す。蓋し衆論を合し以て其の長を擇ぶ、斯の美、備はらざる無く、衆志に順ひ以て其の令を行ふ、斯の力、殫《つく》さざる無きなり。

(2)人業無くして貧なる者、沿街に乞丐せしめず、養濟院を設けて之に居らしめ、日び饔飧を給し、驅るに道を除し橋を造るの諸役を以てす。故に人、勞を畏れ逸に就くは、轉じて自ら勞して自ら賤しきを致すを知り、奮發し以て工商を事とせざる莫し。國の富を致すも、亦た此に由る。

(1)は光緒二年十二月二十五日条、26「開會堂情形」と題し、イギリス議会を記したもの、(2)は光緒三年正月十二日条、40「養民之政」で、社会福祉の制度を述べたものである[14]。

しかし実は両者いずれも、劉錫鴻・『英軺私記』オリジナルの記事ではない。郭嵩燾・劉錫鴻に随行して渡英した通訳官の張徳彝が著した『四述奇』[15]の同日条に、ほぼ重なる記述がある。

(1′)毎日官・紳・士・庶、院に赴き一切を商辦す、……其の各の見を抒べ、以て時政を議す、常に宵を連ね旦に達するに至り、務《かなら》らず理に適《かな》ひ、事に當りて後已《や》む。官政乖錯せば、則ち之を舍て以て紳民に從ふ。其の事に處するや、力めて上游に據り、稍も偏曲有らしめざるに因り、故に擧辦一切、上下心を同じうす。蓋し衆論を合し以て其の長を擇ぶ、斯の美、備はらざる無く、衆志に順ひ以て其の令を行ふ、斯の力、殫《つく》さざる無きなり。

(2′)人業無くして貧なる者、沿街に乞を行はしめず、養濟院に收入して之に衣食す、日び作工を督し、以て其の體を勞す。人、勞を畏れ逸に就くは、轉じて自ら勞して自ら賤しきを致すに因り、故に奮發し以て工商を事とせざる莫し。

一見してすぐわかるように、内容は同じであり、しかも(1)(2)に傍線を附した部分は、まったくの同一表現である。

これは部下の張徳彝がととのえた資料を上司の劉錫鴻が使用した、そして張徳彝もその資料を、のちに自分の著作として公にした、ということであって、どちらがどちらを「剽窃」した、とかそういう次元の話ではない。[16] もっともそのゆえに、(1)(2)は劉錫鴻独自の着眼着想だとはいえなくなる。いえるのは、かれがこの情報を本国に知らせたほうがよいと考え、そうした、というところまでである。

ただし、(2)の末尾に波線を施した一文があり、これは『四述奇』にはない文章である。つまり(2′)の情報をみて、「國の富を致すも、亦た此に由る（イギリスが富裕になったのもそのためだ）」と評したのは劉錫鴻である蓋然性が高く、そこにかれ自身の考え方があらわれているとはいえよう。

以上を念頭に置いて、もう少し手の込んだ例をみよう。光緒三年五月二十日条、93「英國地方官之制」であり、やはり讃歎を濃厚に含んでいる。

……英制、城鄉の大小を酌して、各《おのおの》看司勒《カウンセラー》百數十員を設く【倫敦《ロンドン》は則ち二百零六員】・奧德門《オルダマン》或いは十數員【倫敦は則ち二十六員】、美爾《メイヤー》一員を以て之を統べしむ。看司勒猶ほ中國の謂ふ所の里長なり、奧德門は猶ほ謂ふ所の黨正なり、美爾猶ほ謂ふ所の郷大夫なり。奥徳門は地段を分轄し、看司勒又た各奥徳門の分かつ所の地段に按じて焉を分理す。紳商士民の産業多く、其の地に在る者由り公議して擧充す。富民に非ずんば選に與かるを得ず。皆な俸薪を食まず。凡そ所轄の地段にては、教養の政・詞訟の事より、以て工程興作・商賈貿易に及ぶまで、奥徳門均な擧治し、諸を美爾に上るを得。歳ごとに煤・酒・牛・羊市の税を收め、以て經費と為す【其の他の賦税は、家部徴收す】。轄下の巡役は、之を謂ひて剖隷司漫《ポリスマン》と曰ふ、人數の多寡は、事の繁簡を視て衡と為す【倫敦は一千二百名】、口糧は商賈富戸に核派す。凡そ盗賊・人命・喧爭・鬥毆一切の不法に遇はば、該役は美爾の寓所に拿解して訊問す、寓所に人犯を暫押するの屋有り、亦た鎖銬に備ふ。既に訊して實を得ば、乃ち諸を其の署に致し、奥徳門・看司勒を集めて會辦す焉。獄を設け以て罪犯を禁するは、官獄の章程と殊ならず。罪の大なる者は、該國の刑司、其の署に赴きて讞定す。……凡そ奥徳門に擧充せらるるは、必ず曾て看司勒に任ぜしこと一年以上なる者よりし、美爾に擧充せらるるは、必ず曾て奥徳門に任ぜしこと七年以上なる者よりす。美爾限を定めて一年にて更替す。賢能なる者或いは再び留まること一年、然れども數數は覯はず。位を退かば則ち仍ほ奥徳門の職に復す。毎年十月は、即ち新美爾接替の期なり、……。此の制、漢の三老・明の里老と略ぼ同じ。然れども其の擧ぐる所の者は富民にして、之を擧ぐる者も亦た富民なり、官復た其の事に參預せず。惟ふに擧ぐる所の者富なり、故に貪黷の憂無し、惟ふに之を擧ぐる者富なり、故に賄囑の患無し。惟ふに官其の事に預らず、故に仰承俯注の難無し。民を以て民を治む、事、公議に歸す。獲ざること有らば、則ち紳耆の衆を合し以て之を圖る、當らざること有らば、則ち紳耆、諸を美爾に商して之を改む。道路は清潔、橋梁は畢修、巡捕人役、其の職に勤めて敢へて惰せず。美爾の治むる能はざる所は、乃ち諸を家部に達し、制するに官法を以てす焉。官は紳力を助くるも、紳の肘を掣せず[17]。

以上、冗長にわたるため、省略もほどこしたが、ひとまとまりの文章である。これも『四述奇』に大きく重なっている。ただし以下のとおり、まとまった記述ではない。各種の傍線は『英軺私記』とまったく同じ文言を対応させたものである。

〔光緒三年十月〕初七日戊子、陰雨。記：英制、城郷の大小を酌して、各《おのおの》官を設く、寛司額《カウンセラー》と稱する者百數十員・敖得滿《オルダマン》と稱する者或いは十數員、咸な美爾《メイヤー》一員を以て之を統べしむ。寛司額は即ち里長、敖得滿は即ち黨正、美爾は所謂郷大夫が如きなり。倫敦《ロンドン》に美爾を設くること一員、敖得滿は二十六員、寛司額は二百零六員、皆な紳商士民に由り公擧す。富民の久しく其の地に居る者に非ずんば、選に與かるを得ず。皆な俸薪を食まず。凡そ敖得滿に擧充せらるるは、必ず曾て寛司額に任ぜしこと一年以上なる者にして、美爾に擧充せらるるは、必ず曾て敖得滿に任ぜしこと七年以上なる者なり。美爾の任、一年を限りて瓜代す。賢能なる者偶ま再び留まること一年なる者有り。接替の期、率ね毎年冬月初旬なり。其の位を退くの美爾、廢されて庶人と為らず、仍ほ敖得滿の職に復す焉。……

〔光緒三年十月〕二十一日壬寅、陰雨。記：倫敦の二十六員の敖得滿、司る所は地段を分轄するに係る、而して寛司額、又た各敖得滿の分かつ所の地段に按じて之を分理す。凡そ所轄の地段にては、教養の政・詞訟の事より、以て工程興作・商賈貿易に及ぶまで、敖得滿均な擧治し、諸を美爾に上るを得。轄下の巡捕、英名掊利斯蠻なる者、通城共に一千二百名を設け、段に按じて分巡す。凡そ盜・命・爭・鬥一切の不法に遇はば、即ちに美爾衙門に解送し訊問す、以て人犯を暫羈す可し。訊して其の實を得ば、則ち之を獄に下し、敖得滿・寛司額等を集めて會辦す。罪犯を收禁するの一切の章程は、官獄と異なる無し。罪の大なる者は、刑司、美爾衙門に赴きて同に鞫す。按ずるに、英都の賦税は、皆な家部の徵收に歸す。惟だ美爾衙門、歲ごとに煤・酒・牛・羊の税を收め、以て經費と為す。美爾・敖得滿・寛司額等、皆な家道殷富・品行端正の人為り、薪俸を食まざる者なり。巡捕の口糧は、則ち通城の商富に分派す焉。……

〔光緒三年十一月〕初四日乙卯、陰雨。英國各城の美爾・敖得滿・寛司額等官、皆な賢能殷富の民にして、始めて公擧せらる。夫れ擧ぐる所の者、既に富民を稱す、而して之を擧ぐる者も、亦た富民に係る、官復た其の事に參預せず。擧ぐる所の者、富民に係るに因り、故に貪黷の憂無し、之を擧ぐる者も亦た富民なるに因り、故に賄囑の患無し。官其の事に預らざるに因り、故に仰承俯注の難無し。民を以て民を治む、事、公議に歸す。獲ざること有らば、則ち紳耆の衆を合し以て之を圖る、當らざること有らば、則ち紳耆、諸を美爾に商して之を改む。美爾の治むる能はざる所は、乃ち諸を官府に達し、制するに官法を以てす。官は紳力を助くるも、紳の肘を掣せず。[18]

ここから、93「英國地方官之制」もほぼ、通訳官の張徳彝が提供した資料を整理して伝えたものだということがわかる。

しかしそのなかには、みのがせない一節がある。傍線を引いていない網掛けの部分「此の制、漢の三老・明の里老と略ぼ同じ」というセンテンスである。これはおそらく、『四述奇』が華人にもイメージしやすいようにほどこした、「寛司額《カウンセラー》は即ち里長、敖得滿《オルダマン》は即ち黨正、美爾《メイヤー》は所謂郷大夫が如きなり」という比喩に関わって出てきた論点であろうが、『英軺私記』の叙述はそれだけにとどまらない。

この93「英國地方官之制」を「周禮地官」の引用から説き起こし、顧炎武「郷亭之職」を下敷にした文章を増補し、中国歴代の地方自治の歴史を述べたうえで、イギリスの制度を「漢の三老」「明の里老」という一種の理想像に引きつけて理解、説明する。情報源は張徳彝でありながら、その理解・説明は劉錫鴻・『英軺私記』においてなされたことなのである。

西洋のすぐれた事物を評価するにあたって、それが元来つとに中国にも存在していた、とするこうした論法は「附会説」と称する。これは従来から洋務・変法思想の特徴と連続性を論ずる重要なポイントをなしてきた。[19]『英軺私記』は遅くとも一八八〇年代初頭の著述であるから、そのかなり早い例だということになる。そして劉錫鴻が変法につながる、という議論も、この「附会説」の存在に拠っているわけである。

そもそも洋務・変法思想において、いわゆる「附会説」はおおむね、西洋の事物は中国にもあったのだから、中国にとりいれてもさしつかえない、という方向に作用するものとみなされている。しかし『英軺私記』の場合は、逆である。西洋の事物はすぐれたものでも、中国にあったものだからそれを復活させればよく、とりいれるにはおよばない、ましてや、すぐれていない事物は、中国に導入してはならない、という論旨になる。

「仲中抑西」の主張

そのあたり、②をみるとはっきりする。②はつとに「仲中抑西（中国をもちあげ西洋をおとしめる）の詞[20]」ともいわれたくだりで、その代表的な事例をあげよう。光緒三年二月二十七日（一八七七年四月一〇日）条、63「與井上馨談寶藏」、当時ロンドンに留学していた日本の前大蔵大輔井上馨との会談である。拙訳を引こう。

井上馨が来訪し、正使の郭嵩燾といっしょに面会した。「中國には資源（寶藏）がじつに多いのに、どうして捨て置いたままにしているのですか。西洋のやり方にならい、改革してはいかがですか」と井上がいうと、正使が答えないうちに、わたしが言った。

「あなたが戸部（大蔵省）をとりしきっておられたとき、戸部の弊政を改革なさいましたか」

「改革したいと切望したのですが、だれもついてきませんでした」

「それは何も、みな好んで妨げたわけではありません。祖宗の制法にはいずれも深意があります。長い年月のうちには、どうしても弊害がおこってきますが、それはすべて私心で法をそこなおうとする人のせいです。大臣たる者、できるのは、もともとの制度の意図を研究して、全力で実行し、元来にはなかったものをいっさい排して、すべてをもとのとおり還元するしかありませんが、それでただちに治世が回復します。改革をやれば人々を驚かせて混乱をまねき、内乱さえ生じかねません。我が中朝は貴国を戒めとせざるをえません。金・銀・石炭・鉄鉱などは確かに利がありますが、害もあるものです。聖天子があくまで求めるものではございません」。井上はうなづくばかりだった[21]。

これだけを読むと、劉錫鴻が辯舌をふるって、井上を説服したようにみえる。しかしその発言がその時、このように発せられたものだったかどうかは、疑問が残る。

というのも、『英軺私記』が主たる取材源とする『四述奇』の同日条には、日本の「戸部」の改革がうまくすすまないことを詳述した井上の発言しかない。[22] いっぽう「正使」の郭嵩燾が記したこの日の日記は、イギリスの税制が話題となり、劉錫鴻が「此の法は誠に良い。しかし民主の国でなければとても実施できるものではない。西洋が長く繁栄しているのは、君民兼主の国政の故だ」と述べた、と伝えている。「至允なり」と郭嵩燾が評したこの発言[23]は、後述するかれの考え方からしても、大いにありうることだが、イギリスの税制を述べたこれと同じ記事は、『英軺私記』では光緒三年二月十五日条、58「井上馨談學西洋」にくりあがっていて、劉錫鴻じしんの考え方をうかがわせる記述もない。[24]

以上のどれが当時の真相に最も近いのか、今のところ知るすべはない。いえるのはただ、二月二十七日の劉錫鴻の発言が『英軺私記』独自のものであり、劉錫鴻じしんの考え方をそれだけ積極的に打ち出している、という事実である。

まとめてみると、②における劉錫鴻の意見は、祖法・「聖天子」こそが尊いのであり、それに反する西洋のやり方は不可だ、というにある。ひるがえって、①も附会の論理を通したものであり、祖法・聖人の意にかなっているからこそ、評価に値することからすれば、①②とも同じく、根源的な評価基準が祖法・聖人の法にあることがわかる。西洋の事物に賛成するにせよ、反対するにせよ、その点は動かない。

『英軺私記』における①と②の併存は、そうしたところに由来する。もっとも、全体的な筆致をみるかぎり、①より②のほうが顕著で、劉錫鴻じしん積極的である印象はいなめない。では、それはどこに由来するのであろうか。

三　劉錫鴻の論理

そこで、『英軺私記』独自の記述をいくつか集めてみよう。まず光緒二年十月初十日（一八七六年一一月二五日）条、3「観格致書院後」。フライヤーが上海で創設したShanghai Polytechnic Institute and Reading Roomに「格致書院」と命名したことへの所感で、これまでも、劉錫鴻の思想を典型的にあらわす、とされてきた代表的な文章である[25]。

『大学』のいう「格致」とは、道をなすゆえんであって、器をなすゆえんではない。……西洋各国が富強だといわれて以来、論者はその政治の根柢をろくに調べずに、その富強とはじつに製造によるものだと考え、かくして西洋かぶれの学者は、……書院を建てて機械をすえつけ、しかもそれに「格致」と名づけた。どうやら『大学』の条目を借りて名前を美化し、学生を集めようということらしい。しかしこれはおいそれと借りることのできるものではない。……いったい政令を追究せず、民生も救済せずに、ひたすら船炮・機械にたのむだけで、天下を治めることができようか。それなら、西学はぜったい研究してはならないのか、といえば、それもちがう。いわゆる西学とは、けだし工匠技藝のことなのである。だから「格致書院」の名はやめて、「藝林堂」と名づければよい。すぐれた工匠をあつめて督励し、製造の追究に専念させ、政府の役に立たせるようにすれば、「百工肆に居る」（『論語』子張）のと同じで、これなら義にもかなっている。そもそも士大夫が自らその身心をおさめ、世の中をきちんと治めれば、武器に不備があったとて、工匠に命じてつくらせればよく、何も自分で製造する必要はない。どうしてそれを「格致」だとみなすのか[26]。

ここでは、その論理構成に注目したい。つまり「道」と「器」とは、判然と分かれるのが正しいとして、それを前提に論をすすめるところである。この「道」「器」分離は、「中学」と「西学」、「士」と「庶」の分離にむすびつき、

「道」＝「中学」＝「士」、「器」＝「西学」＝「庶」という関係になる。とくに「西学」は「工匠技藝」のことにすぎず、士大夫のなすべきものではない、というところ、たとえば、著名な倭仁の反「洋務」論[27]にひとしい。そしてこの点が、当時「洋務」の実践をとなえ、「道」と「器」、「士」と「庶」の架橋・接続をうったえていた李鴻章ら[28]とは、截然と異なっているのである。

こうした論理をいっそう展開した議論をみよう。光緒三年二月二十八～三十日（一八七七年四月一一～一三日）条、65「觀電學有感」。「電學」「熱學」「氣學」「光學」を紹介してのコメントである。

これらはすべて英人のいわゆる實學であり、中國聖人の教を空談無用とみなす。中國の士大夫にもこの説に惑溺し、往々にして附和する者がいるので、説明したい。かの實學とはすべてつまらない雑技である。一器を製ることのできる効用はあっても、たかが知れたものだ。……中國は秦・漢から元・明にいたるまで、その教を修めれば治まり、その教を淪てれば乱れる。治まったときは、遠方から海を越え徳化を慕って来るので、仁義の風が四裔にまで及んでゆく。乱れたときは、利をもとめ力をたっとぶ人が多くなって、天下が紛糾する。……

いま西洋では、貧窮を救うのを美挙だとする風習があって、これは仁の一端にほかならない。また信義を守るのを重要だとする風習もあって、これは義の一端にほかならない。……そうでない者がひたすら雑技を研究して、利益が目的の船車や殺人が目的の火器の数量と精巧さを競うようになり、これを富強だと思い込んでいるが、それがとりもなおさず有用の實學であるといえようか。

……ともあれ聖人は、乱のおこるのを未然に防ぐために雑技を禁じ、治の根本を打ち立てるために仁義を掲げられ、これで道は堅固に定まって万古不易のものとなった。外国で無用だと思われているものは、じつは無用の大用というべきものなのである[29]。

劉錫鴻の論理に照らせば、世上にいわゆる「實學」とは、「つまらない雑技（雜技之小）」で「器を製」るにすぎず、中国で「西學」と称するものも、これに相当する。それを「富強」につながる「有用の實學」だというのは、まちがった認識だとみなす。そしてかれは、西洋にも中国と同様の「仁義」があり、西洋のあるべき「富強」は、その「仁義」にのっとったものであることを指摘する。『英軺私記』で西洋事情を讃歎した記事は、『四述奇』によるかどうかにかかわらず、すべてそこに関係しているといってよい。

そこで傍線部に着目すると、「中國聖人」の「仁義」が「治」の根本であるのが、万古不易の「道」であって、その「治」が実現すれば、「四裔」へ「仁義」がおよんでゆき、あるべき外国との関係が実現する、という観念があることがわかる。この点、かれのいわば「道」＝「仁義」至上主義が、いかに対外関係とむすびついているかを示していて、重要である。

そのあたりをくわしく説明してくれるものとして、光緒三年四月十五日（一八七七年五月二七日）条、76「與波斯《ペルシア》藩王論強弱」という会談記事の一部を引こう。

……「中國がいまカシュガルと交戦しているのは、ロシアを利するだけである。世界の大勢をみるに、ロシアとイギリスの強さは底が知れない。衰勢にある貴国と我が国は、その圧力をうけており、近いうちにきっと併呑される。英露どちらに併呑されるかがわからないだけなのである」

「まったくの誤りだ。〈天道は盈を禍《わざはい》して謙に福《さいはひ》す〉（『周易』謙）。貪欲あくなきロシアでも、魂までは奪えず、ナポレオンの滅亡のように、にわかに衰滅させられることを知るまい。強弱勝敗は常ないものである。大清は二百年もの間、その威は四裔にゆきわたったが、咸豊・同治年間より内乱がおこって、財力が次第に苦しくなった。朝廷は民の命を大事に思って、対外的に武威を誇るようなマネは慎んだので、弱体化したようにみえたかもしれない。いま天下はきれいになり、西辺平定をおもむろにすすめつつある。武功が成ったあかつきには、政教に専心して、数年のうちに綱紀は大いにひきしまり、国威も自ずからふたたび振るうようになろう。貴国の君臣も発憤すればそうなれるはずで、一時的に強盛な国に蚕食されるがままにはなるまい」

「中國の孔子の教えは、利を言うのを禁じ、力をたっとぶのを戒めており、二の足をふんで退くばかり、勇敢に進むことを知らない。だから国が弱体化しやすいのだ」

「いよいよ間違っている。孔子が利を言うのを戒めたのは、財を搾取して民を苦しめるからであり、力をたっとぶのを禁じたのは、強さにたのんで悪逆のかぎりをつくすからである。食糧と軍隊を充足させるのだから、国を治めるには、富強につとめないわけはない。ただし富強をもたらすには、中庸をえた仁義をよりどころとするから、その教が万古不易となるのである。中國の歴代王朝が強盛になったのも、このためであり、我が大清の乾隆以前、遠方から海を越え徳化を慕って来たのも、やはりこのためである。いまイギリスが仁義を根本として富強を実現したのは、以前から中國に来て、聖人の教えを聞き知ることができたからでもあるのだ。……(30)」

「王」とはイラン近代史上、改革派として著名なミールザー・マルコム・ハーン（Mirza Malkom Khan）で、当時は駐英大使であった。もっとも、例によって、この会見が実際にこの日付にあったかどうかは、なお疑わしい。(31)ただ劉錫鴻は自ら、ロンドンに来てはじめて「辯論を伸ば」した、いわば会心の会談だった、と評しており、(32)かれ自身の意見をつづった記事だとみるのは、さしつかえあるまい。

「孔聖の教」「治」「仁義」「富強」の関係は、上にみてきた論理にしたがっている。そこで傍線部に着目しよう。「乾隆以前」の清朝も、「仁義」にもとづき「富強」を実現し、「國威」は「四裔」にゆきわたり、イギリスも清朝と交わることで「聖教」を耳にし、「仁義」を根本として「富強」をもたらした。イギリス隆盛の源流が、中国の「聖教」「仁義」にあるという、ある意味で典型的な「附会説」だが、それだけにはとどまらない。

中国は現在、たしかに弱体化はしているけれども、回復過程にあり、「國威」をとりもどすことも、そう遠いことでない、という。いわゆる「國威」とは、かれにとって、乾隆時代「四裔」にゆきわたったそれ、外国が「化」を「慕」って、先をあらそってやって来た、そうした対外関係のありようである。イギリスの「富強」が中国に由来する、というのも、その一環であって、つまりかれは目前の対外関係を、乾隆時代と質的に変わったものだとは、必ずしもみなしていなかった。こうした観念がたとえば、先にみたように、今後の対外関係を従来の華夷関係とは同一視できない、とみなす郭嵩燾たちとは、あざやかなコントラストをなす。

四　渡欧の前後

劉錫鴻のこうした対外観念は、もとよりイギリスに来てから、だしぬけにできたものではない。その胚胎・粗型はすでに渡英以前にみられる。その一年前、光緒元年に記した文章に即してみてみよう。

中國が空虚なのは、船・砲がないからではなく、人・財がないからだ。すべて政教の過ちなのである。(33)

短いセンテンスながら、中国が危機的な情況にあると認識し、とりわけ人材・財政に問題があるとした点、重要である。これは凡百の「洋務派」ないし「清流」とは異なって、むしろ李鴻章や郭嵩燾らの認識と共通する。

また西洋の国家を評して、商人が政治に参与し、商力で軍隊を維持し、君主は「郷里中の富室大家」とかわらない、とみなす。他方で「尊卑貴賤、禮制殊に嚴しく、士農工商、品流各別なる」中国では、「賤」しき商人は政治・軍事に参与しえない、と断じ、両者は「情形がまったく異なり」、「夷狄の道はなお中國に施すことはできぬ」と論ずるのである。(34)

これも凡庸な観察ではない。西洋と中国を比較して、両者は同質の優劣という関係にあるのではなく、まったく性質が異なる、という所説は傾聴に値する。つとに西洋と中国の政治制度・社会構造の根本的なちがいに気づいていた、ということができよう。

ただしかれ自身にとって、中国にとって、いずれがよいのか、という問題設定がやはり存在する。そこで「夷狄の道」という表現はみのがせない。あえて「夷狄」と「中國」とを対置するところ、かれはいわゆる華夷思想、中国を尊しとし外国を軽んずる、という意味でのそれを、確乎と有していた。そこで外国に言及したくだりを、ひろってみよう。

中國が空虚なのは、船・砲がないからではなく、人・財がないからだ。すべて政教の過ちなのである。政教が失われたからには、外国だけ心配していればよいわけはない。……だから人は外患を憂慮するが、わたしは内憂が心配なのである。[35]

外・兵器よりも内・政治を重視すべし、というのは、たしかに後の変法論とも共通する論点である。[36]けれども、それればかりではない。

劉錫鴻は、西洋諸国が中国に使節を派遣するたび、武力行使をしない、と言うのに注目し、中国併呑の野心はないとみる。また「西夷は遠く重洋を隔て」るので、数万里を越えて「華夏を併有」するのも無理だという。[37]西洋の中国侵略は、その気がないばかりか、不可能でもある、との判断である。対外的な危機意識というものが希薄なのであって、つまりは内の重視という以上に、外の軽視である。ここが李鴻章や郭嵩燾らと異なるところであった。

もとより李鴻章たちにしても、西洋がすぐに中国を侵略する、併呑する、と説いていたわけではない。しかし西洋が現実に武力で優越することを認識し、何よりまず、その武装・技術を中国も有さなくてはならない、と考えたところ、外への重視・憂慮が顕著である。そしてそれを支えるのが、国内の制度であることも、十分にわきまえていた。

ところが劉錫鴻には、この感覚が欠落している。対外的なリアリズム・危機感をもたない以上、武器や技術への関心ももちえない。それが「道」「器」（＝「中学」「西学」＝士庶）を分離し、「道」が優先する、というみかたになってあらわれた、といえよう。

そうした考え方は渡欧して、いかほど変わったのか。以下は『英軺私記』光緒三年二月初三日（一八七七年三月一七日）条、53「總論英國政俗」の冒頭・末尾の文である。

倫敦に到りて兩月、其の政俗を細察したるに、……閑官無し、游民無し、上下隔閡の情無し、殘暴不仁の政無し、虚文相應の事無し。……徒だ富強を以て能事と為すのみならず、誠に未だ匈奴・回紇《ウイグル》を以て之を待つべからず矣。[38]

である。

渡欧以前にヨーロッパを「夷狄」と呼んでいたことからすれば、これを「認識上の一大変化」、甚だしきに至っては、「「敗北」宣言」という向きもある。[39] 確かに渡英以前と比べると、ヨーロッパに対する評価は上がった、といってよいだろう。[40] ヨーロッパにも「道」があって、それが結果として「富強」をもたらしていることを悟ったからである。

しかしながら、そのヨーロッパと中国との関係をかれ自身どうみていたか、といえば、乾隆以前と質的にかわらない、としていて、渡欧以前の対外観と本質的に同じだった。なればこそ、実地に見聞し、讃歎をおぼえた西洋の事物があっても、それを積極的にとりいれる態度にはなりえない。「夷狄の道」ではなく「華夏」の「道」が優先し、附会《こじつけ》をせざるをえず、しかも洋務・変法になりえないのである。[41] そうした目前の欧米との関係に対する意識の低さのためであろうか、具体的な対外交渉に関わる記事が、『英軺私記』にはほとんどみえない。

以上のようにみてくると、『英軺私記』も『使西紀程』と同じように、著者劉錫鴻の渡航赴任以前からの思想が色濃く出ている著述だといえよう。それでも後にくりかえし刊行、引用されたのは、劉錫鴻の観念をふくみながらも、それ以上に当時の西洋事情を伝えるものだとみなされたためである。

そうした点、『英軺私記』をとりまく事実関係は、複雑である。思想研究でこれを使う場合はもとより、歴史研究の場合もそこに十分、目くばりをしなくてはならない。

補論1　志剛『初使泰西記』
――中国の岩倉使節団とその記録

箱田恵子

はじめに

『初使泰西記』――その名のとおり同書は、清朝が〝初めて〟欧米諸国に派遣した外交使節の記録である。[1] 一般にバーリンゲーム使節団として知られるこの外交使節団は、同治七年二月初三日（一八六八年二月二五日）に上海を出発したのち、アメリカ、イギリス、フランス、スウェーデン、デンマーク、オランダ、プロイセン、ロシア、ベルギー、イタリア、スペインの順に条約締結国を歴訪、世界周游の旅を終えて北京に帰り着いたのは同治九年十月二十六日（一八七〇年一一月一八日）であった。訪問国の多さやその経路、三年弱に及んだ派遣期間の長さなどは、同時期に日本が派遣した岩倉使節団を連想させるものであり、実際、両者を対比する研究もある。[2] だが、岩倉使節団が西洋諸国の富強と日本の遅れを政府上層部に痛感させ、西洋化改革を急がせたのに対し、バーリンゲーム使節団が帰国した同治九年は中央政府主導による西洋化改革が挫折した年であった。[3]

バーリンゲーム使節団の主目的は、第二次アヘン戦争後の中国において駐華外国公使らが提唱していた「協力政策」に対し、その本国の支持をとりつけることにあった。「協力政策」とは、二度のアヘン戦争のように武力によって清朝に急激な西洋化改革を迫るのではなく、英米仏露の四ヵ国公使が対清政策において協力すると同時に、かれらが清朝政府の和平派（軍機処および総理衙門を主宰する恭親王ら）と協力しその友好的な諮問機関となることで、清朝自らによる漸次的な西洋化改革＝「進歩」を促すという新しい対清政策である。「同治中興」の背景となったこの「協力政策」は、天津条約（一八五八年）の十年目の改訂交渉を控え転機を迎える。条約改訂交渉においてさらなる門戸開放・西洋化改革が要求されることを憂慮した総理衙門は、そうした要求を回避すべく、条約締結国本国から「協力政策」への支持をとりつけるため、その提唱者の一人であった前駐華アメリカ公使バーリンゲーム（Anson Burlingame 漢名は蒲安臣）を「辦理中外交渉事務大臣」として派遣した。[4]

つまり、バーリンゲーム使節団は、西洋化改革が難しい清朝の現状を直接外国に説明し、急激な改革を強制するような内政干渉を阻止するために派遣されたものなのである。西洋諸国の近代的制度、文物の実地調査とその摂取方法の研究を主目的の一つとし、多数の留学生を帯同した岩倉使節団とは、そもそも性格を異にしていた。[5]

ただし、バーリンゲーム使節団の派遣には別の意図も込められていた。それを端的に表すのが、バーリンゲームとともに派遣された清朝官員の存在である。謁見儀礼問題や外交人材の不足から、外国人であるバーリンゲームが使節団代表として派遣されることとなったが、それでも総理衙門が二人の総理衙門章京――志剛と孫家穀――をバーリンゲームと同格の「辦理中外交渉事務大臣」として派遣したのは、かれらを通じてバーリンゲームの交渉活動を把握しこれを監督するためであると同時に、清朝官員に対外交渉の経験を積ませるためでもあった。[6] とくに後者の意義を重視したのが、総理衙門の政治顧問的な存在であった海関総税務司のハート（Robert Hart 漢名は赫徳）である。かれは、清朝官員の視点から使節団について報告がなされることは清朝じしんにとって特別な価値を有し、その経験は清朝による在外公館設立を促す上でも重要だと考え、清朝官員の同行を勧めたのである。[7] そして、この清朝官員自らの視点による使節団の報告こそ、志剛の『初使泰西記』にほかならない。[8]

それでは、志剛はバーリンゲーム使節団の任務とその成果をどのように認識し、記録したのだろうか。そしてそれは、清末中国においてどのように受け止められたのだろうか。

『初使泰西記』の性格について、近年の研究は清朝官員の西洋観・文明観の検討に重点を置く傾向にある[9]が、志剛が上記のような経緯で派遣されたバーリンゲーム使節団の代表の一人である以上、『初使泰西記』もまたその報告書として、かれが「協力政策」や外交使節の意義をどのように認識し記録していたのかを確認する必要があるだろう。

また、『初使泰西記』には、異なる時期に志剛以外の人物によって編集・刊行された二系統の刊本しか残っておらず、志剛本人の思想を検討するには史料的な制約がある。むしろこの二系統の刊本の比較・検討を通じ、志剛の出使記録が清末の中国社会においてどのように受け止められたのかを考察したほうが、史料状況に即しているだろう。

ここではまず、志剛の出使記録が整理・刊行された経緯と、二系統の刊本のそれぞれの史料的性格を明らかにすることとする。ついで、バーリンゲーム使節団の報告書として、志剛が「協力政策」や使節団の使命をいかに認識し記録していたのか、二種類の版本それぞれの性格に留意しながら確認することとする。

一　『初使泰西記』の刊行とその内容

『初使泰西記』の刊行と二種類の版本

まず、バーリンゲーム使節団の代表の一人として、清朝の最初の欧米諸国への外交使節となった志剛とはどのような人物であったのか、その経歴を確認したい。とはいえ、志剛に関する史料は少なく、その生卒年も明らかではない。『清代官員履歴檔案全編』や『清史稿』などの史料から分かるのは、字は克庵、満洲鑲藍旗人で、同治四年（一八六五）に四十七歳であったこと、総理衙門総辦章京、記名海関道であった同治六年十二月初二日（一八六七年一二月二七日）にバーリンゲームとともに欧米諸国への外交使節に任ぜられ、帰国後は、同治十～十二年に烏里雅《ウリヤ》蘇台《スタイ》参賛大臣代理、同治十三年～光緒四年（一八七四～七八）に庫倫辦事大臣を務めたことである。(10) また、病気を理由に庫倫辦事大臣を辞したのち、ほどなくして俗世を捨てて山寺に隠棲したことが、総理衙門章京であった袁昶の日記より窺われる。(11)

総理衙門総辦章京を務めた旗人官僚として、対ロシアの交渉・貿易管理の実務を職掌する庫倫辦事大臣に任じられたことは、かれの能力や出使経験が評価されていたことを示すだろう。だが、バーリンゲーム使節団の派遣は、結局は「協力政策」の抱える矛盾――中央政府主導による清朝の自発的改革＝「進歩」の可能性に期待する在華外国人の認識と清朝の実態との乖離――を暴露し、総理衙門やハートらをそれぞれの意味で失望させた。(12) さらに使節団が帰国してみれば、「協力政策」に基づいたオルコック協定へのイギリス政府の批准拒否と天津教案の発生により、北京の政治的雰囲気は出発前と大きく異なっていた。いわゆる「同治中興」の終焉であり、これ以降、洋務は地方を中心に展開されていく。(13) こうした情勢の変化を受け、かつてハートが期待したはずの志剛の記録も、すぐに刊行されて朝野で広く読まれるということにはならなかった。この点、岩倉使節団の報告書である『米欧回覧実記』が政府によって大々的に刊行されたのとは、まったく対照的である。(14) また、バーリンゲーム使節団に先立つ同治五年（一八六六）に総理衙門は京師同文館の学生らを西洋視察のために派遣したが、その記録である斌椿の『乗槎筆記』が同治八年に刊行されたさい、総理衙門大臣の董恂が題字を寄せ、該書が官界でそれなりに読まれていたのと比較しても、外交使節の派遣、ひいては洋務をめぐる状況の変化が窺われる。(15)

現在われわれが目にしている『初使泰西記』は、私人の手によって編集・刊行されたものであり、主な版本には同治十一年避熱主人編次・光緒三年刊本『初使泰西記』四巻と、且園主人編次・光緒十六年序刊本『初使泰西紀要』四巻の二種類がある。[16] 先行研究で使用されてきた『走向世界叢書』所収の『初使泰西記』（以下、『走向世界叢書』収録本とする）は、両者を合わせて校訂し、前者をベースとして後者にのみ見える記述を加えたものである。[17] ただし、前者にあって後者では削られている記述もあり、それらは『走向世界叢書』のような校訂の仕方では無視されてしまう。また、このような校訂方法は、各刊本それぞれの性格を曖昧にし、その編集意図を見えなくさせるなどの問題があり、[18]『走向世界叢書』収録本の利用にはこうした点を留意する必要がある。[19] 光緒三年刊本『初使泰西記』と『初使泰西紀要』（以下、前者を光緒三年刊本、後者を『紀要』とし、志剛の出使日記の総称としての『初使泰西記』とは区別することとする）の違いについては後述するが、ここでは『初使泰西記』が刊行された経緯を確認したい。

光緒三年刊本の序文によれば、該書刊行の経緯は以下のようになる。編者の避熱主人はかつて斌椿の『乗槎筆記』を読んだが、西洋について釈然としない感想を抱いていた。同治十一年（一八七二）に烏里雅蘇台で志剛から出使記録の原稿を借りて読んだが、その原稿は「公牘のほか、旅程を記録したり風土を記したり、時には論説があったりと、その記述は雑多で順序立っていなかった」、そこで「世道人心（世上の道理と心情）、民生國計（人々の生活や政府の財政）に関わる内容を抜粋」し、これを息子の宜垕に送って読ませ、その見聞を広めさせることとした。同治十三年に漠北より戻ると、先に送った原稿が校訂を経て版木が用意されていたが、その後、息子が亡くなったため、避熱主人がその意志を継いで刊行したという。また、避熱主人は志剛の記録を読んで西洋に関する疑念が氷解したとも述べている。なお、『小方壺齋輿地叢鈔』所収の『初使泰西記』は「滿洲宜垕纂」としており、[20] このため『西學書目表』や『增版東西學書錄』なども『初使泰西記』の撰者を「宜垕」としている。[21]

以上のように、光緒三年刊本は、西洋に関する情報を求めていた避熱主人が、志剛の原稿のなかから重要と思われる事柄を抜粋して編集したものである。なお、光緒三年（一八七七）といえば、郭嵩燾の『使西紀程』が総理衙門より刊行されたものの、すぐに保守派の弾劾を受けた時期ではあるが、一方で翌光緒四年には李鴻章の序を冠する李圭の『環遊地球新録』が刊行されるなど、西洋情報が求められていた時期でもある[22]。

一方、且園主人編次『紀要』の松齢の序文(光緒十六年五月付)は、その刊行について次のように述べている。光緒十六年(一八九〇)の春に松齢が志剛と会ったさい[23]、志剛が自ら著した『初使紀』を取り出して序文を求めたという。ただ、序文の結びに「この書の原稿は散逸してしまったが、幸い且園主人の編次によりようやく出版の運びとなったと知り、この紀行が広く海内に伝わることを願う」とある。なお、『紀要』の封面には「光緒戊子春月」、すなわち光緒十四年春の「開雕(版木に彫り始める)」とある。

光緒十四〜十六年といえば、光緒十三年の『小方壺齋輿地叢鈔』の刊行をはじめ、出使日記への関心が高まっていた時期であり、この時期に志剛の出使記録が改めて整理編集され、刊行されたわけである。二十年前の出使記録であるため、『紀要』にはこの間の状況の変化を踏まえた編集が施されている。たとえば、出発前の召見において、志剛が出使先で自分たちのほうから相手国君主への謁見を求めるつもりはないと答えた部分には、「この当時、外国使節の謁見の儀礼はまだ定まっていなかった」との補足説明が加えられている[24]。また、訳語の変化や西洋知識の増加を反映し、西洋の事象の説明がより分かり易い表現に改められている[25]。志剛が出使した当時の記述そのままではなく、刊行当時の時代性を反映したものとなっているのである。

このように、光緒三年刊本と『紀要』は異なる時代環境のなかで編集・刊行されたものであるが、内容の上でも大きな相違が認められる。次に両書の内容的な差異から、それぞれの性格を探ってみたい。

光緒三年刊本と『紀要』の差異とそれぞれの性格

出使関係者たちがガイドブックとして歴代の出使日記を読んでいたことは、総論で述べられているとおりであるが、一八八〇年代後半に駐米公使を務めた張蔭桓もまた志剛の出使日記を読んでいたことが、張の『三洲日記』から見て取れる。すなわち、巻三、光緒十三年二月二十三日条で「志克庵の日記[26]」を評して「克庵のこの日記は、各国の製造工業に詳しい。造船・銃砲・農具・貨幣鋳造・水道・ガス灯、また絨毯・布匹・絹織物、樹脂や器皿など、精細に記載されている。これを数学と合わせて応用すれば、大きな裨益があるだろう」などと述べている。時期から考えて、張蔭桓が読んだのは光緒三年刊本と思われるが[27]、軍事から日用品に至るまで、西洋の科学技術や製造業を幅広く調査し、詳細で有用な記述を含む洋務研究の著作として、張蔭桓がこれを高く評価していることが分かる。なお、志剛が西洋の科学技術を熱心に調査していた様子は、当時・現地の新聞記事からも確認できる[28]。

一方、近年の研究は、『初使泰西記』の西洋科学技術に関する記述の詳細さを認めつつも、志剛があくまで伝統的な儒教思想を基準にして西洋文化・社会を批判していた点をより重視している。たとえば、尹徳翔は「『初使泰西記』のあらゆる内容のなかで、最も人目をひくものは、西洋科学技術と製器に関する詳細な記述である」と認めつつも、しかしそうした西洋科学技術への実用的観点からの詳察の一方で、志剛は西洋に対する文化的優越感から、あくまで伝統的な儒教思想に基づいて西洋の学術や社会風俗、政治制度を認識し批評したこと、それゆえ西洋の文化・風俗に対し否定的な評価が目立つことを指摘している[29]。

ただ、ここで注意が必要なのは、尹徳翔が依拠しているのは二種類の版本を合わせて校訂した『走向世界叢書』収録本であり、かれが志剛の伝統的観念による西洋批評として列挙する事例の過半は、実は『紀要』にのみ見られる記事・記述だということである。

これは、裏を返せば、光緒三年刊本はそうした伝統思想に基づいた西洋批評の多くを収録していないことになる。『紀要』にあって光緒三年刊本に見えない記事・記述は多岐にわたり、編者がそれらを収録しなかった理由も一つではないだろうが[30]、そうした取捨選択に「世道人心、民生國計」に関わるものを抜粋したという避熱主人の編集方針が反映されていよう。そしてそれは同時に、記録者である志剛本人の西洋観とは必ずしも関係なく、西洋じたいを知るための情報源としてその出使記録が受容されていたことを意味する。このあたり、劉錫鴻の『英軺日記』に対し、劉錫鴻の評論部分ではなく、西洋情報の部分を中心として抜き出した薛福成の姿勢と共通するものがあり、西洋事情の情報源としての出使日記の位置づけを窺わせる。[31]

一方、『紀要』は西洋批評の記事を多く含むが、ではそれは『紀要』のほうが志剛の原稿に近く、かれの出使時の西洋観をより正確に反映しているということなのだろうか。この点について、『紀要』の刊行じたい、光緒三年刊本や『小方壺齋輿地叢鈔』収録本が志剛の意図を十分に反映していないことを受けてのものだった可能性も考えられなくはない。ただ、先にも述べたように、『紀要』はやはり原稿そのものではなく、一八八〇年代後半の時代性を反映したものとなっており、西洋観に関わる部分にもそれは認められる。これについて少し詳しく見てみよう。

『紀要』にのみ見える記事・記述には、志剛が西洋の文化・風俗を中国古典に基づいて論じたものが多く、いわば附会的な議論である。もっともその多くは、清朝官僚の最初期の西洋体験らしく、はじめて見聞きする西洋の事象を中国の古典に依拠しながら捉え論評したもので、一八八〇年代後半以降に顕著な、中国古典の理想を近代西洋に投影させて改革を正当化するためになされた「附会説」と同じなわけではない。ただし、中国古典と近代西洋との共通性を強調するように記述の書き換えが行われた形跡が認められる。

たとえば、西洋では避諱の習慣がないとの記述について、光緒三年刊本と『紀要』では日付も字句も異なっているが、とくに『紀要』の方には「西洋諸国で諱を避けないのは、また古の道の実践であろうか」との表現があり、中国古典との共通性が強調される文面になっている。[32]このほか、プロイセンの婦人が国民はみな国王を愛していると語り、志剛に衝撃を与えたというエピソードについて、『紀要』にはそうした君臣関係を『礼記』檀弓下にある司城子罕の故事と重ね合わせて論じ、プロイセンの覇権の基盤として捉える記述がある。[33]この附会的部分がそもそも原稿にあったものか、あるいは『紀要』の編集において追加されたものかは分からない。ただ、先述したように、『紀要』は刊行当時の読者を意識して編集し直したものであり、後述するように意図的に削除された記事もある。このことから、『紀要』に見える、西洋の事象を中国古典に引きつけて説明するさまざまな附会的記事・記述は、それがもともと原稿にあったものであれ、あえて残されたことを重視すべきであり、やはりそこに刊行当時の時代思潮との関係を指摘することができよう。

要するに、洋務の必要性を認識する者がなお少数であった時期に編集された光緒三年刊本のほうが、西洋をそれ自体として捉えようとしているのに対して、一八八〇年代の対外的危機の連鎖を背景に、以前の守旧派も含めた幅広い層で洋務および出使日記への関心が高まりつつあった一八八〇年代後半、すなわち『紀要』の編集・刊行時では、伝統的思想との関係性がより意識されることとなっていたのである。同じ志剛の出使日記でありながら、時期によってその受容のされ方は異なっていたのであり、また、そうした出使日記の受容のあり方から、それぞれの時期の西洋や洋務に対する意識、時代思潮を窺うことができよう。

時代状況の変化といえば、諸外国との関係の変化もまた、二種類の版本に内容的な差異をもたらしている。次に、バーリンゲーム使節団の任務や対外関係に関わる記事が両版本においてどのように扱われているかを確認したい。

二　外交使節団の報告書としての側面

交際について

清朝初の欧米諸国への外交使節団の記録らしく、『初使泰西記』は相手国との交際・交渉に関しても比較的詳細な記述を含んでいる。

まず交際に関しては、訪問国の元首への謁見の儀礼、信任状捧呈のさいの相手国元首とバーリンゲームとの応答の内容、晩餐会などの歓迎行事の様子が詳しく記されている。

当時の清朝は外国公使が皇帝に謁見することを許しておらず、バーリンゲームに同行する志剛らも、儀礼に関し慎重な態度をとらねばならなかった。その一方で志剛は、清朝官員として実際に見聞した西洋諸国の外交儀礼を詳細に記録するとともに、それが両国の友好関係の維持・発展を願うものであり、交渉とは区別されるものであることを記している[34]。

また、外政担当者と駐在外交官との日常的な交際の意義についても言及している。当時の清朝の官界では、駐華外交官との交流を忌避する風潮が根強く、そのような排外的姿勢の是正がわざわざ条約に規定[35]されなければならない状況であった。そうしたなか、志剛はアメリカ国務長官シワード（William H. Seward）の自宅でのパーティに招かれ、かれが数日おきにそうしたパーティを開いて外国大使らと交流していることを「西洋諸国の慣習とはいえ、誠に深い意味を備えている」と評している。すなわち、「各国事務を総理する者」が、時に各国の信望の厚い大臣と親しく語り合う機会を持ち、打ち解け合うことで、両国に齟齬が生じても腹を割って話し合うこともでき、また、交際の輪のなかに必ず仲裁者が存在する、ゆえに各国は連合しやすいのであり、「これと『人臣に外交なし』の道理とは、その作用を異にする」と[36]。中国の伝統的な観念では、「外交」（＝交際）とは臣下が他国人と通じることを意味し、非難されるべきものであるが、西洋の交際がそれとは異なり、交渉や国際関係に積極的な意義を有することを、総理衙門章京である志剛が認めていることは興味深い。

ただし、『紀要』ではこの後に「もし郭開・后勝の輩がそのなかに参加するなら、どうして危うくないだろうか。使者の人選は難しい」と、伝統的な「外交」観による外交使節派遣への危惧を示す文章が続いており[37]、光緒三年刊本と『紀要』とではニュアンスが異なっている。あるいはこの一文は、総論第四節にも見たような、その設立当初の郭嵩燾と劉錫鴻の対立や、公使以下のスタッフに多数を占めるいかがわしい人材への非難など、その質や存在意義を疑問視されてきた清朝在外公館の現状への皮肉をこめて、後から追加されたのかもしれない。

実は、このような違いは、交渉に関する記述においてより顕著に認められるのである。項を改めてこの点を確認しよう。

交渉について

冒頭に述べたように、バーリンゲーム使節団は各国政府から「協力政策」への承認をとりつけるという外交目的を持って派遣された外交使節であり、それゆえ『初使泰西記』には各国におけるさまざまな交渉活動に関する内容も多い。まず、使節団の具体的な成果として、米清間に締結されたバーリンゲーム条約の全文と各条項の注釈[38]、「協力政策」への承認を伝えるイギリス外務省からの来文[39]といった公文書が引用されており、ロシアに関しては、辺境貿易やイリ問題など両国の懸案事項について、志剛本人がロシア外務省との間で応酬した内容が記録されている[40]。

さらに、こうした成果の背景として、外交使節を派遣して西洋諸国の本国社会に直接訴えかけたことの意義を認めている。すなわち、使節団がロンドンに到着した時には、各地の新聞報道は目先の利益を追求し過度な要求を行う在華外国商人に煽動されていたが、使節団がロンドンの官吏や名士、商人に中国の実情や来訪意図を説明したことで新聞の論調も変わり、以前の偏見も解けたと、西洋本国の輿論に対する使節団の影響を総理衙門に報告している[41]。また、砲艦外交を行った駐淡水領事をイギリス本国政府が罷免したとの報道を引用し、これもまた使節団がイギリス本国政府と直接交渉したことの効果の表れと見なしている。それと同時に、中外の不調和は、私利を追求する在華外国人の私心に端を発するものであるが、そのことを理解しない清朝側も、過剰に拒否するか譲歩し過ぎて侮られる結果を招いているとし、それは互いの本国政府の本意ではないと指摘している[42]。このような西洋本国に対する理解の深化や外交使節派遣による西洋諸国との交流の重要性・必要性の認識こそ、将来の常駐公使派遣への道を開くものとしてハートがこの使節団に期待したものであろう。もっとも、清朝による常駐公使派遣はバーリンゲーム使節団帰国から五年後のことであり、『初使泰西記』の刊行に至っては最初の常駐使節派遣の後のことで、志剛の経験が常駐公使派遣に直接結びついたわけではなかったが。

以上のように『初使泰西記』は、バーリンゲーム使節団の交渉過程や成果を報告するものであったが、光緒三年刊本に比べ『紀要』の西洋諸国や外交に対する評価は消極的である。

たとえば、招工章程（華人労働移民募集に関する規定）をめぐるスペイン外相との会談について、光緒三年刊本が「〔清米間と同様の章程締結を提案した志剛の言葉に〕かれ（スペイン外相）も喜んで承知した」とする部分を、『紀要』では「かれは承知したが、必ずしも心より賛同したわけではない」とする。[43] また、中国との貿易関係の発展を望むベルギー外相との友好的な応酬も、『紀要』では省略されている。[44]

より重大な相違は、バーリンゲーム使節団や「協力政策」の基礎であった米清間の友好関係に関わるものである。

光緒三年刊本の同治七年十二月十二日（一八六九年一月二四日）条には、交渉事務の処理のなかで、外国からの最も無理なこじつけは、もともと条約には規定されていない事柄を指して、それは条約の想定していたことだと言ってくること（「條約意中之所有之一言」）だとし、外国は強要すれば何でもできると考えており、「情理」で論破できるものではないが、「ただアメリカだけは計画が遠大で、一時の利益を争うものではない。他の国々はただ力の強弱を見て従うか背くかを決めており、別に道理などない。この問題に対処する道はそのなかにある」という記述がある。[45] アメリカとはすでに「協力政策」に基づくバーリンゲーム条約を締結しており、西洋からの過度な要求に対処するにはアメリカとの関係を重視すべきとの考えである。

ところが、この一文に対応する『紀要』の記述は、これとは文脈を大きく異にしている。『紀要』では当該文章は同治七年十月初七日（一八六八年一一月二〇日）条に見え、イギリス政府との交渉について総理衙門に報告した四件の「説帖」の後に続いている。その最後の「説帖」は、もし「中國の官民」が条約を遵守し、真面目に対処するなら、条約外の強要には、何人も従う必要はない、条約外の要求はそもそも「政府が認めたものではないからだ」という語で結ばれている。『紀要』ではこれに続いて、「洋務を行う者は、条約外の要求はそもそも各国政府が認めたものでないことを理解していない。このため、西洋人が条約の想定していたことだと言って（條約意中所有之説）、紛糾するのである」などと述べ、条約外の要求は政府が認めたものではないという原則を述べたこの最後の「説帖」が最重要だとする記述がある。(46) ここには、光緒三年刊本に記されていたアメリカへの好意的な評価は見られず、西洋からの過度な要求へは条約を根拠に対抗すべきことが強調されるばかりである。アメリカへの好意的評価の削除は、あるいは一八八〇年代にアメリカで華人移民排斥熱が高揚し、米清両国の間で外交問題となっていたことが関係しているのかもしれない。

一方、ロシアに関してはアメリカの場合とは逆のことが認められる。すなわち、ロシア外務省との間で今後の両国の外交交渉における友好関係の維持が「照會」の形で合意されていたが、この件は光緒三年刊本には見えず、『紀要』にのみ記載されている。(47) この相違には、第4章でみるイリ問題解決による露清関係の変化が影響していると思われる。

以上のように、バーリンゲーム使節団の交渉成果や各国との関係、あるいは西洋の外交に対する認識についても、光緒三年刊本と『紀要』とでは記述に小さくない相違があり、それにより両書の対外事務、すなわち洋務に対する全体のニュアンスも異なっている。ここに、一八七〇年代末から八〇年代における国際環境の変化と、それによる洋務をめぐる状況の変化を窺うことができるだろう。

おわりに

他の出使日記と同様、『初使泰西記』もその執筆背景、あるいは編集・刊行状況とは切り離されたなかで、その内容を思想史研究の文脈から分析・検討される傾向にある。だが、『初使泰西記』には、各国政府との交渉成果や外交使節としての交際に関わる見聞、あるいは通商や伝教に関する民間人との会話や新聞報道の報告など、バーリンゲーム使節団という外交使節の記録としての側面も小さくない。ただし、そうした外交使節の記録が総理衙門によってではなく、私人によって編集・刊行された点にこそ、洋務というものが置かれた状況が表れているだろう。また、異なる時期に編集・刊行された二種類の版本は、それぞれの時代状況を反映して、ずいぶん性格の異なるものとなっていた。両者の違いは、『走向世界叢書』収録本のように、一方をベースとし他方にしかない記述を補う（それも全てではない）というような校訂の仕方で把握できるような単純なものではない。なかには文脈じたいが変化したものもあり、異なった時代背景のもと、異なる性格を持つようになった両書を合体させたところで、それがどこまで志剛本人の原稿に近いのか、ひいてはどこまでかれの思想を反映しているのかは、疑問である。志剛の西洋観を問うのならば、まずは二種類の版本の性格の違いを押さえる必要があるだろう。

ここではそうした史料状況に鑑み、志剛本人の思想の検討よりも、かれの出使記録が清末中国でいかに受け止められたのかを検討し、洋務の置かれた状況の変化を窺う材料として『初使泰西記』の二種類の版本を位置づけた。出使日記の受容・流布という点でいえば、『初使泰西記』の最大の特徴は、清朝の正式な外交使節による記録でありながら、それが他者の編著として流布されたことであろう。他者による刊行という点では、薛福成以前の出使日記も同じであり、本人の意図とは別に編集されることもまま見られたことである。だが、出使者じしんの名を冠することなく、別人の名のもとに洋務の情報源として流布されることとなった点に、出使日記としての『初使泰西記』の特徴と洋務をめぐる状況が表れている。

最後に、そうした状況について、当時の総理衙門が置かれた立場を『初使泰西記』の記述から確認して結びとしたい。

バーリンゲーム使節団がイギリス滞在中に揚州で教案が発生し、イギリスの駐華外交官らは、軍艦の威力を背景に両江総督と交渉を行った。この事態に対し志剛は、通商を重視する西洋諸国にとって、砲艦外交によって通商に損害をもたらすのは、その本意ではないと見なし、さらにイギリス政府が対外交渉の責任者として総理衙門の権限を尊重し、自国の駐華外交官らの「身勝手な振る舞い」を解決せんとしていることを重視し、清朝もこれを機会に、英清両国の情を通じるべきであるとする。清朝を中央集権的国家とみなし、総理衙門を対外交渉の責任者として尊重しようとする外国側の姿勢は、砲艦外交に代わる「協力政策」の基礎となるものであるが、そのように総理衙門の権限が尊重されるということは、地方の対外交渉に対し総理衙門が責任を負うことであった。この点の重要性について、総理衙門章京でありバーリンゲーム使節団に参加した志剛も認識していた。すなわち「中國の執政が地方官を督責するのと、外国の軍艦が各省の督撫を脅迫するに任せるのと、両者を比較すれば、その得失は明らかである」と。しかし、当時の総理衙門が対外交渉の責任を負うには、多くの困難があることを志剛も認めざるを得なかった。つまり、洋務に努めなければ外国に口実を与えることになり、かといって、さらに洋務の実施を大官に「督責」すればいっそうの物議を醸すと。[48] それが本来は洋務の中心であるべき総理衙門の置かれた状況であった。そして、この政治情勢のもとで、洋務のあり方と密接に結びついた出使日記の運命もまた定まっていったのである。

補論2　陳蘭彬『使美記略』
——忘れられた初代駐米公使のアメリカ紀行

青山治世

はじめに——なぜ忘れられたのか

『使美記略』は初代駐米公使の陳蘭彬を著者とする赴任日記である。一八七〇年代後半に欧米や日本など各国に派遣され始めた清朝の常駐公使のうち、初代公使の赴任日記の存在が知られているのは、郭嵩燾（駐英公使）の『使西紀程』、何如璋（駐日公使）の『使東述略』、そして陳蘭彬の『使美記略』の三つのみである。赴任日記のおよその形態は、北京で公使（出使大臣）の任を受けて任国政府あての信任状を受け取り、出国、船旅、任国への入国、相手国の元首に謁見して信任状を捧呈するまでの旅程と、その間の見聞や地誌情報などを、日記体で記したものである。ただ、この三つの赴任日記のうち、同時代に注目されて広く読まれたのは『使西紀程』だけだった。『使西紀程』は代表的な「出使日記」として後世の史家に注目されただけでなく、執筆後まもなく本国で刊行され、清朝の外政機構の趨勢に関わる大きな風波を呼び起こしたことは第1章で詳しくみたとおりである。『使東述略』は、同時代にはほとんど注目を集めることはなかったが、その後の日中関係史研究では繰り返しとりあげられてきた（第7章参照）。一方、『使美記略』は、清末においては、一八九〇年代初頭に刊行された『小方壺齋輿地叢鈔』第一二帙に収録された以外、とくに注目を集めた形跡はなく、後世の史家のあいだでも、華僑史研究を除いてはとりたててとりあげられることはなかった[1]。

『使美記略』はどうして注目されないのか。それはこの日記が読み物としてきわめて地味だからというほかない。ものの評価は概して相対的に決まるものである。この日記が地味だというのも、他の出使日記やアメリカ案内本に比べ、オリジナル性や先駆性に欠け、面白味もないと思われてきたからであろう。

まず、オリジナル性・先駆性についていえば、『使美記略』は清朝の初代駐米公使の赴任日記であるから、本来であれば先駆的な書物として注目されてよいはずである。だが、『使美記略』の登場以前に、アメリカ合衆国について詳しくまたは面白く紹介し、そのうえ広く流布した書物がすでに存在していた。世界地理書では、魏源の『海國圖志』（百巻本の刊行は一八六六年）と徐継畬の『瀛環志略』（一八四八年初刻、一八六六年重刻）、紀行文では李圭の『環遊地球新録』（一八七八年刊）である[2]。

『海國圖志』や『瀛環志略』はむろんアメリカについてのみ書かれたものではないが、『使美記略』で詳しく紹介されるアメリカの地理情報についてはすでにその概要が記されており、『使美記略』に記されるアメリカの地理情報はさほど先駆的なものとは思われなかった。一方、李圭の『環遊地球新録』は、一八七六年に開催されたフィラデルフィア万国博覧会の視察日記で、陳蘭彬がアメリカに赴任した同じ年（一八七八年）に李鴻章の序文を得て出版されたものであり、さらにその基になった文章が、李圭じしんの手によって派遣先から随時、上海の『申報』に寄稿され（一八七六年六月七日～一一月八日）[3]、その中ですでにアメリカ各地の様子が詳細に描かれていた[4]。

『使美記略』がかように地味で面白くない印象を受けるのは、ひとえにこれが公使着任の報告書としてきわめて事務的に作成された「出使日記」だったからであろう。それゆえ、近代中国の西洋観や文明観を読み解く書物としては、これまであまり注目されることがなかったのである。だが、清末外交の制度的な構築プロセスやその変遷を

「出使日記」を材料として読み解こうとする視点からは、この地味で事務的な印象を受ける『使美記略』のスタイルこそ、初期段階の「出使日記」のあり方、さらには派遣開始当初の常駐公使のあり方をも教えてくれる格好の材料となるのである。

在外公使による出使日記の作成と提出が総理衙門の上奏をへて初めて〝義務化〟されたのは、陳蘭彬が北京を出発する五ヵ月ほど前（一八七七年一二月初め）のことであり、『使美記略』はこの「日記規定」にしたがって書き始められた最初の出使日記ということになる。[5] ここでは、〝義務化〟後最初の出使日記である『使美記略』が、どのようにして作成され、またどのような内容的な特徴をもつものなのかを確認し、それを通して、初期段階の出使日記のあり方や受容のされ方、そして（時代の要請に応えられなくなったという意味での）〝寿命〟の迎え方についても考えてみたい。[6]

一　報告用「出使日記」の作り方――公使と随行員の共同作業

まずは、『使美記略』の版本について確認しておきたい。本書でとりあげる「出使日記」の多くは、版本によって内容に大きな出入があり、その各種版本の成立時期や編集目的の違いから、清末外交をめぐるさまざまな背景を読み取ることができる。ただ、ここでとりあげる『使美記略』の現存する版本にはそうした要素は見当たらない。稿本の存在も確認されておらず、ベースになったと思われる陳蘭彬じしんの個人の日記も残っていないし、そもそもかれが日常的に日記を書いていたのかも定かでない。

現在確認できる版本は、単行の排印本（一巻本で出版年・出版地ともに不明記）と前述の『小方壺齋輿地叢鈔』第一二帙所収本の二種類のみであり、両者には字句に若干の出入があるものの、版本の違いを際立たせるような異同は見当たらない。[7] この排印本は発行部数が少なかったようで、中国・日本ともに所蔵している機関はわずかであり、[8] 既存の研究において『使美記略』がとりあげられる時も、そのほとんどは『小方壺齋輿地叢鈔』所収本を典拠としている。おそらく清末の当時においても、『使美記略』の存在が一般に知られるようになったのは、陳蘭彬の出使から十数年後に刊行された『小方壺齋輿地叢鈔』に収録されて以降のことだったと思われる。そもそも単行の排印本が出版された経緯も、『小方壺齋輿地叢鈔』に収録された事情もはっきりしておらず、[9] 出版物（モノ）としての『使美記略』からその作成過程をさぐることは、現状では困難といわざるをえない。そこでここでは、『使美記略』の文章そのものから作成過程を類推することにしたい。

その前に、『使美記略』の著者とされている陳蘭彬の事蹟について簡単に触れておこう。

陳蘭彬（一八一六～一八九五）、字は荔秋（麗秋）、広東省呉川県黄坡鎮の人。広東の典型的な士大夫の家庭に生まれ、咸豊三年（一八五三）に進士に及第し、翰林院庶吉士、刑部主事を経て、一八六九年に曾国藩の幕府に入る。一八七〇年の天津教案では曾国藩に従って事件の処理に参与、曾の両江総督転任に伴って江南に移り、江南製造総局総辦となって洋務に従事する。一八七二年には容閎の提案を受けて曾国藩と李鴻章が推進した中国初の官費アメリカ留学生派遣事業（幼童留美）の初代留学生監督（出洋肄業局正委員）として渡米、副監督となった容閎とともに出洋肄業総局が置かれたアメリカ東部のハートフォードに駐在した。一八七四年、本国政府の命を受け、当時華工迫害が問題となっていたスペイン領キューバに実情調査のため派遣され、その後、本国の総理衙門がキューバ華工問題についてスペイン側と交渉するのを補佐するため帰国する。一八七五年、清朝政府が常駐外交使節の派遣を決定すると、アメリカ・スペイン・ペルー駐在公使（出使美国・日斯巴尼亜・秘魯大臣）の正使に任命され（副使は容閎）、一八七八年になってようやく赴任の途につき再びアメリカの地を踏む。一八八一年に帰国して以降は、総理衙門大臣、兵部右侍郎、礼部左侍郎を歴任したが、一八八四年四月に恭親王奕訢が失脚すると（甲申易枢）、それに伴って総理衙門大臣を罷免され官界を去って帰郷した。晩年は、高文書院で主講を務めるなど広東で教育事

業に尽力する一方、地方志編纂にも積極的に参与し、一八九五年一月に病歿している。(10)

ここまで、『使美記略』の著者は陳蘭彬であるという前提で論を進めてきたが、厳密にいえば、『使美記略』の内容は陳蘭彬ひとりによって書かれたものではなく、そのことは跋文にあたる部分で、陳みずから率直にこう記している。

> 數月來綴述するも寥寥たれば、因りて陳郎中嵩良（參贊、陳蘭彬の甥）・曾主事耀南（曾海、翻譯）・陳丞善言（隨員？　のち在マタンサス領事）・蔡丞錫勇（翻譯）數人の散記する所を取りて、合併參訂し、茲に崖略を存す。

つまり『使美記略』は、陳の「日記」をベースとしながらも、その記述内容があまりにも少なかったために、部下たちが書いた文章を組み合わせて編集したものだというのである。『使美記略』はいわば公使と部下による共同作業で作成されたものであり、その点は、本書でみる多くの「出使日記」と事情はほぼ同じだといえる。ただ、『使美記略』は出使日記の作成・提出が義務化されて以降、最初に派遣された在外公使のそれであるということは、おさえておかねばならない。つまり、陳蘭彬にとっては、義務化以降の見本となるべき出使日記の前例がなかったのである。

では、『使美記略』のどの部分が部下の書いたものなのか。部下の文章を「合併參訂」したことを率直に吐露した陳蘭彬は、本文のなかでも、それが部下の文章であることがわかる〝記号〟をはっきりと残している。アメリカ東部に到着して以降の部分に繰り返し登場する「隨員等、〇〇を往觀し、回《かへ》りて稱するに……」（光緒四年七月十九日条——以下、光緒四年は省略する）、「各隨員、連日〇〇を往觀す。稱するに據れば……」（八月十四日・十五日・十六日条）といった言い回しがそれであり、こうした〝記号〟に続く見聞が、おそらく部下たちが「散記」したという文章をそのまま引用した部分と思われる。「隨員等……回稱」「各隨員……據稱」などと書かれ、部下が書いた文章を引用したと思われる部分には、以下のものがある（［　］は原語）。

競馬［跑馬］（ハートフォード、七月十九日条）
学校・病院・聾唖施設・紡績工場・銃砲工場・墓地［書院・医局・聾唖院・織局・格林炮局・墳地］（ハートフォード、八月十四日・十五日・十六日条）
民兵演習［操閲民兵］（コネティカット州、八月十六日条）
小学校［王家書院］（ニューヨーク、八月二十二日条）
セントラルパーク・博物館・ブルックリン大橋・郵便局・電報局・水道局・砲台（同上）

随行員らの記録であることが明示されているこれらの記述以外にも、『使美記略』全体のおよそ五分の一を占めるアメリカ合衆国の全国概況を掲載した部分（八月二十日条）も、部下が作成した記録に拠っているはずである。[11]ほかにも、陳蘭彬一行がハートフォードに滞在していた時に、陳のもとに謁見に訪れた黄建勲（福州人）から聞いたという、軍艦・暗号・水雷などの海軍に関する詳細な情報が記されているが（八月初四日条）、その具体的な記述内容からみて、この部分は黄から受け取った何らかの文書記録に拠っていると思われる。[12]

こうしてみると、『使美記略』の著者は陳蘭彬とはされているが、分量からみた場合、陳がみずから執筆した部分は全体の半分にも満たないだろう。内容面でも、部下など他人の手になる記録を盛り込んでいなければ、出使日記の体をなしていなかったにちがいない。否、そもそも『使美記略』は、作成と提出が義務化されて以降初めて作られる出使日記だったのだから、常駐使節ではない志剛の『初使泰西記』や騒動を巻き起こした初代駐英公使の『使西紀程』という前例はあったものの、「日記規定」を定めた総理衙門が認め、本国の士大夫にも受け入れられるような出使日記の見本は、いまだ存在していなかったのである。部下の記録を「合併參訂」するという『使美記略』のスタイルは、程度の差こそあれ、他の出使日記にもみられる特徴ではあったが、後述する同書のある種の構成的な〝いびつさ〟は、見習うべき前例がほぼないなかで出使日記の作成を余儀なくされた陳蘭彬の苦心の跡だったともいえるかもしれない。

二　情報の差別化――旅程と構成

『使美記略』は、一八七八年三月一日（光緒四年正月二十八日）に北京で任国政府あての信任状三通を受け取るところから始まり、同年九月二八日（九月初三日）のアメリカ大統領との謁見および信任状捧呈をへて、翌日から一〇月一日（初六日）にかけて、アメリカ国務長官や各国の駐米公使らとの会見を行ったところで終わっている。その間、太平洋の航路、北米大陸の鉄道移動などの旅程について、通過した地点の経度や移動距離も含めて克明に記しており、この点は典型的な赴任日記の形式となっている。簡単にその旅程をまとめておこう（日付はすべて西暦）。

三月二七日　北京を出発。
四月四日　天津に到着。天津では、李鴻章（直隷総督・北洋大臣）、デトリング（Gustav Detring 漢名は徳璀琳、天津海関税務司）らと会見。八日、天津を出発。
四月一一日　上海に到着。同行する随行員らが次々と集まる。沈葆楨（両江総督）、アメリカとスペインの駐華公使（シワード〔George F. Seward〕とエスパーニャ〔Don Carlos Antonio de España〕）らと会見。六月一日、上海を出発。
六月五日　香港に到着。香港では、イギリスの香港総督（ヘネシー〔John P. Hennessy〕）、ペルー駐華公使（エルモア〔Juan F. Elmore〕）らと会見。
六月一三日　広州に立ち寄り、劉坤一（両広総督）らと会見。一七日、香港に戻る。
六月二二日　香港を出発。
六月二七日　横浜に到着。清朝の在横浜総領事（范錫朋）らの出迎えを受ける。二八日、駐日公使の何如璋らと会見。

七月一日　横浜を出発。九日、日付変更線を越える。

七月二六日　サンフランシスコに到着。現地華人の「六會館の商董」[13]らが出迎える。

八月三日　列車に乗りサンフランシスコを出発。随行員のうち、陳樹棠、薛樹煇（耀）、朱和鈞、劉観成らを同地に残す（陳樹棠は後に在サンフランシスコ総領事に就任）。大陸横断鉄道を東へと進む。

八月一〇日　ハートフォードに到着。駐（出）洋肄業総局に入り、現地駐在の容閎（副使）らと合流。

八月二七日　容閎ら、先にワシントンに向かい、駐米公使館の賃貸契約を結ぶ。

九月一六日　ハートフォードでウィリアムズ（S. Wells Williams 漢名は衛三畏、前アメリカ駐華公使代理）と会見。

九月一八日　ハートフォードを出発し、ニューヨークに到着。

九月一九日　ニューヨークを出発し、ワシントンに到着。

九月二六日　国務長官エヴァーツ（William M. Evarts）と会見。

九月二八日　大統領に謁見し、信任状を捧呈。二九日から一〇月一日にかけて各国の在米公使らと会見。

陳蘭彬は初代の駐米公使ではあったが、すでにその経歴でみたとおり、『使美記略』に描かれる陳蘭彬の渡米は、郭嵩燾の渡欧や何如璋の渡日とは異なり、かれにとって初めてのものではなかった。そのためであろうか、赴任の途上に通過した都市や町については、地名とその意味、人口・鉱業などの産業・学校（書院）・役所（衙門）・裁判所（理刑衙門）・銀行・ホテル（酒店）の数や規模などを詳細に記録しているものの、アメリカ社会の文明的な側面について新鮮な感慨が述べられるところはほとんどない。そのほか、アメリカの全国概況について全体の約五分の一にわたって紹介していることは先に述べたとおりである。こうした羅列的な地誌情報の記載が、陳蘭彬の個性によるものなのか、あるいは『使西紀程』をめぐる騒動を意識して、文明論的な記述をあえて避けた結果なのか、そのあたりの事情はわからない。ただ、こうした一見淡白にみえる記述内容が、同時代においても、また後世においても、『使美記略』がそれほど注目されなかった最大の理由であることは間違いない。

では、『使美記略』に掲載されているアメリカを中心とした詳細な地誌情報には、ほとんど価値はないのだろうか。前述のとおり、同書が書かれた時期には、すでに百巻本の『海國圖志』や『瀛環志略』、李圭の『環遊地球新録』が流布しており、アメリカ地誌としての『使美記略』の先駆性は低い印象を受ける。ただ、子細にみれば、『使美記略』はアメリカ合衆国についての当時最新の地誌情報を提供していたことがわかる。

たとえば、一八四八年に刊行された『瀛環志略』の巻九「亞墨利加」では、カリフォルニア、テキサス、コロラドなどの地域はいまだメキシコ領として記載されているが（一八七三年の重版本でも同じ）、『使美記略』ではアメリカ領として紹介されている。一八七八年刊行の『環遊地球新録』（巻四「東行日記」）では、カリフォルニアなどはもちろんアメリカ領として記述されており、東海岸へ向かう旅の途上の見聞も、『使美記略』に比べて全体的にははるかに詳しく、また読み物としても興味深い内容が多い。ただ、『環遊地球新録』は実際に通過・実見した都市や町についてしか述べられておらず、一八七八年当時のアメリカ合衆国全体の地理情報は載せられていない。

この点、『使美記略』の五分の一を占めるアメリカ全国概況は、当時最新のアメリカ情報だった。『環遊地球新録』は、出版後に海関総税務司代理であったブレドン（Robert E. Bredon 漢名は裴式楷）から総理衙門に百部送付され、各衙門・堂官の閲覧に供するよう託されているほか（一八七八年七月一八日）[14]、当時イギリスに帰国中だった総税務司のハートも郭嵩燾に贈っていることから（同年六月二二日）[15]、アメリカに赴任した陳蘭彬にも当然送られていたであろう。[16] つまり、当時においても現在においても、一般の読者であればほぼ読み飛ばしてしまいそうな長文にわたるアメリカの全国概況を、『使美記略』があえて掲載しているのは、『瀛環志略』や『環遊地球新録』などとの情報の差別化を意識するなかで、これが本国に知らせておくべき必要な情報であると、陳蘭彬じしんが判断したからではなかろうか。『使美記略』の構成・内容やその意義については、同時期の中国内におけるアメリカ情報の中身と関連させながらみるべきであろう。

三　アメリカと華人——『使美記略』の重点

『使美記略』には、当時の中国にとって最新のアメリカ地理情報が含まれていた。では、陳蘭彬らは具体的にアメリカのどのような部分に注目したのだろうか。『使美記略』のなかでとくに紙幅が割かれているものには、アメリカという社会がヨーロッパの西洋諸国とは異なることを際立たせるものが多い。その代表的なものがモルモン教といわゆるインディアン（〝ネイティヴ・アメリカン〟）であった。そのほかに多いのが在米華人に関する記述である。アメリカのモルモン教やインディアン、在米華人について中国に紹介したのは、むろん『使美記略』が初めてではない。ただ、『使美記略』にみられるそれらの記述は、従来のものとは異なる情報を含んでいた。ここでは、『使美記略』の記述のオリジナル性がどこにあるのかについてもさぐってみたい。

アメリカという社会

『使美記略』では、その旅程で通過したアメリカ各地の概況について、それほど大きくはない町も含めて数多く記されている。その数はサンフランシスコからワシントンまで、大小あわせておよそ一九五に及ぶ。先行して出版された『環遊地球新録』も、サンフランシスコやフィラデルフィアなどの大都市のほか、西海岸から東海岸にいたる沿路の各都市や町について記述しているが、掲載する都市・町の数は『使美記略』のほうがはるかに勝っている。ただ、『使美記略』は後述のとおり、淡々と各地の情報を記載するところがほとんどで、そうした部分の記述は読み物としての体をなしていない。これも『使美記略』が総理衙門向けの出使報告書であったことに起因していよう。

言及されている各都市・町の概況の中身は、前述のように、地名とその意味、人口、産業のほか、学校・役所・裁判所・銀行・ホテルの数などである。また、華人が居住する都市や町については、その人数やどのような職業に従事しているかも記されている。

アメリカ情報として、とくに紙幅を割いて紹介しているものは、次のとおりである。

水害と治水、気候の違い（サクラメント、七月初五日条）
モルモン教（ユタ準州、七月初七日条）
インディアン（ワイオミング準州、七月初八日条）
ナイアガラ瀑布（七月十一日条）
農機具展覧会（ハートフォード、八月初九日条）

なかんづく紙幅が割かれているモルモン教とインディアンについては、あとで詳しくみることにしたい。また、字数は少ないながらも、著者が注目して紹介していると思われるものには、次のものがある。

陪審制度（とくに女性陪審員について）（ワイオミング準州ララミー、七月初八日条）
学校建設・教師の雇用（ネブラスカ州オマハ、七月初九日条）
市民暴動、保険と賠償（シカゴ、七月初十日条）

そのほか、前述したとおり、『使美記略』には随員・通訳官（翻譯）らが書いた記録をほぼそのまま引用していると思われる部分（競馬・民兵演習・小学校など）が多く含まれている。

『使美記略』はアメリカの政治制度についてももちろん言及している。ただ、『海國圖志』や『瀛環志略』にすでに詳しい説明があるためか、簡単な記述にとどまっており、むしろワシントンに到着し、連邦議会やホワイトハウス、陸軍省・海軍省など、実際に目にしたそれらの建物の様子について語っているところが多い（八月二十三日条）。一方、各省庁や議会などの仕組みについては、詳しい解説がみられる（九月初四・五・六日条）。

アメリカ合衆国を全体としてどのようにみていたのかについては、前述した全国概況（八月二十日条）の末尾に端的に記されている。

> 美國《アメリカ》、各屬・部の肥・瘦等しからざるを除きて外は、各邦は地の多くは沃壤にして、藝《こうぎょう》を樹《た》つること皆な宜しく、東に迤《むか》ふ一帶は尤も上腴《ひよく》を擅《ほしいまま》にす。惟ふに、土廣く人稀《すくな》く、稍稍《やや》墾治せば、粟麥の利已《すで》に以て別洲《がいこく》にも沾漑《そそぎうるほ》すに足り、故に其の人甚だ農に務めず。攻礦（鉱山採掘）・畜牧の外は、商賈最も本務たり。貿易の大なるは、東は則ち布士頓《ボストン》、西は則ち舊金山《サンフランシスコ》、南は則ち紐阿連《ニューオリンズ》にして、而して紐約《ニューヨーク》及び非柱地非阿《フィラデルフィア》、更に貨殖の名區たり。其の製造各局、所在《いたるところ》皆な有り、……書院の大なる者は、則ち哈核《ハーヴァード》の若き、地林尼地《トリニティ》の若き、耶兒《イェール》の若き、威士里仁《ウェズリアン》の若き、林堅《リンカン》の若き、古林米阿《コロンビア》の若き等の院有り。而して布士頓の書院、藏書尤も富たり。

「屬」は準州（territory）、「部」は保留地（reservation）、「邦」は州（state）を指す。アメリカの国勢について臆断を加えず淡々と記すこの筆致こそ、『使美記略』の最大の特徴だといえるが、そこに載せられるさまざまな情報も、先行する書物の記述と照らし合わせることで、はじめて周到に取捨選択されたものであることをうかがい知ることができる。『使美記略』のアメリカ情報は、頭から読み通そうとすると、構成的にはずいぶんいびつな印象を受けるが、これも、先行する書物との重複を避け、本国政府に必要な最新のアメリカ情報を取捨選択して伝えようとした営為の結果とみることもできよう。最新のアメリカ情報の具体例として、モルモン教とインディアンについてみてみることにしたい。

モルモン教とインディアン

一八三〇年代にアメリカ東海岸で活動を始めたモルモン教（末日聖徒イエス・キリスト教会）は、既存のキリスト教会から異端とされ、一八四〇年代後半以降、活動の場を西部開拓地へと移していった。ヤング（Brigham Young）が率いる一派は、米墨戦争後アメリカ領となったユタ準州にソルトレイクシティを拓き、一大宗教都市を築いていた。陳蘭彬一行がユタ準州（烏大屬）に入ったのは、サンフランシスコを汽車で出発して二日目のことであり、そこが他のアメリカの都市とは異なることにすぐに気づいたようである。

初め民人四萬の額に滿たざるに因り、故に屬と曰ふ。屬は督撫《ちじ》を立てざると雖も、亦た人を派して美都《ワシントン》の下議院に在りて事を議するを得。該屬、舊《もと》は墨西哥《メキシコ》の轄する所たるも、一千八百四十六年、美・墨和を失ひ、戦を罷《お》えて後始めて此の地を割きて美に歸さしむ。是より先、摩門《モルモン》教首の布力衛央《ブリガム・ヤング》と名のる者有り、其の教えは花旗《アメリカ》各邦と同じからず。西俗、男子は兩婦を娶らざるに、該教は則ち姫妾を置くを准す。美廷《アメリカせいふ》其の教えの己れと異なるを以て、屢屢《しばしば》兵を発して拘制し、其の轍を改めんと欲するも、而れども聽かず、一千八百四十七年七月二十四號に於て、其の教人を率いて居を此に遷す。初め二百九十三人に過ぎざるも、現《いま》や約十三萬餘りを計《かぞ》ふ。該教首去年に於《いた》り始めて卒し、死に臨むも尚ほ姫妾十九人、小兒女六十七人【成丁《せいじん》の者計へず】有り。曾て其の影相《しゅうごうしゃしん》圖を見て、之を土人《げんちじん》に詢ぬるに、倶に「詛《そし》れず」と云へり。

また、ユタ準州東部のユーインタ（Uintah「煙大」）を通過したところで、再びこう記している。

一千八百六十二年に當たりて、摩門教黨、摩利士《モリス》教黨と此に於て争殺し【摩利士初め亦た摩門教たるも、後自ら教主たらんと欲し、故に兵端を啓《ひら》けり】、相持すること三日、摩利士教人を殺し盡くし、其の男・婦三百餘人を獲、充てて苦工と作《な》し、第宅《ていたく》を建つるに廣闊なること數十里、數千人を容すべし。後に美廷兵を派し前往せしめて提放し、始めて此の三百餘人を釋出するを得たり。

モルモン教については、『環遊地球新録』も同じくユタ準州のソルトレイクシティ（塩湖城）を通過したところで言及しているが、その特徴である一夫多妻制について簡単に触れるにすぎない。[17] その点、『使美記略』の記述は詳細で、モルモン教徒と思われる現地人に対して、ヤングに関するインタヴューまで行っている。實際に陳らがインタヴューしたものなのか、もともと存在した何らかの記事を借用したものかは、わからない。陳蘭彬らが何ゆえモルモン教にこれほど興味を示したのか、その文面からはうかがい知ることができないが、あるいはこれも先行する『瀛環志略』や『環遊地球新録』などとの差別化を意識したものかもしれない。

　インディアンについては、ワイオミング準州のララミー郊外の町シャーマン（Sherman「沙問」）を通過したところで言及される。

〔シャーマンは〕舊《もと》は胭甸《インディアン》野人の遊獵の所たり。一千八百六十九年の前に火車《きしゃ》初めて開くの時に當たり、野人服さず、屢ば出でて殺掠し、殺さるる所の白人・華人は千を以て計ふるに、野人の死するも亦た少なからず。後に美廷兵を發し以て之を威服せしめ、近ごろは又た邊吏（保安官）を設けて以て之を鎮守するに、該野人遂に深山の中に移徙《いし》せり。此《ここ》を離るること約五百邁《マイル》なるも、間《とき》に亦た出でて附近の山谷に至りて獵を打つ者有り。但だ熟番に託して先に邊吏に允准を求むるを須《ま》ちて始めて可にして、否らずんば即《ただ》ちに殺さるるも論ずる勿《な》きのみ。途中見《まみ》ゆる所の野人、紅面は脂の如く、髪の黒きこと漆の如く、男女倶な耳《み》を穿ち、髪を留めて束ねず、身體は粗壯にして、五官も亦た整ふも、人を見れば輒《すなは》ち笑ひて食《たべもの》を討《もと》めり。又た男・婦兩人に見ゆるに、面《かほ》は黄土を抹《ぬ》り、各《おのおの》の白馬に騎《の》り、身は獸皮を衣《まと》ひ、手は羽扇を持ち、頭は皮冠を戴き、腦後の兩帶は下に垂らして腰に至り、倶な羽毛を插せり。之を土人《げんちじん》に詢《たず》ねて云はく、「此は熟番の頭人に係る【途中見ゆる所は倶な熟番たり】」と。又た云はく、「生番は遠く深山に處《を》り、草木は轇轕《こみいり》たれば、路の通るべきもの無く、間《とき》に互市《こうえき》すること有るも、熟番に非《あら》ざれば到ること能はず【亦た人の其の言語に曉《あか》るきもの無きなり】」と。近日美廷此の一帶に於て廣く禮拜堂を設け、熟番をして之を招きて入教せしめんと欲し、教ふるに言語を以てし、給するに粮食を以てし、之をして耕種せしめ、山澤を烈《もや》して惡物を驅《はら》ひ、草萊《くさむら》を誅《はら》ひて嘉禾《かか》（逞しく生長する穀物）を播けば、穢墟《わいきょ》（草木が生い茂った廃墟）將《まさ》に變りて腴壤《ゆじょう》（肥沃な土地）と為らんとすべきなり。

『海國圖志』（百巻本）や『瀛環志略』にもインディアンに関する記述はすでに存在し、『環遊地球新録』でも『使美記略』と同様にワイオミング準州を通過するくだりで言及されている。[18] ただ、それらの記述は、インディアンの身体や風習の特徴について紹介したものが多く、アメリカ政府による制圧や教化の手法について具体的に述べているところは、『使美記略』に特異な点であろう。[19]

在米華人

アメリカの社会や風土以外に『使美記略』のなかでとくに関心が払われているのが、在米華人の状況である。そもそも、清朝がアメリカ・スペイン・ペルーに常駐公使を派遣した主な目的は、それらの地域に在住する華人の迫害問題を処理することにあった。そのため『使美記略』の関心がそこに向いたのも自然なことである。[20]

これまでみてきたとおり、『使美記略』には著者の感慨を吐露するような箇所はほとんどみられないが、華人についてはその限りではない。サンフランシスコには当時、出身地別の六つの華人組織（六會館）や華商組織の「昭一會館」などがあったが、『使美記略』はそれらの「會館」を訪れた時の様子を次のように記している（七月初四日条）。[21]

各會館に到るに、鋪陳《インテリア》均《み》な華式を用ゐるを見る。會館の定章に縁らば、如《も》し我が朝の正朔に遵はず、而して洋装に改易せる者は、冊《めいぼ》に名を列せず、事有りて投訴するも、會館亦た理《かま》はず。昔、蘇子卿（蘇武）は海上を顚連するも、而れども手に漢節（中華皇帝の使者であることを示す符節）を握り、鍾儀は軍府に羈囚せらるるも、而れども樂は土風（故郷の調べ）を操る。史は亟《きは》めて之を稱《たた》ふ。小民、口を異域に餬《のり》するも、能く本を忘れず、亦た嘉《よみ》するに足るなり。[22]

身は「異域」つまり海外にあろうとも、「本」つまり中華を「忘れ」ない在米華人たちを讃えたものであり、陳蘭彬の思想傾向を表すものとしてこれまでもしばしば引用されてきたフレーズである。ただ、本国政府への報告書という『使美記略』の性格を考え合わせれば、中華を「忘れ」ないかれらの姿勢を強調することによって、みずからの職責でもある在外華人保護の必要性や正当性をアピールするねらいもあったのかもしれない。

ただ、在米華人の現状を同時期の中国に広く伝えたのは、陳蘭彬の渡米から程なく本国で出版された『環遊地球新録』のほうであった。李圭の公式の任務はフィラデルフィア万国博覧会の視察であったが、出発前からすでに在外華人の現状を調査して本国に伝える任務を帯びていたという。(23)『環遊地球新録』では、巻四「東行日記」において通過した日本やアメリカの各地に在住する華人の様子が伝えられているほか、巻三「遊覽隨筆」にも「書華人寄居美國始末情形」と題して在米華人の詳しい状況が記されており、サンフランシスコの六大会館やアイルランド系移民のカリフォルニア勤労者党（Workmen's Party of California［WPC］）による華人排斥運動についても詳しく伝えられていた。

だが、浙海関文牘というかなり低い官位にあった李圭に比べ、花翎二品頂戴宗人府府丞の地位にあり華人保護の職責をも担う出使大臣・陳蘭彬の来航は、現地の華人にとってその重みはまったく異なっていた。華人が居住する都市や町を通過するたびに当地の華人らは陳らを出迎え、また、華人組織の代表者らが踵を接して陳のもとを訪れる様子は、『使美記略』にも逐一記録されている。

カーニー（Denis Kearney）を指導者とするカリフォルニア勤労者党による過激な華人排斥運動については、陳蘭彬もサンフランシスコ滞在時に強い関心を寄せていたが（六月二十八日・二十九日条）、ハートフォードに到着してからも、随行員らに翻訳させた現地の新聞記事を通して、その活動をつぶさにチェックしていた（七月二十七日条）。そして、現地の新聞が臆測によって好き勝手に在米華人の侮蔑的な悪評を書きたてている様には、「読めば憤懣やるかたなくさせられる。［こうした新聞記事を翻訳して］書き写したメモはすでに箱いっぱいになっており、ここには一々載せない」と、その抑えきれない感情を書き留めている（同上）。

『使美記略』に特徴的な在米華人に関する記述をもう一つあげておこう。サンフランシスコを汽車で出発した翌日、ネヴァダ準州を通過していた七月初六日（一八七八年八月四日）の日記である。

兩點零十二、尼那《リノ》（Reno）に到る【尼華大邦《ネヴァダ》華士沙《ワショー》（Washoe）郡の首邑なり】。計程は三百十二邁《マイル》、居民は一千五百人、華人百餘人有り。……一點零十、八地兒毛天《バトルマウンテン》（Battle Mountain）に到り打尖《きゅうけい》す。酒店の侍役《ボーイ》は倶《み》な華人に係り、詢《たず》ぬれば附近一帯の華人此《ここ》に到りて攻礦する者約《おそ》そ九百餘人たるを知る。……四點零二十、嘉倫《カーリン》（Carlin）に到る。計程は五百八十三邁、居民は約そ五百人なり。此を離るること五十里より三百里に至り、銀・銅・鐵礦處處に之有り。華人二百餘り、亦た間に家眷有る者有り。詢ねて稱するに、此を離るること五十餘邁、名は達士咕嚕利《タスカローラ》（Tuscarora）、華人の金を挖《ほ》る處に係り、約そ四・五百人なり。……六點零四十、哈力《ハレック》（Halleck）に到る。計程は六百三十邁、華人二十餘り有り。一營汛（駐屯地）を設くるも、弁兵多きこと無し。

中略した部分には、もちろん華人のいない町の記述も延々と続くが、サンフランシスコからワシントンに至るまでに通過した大小の都市や町について、このような調子で華人の有無と人口・職業などが逐一記録されている。これほどの記録は『環遊地球新録』にはみられないもので、すでに華人社会の存在が本国にも知られていたサンフランシスコなどの大都市のみでなく、内陸の小さな町や鉱山にも多数の華人が居住していることを、本国政府に知らせておこうとする意図が感じられる。

このように、『使美記略』にみられる在米華人に関する豊富な記録には、これから始まろうとする清朝駐米公使による保護管理業務の対象となるべき華人が、実態としてどのような存在であり、またどれほどの規模と広がりをもって存在しているのかを、本国政府に知らせておく目的があったものと考えられる。むろん『使美記略』から読み取れる在米華人の規模と広がりは、陳蘭彬一行が通った大陸横断鉄道を中心とした〝線〟にすぎず、アメリカの国土全体に対する〝面〟的な把握ではない。ただ、在米華人は大陸横断鉄道を一つの軸として広がっていたことから、同鉄道沿線の華人の状況をつぶさに把握しておくことは、初代駐米公使として最初の重要な任務であったはずであり、赴任時の出使日記はそれを本国に報告するための恰好のツールとなったのである。

おわりに

『使美記略』は、総理衙門が日記の作成と提出を〝義務化〟して以降初めて派遣された常駐公使の出使日記であり、『環遊地球新録』のように、当初から新聞への掲載や出版を目的として書かれたものではなかった。そのため、読者対象も本国の広範な知識人を想定していたわけではなく、内容についてもそれほど長い〝賞味期限〟を設定してはいなかったであろう。つまり、『使美記略』のアメリカ情報は、これが本国に伝えられた一八七〇年代末期というきわめて限定された短期間においてのみ、リアルタイムの最新情報としての価値を有したのであり、陳蘭彬じしんもそれ以上のものを期待してはいなかったはずである。それが何らかの経緯によって単行本となり、また一八九〇年代初頭に刊行された『小方壺齋輿地叢鈔』に収録されたことによって、現在に残ることになった。『小方壺齋輿地叢鈔』に収録されたのは、当時はまだ稀少価値のあった漢文による「アメリカ紀行」であったこと、そしてそれが清朝の駐米公使によって〝書かれた〟出使日記であったことによるのであろう。出使から十数年をへてもなお、そのアメリカ情報が〝賞味期限〟内であったことは、同『叢鈔』に掲載されている他のアメリカ関係の書物・文章をみれば納得がいく。(24) 同『叢鈔』収録後、駐米公使の出使日記として、崔国因の『出使美日祕崔日記』(一八九四年)と張蔭桓の『三洲日記』(一八九六年)があいついで出版された。両者とも赴任日記ではなく、任期三年の全期間を網羅した浩瀚な出使日記であり、とくに『三洲日記』は、単なるアメリカ案内、華人情報を超えた価値と内容を含んでいた(前者は補論3を、後者は第5章を参照)。したがって、両書が刊行された一八九〇年代半ばの時点において、『使美記略』の出使日記としての、またアメリカ紀行としての〝賞味期限〟は切れたというべきで、それ以降、現在にいたるまで、同書に関心がもたれるのは、陳蘭彬の出使そのものや、当時の中米関係あるいは在米華人について知ろうとするごく一部の研究者や知識人に限られることになった。

『使美記略』は、日記の作成と提出が義務づけられて以降最初に派遣された常駐公使による「出使日記」であり、郭嵩燾のような騒動を避けながら、いかにして報告書としての「出使日記」を作成すべきか、陳蘭彬じしんも苦心したことであろう。ここでみてきたとおり、その苦心の跡は同書の構成からも十分に読み取ることができる。『使美記略』は、アメリカ情報の取捨選択という意味ではかなり周到に作られているが、そのためか全体的な構成はかなりいびつなものとなり、またトピックの中心は「アメリカ社会」や「在米華人」に置かれ、常駐公使が行う「外交」を感じさせる部分はそれほど多くない。この点は、次章にみる曾紀澤の「出使日記」とは大きく異なるところであり、その違いにこそ、その後の「出使日記」の成長だけでなく、「出使」の意味じたいの転換をも見いだすことができるのである。

第Ⅱ部　出使の転換

第3章　出使日記の成長
――曾紀澤『曾侯日記』の分析

青山治世

はじめに

『曾侯日記』の著者、曾紀澤（一八三九～一八九〇）は、清末の有力な地方大官であった曾国藩の嫡子であり、一八七〇年代末から八〇年代にかけて、清朝のヨーロッパ駐在公使や総理衙門大臣として活躍した。とくに郭嵩燾の後任として第二代駐英仏公使（のち駐露公使も兼務）に就任してからのかれの事績は、ロシアとのイリ返還交渉、フランスとのベトナム問題交渉、イギリスとのアヘン課税交渉をはじめ、高い評価を受けている。[1] そうした交渉活動を研究するさいに用いられてきた史料は、『清季外交史料』や『李文忠公全集』といった清朝政府や他の大官の側に残された関連史料のほかに、曾紀澤の文集にあたる『曾恵敏公遺集』（以下『遺集』[2]と略記）がある。

『遺集』は、曾紀澤が病歿して三年後の光緒十九年（一八九三）に江南製造総局から刊行され、「奏疏」六巻、「文集」五巻、「詩集」四巻、「日記」二巻から構成されており、その編纂には曾家が関係していたとおぼしい。[3] これ以外に曾紀澤研究の基本史料となっているものに、曾紀澤じしんが日々記した「手稿日記」があり、一九六五年に台湾で『曾惠敏公手寫日記』(以下『手寫日記』と略記)として影印出版され、標点排印本の『曾紀澤日記』も刊行されている。(4)

しかし、曾紀澤の日記はそれだけにとどまらない。収録期間や収録内容が大きく異なるもの、期間や内容はほぼ同じでも字句の出入りが多いものなど、形態や版本の異なる日記が多数存在する。にもかかわらず、曾紀澤の人物やかれが関わった交渉活動について明らかにするさいに使われる日記は、研究者によってまちまちであり、日記の形態や版本の違いに注意が払われている研究はけっして多くない。(5)

曾紀澤の在世中から現在までに公刊されたかれの日記を、刊行年順にあげると、『曾侯日記』(6)、『金軺籌筆』(7)、『出使英法日記』(8)、『曾惠敏公使西日記』(以下『遺集・日記』と略記)(9)、『使西日記』(『小方壺齋輿地叢鈔再補編』所収)(10)、『手寫日記』、『使西日記』(『走向世界叢書』湖南人民出版社版所収)(11)、『出使英法俄國日記』(『走向世界叢書』嶽麓書社版所収)(12)、『曾紀澤日記』(13)となる。

本章でとりあげるのは、このうち最も早い、曾紀澤の在欧初期に刊行された『曾侯日記』である。同書が上海の申報館によって著者の同意も得ずに公刊されたものであることは、総論においてすでに言及されているとおりである。では、ここでとりたてて『曾侯日記』をとりあげるのはなぜか。それはこの日記の存在が、在外公使派遣初期(一八七〇年代後半〜八〇年代前半)の「出使日記」がどのようにして作成され、そこにいかなる意図がこめられていたかを、われわれに如実に教えてくれるからにほかならない。

以下、『曾侯日記』を含む曾紀澤の「出使日記」の作成過程を明らかにし、その内容の特徴と著者の意図について読み解くとともに、それが清末外交においていかなる意味をもつものであったかについても考察していきたい。

一　『曾侯日記』の出現と「出使日記」の作成過程

『曾侯日記』の出版元である申報館が同書の販売を始めたのは、一八八二年の年頭（光緒七年十一月中旬）のことである。[14] 出版に踏み切ったのは『申報』の創刊者の一人で、当時館主（社主）を務めていたメジャーであり、かれは同書に寄せた序文の冒頭で、「先日、友人の机の上に、侯（曾紀澤）の手書きの日記一部をみつけた」と、その原稿入手のいきさつを明かしている。ここにいう「友人」が何者なのかは定かではないが、メジャーはこの「友人」から提供された曾紀澤の「手書きの日記」を、『曾侯日記』と題して出版したのである。

では、この「友人の机の上」に置かれていた「手書きの日記」とは、そもそも何なのか。出版当時、著者の曾紀澤はいまだ在欧中であり、かれが日々記していた日記帳の現物（手稿日記）が、中国の「友人の机の上」にあるはずがない。実はこの「手書きの日記」こそ、曾紀澤が総理衙門に報告用として送っていた「出使日記」であり、おそらくその写本が某「友人」をへてメジャーの手に渡ったものと思われる。

『曾侯日記』の販売が始まって十日ほどのち、パリでその風聞を聞きつけた曾紀澤は、総理衙門に打電して遺憾の意を伝えるとともに、出版された日記の内容を調査するよう求め、重大な影響を及ぼすものかどうか、禁書の処分とすべきものか否かを問い合わせている。[15] けだし出版された日記の内容いかんによっては、すでにふれた郭嵩燾の『使西紀程』のごとく、自らに累が及ぶことを警戒したのであろう。そして何より、総理衙門に提出した「日記」が、本人の同意もなく上海のマスコミ業者に流出し出版までされたことに、不信感を募らせていたにちがいない。しかしその後、同書の出版が公の場で何らかの騒動を引き起こした形跡は見当たらない。

かくして『曾侯日記』は著者である曾紀澤の意に反して出版されたが、このことがかえって、清朝の在外公使が本国の総理衙門に提出した「出使日記」の作成過程とそこにこめられた意図を、後世のわれわれに教えてくれることになった。[16] ここで、曾紀澤の総理衙門への報告用日記の作成過程を確認しておこう。

まず、「手稿日記」のうち、報告用日記に採録する期間の「繕本《コピー》」を部下に作らせる。そのうえで、その「繕本」をまた曾紀澤がチェックし、誤脱の修正はもちろん、日常的な「瑣事」を削ったり、あるいはそこにはなかった記事の増補をほどこしたりした。[17]

ただ、『曾侯日記』の底本となった報告用日記は、すべてがこの手順で作成されたものではない。「手稿日記」と『曾侯日記』を見比べてみると、光緒四年十二月十九日条の前後で、その作成方法が変わっていることに気がつく。つまり、光緒四年十二月十八日条以前の部分は、「瑣事」が削除されているだけでなく、本来「手稿日記」にはなかった記事が頻繁に追加されているのに対し、[18] 十二月十九日条以降は、「手稿日記」から「瑣事」を削除しただけになっているのである。

実は、光緒四年十二月十九日条から六年四月十一日条まで（また、飛んで同年六月二十二日条のみ）の「手稿日記」には、範囲指定を表す「おたまじゃくし」状の印があちこちに付されており（「圏記」された部分。図1を参照[19]）、この印によって範囲指定されていない部分が、すなわち削除された部分にあたる。光緒四年十二月十九日条から五年三月二十六日条までの『曾侯日記』と「手稿日記」を照合すると、『曾侯日記』に採られている日付と「手稿日記」の「圏記」の印が付されている日付とは完全に一致し、『曾侯日記』の本文の内容と「手稿日記」の「圏記」の印が付いている部分もほぼ一致する。[20] つまりこのことは、曾紀澤が手づから作成した報告用日記が『曾侯日記』の底本であることを示しているのである。

一方、『曾侯日記』では、光緒四年十二月十八日条以前の部分でも、「手稿日記」にみられる多くの「瑣事」が削除されているにもかかわらず、「手稿日記」には抽出を示す「圏記」の印がまったく見当たらない。では、どのように「瑣事」を削除したのか。それは、「日記繕本を取り、尋常の瑣事を刪削す」という「手稿日記」光緒五年二月初十日条の記述から判断することができる。ここにいう「日記繕本」とは、「手稿日記」の光緒四年十二月十八

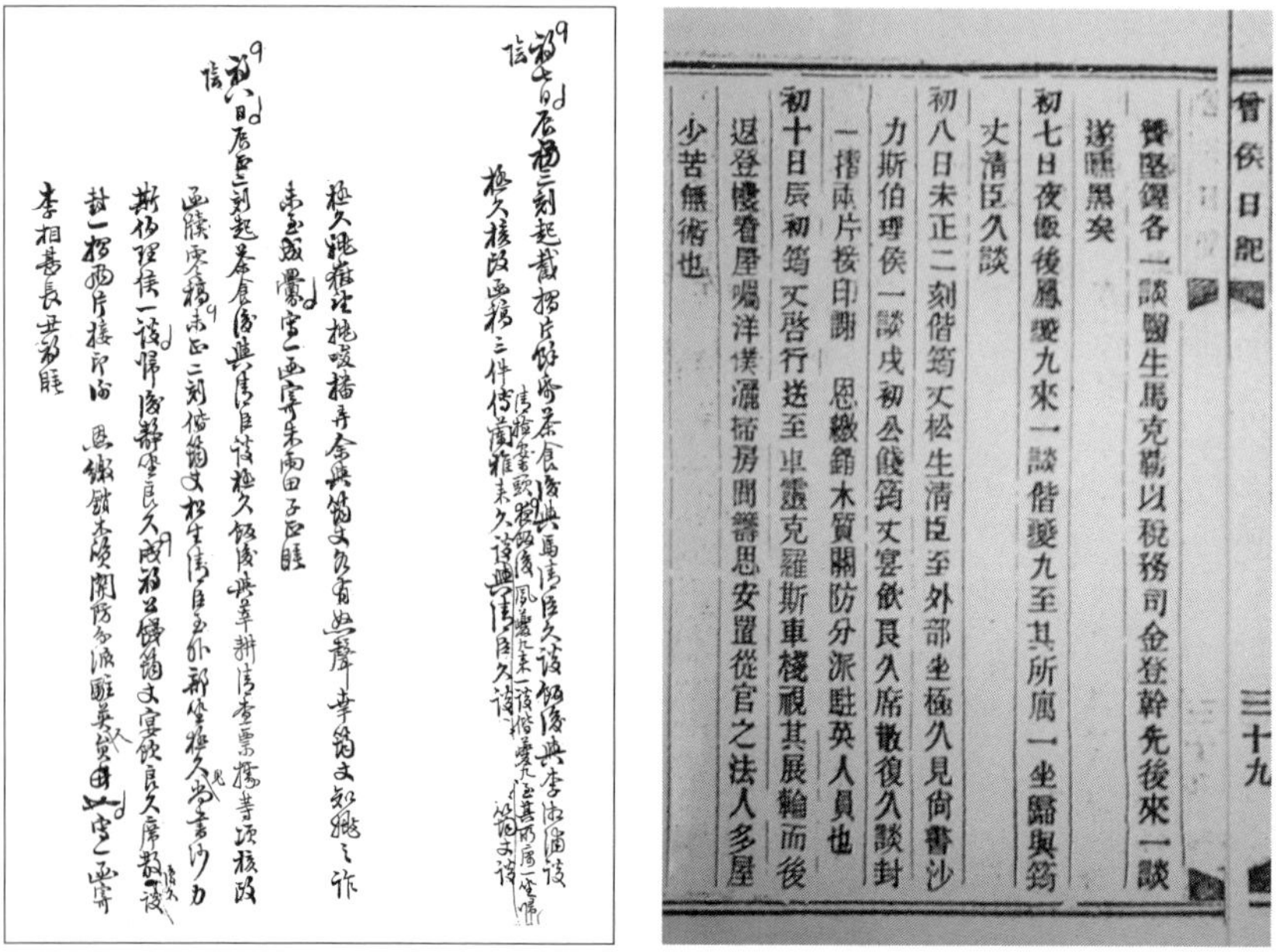

図1　『手寫日記』（左）と『曾侯日記』（右）（光緒5年正月初7日・初8日条）

日条以前の部分を部下に書き写させたものを指しており、その「繕本」を使って「尋常の瑣事」を削除する作業を行ったというのである。そのため、「手稿日記」には抽出を指示する「圏記」の印がないのである。

影印版の『手寫日記』をみると、「手稿日記」の冊子がどこで切り替わっているのかも、みてとれる。上記のように処理したのであれば、当該部分の「手稿日記」の冊子は、光緒四年十二月十九日条から切り替わっていてもおかしくないが、実際には、十二月十六日条から切り替わっている。その上、『曾侯日記』の同月十六〜十八日条にあたる部分の「手稿日記」には、抽出を指示する「圏記」の印が付いていないのに、『曾侯日記』では「瑣事」の削除が行われている。一見不思議に思われるが、このことはかえって、十二月十八日条以前の部分にはすでに「繕本」が作られ、十二月十六〜十八日条分の「瑣事」の削除や追加の作業は、その「繕本」の上で行われていたことを示しているといえよう。

つまり、『曾侯日記』の冒頭に当たる光緒四年九

『曾侯日記』の底本となった総理衙門あての報告用日記（出使日記）

‖

①光緒4年9月初1日条～12月18日条までの「手稿日記」を書き写させた「日記繕本」に追加と削除の作業をほどこしたもの

＋

②光緒4年12月19日条～5年3月26日条までの「手稿日記」に曾紀澤が自ら「圏記」した部分を抽出させたもの

図2　『曾侯日記』の作成過程

月初一日条から十二月十八日条までの部分を書き写させた「日記繕本」に削除と追加の作業をほどこしたものと、光緒四年十二月十九日条から光緒五年三月二十六日条までの部分の「手稿日記」に、曾紀澤が自ら「圏記」した箇所を抽出させたものとをつなぎ合わせたものが、『曾侯日記』の底本となった総理衙門あての報告用日記（出使日記）だったのである（**図2**）。

ただ、この最初の報告用日記を光緒五年三月二十六日条で締めくくることは、あらかじめ決まっていたことではなく、どこまで採録するかについて、曾紀澤が試行錯誤をくりかえしていた形跡が、日記からはうかがえる。渡欧後最初の任国滞在となったフランスで、一八七九年一月一〇日に大統領グレヴィー（Jules Grévy）との謁見と信任状捧呈を果たした曾紀澤は、翌一一日にパリから総理衙門あてに最初の書翰をしたためているが、そのなかでかれは「〔渡欧までの〕沿途の日記は、〔英仏〕両国での〔元首との〕謁見儀礼が終わってから発送する」と予告していた[21]。フランス大統領との謁見を果たした一八七九年一月一〇日とはすなわち光緒四年十二月十八日にあたり、これは部下に作らせた「日記繕本」（**図2**の①）の最後の日付と合致する。つまり、フランス大統領との謁見および信任状捧呈を機に、それまでの「沿途の日記」をまずは作り始めたのである。部下に作らせた「日記繕本」を受け取って「瑣事」の削除を始めたのは、ロンドン到着後の一八七九年三月二日のことである[22]。そして、三月二〇日にはイギリス国王（ヴィクトリア女王）との謁見と信任状捧呈を果たしている。しかし、曾紀澤がその後すぐにそれまでの「日記」の作成を始めた形跡はない。多忙であったためか、イギリスでの見聞をどこまで採録するかを悩んでいたためかはわからない。ただ、曾紀澤は四月一八日に突如として「日記」の作成作業を再開し、『曾侯日記』の底本となる報告用日記は完成をみる。[23]

すなわち、フランスにおける大統領謁見とイギリスにおける活動開始という二段階を経ていたことが、上記のような二つの方法（**図2**の①と②）で作成された原稿をつなぎ合わせて報告用日記を完成させるという手順を踏ませることになったのである。では、なぜ四月一八日に報告用日記の作成を突如として再開したのか。それはその前日の四月一七日に行われたブラジル駐英公使との会見が関係していると思われる。事実、『曾侯日記』は、イギリスでの「謁見儀礼」の終了によって締めくくられるのではなく、ブラジル公使との長い会談記録の引用によって締めくくられるという、在外公使の赴任日記としてはきわめて不自然な終わり方をしているのである。なにゆえ『曾侯日記』がこのような終わり方をしているのか。その講釈は具体的な外交交渉とも関わるため、次節(2)で述べることにしたい。

以上みてきたとおり、曾紀澤の在世中に出版された『曾侯日記』と後世に影印出版された『手寫日記』（「手稿日記」）との比較照合によって、曾紀澤が当時自らの意志で作成した「出使日記」の作成過程が浮かび上がってきた。だが、曾紀澤が中国を離れて帰国するまでの出使期間は八年に及び、『曾侯日記』はその初めの半年あまりをカヴァーしているにすぎない。

ここで浮かぶのが、『曾侯日記』の底本となった日記以降も、曾紀澤は報告用日記を作りつづけたのかという疑問である。実は「手稿日記」には、『曾侯日記』の底本となった報告用日記の作成以降にも、「日記の書き写すべきところを囲んで印を付けた」などの記述が散見される。[24] つまり、少なくともこうした記述がみられる一八八〇年五月下旬までは、報告用日記の作成作業はつづけられていたのである。[25] 換言すれば、一八八〇年五月下旬以前の日記については、『曾侯日記』の底本となった日記につづく報告用日記が存在し（提出されたかは定かではない）、それ以降はこうした形式の「出使日記」は作られなかったと推測されるのである。[26]

日記の作成と提出について定めた「日記規定」もあり[27]、本国との通常の書翰・電報のやりとり以外に、それらで伝えるほどの緊急性のない見聞なども含めた執務報告書（つまり日記）を作成し総理衙門に提出する必要性については、曾紀澤じしんも少なくとも出使初期の時点では自覚しており、『曾侯日記』の底本となった報告用日記と、一八八〇年八月ごろに完成したと思われる報告用日記[28]が、それにあたる。

では、それ以降、こうした手順をふんだ報告用日記の作成が行われなくなったのはなぜであろうか。それは、曾紀澤のロシア行きに関係があると筆者は考えている。イリ返還をめぐる対露交渉において、先に崇厚が結んだリヴァディア条約は清朝内で激しい非難を受け批准されなかった。これを受けて、曾紀澤はその再交渉を命じられ駐露公使も兼任することになり、一八八〇年七月にロンドンを離れ、ロシアのペテルブルクに赴任している。

「手稿日記」の影印本『手寫日記』を刊行した呉相湘氏は、ロシア赴任後の曾紀澤の様子について、「会談以外は毎日『英文を朗読したり、小説を読んだり、将棋を打っていた[29]』」と、かれの日記を引用しながら描写しているが、ほかならぬ曾紀澤じしんがそう感じていたにちがいない。そもそも曾紀澤は、その「会談」（＝交渉）のためにわざわざロシアに出向いたのである。無為な「日常」と活発な「会談」という、イギリス・フランス駐在時とは異なるロシア駐在時の勤務状態が、対露交渉に特化したこれまでとは異なる形態の「出使日記」、つまり「問答節略」（後の『金軺籌筆』）を生み出したといえよう。

以上をまとめると、在欧期間の前半期において曾紀澤が作成した「出使日記」は、次の三種類だったと考えられる。

①渡欧から英仏駐在初期を中心とした報告用日記（『曾侯日記』の底本）
②ロシア着任直後に完成させた、それまでの英仏駐在時期を中心とした報告用日記（伝存しているかは不明）
③対露交渉について日記体で綴った「問答節略」（『金軺籌筆』の底本）

では、曾紀澤じしんはこうした自らの「出使日記」をどのようにみていたのだろうか。一八八二年秋、亡父曾国藩の幕僚群に連なる湘系官僚の重鎮であった陳士杰（浙江巡撫）にパリから書翰を送り、その末尾でかれはこう述べている。

海外に出たばかりのころ、日記を書いて総理衙門に送りましたが、なぜだかわかりませんが、上海の人間がどこからかその原稿を手に入れて公然と出版してしまいました。いまその一冊を貴殿に進呈し一笑を供したいと存じます。ロシア駐在時のものには「問答節略」があります。これはすでに用済みのもので、今さらお見せするに値しませんが、もしこれも御覧になりたいということであれば、次回お申しつけ下されば進呈いたします。[30]

前半部分で今回進呈するといっている「日記」が『曾侯日記』にあたり、後半部分で次回希望があれば進呈するといっているのが「問答節略」、つまり総論でもふれたとおり、この翌年に湖南で出版されることになる『金軺籌筆』の底本にあたる。この書翰の書きぶりから判断すると、『曾侯日記』が申報館によって無断で出版されたことにはなお不審を抱いていたものの、『曾侯日記』や「問答節略」を知人の官僚に提供すること自体は、（謙遜しつつも）やぶさかではなかったようである。[31]けだし外交に関わる知識や情報は、総理衙門や在外公館職員のみならず、広く国内の官僚、とくに国内にあって対外交渉に関わりをもつ官僚にも共有されるのが望ましいと考えたのであろう。

しかしながら「問答節略」以降、少なくとも曾紀澤の在欧中は、こうした報告用の「出使日記」は作成されなくなる。その理由を直接示す史料は現在のところ見当たらないが、おそらく、①〜③までの「出使日記」の作成によって、渡欧の旅程と英仏駐在の梗概、そして対露交渉という、在欧公使として最も重要と思われる事柄については、すでにおおかた記述し終え、「日記」という形態によって総理衙門にそれらを報告しつづける必要性を、曾紀澤じしんあるいは総理衙門側が感じなくなったからではなかろうか。あるいは、清朝の在外公使の任期は三年であり、曾紀澤が一期三年をこえてヨーロッパに駐在しつづけることになったことも、「出使日記」の作成を停止させた要因だったのかもしれない。つまり、二期目以降は、これまでの「出使日記」ですでに報告した内容との重複が増えてしまい、「日記」という形態で報告書を作成しつづける意義が次第に失われていったのではなかろうか。それは、曾紀澤の死後に八年間の在欧期間をすべてカヴァーする「出使日記」として刊行された『遺集・日記』の後半部分が、逐日ではなく極端なダイジェスト版になっていることからも想像されうるのである。(32)

二　『曾侯日記』の特徴

前節では、『曾侯日記』およびその底本となった報告用日記がどのように作られ、それが、曾紀澤が残した「出使日記」のなかでいかなる位置を占めるものであったかをみてきた。本節では、『曾侯日記』が記述する内容からその特徴を追い、そこにこめられた曾紀澤の意図を読み解いてみたい。

『曾侯日記』とは、端的にいえば、曾紀澤が北京を出発し、東南アジア、インド洋、スエズ運河、地中海をへて、フランス・イギリスに到着し、両国の元首に謁見して信任状を捧呈して、公使としての活動を開始するまでの赴任日記である。収録期間は光緒四年九月初一日～五年三月二十六日（一八七八年九月二六日～一八七九年四月一七日）、その形態は前任者郭嵩燾の赴任日記である『使西紀程』にならったものであろう。(33)

だが、『曾侯日記』のなかでとりあげられるトピックは、『使西紀程』とは若干趣を異にする。『使西紀程』が海外見聞に関する雑多な情報とそれに対する著者の所感や意見をふんだんに散りばめているのに対し、『曾侯日記』は、在外使節（在外公館）の外交活動に直結する情報や見聞に多くの紙幅を割き、著者の所感を述べた部分はそれほど多くない。これは、もともとのかれの「手稿日記」がルーティーン・ワークと日々の見聞を淡々と記すスタイルになっていることも影響していよう。郭嵩燾も曾紀澤も、ともに若年のころから几帳面に日記を付けつづけたことでは共通しているが、日記への向き合い方が異なっていたことは、二人の「手稿日記」（刊行されたものでは『郭嵩燾日記』と『手寫日記』）を見比べれば、容易にみてとれる。

よって、『曾侯日記』の特徴をみるには、個々の記述の中身よりも、全体としてどのような情報が提供されたかを分析するほうが捷径と思われる。『曾侯日記』でとくに意識してとりあげられているトピックを分類すると、次のとおりになる。

(1) 在外公館（在外公使）の機能・運営・人事に関すること
(2) 中外関係・国際情勢・海外事情に関すること
(3) 西洋文化の紹介や中外文化の相違に関すること
(4) その他「洋務」に関すること

以下、(1)〜(4)の主な事例を示し、『曾侯日記』と「手稿日記」との照合から浮かび上がる曾紀澤の意図についても指摘したい。また、『曾侯日記』から垣間見える曾紀澤の思想的な一面にも若干ふれることにしたい。

(1) 在外公館（在外公使）の機能・運営・人事に関すること

主なものは**表2**にあげたとおりである。そのうち＊印の記事は、いずれも元の「手稿日記」にはなく、報告用日記（『曾侯日記』）[34]で追加され、曾紀澤の死後に公刊された『遺集・日記』では再び削除されたものである。つまり、個人の日記には書かなかったが、総理衙門には報告しておく必要があり、後の公刊本では不必要とされた、あるいは公開を憚った記事であると思われる。

光緒四年九月十五日条と十月初七日条にみられる親類縁者による随行員任命依頼を拒否したとする記事は、削除せずに、あるいはわざわざ追加して総理衙門に報告されている。これは、使節随行員の任免権をもつ公使として、情実人事に偏重していないことを総理衙門にアピールするねらいがあったものと思われる。一方、この記事が『遺集・日記』で削除されたのは、親類の「不名誉」に関わる記事の公開を憚ったためであろう（前註(3)で述べたよ

表2　在外公館の機能・運営・人事に関する記事

光緒4年	
9月14日	〔実弟・曾紀鴻あての書翰の内容〕「出使章程」では，在外公使の俸禄は任国着任の日から起算して支給されることになっている[1]。昨日（李鴻章のところに行ったさい），李鴻章から天津海関道に書翰を送り，自分の俸禄から差し引いて北京での用途として弟（あなた）に毎月百金を送るようにしてもらったが，李鴻章が（今日やってきて）またいうには，「今年10月初1日からの支給になるため，将来総理衙門から必ず詰問されるだろう」とのことだった。これは私の粗忽さによるものだが，（以前）李鴻章に照会した時には，そんな決まりがあるとはいっていなかったからでもある。＊
15日	妹婿の聶仲芳からの「出洋之請」（使節随行員に加えてほしいという依頼）は拒否したが，同じく妹婿の陳遠済は随行員とした。＊
10月初4日	李貴朝は李眉生の従姪で，誠実な性格のため随行員とした。
7日	李獻生からの「随同出洋之請」（同上）を拒否した。
24日	解任され帰国する馬登見（外国人砲隊教習，未詳）を，呉長慶の推薦により武員（公使館付武官）とすることにしたが，会ってみると虚憍の気があり，監督しきれないかもしれず，（武員とすることを）許可したことを後悔している。
29日	総理衙門総辦章京あてに書翰（上奏に添付）を送り，馬登見を随行させず，鄒理堂に替えたことを伝える。
11月13日	在シンガポール領事胡璇澤の風聞と，領事館が（郭嵩燾が定めたとおり）領事経費を現地華人から徴収していることについて（曾紀澤は，イギリス到着後に郭と協議した上で，領事の俸禄を支給するよう総理衙門に書翰で要請することを，胡璇澤に伝えている）[2]。
12月17日	ジケル（Prosper M. Giquel 漢名は日意格）が清朝の駐仏総領事に任命してほしいと申し出たことについて（ジケルが以前郭嵩燾に同じ申し出をしたさい，郭は厳しい態度で拒絶したが，曾紀澤は「この件は公使が建議できることではなく，もし総理衙門があなたを総領事に充てるなら（自らの英仏兼任という）公使の責務も大変軽くなるのだが」と応じ，気が弱いため郭のようにきっぱりと断れなかった，と記している）。＊

注1）ここにいう「出使章程」とは，郭嵩燾の出使にあたり，1876年10月28日に総理衙門による上奏をへて制定された全12ヵ条の在外公館規則であり，その第9項に「出使各國大臣及び副使以下各員の月給俸薪は，某國に到るの日より起《はじ》め」るとある。『光緒朝東華録』総295～296頁，『皇朝掌故彙編』「外編」巻18，頁3～4。『申報』光緒2年10月14日（1876年11月29日）にも掲載されている。

2）在シンガポール領事の設置および運営については，蔡佩蓉『清季駐新加坡領事之探討』を参照。また，青山治世「在外領事像の模索」100～103頁も参照。

うに、『遺集』の編纂・刊行には曾家が深く関わっている)。

ついで、十月二十四日条にみえる「馬登見」なる西洋人の武員採用に関する記事は、「手稿日記」・『曾侯日記』・『遺集・日記』のいずれにも採録されていることから、総理衙門に報告する必要があると判断された上、後に公刊されたさいにも削除などの配慮の必要はないとみなされたようである。また十一月十三日条の胡璇澤と十二月十七日条のジケルに関する記事は、いずれも在外公館の運営に関わる重要な記事として報告用日記に載せられ、とくにジケルの駐仏総領事就任の申し出については、報告用日記でわざわざ書き足されており、重要な人事についての自らの対応を、総理衙門に知らせておく必要があると考えたのであろう。

(2) 中外関係・国際情勢・海外事情に関すること

曾紀澤は赴任途上や駐在した各地でさまざまな人物と会見し、清朝の対外関係や当時の国際情勢について情報を収集して、それらを日記に書きとめている。そのうち、光緒四年十一月初九日条と十二日条では、途上で立ち寄ったベトナムやシンガポールの様子について記されているが、その記述のなかには報告用日記で新たに追加された部分が多く含まれている。たとえば十一月初九日(一八七八年一二月二日)条では、曾紀澤がヨーロッパへの赴任途上に立ち寄ったサイゴン(いまのホーチミン)の状況が記されているが、次に引用する部分は、〈 〉内はすべて報告用日記において新たに書き足されたものである。原文の文字を残すため、書き下しで引用する。

卯正、起きたり。茶食の後、樓に登りて一坐す。〈舟は瀾滄江《ママ》(サイゴン川を誤解か)を溯りて上り、〉辰正、西貢《サイゴン》に抵る。此の地は法國《フランス》の佔據せる安南〈嘉定省《ギアディン》〉の埠たり。〈咸豐の初年、安南は天主教《カトリック》の人及び法國商船の水手を殺戮し、法《フランス》と釁《きん》(紛争)を構へ、戰守すること十許年、地を割かち以て和し、西貢も亦た割かたれし所の區なり。法人は兵數千を以て之を鎭め、形勝の地を擇びて砲臺を建築せり。〉總督〈並びに提督〉拉鳳《ラフォン》の此に駐紮する有り。……申正、總督〈船に〉來りて〈答拜するに、茶酒・糕果を具へ以て之を款す、談ずること良《や》や久し〉客を送りて後、〔法〕蘭亭《フランダン》・斐龍《ペイロン》暨《およ》び参贊・翻譯官と偕に岸に登り、勺倫《ショロン》の市肆に遊べり。[35] 皆な閩廣人の僑寓して貿易せる者なり。〈西貢・勺倫に寓せる華民は約《およ》そ二萬人、〉土人の居る所は卑陋・穢悪にして、華人の居る所は甚だ富麗、欧洲の屋式の如くなり。〈法人は六項の税を以て華民に税す、曰く進口税（輸入税）、曰く出口税（輸出税）、曰く招牌税（営業税）、曰く地基税（土地税）、曰く房屋税（家屋税）、曰く身口税（人頭税）。其の政の煩苛なること、以て持久する所に非《あらざ》るなり。〉

フランスのベトナム侵略の歴史的経過や現地華人の状況について、より詳しく書き足されていることがわかるだろう。とくにサイゴン華人に関する部分では、植民地当局が華人たちに各種の重税をかけていることを追加、強調している。この記事はおそらく、後日パリから総理衙門にあてて送られた書翰（一八七九年七月四日付）において、過大な効果は期待できないとしながらも、サイゴン華人の苦境をわずかでも改善するために、サイゴンに清朝の領事を設置したいと提議する伏線であったと思われる。つまり、後日こうした提案を行うことを想定し、先に総理衙門に発送した報告用日記において、サイゴン華人の苦境を事前にアピールしておいたのである。

同様のことは、『曾侯日記』の末尾にあたる光緒五年三月二十六日（一八七九年四月一七日）条において、ブラジル駐英公使ペネド（Francisco Ignácio de Carvalho Moreira, Baron de Penedo 漢名は白乃多）との会談記録を載せた記事にもいえる。日記では、まずペネドから、ロンドンにおいて両国の駐英公使のあいだで条約を締結したいとの申し出があり、これに対して曾紀澤は、自らにそのような権限はなく、また西洋の外交でも、第三国に駐在する使節同士が第三国の首都で条約を締結するようなことはないとして拒否したことが記されている。これを受けてペネドが、ブラジル側の条約締結希望を本国の総理衙門に伝達してほしいと依頼したのに対し、曾紀澤は書翰での伝達を承諾したと記している。同時に曾紀澤は、西洋各国と中国とは現在その多くが条約改訂時期に入っており、以前締結した条約には、中国の人民にとってすこぶる不便な条項があり、条約改訂にさいしては、それらを改正しなければならない。貴国は中国が各国との条約改訂を終えてから、それを参考にして中国と条約を結んだほうが楽ではないか。もし慌てて交渉を進めても、各国との条約は今まさに変化しようとしており、貴国は何に頼ってよいのかわからなくなってしまうのではないか、と伝えたことが記されている。また曾紀澤は、会談を終えてペネドを門まで見送るさいにも、清朝と西洋各国とのあいだの招工問題の概略を述べ、ブラジル側に華人移民を虐待する意思がなければ、清朝は自ずから他の条約締結国と同様に対応するであろうと伝えている。

ブラジルとの条約締結と同国による招工問題については、上述の在サイゴン領事の設置を提案した総理衙門あての同じ書翰のなかでも言及されている。しかし、これはペネドとの会談から三ヵ月近くも経ってから発送されたものであり、会談のさいに書翰による伝達を約してから時間が経ちすぎている。その上、この七月四日付の書翰では、上記の問答の様子やその時のブラジル側の要望については言及されていない。つまり、報告用日記に記された会談記録がそのままペネドに約した総理衙門への「書翰」の役割を果たしていたのである。いいかえれば、この「重要」な会談記録をいち早く本国に送るために、報告用日記（『曾侯日記』）はこの三月二十六日条をもって締められ、編集、発送されたと考えられるのである。ブラジル公使との長い会談記録を引用して締めくくられるという一見不自然な『曾侯日記』のスタイルは、こうして生まれたのであった。

曾紀澤がブラジル公使との会談記録を急いで本国に送ろうとしたのは、ヨーロッパでの見聞をふまえ、かれがブラジルとの関係を重視していたからにほかならない。そのことは先にあげた七月四日付の書翰をみなければわからないことである。この書翰で曾紀澤は、ブラジルはアメリカ洲最大《ママ》の国家であり、英仏諸国はみなこれを重視しており、清朝は同国との関係をそれほど密にしなくてもよいが、侮るような対応はしてはならない、と警告している[36]。

その後、ブラジルは全権使節を清朝に派遣し、李鴻章との交渉をへて一八八一年一〇月に条約締結が実現している[37]。李鴻章はこのさい、可能な限り対等な条約の締結をめざし、双務的な領事設置規定や、商人領事の禁止規定など、一定の成果をおさめた。これは、一八八〇年前後に清朝の「不平等条約」認識に変化がみられたことと連動した動きであったが、一八七九年四月のブラジル駐英公使との会談において曾紀澤が示した「条約改正」への志向性は、中国への帰国後の一八八七年一月にかれが英文で発表し大きな反響を呼んだ“China, the Sleep and the Awakening”[38]で展開される「条約改正」論に帰結していくことになる。

曾紀澤に限らず、また清末外交史を研究する上では当然のことではあるが、「出使日記」に記載される記事は、政府側に残る公的な史料や個人文集などに収められる上奏や書翰などの史料と、常に対照させながら扱わねばならず、この二例からもそれはうかがえよう。

ブラジル公使との会談記録と同様、渡欧後に見聞きした国際事情や各国の対清姿勢に関する記事が『曾侯日記』には多くみられる。光緒五年三月初五日（一八七九年三月二七日）条のディズレーリ外交に関する記事もその一つであり、露土戦争・ベルリン会議時のディズレーリ（Benjamin Disraeli, 1st Earl of Beaconsfield）の巧みな外交戦略が肯定的に紹介されている。ここからは、清朝と西洋との関係にとどまらず、西洋諸国間で繰り広げられる外交そのものへの曾紀澤の関心と、そうした知識を清朝が行う外交に活かそうとするかれの姿勢とを感じ取ることができよう。

曾紀澤がヨーロッパにおいて接触した人物は西洋人にとどまらず、同地に駐在するオスマン公使や日本公使などとも積極的な意見交換を行い、かれらからえた情報を意図的に報告用日記に配している。[39]ここでは、そのうち光緒五年三月十四日（一八七九年四月五日）条、日本駐英公使上野景範との会見の様子を引用しておこう（〈　〉内は曾紀澤による説明を表す）。

上野　日本は中国に近く、通商の利益も互いに享受しており、西洋各国との通商に比べてもいっそう重要である。

曾　ヨーロッパ諸国が国土はみな狭いのに盛強でありえるのは、同盟関係を結ぶこと（同心一志）によって外国の侵略を防ぐという、古人が行っていた合従の道理を会得しているからである。中国（中華）と日本はともにアジアにあるのだから、互いに緊密に連携して助け合えるはずだ。中国の人口の多さと豊かさ（富庶）、日本の強兵政策（自強）は、ともにヨーロッパにおそれられている。いまここで、〔両国の〕官民が一体となって結びつきを強めれば、中国の財産は東隣（つまり日本）を潤すのに十分なものとなり、日本の兵力は東海（つまり中国の東南沿海）をつい立てのように防御（屏蔽）するのに十分なものとなる。〔両国の〕国交が堅固になれば、外患は消え去ることになり、〔両国関係の重要さは〕ただ通商の利益のみにはとどまらないであろう。

上野　〈大いにこれに納得したようだが、つづいて朝鮮と琉球の件を持ち出してきた。〉

曾　西洋各国は国際法（公法）によって維持牽制（維制）され、小国や附庸国は保全され、すべて〔の国〕が自立の権利をもてるようになっている。これは戦争がなくなり人々が平和にくらすための最善の方法である。けだし国の大小・強弱は、時とともに移り変わり、もとより不動の状態（定局）などない。大国が侵略の心をもたなければ、天下（六合）は絶えず安らかであり、戦火も収まろう。われらアジア諸国は、大国と小国が助け合い、強国と弱国が交わり合い、さらに国際法（公法）に基づいて向き合えば、弱小の国も自立できるようになり、そうなれば強大国もまた自ずから暗にその利（制の誤植か）を受け、兵力にたのんで他人を陵辱するようなことはできなくなるだろう。

曾紀澤が公の場で日本の外交官と接触したのは、おそらく公使に任命されて以降のことである。『曾侯日記』光緒四年九月十六日（一八七八年一〇月一一日）条には、赴任途上の天津で日本領事池田寛治と副領事島村久の両名と会談した様子が簡単に記され、「彼の國の人、中華の星使（使節）を仰望すること泰山・北斗の如し、東洋（日本）は本より同文之邦なり」との所感が示すとおり、日本に対しある種の好感を抱いていた。それが一挙に日清提携論となって表明されたのが、上に引用した上野との会談であった。この時の曾紀澤の意向が日本政府に報告されたか否かは確認できない。ただ、曾紀澤が日清提携論者であるとの情報は、次第に日本政府内でも知られるようになり[40]、一八八六年に曾紀澤が帰国して総理衙門大臣となって以降、日本側は曾紀澤にたよって、日清修好条規改訂問題などの膠着した対清交渉を打開しようと試みるようになるのである[41]。

以上のような中外関係・国際情勢に関する豊富で客観的な情報やそれに関わる曾紀澤自身の見解といった、まさに「外交」に直結する記事が『曾侯日記』の中核をなすものであり、そこにこそ『曾侯日記』の「出使日記」としての特質を見出すことができるのである。

(3) 西洋文化の紹介や中外文化の相違に関すること

『曾侯日記』にも、西洋文化（文明）を中国のそれと比較しながら紹介し、論評を加える記事が多くみられる。曾紀澤の西洋文化に対する姿勢は、端的にいえば是々非々的である。西洋の男女平等やそれを体現するようなダンスやダンスパーティについては、批判的なまなざしを向けている（光緒四年九月初二日条、光緒五年一月二十八日条など）。

他方、西洋の政治や制度については、概して肯定的である。ただ光緒五年二月二十三日（一八七九年三月一五日）条、ロンドン駐在中に随行員の陳遠済と交わした会話にもみられるとおり、曾紀澤は西洋の「政教」を『周礼』に附会させる立場をとっていた。これは小野川秀美氏がつとに指摘するところである[42]。曾紀澤の記述にしたがえば、西洋の「政教」を『周礼』に附会させる説を先に唱えたのは陳遠済のほうで、曾紀澤はこれに対し、「その説甚だ新にして喜ぶべきもの」だと述べ、次のような感想を日記に記している。

ヨーロッパ洲は昔みな野人であって、その文学政術は大抵アジア洲から次第に西来したものである。故に風俗人物は我が中華の上古の世と相近い。……西人の一切の局面は中国に皆あったのであって、稀ではない。……中国の上古には無数の機器があったが、財貨が次第に欠乏したため、人々は偸惰《なまけ》ることが多くなり機括（機械の発動装置）[43]も伝を失ってしまった。今日の西洋を見て上古の中華を知ることができ、今日の中華を見てまた後世の西洋を知ることができる。[44] 巧を捨てて拙を求め、精を捨てて朴を求める日が必ずやってこよう。けだし地産は有限であり、宇宙萬國《ぜんせかい》のさかんな消費に供するには足りないから、精から粗に移るという趨勢も当然であろう。

こうした清末の附会説は、かつてはいわゆる洋務派の思想的限界を示すものとして理解されることが多かった。小野川氏はその清末の附会説に新たな解釈をあたえ、それは、「機器中心の洋務が否定される過程で、内政（制度変革）重視と古典附会とが結合したところに、清末変法論の理論的成立を見」るものであったと、村田雄二郎氏は評価する。それにつづけて村田氏は、「すなわち、単なる軍備・機械に止まらぬヨーロッパ『政教』の積極的導入が主張されたとき、はじめて西学を中国古典と強引に結びつけようとする附会説が現れた」と説く。[45] これは、のちの日清戦争後に現れた康有為の附会説を説明するさいに示された解釈だが、こうした附会説を洋務から変法への理論的プロセスとして理解するならば、これに先行する曾紀澤らの附会説も、同様に理解されうる要素を含んでいたといえよう。

小野川氏は、洋務から変法へと転換する時期の政治思想を、①光緒初葉（一八七〇年代後半）、②光緒十年代前半期（一八八〇年代後半）、③光緒十年代後半期（一八九〇年代前半）、に分けて理解しようとした（西暦部分は筆者による）。①光緒初葉の時期は、「政教は中国のもの、利器は西洋のものという考え方が開明人士によって提唱され、漸くにして利器の導入が部分的に行われかけようとする時期で……このような時に更に飛躍して西人の政教を云々するという風なことは、いわゆる清議の士の到底許容しない」時期であったとする。そして、②光緒十年代前半期には、「西人の利器と中国古典との関係が新たなる関心事となり、それに附随して、西人の政教も議論の対象に置かれ」るようになり、③光緒十年代後半期には、「西洋の機器よりもその政教と中国の古典との関係に、重心が移されてくる」ようになったとする。[46]

では、①の時期にあたる光緒五年（一八七九）に示された曾紀澤らの「西人の政教」に対する附会説は、いかなる位置づけとなるのか。小野川氏は、これを「中国の本土よりも西洋における進歩的な中国人の間に、起り得べき性質のものであったろうかと思われる」と推論ぎみに説明する。[47] つまり、渡欧の途上では、中国＝政教、西洋＝機器という「洋務派の代表的な見解」にとどまっていた曾紀澤が、「西洋における体験」によって「短日月にしてその政教を『周礼』に附会せしめ、西洋の機器をも中国の古代にあったものと想定せしめ」るようになったというのである。[48]

これをいいかえれば、中国内では、②の光緒十年代前半期にようやく顕現することになる「西人の政教」への関心が、西洋を体験した中国知識人のなかでは、①の光緒初葉の時期にすでに現れていた、ということであろう。しかし、こうした見解には若干の修正が必要である。それは、「西人の政教」への関心を呼び起こす「西洋経験」が、地理的な意味での西洋への渡航にのみ限定されるものではないことを捨象しているからである。奇しくも小野川氏自身が先の曾紀澤の事例とともに例示しているごとく、光緒初葉の時期にも、張煥綸や郭嵩燾といった「特志の士」が「西人の政教」に関心を抱き、そこに中国が参照すべき独自の価値をすでに見いだしていたのである。

張煥綸は、後述するように上海在住の教育家で、西洋への渡航経験はなかった。[49] また、郭嵩燾の「西人の政教」への関心についても、それが出国以前に表明していた議論の繰りかえし、もしくはひきのばしであることは、第１章でもすでに述べられており、そうした郭の議論が、上海滞在などかれの中国内での「西洋体験」に起因するものであったことも、すでに明らかにされている。[50] 光緒初葉の「西人の政教」への関心に限らず、広く近代中国の西洋認識を考察するにあたっては、知識人の海外での「西洋体験」のみならず、開港場など中国内における「西洋体験」にも目を向けておかなければならないことは、開港場知識人に関する研究が進んだ今日において、あらためていうまでもないであろう。

いずれにせよ、「西人の政教」に対する曾紀澤らの附会説が、康有為らの変法論にみられる附会説に先立って存在していることは、留意しておかなければならない。

(4) その他「洋務」に関すること

主なものは表3にあげたとおりである。冒頭にあげる馬建忠の李鴻章あて報告書は、馬建忠研究においてつとに注目されているもので、馬建忠の文集である『適可齋記言』巻二にも「上李伯相言出洋工課書」と題して収録されているが[51]、この書翰の引用部分も元の「手稿日記」にはなく、報告用日記で追加された記事であった。馬建忠じしんはこの書翰の原文を散佚させており、『適可齋記言』に収録するにあたり、曾紀澤の「使英法日記」から転載したと「自記」している[52]。「使英法日記」とは、おらそく『小方壺齋輿地叢鈔』第一一帙所収の『出使英法日記』を指し、その底本たる『曾侯日記』がこの書翰を後世に伝えたことになる。

書翰は、馬建忠がフランス留学の成果報告書として、本国の李鴻章にあててヨーロッパから発送したものであり、その内容は大きく分けて、①馬建忠じしんの就学状況、②一八七八年のパリ万国博覧会、③馬建忠の西洋観の三部分から成る[53]。『曾侯日記』の同日条には、曾紀澤が赴任途上の天津で李鴻章と会見したさいにこの書翰を入手したことが示唆されているが、報告用日記に収録するにあたって、曾紀澤じしんが「原函」にいささか「潤飾」を加えたことも、引用後に明記されている。

この書翰について馬建忠は、曾紀澤の「激賞」を受けたものだと自負している[54]。たしかに『曾侯日記』の全体を通して、他人の手になる文章がこれほど長く引用されているのは、後述する張煥綸の意見書とこの馬建忠の書翰のみであり、張煥綸の意見書とは異なり、この書翰は曾紀澤の論評もなくそのまま引用されている。このことは、とりもなおさず馬建忠書翰の内容が、曾紀澤が総理衙門に伝えたかったことと合致するものであったことを表している[55]。換言すれば、この書翰を入手した時、曾紀澤はいまだ西洋に足を踏み入れていなかったのであり、渡欧半年後に報告用日記をまとめたさいに、この書翰をそのまま採録したことは、ヨーロッパを実地に見聞した曾紀澤が、その内容を信ずるに足るものだと改めて評価したことになる。つまり、曾紀澤に「激賞」されたという馬建忠の自負も、あながち大げさな表現ではなかったといえよう。

表3　その他「洋務」に関する記事

光緒4年	
9月初8日	馬建忠の李鴻章あて報告書の引用。
10日	華洋書信館・民間信局（国際・国内郵便機関）の創設について（李鴻章あて書翰）[1]。
13日	華洋書信館・民間信局について（デトリングとの会話）。
20日	大砲の性能について（許仲韜・羅耀亭との座談）。
21日	汪鳳藻『文法擧隅』（英語文法書）のために曾紀澤が書いた序文の引用（伝統的な経学に拘泥するあまり「西学」に目を向けようとしない士大夫を痛烈に批判）[2]。
10月初5日	「洋務」や「西学」について否定的な見解を伝えてきた楊商農（未詳）に返信したことと，その返書の内容の引用（「清議」について批判的に分析）[3]。
11日	張煥綸の6ヵ条の意見書の引用とそれに対する曾紀澤の逐次コメント。

注1）光緒4年9月初10日条と13日条の華洋書信館・民間信局に関する記事も，「手稿日記」にはなく，報告用日記で追加されたものである。
2）この記事も「手稿日記」にはなく報告用日記で追加されたものだが，『遺集・日記』では削除されている。それは，この曾紀澤の序が『曾惠敏公遺集』文集巻二に収録されたため，重複を避けたものと思われる。汪鳳藻については，本書附録1「総目録」369頁を参照。『文法擧隅』の現存する刊本での書名は『英文擧隅』であり，光緒5年（1879）に同文館から聚珍本が出版され，光緒25年に京都官書局によって石印本として再刊されている（ともに国家図書古籍館所蔵）。同書や曾紀澤も英語学習に用いたことが日記に散見される『英文話規』については，邱志紅「『英文擧隅』與『英文話規』」を参照。またこの序文については，李恩涵『曾紀澤的外交』37〜38頁でも言及されている。
3）なおこの記事も，「手稿日記」にはなく報告用日記で追加されたものである。李恩涵前掲書，38〜39頁も参照。

馬建忠書翰につぐ長文で引用されるのが，先にもふれた張煥綸の意見書である[56]。一八七八年一一月五日，渡欧の途上で上海に滞在していた曾紀澤は張煥綸の訪問を受け，六ヵ条からなる意見書を受け取る。張煥綸（一八四六〜一九〇四）は上海出身の著名な教育家で，字は経甫，号は経堂，龍門書院で学び輿地学に精通し，一八七六年に正蒙書院（後の梅渓書院）を創設，一八九六年には南洋公学の総教習となるなど，中国における近代初等教育の祖とされる人物である。意見書の各条のタイトルのみ和訳してあげておく。ただし第二条は，タイトルのみではわかりにくいため，簡単な内容も附記した。

第一条　イギリスと固く友好関係を結び，ロシアの侵略を阻止する。

第二条　誠意を示して公平を保つことによって，いらぬ疑い（形蹟）をもたれぬようにする。

——国際社会では，平時に誠意を示して公平を保って信頼を得ておけば，有事にも信頼される。イギリスとの関係改善を優先し，イギリス人による布教や旅行などによって中国国内で紛争の種がまかれないよう，措置を講ずるべきである。

第三条　暇をみつけて西洋の知識人（西儒）を引見し、〔朝廷などからの〕諮問に備える。
第四条　〔洋式〕機械の利鈍や価値の貴賤を随時調べ、騙されないようにする。
第五条　機械関係以外にも、西洋の「政教」に関する書籍を選んで翻訳し、〔学校の教科書として〕採用するのに備える。
第六条　イギリスとアヘンの禁止策について適切に協議すれば、中国に福をもたらす。
これらの提言に対し、曾紀澤は逐条でコメントを付して論評している。
第一条　いまだ論拠が足りない。
第六条　急に実施しても効果が出るものではない。
第二～四条　私が以前から抱いていた持論とほぼ合致する。
第五条　出洋〔肄業〕局（当時清朝が行っていた留学事業）の費用は膨大で継続しがたいから、中国に〔張煥綸が提唱する〕蒙養書院を設ければ、少ない費用で多くの人材を育てられる。かつて陳蘭彬と容閎が児童（幼童）を率いて海外留学を行ったさい、わたしは父（この留学事業を主導した曾国藩）の前に進み出てその利弊を申し述べたが、〔その内容は今回の〕張君の趣旨とほぼ同じであった。……張君の提言は信頼でき採用すべきである。

以上の提言とコメントも、報告用日記において追加された記事である。本節の(2)でみた、総理衙門あての書翰によって別途提議されたような、サイゴン華人やブラジルとの条約締結の問題とは異なり、馬建忠の書翰や張煥綸の意見書の内容は、とりたてて別途に書翰をしたためて伝えるほどの緊急性はない、と曾紀澤は判断したのであろう。くわえてこの二つの文章は、独立して本国に提議するには、内容が雑多であった。それでも曾紀澤は、そこに語られる内容に重要性を見いだし、これを本国に伝えることの必要性を感じていたにちがいない。このことが、この二つの文章を『曾侯日記』にとどめさせる要因となったのである。

おわりに――曾紀澤が作る「出使日記」と清朝外交

清末の出使日記は在外公使のもの（狭義の「出使日記」）に限ってもかなりの数にのぼることは、これまでみてきたとおりである。では、曾紀澤の「出使日記」、とくにそのはじめにあたる『曾侯日記』は、清末「出使日記」のなかでいかなる意義を有するものだったのか。それを理解するには、『曾侯日記』の底本となった報告用日記が作成されるまでの清朝の在外公使をめぐる状況を把握しておかなければならない。

総論・第1章で論じられたごとく、郭嵩燾が渡欧した時点では、清朝の在外公使はいまだ恒常的に制度化されるか否かは定まっていなかった。その後、郭嵩燾『使西紀程』の風波はあったものの、在外公使の制度はまがりなりにも定着し、日記の作成と提出も義務化されることになった。日記の作成と提出が義務化されて以降、補論2でとりあげた『使美記略』につづいて作成が始められたのが曾紀澤の「出使日記」だった。そのため、義務化した総理衙門もその「出使日記」に期待していたであろうし、当の曾紀澤じしんも、『使西紀程』とは異なる企図や創意をもってその「出使日記」の作成に打ちこんだにちがいない。そうしたかれのある種の意気込みは、「手稿日記」に残る「おたまじゃくし」状の印や繰り返し編集作業を行ったという日記の記述からもうかがえよう。そして、曾紀澤が「出使日記」の作成にあたっていかなる意図をめぐらし、どのような創意工夫をほどこしてきたかは、本章においても詳しくみたとおりである。

すなわち、曾紀澤の「出使日記」からうかがえるかれの意図とは、西洋の国際関係の本質をかれなりの視点で追究するとともに、西洋における外交上の知識や技術をも習得することによって、西洋と伍していくための“diplomacy”を清朝中国に創出することだったのではなかろうか。もちろん『曾侯日記』をはじめとするかれの「出使日記」のみで、そうした意図やその後展開される「曾紀澤の外交」の意味を十分に理解することはできない。ただ、個別の交渉や上奏・書翰などの史料では読み取りにくい、かれの対外交渉（関係）に対するトータルなものの見方やとらえ方は、雑多な要素を含み、かつ本人の意志によって作られた「出使日記」によってこそ、かえって浮かび上がってくるのではなかろうか。『曾侯日記』を出版した申報館のメジャーも、この日記、そしてこれを著した曾紀澤のなかに、清朝の新たな対外関係、さらにいえば、今後清朝が作り出していくdiplomacyの姿をみたのかもしれない。それはかれが記した序文[57]からもうかがえよう。

附会説をとることによって「西人の政教」への関心を示した「光緒初葉」の曾紀澤の思想は、小野川氏のいう「光緒十年代の風潮」に先駆けて存在したが、その記事を載せる「光緒初葉」のかれの「出使日記」も、清末「出使日記」の奔流的な刊行をみる「光緒十年代」に先駆けて存在した。そして、曾紀澤の「出使日記」は、『曾侯日記』やそれを底本とする『出使英法日記』も含め、その後のいわゆる変法運動期にかけて繰り返し刊行されつづけることになる。それは、とりもなおさず、曾紀澤の「出使日記」が「光緒十年代」から変法運動期にかけて、西洋理解、ひいては清朝外交のテキストとして読まれつづけたことの証左でもあった。

曾紀澤が清末を代表する「外交官」として現在に至るまで評されつづけるのも、かれが行った外交活動そのものに対する評価もさることながら、かれの外交活動を伝える「出使日記」が清末以来、他の在外公使のそれに比べ、量的にも広く世人に供されつづけたことに起因しているのかもしれない。また、曾紀澤が作り上げた「出使日記」は、そこに記述される内容のみならず、そのなりたちのあり方自体も、直接・間接をとわず、後につづく「出使日記」に引き継がれていくことになるのである[58]。

第4章　駐欧公使曾紀澤とロシア
――『金軺籌筆』を読む

岡本隆司

一　『金軺籌筆』の体例

ヨーロッパ駐在が長かった曾紀澤は、前章でみたように、「外交官」としてすこぶる令名が高い。その主たる契機をなしたのは、一八八〇年から翌年にわたるロシアとの条約交渉であり、それを描いた日記が『金軺籌筆』である。

そのおおまかな刊行経過は、すでに総論で述べたので、省略に従う。もっとも『金軺籌筆』を、これまで紹介してきたほかの出使日記と同一視しては理解しづらいから、その特徴のみあらためて補足しておこう。

『金軺籌筆』は確かに一日一日のできごとを記した、日記の体裁ではあるものの、その内容は、もっぱら交渉相手のロシア当局との会談記録で構成される。これは通例の日記、さらには「出使日記」とも異なる形式で、いわゆる「問答節略」にひとしい。前章も言及するとおり、曾紀澤じしん、後の『金軺籌筆』のことを「問答節略」と称していた。

「問答節略」とは相手とのやりとりを一問一答形式で記したもので、今日でいえば、会談・討論の議事録に相当する。対外交渉の文脈でいえば、出先が現場での折衝のありさまを知らせるため、上司の外政担当者あて報告書にそえる同封文書の資料とすることが多い。『金軺籌筆』の各日の記述がそのような体裁になっているのは、ほかの「問答節略」と対比しても明らかで、だとすれば『金軺籌筆』は、曾紀澤がロシア側と会談交渉したその日その日につけていた「問答節略」を、日付順に排列したものだということになる。

収録する「問答節略」だけでも厖大だが、実際にはおそらく、それ以上の公式・非公式の折衝があったはずで、曾紀澤の交渉が難渋だった事情は、想像にあまりある。したがって『金軺籌筆』を理解するには、書いてある談判経過を知るだけでは十分でない。その歴史的な背景と意義を考える必要があろう。

二　背　景

一八世紀のなかばに清朝の版図に帰した新疆では、一八六四年、ムスリムの大反乱がおこって、西隣のコーカンド・ハン国の部将ヤークーブ・ベグ（Yaq'ūb Beg）が、カシュガルに入って一大政権をたてた。イリ地方にも別に独立政権ができたが、境を接するロシアとの関係が悪化し、一八七一年、ロシア軍がこれを打倒して、イリを占領する。(1)

一八七三年、陝西省・甘粛省でムスリムの反乱を鎮圧した欽差大臣左宗棠は、さらに西方へ遠征し、新疆の「回復」に乗り出した。イギリス・ロシアと条約を結び、その承認を受けていたヤークーブ・ベグ政権は、清軍の攻撃に敗退を重ねる。左宗棠は天山北路の平定につづき、一八七七年四月、南路の入口にあたるトルファンを奪取した。五月、ヤークーブ・ベグが死去し、カシュガルの政権は瓦解、清朝は同年中に新疆のほぼ全域を再征服し、残

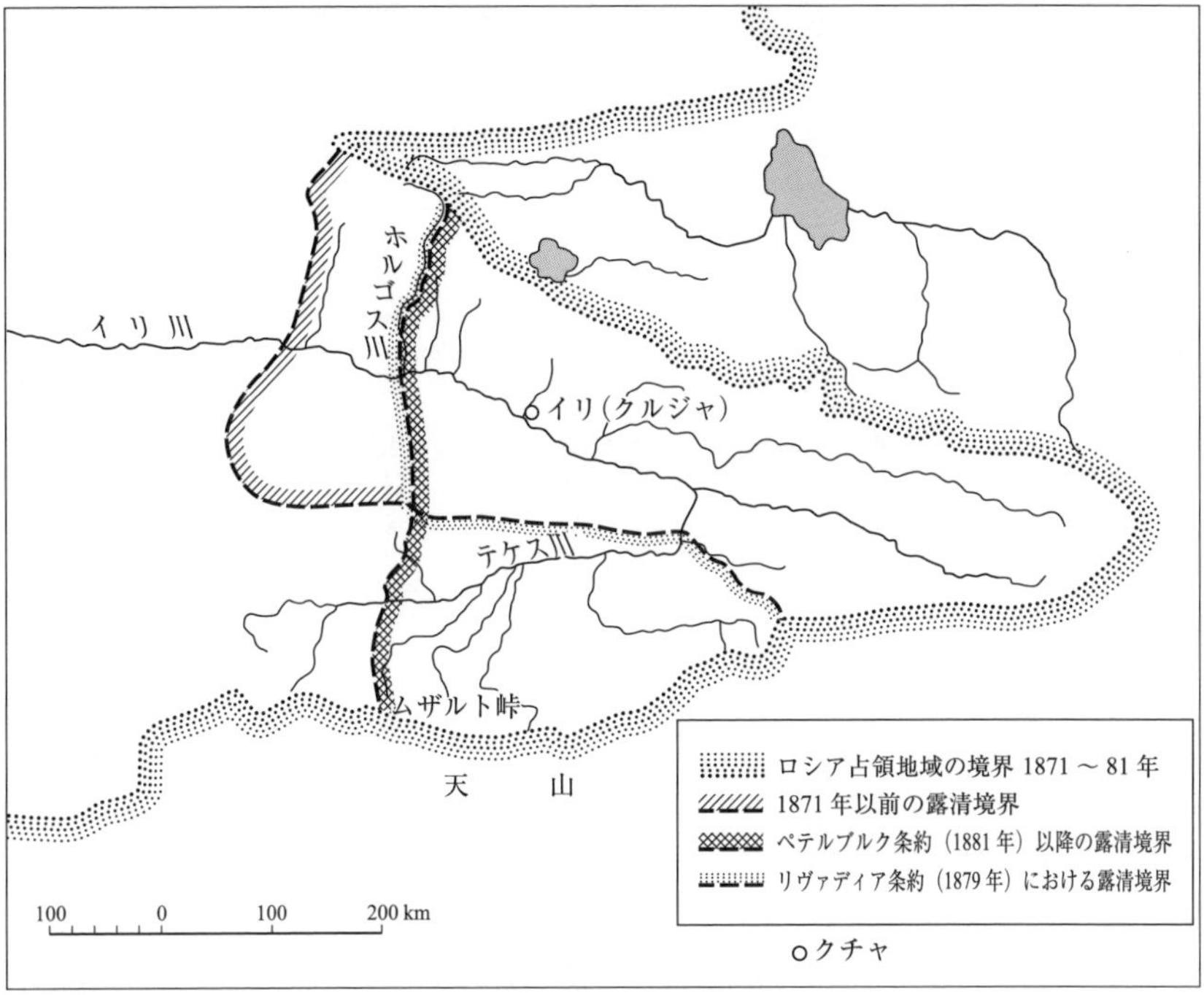

図3　イリ地方

出典）А. Л. Нарочницкий, *Колониальная политика*, стр. 237.

すはロシアが占領するイリ地方だけとなった。

そこで一八七八年、イリ地方の帰属交渉のため、崇厚が全権大使としてロシアに派遣される[2]。ところが、翌年かれの締結したリヴァディア条約は、清朝に著しく不利な内容だった。その骨子をあげておこう。

・ロシアはイリ地方を返還する。
・清朝はイリ占領費として、五百万ルーブルをロシアに支払う。
・ホルゴス川西とテケス川流域をロシア領とし、タルバガダイ方面の境界を改定する。
・嘉峪関・ウリヤスタイ・ホブド・ハミ・トルファン・ウルムチ・古城にも、ロシアの領事館を設置する。
・ロシア商人はモンゴルだけでなく、天山南北路でも無税で貿易できる。
・陸路貿易は張家口・嘉峪関から天津・漢口経由で、通州・西安・漢中において従事できる。

清朝ではこの内容に、大きな反対の声があがった。現地では左宗棠が諮問に答えて、条約の批准につよく反対し、中央ではとりわけ詹事府司經局洗馬の張之洞が、ロシアとの戦争も辞すべきではない、崇厚は極刑に処すべし、とまで論じて、大いに耳目を集めた。

一八八〇年一月、帰国した崇厚に処罰の決定が下され、三月には「斬監候」の判決がくだった。その「違訓越權」で結ばれた条約は承認せず、ロシアと再交渉することに決し、同年二月一九日（光緒六年正月十日）、駐英仏公使の曾紀澤が、駐露公使にも任命され、ペテルブルクに赴いて、談判にあたることとなる。

以上の経過は外国側に大きなショックを与えた。他国へ使した使節を死罪に処せば相手国に対する侮辱になるため、列強の公使はかねて、崇厚の処分に寛大たるべきことを申し入れていたからである。案に相違して崇厚が死罪の判決を受け、ロシアとの緊張が大いに高まって、イリ周辺の係争地域にはロシアの大軍が集結しはじめ、左宗棠も兵を動かしてロシアに圧力をかけた。いわゆる「イリ危機」である。

北洋大臣李鴻章をはじめ、清朝側の渉外当局者たちは崇厚の処罰を免じて、ロシアとの関係修復につとめるよう建言し、英仏の北京駐在公使も積極的に働きかけた。その結果、ひとまず崇厚の罪名は免ぜられ、再交渉の結果をみて、あらためて処分を決定する、との命が下る。

『金軺籌筆』が描く曾紀澤の対露交渉は、こうした「危機」的な情況のなかで行われた。最終的に「危機」を回避できたのは、したがってかれの交渉が成功した事実を何よりも雄辯に物語っており、なればこそ、この書物もいまに残っているといってよい。

なお本章の目的は、出使日記のひとつ『金軺籌筆』の紹介にあって、「イリ危機」やペテルブルク交渉の全貌を明らかにしたり、歴史的に位置づける外交史的な研究ではない。それについては、すでに中露の史料を駆使した専著が出ており、本章でも適宜、参照した。(3)

三　内容と特徴

ロシア政府との再交渉を命ぜられた曾紀澤は、一八八〇年七月三〇日（光緒六年六月二十四日）ペテルブルクに到着した。『金軺籌筆』はその五日後、光緒六年六月二十九日（一八八〇年八月四日）から記述がはじまり、交渉の結果、いわゆるペテルブルク条約が調印される前日の光緒七年正月二十五日（一八八一年二月二三日）までをカヴァーし、その間、合計五十二回の会談を記録する。

交渉に参加した主だった人々は、清朝側では公使の曾紀澤、參贊銜隨員の劉麒祥、通訳官の慶常・桂榮・塔克什訥《タクシナ》、ロシア側は外務次官・アジア局局長ギルス・首席参事官にして外務次官代理もつとめたジョミニ（А. Г. Жомини）・アジア局副局長メルニコフ（А. А. Мельников）[4]・駐華公使ビュツォフ（Е. К. Бюцов）・通訳ペシュロフ（Д. А. Пешуров）である。このうち特筆すべきは、フランス語通訳の慶常であり、ほぼ毎回曾紀澤に随行して、双方の意思疎通の任にあたった。『金軺籌筆』の原稿をなす「問答節略」の著録者も、おそらくかれであろう[5]。また清朝側では、やはり随行して裏面の活動をしたマカートニーとジケルも忘れてはならない。とくに前者はイギリス駐露大使ダファリン（Frederick Temple Hamilton-Temple-Blackwood, 1st Marquess of Dufferin and Ava）としばしば接触して、ロシア側の事情をさぐっていた[6]。

『金軺籌筆』には不分巻の版本もあるが、ここでは楊楷の刊行した光緒十三年の四巻本を底本としてみてゆきたい。その巻の分け方が、内容を理解する目安として役立つからである。巻一は光緒六年六月二十九日（一八八〇年八月四日）から九月二十日（一〇月二三日）まで、巻二は九月二十四日から十一月十三日（一二月一四日）、巻三は十一月十四日から十二月二十三日（一八八一年一月二二日）まで、巻四は十二月二十五日以後となる。

そもそもこの曾紀澤の交渉は、ロシアに有利なリヴァディア条約を反故にすることをめざしたものであり、ロシア側は当然それを嫌ったから、難渋をきわめた。ほとんど相手にされない情況にはじまって、徐々にそれを挽回してゆく、という経過をたどっている。

これを巻数に即してみてゆくと、おおむね巻一は、清朝側にまったく不利な情況から、曲がりなりにも交渉のはじまるまで、巻二はその交渉のなかで、曾紀澤が挽回してゆく過程、そして巻三で、双方が妥結する、という構成になっている。巻四は大筋で合意がなったものを具体化して、調印にいたる詰めのやりとりなので、立ち入ってみる必要はない。以下『金軺籌筆』からの引用は、巻数・日付・頁数を適宜、附記することとする。

四　ロシアのスタンス

巻一にみられるロシアの態度を、たとえば典型的にあらわしているのは初日、光緒六年六月二十九日条である。以下は曾紀澤が赴任の挨拶に外務省を訪れたさい、若干交わした会話におけるギルスの発言である。

「前に使臣の崇厚がロシアにお見えになって、処置すべき諸問題はわたしとともに協議合意しまして、あとは批准施行をまつのみとなっております。にもかかわらず、貴国は今にいたるまで一言もなく、あまつさえ崇厚を重罪に処し、辺境地域には兵力を増強して防備を固めています。そのため内外の人心は恐怖動揺し、いまにも戦争が始まりそうな形勢になっております。こんな情況で交渉などできるでしょうか」（頁一）

文字どおりの発言があったかどうか、もとより定かではない。しかし清朝側がこのようにうけとめていた事実が、ある意味で交渉当初の情況をすべて物語っており、曾紀澤にとって厳しい逆境であったことがわかる。

ロシア側の具体的な行動をみよう。公式な折衝がはじまったのは八月二三日（七月十八日）である。この日ロシア外務省は、訪れた曾紀澤に条約草案の提出をうながした。曾紀澤がそれを受けて翌日、草案を提出したところ、ロシア側はそれまでの条約を破棄するものとして、その草案の受諾を拒否し、交渉の場そのものを北京に移そうとした。

その背後にあったロシア側の思惑・方針は、八月二五日のロシア外務省の会議によれば、①清朝が賠償金を増やし、ほかの境界の調整に応じるなら、テケス川流域の割譲に応じる、②ロシアは国威を損なわない条約によってのみ、その変更に応じる、③清朝との齟齬が長引くのは無益なので、武力の威嚇のもと速やかな交渉を望む、そのために、交渉場所をペテルブルクから北京に移すべし、というにある。(7)

そうしたロシア側の要望を知った曾紀澤は、九月一八日、外務省を訪れ、反駁して清朝側の要望を示した。そこでジョミニは、以下のように発言している。

「わが国は、貴下と交渉したくないわけではありません。しかし清朝は国際法にしたがって処置してくれないので、北京で交渉せざるを得ないのです。わたしは外務省に勤務して四十五年になります。各国と締結した条約はその間、数えきれないほどありますが、批准しなかったものを耳にしたことがありません。国際法に照らせば、全権使節を派遣して条約を結ばせるにあたっては、なすべきこと・許すべきことを確実判然と命じることになっており、なればこそ全権が調印した以上、その条約を批准しないことはありえないのです。ところが清朝は、全権使節を派遣し条約を締結しておきながら、あろうことか批准しなかったばかりか、あまつさえその使節を重罪に処しました。これはまったく国際法に反しています。もし再交渉しようとしても、清朝でまたぞろ妨害する人がでてきて、前言を翻すことになれば、いったいどうすればよいのでしょう。ですから、ここでの交渉は望みません。……」　（巻一、光緒六年八月十四日条、頁九）

とくに目をとめておきたいのは、リヴァディア条約締結以後の清朝の動きを、くりかえし国際法違反だと評したところであり、少なくとも曾紀澤の側がそう受けとめたことは重要である。もちろんかれは、ペテルブルクでの交渉希望をうったえつづけた。

そのかいあって、ロシア側は北京帰任を命じていたビュッォフを呼び戻し、ペテルブルクでの交渉に応ずることにした。こうしてひとまず、交渉場所にかかわる駆け引きは、清朝側の希望が通り、ペテルブルクでの交渉が一〇月二日より開始された。しかしそれは、ロシア側が交渉の姿勢までも変えたことを意味するわけではない。そのあたりの事情は、一〇月九日に清朝公使館でビュッォフと、イリ地方の還付をめぐって具体的な談判に入った会談でも、確認できる。

「前の条約はもっぱらイリ回収を目的にしたものであります。貴国ロシアが返還に応じてくれましたことは、まことにありがたいと思います。しかしそれなら、補償を要求すべきではないでしょう。貴国が補償を要求するなら、こちらもイリ西方地域で、補償を求めます。イリ地方は貴国が返還したものであって、割譲したものではないことを貴国は知るべきでしょう」

「これは見方が違います。清朝はリヴァディア条約をまだ決まっていないとみなすのに対し、わが国はこれを前提とみておりますす。さきに清朝がイリを自力で守れなかったので、わがロシアが代わって接収防衛し、治安を維持するなど、多大の心力を費やしたのです。そのあたりをどうも、貴国はおわかりでないようだ」

（巻一、光緒六年九月初六日条、頁三二）

このように、ロシア側の態度はなお揺るがず、曾紀澤の主張は、受け入れられる見通しがなかなか立たなかったのである。

五　転　換

一ヵ月を経過しても、事態の好転はみられなかった。ロシアがイリ周辺地域の返還に応ずる見返りとして、巨額の賠償を求めていたからである。また清朝側が現地周辺に軍を集結させていることにも、ロシア側は不信を強めており、軟化する見通しはつかなかった。

そこで一一月五日、曾紀澤はいささか思い切った戦術にうったえる。

「……貴下がはじめて示された原案に、こちらは承諾はできません。ですがわが国は外交を重視しておりますから、何かを口実に、交渉しないというつもりはありません。それに去年調印した条約を、貴国が批准しなかった以上、もしあらためて交渉するとなれば、まちがいを防ぐために北京でやらなくてはならない。そのため、わが大皇帝《ママ》はわたしを派遣なさいましたが、貴下が外務省に、清朝政府はすでに交渉権を委ねて、ロシアで交渉したいと考えている、とお知らせになりましたので、わが大皇帝は再度、好意を示して、わたしに引き返して、貴国の意向を尋ねるようお命じになりました。ところがどうでしょう、お示しになった草案は、もとの原案と異なるのは一ヵ所だけ、ほかは依然そのままです。しかも貴下はくりかえし、条約以外の要求にはまったく応じられない、とおっしゃいます。ですからジョミニは貴下に、ほかに方法もないので、別途に海軍大臣を北京に派遣しなくてはならない、と発言なさいました。実際のところ、ジョミニに威嚇するつもりはないのです」

「ジョミニ氏がおっしゃる貴国要求の軍費は巨額にすぎますし、またこれ以上遅延したら、戦ったほうがまだ引き合う、ともおっしゃいました。わが国は大国ですので、こんな恫喝を耳にしましたら、もはや譲歩はできなくなるかと存じます」

「恫喝の意はございません。〈遅れるなら戦うほうがまし〉というのも、理由がないわけではありません。貴国は軍備を整え防戦に備えていますから、こちらも準備をせざるをえません。ですから巨額の費用がかかりまして、これ以上遅延したら、ますます費用がかさみまして、ほんとうに戦って元をとるほうがましになります。ですが、もっぱら費用を指して言ったものにほかなりません」

「われわれは戦争を望んでいるわけではありません。ですが、もし不幸にもそうなるなら、わが国の人々がロシアと戦うことを望まないとはいえません。わが国の人々は堅忍不抜、どんな困苦にもたえぬきます。ひとたび戦争になったら、たとえ勝てはしなくとも、わが国はきわめて広大ですから、十数年でももちこたえられます。貴国も無傷というわけにはいきますまい」

（巻二、光緒六年十月初三日条、頁八～九）

以上の記録では、曾紀澤の発言は会談のなりゆきによるようにみえるものの、そうとはかぎらない。それに先んじるビュツォフの発言は、むしろそれまでのロシアの態度全般を記したものとも受けとれるからである。

このように曾紀澤が清朝側の決意として、戦争も辞さない、と明言したことは、大きな波紋を投げかけた。かれ自身もこの発言に対し、ロシア側がいかなる姿勢をみせるか、かなり気懸かりだったとみえて、三日後に受けとったロシア側の回答書の文面が、「さほど強硬ではなく、ちょっと安心した」と漏らしている。[8] 意を強くした曾紀澤は、攻勢に転じた。一一月一〇日のジョミニとの会談では、ロシアが中国に派遣した軍艦にふれて、

「軍艦を派遣する挙に出られた以上、どうして友好の意思があるとみなせましょうか。軍艦の威嚇で条約を結ぶ友好国などありえません。かりにこちらが軍隊を動員したことがなかったとすれば、貴国が軍艦をさしむけたことは、まったく道理がないことになりますし、もしこちらが軍隊を動員したことによって、ロシアが防衛のため軍備を整えるのだから、清朝に軍費賠償を求めるのだ、とおっしゃるのなら、おうかがいしますが、こちらが費やした軍費は、いったいどこに賠償を求めればよいのでしょうか」

「わがロシアは清朝の圧迫をうけたために、巨額の支出を強いられたのだから、清朝に賠償を求めざるをえません」

「清朝もロシアに圧迫を受けたといえます」

と応酬して、ロシア側の要求を挫こうとした。さらに「軍費賠償」という名義を難じ、

「こちらはお金を惜しんでいるわけではありません。実際のところ、軍費賠償という名目が正しくないので、

承諾しがたいのです。これでもしロシアの要求を受け容れたら、きっとほかの国も倣って、事件の大小にかかわらず、すぐに軍艦数隻を派遣して、われわれから軍費賠償をねだることになりましょう。こんな風潮を助長させるわけにはまいりません」

「ほかの国のことは関係ありません。わが国でまかなえないので、軍費の補塡をするため、清朝に賠償を求めなくてはならないのです」

「もしこちらが一年三ヵ月ひきのばしたために、前の条約をあらため、清朝に代わって接収守備した費用を増して欲しい、と貴国がお望みなら、もとの条約の規定によらずに確実な計算をしますが、いささかの増額は協議に応じます。けれども無条件に軍費賠償の要求をいわれましては、いかに貴国がさらに軍艦を派遣されても、やはり応じられません。現在の交渉が成功するか失敗するか、この問題にかかっております。閣下にぜひお願いしたいのは、貴国大皇帝に電報にて以下のように上奏いただくことです。代わって守備した費用を増して欲しいのであれば、清朝は応じる用意があるが、もし軍費賠償の名目が動かないのであれば、こちらはイリは棄ててでも応じられない、と。両国の交渉はせっかくここまですすんでまいりましたのに、こんな些細な問題で、まとまる機会を逸しましては、惜しいことでございます」

といいつのって、いかにしても、その名目を避けようとした。それは名目のみならず、清朝が実際に負担する額にも関連してくるのであり、そこでも主張を譲らなかった。

「名目はこだわりません。お金を出してくだされればよいのです」

「それならけっこうです。額をおっしゃってください」

「わが国は辺境防備と軍艦派遣で、一千二百万ルーブル使いました」

……

「もし一千二百万ルーブルも要求なさるなら、こちらは一戦交えてからお出しすることにしましょう」

「これは余分に費やした額です。巡視船などの経常費は清朝に要求はできません。もし代わって守備した経費に軍費を繰り入れて計算したなら、おそらく清朝の支払う額は、こちらが満足できる額に達しません。清朝が全額支払うと応諾してくれなくては、軍費賠償の名目をとりさげることは、やはりできません」

「軍費賠償の名目は、要求額と表裏一体の関係にあります。みなロシアの軍艦が使った金額を知っていますから、貴国の要求額があまりに多くては、みなきっと清朝が軍費を賠償しているのだと思うことでしょう」

「こちらの申し上げた額は、まだ交渉の余地があります」……（巻二、光緒六年十月初八日条、頁一八〜二一）

こうして、ロシアもいよいよ軟化する姿勢を明らかにしてきた。一二月一一日、清朝公使館でギルスと会談したさい、ギルスはロシア皇帝の意向として、中国との対立を長引かせたくないと伝えた。もちろん曾紀澤もそれに異存はなく（巻二、光緒六年十一月初十日条、頁三五）、交渉はロシア側の譲歩で、急速に妥結する方向に向かったのである。

六　収　束

このように、ロシアが譲歩に傾いた理由は、やはり清朝との決裂、対決を恐れていたからである。曾紀澤との交渉にあたったジョミニは、ギルスあて書翰に、そのことをくりかえしうったえた。主な意見を拾ってみよう。

ともかく戦争などしたら、きわめて悲惨な結果になる。破滅的で果てしなく、ロシアに何の利益もない。……清朝政府が、イリをロシアの占領下にしたまま自らの権利を保留しつつ、交渉を決裂させ、条約を破棄することは大いにありうる。その特有の忍耐力で傍観しながら、海陸の軍備を整えよう。ロシアとしては現状を回復し防衛態勢を保持すればよいのだが、それはいかにも高くつくし、通商も妨げられる。(9)

以上は一八八〇年一〇月一三日付の書翰で、まだロシア側が曾紀澤に強硬な態度を示していた時のものである。その背後でジョミニはすでに、清朝との戦争を回避しようと考えていた。かれはさらに同月二四日、清朝と戦争できる状態にロシアはないとくりかえし、ロシアの態度をあらためる意向をもらしている。

もはや清朝に幻想をもってはならないと確信した。かれらはきわめて誇り高く、しかも政治というものを熟知している。……なるほどかれらは、戦争を欲していないし、恐れてはいる。しかし、ロシアがかれら以上に戦争を欲せず、また戦争できる情況にないことも知っている。……それゆえに、恒久的に防衛態勢を維持していかねばならないけれども、それは難しい。しかしそれはロシアが膨脹しすぎた結果で、そうした情況で、イリ地方の半分に執着するのは無意味である。(10)

この書翰はおそらく、一〇月二〇日に外務省で談判したことを受けて書かれたものだろう。そこでは、なお双方の主張が平行線をたどり、しかも曾紀澤が一向に折れないことに、ジョミニは強い印象を受けたものと思われる。

「ロシアはいったいどうすれば満足なさるのですか」

ジョミニは笑ってこたえた。

「もとの条約をそのまま批准してくだされればよいのです」

「われわれは改訂をお願いしていますし、貴国大皇帝も丸呑みを強いることはない、とおっしゃいました。ですから何ヵ条かの改訂はあって当然でしょう。こちらはこの問題を争って一年、いま突如もとのまま批准することになっては、本国の臣民に顔向けできませんし、西洋列強からも嘲笑をうけます。これでは、わが清朝はたいへんな苦境に陥ります。本日は閣下に実情をお話しせざるをえないのです」

「それでは、交渉ができなくなってしまいます」

「両国の大皇帝はともに友好の意がありますから、ともかく協議は可能でしょう」

「貴下お示しの草案では、前の条約の重要な条項がすべて削除され、ほかのどうでもよいところで、ロシアに譲歩した、としています。こんなやり方では、どうやって協議すればよいのでしょう。わたしはただ大皇帝の命をまつばかりです」（巻一、光緒六年九月十七日条、頁三九）

威勢こそ失っていないものの、内面の動揺は覆いがたい。そのため、この会談でジョミニは「ロシアはこうするほかありません。というのも、きわめて巨額の支出をしていますので、これ以上長引くようなら、戦争をしたほうがまだ引き合います」（同上、頁四〇〜四二）と発言せざるをえなかった。これが一一月五日の、戦争も辞さず、という曾紀澤の姿勢を導き出すひとつのきっかけとなっている。

こうした発言におよんだ、ジョミニ・ロシア外交当局の思惑は、その書翰とあわせみればわかる。「戦争できないロシアがなるべく有利な条件にもちこむには、清朝側が武力にうったえてでも、「イリ地方の半分に執着する」かどうか、をみきわめなくてはならなかったからである。その姿勢が強硬であれば、占領地の返還をふくめた妥協も、ロシアのとるべき選択肢から排除はできない。そこで上に引いたとおり、一一月一〇日のやりとりを経て、一二月一一日にギルスが表明した、譲歩に前向きな姿勢になってくるわけである。

ギルスは一二月二七日、ロシア側の条約草案を提出した。[11] 曾紀澤は二日後、ロシア外務省に出向いて、草案を本国に送付し、指示を仰いだことを伝えた。ギルスとの会談の様子は、以下のように記される。

「さきに拝受いたしました貴国の草案には、貴国大皇帝の友好の意が満ち満ちております。本日、本国に電報にて送りました」

「返電はいつ着くでしょうか」

「いまは河川が凍結しておりますので、往復に約一ヵ月かかりましょう」

「もし貴国も電信を敷設なさいましたら、通信ももっとすみやかにできるのではないでしょうか」

「電信はまことに便利ですが、わが国ではその利点を知る者がまだまだ少ないのです」

「このたびの交渉で改訂した条項は、わが大皇帝が衷心からの友好の意を示すために、ギリギリまで譲歩なさったものです。願わくば貴国もその意を体されんことを。さすれば話はまとまります」「その意はすでに本国に打電しましたので、いまは回訓を待つほかありません。それであらかじめお願いしておきたいのは、ビュツォフ氏に特別条項と通商規則の草案を起草提出いただくよう、お命じになってはいただけませんでしょうか。互いの草案をつきあわせ、調整しておけば、わが国の回訓がまいりまして許可をいただければ、すぐに調印をすることができますから」（巻三、光緒六年十一月二十八日条、頁二七〜二八）

二週間あまりたった一八八一年一月一七日、北京から回訓がとどいた。曾紀澤はロシア外務省に出向いて、ギルスらと会談する。

「今朝はやく、北京からの電報をうけとりました。〈わが大皇帝は貴国大皇帝の美意に深謝す。両国の問題を平和裡に交渉解決し、戦争を未然に防いだ〉とございます。総理衙門の王大臣も、代わってお礼申し上げてくれとのことでした。貴国の文書二件および草案の条項は、わが大皇帝がすべてご承認になりました」

さらに曾紀澤が「きました電報に、条約の文言にはまだ検討する余地がある、とございますが」というと、ギルスは「そんなことは細事ですので、すぐ話はまとまります。……」と応答した（巻三、光緒六年十二月十八日条、頁三七、三八）。このとき事実上、交渉は妥結したといってよい。

七　まとめと展望

曾紀澤はペテルブルクに派遣されるにあたり、あらかじめ大づかみな方針を立てて、この交渉に臨んだ。かれ自身の上奏でそれをみてみよう。

イリ問題には三つの要点がある。境界・通商・賠償金である。……賠償金はもとよりとるに足らない。境界と通商では、前者のほうが重大である。
西洋の条約には、二つの慣例がある。ひとつは決めてしまえば、ずっと遵守して変えないもの、いまひとつは、いったん決めても、随時あらためるものである。前者が境界、後者が通商である。……愚見によれば、境界画定は恒久的である以上、当然堅忍不抜の意思で主張し、百折不撓の姿勢をくずしてはならない。通商の各条項については、そのひどいものには適宜、改訂しなければならないけれども、そのほかは臨機応変に許してもかまわない……

わたしが心配なのは、廷臣の議論が賠償金にくわえ、通商や境界でも逐条、反駁変更をもとめてくることにある。もとより公明正大な正論なのだけれども、原則の固守ばかりで情勢に即した応変をいわないわけで、それではロシア側が絶対に納得しないことは、智者でなくともわかるだろう。[12]

ここからわかるのは、曾紀澤がリヴァディア条約で「失った」イリ地方を「回復」するための「境界画定」を第一の重点におき、そのほかの「通商」などは、譲歩してもよい条件だと考えていたことである。かくて結ばれたペテルブルク条約は、次のような内容だった。

- ロシアはイリ地方を返還。
- 清朝はロシアにイリ占領費として九百万ルーブルを支払う。
- テケス川流域・ムザルト峠を清朝が回復、ホルゴス川西はロシア領。
- タルバガダイ方面の境界を改定し、清朝がかなりの地域を回復、ザイサン湖東辺はロシアに割譲。
- 新たな境界と境界未定の地域は調査のうえ、界牌を立てることとする。
- 嘉峪関・トルファンにロシアの領事館を設置。
- 天山南北路の無税貿易は期限つき、モンゴルでは無期限とする。
- 陸路貿易は張家口から天津・漢口経由は認めるが、嘉峪関からは認めない。

曾紀澤の立てた方針とつきあわせるかぎり、大きな成功だったといってよい。ただしこの結果を成功とみなしたうえで、そこへいたる過程を描いたのが、ほかならぬこの『金軺籌筆』であるから、その記述を読むには、注意が必要である。

『金軺籌筆』の後半まで読みすすめて非常に印象的なのは、前半の険しい雰囲気とは打って変わった友好的なムードである。その典型はロシア外交当局者の曾紀澤に対する称賛である。まず一八八一年一月一七日のギルスの発言に、曾紀澤の「才・智が兼ね優れ」、ロシア皇帝の心を動かして、条約改訂にもちこんだことを高く評価し、

「外国のことにたずさわって四十二年間、多くの人材をみてきたが、貴下と交渉して、はじめて清朝にも人材がいないわけではないことがわかった。……」（巻三、光緒六年十二月十八日条、頁四〇）

といい、ついで一月二六日にもギルスとジョミニが、

「貴下ほどの才なら、清朝で抜群というばかりではなく、ヨーロッパでも数少ないでしょう。使節としてまことに得がたい人材です。外務省の同僚はみな敬服しておりまして、ながく外国のことにあたってきたジョミニさえも羨望しています」

「まことに羨望のきわみです。細心端正なお仕事ぶりは、いまギルスがいったとおりにございます。……」（巻四、光緒六年十二月二十七日条、頁七）

と語っている。かれらが曾紀澤を称賛したこと自体は、もちろん実際にあったことだろう。しかしそんな言辞がどこまで真意なのかは、言った本人にしかわからないし、外交辞令というように、割り引いて聴かねばならないのは、人間関係では当然の心得である。その程度のことを曾紀澤が知らないわけはあるまい。まして本国への報告資料として、この記述がなくてはならぬものではありえないのである。

けれどもその一方で、曾紀澤はこの交渉結果に強い自負をもち、これ以上は望み得ない成果だと思っていたはずである。そこでかれが憂慮したのは、事前の上奏文でも語っていた、国内の反対勢力の批判・非難である。実際そ

れが交渉じたいにも影響したことを、歎いたほどだった。

西洋の臣僚は外務を上奏する《ママ》にあたっては、正論を持するのみで誹謗はしない。わが清朝のように、相手国の君主まで中傷するようなことは聞かない。論争紛争のときでも、平静で礼をつくした応対を失わない。このたび廷臣が上奏した内容は、すべてを秘することができず、ゆがめられて流布し、横文字にも翻訳された。ひどすぎる悪口で、相手を辱め怒らせてしまい、ことあるごとに「貴国が心底から平和友好を望んではいないのは、これでわかる。いま恥を忍んで条約を改訂してはあまりに怯懦であって、自国民から嘲笑をうけ、外国からは軽蔑される」といわれた。(13)

これはまさしく『金軺籌筆』巻一の論旨と一致する。またぞろそれをくりかえしてはならない、という思いは強かった。

もとより上のような賛辞の記載にいたった具体的な真相は、史料上の制約のためわからない。自分の功を誇る気持ちも、皆無ではなかっただろう。しかし以上のことを考えあわせれば、それだけにはとどまらず、反対勢力を抑え、自身の交渉とその結果を本国政府も是認して、当面この条件でロシアとの関係改善をはかるべし、という意図のこもったメッセージである、とみるほうが肯綮に当たっていよう。

境界画定・通商の規定が有利だとしきりに述べるところからも、そうした事情がうかがわれる。光緒六年十二月十八日（一八八一年一月一七日）条に、次のようなギルスとのやりとりを収める。

「わが国と貴国は境界を接しており、そこにカザフ族などが雑居したこともありまして、紛擾がたえなかったのですが、いま和平もまとまりましたから、境界の紛争も協議処理しやすくなりました。……」

「わたしも両国の意見は同じだと思います。それなら辺境にて思いがけず何かございましても、鎮定は容易になりましょう」

「これまで貴国は各国との通商を自国に有害なものとみておいででした。望むらくは、少しずつでもそんな猜疑心を解いていただきたく、そうなれば取引も盛んになります」

「西洋各国が通商しに来た当初、とりきめた規定にわれわれの望まないものが多かったものですから、その不公正を嫌って猜疑を免れませんでした。しかし貴国とはこのように平和裡に条約をむすび、とりきめた規定も強要されたものではありません。その履行をはじめるにあたっては、こちらもかならず協力いたします」

「イギリスはアヘンで貴国に害毒をおよぼし、軍事力で条約を強要しました。貴国がそれを不快に思うのも当然です。ですがわが国とは平和裡に交渉をすすめまして、何の遺恨もありません。今回の条約改訂で、いよいよわが国の誠心からの友好の意が明らかとなりました。それにわが国は貴国の物産を多く必要としますが、こちらから貴国に売るのはラシャくらいしかありません。このように、貴国にとってロシアとの通商こそ、本当の利益があります。アヘンを貴国の貨幣と換えるような貿易とは比べものになりません」

「おっしゃるとおりだと思います」

（巻三、頁三九～四〇）

イギリスのアヘン貿易との対比を出している点などは、すこぶる注目に値する。これも発言が事実としてあった以上に、それを記載したねらいを読みとるべき内容であろう[14]。

本国の強硬派・主戦論のほかに、曾紀澤が交渉のプロセスで苦しんだのは、清朝側の交渉スタイル、あるいはそれを導く対外的な体制そのものであった。かれはペテルブルク条約を締結したことを報告する上奏文で、その困難な経過にふれ、まず「交渉の難しさは、通例の在外使節とははるかに異なっていた」といい、六ヵ条の難点を列挙する。そのうち上に引いた国内の対露強硬論を除くと、その代表的なものは、国際法に関わる問題である。

萬國公法に照らせば、使臣の条約交渉では、君主の勅命をまたず、外務省と意見が合わないのに、独断で締結することは皆無である。調印した後で改訂することがあるにしても、若干の微修正にとどまって、もとの条約からかけ離れたものなどはなかった。先年、崇厚はイリ返還にあせり、また帰京を急いで、あわてて条約を結んで帰国したために、適切でなかったところがおびただしい。しかし、それを正そうとしたわたしの草案をロシア外務省がみて、痛烈に反駁し、だれもが奇談だといぶかったのも、無理はない。こちらはくりかえし、崇厚が勅命に違って独断で調印したのだ、と言って説得を試みたけれども、いかんせん向こうは耳にしたことがないことを聞くので、最後まで信じようとはしなかったのである。[15]崇厚の交渉およびその後の清朝政府の行動が、国際法・国際慣例にかなっていなかったがために、交渉に困難をきたしたことをうったえたわけである。これは『金軺籌筆』でいえば、巻一に描くロシア側の厳しい態度と対応する趣旨にほかならない。[16]

逆にいえば、「公法」にのっとった交渉がいかに重要かを論じたものであって、国際法に対する清朝の自覚をあらわす議論だとも位置づけられる。[17]もっとも『金軺籌筆』に対する当時の反応として、対露友好という具体的な施策戦術ほど、「公法」準拠という抽象的な政策方針に注目があつまったとはいえない。清朝全体がこのとき、たとえば主権や国境の観念・概念もふくめた、国際法にもとづく対外関係へ、全面的に転換したわけではないのである。[18]

しかしながら曾紀澤個人は、自身の経験と任務を通じて、そうした転換を主張、実践してゆくことになる。ベトナム・朝鮮、あるいはチベットに対する国際法を援用した「属国」「属地」の主張は、いずれもその例にもれない。とりわけベトナム問題でのフランスに対する強硬な交渉活動は、対露交渉の姿勢をさらに一歩すすめたものともいえよう。そしてそれは曾紀澤個人の態度から、やがては清朝・中国全体の対外関係・外政にも拡大してゆく。[19]『金軺籌筆』はその意味で、総論で述べたような「出使日記」の転機をなす著述であるのみならず、中国の対外関係全体においても、ひとつの画期を表現している。それは同時に、中国側におけるイリ問題の歴史的意義をも示す、ともいえよう。

第Ⅲ部　出使と変法

第5章　駐米公使張蔭桓と清末の対外関係
——『三洲日記』よりみた

岡本隆司

はじめに

張蔭桓（一八三七〜一九〇〇）、字は樵野、広東省南海県（いまの広州）の人。捐納で官界に入り、開港場が所在する山東省・安徽省の地方官や総理衙門大臣を歴任して、駐アメリカ・スペイン・ペルー公使に任ぜられた。帰国した後は、中央政府の要職をしめ、日清戦争後、清朝の体制変革「変法」を支持したことから、反対派の排斥に遭って流罪に処せられ、一九〇〇年、配流先のウルムチで殺害された。

要するに、波瀾万丈の生涯を送った、一九世紀末の大物政治家である。ただし科挙という官界入りの正規ルート、いわゆる「正途」ではなく、金銭で官位を買う捐納という、裏口ルートの「雑途」で任官したからか、そのキャリアは「洋務」、渉外部門で一貫していた。なまじいに有能敏腕だっただけに、「正途」の官僚からの風当たりも強く、毀誉褒貶もはなはだしい。非業の死をとげたこともあって、残された史料も偏っている。そのため研究が少なくないにもかかわらず、なおその事蹟がすべて明らかになったとはいえない(1)。

そうした情況であるから、張蔭桓じしんの残した日記は貴重である。その分析を通じ、かれ個人のみならず、清末の内政外政でも、研究の進展が期待できよう。なかんづくその「出使日記」たる『三洲日記』は、分量・内容の豊かさで群を抜いており、清末政治の一面を照射する史料としても、参照味読に値する。本章でつぶさに紹介するゆえんである。

書名の「三洲」とは三大陸の謂、任地が南北アメリカとヨーロッパだったことに由来し、張蔭桓の公使在任期間、光緒十二年二月初八日（一八八六年三月一三日）から光緒十五年十一月十三日（一八八九年一二月五日）をカヴァーする。すでに補論2註(20)でもふれたように、この三大陸・三ヵ国の公使を一人が兼ねたのは、華人の移民が多く、その就労や迫害が国際問題になったことで、いずれも共通していたからである。そこで北洋大臣李鴻章と関係の深い人材のうち、大多数の移民と同郷の広東人が、このポストに任命される慣例だった。張蔭桓もそうである。

その『三洲日記』はいくたりの研究もある一方で、扱いにくいところも少なくない。何しろ二十七万字にもおよぶ厖大な書物である。その全面的な解明、位置づけには、さらに立ち入った考察が不可欠であり、ここで包括的な検討など、望むべくもない。まだ論じられていない、『三洲日記』の特徴的な一面を紹介するにとどまる。それでも、全体の理解につながるような作業を心がけたい。

一　書誌的なこと

『三洲日記』がいかに編纂され、どんな内容になっているか。その大づかみな情報をえるには、張蔭桓の自跋につくにしくはない。

光緒乙酉（一八八五年）六月、命をうけ、アメリカ・スペイン・ペルー三国に奉使した。十月、朝廷で暇ごいして南下し、丙戌（一八八六年）、香港から汽船で出航、北アメリカ・ヨーロッパ・南アメリカおよび関係の島嶼をまわった。その山川政俗は当然、調べるべきもの、各国との交際はいっそう重要である。総理衙門の規定で、使節は日記をつけねばならぬことになっており、見聞の及ぶところはすべて記した。また遠く異国に来たので、送達された官報（邸報）・親族友人の手紙も、家の瑣事にいたるまで、これは、というものは漏れなく集めた。そのため中国の事情も任国の見聞をも記録してある。

庚寅（一八九〇年）二月、帰京復命し、皇上の拝謁をたまわった。およそアメリカ合衆国の南北の党派分裂から、中国の生糸・茶輸出が伸び悩んでいるゆえんにいたるまで、もらさずご下問があり、中華の士大夫が知らないこともあるために、詳細にお答え申し上げた。すると皇上は、それは記録してあるのか、とおたずねになったので、「総理衙門の規則で、日記をつくることになっております。ですが、あまりにも蕪雑ですので、大幅な整理が必要です」とお答えした。皇上は「整理がすんだら即刻、上呈せよ」と命じられ、承って退出した。翌日、上諭を拝受した軍機処からも督促があった。このとき、日記原稿の写しは故郷の広東にあり、こちらの荷物のなかには原稿しかないので、じかにそれに削除をほどこして筆写にまわした。五月の末に上奏進呈すると、手許に留めおいて閲覧する、との上諭が下った。それ以後、総理衙門の同僚、地方にいる友人らはみな、人々の目にふれるよう公刊してはどうか、とすすめてくれた。だがこの数年間、北京で諸事に忙殺され、ゆっくり机に向かう暇などなかった。甲午の歳の暮に、また日本に使することになって、上海を往来し同文書局に宿泊した。この機会にあらためて原稿に手を入れ、石印に付そうと思っていたところ、あにはからんや、転々と筆写をかさねるうちに、脱漏がかなりひどくなっていたので、もう一度全編を書き直して印刷業者にまわした。

自分は朝廷を安んずる才がなく、文章力もなければ実行力もない。この日記を人に見せたいとも思わなかっ

　た。近日、西洋の知識人たちは知識欲旺盛で、漢語を鋭意研究しており、使節のメモに頼るばかりでは、到底たちうちできないからである。皇上に進呈するのを憚って削った、些細なつまらぬことや奇怪なことは、この刊行にあたって復活させた。この中に書いてあることは、ただ通訳だけを頼りにしたので、言葉文字に通じなかったことが大いにくやまれ、まことに恥ずかしい。

『三洲日記』の編纂過程が一目瞭然であろう。これによれば、『三洲日記』には少なくとも三つのテキストがあったことになる。まず第一、『三洲日記』の原型をなすのは、もちろん張蔭桓が「見聞の及ぶところはすべて記し」、また「これは、というものは漏れなく集めた」という記録である。もっともそれは、かれ自身の手控えなので、そもそも残存している可能性も低いし、もちろん現在、見ることはかなわない。

第二は「庚寅」の「五月の末に上奏進呈」した、という版本である。上海図書館に現在『奉使日記』十六巻（全十六冊、稿本）として所蔵があるのは、宮中に「留め」られたこの版本の写しだと思しい。世に問うために「もう一度全編を書き直し」て印刷に付したものが、すなわち現行の刊本であり、その原稿本と推定できるものも存在する。[2]

いま最もひろく行われているのは、その刊本を底本にした標点本だろうが[3]、これはとてもプロの仕事とは思えない誤脱がおびただしく、依拠できるテキストではない。本章では刊本を底本に引用し、必要があれば、第二の『奉使日記』を交えた考察を行うこととする。

二　記述内容とその特色

大部な『三洲日記』の記述は、じつに多岐にわたる。けれども、主だったものでくれれば、自跋がいうように、アメリカを中心とした任地の「山川政俗」と「各國交際」のありさまを述べたものだといってよい。当時の連邦・各州の政府組織や国勢の紹介、個別の閣僚・議員・軍人・名士たちとの社交、名勝・イベント・工場・施設の見学などに多く紙幅を費やし、議会での重要懸案採決、ホワイトハウスで開かれたクリーヴランド（S. Grover Cleveland）大統領の結婚式、各地の博物館・美術館、あるいは個人所蔵の美術品コレクションに対する紹介・品隲、さらには、たび重なるパーティでの歓談、そこで出た洋酒が何年ものか、ということにまで、筆が及んでいる。『三洲日記』が読みづらいのも、そこに大きな理由があって、こまかな外国の人物・官名・地名・機関・事物・慣習を当時の漢文で中国流に叙述するため、よくわからないのである。

以上の具体例は、すでに坂野正高氏が言及するところなので(4)、あらためて贅言するにはおよばない。ここでは、坂野氏がなお説き及んでいない、あるいは不十分にしか論じていない点に問題をしぼろう。そのあたり便宜的に、『三洲日記』が依拠した取材源で大別して述べることにしたいが、それも網羅的にとりあげるのは難しい。比較的目につく三つの典型的なケースを紹介して、若干の考察を試みるにとどまる。第一に外国新聞、第二に自身の見聞、第三に外交交渉である。それぞれ項目を分かって述べよう。

外国新聞の引用

総論でも述べたとおり、欧米など任地の事情を本国に伝えるのが、出使日記を作成する目的のひとつであった。その一大情報源となったのが、任国現地の新聞である。外国新聞の引用が、出使日記の大きな特徴をなす、といって過言ではない。

ところが、その引用には定まった体例というべきものがなく、はなはだ扱いにくい。ある記事の全文を引くこともあれば、要旨にとどめてあることもある。日付が誤っていることも少なくない。倉卒に字面を追うだけでは、その辨別がつかない。

それはまた、典拠の新聞がわからないことも作用している。新聞名を明記する場合もあるけれども、いわないことのほうが多いし、たとえ記してはあっても、漢字で表記されているばかりか、しばしば略称であるために、原名が判明できない場合が少なからずある。

事情は『三洲日記』でも、まったくかわらない。そこで以下では、ほぼ全文が引いてあり、かつ典拠の新聞の言及がないにもかかわらず、それが判明した珍しいケースを紹介しよう。巻一、光緒十二年七月初十日辛丑条である。まず訓読で記述ぶりをうかがおう。

……西人鬼神・占驗の説を信ぜず、比《ちかご》ろ乃《しか》るに多く記載有り。如《たと》へば威司根先邦・柯山基縣・基立父敦地方に、星隕つるの一事有り。莊主人梯德力、方に農人を雇ひて麥を刈らしむ、正に操作しつつ在るに、忽ち大聲の震響せること、略《ほ》ぼ鐵路の輪車、魚貫疾馳せるが如きを聞く。空際を仰視するに、煙霞の團滾せること球が如きなりて、地に迅墜するを瞥見す。其の勢甚だ重く、土に入りて即ちに深井を成す、農人の立つ處を距つること數丈ならず、其の陷入せる處、長桿を用て試探するも底無し。其の洞口は圍三、四尺可《ばか》りなりて、現《い》ま莊主人農工をして洞を繞りて挖掘して、務めて其の根を究せしむと云ふ。此れ六月二十日の事なり。……誰れか西人鬼を説かずと謂ふ哉。偶ま此《ここ》に誌し、以て華人の西學を談ずる者に質さん。……

これを現代日本語訳すると、以下のとおりである。

……西洋人は神秘とか霊験とか信じないはずなのに、最近はそうした記事が多い。たとえばウィスコンシン州オウゾーキー郡グラフトン村付近に、星が落ちてくるという事件があった。農園主デイドリックはこのとき、麦の収穫で労働者を雇って、ちょうど刈り入れをしているさなか、突如あたかも汽車が何台も連続して疾走するような大音響が聞こえてきた。空を見上げてみると、煙が球のように固まって回転し、地面に急速に落下するのが、ちらりと見えた。たいへんな勢いで地面にぶつかって、めりこんで深い穴ができた。農作業の人たちが立っていた所から数ロッドと離れていない所だ。めりこんだ穴に長い桿で底をさぐってみても手応えがない。その穴の周囲は三〜四フィート、いま農園主が雇っている労働者に穴の周りを掘らせて、そこに何があるのか、つきとめようとしているという。以上は六月二十日（一八八六年七月二〇日）の事件である。……誰が西洋人は神秘オカルトを説かないといったのか。西学を論ずる華人に質すため、とにかく記しておく。……

この「記事」というのは、*New York Times*, July 21, 1886, "A Meteoric Stone Takes a Trip to Wisconsin and Hides under a Barley Field" であり、全文は以下のとおりである。

MILWAUKEE, Wis., July 20. — People in the vicintiy of Grafton, Ozaukee County, are very much excited over the fall of a meteoric stone near that place. While a party of harvesters were at work in a barley field on the farm of Henry Deiderick, a mile and a half south of the village, they were startled by a loud noise, much like the roar of a train of cars. The noise increased in volume in a few seconds so as to become almost deafening. The unusual sound seemed to come from the heavens, and looking on, the harvesters saw what appeared to be a huge ball of smole [sic] rapidly descending. It was a meteoric stone, which struck the earth within a few rods of where they were standing and buried itself deep in the ground. Since the descent of the meteor Mr. Deiderick's barley field has been visited by hundreds of people, including many scientific men. The hole in the ground is between three and four feet in circumference. Its depth is unknown, all attempts to find bottom by inserting long poles having, it is said proved futile. Mr. Deiderick is now engaged in excavating the earth around the spot where the meteor lies imbedded, and intends to bring the latter to the surface if it takes all Summer.

一読して『三洲日記』の記述が、この新聞記事のひきうつしだとわかるであろう。

引用した隕石の話題にくわえ、いわば怪談に類する超常現象をも記すこの光緒十二年七月初十日条は、西洋近代の自然科学の前提にある神秘主義、オカルトの厳存を指摘し、西学の一知半解を戒める材料とした記述であって、大いに注目に値する。

自身の見聞

『三洲日記』も日記である以上、当然、日記をつけた張蔭桓本人の見聞を記している。むしろそれが大部分をしめるといってよい。もっとも、ただの見聞というだけなら、一般の日記とさしてかわるところがないので、それは立ち入って述べる必要はないだろう。「出使」の任務にふかく関わることがよくわかる例をあげたい。

開巻しばらく読みすすめると、中国を出発しワシントンに赴任する途上、太平洋を横断し、サンフランシスコ港に到着した記述が、光緒十二年三月初四日丁酉条にある。[5]

サンフランシスコ港に到着。領事の欧陽明は、外国人職員ビー（Frederick A. Bee 漢名は傅烈祕）・通訳官の鄭鵬翀・欧陽庚、随員の王国遜・鄭鵬程をともなって会いにきた。そこでまず領事を船室に招いて、サンフランシスコの最近の情況をたずね、しばらく話し込んだ。それからすぐブリッジに登って、ビーたちとも会った。しばらくして船も着岸した。荷物を運び出していると、税関長のヘイガー（John S. Hager）から、信任状をみせなければ上陸させない、といわれたから、すぐ言い返して、「税関に信任状を検閲する権限はない、権限があるというならそのことを証明する文書をみせよ」といい、ビーにかれと交渉させた。折しも中華・三邑・岡州・陽和・合和・人和・昭一の各会館の紳董が出迎えに来たので、ブリッジを降りてかれらと会い、かれらにもずいぶん時間をかけてとりなしてもらったが、税関長は依然としてまだ納得しない。そこでまた、「このまぐずぐずと上陸させないなら、この船で中国に戻ってもかまわない。信任状は断じて見せるわけにはいかない」というと、税関長は筋が通らない言い分だとさとった。そこで検査官ティニンが、婉曲に上陸してくださいといってくれた。すぐ車をとばして館舎にゆき、九階建てビルに宿泊する。錦堂（欧陽明）とビーも手配しにそのままいっしょにきてくれた。そこでかれらに「税関のこれほどの無礼は、こちらから抗議すべきだ」と訴えた。ビーは、サンフランシスコは仕事がたいへんだと力説していたが、仰せ承りました、といって立ち去った。錦堂には鄭光禄（鄭藻如）に打電し、国務省にとりついでもらうよう、頼んだ。

以上はサンフランシスコ税関から上陸、入国を妨げられた記事であり、前半だけを卒読すれば、張蔭桓一行が遭遇した一エピソードにもみえる。(6) しかし決してそれにとどまるものではない。清朝の外交官に多大な侮辱を加えた、として当時、マスコミや議会が大きくとりあげて、外交上の問題になったからである。

当事者のサンフランシスコ税関長のヘイガーも批判をうけ、財務省からの訓令と移民制限法第一三条を根拠に、公使の張蔭桓本人はともかく、「公使の随行員（*personnel* of the embassy）」も上陸させるには、信任状の提示が必要だと判断した、と辯明しているところからもわかるように、(7) これは華人移民の事件でもあったわけである。

引用文の後半にも言及するとおり、アメリカ到着早々こんな事件に遭った張蔭桓は、時をうつさず、領事館に命じて、税関の無礼を国務省に抗議させたばかりでなく、公使着任以後も国務省に対し、執拗にヘイガーを糾弾した。(8) とりわけヘイガーが代表する税関の応対は、張蔭桓がいうところの「美《アメリカ》の我を拒む」態度、華人移民をめぐる問題で険悪化していた清米間の関係を、いわば象徴するものだったからである。(9)

総論で曾紀澤の例を引いて言及したように、出使日記は日常の些事はむしろ書かない方針で編集されていた。『三洲日記』は著者も時期もちがうから、安易に同一視はできないけれども、よく読んでみると、純粋な私事に属するようなことがらは、やはり少ない。一瞥しただけでは、単なる見聞にしかみえないような記事でも、それが記してある場合には、やはりそれなりの意味があったことを想定すべきであろう。

たとえば、上に引いたサンフランシスコ税関の事例は、外交交渉上の懸案につながる。そのほか、施設の視察や名勝の観光にでかけた記事は、外国事情を本国に伝達、批評したことを意味しよう。内外の人士との交際を述べた記事は、人物紹介あるいは人事評定を意味する。そうした点に注意して、読む必要がある。

三　外交問題――アメリカ政治との対峙

国務長官ベイヤード

そんな『三洲日記』の記述のなか、最も多く言及されるアメリカ政府要人といえば、当時の民主党クリーヴランド政権の国務長官、ベイヤード（Thomas F. Bayard）にまず指を屈するであろう。もちろん張蔭桓が駐米公使として、公務上最も接触が多かったからである。したがって、かれとの交際を述べた記事では、その人物についても紹介、評価がしばしばなされている。その書きようがまた興味深い。

しかもかたや駐米公使、かたや国務長官である以上、単なる個人の人物評ではおわらない。それぞれが代表する清朝とアメリカの交渉姿勢に直結する問題であり、さらには当時の清米関係、清朝側のアメリカ観を示すものともなっている。そのあたり、『三洲日記』で最も特徴的な部分だといえるわけであり、そこはやはり、立ち入ってみておかなくてはなるまい。

まず『三洲日記』巻二、光緒十二年八月二十五日乙酉条に、印象的な評言がある。

　蚆蟵《ベイヤードつね》毎に言を踐まず、洛案は固より論ずる無し矣。

要するにベイヤードは、うそつきだといっている。もとより交渉の結果を表現したものであって、個人への誹謗ではない。それでもなかなかに手厳しい批評ではある。これでは、信頼関係はない、というにひとしい。

言及のある「洛案」というのは「洛士丙冷案」の縮約で、当時アメリカとのあいだで大きな懸案になっていたロックスプリングズ事件のことである。一八八五年九月二日、ワイオミング準州ロックスプリングズの華人聚落が襲撃されて、二十八名が殺害、重傷者十五名、十四万七千ドルもの被害がでた。アメリカ史上、最大の華人迫害事件である。張蔭桓はその解決を前任公使の鄭藻如からひきついでいた。

だからあえて上のような批評をするのは、張蔭桓じしんの立場が作用している。その交渉のゆくえは、かれの任務、そして在米華人社会での地位にも関わることであり、交渉相手が約束したことを実行しないので困る、というのはわかりやすい。その約束というのも、華人迫害に対する補償や処罰など、事件の解決に関わることがらだったからである。

議会は先日から休会に入っている。ロックスプリングズ事件をすみやかに解決するというベイヤードの約束は、またでたらめとなった。ベルモント (Perry Belmont) が先日に伝えに来てくれたものだ。ベイヤードが何度もしてくれる約束は、すべて反故になる。これでは、恥ずかしくて華人に顔向けできない。(10)

たとえば、このような記述が出てくるわけである。

それでは、なぜ「でたらめ」「反故になる」のか。それを張蔭桓・『三洲日記』が直截に語り、説明してくれるわけではない。しかしその記述のしかたが、終始ベイヤードを「外部（国務長官）」という公人としてあつかっているところ、注意すべきである。いいかえれば、うそをつき、約束を違えるのは、むしろアメリカの政府・政治の問題だとみなしているにひとしい。そこで、こんな一節もある。原文・訳文を併記しよう。

美政紓緩、外部又屢食言。
アメリカの政治は鈍く、国務長官もよく食言する。(11)

このくだりはごく短く、また孤立して前後につながらないので、究極にはいかなる文脈での発言なのかは、不明である。しかしそれが、政治全体と個人の言動を対比的にあらわし、因果関係をなしている実相を読みとることは可能である。そのあたりの事情について、史料を補いつつ、事実に即しながら、くわしくみていきたい。

交渉案件

張蔭桓・『三洲日記』がこのような評言を発する前後には、必ず華人移民の迫害問題がからんでいる。こうした問題は、ロックスプリングズ事件はじめ、おびただしくあった。すでに起こった事件の解決とあわせ、その再発をいかに防ぐかも懸案としてあり、清朝側はついにアメリカ側の「紓緩」に見切りをつけて、移民を自制する方向で交渉をはじめる。(12)

張蔭桓はその理由を『三洲日記』でベイヤードに、

「ご駐在になって年も明け、華人労働者と西洋人がどうして不和なのかも、おわかりのことと存じます。ですので、移民制限の方策を考えなくてはなりません。さもないと、アメリカの法律で保護するのは、ほぼ無理です(美律幾窮於保護)(13)」

と語らせており、華人移民を事実上「保護」できないアメリカの政治、あるいは法のあり方が、その大きな動機をなしていた。そしてこのように、ベイヤードの言を借りているところから、張蔭桓のいわゆる「食言」も、そんなアメリカ政治に対する不信と軌を一にしていた、といえる。その種の叙述をみてみよう。

『三洲日記』光緒十二年九月二十八日戊午条に、下のような憤懣を交えた記述がある。

ベイヤードから「ホップ農園殺人事件の犯人は、もう免訴になったので、ふたたび訴追することはできない。ヨーロッパの通例は一事不再理(可一不可再)、陪審員に思惑があるかどうか、あるいは罪状に疑念が残るかどうかにかかわらず、干渉するのは都合が悪い(不便干預)。自らアメリカにやってくる外国人は、こういう境遇にあるのだということを知っていただかなくてはならない」と返答があった。理不尽のきわみだろう。ヨーロッパの通例を知らないわけはない。外国人は条約がないのに、いきなりくることができようか。いかに濡れ衣なのかを問わず、いっさいを陪審員にまかせ、その言い分しか聞かなくとも、なお公明正大だというのだろうか。あらためて反駁せねばなるまい。

ここに引用のあるベイヤードの「返答」とは、英語原文では以下のとおり。おおむね要点を摑んだ翻訳になってはいるものの、傍線をほどこした箇所の微妙な異同にも、着眼せねばならない。以下に論及する三権分立の理解とも関わるからである。

陪審員がその殺人は正当防衛だと信じて、無罪にしたのかどうか、あるいは犯罪を疑う合理的な理由が、多少なりともあったのかどうか、それはわたしが口出しできる職権をこえる（not within my province to discuss）問題である。陪審員が無罪としたら、被告はもはや起訴されない、というのがわが法の原則（fundamental principle of our law）である。この原則は英米のみの特例ではなく、「一事不再理（*ne bis [in] idem*）」という、ヨーロッパ大陸で受容されたローマ法の基本原理（a fundamental doctrine of the Roman law）なのである。……この判決が陪審裁判にありがちなことで多かれ少なかれ左右されたとしても、それが自らアメリカに来た外国人の服すべき条件なのだ、と考えていただかねばならない。[14]

いわゆる「ホップ農園殺人事件（槐花園命案）」というのは、一八八五年九月七日にワシントン準州キング郡（King county）スクォークヴァレー（Squak Valley）にあるウォルド・ブラザーズ（Wold Brothers）社経営のホップ農園でおこった華人襲撃事件である。死者三名・重軽傷者四名、直接の金銭的被害が約五百四十ドルだった。[15] ロックスプリングズ事件のほか、大なり小なり類似の襲撃・迫害事件が多発しており、ホップ農園事件もそのひとつである。

前任からひきついだこの事件を解決すべく、張蔭桓はワシントンに着任まもなく、国務長官ベイヤードに一八八六年六月二八日付の書翰を送っている。[16] この書翰そのものは『三洲日記』に収録していないけれども、その二、三日前にあたる五月二十五日丁巳条に、

> 国務長官に書翰を送り、ホップ農園殺人事件の処罰を命じるよう督促した。犯人が供述を狡猾に翻し、重罪を逃れようとしていると聞いたので、先んじてこれを制することにしたものである。

とある。「犯人が供述を狡猾に翻し」たとは、華人のほうが先に発砲してきたので、応戦しやむなく射殺したのだ、という正当防衛を主張したことを指しており、そのあたりは書翰にくわしく記してある。すでにここから、張蔭桓

の不信ははじまっていた。

果たしてその不信は、増大してゆく。その一ヵ月ほどのち、八月のはじめには、サンフランシスコ総領事の欧陽明から電報が来た。

「ホップ農園事件の犯人四名は、それぞれ一万ドルを出し保釈請求が認められて釈放された。来年二月になってからあらためて訊問が再開される」

張蔭桓はこれに対し、「アメリカの刑法は寛大にすぎ、どんな重要犯でも請求すれば保釈される（美律寛縦、無論如何要犯、均可具單保出）」と所感を述べており、いかにも不満な様子がみてとれる。[17] 判決が出たのは、そのおよそ二ヵ月後。その知らせを『三洲日記』光緒十二年九月十一日辛丑条は、次のように記す。

ホップ農園事件では、その陪審員がいうには「華人が先に撃ってきたので、西洋人のほうは自分の命を守ろうと正当防衛で反撃したのだ」と。そこで判事はこれも釈放した。原告の辯護士は「殺人放火の罪で処すべきだ」といったのだが、判事は不当にも陪審員にしたがって、暴動を引き起こしたという軽い罪科に処しただけで、賠償額をきめるため、案件を準州最高裁（臬司）に送った。

もちろん張蔭桓は、こうした判決に不服で抗議した。しかしその相手は、駐米公使として公式に接触のできる国務省と国務長官ベイヤードのほかにはいない。一〇月一二日付で審理をやりなおすよう求める書翰を出した。[18] これに対し、ベイヤードから一〇月二二日付で返事が来た。それを引用したものが、さきに引いた『三洲日記』九月二十八日戊午条なのである。

もとより張蔭桓は、承服しない。「あらためて反駁せねばなるまい」といったその抗議、および以後のベイヤードとのやりとりは、しかしながら『三洲日記』に収録していない。事案の顚末としては、いわば尻切れ蜻蛉の記録である。その結果、張蔭桓が向けた不満の対象が、「食言」というベイヤードの個人的な資質、あるいは性癖に矮小化されてしまったようにもみえてしまうのである。

両者がいつ文書をやりとりしたかは、記載がある。けれども、その具体的な内容にふれるところはほとんどない。原文書は残っていたはずだから、どうも索引の用をもたせて、必要のあるとき、これで原文書を検索できるようにしている観もある。

それなら現実には、いかなるやりとりがなされていたのか。これをみることは、それをあえて載せない『三洲日記』の性格をも浮き彫りにしてくれるであろう。

政体・条約をめぐる論争

張蔭桓が「あらためて反駁」したのは一〇月二九日。『三洲日記』は「ベイヤードに返信を出し、ふたたびホップ農園事件を論じた」としか記さないけれども[19]、その文面は以下のとおり、重大な論点を提起している。漢文原文とアメリカ側に伝わった英訳テキストとは微妙な齟齬があるので、併記しよう。

貴大臣復して以《いは》く「商する所の件、貴國の理刑公堂の定例と符さず」と。或いは本大臣貴國公堂の規制に於て未だ盡くは透晰せず、以て商辦の方、未だ吻合する能はざるを致すか。但だ貴大臣と本大臣均しく約章を遵守し、公を秉り法を申すの志を存さん。

ご返答からうかがうに、わたしの要請は貴国法廷の原則 (a fundamental principle of your courts) に觝触している、とご理解のようだ。貴国の司法慣行 (the judicial practice of your country) はよく知らないので、どう行動するのが正しいか、提案したことはないかもしれない。しかし閣下もわたしも、同一の願いで行動しているはずだ。それは正義の実践と条約の遵守 (the enforcement of justice and the faithful observance of treaties) である[20]。

ベイヤードの議論は、一言でいえば司法の独立 (三権分立) であり、その運用に、外国はおろか、自国の行政府も干渉できない、という言い分である。それに対する張蔭桓の反論は、アメリカ司法のありようと運用を棚上げにした上で、結んだ条約は遵守せよ、という主張である。アメリカの国内体制と対外的な条約遵守とが切り結ぶ図式ともいえようか。

ベイヤードはこれに対し、一二月四日付の返書であらためて反駁した。その返書については、『三洲日記』にやや具体的な言及がある。

フォスターがもう帰ってきているので、朝、国務長官の回答文を送ってみてもらい、晩八時に会いに行く約束をしておいた。会うとフォスターは、「国務長官の回答は〈さきの文書で述べた、華人数十人が殺害された、というくだりを正確ではない〉と指摘しているが、これはロックスプリングズ事件の二十八人を取り出して、大統領がすでに議会に賠償を命じ解決ずみだとして、残るは〔ホップ農園事件の〕わずか三人である、とみなしているにちがいない。はなはだ片手落ちの発言だ。ロックスプリングズ事件の賠償は、華人がこうむった損失額であって、殺人事件については犯人も処罰していないから、どうしてよけて数えないことなどできよう。これとオロフィーノを合わせれば、合計三十六人の殺害となる。数十人の殺害ではない、といえようか。これは反駁して反省してもらわなくてはならない」と言った。ベイヤードは信用できない発言が多く、とてもいっしょにやっていけない。(21)

しかし『三洲日記』が記すのは、このように、もっぱら双方のいう犠牲者数の食い違いである。その原文書の英文テキストをみれば、もちろん犠牲者数の話題もあるものの、さきの引用につづく、いっそう根本的な議論をしていたことがわかる。

……華人がうけた被害の規模について、無意識不注意の所産であるにせよ、不正確になされた記述を何も言わずに見すごしては、われわれ双方が共通にめざす、あらゆる真実確認の相互努力に背いて、一方では隠蔽を、他方では不当な誇張を許すことになりかねない。

一〇月二九日付でいただいた文書にて、昨年「ワシントンおよびその他の準州で、華人が数十名、いわれもなく殺害された」とおっしゃったが、どうしてそのような文言になるのか、あらためておうかがいせねばならない。

ワイオミング準州ロックスプリングズでおこった悲惨な虐殺事件は、……大統領の議会に対する特別教書の問題にもなったが、そこで救済手段がとられ、ほどなく解決がみこめる現状である。閣下の前任者の一八八五年一一月三〇日付文書とわたしの本年二月一八日付の返答には、この虐殺で二十八人の華人が殺害されたとあり、その文面の正しさに疑いをいれない。……そのため閣下の論述にある、軽率で誤ったとおぼしき部分を指摘させていただいた次第である。

一〇月二九日付の文書に、ワシントン準州スクォークヴァレーの華人襲撃・殺害に対する処罰に何らかの手を講ぜよ、という閣下の求めさえなければ、もう申し上げることはなかったはずだが、そうもいくまい。アメリカ政府の構造、その三権分立と名実ともに司法が優先するという特徴（its separation of powers, and its essentially and pre-eminently judicial character）は、これまで閣下・前任公使との間で十分に議論してきたし、二月一八日付の返答でも、意をつくして述べてあるから、あらためて立ち入るのは蛇足に近い。しかしくりかえしを厭わず、あらためて考慮をお願いしたいのは、わが憲法で定まった政体の基礎をなす、地方自治のそうした原則（those fundamental principles of local self-government which are the basis of our constitutional system）に対してであり、それはまた、皇帝専制政治なるもの（an Imperial government of will）と権力を制限した立憲政治（a constitutional government of limited powers）との差異を示しているように、決してアメリカに限らないものでもある。[22]

一見してわかるように、アメリカの国内体制、政体そのものを説いた文書なのであり、さらに東洋と西洋の政治体制の差異にまで論及している。しかもそれは、ホップ農園事件の判決ばかりにとどまらない。前任公使鄭藻如の時から、論争があったトピックなのである。

ここで注目したいのは、フォスター（John W. Foster）[23]が登場していることである。『三洲日記』・張蔭桓にまつわるかれの事蹟については、すでにいくたりの紹介もあるので、贅言を要すまい。辯護士として、清朝公使館の依頼を受け、その補佐にあたっていた。そして『三洲日記』がかれと張蔭桓との綿密な協議を描き出すのは、このあたりからである。

『三洲日記』を一読するだけでは、そのあたりの事情がつかみづらいけれども、このようにくわしく、実際の国務省との交渉過程をあとづけると納得できる。清米の懸案をめぐる交渉は、法律の運用から司法そのもの、ひいては東西の政体・体制原理のレヴェルにさえ関わるようになっていたからである。ここはどうしても、アメリカ人の法律専門家による具体的な助言が必要なのであり、またそれを得たことを記しておかなくてはならなかった。

かくて張蔭桓は三たび、ベイヤードに反論する。その記述はしかし『三洲日記』十一月二十二日辛亥条には、

フォスター起草の文書をチェックのうえ確定し、震東（梁誠）にわたして翻訳させた。

としか記さない。しかしわざわざ「フォスター起草」というところ、みのがしてはならない。その漢文原文はいまのところ見いだせないが、アメリカ政府保存の英文テキストによれば、以下のとおり。それが「フォスター起草」の文面にも近いものと思われる。

……本公使館はロックスプリングズ事件に関する貴大統領と閣下の正しき行動を認めようとするに、これまでやぶさかではなかった。貴大統領と閣下の政策のおかげで、かの悲惨な事件でわが国の被害者がうけた金銭的な被害に対する賠償を貴国議会に求めることができたのは、確かである。しかし一〇月二九日付の文書は、ご覧のとおり、もし可能なら、各準州にて華人を殺害した犯人に加えられるべき十分な法的処罰を確保する目的を有している。すなわち、それは条約義務の履行であり、わが政府が財産の損失を金銭的に賠償するよりも、はるかに重要だと考えるものである。……

すでにアメリカ政府の構造（the structure of the government）や三権分立を正当に議論できないことは申し上げた。それに「皇帝専制政治と権力を制限した立憲政治のちがい」を検討する必要もないと思う。これまで華人を殺害した者たちの処罰について、アメリカ政府がとるべき大義を、われわれが指図したことはないはずだ。

ただ指摘したいのは、条約の規定と国際的な友誼は、殺人者を罰すべきだと求めている、ということである。アメリカ人が中国で匪徒に生命財産が脅かされたら、アメリカ政府は賠償金を求めるのみならず、犯人の処罰を要求してきたではないか。……「権力を制限した立憲政治」なら「皇帝専制政治」ほどに条約義務を果たさなくてよい、とは思えない。履行の方法はちがってもよいとは思うけれども、「政府の構造」で条約上の、あるいは国際的な義務が減少したり、影響を受けたりするとは思えない。アメリカの偉大な国際法学者も、「国際法全体が互恵の基礎の上になりたっている（the whole international code is founded upon reciprocity）」という。こうした原理を標榜する国が、自らにそれを適用したくないと思ってはならない。さもなくば、中国がおよぼす厚遇を受けられなくなるだろう。[24]

長大な文書のごく一部を引いたにすぎないが、主旨は逸していないと思う。論旨は条約遵守の優先という、これまでの張蔭桓の所論とかわらない。けれども、さすがに専門家たる「フォスターの起草」だけあって、論理の緻密さと論拠の厚み、そして議論の精彩が、大いに増している。とりわけ国際法に依拠したところ、張蔭桓の意にもかなっていた。

華人迫害事件の賠償・処罰に関するかぎり、こうした応酬は以後、みることができない。もはや現実になされなかったように思われる。上述したとおり、交渉は華人移民の自制いかんに重点が移り、係争の案件も個別に解決の方向に向かうからであり、ことさら大上段にかまえて、ことを蒸し返し、荒だてるような言は、たがいに控えたのであろう。

それは張蔭桓の側が、一定の妥協を強いられたことをも意味する。論争を通じて、ホップ農園事件の判決がくつがえったはずはないからで、そこはかれも甘受せねばならなかった。その点でいえば、むしろ現実として可能な目前の譲歩をアメリカ側から獲るために、フォスターが勧めたところにしたがって、矛を収めたようにも思われる。そのあたりを示唆するのは、以下のような『三洲日記』の記述である。

フォスターが言うには、「ロックスプリングズ事件は落着ずみ、タコマなどの事件も要求できる言い分があります」と。アメリカではこれまで賠償するということがなかったので、ロックスプリングズ事件の処理にあたった当初は、どうなるかわからなかった。そのため国務省が詳細に調査した清米間の処置ずみの事件に即し、国際法における平等互恵の原則で裏づけた（證以公法報施之義）ので、アメリカ側もようやく責任転嫁の言い訳もなくなった。今日やっと落着し、少し安堵しているところである。さらにセントルイスの殺人事件について相談すると、フォスターが言うには「公使は反論しうる権利があります。他国の内治に干渉してはならないだけです。その決定が公正でなければ、問いたださなくてはなりません」と。「ワシントン（連邦最高裁）に訴えて判決してもらってはどうか」ときくと、フォスターは「それはアメリカの法律に合致しません、当該の州で処置するほかありません」と答えた。[25]

まず、延滞に延滞を重ねてきたロックスプリングズ事件の賠償落着が実現したことを記し、そのうえで、その成果にいたる方針の正しさを主張する。それはホップ農園殺人事件でも張蔭桓が論拠とした、条約遵守という西洋の外交慣例・国際法の互恵原則だった。しかもそれと同時に、「セントルイスの殺人事件」をもとりあげ、専門家のフォスターの口から、三権分立・州権というアメリカの体制を説明させることで、自分が行ってきた交渉の有効・無効なるゆえんを語っているわけである。[26]「セントルイスの殺人事件」ばかりにかぎらない。先だつホップ農園殺人事件の帰趨にも、それはあてはまる。

以上を前提として述べておけば、それ以後は国際法の原則とアメリカの制度が折り合う範囲で交渉を実践する、ということで説明がつく。引用の記事はその意味で、ベイヤードの個人的資質にふれた叙述の、いわば結論的な位置を占めている、ともいえようか。

逆にいえば、そうした範囲の外に出たなら、あらためて清米の政体・条約遵守の論争がもちあがりかねない。実際に張蔭桓・ベイヤードが移民の自制・保護のとりきめを交渉する過程で、またぞろ同じ政体論議がくりかえされた。[27] そして『三洲日記』の記述には、その論争の詳細はもちろん、関連するフォスターの具体的な発言もみえないことも、やはり上に述べてきたところと共通する。

まとめ

すでに述べたとおり、「出使日記」における人物の叙述・論評には、多かれ少なかれ、そこに書いてはいない事情が背後に存在するとみて、まちがいはない。『三洲日記』を関連するほかの史料とつきあわせて通覧した感触は、とりあえずそんなところである。そしてベイヤードの例は、国務長官というかれの地位とあいまって、おそらく最も典型的であり、そこには清米間の外交交渉の前提をなす政治体制や条約遵守の認識に根本的な相違がある、ともいうべき事情がかくされていた。[28] その歴史的意義をはかるには、多大の実証研究が必要不可欠であり、時期尚早だといわざるをえない。ここでは「出使日記」・『三洲日記』に即した論述にとどめる。

そこで次におこるのは、なぜそれを記さなかったのか、という疑問であろう。この問いに答えるのも、決して容易ではない。出版された刊本である以上、読み手の存在を考慮していたはずだが、その読み手の実相が摑みづらいからである。人物の個人的関係を中心に描くのが、紀伝体はじめ中国伝統の歴史叙述法だという答え方もできるし、あるいは後世のわれわれには、想像もできない理由が隠されている可能性も考えられる。『三洲日記』刊行時に「序」を寄せた屠寄は、「交渉の駆引などは、使節の裁量に属する（行人受命不受辭）のだから、そうした事例を逐一記すのは適切ではない」という解釈をしている。

しかし以上にみてきたかぎりで立論するとすれば、その交渉を左右した問題には、慣習のちがいや利害の対立にとどまらず、清米たがいの政体・条約観の隔たりがある。それは双方の建前・言い分や交渉技術という以上に、また対米のみにとどまらない、当時の清朝の対外関係がかかえていた根源的な問題であった[29]。

しかも『三洲日記』の刊行は、中国の政体そのものを変えようとする「変法」運動がはじまる時期にもあたっている。そこで政体にふれる文言を細かに引くのは、自他ともにデリケートにすぎる行為だったのかもしれない。それにまつわる示唆は散見されても、決して直截の記述として明示されないことが[30]、そのあたりの事情を物語るようにも思われる。それは新政や制度改革というものを正面きって論評しようとしない『三洲日記』全体の姿勢とも共通する。

すでに「出使日記」の特徴として指摘してきたように、「出使」し日記をつけた使節じしんのくわしい交渉活動の記事記録は、そこにはむしろ少ない。それは海外事情を国内へ、いわば一方通行的に知らせるガイドブックである「出使日記」が、常駐使節の記録でありながら逆説的にもたざるをえなかった属性だともいえる。そこで読み手のわれわれとしては、書いてあることの解読にくわえ、書いていないことに対する洞察をはたらかせねば、当時の「出使」と任地、および両者のかかわりを客観的に十分な形で復原することはできない。

もっとも、以上は浩瀚な『三洲日記』のごく狭い一面をみたかぎりの所論にすぎない。さらに全面的な考察を俟って、書き改められるべきものと信ずる。

第6章　薛福成の外交構想
——各種日記の比較を通じて

箱田恵子

はじめに

薛福成（一八三八〜一八九四）、字は叔耘、号は庸盦、江蘇省無錫県の人。一九世紀に清朝が海外に派遣した二十余名の常駐公使のうち、郭嵩燾や曾紀澤と並んで、とりあげられることの多い人物である。それは、かれの思想や活動そのものが検討に値する内容を持っているからに違いないが[1]、その前提として、かれ自身の手になる著作が、大量かつ整理された形で残されていることも大きく関係していよう。その具体的な書誌は附録1「総目録」を参照いただくとして、ここではそれら全体に通じる特徴を述べてみたい。

まずこの「総目録」にあげる著作には、かれが曾国藩の幕友であった時期に書かれたものから、一八九四年に公使の任期を終えて帰国し、上海で病歿する直前の文章まで含まれている。つまり幕友や地方官として、あるいは公使として、一九世紀後半の三十年間にわたり洋務に携わった薛福成の活動全般の史料を、われわれは目にすることができるのである。清末の渉外担当者で、その活動に関する史料をこれほど体系的に確認できる人物は珍しい。

さらに、薛福成の著作の多くは、かれ自身の手によって編纂・刊行されている点も注目すべきである。かれの文集のなかにはその歿後、家族や門人によって刊行されたものもあるが、薛福成は早い時期から明確な意図をもって自身の著作を刊行し、洋務の重要性やそのための改革の必要性を世に問うていた。[2] その積極的な姿勢は、総論にも述べるとおりであり、「出使日記」の刊行という形で清末知識人の間に大きな影響を及ぼすこととなった。

だがこれまで、これらの著作が薛福成によって明確な意図をもって整理・刊行されたものであることは、十分に意識されてきたであろうか。とくに薛福成によって刊行された『出使英法義比四國日記』(以下『出使四國日記』と略記)は、あたかも一次史料に対するのと同じ感覚で用いられてきた。たとえば、実際には日付とその日の記述とに必ずしも関連性がないにもかかわらず、これまでの研究は日記という形態にとらわれ、知らず知らずのうちに、その日付と記述内容を関連づけて理解してきた点、そうした現状を端的に示している。

もっともこうした問題は、編集・刊行後の形でしかかれの「出使日記」を見ることができなかったことにもよる。この状況に対し、二〇〇四年に南京図書館が所蔵する薛福成の日記の手稿本が刊行され、これと刻本『出使四國日記』とを比較することで、薛福成による「出使日記」の編集過程をある程度推測することができるようになった。これにより、この書の編集がいかに薛福成の認識や構想を反映したものであったか明らかにできよう。

一方、同じ薛福成の「出使日記」である『出使日記續刻』(以下『續刻日記』と略記)は、かれの歿後その三男によって刊行されており、『出使四國日記』とは刊行の経緯を異にする。この相違点はもう少し重視されてもいいはずだが、『走向世界叢書』がこの両書を合冊して『薛福成――出使英法義比四國日記』と題して出版するなど、[3] これまでそうした相違はほとんど意識されてこなかった。[4] 刊行過程だけならまだしも、内容においても両書は大きく性質を異にする。『出使四國日記』の内容としてとくに重要なのは西洋観に関わる「論説」[5] であるのに対し、『續刻日記』の内容でとりわけ目を引くのは、世界地誌の紹介が多くを占める点である。ではなぜこのような相違が生じたのだろうか。本章では刻本『續刻日記』と稿本日記をもつきあわせて、『續刻日記』の史料的価値とともに、『出使四國日記』と『續刻日記』の性質の違いを明らかにすることとする。

また『續刻日記』に含まれる内容は、薛福成が出使期間中に構想し、ついに未完のままに終わってしまった世界地誌の刊行と関わっている。[6]『瀛環志略』に代わる新しい世界地誌を編纂・刊行しようとの計画は、一体どのような意図のもとに始められたのか。この疑問に答えることは、薛福成の思想を検討する上で重要な意味を持つはずである。だが、世界地誌の刊行じたいが、かれの急死により未完に終わったこともあり、これまでかれの「續瀛環志略」刊行計画については十分な研究がなされてこなかった。[7]

本章では、二種類の「出使日記」――『出使四國日記』および『續刻日記』――と稿本日記との比較を通じ、ヨーロッパ滞在中に形を成した薛福成の外交構想をつきとめるとともに、それと世界地誌の編纂との関連についても明らかにしたい。

一　『出使四國日記』の編纂過程とその意図

(1) 稿本日記の復元

薛福成のヨーロッパ出使時期の思想を研究するさい、基本史料として必ず用いられてきた『出使四國日記』だが、先にも述べたように、長らくわれわれが目にすることができたのは編集後の刻本のみ、その編集方針を示してくれるのは「凡例」だけという状況にあった。

こうしたなか、二〇〇四年に南京図書館が所蔵する薛福成の日記の手稿本が、南京図書館古籍部と南京大学歴史系の共同作業によって整理・活字化され、『薛福成日記』として刊行された。上下二冊からなる『薛福成日記』は、同治七年正月初一日（一八六八年一月二五日）から光緒二十年五月二十八日（一八九四年七月一日）まで二十六年間に及ぶ薛福成の日記の手稿本三十九冊を整理したもので[8]、その中には、薛福成がヨーロッパに出使していた全期間の日記も含まれている。つまり薛福成の「出使日記」についても、その稿本と刻本とを比較することができるようになったのである。

出使日記の稿本と刻本の内容を比較した場合、その異同は以下の三種に分類できよう。

①日付が移動している内容（双方の日記に記載されているが、記載の日付が異なる内容）

②稿本にしか見られない内容（刊行にあたって削除された内容）

③刻本にしか見られない内容（刊行にあたって追加された内容）

この三点から分析を加えることで、刻本の成立過程や稿本・刻本それぞれの史料的価値・特徴が明らかとなるだろう。

ただし、分析にあたって活字本の『薛福成日記』と『出使四國日記』とを比較しても意味はない。実は南京図書館古籍部と南京大学歴史系による整理過程において、すでに稿本と刻本との比較対照が行われており、同一日付の日記で刻本にあって稿本にない記述内容があった場合、活字本の『薛福成日記』では刻本の内容に依拠して記述が補われている[9]。

ところがこの整理方法では、日付が移動している場合（すなわち上記分類の①）が考慮されず、その結果、稿本の他の日付に記載がある内容をも重複して補っている。活字本『薛福成日記』を利用するさいには、こうした点を考慮する必要がある。つまり、活字本の『薛福成日記』は決して稿本の本来の内容を伝えるものではないのである。このため、本章の中心課題である稿本と刻本との比較を行うためには、まず稿本本来の姿を復元しなければならない。

筆者は現在出版されている活字本『薛福成日記』の内容から、整理作業の過程で補われた刻本の内容を削除し、稿本本来の内容を復元すると同時に、南京図書館を訪れ、薛福成日記の油印本全冊と稿本の一部を閲覧し、その内容を確認した[10]。以下に本章で「稿本」「稿本日記」と呼ぶものは、筆者がこのようにして復元した稿本本来の状態のものを指しており、活字本『薛福成日記』とは区別していることを断わっておきたい。

では、いよいよ稿本と刻本の内容の具体的な比較作業に入ろう。

（2）稿本日記との異同から見る『出使四國日記』の編集過程

刻本『出使四國日記』は六巻から成り、巻一は上海を出発した光緒十六年正月十一日（一八九〇年一月三一日）条からパリに到着後、パリの清朝公使館に滞在中の同年閏二月二十九日（四月一八日）条までである。巻二は三月初一日条から五月二十日（七月六日）条までで、この間に薛福成はロンドンの清朝公使館に移動したのちベルギーに赴いて信任状を捧呈し、またロンドンの公使館に戻っている。巻三は五月二十一日条から八月初十日（九月二三日）条まで、巻四は八月十一日条から十月二十日（一二月一日）条まで、巻五は十月二十一日条から十二月三十日（一八九一年二月八日）条までで、十二月初二日（一月一一日）にロンドンからパリに移動している。巻六は光緒十七年正月初一日条から二月三十日（四月八日）条までで、この期間にはパリから信任状捧呈のためにイタリアに赴き、ドイツを回って再びパリに戻っている。これと対応する期間（すなわち光緒十六年正月十一日から光緒十七年二月三十日まで）の稿本日記と『出使四國日記』との内容を比較し、両者の異同を先の分類①〜③に従って整理を行った。**表4**はその結果の一部を例示したものである。

比較作業を行って気がつくのは、異同の多さである。以下、稿本と刻本の異同の具体的な内容について、先の分類①〜③の順に述べていきたい。

①日付が移動している内容

本書でこれまで見てきたように、出使日記は日記体をとるが、日付とその日の記述内容には必ずしも関連がある

表4　刻本『出使四國日記』と当該時期の稿本日記の異同（例：『出使四國日記』巻2部分）

日付（光緒16年）	刻本の内容	稿本の内容
3月25日	・オーストリア・オスマン帝国の各駐英大使を訪問 ・オスマン帝国の状況	・オーストリア・オスマン帝国の各駐英大使を訪問 ・オスマン帝国の状況
26日	・オスマン帝国の状況（←3月25日の後半部分）	・オスマン帝国駐英大使の答礼
27日	・オスマン帝国（←3月26日）・イタリア・ロシアの各駐英大使の答礼 ・李鴻章の電信（朝鮮借款） ・英仏への照会	・イタリア・ロシアの各駐英大使の答礼 ・李鴻章の電信（朝鮮借款） ・英仏への照会
28日	欠	欠
29日	・ロシア人の越境採金（←光緒17年2月29日）	欠
30日	・ロシアの金鉱開発	欠
4月初1日	・西学学習の重要性 （⇒『庸盦海外文編』巻3「西法爲公共之理說」）	欠
初2日	・舞踏会に出席 ・旧巻：前任時期の製造機械の購入	・舞踏会に出席 ・旧巻：前任時期の製造機械の購入
初3日	・ヴィクトリア女王の誕生祝い ・旧巻：造幣機械の発注	・ヴィクトリア女王の誕生祝い ・陳季同の書翰 ・旧巻：造幣機械の発注
初4日	欠	欠
初5日	・インドの概況	欠
初6日	・オスマン帝国と英露対立	欠
初7日	・英による海上の戦略要地の独占	欠
初8日	・西洋の軍事重視	欠

注1）異同の分類は以下のとおり。
　日付の異同：﹏﹏（←元の日付）　稿本のみに見える内容：＿＿　刻本のみに見える内容：（網掛け）

2）「旧巻」については本書187頁を参照。

わけではない。『出使四國日記』も稿本日記と比べたところ、日付の移動がしばしば見られ、しかもその多くは、稿本では一日分の記述内容を、刻本では二日～数日に分割し、稿本では記述のない日付の日記としていることによる。[11] また、稿本では一日の日記に引用している長文の文書を、刻本ではこれを数日分に分割して引用し、それによって前後の日付の空白を埋めている場合もあり、[12] こうなると日付にはほとんど意味がない。

また、関連する内容の記述を後から整理したことにより日付が移動している例も見られる。たとえば、**表4**の駐英オスマン大使の答礼に関する記述の移動が、この例に相当する。また、稿本では光緒十六年七月二十四日（一八九〇年九月八日）条に引用していたインド・チベット間交易に関する新聞記事の内容が、刻本では同年八月十四日（九月二七日）のインドアヘンの製造・販売に関する記事の直後に移動している。このような日付の移動からは、薛福成が気になった新聞記事などを日記にその都度メモしていたこと、後に「出使日記」として刊行するさい、それらを整理していたことが分かる。[13]

ただ、日付の移動の大部分は、欠けていた日付の日記を埋めるために生じたものであり、また全体からみれば分量的にも多くはない。次に異同②について検討してみたい。

②稿本にしか見られない内容（刊行にあたって削除された内容）

稿本日記には清朝本国の人事や事件に関する官報の「邸抄」や『申報』など新聞の記事が散見するが、これらのほとんどは刻本には見えない。『出使四國日記』の「凡例」でも述べているように、「出使日記」というその性格上、刊行にあたって「洋務」に直接関わらない事柄は削除されたからである。「邸抄」の記事を控えておくのは、清朝官僚の日記によく見られる慣行であり、薛福成も海外赴任前からそうしていた。それを「出使日記」の刊行にさいして削除したわけであり、この異同は、手控えとしての稿本日記と「出使日記」としての『出使四國日記』との性質・目的の違いを表していよう。

また、個人から受け取った書翰のなかには、公刊にさいし削除されたものがある。表4にあげた陳季同からの書翰の削除は、これにあたる。ほかにも、光緒十六年七月十二日（一八九〇年八月二七日）条に引く、総理衙門章京の袁昶からもたらされた総理衙門内の情報も削除されており、これらは公表が憚られたのであろう。このような清朝官僚の内輪の情報を伝えてくれる点にも、稿本日記の史料的価値がある。

同じく公刊を意識しての変更として重要なのが、英露対立関係の記事の削除や表現の改変である。たとえば、稿本・刻本ともに光緒十七年正月二十日（一八九一年二月二八日）条で総理衙門からの書翰の内容を列挙しているが、稿本では言及している中央アジアにおける英露対立に関する事項が、刻本では削除されている。同様に英露対立に関わる内容として興味深いのが、稿本日記の光緒十七年二月初十日（三月一九日）条に言及されている、ロシア皇帝が駐露公使の洪鈞に語ったという清露の友好を求める発言である。この部分も刻本では削除されている。

また、光緒十六年十月初二日（一八九〇年一一月一三日）条は、『タイムズ』紙の記事[14]を引用しながらシベリア鉄道の建設予定路線を説明したのち、この鉄道建設の意味・目的について私見を述べているが、もとの稿本日記では

　以上の鐵路、預め中國と事有るに備へ、以て兵を調し餉を運ぶべきなり。

とあったものが、刻本では、

　以上の鐵路、琿春・海参崴《ウラディヴォストーク》の商務を開通せんと欲するに係り、僅かに兵を調し餉を運ぶのみにあらざるなり。

と改変されている。英露の対立は一九世紀後半に至り東アジアをも舞台とするようになったが、清朝は地勢的に英露の両勢力の間に位置するため、両国の膨脹政策の影響に晒されると同時に、両国の外交方針を左右する存在でもあった。とくに薛福成がヨーロッパに出使していた時期（一八九〇〜九四年）の清朝は、英露対立の激化とともに両勢力の緩衝役として、国際政治における存在感を高めていた。英露対立に関する記事の削除・改変は、駐英公使である薛福成が英露と清朝との関係をどのように見、またそれをどのように本国に伝えようとしたのかという問題

に関わり、注目に値する。先のロシア皇帝の発言も含め、この点は後に詳しく論じることとする。

ただ、全体の分量から見ると、②の記事の削除や表現の改変もそれほど多くはない。むしろ『出使四國日記』の編集・刊行をめぐる稿本と刻本との異同として最も重要なのは③、すなわち刻本にしか見られない内容（刊行にあたり追加された内容）が非常に多いことである。そして、そうした追加内容のなかには英露対立に関わる記述も少なくない。そのあたりを詳しく見ていこう。

③ 刻本にしか見られない内容（刊行にあたって追加された内容）

先に述べたように、『出使四國日記』は薛福成のヨーロッパ出使時期の思想、とくにその世界観・西洋観を研究するさいの基本史料として利用されてきた。実際、『出使四國日記』には薛福成の西洋社会に関するさまざまな視点からの紹介や論説が含まれており、先行研究が最も注目してきたのも、そうした論説である。だが、これらは実は、ほとんどが稿本日記には見られず、「出使日記」の刊行にあたって追加された内容であった。

たとえば、出使日記研究の権威である鍾叔河氏は、『出使四國日記』をもとに薛福成の在外体験とそれによる思想的変化を検討している[15]。そのさいに氏が具体的にとりあげている記述を見てみると、ロンドン到着後に実感を以て郭嵩燾の西洋賞賛を確認したという記述（光緒十六年三月十三日条）、議会に関する記述（同年七月二十二日条）、教育制度に関する記述（光緒十七年正月初三日条）、病院に関する記述（光緒十六年五月二十四日条）、鉄道の歴史に関する記述（同年三月初七日条）などである。このような論説は、旅程や外交行事と並び、ふつう出使日記というものに不可欠な要素と思われようが、実はここにあげた全てが、対応する時期の稿本日記には見られない。

つまり異同③こそ、手控えの稿本日記と公刊を意図して編集された「出使日記」の性質・目的の違いを端的に表す部分であり、薛福成が『出使四國日記』刊行に託した意図が集約されている部分なのである。そうした記述が先行研究の注目を集めてきたのも、よって当然といえば当然かもしれない。だが、後から追加されたものであると知った上で見直してみると、その意味合いも違って見えてくるであろう。

『出使四國日記』における記述の追加は、巻二、三にとくに多く見られ、それは薛福成がロンドンの清朝公使館に落ち着いた時期にあたる。移動や行事などが少なく、稿本日記の日付の空白が目立つ時期に、それを埋めるために、あるいは国内人事や個人の書翰など、「出使日記」にふさわしくない記事と差し替えるために、西洋社会に関する紹介や論説を後から追加していたのである。

ただし、それらの「穴埋め」「差し替え」は闇雲になされていたわけではなく、一定の意図に基づいて配置されている。以下、それぞれの巻についてどのような記述が追加されているのか、大まかな傾向を整理しよう。

（3）刻本への追加部分に見る薛福成の意図

○巻一（光緒十六年正月十一日〜閏二月二十九日）の追加部分

巻一の主な内容は、上海からパリまでの往路の旅程と、駐仏清朝公使館に着任してからの見聞である。この巻における追加部分として注目したいのは、旅の途上における次の四件の論説である。

まず上海を出発した直後の光緒十六年正月十六日（一八九〇年二月五日）条には、上海滞在中にフライヤーの『格致彙編』に寄せた序文を振り返り、日記に再録している。その文は、中国と西洋の「格致」の学は根源的には同じものであるが、中国では後に技藝と学問が分離してしまい、ために現在の西洋学問の根本を理解することができないのだと現状を批判する。通事らに委ねられてきた「夷務」と異なり、洋務とは本来は知識人によって担われるべき施策である。にもかかわらず、知識人がその根本である西洋学問を忌避しているという現状は、あるべき洋務にとって根本的な問題である。これに関する議論を『格致彙編』への序文を振り返って記すという形で、薛福成があえて「出使日記」の初めに置いていることが分かる。

同様の意図的な論説の配置は、正月二十一日条の追加部分にも認められる。この部分は、偶々『瀛環志略』を見ていて鄒衍の新九州説を想起した、という書き出しで始まり、世界のスケールに関する議論を展開しているが、もともと稿本日記にはなかった記述である。清末の知識人は、これまでの東アジアを「天下」とする伝統的世界観から地球規模の近代的世界観へと認識の転換を迫られていたが、薛福成は『出使四國日記』の初めにこのような議論をわざわざ追加しているのである。これにより『出使四國日記』を読む者は、まず中国が置かれている世界のスケールの確認を、つまり世界観の転換を促された上で、それ以降のかれの海外での見聞を追っていくこととなる。しかもそれは鄒衍の新九州説という中国古代の学説と結びつける形で、つまり附会説によってなされていた。

なお、先の正月十六日条は『格致彙編』への序文であり、またこの正月二十一日条の記述は『庸盦文外編』巻一所収の「大九州解」とほぼ同文である。このように追加部分のなかには、当該時期の手控えの日記とは別に用意されていたさまざまな種類の文章が確認できる[16]。同じく巻一の正月二十五日条は、通商の重要性を説いたものだが、これは『庸盦海外文編』巻三所収の「英吉利用商務闢荒地説」と論の中心部分は同じである。また正月二十八日条は、いわゆる環境決定論であり、赤道付近の熱帯では文明は発達しなかったという議論だが、これも『庸盦海外文編』巻三所収の「赤道下無人才説」と関連がある[17]。この「英吉利用商務闢荒地説」や「赤道下無人才説」のなかで示される思想は、『出使四國日記』全体を通じて認められる薛福成の洋務思想であり、また文明観の特徴である。

このほかにも『出使四國日記』には、『庸盦海外文編』や『庸盦文外編』に収録された論説と対応関係にある論説が多数追加されている。しかもその配置には、薛福成の思想・主張に沿って読み手を案内しようとする意図が見られることを確認しておきたい。

○巻二、三（光緒十六年三月初一日～八月初十日）の追加部分

先にも述べたとおり、巻二、三は薛福成がロンドンに移り、イギリス・ベルギーでの信任状捧呈を済ませた後、ロンドンの公使館に落ち着いていた時期にあたる。ベルギー旅行中を除けば移動や行事が少なく、日記の材料に事欠いたためか、この時期の稿本日記では日付の欠落が多く、記述がある場合でも清朝公使館で保管されていた文書の書き写しがその多くを占める。こうした保管文書を『出使四國日記』では「旧巻」と呼んでおり、ここでもその称呼に従う[18]。

一方、刻本ではそれらの日付の欠を埋めるように、西洋の文化・社会やヨーロッパの国際情勢に関するさまざまな角度からの紹介や論説が追加されている。以下、いくつか具体例をあげながら、この追加部分の意味について卑見を述べたい。

薛福成がロンドンに到着したのは光緒十六年三月初四日（一八九〇年四月二二日）のことだが、三月初六日と初七日、初八日の三日間にわたり刻本に補われているのが、それぞれ汽船、汽車、電気・電信・電話の歴史である。コミュニケーション革命をもたらして世界の一体化を促した、近代文明を象徴する三大発明に関する記述を、その近代世界の中心ともいうべきロンドンに到着した直後にあたる時期に配置しているのである。

そして、そのすぐ後の十三日が、実感を以て郭嵩燾の西洋賛美を確認したという、『出使四國日記』のなかでも最も有名なくだりである。

むかし郭筠仙侍郎（郭嵩燾）は、ことあるごとに西洋諸国の政治や風俗は素晴らしいと賛美し、ために清議派人士に批判された。わたしもその発言は行き過ぎているのではないかと訝り、陳荔秋中丞（陳蘭彬）や黎蒓斎観察（黎庶昌）に尋ねたところ、二人ともその発言に間違いはないと答えた。今回欧洲に来て、パリからロンドンに至り、はじめて侍郎の発言を信じた。その正しさは議会、学堂、監獄、医院、街路に見てとることができる。

この記述はこれまで、薛福成が自らの体験を通して郭嵩燾の見解を再評価したという文字どおりの意味にしか解釈されてこなかった。だが、この文章が必ずしもロンドン到着直後に受けた衝撃を語ったものではなく、後から追加された発言だとすれば、そのニュアンスも異なってくるだろう。

まず、郭嵩燾の発言が正しい証拠として列挙している西洋の事物について、その詳細を薛福成が語るのは、これよりも後の日記においてである。[19]かれは西洋の優れた制度であるこれらの事柄について語る前に、あらかじめその意義を読者に示しているのである。また、西洋の事物に関する考察を語る前にこの記述を置くことで、以後の自身の議論に説得力を持たせる意図もあったのではないだろうか。少なくともこの一文がここにあるかどうかで、読者のこれ以降の論説に対する印象は違ったものになるだろう。

では、これ以降の日記において薛福成は西洋の事物に関する論説を、どのような目的をもって追加していったのだろうか。それを一言でいえば、中国と西洋との共通性を強調し、それにより年来の主張である「変法自強」の必要性を明らかにするにあった。

薛福成が西洋の制度・学術の受容による改革（変法）を正当化するにあたり、それが本来中国古代に存在したものであるとする附会論者であったということは、しばしば指摘されるところである。[20]確かに、いわゆる附会説に属する論説も、刻本の追加部分のなかで重要な位置を占める。[21]だが、薛福成が強調する共通性とは、中国古代の制度・学術と西洋近代のそれとに限られるわけではなく、改革の正当化の論拠も、中国の伝統的価値観にのみ依拠したわけではなかった。

かれが西洋と中国を同じ基準の上で比較し、共通性を認めたのは、学術や制度も含む人間活動のあり方を決定づける「客観的」な要因――人種という生物学的分類や気候・地理などの自然環境の面にも及んでいる。[22]その意味で、従前のように薛福成における附会説を強調するばかりでは、十分ではない。

西洋諸国はその指導権の下に世界各地を資本主義体制に取りこんでいったが、自らの支配的地位を「科学的」に正当化するため、環境決定論などの知識・学説を展開し広めた。薛福成もこれら近代西洋の知識・学説を論拠の一つとして、当時の世界で支配的な地位にある西洋諸国と同じ資格・能力を中国も有していることを強調している。それにより、西洋諸国に倣った富強を目指す洋務の推進とそのための変法を正当化しているのである。

また巻二、三には、ここ数十年のヨーロッパ国際情勢に関する紹介や論説も、多く追加されている[23]。話題は英露の対立に収斂することになるが、この英露対立の影響はすでに極東にも及んでいた。そのようななか、ヨーロッパに駐在している薛福成は、清朝が西洋諸国から今の国際情勢における重要な外交主体として看做されていることを実感する。

刻本の六月初五日（七月二一日）条には、「近頃、英・仏の官僚・名士の議論には中國と関係を結ぶべきとの意見が多く聞かれ、以前のようにただ見下すだけということはもうない」と、西洋知識人の清朝に対する態度の変化を語り、その背景として、この十年ほどの間における清朝の対外姿勢の変化や出使、海軍建設、留学生派遣などの事業の進展をあげている。また六月十七日（八月二日）条ではロシア民族の源流とその勢力拡大の過程を述べ、十八日条ではインドをめぐる英露対立について述べているが、その最後に「ロシアがインドを窺っていることに対するイギリス人の憂慮は、ロシアが朝鮮を注視していることにわが中國が憂慮を抱いているのと同じだと聞く。中國とイギリスが繫がれば、朝鮮とインドの情勢も自ずと堅固なものとなる。ゆえに最近のイギリス政府の計略も議会の議論でも、努めて中國と好を通じようとしている」と、英露対立と清朝との関係を分析している。

なお、六月初五日条の内容は、七月初六日に発送した上奏文「察看英法兩國交涉事宜」（『出使奏疏』巻上所収）の一部であり、薛福成は在外経験をもとに国際情勢を分析し、光緒帝による外国公使謁見の実施という対外姿勢の改変を清朝朝廷に提言していたが、そうした自らの活動も「出使日記」に反映させていたのである。

○巻四（光緒十六年八月十一日～十月二十日）の追加部分

具体的な外交活動との関係という点でより重要なのが、巻四の追加部分である。巻四は、南洋領事設置についてイギリスとの交渉開始を命じる総理衙門からの咨文の引用に始まり（光緒十六年八月十一日条）、翌日（十二日）の日記には、英外務省に交渉を求める英文の文書を送ったことが、その翌日（十三日）の日記には、英外務省に送付した文書の漢訳が記載されている。巻末はこれに対応するかのように、英外務省から清朝領事館設置に対する基本的な了解をとりつけ、この問題がおおよそ解決したという記述で終わっている（十月十九・二十日条）。実はこの部分の全てが、後から追加されたものであった。

領事館の増設は薛福成が最も重視した外交目標の一つであり[24]、かれが自身の意見や外交活動の成果を示すため、これらの内容を「出使日記」に追加したことは、想像に難くない。よって、かれがどのような外交活動を清朝本国にアピールしようとしたのか、その意図を検討する材料としてこの追加部分の記述を検討するのなら、それは大いに意味のあることであろう。

だがその一方で、このような具体的な外交交渉に関わる文書の引用であっても、実は日記の日付と文書の実際の往来日時とは必ずしも一致しない。つまり、この「出使日記」を相手国との外交交渉の経過を追うための外交史料として用いることには慎重でなければならない。

『出使四國日記』の記述をそのままに受け取れば、八月十一日（九月二四日）に総理衙門からの咨文を受け取った薛福成が、これを契機として翌八月十二日に參贊のマカートニーらと協議し、英外務省に文書を送ったように見える[25]。そして『出使四國日記』の十月十九日（一一月三〇日）条には、西暦一一月二九日付の英外相ソールズベリ(Robert A. T. Gascoyne-Cecil, 3rd Marquess of Salisbury)からの領事館設置を基本的に承認するとの回答が引用されており、これに対し薛福成側が駐香港領事として左秉隆を、駐シンガポール総領事として黄遵憲を任命するとの通知を行ったことが翌十月二十日の日記に述べられている。

だが、イギリス外交文書によれば、ソールズベリの回答は西暦一一月二〇日付であり、左・黄任命の通知は一二月一一日付である[26]。また、『出使四國日記』十月二十日（一二月一日）条は「〔左・黄任命の通知から〕数日が経過し、外務省からの回答には〈拝承致しました〉とあって、異議は無く、この件はおおよそ決着した」との記述で締めくくられており、このことからもこの日記の内容が後日の整理であることは明らかである。実際の文書往来の日付に関係なく、意図的に巻四の冒頭と対応させていると見て間違いないだろう。

そして巻四冒頭の総理衙門の咨文も、実は同様に意図的に配置されたものであった。

薛福成が英外務省に英文文書を送付したのは『出使四國日記』の記述のとおり八月十二日（九月二五日）で、それはイギリスの外交文書によって確認できる。[27]だが、その前日の条に引用されている総理衙門の咨文は五月十四日（六月三〇日）付で発送されており、八月十一日になってようやくロンドンに到着したとは思えない。[28]この総理衙門からの咨文も、英外務省への文書送付と対応させるため、八月十一日条に配置したと考えるべきである。[29]

では、薛福成が八月十二日というタイミングで、英外務省に南洋領事設置に関する交渉開始を求めたのはなぜか。その直接的なきっかけは、イギリスが清朝にカシュガルへの英領事館設置を要請してきたことにある。

当時、ロシアは清朝との条約によってカシュガルに領事を駐在させる権利を獲得していた。これをインドに対する脅威として憂慮したイギリスは、同じくイギリスにもカシュガルへの領事駐在を認めるよう清朝に働きかけていた。つまり、薛福成はこの英露対立を利用して、清朝領事館の増設（とくに駐香港領事館の設置）をイギリスに認めさせようと、行動に出たわけである。[30]

ただし、薛福成は『出使四國日記』のなかで、この南洋領事設置交渉の背後にあるカシュガル領事の設置問題にまったく言及していない。カシュガル領事設置問題に対する総理衙門との意見の相違が原因で、かれが英外務省に承認させた香港領事設置も立ち消えになってしまうのだが、恐らくは密接な関係を有するがゆえに、カシュガル領事設置問題に言及していないのだろう。

だがこのために、薛福成の外交活動のなかでも最も注目される南洋領事設置交渉について、英露対立とそれがいかなる関連を有していたのか、かれの英露に対する認識や態度はどのようなものであったのかという点が、これまで十分に検討されずにきてしまった。[31]しかし、後述するように、この英露対立と清朝の占める立場に対する薛福成の認識こそが、『出使四國日記』の編集方針に大きく関わっている。

○巻五（光緒十六年十月二十一日〜十二月三十日）の追加部分

光緒十六年十二月初二日（一八九一年一月一一日）、薛福成はロンドンからパリに移動しているが、ロンドン駐在時期の日記にはやはり追加部分が多く見られる。その内容は大きく分けて、西洋近代の学術と中国古代のそれとの関係に関するもの、つまりいわゆる附会説に属するものと、西洋の兵器開発に関するものである。洋務の第一の目的は「自強」であり、西洋の近代的兵器とその基礎にある西洋学術に関する考察は、出使に欠かすことのできない責務であるが、この巻五にこれらの記述が集中して配置されているのも、意図的なものであると思われる。それは、この巻五の最後にあたる十二月三十日（一八九一年二月八日）条に追加された論説に見て取ることができる。

その文章は『庸盦海外文編』巻三に収録されている「攻戰守具不用之用説」という論説とほぼ同文である。その主旨は兵器の開発が進み、兵器が精巧なものとなればなるほど、兵備に要する費用も、武力衝突における被害も大きくなり、ゆえに戦争じたいは行いにくくなる、このような時代では、最新兵器を保有する強国は、戦わずしてすでに情勢をコントロールできるというものである。さらに強国となるための前提として、「内政を修め、民生を厚くし、財源を濬へ、人才を勵ます」という国力充実政策の必要も確認している。薛福成は巻五のなかで、西洋学術に関する議論や兵器開発についての説明を行った上で、その締めくくりにそうした最新兵器を保有し、強国となる重要性を語っていたのである。

○巻六（光緒十七年正月初一日〜二月三十日）の追加部分

巻六は他の巻に比べて追加部分が少ない。それはこの時期に薛福成が信任状捧呈のためイタリアに赴いていることと関係している。旅程や外交行事、各地の見学など、手控えの日記の材料が多く、それがそのまま刻本にも記載されているからである。ただ、少ないながらも存在する追加部分には、やはり一定の傾向が認められる。この巻で注目したいのは、追加部分の過半が海外植民に関する論説である点である。

まず光緒十七年正月十一日（一八九一年二月一九日）条では、西洋諸国によるアフリカ「文明」化の様子が概説されている。薛福成は、アフリカでの植民地拡大を、「棄壤を闢きて神皐と為し（無用の地を開拓して肥沃な土地にし）」、「榛蕪を變じて繁庶と為す（荒涼とした地を人口が多く豊かな地区に変える）」事業だと好意的に評価するとともに、そのような難事業を成し遂げ得た理由を、かれらが費用を惜しまず、困難を惜しまず、旧見に囚われなかったからに過ぎないとする。

正月十六日に追加された記事では、中国の余剰人口をメキシコやブラジルへ移住させ、当地で開拓に従事させることを提唱しているが、それは薛福成にとってかつての「棄民」政策とは異なり、領事の派遣による華人の保護管理を徹底し、「中國の外」にもう一つの「中國の地」を開拓すること、つまり海外への植民事業にほかならない。なお、この正月十六日条の内容は『庸盦文外編』巻一所収の「許巴西墨西哥立約招工説」という論説に対応している。

そして最後の追加となる二月初十日（三月一九日）の記事は、『庸盦文外編』巻一所収の「檀香山土人日耗説」という論説に対応するものである。その中で薛福成は、ハワイなどを例にあげながら、原住民の衰亡と白人植民者の繁栄は、人種の貴賤による運命であり、中国の歴史においてもそれは同様で、賤しい人種である原住民は衰亡し、貴い人種である華人は人口が増え栄えてきた、とする。つまり、薛福成にとって、華人は白人と同じく植民者の立場にあるべき人種であって、支配され衰亡していく原住民の側ではないのである。確かにアメリカなどで華人移民は排斥・駆逐されているが、それは事業の経営・管理が的を射ていないからに過ぎず、適切な経営・管理のもとに植民事業を行えば、華人が繁栄する機会は西洋人よりも多いのだ、というのがかれの結論である。

以上、『出使四國日記』に追加された記事の内容から、この「出使日記」の刊行を通じて薛福成が本国の知識人に主張しようとしたかれの世界観、文明観、あるいは外交方針や改革意見を見てきた。

稿本との比較から、いかに『出使四國日記』が明確な意図をもって編纂されたものであるかが確認されたであろう。そしてここで見えてきた意図は、『出使四國日記』の凡例に表明されている編集方針と見事に対応しているのである。

たとえば薛福成は凡例のなかで、この「出使日記」の内容について「凡そ瀛環之形勢、西學之源流、洋情之變幻、軍械之更新の思議の及ぶ所、往往にして稍や一、二を述ぶ」と説明しているが、これらの事項がすべて先に確認してきた追加部分と対応しているのは一目瞭然である。

総論でも指摘されているように、日記でありながら「凡例」を備えているのは、この『出使四國日記』が手控えの日記を手直しした程度のものではなく、薛福成が年来の洋務思想を、つまり『籌洋芻議』などの著作によって訴えてきた変法自強の主張を、具体的な西洋体験によって裏づけながら表明するために編集したものだからである。それを日記体にしたのは、郭嵩燾や曾紀澤の「出使日記」を念頭に置いたからであろう。

ただ、薛福成が「出使日記」の刊行という形で、あらためて自身の変法自強の思想を本国の知識人に向けて訴えた背景には、当時の中国をとりまく国際情勢が大きく関係していた。それこそが英露対立と清朝との関係であり、この国際情勢に対する薛福成の認識が『出使四國日記』の編集方針に大きく影響していたのである。それは、以下に述べるような稿本日記の内容に生じた変化から窺うことができる。

二　『出使四國日記』編纂の動機

(1) 稿本日記の内容の変化

先に見てきたように、『出使四國日記』とこれに対応する時期の稿本日記の内容には大きな相違があり、両者はその目的も性質もかなり異なるものであった。とくに重要な異同は、刻本には稿本に見えない記述が多数追加されていた点（異同③）にあった。

一方、同じ薛福成の「出使日記」である『續刻日記』についても、これと対応する時期（光緒十七年三月初一日～二十年五月二十八日）の稿本日記の内容と比較を行い、その異同を先ほどと同様に①～③に分類してみたところ、『出使四國日記』の場合とはまったく異なる傾向が見られた。つまり、異同③の刻本への追加はほとんど見られず、逆に②の稿本にしか見えない記述が多数、確認されたのである。

公刊にあたって稿本日記の内容を削除する理由として、それが国内の人事・事件や個人の書翰など「出使日記」にふさわしくないことがあげられる。これは『出使四國日記』も『續刻日記』も同じであった。しかし、『續刻日記』の場合に特徴的なのは、削除された稿本日記の内容の多くが、『庸盦文外編』や『庸盦海外文編』、あるいは『出使四國日記』に収録されている論説であるがゆえに、編者（薛福成の三男や門人たち）によって削除されている点である。[32]

実は、先ほど筆者が『出使四國日記』の「追加部分」としてあげてきた中には、光緒十七年三月初一日（一八九一年四月九日）以降の稿本日記に見える記述が含まれていた。たとえば、巻二の西洋と中国の気候的共通点を指摘している記述（光緒十六年三月二十四日条）は、もともとは稿本日記の光緒十七年四月二十三日条に見え、巻三の西洋議会に関する記述（光緒十六年七月二十二日条）は、もともと稿本日記の光緒十七年六月初六日条の記述であった。また、巻六の西洋諸国によるアフリカの「文明」化に関する記述（光緒十七年正月十一日条）も、その前半部分は稿本日記の光緒十七年五月初三日の記述と同文である。

『出使四國日記』が収録する日記の日付は光緒十七年二月三十日（一八九一年四月八日）までだが、その跋文は同年「長至（十一月二十二日）」（一二月二二日）となっており、この間（光緒十七年三～十一月）の稿本日記の内容が、日付を変えて『出使四國日記』のなかに「追加」されたとしてもおかしくはない。実際、筆者が確認しただけで、この間の十一件の記事が『出使四國日記』に「追加」されている。

光緒十七年三月初一日以降の稿本日記の記述が、日付を変えて『出使四國日記』のなかに収録されていることは、異同の種類として本来は①の日付の「移動」に分類すべきかもしれない。しかし、筆者がこれをあえて記述の「追加」として扱うのは、光緒十七年三月初一日の前後で稿本日記の内容に変化が認められるからである。

すでに何度か強調してきたが、『出使四國日記』に対応する時期、すなわち光緒十七年三月初一日より前の時期の稿本日記には、西洋社会に関する考察や改革意見などの論説がほとんど見られない。[33] ところが光緒十七年三月初一日以降の稿本日記には、そのような論説が多く含まれ、その一部が『出使四國日記』に「追加」されたり、あるいは『庸盦文外編』や『庸盦海外文編』などの文集に収録される論説の草稿となったりしている。

では、このような稿本日記の変化は、なぜ起こったのだろうか。この問題を考える上で注目したいのが、光緒十七年二月三十日、つまり『出使四國日記』の最後の日付の稿本と刻本の内容である。

光緒十七年二月三十日条の内容は、稿本・刻本ともに同文であり、それは『庸盦海外文編』巻三所収の「論俄羅斯立國之勢」という論説に対応している。このような文集所収の論説が『出使四國日記』に含まれる場合、前節で見てきたように、それは刻本にだけ見える追加部分であったが、この「論俄羅斯立國之勢」だけは、その草稿にあたる論説がもともと稿本日記に記されていたのである。ここに稿本日記の内容的変化が端的に認められる。さらにこの「論俄羅斯立國之勢」は、『出使四國日記』の最後にあたり、いわばこの「出使日記」全体の結論に相当する議論なのである。薛福成が『出使四國日記』の刊行を企図した動機をここから探ることができるのではないだろうか。だとすれば、この光緒十七年二月三十日の日記の内容を詳しく検討しなければなるまい。

(2)「論俄羅斯立國之勢」と英露対立

薛福成は光緒十七年二月三十日の日記、つまり「論俄羅斯立國之勢」のなかで、ロシアの現状と将来について、次のように分析している。

他の西洋諸国に比べ、現在のロシアは経済、軍事、工藝、学術の諸分野で後進的であるが、他国にはない好条件を有していることから、各国にとって非常な潜在的脅威である。そのロシア独特の国家体制を支える好条件とは、地の利（領土の地理的条件）、天の時（気候的条件）、人の和（君主権力の強大さと将軍・大臣の純朴さ）である。このロシアが天下に志を抱いたなら、まずその攻撃の矢面に立つことになるのが、東は清朝、西はオスマン帝国、そして中央はインドであり、とくにロシアのインドに対する野心はひときわ強い。もしインドがロシアの手に落ちれば、清朝もオスマン帝国も安穏としていられない。イギリスの執政はロシアのインドに対する野心を察知し、つとに防衛を図っている。聞くところによれば、ロシア皇帝は自己の状況を慎重に分析し、軽々しく事を起こす気はないとのことであるが、その意図は、今は治下の人民を綏撫し、異族を服従させ、荒地を開墾し、各国と好を結び、準備を十分に整えて時期を狙うにある。そうして全力で国力を蓄え、数十年・数百年後にはその勢力は英・独などの十倍となるだろうが、その時ロシアが攻勢に出れば、誰がこれを阻むことができるだろうか。戦国時代の初めに六国が連合して秦を排除しようとしたところ、秦は内に籠って数世代にわたり精力を養い鋭気を蓄え、ついに秦が攻勢に出た時には、六国は為すすべもなかったが、ロシアの形勢はこれに似ている、と。

では、清朝はいかに対処すべきかといえば、「其の自治自強の道を盡くすのみ」というのが薛福成の結論である。

ロシアが一九世紀後半の国際情勢を左右する存在であったことは疑いないが、ここで薛福成がこのようなロシア論を展開することとなった直接的な原因を、実は稿本日記の内容から窺うことができる。それは二月初十日条に見える、ロシア皇帝が清朝駐露公使の洪鈞に語ったという言葉である。

先に詳しく紹介した「論俄羅斯立國之勢」のなかに、軽々しく事を起こす気はないというロシア皇帝の発言が見えるが、これは具体的には二月初十日条に引用されているロシア皇帝が洪鈞に語った言を指し、その主旨は清朝との友好関係を求めるものであった。つまり、ロシア皇帝が洪鈞を通じて清朝に送ったメッセージを受けて、薛福成はロシアを軸とした国際情勢を分析し、清朝の採るべき方策を検討したのである。その結論が「論俄羅斯立國之勢」にほかならない。とするなら、次にロシア皇帝が洪鈞に語った内容を確認しなければならない。

稿本日記の光緒十七年二月初十日条によれば、離任の挨拶のためにロシア皇帝に謁見した洪鈞に対し、ロシア皇帝は次のように語ったという。

世間ではわがロシアが清朝と事を起こし、朝鮮を窺っていると言っているが、それはどれも雲をつかむような噂であり、ロシアと敵対している西洋の大国が清朝の注意を引こうと拵えた作り話であろう。清朝とロシアの友好関係は二百年余りに及び、もとよりこの関係を破棄してしまうつもりはない。かつ、ロシアはポーランドを併合、スウェーデンのフィンランドを割取し、トルキスタンの各州を平定したばかり、地は広く人は多く、未だ心服していないし、また西洋の強国がロシアの隙を狙っている。このような現状で、外に事を起こそうなどという気はない。まずはポーランドなどの人民をロシアに統合しなければならないが、これには数十年を要するだろう。東方で鉄道建設をはじめたのは、琿春・ウラディヴォストークへの商品流通を目的としている。まして大局について論じれば、ロシアの領域は広大だが、西から東に向かうため、どうしても横を向いてしまうのに対し、清朝は南から北に向かうので、必ず正面を向く。ロシアが鉄道を建設したとしても、清朝と連携しなくては、細部にまで行き届いた運用はできないだろう。イギリスがオスマン帝国を助けてボスポラス海峡を守ったため、ロシアは地中海への出口を失い、そこで海軍基地を求めて朝鮮に事を起こそうとしていると、常々議論されているが、そのようなことはない。この数年の間にロシアは黒海やサハリンに港を確保しているし、デンマークとロシアは姻戚関係にあり、ロシア海軍はデンマークの海峡を利用することもできる。どうして朝鮮を狙う必要があるだろうか、と。

この発言に対し薛福成は、「これを今の時点で信じないのは、あらかじめ相手を疑ってかかるものであり、争いを招きかねない」とする。だが同時に「ひたすらこの言を恃みに事なきを願うのは、備えを忘れることだ」とも述べる。ではその備えとは何かといえば、それは「内政を整え、人材を奨励し、辺境防衛に努め、海軍を整え、外国事情を調査し、他国との友好関係を堅固なものとする」に尽きる。さらに薛福成は「ロシア皇帝の言は至誠から出ているものと思われる以上、こちらも至誠をもってこれに応えるべきである。ロシア皇帝にこの六事を問うてみればいい。かれが至誠から中國のことを大事に思ってくれているのなら、必ずやこれらを当面の急務だと答えるに違いない」という表現で、このロシア皇帝の発言に対する評を締めくくっている。清朝が内政・軍事・外交の各方面で努力すべきことは、薛福成が日頃より主張していることだが、そのような努力によって清朝が強く安定した国として国際社会の一角を占めることは、ロシアの望みでもある、というのである。

　このロシア皇帝の発言に関する一段は、刻本では削除されている[34]。では薛福成がロシア皇帝のこのメッセージを「出使日記」に反映させていなかったかといえば、そうではない。

　前節の(2)で『出使四國日記』の稿本と刻本を比較したさい、シベリア鉄道建設の目的に関する薛福成のコメントが刻本では改変されていることを指摘した。すなわち、もとの稿本日記に、

　以上の鐵路、預め中國と事有るに備へ、以て兵を調し餉を運ぶべきなり。

とあったものが刻本では、

　以上の鐵路、琿春・海参崴《ウラディヴォストーク》の商務を開通せんと欲するに係り、僅かに兵を調し餉を運ぶのみにあらざるなり。

と改変された件であるが、これはロシア皇帝の発言を採り入れたものであったのである。

　また、稿本日記の光緒十七年二月初十日条は、ロシア皇帝の発言に関する一段の後に、その内容を確認するかのように、デンマークがロシアと同盟を結び、ロシア海軍がその海峡を往来することを認めたという記述が続くのだが、この部分はそのまま刻本にも残されている。

　つまり、ロシア皇帝の発言じたいは刻本では削除されているが、その主旨は間接的な形で刻本に盛り込まれ、本国の知識人に伝えられていたのである。

このほか、ロシアに関する記述の改変として興味深いのは、『出使四國日記』巻三、光緒十六年五月二十一日(一八九〇年七月七日)条である。この日の日記では、まず聖ジェームズ宮殿でのパーティに出席したことに触れ、次いでイギリス人探検家に会い、かれが天山各路探検時の話をしてくれたことが記されている。だが、実はこの探検家に関する記述とまったく同じ文章が、稿本日記では光緒十七年五月初九日(一八九一年六月一五日)条に見え、しかもその探検家は「イギリス人」ではなく「ロシア人」と記されている。インドへの南進を目論むロシアが、そのルート開拓のため、光緒十七年(一八九一年)夏にパミールへヨノフ(M. E. Ионов)大佐を派遣すると、この地域をめぐる英露の対立は緊迫の度を増し、清朝の新疆地域もその影響を受けて、英・露・清三国の間でパミールの帰属確定が喫緊の課題となった。先の稿本日記の記述はその直前の時期にあたり、ロシア探検家が天山各路を探検しているという事実は、決して軽視できる話ではない。それをロシアと対抗関係にあるイギリス人探検家の行動に書き換えたのであり、しかも、あたかも英宮廷主催のパーティ会場で出会ったかのような自然な印象を与える形で言及しており、手が込んでいる。

確かに薛福成は「出使日記」のなかで、ロシアがオスマン帝国、インド、清朝の潜在的脅威であり、その点でイギリスと清朝の利害が一致すること、そしてイギリス政府が清朝との提携を望んでいることなどを述べているが、イギリスの煽動に乗ってロシアを差し迫った脅威と看做していたわけではない。むしろロシア皇帝の言を重視しているように、ロシアはまだ清朝と事を構える状況にはないと分析していた。

もちろん、刻本ではロシア皇帝からのメッセージを間接的にしか示さなかったように、薛福成は対立しあう英・露それぞれに対し、慎重な態度をもって臨んでいる。むしろそのようにして清朝がこの両者とバランスを保ったほうが、この対立関係をうまく利用できるからであろう。だが、この英露とのバランスを保つためには、清朝じしんが国際政治における強力な主体でなければならない。

ここで想起されるのが、同じく英露対立の直中に立たされたオスマン帝国の状況である。刻本の光緒十六年四月

十三、十四日（一八九〇年五月三一・六月一日）条には、ベルリン条約（一八七八年）に関する記事が追加されている。そこで薛福成は、ロシアだけでなくイギリスやオーストリアなどに対しても領土の分割や租借、あるいは属国の独立を迫られ、多くの版図を失ったオスマン帝国を評し、「前の歴史に遡ってみると、衰弱の国は、一たび戦端が開かれると、その仇敵が利益を得るまでは戦争が終わらないのみならず、たとえ援助国を名乗る国でも利益を得るまでは戦争は終わらない。このため識者は公法の頼りにならないことを嘆くのである」と述べている。英露の対立関係を利用し、両国とのバランスを維持して戦端を開かせないためには、清朝が衰弱の国となってはならない。国際情勢に左右されるのではなく、これを左右しうる主体とならなければならないのである。そのためには、清朝が近代国際世界の一員であることを認識し、内政・軍事・外交の各方面で必要な改革を行い、自強を達成しなければならない。

『出使四國日記』に追加された論説に示される薛福成の主張はこのようにまとめることができようが、それはロシア皇帝のメッセージに対する薛福成の応えでもある。出使以前において現在を「中外聯屬之天下」と看做し、洋務推進のためには変法が不可避との認識を有していた[35]薛福成は、海外において英露対立を中心とする国際情勢と清朝の立場の変化を感じ、年来の自身の主張の正しさを確認するとともに、よりいっそう、変法自強の必要性を痛感した。それがかれに『出使四國日記』刊行を促したのであり、それはまた、総論で述べたように、かれの幕下にいた楊楷らによる『金軺籌筆』の刊行で方向づけられた、対外方針を論じる手立てとしての「出使日記」のあり方を推し進めたものといえよう。

以上のように、『出使四國日記』は外交交渉の過程を探る史料としてよりも、むしろ薛福成の外交構想を検討する史料と見たほうが肯綮に当たっている。だが、それを従来の研究のごとく、薛福成による西洋社会の観察という一方向からの視点だけで捉え、個人の思想史研究の枠内にとどまるなら、その理解は不十分であろう。『出使四國日記』の編集・刊行は、英露と清朝との双方向的な関係を背景として行われたのであり、当時の非常に具体的な国際情勢の文脈のなかで捉えることによって、はじめてその意味を理解することができるのである。

三 『續刻日記』および稿本日記の史料的価値と世界地誌編纂計画

前節まで『出使四國日記』に関し、稿本と刻本との比較を通じて、それぞれの日記の性質・目的の相違や刻本の編纂の過程と刊行の動機、また稿本日記の内容の変化について確認してきた。本節では薛福成のもう一つの「出使日記」である『續刻日記』について、同じく稿本と刻本との比較を通じ、それぞれの史料的価値を明らかにするとともに、その大半を占める世界地誌的内容に注目し、薛福成の外交構想と世界地誌の編纂との関係性を明らかにしたい。

(1)『續刻日記』および稿本日記の史料的価値

南京図書館所蔵の薛福成日記の稿本や油印本を見ると、光緒十七年三月初一日（一八九一年四月九日）以降の日記には、薛福成とは別人の筆による書き込みが散見する。それは、誤字・脱字の訂正であったり、『出使四國日記』などに収録されている日記を削除の意味で囲んだ「 」の印であったり、編集方針を示す「眉批」であったりする[36]。これは、『續刻日記』が基本的に稿本日記をもととし、編者である三男らが若干の整理を行い、刊行したものであるからであり、『出使四國日記』の成立過程とは大きく異なっている。

また、稿本に含まれていた多くの論説が『續刻日記』では削除されており、この点は『出使四國日記』の場合とは対照的である。これらの論説は、『出使四國日記』の場合にはその中核をなすものであり、おそらくはロシア皇帝のメッセージを受けた頃からであろう、薛福成が「出使日記」の刊行を意識して日記にも書き記すようになっていたものである。それを『續刻日記』の編者らは、他書に収録済みという理由で削除した。つまり、同じ薛福成の「出使日記」とはいえ、『出使四國日記』と『續刻日記』とは、その成立過程の違いを反映して、史料的な性質を大きく異にしているのである。そしてこのことは、薛福成の外交構想を検討する上で『續刻日記』には重大な限界があることを意味しており、この時期の薛福成の外交構想を探るためには、むしろ稿本日記の内容を検討しなければならない。

もちろん『續刻日記』では削除された論説は、『庸盦文外編』と『庸盦海外文編』に収録されており、薛福成の見解・主張をこれらの文集から検討することは可能である。ただ、稿本日記の草稿とは表現が改められている場合もあり、またこれらの文集には論説の執筆時期について干支しか記されておらず、薛福成が具体的にいつ、どのような状況のなかでこれらの論説の草稿を作成したのかまでは分からない。

だが、前節における考察で明らかとなったように、『出使四國日記』の編纂・刊行が当時の非常に具体的な国際情勢を反映していたから、薛福成の外交構想を探るには、かれがどのような情勢のもとで、あるいはいかなる情勢判断のもとで論説を書き記しているのかを考慮する必要があるだろう。この点に関し、個々の独立し完結したものとして論説を収録している文集に対し、日記は日付が付されており、その論説が執筆された意味を前後の文脈のなかで捉えることが可能となる。ここに稿本日記の史料的価値が認められよう。

もちろん、稿本日記とはいえ、ある日付の日記に記された文章が必ずその日に作成されたものとは限らない。ただ、別の時期に作成された文章であったとしても、その文章を特定の時期の日記に書きとめていたということは指摘できるだろう。

以下、光緒十七年三月初一日以降について、刻本では削除された論説を中心に稿本日記の記述を、その時代背景との関連を考慮しながら検討してみたい。

(2) 論説とその時代背景

表5は光緒十七年三月初一日以降の稿本日記の論説のなかで、文集に収録されているため『續刻日記』では削除されたもの（および一部の関連記事）の一覧である。この表からは、これらの日記の日付が特定の時期に集中していることが見て取れるだろう。以下、それぞれの時期について、論説の内容[37]とそのころ薛福成が直面していた外交案件との関係を論じてみたい。

○海外植民政策とロシアに関わる論説（光緒十七年十二月下旬〜十八年二月半ば）

表5を見てまず目を引くのが、光緒十七年十二月下旬から十八年二月半ばの時期（西暦では一八九二年一月下旬から三月上旬）に十二件の論説が集中しており、しかも、ロシアの形勢をあらためて論じた「再論俄羅斯立國之勢」と、薛福成が重視していた海外植民政策に関するものが中心となっている点である。

薛福成が在外領事館の増設を重視していたこと、光緒十六年の秋には英露対立を利用して英領植民地における領事館設置を基本的に英外務省に承認させたこと、しかし対露関係を懸念する総理衙門と意見が合わず、駐香港領事館の設置は流れてしまったことなどは、先に説明した。この顚末に対する不満や自身の成果をアピールしようとする気持ちが『出使四國日記』巻四に反映されていることも指摘したとおりである。

総理衙門がイギリスのカシュガル領事設置を認めなかった背景について、薛福成は総理衙門章京の袁昶から、総理衙門大臣の徐用儀が、イギリスがカシュガル領事設置を足がかりに周辺のウイグル諸部族を支配下におけば、ロシアの疑念を招き、両国の「瓜分之心」を招いてしまうと憂慮して譲らなかったからだと伝えられていた[38]。薛福成にしてみれば、こうした総理衙門の消極的な認識は、英露を牽制させ、これを利用しうる立場にいる清朝の現状を理解していないものとして、歯がゆく映ったにちがいない。

そうした事情を知るにつけ、華人が東南アジア開発の主力を占めている今、領事館を設置してかれらをとりこ

表5 『續刻日記』で削除された稿本日記の論説草稿および関連記事

日　付	論説の題名[1]	収 録 先
光緒17年		
12月 22 日（1892.1.21）	赤道下無人才説	『庸盦海外文編』巻3
23 日（〃 1.22）	西洋諸國導民生財説	〃
光緒18年		
正月初9日（1892.2.7）	檀香山土人日耗説[2]	『庸盦文外編』巻1
正月 12 日（〃 2.10）	槍礮説上	『庸盦海外文編』巻3
20 日（〃 2.18）	再論俄羅斯立國之勢	〃
28 日（〃 2.26）	澳大利亞可自彊説	〃
29 日（〃 2.17）	西洋諸國爲民理財説	〃
2月初1日（〃 2.28）	南洋諸島致富彊説	『庸庵海外文編』巻3
初2日（〃 2.28）	西洋の植民政策	刻本では17年4月20日
初3日（〃 3.1）	治術學術在專精説	『庸盦海外文編』巻3
初4日（〃 3.2）	攷舊知新説	〃
12 日（〃 3.10）	北戸解	『庸盦文外編』巻1
5月 20 日（〃 6.14）	使才與將相並重説	『庸盦海外文編』巻3
6月 15 日（〃 7.8）	上古多龍鬼野獸説	『庸盦文外編』巻1
20 日（〃 7.13）	在華西洋公使の横暴の理由	刻本にもあり
28 日（〃 7.21）	ウェードの総理衙門大臣評	〃
29 日（〃 7.22）	論不勤遠略之誤	〃
閏6月初1日（〃 7.24）	振百工説	『庸盦海外文編』巻3
初3日（〃 7.26）	論中國在公法外之害	〃
初4日（〃 7.27）	總理衙門堂司各官宜久於其任説	刻本にもあり のち『庸盦文別集』に収録
15 日（〃 8.7）	西人七日禮拜説	『庸盦文外編』巻1
26 日（〃 8.18）	書工商核給憑單之例	『庸盦海外文編』巻4
7月 24 日（〃 9.14）	天堂地獄説	『庸盦文外編』巻1
11月 23 日（1893.1.10）	用機器殖財養民説	『庸盦海外文編』巻3
12月初1日（〃 1.18）	〃	〃
初3日（〃 1.20）	槍礮説下	〃
19 日（〃 2.5）	論不勤遠略之誤	〃
光緒19年		
9月初10日（1893.10.19）	海關徵税敘略	『庸盦海外文編』巻3
11 日（〃 10.20）	海關出入貨類敘略	〃
12 日（〃 10.21）	海關出入貨價敘略	〃

注1）論説の題名は『庸盦文外編』,『庸盦海外文編』所収のもの。稿本日記の草稿と文集収録時の論説では，表現や分量の上で大きく異なる場合もあるが，対応する論説として便宜上，文集の題目を示す。
2）この論説は『出使四國日記』巻6にも見え,『出使四國日記』,『庸盦文外編』, 稿本日記の3つの文章が全く同文である。この「檀香山土人日耗説」は稿本日記以外の原稿を稿本日記に再録したパターンと思われる。

み、中国も積極的な海外植民事業に乗り出すべきだという自らの意見がいかに正当で重要なものであるかを、薛福成が重ねて主張したくなるのも理解できよう。興味深いのは、主に東南アジアやオーストラリアへの勢力拡張を論じた論説の間に「再論俄羅斯立國之勢」が見えることであり、光緒十八年正月二十日（一八九二年二月一八日）のこの論説の背景には、イギリスとの間で発生したカンジュート問題が関わっていると思われる。

カンジュート王国はパミールの東南隅からヒンドゥクシュ山脈を越えてインドに出る門戸にあたり、一七世紀中ごろから清朝に朝貢を行っていた。一八九一年にロシアがパミールへの進出を開始すると、イギリスはこれを牽制するために同年末、インドへの通り道にあたるこのカンジュートに派兵し、抵抗したカンジュート王を廃して新しい王を擁立した。カンジュートがその朝貢国である以上、清朝はこのイギリスの措置を黙って見過ごすわけにいかない。そこで総理衙門から薛福成に英外務省との交渉が命じられた。その電信が届いたと薛福成が日記に記したのが光緒十八年正月十八日（一八九二年二月一六日）のこと。つまり、その二日後の日付の日記に「再論俄羅斯立國之勢」が記されていることになる。

カンジュート問題の背景にイギリスのロシアに対する警戒があることは明らかであるが、ロシアへの警戒が強ければこそ、英外務省はいよいよ清朝との提携を望むことになる。このため、清朝がカンジュートの宗主国としての体面を保持するために薛福成が求めた提案を、英外務省は受け入れた。このような清英間の関係は、先の領事館設置交渉の場合にも共通している。英露対立における緩衝役としての清朝の存在意義を自覚し、これを英外務省との交渉に利用した薛福成の方針については、すでに筆者も論じたとおりである[39]。ここであらためて論じたいのは、そのような対英交渉の背後で、薛福成がロシアをいかに分析し論じていたかである。

「俄羅斯立國之勢」という言葉が表すように、薛福成が重視しているのはロシアの地勢的特質とそれに支えられた他国に対する優位性である。そしてその「形勢」によりロシアは「先に勝つべからざるを為し、以て敵の勝つべきを待つ」という最上の戦術を採ることが可能であり、ゆえに他国はロシアを抑えることはできない、というのが薛福成のロシア観である。『孫子』に依拠してロシアの本質を「先に勝つべからざるを為し、以て敵の勝つべきを待つ」ことができる国と評しているわけだが、それはつまり、ロシアは自然の形勢により敵が勝てない条件を有しており、各国にとってどうすることもできない脅威であり続けるが、一方でこちらがロシアにつけ入られるような情勢を作らなければ、当面はロシアとの均衡を保つことも可能なはずである。むしろ問題は清朝じしんの富強いかんにあることになる。ロシア論をあらためて展開したのち、一月末から二月初めの一連の論説で薛福成が海外への積極的な植民事業の展開など富強策を述べているのは、やはり『出使四國日記』刊行に託したのと同じ考えを、英露対立が激しさを増すなかでよりいっそう強くしたからであろう。と同時に、それが総理衙門大臣ら要路者に理解されないことへのいら立ちを募らせていたことが分かる。(40)

○「使才與將相並重説」（光緒十八年五月二十日）

また、**表5**を見て気がつくのは、薛福成の外交思想に関する重要な論説として先行研究でも必ず言及されるものが、いくつも含まれている点である。外交使節の重要性は、内政を司る宰相および軍事を司る将軍に引けをとらないという「使才與將相並重説」は、その一つである。

ここでかれは、西洋各国では外交使節と宰相・将軍は同等に重んじられており、それは内政と「外務」、交渉と軍事力とが呼応し補い合うものだからであるとし、内政・軍事とともに一国の政治を支える支柱としての「外務」の重要性を明確に述べている。洋務の一部であった対外交渉に対し、薛福成はこれを「外務」と呼び、国政に不可欠な独自の重要性を認めたのである。(41)ただ、かれがこのような認識を確立した背景には、やはり当時の生々しい国際情勢が関わっていたと思われる。

先にも述べたように、一八九一年夏にロシアがパミールに進出したことで、この地域をめぐる英露間の争いが激化していた。しかもこの争いは英露両国だけではなく、清朝、アフガニスタン、そしてカンジュートのような現地小勢力などをも巻き込み、この地域に利害を有する諸勢力が複雑な駆け引きを繰り広げていた。一八九二年夏には、新疆の辺境守備兵とアフガニスタン兵とがパミールで衝突するなど、軍事的緊張が増す一方で、それぞれの本国政府では、関係国の駐在外交官との間でパミールの帰属問題に関する外交交渉が進められた。

「使才與將相並重說」が記載されている光緒十八年五月二十日（一八九二年六月一四日）という時期は、英露が両国間で先にパミール問題を交渉しようとしていたなか、清朝がイギリスを利用してパミールの中立化を提案し、この交渉に関わろうとしていた時期にあたる。(42) 辺境地域での軍事的緊張の一方で、外交交渉が重要な役割を果たす国際政治の「現場」で、この「使才與將相並重說」は執筆されていたのである。

○対外政策の現状批判に関する論説（光緒十八年六月〜閏六月）

清・英・露の間でパミール帰属が問題となる一方、清朝とイギリスとの間では別の境界画定交渉が行われていた。それは雲南と英領ビルマとの境界問題である。一八八六年にビルマがイギリスに併合されて以来、この地域の境界画定は棚上げとなっていたが、この状況を問題と感じた薛福成は、清英間での交渉開始を主張した。その結果、かれにイギリスとの交渉が正式に命じられたのが光緒十八年六月十六日（一八九二年七月九日）、両国の間で本格的な交渉が始められたのが七月十二日（九月二日）のことである。**表5**を見ると、ちょうどその時期に薛福成が対外政策の現状に対する批判を行い、あるべき対外姿勢について論じていたことが分かる。

まず六月二十日（七月一三日）条では、中国に駐在する西洋公使がなぜ清朝に対して横暴な態度をとるようになったのか、西洋諸国と条約を締結するようになった当初からの歴史を振り返り、当時の総理衙門大臣の対応を批判している。

次に六月二十八日条では、まず元駐華英国公使であったウェードの語る総理衙門大臣評を記し、その上でかれらが洋務に適していないとの考えを述べている。

そして六月二十九日条では、「遠略に勤めず（対外積極政策にいそしまず）」というこれまでの対外政策の基本姿勢こそが、属国を失い、海外華人が清朝領事の保護を受けられず迫害されるといった、今の失敗の根本原因であると論じている。

さらに閏六月初三日（七月二六日）条では、清朝が国際法の埒外に置かれていることの弊害を指摘し、そのような事態を招いた理由を、文祥ら西洋諸国と条約を締結した当初の責任者の国際法に対する無理解にあったとする。そして、清朝を国際法体制のなかに位置づけその利益を享受すべく、在外公使は国際法に依拠して西洋諸国と交渉を行い、状況を少しずつ改善してきたのであり、自分も領事館の設置権をイギリス政府に承認させるなどの成果を上げた、にもかかわらず、一部の総理衙門大臣の個人的な嫉妬心から妨害を受けた、と香港の領事設置が水泡に帰した件に対する総理衙門への不満をあらためてぶちまけている。

このように、洋務を統括する総理衙門にこそ、目前の清朝の対外的劣勢の原因があると指摘する記述が続いた後、閏六月初四日条で、構成員がすべて兼任である総理衙門の人事の現状を改め、大臣・章京ともに総理衙門での職に長期にわたり専任できるよう人事制度を改めるべきとの意見を述べている。

以上の各論説は、これまでも文集や『續刻日記』に収録されたものに依拠する形でしばしば言及されてきたが、文集や『續刻日記』では論説相互の関連性が見えにくく、それぞれ個別の議論として扱われてきた。だが、稿本日記から確認できるように、これら対外政策の現状を批判する一連の論説は、同時期に集中して記されており、いわばその結論として、総理衙門の人事制度を改革すべきとの考えを薛福成が持つに至ったことが分かる。

また、薛福成はここで当時の対外政策の本質的問題点を「遠略に勤めず」という姿勢と国際法体制の埒外に置かれていることに求めているが、こうした問題点を改善し、対外政策の新しいあり方を追求していたことは、かれがこの直後に見せた、雲南・ビルマ境界画定交渉における積極的な外交姿勢に認めることができる。そこでかれは、境界確定の根拠を歴史的な経緯に求めるのではなく、国際法に基づいた「無主地」の分割として英外務省に要求した。薛福成のこの要求の真意は、実際の領土獲得にあったというより、清朝の対外政策のイメージを刷新し、清朝が英露の均衡を保つ存在であることを示すとともに、そのような国際情勢を利用して清朝を国際法の適用をうける主体とすることにあったのであり、日記のなかで述べているあるべき対外姿勢・対外政策を自ら実践するものだったのである。[43]それはつまり、かれが考える清朝に確立すべき「外務」と、「外務」の機関として在外公館・公使が果たすべき役割とを示したものにほかならない。

以上、薛福成の国際認識や外交思想、あるいは富強策に関する論説について、それが稿本日記にもともとどのように記載されていたのかを見ることで、薛福成をしてこれらの論説を執筆せしめた時代背景との関係を検討してきた。従来は独立した個別の論説として扱われてきたこれらの論説について、その相互の関係や具体的な外交交渉との影響関係が明らかとなったことで、各論説に込められた薛福成の意図も、より明確となったであろう。

(3)「論不勤遠略之誤」と世界地誌の編纂

公使としての三年の任期の終了が間近に迫り、雲南・ビルマ境界画定交渉も大詰めを迎えていた光緒十八年十二月十九日（一八九三年二月五日）の日記に、薛福成は再び「遠略に勤めざるの誤り」を論じている。光緒十八年とはかれが「外交官」として最も活発に活動した時期であり、それを反映するように、日記にも多数の論説が記されているが、**表5**を見ると、そうした論説群の最後にあたるのが、この論説である。このことは、先にも述べたように、薛福成が「遠略に勤めず」という清朝の対外政策の基本姿勢を最も問題視していたことを裏づけよう。

ただ、ここで注目したいのは、ともに「遠略に勤めざるの誤り」を論じていても、六月二十九日（一八九二年七月二二日）条と十二月十九日条では論の重点が異なっている点である。六月二十九日条では、対外政策の失敗の原因として「遠略に勤めず」という基本姿勢を批判しているのに対し、十二月十九日条では、なぜ「遠略（対外積極策）」が非難されるのか、そもそも「遠略」の「遠」とはどの範囲からをいうのか、を論じている。

「遠略に勤めず」とは、春秋五覇の筆頭に数えられ、斉の勢力を大いに拡大させた桓公に対し、宰孔が「斉侯は徳を修めず遠略に励んでいる」と批判したという『左伝』僖公九年の故事に拠る。薛福成は、この宰孔の批判の重点は「徳を修めずに」という点にあって、「尊周攘夷」の責を負う斉の桓公が、そのために遠征を行うこと自体は為すべきことを為したに過ぎず、それが「遠」と言われるのは、徳を修めず衰微すれば、当然の行為にも力が及ばなくなるからで、「遠略」じたいを忌避する後世の理解は、面倒を恐れる消極性をごまかしているに過ぎないとする。そして薛福成は、この「職分」の範囲という観点から、「遠略」の「遠」の意味を説明する。つまり、人にはそれぞれ天から与えられた「職分」があり、その範囲には大小、つまり遠近がある。また時代が下り中華の範囲が拡大するに従い、「遠略」にあたる範囲もより遠くに広がることになる、と。要するに、世界の五大陸が内庭のごとく近くなり、万国が通商関係によって緊密に結びついたこの時代にふさわしい華人の「職分」の範囲＝活動の範囲があり、それに対応した世界認識が必要だというのが、薛福成のこの論説の眼目なのである。

これまで「出使日記」の稿本と刻本の比較・分析を通じて薛福成の世界観や外交構想を検討してきたわれわれにとって、かれが自身の公使としての活動の終盤にあたり、清朝のあるべき対外姿勢をこの「遠略」＝「職分」の範囲という観点から論じ、在外体験を通じて確立した自身の外交構想を総括しているのは、よく理解できるだろう。薛福成は本国の知識人に、世界が一体化したこの「中外聯屬之天下」において、西洋諸国と同等の資格・能力を有する華人の「職分」として、積極的な対外政策を採るべきことを、またそのためにふさわしい世界認識を持つべきことを訴えたかったのである。

そして、ここまでくれば、かれが在外赴任中に新しい世界地誌の編纂という一大計画を思い立ち、部下の公使館員たちを動員して西洋で出版されている地誌を翻訳させた理由も、明らかであろう。当時に適した世界認識を持つためには、世界に関する最新の知識が必要となる。それを提供するために世界地誌を編纂・刊行することが、薛福成の新しい責務となった。かれの稿本日記の内容が次第に世界地誌で占められていくことが、それを雄辯に物語る。このようにして、稿本日記はその原稿としての性格を強めていったのである。惜しむらくは、かれの病死により、その世界地誌はついに完成することなく、門人たちによってその一部が刊行されるにとどまったことである。[44]

おわりに

本章では、薛福成の二種の「出使日記」――『出使四國日記』および『續刻日記』――と、近年利用が可能となった稿本日記との比較を通じ、それぞれの史料的性質の相違を論じてきた。いかに『出使四國日記』と『續刻日記』が「出使日記」として異なる性質を有しているか、また薛福成の外交構想がヨーロッパ滞在中に明確な形をとり、最終的に世界地誌の編纂に収斂していったかも、あわせて明らかになったであろう。

これまでこの二種の「出使日記」は、『走向世界叢書』に合冊して収められていることもあり、非常に基本的な史料でありながら、その史料的性格・価値を意識されることもなく、漫然と利用されてきた。そうした状況は、稿本日記を整理した活字本『薛福成日記』が出版されて以降も大して変わっていない。そもそも稿本日記の整理過程で、『出使四國日記』と『續刻日記』の編纂過程や目的の相違を意識することなく、機械的に刻本の内容を同一日付の稿本に補っており、このために異なった性質の内容が『薛福成日記』という一つの史料のなかに混在する結果となり、それぞれの史料的性質の相違がますます意識されないまま利用されているのが現状である。だが、歴史研究においては、史料を正確に読解することはもちろん、史料をその性質に応じて用いることが重要である。

出使日記については、これまで『走向世界叢書』の影響が強く、それは研究のあり方にも影響を与えてきたのかもしれない。それゆえ、本書が出使日記の編纂、刊行、今に至るまでの読まれ方などをあらためて整理し、その上で内容的検討を加えていることは、研究を新しい水準に引き上げる上で、非常に有益な作業であろう。

本章で検討した薛福成の「出使日記」については、その整理過程に問題があるとはいえ、『薛福成日記』の出版により稿本日記の存在とその内容を知ることができ、それによって稿本と刻本の比較という作業が可能となった。この新しい史料状況に応じた研究のあり方も模索されてよいだろう。

補論3　崔国因『出使美日秘崔日記』

――意見書としての出使日記

青山治世

はじめに

本書がとりあげてきた出使日記の著者たちは、いずれもそれなりに名の通った人物である。ここでみる崔国因は、それに比べれば、名前もほとんど知られていない、あるいは名前は知っていても、どんな人物なのか、ピンとこないというのが大方かもしれない。

崔国因は、張蔭桓の後任として第四代の駐アメリカ・スペイン・ペルー公使を務めた人物であり、ここでとりあげる『出使美日秘崔日記』という十六巻、約四十万字におよぶ浩瀚な出使日記を刊本として世に遺した人物である。では何ゆえ、これまでに登場した出使日記の著者たちに比べて知名度が低いのかといえば、それはひとえにかれには目立った対外交渉上の実績がないからだといってよい。かれがわずかながら名を留めているのも、この『出使美日秘崔日記』を書き残しているからだといっても言い過ぎではあるまい。では、崔国因が残したこの「出使日記」は、数ある出使日記のなかで、どのような特徴を備えた「出使日記」なのだろうか。その一つのヒントがかれの経歴にある。

崔国因（一八三一～一九〇九）、字は惠人、号は篤生・宣叟、安徽省太平県（いまの黄山市）甘棠の人で、貧しい家庭に生まれたが、一族の援助で勉強をはじめ、やがて秀才となる。のち親戚の紹介で安慶にあった李鴻章の幕府で塾師を務め、李鴻章の知遇と賞識を得ることになる。その後、同治十年（一八七一）に進士となり、翰林院庶吉士、編修、侍読をへて署日講起居注官となり、まもなく駐アメリカ・スペイン・ペルー公使（以下、駐米公使と略記）に任命されて渡米する。在任中の一八九一年に侍講、退任にあわせて右庶士を授けられている。帰国後しばらくして官を辞して安徽に戻り、蕪湖において商業に従事し巨万の財産を築いたという。(1)

崔国因の駐米公使就任は異例の人事といわれる。それは補論2や第5章でみてきたとおり、初代の陳蘭彬以来、駐米公使のポストはいずれも多くの在米華人たちと同郷の広東省出身者が担ってきたことによる。安徽省出身の崔国因が就任したのは、すでに指摘されているとおり、当初候補となっていた広東省出身の李文田が、華人問題の困難さを嫌って就任を辞退したために、急遽、李鴻章との縁故によって崔に白羽の矢が立ったものだった。(2)

出使前の翰林院時代、いわゆる辺疆の危機に敏感に反応した崔国因は、自強を訴えるいくつもの意見書を上奏しており、それらはかれの文集『枲實子存藁』に収められている。そんな意見書のなかでもとくに注目を集めているのが、清朝において初めて上奏によって議会制度の設立を提起した一八八三年の上書である。ただ、この先駆的といわれる崔の提言は、当時はまったくとりあげられることなく終わった。(3)だが、翰林院時代の上書で示された積極的な意見表明と、議会設立を朝廷内でいち早く提起したその見識は、駐米公使着任後に執筆を始めるかれの「出使日記」のなかで、遺憾なく発揮されることになる。そして、退任後に商業に従事したことも含むこうしたかれの経歴が、ほかとは性格を異にする「出使日記」を生み出すことになった。

ここでは、先行する出使日記の系譜を受け継ぎつつ、独自の視点と内容を備えた崔国因の「出使日記」が、どのように生み出されたのかを確認していきたい。

一　編集上の特徴と史料的価値

構　成

今に伝わっている崔国因の「出使日記」は、光緒二十年（一八九四）の鉛印本『出使美日祕崔日記』十六巻（以下『崔日記』と略記）と、それを底本にしたと思われる光緒二十三年（一八九七）序の『小方壺齋輿地叢鈔再補編』第一二帙所収の『出使美日祕國日記』のみであり、本書でこれまでみてきた多くの出使日記と異なり、稿本の存在も確認されておらず、いわゆる版本問題は今のところ存在しない(4)。

『崔日記』は公使在任期間をすべてカヴァーしたフルヴァージョンの「出使日記」であり、その収録期間は光緒十五年九月初一日〜十九年八月初四日（一八八九年九月二五日〜九三年九月一三日）、巻頭には光緒十九年八月二十六日（一八九三年一〇月五日）に帰路の太平洋上の船中で記したという自序が付されている。

補論2や第3章において筆者は、「出使日記」がどのようにして作られたのかを、各種版本の照合や文中に残された引用記号を読み解くことで導き出してきたが、『崔日記』では、そのような作業をする以前に、刊本に付された自序のなかで、崔国因じしんがその編集方針を端的に語っている。

日記とは、おこなったことを日付ごとに記し、巨細にわたって事実を記録していくものだが、出使日記は、通常の日記とは異なり、必ず関連する交渉内容をピックアップして法則や教訓を導き出し、そのほかはみな省略するものである。

そもそも刊本のなかに自序や自跋などが付いていること自体、出使日記のあり方がそれ以前とは変わったことを物語っており、『崔日記』も前章までにみた『三洲日記』や『出使英法義比四國日記』と同様、〝公開〟を前提に著者みずから編集した出使日記に属する。その編集方法について、崔国因は自序のなかで、自身が四十年医業に従事し、子どもの頃から医学を学んできたことを紹介しつつ、病気の症状を探りながら薬を丹念に処方していくように、この「出使日記」も苦心して編集したと語っている。

駐米公使はスペインとペルーの駐在公使も兼務しており、前任の張蔭桓と同様、スペインのマドリードとペルーのリマにも信任状捧呈のためにそれぞれ赴いている。その旅程を含む全在任期間の崔国因の足取りは、以下のとおりである。

光緒十五年九月初一日（一八八九年九月二五日）　ワシントン到着
光緒十六年三月二十七日（一八九〇年五月一五日）　ワシントン出発
　　四月初九日（五月二七日）　パリ経由
　　四月十一日（五月二九日）　マドリード到着
　　五月初九日（六月二五日）　マドリード出発
　　五月十一日（六月二七日）　パリ経由
　　五月二十日（七月六日）　ワシントン到着
光緒十七年正月十二日（一八九一年二月二〇日）　ワシントン出発
　　正月二十一日（三月一日）　リマ到着
　　二月初八日（三月一七日）　リマ出発
　　二月二十五日（四月三日）　ワシントン到着
光緒十九年七月二十四日（一八九三年九月四日）　ワシントン出発
　　七月二十九日（九月九日）　サンフランシスコ到着
　　八月初四日（九月一三日）　乗船

みてのとおり、マドリードには約一ヵ月、リマには半月あまり「駐在」しただけで、「出使美日祕」の日記といっても、それ以外のほとんどの期間はアメリカのワシントンにいたことになる。このあたりは歴代の駐米公使はいずれも似たような傾向であったといってよい。駐米公使の「出使日記」として比較が可能なのは、補論2と第5章でみた陳蘭彬の『使美記略』と張蔭桓の『三洲日記』だが、『使美記略』は北京からワシントンまでの赴任日記であり、『三洲日記』は『崔日記』と同じく全在任期間をカヴァーした出使日記であるが、両者ともに北京出発から日本を経由してワシントンに到るまでの赴任の旅程を含んでいる点は、いきなりワシントン到着から始まる『崔日記』とは大きく異なる。また、ワシントンからヨーロッパ、東南アジアを経由して香港に到着するまでをも含む『三洲日記』とは、帰路も含め終わり方が異なる。赴任の旅程を含めなかったのは、すでに刊本としての『使美記略』が存在していたからかもしれない。『崔日記』にはまったく触れるところがないが、崔国因はむろん『使美記略』を目にしていたはずである。それに反して、第5章でみたような刊行までのいきさつを考えると、崔国因が『崔日記』を完成させる以前に、『三洲日記』の原稿や皇帝に進呈された『奉使日記』を目にする機会はなかったはずである。つまり、『崔日記』は前任者である張蔭桓の『三洲日記』（一八九六年刊）が出版される前に、『使美記略』以来の、しかも全在任期間を含む初めての駐米公使の出使日記として登場したのであり、『小方壺齋輿地叢鈔再補編』に『三洲日記』ではなく『崔日記』が収録されたのも、そのあたりの事情が関係しているのかもしれない。

崔国因が帰路の太平洋上で書いたという自序は、明らかに市井に向けて書かれたものであり、帰国の翌年にすでに出版されていることから、退任前から出版を考えていたとみて間違いない。その点、崔国因の着任からほぼ一年遅れて駐英公使となった薛福成が、その在任初期にみずからの手で早々に出版した『出使英法義比四國日記』（一八九二年刊）に、公刊という点で触発された可能性は高く、形式面でも影響を受けているといってよい。それがいつの段階なのかは定かではないが(5)、後述するような在外公館の保存記録を使った編集作業を帰国後に行うのは困難であり、アメリカ駐在中のかなり早い段階からすでに準備していたとみるべきだろう。

では、『崔日記』はどのような体裁の出使日記なのか確認していこう。まず注意が必要なのは、全十六巻のうち、巻一から巻二の途中（光緒十六年三月十四日条）までの部分と、それ以降の部分とでは、大きく体裁が異なっている点である。前者の部分では、各日付ごとに、

「その日の出来事」＋「旧案または地誌情報」＋「按語《コメント》」

という三段階の構成が基本となっている。「その日の出来事」がなく、「旧案または地誌情報」＋「按語」の場合や、「按語」もなく、「旧案または地誌情報」のみの場合もある。「旧案」とは、公使館内に保存されていた前任者までの文書資料のことであり、第6章でみた薛福成の「旧巻」に相当する。

光緒十五年九月初四日条に「前任案を閲するに」と記した後に、「光緒二年九月、總理衙門の咨到り……」として、以下咨文の内容が引用されるのが「旧案」の初出で、翌初五日条では「旧案に載せるに……」に続けて、公使館の家賃記録が引用されている。それ以降は、「旧案」の引用に際して上記のような断りの文言はなく、引用の最後や崔国因による「按語」の後ろに、それぞれ「陳任案」「鄭任案」「張任案」（陳蘭彬・鄭藻如・張蔭桓の任期中の各旧案）のいずれかであることが記されているのみである。

なお着任順に、はじめのほうは「陳任案」の引用が多く、次に「鄭任案」、続いて「張任案」が多く引用されている。「その日の出来事」と関連する「旧案」が選ばれて引用されることもあるが、むしろ「その日の出来事」とは直接関係ない「旧案」が引用され、それに対して「按語」が付けられている場合のほうが多い。

「按語」は、「因、按ずるに」や「因、謹みて按ずるに」との書き出しで始まり、前者は単なる感想、後者は提言といったニュアンスの場合が多い。「因」とはむろん崔国因の自称で、刊本では小字になっている。「按ずるに」ではなく「因、査するに」や、たんに「因」から始まり、崔じしんの経験が記されることも多い。

コメントの内容としては、海外事情や政策的な議論のほかに、いわば蘊蓄に近いようなものも含まれる。たとえば、経線（子午線）の基準線を決める国際会議に関する「旧案（鄭任案）」の引用に続くコメントでは、崔国因が

小さい頃に『爾雅』の「四極」を読んだことに始まる、地理に関する蘊蓄が語られている（光緒十五年十月三十日条）。また、「旧案」に対して現状を述べるようなコメントもある。たとえば、光緒十五年十一月初四日条には、次のように記されている。

光緒九年七月の北洋大臣（李鴻章）からの咨文。「李攀桂は〔元官費アメリカ留学事業の中止により〕帰国となった学生で、〔天津〕水師学堂に送られて学習していたが、父親の病気を理由に〔いなくなり〕、ひそかにアメリカに渡っているようなので、速やかに強制的に天津に帰還させてください。」

わたしが調べたところ、李攀桂は、すでに梁という姓の人物とニューヨークで「梁李公司」という店を開いているようだ。

「旧案」からの引用は巻二の前半でも断続的にみられるが、巻二の巻頭（光緒十六年正月初一日条）を境に極端に減少し、代わって「旧案」ではない独自の地誌情報や国際情勢についてコメントを付すというパターンが増えてくる。[6] そして、巻二の途中（光緒十六年三月十四日条）からは、「旧案」からの引用が完全に消え、他人からの伝聞情報（「聞くに……」以下の部分）や、新聞記事の引用（「〇〇報言はく……」以下の部分）にコメントを付けるパターンに変わっていく。

こうした変化は、着任後、まず「旧案」を渉猟することで、駐米公使としての職務や懸案事項などを勉強することに始まり、それが一通り終了したところで、情報筋からの伝聞や翻譯官が翻訳した新聞記事など、崔国因じしんや公使館スタッフが収集した情報を出使日記に載せ始めるようになったことの表れであった。引用されるのはアメリカの新聞だけでなく、イギリス・フランス・ロシア・オーストリア・日本などの新聞も含まれ（多くはアメリカ紙に転載された翻訳記事と思われる）、スペインとペルーの滞在期間中はそれぞれの国の新聞も引用されている。

また、『崔日記』の稿本は一年ごとに編集されていたとおぼしく、光緒十六年の最後（巻五巻末）には、「因、出使の命を奉じて節を持ち美《アメリカ》に駐すること、已《すで》に一年を閲《けみ》す」と記した後に、外交問題を中心に一年間を総括する文章が掲載されている。光緒十七年の最後（巻九巻末）にも、「けだし今日の交渉は……」に続けて前年と同様に一年の総括が記され、末尾に「美日祕使者、美國華盛頓使館にて誌す。時は辛卯十二月なり」と記している。そして、巻十三の巻末には、「光緒十八年日記成る。因って各國との交渉に就て之を論ず」と記した後に、ここでも一年を総括する文章が載せられている。

以上のように、『崔日記』は自ら喩えたごとく、まさに薬を調合するように、時に応じて編集作業を重ねることでできあがった、「手のかかった」出使日記だったが、では、それは現在からみて、いかほどの価値を有する作業だったのか、つづけて確認していきたい。

引用資料の価値

『崔日記』もこれまでの多くの出使日記と同様、あまたの引用資料によって構成されていることを確認したが、それらの文章の史料的価値はいかほどのものなのか、さぐってみよう。

まずは「旧案」として引用されている文章は、『崔日記』でしかみられないものが多いといってよい。『崔日記』には、総理衙門や北洋大臣から駐米公使に送られた咨文を中心に、その他の地方官や海関スタッフなどから送られた書翰も多く含まれている。

たとえば、光緒九年（一八八三）六月に総理衙門から送られてきた文書（鄭任案）には、光緒四年五月初六日（一八七八年六月六日）に閩浙総督何璟から総理衙門に送った文書が引用され、アメリカ船（佛叻士別喇帆船）が台湾南部の恒春県紅頭嶼地方で座礁・炎上した事件についてその経緯が詳細に記されている（光緒十五年十一月初二日条）。こうした記録は、『中美關係史料』や『清季外交史料』には見当たらない。

また、海関造冊処税務司のドルー（Edward B. Drew 漢名は杜德維）から駐米公使あてに送られてきた書翰（光緒十一年四月、鄭任案、光緒十五年十二月十九日条）なども、ほかではみることができないものであろう。ちなみにこの書翰は、一八八〇年の清米条約の刊本と抄本のあいだに文字の違いがあり、誤りなのかどうか、駐米公使からアメリカ国務省に照会して、原本と照合してもらってほしいと依頼する内容だったが、崔国因はその按語で、

翻訳というものは、自国語・外国語の文章力・論理力ともにすぐれていなくてはつとまらない。アメリカと朝鮮の条約（シューフェルト条約、一八八二年）では、〔朝鮮からアメリカに送られた照会のなかで〕朝鮮が「中國屬國」とみずから称したが、アメリカが言ったものとは一致していなかったという。(7)

と記している。駐米公使の発言として興味深いが、「旧案」自体の内容を載せたというよりも、むしろ按語としてコメントする内容のほうを記録に留めるために、それを引き出す「旧案」を載せているというケースもかなりありそうである。

外部から送られてくる文書だけでなく、公使館スタッフが作成した文書・報告書・書翰も多く引用されており、『中美關係史料』などがそうした史料をほとんど収めないことから、これらの文書もその多くは『崔日記』のなかでしかみられないものだといえよう。たとえば、參贊の蔡国楨が両広総督張之洞にあてたアメリカでの兵器購入に関する返書（稟覆、光緒十五年十一月二十九日条）なども、貴重な記録である。

さらに、前述したとおり、全在任期間をカヴァーする駐米公使の出使日記は、張蔭桓の『三洲日記』と『崔日記』だけであり、『崔日記』所載の「張任案」は『三洲日記』を読み解く上で、その補完史料としても使うことができる。たとえば、上海機器織布局によるアメリカの工場への機械発注に関連して、一八八六年に盛宣懐が駐米公使館に調査を依頼してきた件について、張蔭桓が瑞沅（參贊）と梁誠（通訳官）を派遣して調査させた内容は、『三洲日記』光緒十二年八月十一日条にも若干記録があるが、『崔日記』光緒十五年十二月二十八〜二十九日条には、それと符合するより詳細な調査記録が「張任案」として掲載されており、両者の照合は欠かせない。(8)

陳蘭彬と鄭藻如の在任時期については、『中美關係史料』や『清季外交史料』などにはみられない文書が『崔日記』には「陳任案」「鄭任案」として大量に収録されており、この時期の清朝の駐米公使および駐米公使館の活動

について研究するならば、『崔日記』は参照すべき基本史料として認識しなければならない。

そして、むろん現在からみた史料的価値というだけでなく、こうした在外公館の保存記録が、いわば在外公使じしんによる解説付きでほぼリアルタイムに一般公開されたことは、それが実際にどのように読まれ、活用されたかは別としても、当時の清朝においては画期的なことであったといってよいであろう。

二　意見書としての「出使日記」

『崔日記』もこれまでの出使日記と同様に、一八七七年末の「日記規定」にある作成・提出義務にしたがって執筆されたものであり、「出使」の公式な報告書として作られたものであることは、光緒十五年九月初八日条に日記の作成・提出を指示した総理衙門の咨文を「旧案」として引用していることからもうかがえる。しかし第5章でみたとおり、前任者の張蔭桓の「出使日記」には、自身の明確な政策提言ともいえる意見を表明している部分は、あまり見当たらないのに対し、『崔日記』では前述した「按語」の形式で、自らの政策提言が明確な言辞によって随所で表明されている。これらの意見は、かつて翰林院時代にくりかえし提出していた上書・条陳による政策提言を、出使日記を通して継続しているかのようである。ここで『崔日記』を指して「意見書としての出使日記」とよぶ所以である。そして、その目的については、上記の日記提出を求める出使大臣あての総理衙門の咨文を引用したあとに、はっきりとこう記している。

> 査するに、出洋の差使は、本より以て邦交を聯絡し、風俗を採訪するものにして、随所で見聞し、参互して之を記す。交渉の窾《かんどころ》要は即ち其の中に在り、富強の模《てほん》も亦た補ふところ有り。[9]

すなわち、中国の対外交渉と富強に資することが出使日記作成の明確な目標とされたのである。

では、崔国因は出使日記という場を借りて、対外交渉と富強のためにどのような意見を表明したのだろうか。実は『崔日記』では同じような意見がくりかえし登場し、読み物としては重複の誹りを免れないところが少なくない。全体としての整理をあまり意識しなかったとおぼしいが、それはとりもなおさず、くりかえし登場する意見こそ、かれが最も主張したかったことを表している。これらを総合すると、ほぼ以下のようにまとめられる。

〈好きなもの〉
　鉄道建設　地下資源（鉱物・石油）の開発　中国産品（茶・生糸）の輸出拡大
　税則の改正（関税自主権の回復）　治外法権の撤廃　議会の設立
〈嫌いなもの〉
　官費アメリカ留学事業（幼童留美）　在外領事館の増設　ロシア　日本

やや格調を欠くもの言いかもしれないが、かれの意見をあえてこのように分けてみた。「性格が堅苦しく、人づきあいを大事にせず、アメリカ駐在中も外との往来はきわめて少なかった」と、のちに施肇基が評するように[10]、崔国因はけっして社交的とはいえない人物だったようで、洋餐が嫌いだからと会食に参加しなかったり、アメリカの各種人士や諸団体からの面会依頼を断わることもしばしばであった[11]。『崔日記』を読んでいても、物事に対する好き嫌いがはっきりしており、それを直截な言葉で日記にも記している。そのため、ここではあえてこうした分類によって、崔国因の主張のありかを明確にしたいと思う。

好きなもの

まず、『崔日記』のなかでその推進を提唱する意見として、最も登場回数が多いのは、鉄道建設と地下資源開発である。鉄道建設については、ロシアによるシベリア鉄道建設とあわせて、いわば国際政治的な関心からその建設推進が言及されることもあるが[12]、くりかえし強調されるのは、やはり富強に対する利点である。

鉄道が国を豊かにし民を利することは、まったく疑いようがないことである。いま自強したいと思う国は、鉄道建設を優先しないところはない。鉄道は国に利益をもたらすことは疑いようがない。

わたしは汽船と鉄道について二十年研究してきたが、これらが富強の基本であると確信している。出使して以来、アメリカの官僚・議員と交際し、その老練な人たちを招いたり訪ねたりしたが、みなアメリカが急速に富強になったのは、鉄道が多いからだと言っている。[13]

ここにもあるとおり、鉄道建設は崔国因にとって翰林院時代からの持論であり、[14]出使によってアメリカの実況をみたことで、その持論がより強固なものになったようである。

つづく鉱物や石油などの地下資源開発についても、『崔日記』ではくりかえし主張されるものである。鉱業への注目が初代の陳蘭彬にもすでにみられたことは補論2でも確認したが、崔国因の関心と主張は歴代駐米公使のなかでも、ずば抜けている。『崔日記』では、アメリカの鉱物資源の実況を紹介するたびに按語を付して、その中国での推進を主張しており、そうした関心は日記の終盤に至っても衰えることはなかった。そのいくつかを拾ってみよう。

アメリカの鉱産資源は世界一であり、鉱学を学ぶ者が多く、採掘に従事する者も多い。「土あれば人あり、人あれば財あり」（『大学』伝第十章）といったところか。中国の鉱産資源について、西洋各国はみなきわめて豊かだとみているけれども、洋務を侮蔑する者は、天地のために尽きせぬ蓄えを留めておこうとよびかけ、目前の急務を捨て置いて振興させない。このような言い分は、おかしなことだと思う。土は万物の母であり、天下の物は土から生まれないものはない。鉱物を採掘すれば、大地の気が漏れてしまうとか、大地の蓄えが尽きてしまうなどという者がいるが、大地の厚みは三万里もあり、世界で行われている鉱物資源の採掘が最も深いものでも七十丈にすぎないことを知らない。数万分の一にも及ばないのに、どうして大地の気が漏れたりなどしようか。どうして大地の蓄えが尽きたりなどしようか。中国に埋蔵する地下資源は、もちろん世界一豊富だといえよう。世界一豊富な権益を独占しているのだから、資源開発を始める者が、アメリカにならって採掘すれば、財政難に煩わされることもなくなるだろう。しかし鉄道を建設しなくては、水運から遠い鉱山から輸送できない。[15]

最後の一節は、アメリカの州別鉱物生産量・生産高の全データ（石炭・鉄・金・銀・銅・錫）を長く引用した後に付けられたコメントの一部だが、末尾にあるとおり、鉱物資源開発を鉄道建設とリンクさせる主張が『崔日記』ではしばしば展開されている。さらに茶や生糸などの中国産品の輸出を拡大して「漏卮（貿易赤字）」を食い止めるべきこともたびたび主張しているが、その方法としてくりかえし提起するのが、税則の改正である。

税則は内政であって、もともと自由にすることができるものである。中国は自国産品の税が重く、外国製品の税が軽い。これでは、外を厚遇し内を冷遇するようなもので、外国製品を販売促進し、自国産品を滞らせることになり、富国・富民の道にまったく合わない。これについては以前に上奏したことがある。[16]

ここでいわれているのは、すなわち関税自主権の回復であり、別のところでも、「商務が振興せず、税則が有利でなく、対外交渉で主導権がもてない」（光緒十七年三月二十四日条）と述べるなど、重要課題として認識していた。税権とともに「不平等条約」の象徴とされる法権の喪失状態についても、崔国因は法権回復の方向で条約改正を行うべきとの考えを『崔日記』のなかで明確にしている。それは、日本の衆議院が発した治外法権撤廃に関する決議を、「西洋の新聞（西報）」からの引用として掲載した後に付けた按語のなかで述べられている。

日本の議会が述べるところは、アジアが結んだ条約の弊害を的確に言い当てており、ここに参考として記録しておく。「泰山の土壌、河海の細流」という道理が示されているばかりか、罹った病は似通っており、同病は相憐れむものである。〔ここで示されているのは〕まさに時弊に効く薬である。[17]

後述するように、崔国因の日本評はその多くが否定的なものであったが、条約改正に関しては日本の対応を見倣うべきものとして肯定的に捉えていた。

駐米公使在任中の事績以外で、崔国因がとりあげられる場合、そのほとんどは一八八三年、清朝政府内で初めて議会の設立を上奏した提言に関するものであることは、はじめに述べたとおりである。崔の議会設立の持論は、駐米公使となって以降も継続しており、アメリカ駐在によって議会制度に対する認識がより深まっていたことが、『崔日記』の記述からもうかがうことができる。

アメリカの法制では、大統領が替われば、各省の長官もみな交替する。民主党（南黨）と共和党（北黨）が〔人員を〕借り合わないだけでなく、新任と前任が同じ党の場合であっても、前任の人を用いることはない。大統領の地位は一時的な仮住まい、長官の任命は将棋の駒を動かすようなものである。それでいて国が乱れないのは、立法権（立政之權）が議会にあり、司法権（守政之權）が連邦最高裁（察院）にあるからである。議員は国民によって選ばれ、大統領が選ぶわけではない。連邦最高裁は老練で名望がなくてはその職に就けないし、就任後は終身その地位にあって異動することはない。ゆえにその人はみなそれ以上の望みをもつこともなければ、誰かに媚びへつらうようなこともない。この議会と連邦最高裁が実にアメリカの根幹であり、その政治が長く平安なのはこれによっている[18]。

以上は三権分立を解説した記事だが、とりわけ議会のプレゼンスを重視しており、実際『崔日記』でも、連邦議会の議員たちと頻繁に面会していた様子が記録されている。

崔国因はアメリカの議会制度の実態を、当時の中国で誰よりもよく知る立場にあったが、そのしくみを本国に伝える手間も惜しむことはなかった。着任から二ヵ月ほど経過した『崔日記』の記事には、「美國議院章程」を調査した結果として、連邦議会の構成・定員・任期・給与額と、各州の知事の給与額と議員定数に関する詳細なデータが掲載されている[19]。前任者・張蔭桓の『三洲日記』光緒十二年五月初五日（一八八六年六月六日）条に載っている州別の議員定数一覧と重複するところもあるが、データの詳細さは『崔日記』のほうがはるかに勝っている。議会への関心の高さを示すものといえよう。

ただ、実のところ『崔日記』には、中国に議会制度を導入すべきことを直截に表明している記述は見当たらない。鉄道や鉱山開発などについては臆するところのなかった崔国因も、やはり政治制度の根幹に関わる問題については、張蔭桓同様、「出使日記」という場で直接その導入を訴えることは、はばかったようである。とはいえ、素志が揺らぐことはなく、議会の効用を紹介することで、その中国への導入を婉曲に説くことは忘れていない。

ヨーロッパ各国は税が重く、中国では数千年来いまだなかったほどである。ポルトガルが定めている税の厳しさは、ヨーロッパ数十ヵ国中でもほかにないほどである。それでも国が乱れないのはなぜか。それは議会の力にほかならない。議会が上下の情を通じさせているのである。[20]

嫌いなもの

次に『崔日記』のなかで、崔国因が忌み嫌うものとしてくりかえし登場するものをみてみたい。

まずは、海外留学事業である。清朝政府による海外留学事業には、おもに「幼童留美」とよばれた官費アメリカ留学生派遣事業（出洋肄業）と、福州船政局による欧洲留学事業とがあった。前者は、周知のとおり、容閎が提案し曾国藩・李鴻章の支持を得て一八七二年（同治十一年）から始められたものである。一八七五年まで計四回にわたって毎年三十名の留学生が派遣されたが、それぞれ十五年と決められていた留学期間を満了することなく、一八八一年（光緒七年）に事業は中止、留学生は総引き揚げとなった。中止の理由は、留学生らが洋服を着たりキリスト教に入信してしまう「改装・入教」がとくに問題視されたことによる。後者は、福州船政学堂の学生をイギリス・フランス・ドイツの学校に留学させ、おもに理科系の学問を習得させようとしたもので、一八七四年から九七年まで計四回行われ、第一陣（一八七四年）のなかに、厳復が含まれていたことはあまりにも有名である。[21]

こうした留学事業を、崔国因は洋務事業の担い手でもある在外公使の一人でありながら、きわめて否定的にみていた。福州船政局の経営実態を批判する上諭の内容を知らせた光緒五年十二月（一八八〇年一～二月）の南北洋大臣咨文を「陳任案」から引用したところでは、上諭のなかに「留学生のなかには近ごろ耶蘇教に入信する者が多い」とあったことについてコメントし、「留学生が入信してしまうのは、提調《かんり》に適任者を得ないからだ。近ごろまた留学生〔出身者〕が失職した事件があった。たるんでいるというほかない」と述べている[22]。また一八九〇年一〇月には、駐日公使の要請に応えて通訳官の李維格を日本勤務へと異動させたために、駐米公使館では通訳官が一人になってしまったことを受け、「出洋肄業局（在米留学局）は光緒五《ママ》年に始まって光緒十一《ママ》年に撤収し、数十万の公金を費やしたが、養成できた人材は甚だ少ない。推進した人がふさわしくなかったからだ」と記している[23]。

このようにかれが批判をくりかえしている人物は、具体的にはアメリカ留学事業の提案者であり留学生副監督として同事業を主導してきた容閎である。時には名指しで、感情的な言葉を書き付けることもあった。

> 若い学生を海外に留学させることは、まことに良法美意だが、適任の人でなくてはうまくいかない。ハートフォードの〔肄業局〕学堂は多額の公金を費やしながら、人材を養成することができなかった。留学生はみな改装・入教してしまい、何の成果もなかった。容閎もみずからアメリカ国籍を取得し、中国の学堂を無断で抵当にして借金している。自分自身を正すこともできないのに、人を正すなど、もってのほかだ[24]。

この数日後、肄業局学堂が八五四一ドルで売れたとの容閎からの報告を受け取ると、「ハートフォードの学堂は四万三千ドルを費やして創設されたが、一万ドル余りで売り出して、さらに買い叩かれてわずか数千ドルを得ただけ。容閎は真の小人だ」と不満を露わにしている[25]。

官費アメリカ留学生派遣の初代留学生監督は補論2で扱った陳蘭彬であり、副監督だった容閎とは、その後の駐米公使在任時期も含めて、留学事業の方針をめぐりしばしば対立していた[26]。崔国因の留学事業への否定的な評価は、「改装・入教」など学生の「西化」を危惧する点で、陳蘭彬のそれと基本的には同じものである。さらには、計百二十名もの留学生を派遣しながら、同事業が終了して十年近くを経ても、在外公館の通訳官が不足してしまう事態を目の当たりにした崔は、人材養成という実績面においても同事業は失敗であったとの思いを強くしていた。そして、同事業を主導した容閎については、留学事業の方針のみならず、その人となりについても批判的な眼差しを向け、人格的に問題のある人物が主導した留学事業だからこそ失敗してしまったとの認識だったのである。

次に忌み嫌っていたものは、在外領事の増設である。清朝政府は在外華人を保護する手段として、一八七〇年代後半以降、東南アジア（南洋）、日本、南北アメリカなど在外華人が多く居住する地域に清朝の領事館を開設し始めていた。当時すでに在外華人の数は数百万をはるかに超えていたことから、華人が比較的多い都市や街からは、現地の華人組織を通して領事増設の嘆願が相次いで清朝政府に寄せられていた。駐米公使のもとへも、南北アメリカ大陸を中心に、ハワイ・カナダ・ペルー・ニューヨーク・ポートランド・ペルー・シアトルなど各地から領事設置の要請が届いていた(27)。こうした状況に対し崔国因は、独自の解決策を有していた。それは、領事増設の要請を無視しつづけるというものであった。この問題に対する崔の考えが最もよく表れている按語を引いておこう。

中国で領事を設置しようとしない者は、「一つ官吏を設ければ、その分費用が増える。財政難なので浪費はできない」という。大変妥当な意見だ。しかし、外国では領事の経費は商人から調達している。思うに国が民のために官を設ければ、民はおのずから官のために経費を出すものである。わが国はシンガポールに初めて領事を設置することを議論した時から、船牌発給の収入によって領事の経費をまかなおうと提案してきた。ところが設置されるにおよんで、そうはならなかったのである。朝廷がかさねてもとの方針に違って迎合したため、以後、領事の経費は本国より支給されるようになった。よくよく考えると、本国の民衆の血税を海外の遊民を保護するために使うのは、外を重視し内を軽視するようなものであって、こうした施策はよろしくない。よって、各地からやってくる領事設置の要請は、いっさいとりあげないことにした(28)。

領事増設に反対する判断基準が経費問題にあったことがわかる。先の容閎への批判にもみられるとおり、崔国因は一言でいえば、金にうるさかった。こうしたかれの金銭感覚は、税則改正へのこだわりとして表れる一方、在外公館の活動経費を極端に抑制したことで、清朝の体面まで傷つけたとして、のちに弾劾の事由ともなった。[29]

だが、在外華人の保護が重要な任務となっている駐米公使という地位にありながら、「海外の遊民」よりも本国の民を重視するというかれの姿勢は、ちょうど同じころ本国で議論されていた領事増設問題における反対派の立場と共通するものであった。こうした反対論は、前章でもみたような領事増設に対する固い信念を有していた駐英公使の薛福成によって、明確に反駁されることになる。[30]

その薛福成がみずからの外交構想をアピールするために編集・刊行したのが『出使英法義比四國日記』であり、なかでも英露対立を背景にして、強大なロシアにいかに対処すべきかという点に主眼が置かれていたことは、前章で確認したとおりである。では、薛福成とほぼ同時に駐米公使の任にあった崔国因は、ロシアをどのようにみていたのか。「嫌いなもの」というこの項でとりあげていることからもわかるとおり、かれはとかくロシアを忌み嫌い、『崔日記』でもロシアに対する警戒や猜疑をくりかえし強調していた。とりわけ強調されるのが、シベリア鉄道の建設にともなう東三省への圧迫であり、具体的には琿春（いまの吉林省延辺朝鮮族自治州東部）へのロシアの進出がその圧迫の象徴として何度もとりあげられている。[31]

香港と琿春の両地を中国はまったく大切にせず、一つはイギリスに与え、一つはロシアに分けてしまった。〔今では〕イギリス人は香港を重鎮とし、ロシア人は琿春を重鎮としている。イギリス人はそこを通商の、ロシア人はそこを併合の拠点としている。それならば、ロシアが引き起こす禍のほうが、イギリスよりもひどく、中国が琿春を棄てたのは、香港を棄てたことよりも失策であった。琿春城は孤立しており、軍兵が駐屯しても大したことはない。が、ロシアの首都ペテルブルクから鉄道が琿春まで達すると、将来は軍隊や物資の輸送もスムーズに行えるようになってしまう。この鉄道がひとたび完成すれば、朝鮮は断じて守ることはできず、朝鮮を守れなければ、東三省は枕を高くし憂いなくすごすことなどできようか。憂慮にたえない。光緒九年（一八八三）すでにこの件については上奏したことがある。[32]

最後に語られているとおり、ロシア問題は崔国因が出使以前から関心を抱いていたテーマであり、出使によって関心をもち始めたわけではない。ただ、アメリカの地にあったかれが、イギリス側に立ったロシア脅威論に接する機会が多かったことは、『崔日記』からも散見できる。たとえば、インドから中国を旅行したというイギリスのある役人からは、清朝は東三省をもっと積極的に経営してロシアに追い払われないようにしなければならないとアドヴァイスを受けたといい[33]、また、光緒九年の上奏を評価してくれたという醇親王奕譞の訃報を新聞で知ったときには、イギリスのある名士が書いたという清露関係に関する論文を引用して、みずからのロシア警戒論の正当性をアピールしている[34]。そして、シベリア鉄道の建設が着実に進んでいるとの情報に接すると、「ロシアの利は中国の害である。数十年後、わが中国は辺境防衛に〔国力を〕費やすことになるだろう[35]」と、憂慮を深めている。

ロシアへの警戒心から中国の自強を説くという主張は、崔国因に特異なものではない。ただ、「出使日記」という文脈からみたとき、一八八七年に『金軺籌筆』を公刊した楊楷らの「聯俄甚英」論や、楊楷を幕友としていた薛福成がその「出使日記」のなかで説いた対露構想とは、明らかに趣を異にしており[36]、それが『金軺籌筆』や『出使英法義比四國日記』といういわば政策をアピールするために公刊されるようになった「出使日記」の影響を受けて出版されたことは、政策アピールのツールとしての「出使日記」がヴァラエティに富んできたことの表れでもあった。

『崔日記』のなかで、嫌われる国として登場するのはロシアだけではない。もう一つの隣国・日本も崔国因にとっては忌み嫌う存在であった。ただ、清朝の存亡に関わる脅威とみなしていたロシアとは異なり、日本については、当時の欧米社会に広くみられた「サルまね・ニッポン」と同様の扱いで登場することが多い。

すでにみたとおり、条約改正へのとりくみなど、日本の対外的な政策については一定の評価を与えていた崔国因も、日本のいわゆる「文明開化」や「富国強兵」については懐疑的にみていた。

一八九〇年一月、着任後、初めてアメリカの地で西洋の新年を迎えた崔国因は、同五日に九ヵ国の駐米公使と会見を行ったが、そのなかに「日本公使」も含まれていた。[37] このとき日本公使は崔にむかって、「日本の鉄道はすでに三千余里に達し、商人が建設したものもある」と述べたという。これに対し崔は、「日本の鉄道は近年でも八百英里、つまり約二千余里にすぎないのに、三千余里というのは、かれらの誇張や驕慢の気風が露呈したものにちがいない」と、否定的なコメントを日記に記している。[38] 崔が日本の鉄道総延長を「八百英里」とした根拠は、その前日条にみられるとおり、アメリカのある議員と世界各国の鉄道建設について検討し合ったというデータに基づいていた。のちの文献によれば、一八九〇年末時点の日本の鉄道総延長は官私線あわせて合計一三九九マイル（約二二五〇キロメートル）であったというから、[39] 日本公使が語った「三千余里」（約一七三〇キロメートル）も少ないくらいである。日本公使も最新のデータをもっていなかったか、あるいは当時は日本政府内にも正確な統計がなかったのかもしれない。ましてやアメリカの議員と検討したという数字も、かなり以前のものか、あるいはもともと不正確なデータだった可能性もある。

統計データという点では、崔国因は日本の人口統計にも疑いの目を向けている。一八九〇年の日本の人口統計を男子二千万人強、女子一千九百万人、計四千万人と報じた日本の新聞記事を引用したあとのコメントでは、

日本の人口はもともと三千五百万人だった。いくら殖やすことができるといっても、こんなに速く増えることは断じてありえない。日本はいつも、商業や軍事が日々発展しているとみずから誇っているが、大抵は耳目をそばだたせるまやかしである。今また人口を誇張して、とんでもない数になっている。商業や軍事が盛んというのも、そのようなことにすぎないのだろう。[40]

と述べ、日本の〝大言壮語〟と本当の実力とのあいだには相当乖離があるとの見方を示していた。実際のデータの正否はさておき、崔の対日観が良好なものではなかったことは、こうした記述からうかがい知ることができる。

そうした対日蔑視観がどこから来たものなのかは定かではないが、日清戦争前の清朝に瀰漫していた日本に対する侮蔑感情は当然、崔国因にも影響していたであろうし、アメリカの地で欧米人の日本蔑視に接したことによっ

て、それがいっそう増幅されたのかもしれない。

日本への悪感情は、関連のニュースに接するたび崔国因の脳裏を巡っていた。日本が千島列島近海に軍艦を派遣して、外国漁船によるラッコ漁やその他の海産物の漁獲を禁止しようとしている、とのニュースに接したときには、これはアメリカがベーリング海で他国のラッコ漁を禁止したのを模倣したものであるとして、次のようにコメントしている。

日本は唐の時代には事ごとに中国のまねをし、少し前はイギリス・フランス、今はアメリカのまねをしようとしている。西洋人はその性質はサルのようであり、好んで人まねをし挙動が軽率だといっている。喜劇というほかない。(41)

また、清朝の京師同文館で総教習を務めていたマーティン（William A. P. Martin 漢名は丁韙良）がアメリカに休暇帰国中だった一八九〇年一〇月、崔国因を訪ねたさいにも、崔はマーティンにむかって、「西洋の場合、ロシアは犽（犬に似た野獣）で、イギリスは獅子であって、猛獣といってよい。中国はゾウで、力は大きいが動きが鈍く、日本はサルで、軽快に飛び跳ねるが役に立たず、事あるごとに人まねをする」と語ったという。(42)

以上のように、『崔日記』からみる限り、ロシアとは異なり、崔国因はもともと日本を脅威とはみなしておらず、その〝性格〟の卑しさをたんに忌み嫌っていたようにもみえる。そのためか、大津事件発生（一八九一年五月一一日）の報道に接したときには、ロシアが日々日本を侮り、北方から圧迫しつづけたことが事件の原因であるとして、日本に対して同情的なコメントを記し、この時のニコライ皇太子襲撃事件を、六国を併呑せんとする秦王政を荊軻が暗殺しようとした事件に喩えている。(43)こうした崔の態度は、前述のとおり、日本への侮蔑以上に、ロシアへの敵愾心が強かったことによるものだろう。

しかし、退任間近の一八九三年六月になると、日本への姿勢にも徐々に変化が現れる。一八九〇年代初頭の欧洲は、独・墺・伊による三国同盟と露仏同盟との対立の構図が次第に鮮明となり、非同盟政策をとるイギリスも、両同盟との距離の取り方をめぐって立ち位置を微妙に変えながら、和平の維持を模索していた。崔国因がこうした欧洲の国際情勢に非常な関心を寄せていたことは、『崔日記』の随所に垣間見えるが、[44] 欧洲の和平維持に〝努力〟するイギリスとは対照的に、東アジアに目を転じれば、「日本は中国と輔車相依るの計をなそうとせず、同室で戈を操るの謀をなそうとしており、その意図がどこにあるのかまったくわからない」と、日本への不信感を露わにしている。[45] 日清開戦を一年後にひかえたこの時期になると、崔国因もそうした情勢の変化を微妙に捉えつつ、日本の脅威を徐々に意識し始めていたのである。

おわりに

一八九三年九月三日、崔国因は後任の楊儒に駐アメリカ・スペイン・ペルー公使の職務を引き継ぎ、翌日ワシントンを発って帰国の途に就いている。その十日ほど前の『崔日記』には、三年に及ぶアメリカ駐在を総括する一文が、やはり按語の形で記されている。

駐米三年、アメリカの行いをみると、その多くは横暴で筋が通っていないものであった。華工渡航禁止の案件では条約に違反し、互恵条約（報施之約）を利用して相手につけこむだけ、ハワイの併合では国際法（公法）に違反し、イタリア人旅行者の殺害は放置し、ベーリング海峡の利権を独占してイギリス漁船を拿捕した。各国から非難されただけでなく、アメリカの多くの公正な名望家からも非難されている。さいわい新しい大統領と国務長官は前任者の行いを是とはせず、一々矯正しているから、挽回できるかもしれない。もし前大統領が再任され、〔前国務長官の〕ブレイン（James G. Blaine）が死んでいなかったら、アメリカの禍はいまだに収まっていなかったであろう。[46]

駐米公使の出使日記を扱いながら、ここでは肝心の対米交渉についてはほとんど触れてこなかった。対米交渉の中心はやはり華人問題であり、『崔日記』にも、アメリカ政府との交渉をはじめ、各地の領事からの報告や華人代表者からの陳情など、華人問題に関わる記事が頻出する。ただ、崔国因の華人問題交渉は、特筆すべき成果を上げていないこともあって[47]、『三洲日記』と比べ、かれが作成した「出使日記」にオリジナリティを与えるものとはなっていないように思われる。そのあたり、駐米三年の総括のなかで、みずからの対米交渉についてはわずかしか触れていないことにも表れていよう。ひるがえって『崔日記』の特徴をなすのは、アメリカをはじめとする欧米各国が織りなす国際政治のありようをこと細かに描写し、それに対して逐一コメントを付すことによって、中国の内政・外政に関わるみずからの主張や意見を、遺憾なく書き連ねたところにあった。

『崔日記』は帰国の翌年にすぐに刊行され、数年後には『小方壺齋輿地叢鈔再補編』にも収録されたことで、比較的多くの読者を得ていたようだが[48]、そこで示された崔国因の意見がそれほど大きな反響を呼んだという形跡は見当たらない。その後、崔は弾劾を受けて官を辞し[49]、安徽省の蕪湖で商業に従事して巨額の財産を築いたといわれる。そんななか、義和団事件をへて新政（変法）の大号令が発せられると、崔はあらためて議会制度の導入を訴える条陳を執筆、旧縁を頼って大学士李鴻章と古巣の翰林院掌院学士にその代奏を依頼したが、受け付けられなかったという[50]。晩年、「天下傷心人宣叟」と号した崔国因は、その身がどこにあろうとも、「意見書」によってみずからの主張を訴えつづける姿勢は貫徹していたともいえる。

『出使美日祕崔日記』は、そんなかれが、変法思想の準備期間ともいうべき日清戦争直前の時期に、一貫して導入を訴えつづけた鉄道建設と鉱山開発、そして議会政治の本場であるアメリカにおいて作成した「出使日記」であり、そこで示されたかれの主張と熱意は、在外公使がみずから出版・公開するという出使日記の新境地が薛福成によって開かれた時期に、かれの出使が折よく際会したことによって、まさに後世に残されることになったのである。

第Ⅳ部　出使日記の背後で

第7章　日本を記す
——日記と公使と部下たち

岡本隆司

はじめに

日本の中国研究でおそらく最も数が多く、また最も得意な題目は、日中関係である。そのうち明治期については、とりわけ日中の文化交流史にぶ厚い研究の蓄積がある。以上ごくあたりまえの話ながら、そこにいささかの疑問を払拭できない。

たとえばその種の交流には、一九世紀後半、創設まもない駐日公使館およびその人員も、深くまた積極的に関わった(1)。その場合、これをたんに文化・学術ととらえるだけでよいのか、という問題がある。

駐日公使館の活動に文化・学術が大きな比重をしめていたのは、事実である。しかし従来は、その事実を日本の立場と視角から跡づけて解釈論評するばかりだった。いわゆる「清国公使館詣で」への着眼など、その典型である。反面、中国の対外関係・在外公館にとって、いかなる歴史的な意味があったのかまで、考えることはなかった。そうするには、当時の政治情勢や、欧米などほかの使節・公館を考え合わせなくては不可能だからであり、そこまで目配りがゆきとどかなかったのである。

本書でとりあげる日記というジャンルでも、上のような事情はほぼかわらない。日本を訪れた、あるいは日本に滞在した華人が著した日記は、明治期に限っただけでも、おびただしく存在する。そこで従前の研究は、そうした日記を「東遊日記」という一史料群として蒐集し、その記載内容を個別具体的に解析することが、何よりも当時の華人の日本観、ひいては日中関係そのもののヴィヴィッドな描写になる、とみなしてきた。実藤恵秀氏にはじまるこの研究は、大きな成果をあげ、いまや多くの日記が容易に読めるようになっている。(2) 本章の論述も以下にみるとおり、その恩恵を受けること少なくない。

けれども一つ指摘しておかねばならないのは、数多の日記に分類整理をくわえてこなかったことである。たとえば、佐藤三郎氏は「東遊日記」として、李圭『東行日記』・何如璋『使東述略』・李筱圃『日本紀遊』・王之春『談瀛録』・王詠霓『道西齋日記』・李春生『東遊六十四日隨筆』・章宗祥『日本遊學指南』・胡玉縉『甲辰東游日記』・黄尊三『日本留學日記』・黄慶澄『東遊日記』・丁鴻臣『四川派赴東瀛游歴閲操日記』・尹蘊清『考察教育日記』の十二種をあげる。その作者には、旅客もいれば居留者もいるし、官吏もいれば留学生もいる。それぞれの時期・立場・関心によって、具体的な観察・記述が同じではありえない。そうした事情にどこまで配慮しているのか、いささか不分明なのである。

「東遊日記」と一括して、わかることもあれば、覆い隠されてしまうこともある。前者の側面は実藤氏から佐藤氏にいたる研究でつくされて、華人のリアルな日本観が具体的に、しかも総体的に明らかにされた。問題は後者である。

「東遊日記」のうち、駐日公使による出使日記は、何如璋『使東述略』しかない。このように十数種の日記をあげ、またそれが「書かれたものの九牛の一毛に過ぎず、書かれながら出版されずに堙滅し去ったものの方がはるかに多かった」(3) といわれると、日本に関わる出使日記のありようは、容易に気づかれなくなってしまう。いわゆる

「東遊日記」に日清戦争以後のものが圧倒的に多いこととともあいまって、それ以前の出使日記、およびその駐日公使館との関係は、いよいよ閑却を免れない。

そこでまず指摘すべきは、日本には出使日記がほとんどない、という事実である。その理由は厳密にいえば、わからない。公使の個性もそこに作用して、執筆出版がなされなかった、あるいは「書かれ」ても残らなかった可能性もある。いずれにせよ、出使日記の残った欧米と異なるところである。

清朝の当局者は一八六〇年代から、日本を軍事上の潜在的脅威とみなしていたから、七〇年代に入って、日清修好条規の締結・批准、台湾出兵、琉球処分と事件が継起したのは、その脅威が顕在化してゆく過程でもあった。[4]このように悪化する日中関係のなか、日本に常駐使節を派遣し、公使館を設けたのは、何よりも敵情の視察と係争案件の処理を目的としていたのである。

そんななか、なぜ文化・学術がクローズ・アップされるのか。同じく公使館の調査記録でありながら、みかた・論じかた、あるいは伝えかたが、なぜ欧米と違ってくるのか。以上を考えないまま、文化交流の側面だけとりあげては、多分に誤ったイメージをあたえかねない。海をへだてた敵国で、何をどのように見ようと、伝えようとしたか。日本に対する出使日記をあつかうには、まずそこに着眼しなくてはならぬであろう。

一　何如璋『使東述略』

駐日公使が著して出版された、日本に対する出使日記と呼びうるのは、初代駐日公使の何如璋が著した『使東述略』のみである。ほかのものは、かりに存在したとしても、現存が確認できない。

何如璋（一八三八〜一八九一）、字は子峩、広東省大埔県の人。翰林院侍講に在職していた一八七六年、日本常駐の使節に任ぜられ、翌年に赴任、以後八〇年末まで在任した。この間、日本の漢学者・知識人たちと交流を深めるとともに、琉球問題や朝鮮問題をめぐって日本政府と対立、本国へは強硬論を主張する。[5] 帰国後、福州の船政大臣となったが、一八八四年の清仏戦争で所轄の艦隊を撃沈され、失脚した。

『使東述略』はこの何如璋が初めての日本常駐公使に任命されてから、東京に公使館を設置するまでの期間をカヴァーする。つまり、多く見ても五ヵ月くらいの記録であり、日本に滞在した時の記録は、公使館を設けるまでの二ヵ月足らずにとどまる。短くみれば、自らも記すとおり十八日の間しかないもので、実藤氏もいうように、まったく「赴任日記」だとみるのが正しい。[6] だとすれば、本書でもとりあげてきた、イギリスに対する郭嵩燾『使西紀程』やアメリカに対する陳蘭彬『使美記略』とほぼ同じありかただといえる。

『使東述略』は他国の出使日記と同様、総理衙門に送られたことはまちがいあるまい。しかしはじめて刊行されたのがいつなのか、正確なことはわからない。[7] そこがたとえば『使西紀程』とは異なるところであり、出使日記として反響がなかったことのあらわれでもある。さらに踏み込んでいえば、『使西紀程』あるいは劉錫鴻『英軺私記』・曾紀澤『曾侯日記』のように、反響に値する特徴があるかどうか疑わしい、ということになろう。

そのあたりを記述の内容と体裁から確かめていこう。なお『使東述略』には、つとに実藤氏の邦訳があり、[8] 訳出にまったく問題がないので、以下の引用もすべてそれを引き写した。

まずその著述態度を記した一文にいう。

たゞ知れたことの大略を日を追つて記し、たまたま所感があるとこれを詩につくつて、道順をしるしたゞけのことである。[9]

通観してみるとたしかに、日本の姿あるいは明治維新の改革過程を実見のままにつたえる姿勢が強く、みだりに毀誉褒貶の評価をくわえていない。記述としては、あたりさわりのないものともいえる。

「詩につく」ったというのは、同じ何如璋の『使東雑詠』をさす。これはいわば『使東述略』の漢詩版であり、実際に合冊で刊行されたこともあった。この詩集という体裁も、西洋への出使日記とは違っている。[10] 詩は感慨を吐露する表現形式であるから、たしかに「所感」は述べるけれども、やはり日本に対する立ち入った論評は見えない。そうした点、「赴任日記」としては同じでも、郭嵩燾や曾紀澤と異なるところであり、当時の清朝にとっての日本と西洋の差異にもなろう。

しかし何も評言がないのかといえば、そうでもない。以下は光緒三年十一月十五日丙寅（一八七七年一二月一九日）条。横浜にて「各国の兵官」にあいさつにゆき、その軍艦に乗りこんで、軍紀・性能・乗組員の緊張感を目の当たりにした感慨を述べたものである。

西欧の現状は戦国時代に似たところがある。……毎年、媾和したり、戦争したりしてばかりゐる。だから各国は武を講じ、防を設け、攻守の具をそなへ、電信をつくつて通信をすみやかにし、汽船や汽車をつくつて運漕をなめらかにし、全国民、心をあはせて、他国におくれをとらぬやうにしてゐる。また、さうなると、国の費用の足らなくなるのをおそれ、上下こゝろを一にし、力をあはせて鉱山を開き、器械を製し、商工業をさかんにし、遠く大洋をわたつて利益をあさつてゐる。そもそもわが国は、土地は広く、物産は多いのだから、充分の資財がある。いざといふときになつて、もしも成見にとらはれ、一時の安きをむさぼり、海外の争はわが国に関係ないとおもつてはならぬ。一大事にならないうちに、自ら強くすることをはかり、人才をやしない、軍備を整備し、吏道を粛正し、人心を安定にしないで、たゞからゐばりをして、時機を失ふといふことは、決して国内を安んじ四方を制する道ではない。[11]

ごく短いものの、西洋と自国の現況に関わって、重要な指摘たるを失わない。こうした記述を残す姿勢からすれば、何如璋じしんはむしろ、実見した日本を論評したかったと思われる。だが、上のように自明な「西欧」と比べて、日本はなお記述を躊躇するところがあった。

では、日本とその現状をどうみていたのか。典型的な一文をあげよう。すでに東京に入った光緒三年十二月二十三日癸卯（一八七八年一月二五日）条、日本の歴史・公武の関係を述べた一節である。

> 皇室の日に御衰微のときにあたり、後醍醐天皇は、武門の横暴を憤らせられ、これを除かうとあそばされた。楠公は義兵をおこし、国難におもむき、一族をつくしても、勝つことができなかつた。なんと困難なことであつたではないか。二十年このかた、強鄰こもごもせまり、大いに互市をはじめた。憂国の士は、政令一途に出でざれば、国本をかたくし、外侮をふせぐことはできないとかんがへ、さかんに尊王攘夷をとなへた。諸国の浪人たちはいちどに起つて、これに和し、都のなかを横行した。徳川氏は狼狽おくところを知らず、その権威は日に日におとろへてきた。一二の有能の士は、つひにこの機に乗じて変革をおこなひ、皇室の御勢をかへし、武門をおさへ、封建を廃して、郡県とし、数百年の積弊をば、しだいに刷新した。それはまるで手をひるがへすやうに容易なことであつた。それは、前の場合は、やりかたがまづく、後の場合が、やりかたがたくみであつたためであらうか。それとも、情勢がちがつてゐて、しぜんさうなるはずであつたのであらうか。[12]

明治維新の経過は知っていても、意義はわかっていないというわけである。それは本人も自覚していた。

> その通過した海程は万里にちかく、航海のあひだ十有八日、海陸を経過したところの風土・政治・風俗を耳目のおよぶかぎり、きはめようとしたが、観察にもつまびらかでないことがあり、聞き質したことにもくはしくないところがある、またこれを書籍についてしらべてみても充分に符合しないところもある。……この国の政治の得失、国土の要害のありさまとか、自然や人事の消長とかいふことになると、いろいろ比較し、ひろく研究し、実地にしらべて見たうへでないと、その要領をえがたい。しばらく歳月をつひやし、熱心に研究して、根本的にこれをさぐり、真相を分類して、つまびらかに記したいものである。さうなれば読む者の参考にもなるであらう。これはまた使臣の当然なすべきつとめである。[13]

以上が『使東述略』のしめくくりである。以後いっそうの調査の必要をみとめ、それを公使が行わねばならぬといいながら、その成果たるべき『使東述略』の続編は、けっきょく実在しない。では日本調査もまったく存在しないのか、といえばそれも誤りである。

何如璋が提起した課題をひきとったのは、公使館の部下たちだった。すでにふれたとおり、欧米でも実際の調査とそのとりまとめにあたっていたのは、部下の參贊や随員たちであり、それと共通していたといってよい。それが出使日記になって伝わったかどうか、その公刊・流布のありかたが異なっていたわけである。

二　黄遵憲の日本研究

そうした日本調査は、決して少数ではない。つとに紹介されて有名なのは、何如璋の後任公使・黎庶昌とともに渡日した随員姚文棟の日本・琉球調査であろう。

姚文棟（一八五三〜一九二九）、字は子梁（志粱）、上海の人。日本に六年間駐在したのち、駐露独公使洪鈞の随員としてロシアに赴任した。日本に関しては、『日本地理兵要』『琉球地理小志』『東槎雜著』などの著述がある。『琉球地理小志』は光緒九年刊、日本の「官撰地書」を訳出して琉球を紹介したうえで、そこが日本のものではないと主張する小冊子、『日本地理兵要』は光緒十年刊行の大部な書物だが、やはり日本の陸軍省作成の「兵要日本地理小誌」を下敷にして、日本の軍事地理を紹介し、それに対する備えの必要を訴えたものである(14)。

こうした著述、あるいはそのもとになった調査が、折しも琉球・朝鮮をめぐり対立を深めていた日本に対する政策方針、少なくとも駐日公使館のそれに影響を与え、反映していたであろうことは、容易に想像される。しかしながらその是非、程度などを厳密正確に立証するのは、史料・研究の現況では困難だろう。

とはいえ、姚文棟は実は二番手である。著述の刊行として数が少なく、また前後するものがあっても、詳細な日本調査とその著述の嚆矢は、何如璋とともに日本に赴任した參贊の黄遵憲にほかならない。いいかえれば、何如璋が『使東述略』の末尾に記した思いは、まず直接の部下たる黄遵憲が実現したのである。

黄遵憲（一八四八〜一九〇五）、字は公度、室号は人境廬。広東省嘉応州（いまの梅県）の人で、客家《ハッカ》の出身。光緒二年（一八七六）の挙人。翌年、来日し、四年ほど日本に駐在。以後、駐サンフランシスコ総領事・シンガポール総領事を歴任、一八九四年、日清戦争勃発後に帰国してからは、梁啓超らとともに変法運動にたずさわった。

日本に関する著述は『日本雑事詩』と『日本國志』、いずれも日本駐在中に着手した研究の成果である。つまり突出して早期の日本研究であり、しかも「旧中国における日本研究の最高傑作」[15]だった。そこで駐日公使館の日本研究のありようを知るには、まず黄遵憲の著述をみなくてはならない。

『日本國志』は全四十巻の浩瀚な書、歴史・対外関係・天文地理・経済・軍事・法律・文化などの題目をもうけ、当時の日本を網羅的に調査、紹介した内容になっている。「日本研究の最高傑作」というのも、一般的にはこの書籍を指す。そのため『日本國志』に関しては、すでに少なからぬ研究があり、その史上の意義はもちろん、精細な編纂過程・情報の特徴や出所など、多くのことが明らかにされてきた[16]。

それに対し、『日本雑事詩』は『日本國志』より早く出されて流布し、大きな影響力を与えたといわれるにもかかわらず、文学以外ではあまり注目されておらず、歴史上の位置づけが精確に行われてきたとはいいがたい。ここでことさら『日本雑事詩』をとりあげるゆえんである。

『日本雑事詩』は七言絶句の詩集、同文館から一八七九年に出た鉛印本が初版で、これを原本と呼ぼう。以後ひろく読まれたため、おびただしい数の版本がある。現在通行するテキストは一八九八年の刊本にもとづくもので、こちらを定本と称するが、詩の収録数もふくめ、原本と大きな出入がある。

この出入は対象たる明治日本の変化をあらわすばかりにとどまらない。定本に載せる一八九〇年の自序には、「経験をつみ見聞がひろがる」にしたがい、原本時の「吾が過ち」を改めたという。「過ち」は誇張・謙遜にしても、十数年のあいだに、黄遵憲の日本観、さらには思想が激変したことにまちがいはない。

実際の詩をみることで、そのあたりの事情を確認しよう。定本は二百首を収め、冠婚葬祭・藝能・衣食住など、日本の慣習・風俗にまつわるトピックが多数をしめる。そのうちわずか二首ながら、中国の歴史とも関わって原本と出入があるものを紹介したい[17]。

まず、定本の第五十三首にあたる詩。先に原本のテキストをあげよう。

一紙新聞出帝城　一紙の新聞　帝城を出づるや
傳來令甲更文明　令甲《ほうりつ》を傳來して　更に文明あり
曝簷父老私相語　簷《のきば》に曝《さら》せる父老　私《ひそ》かに相ひ語るも
未敢雌黄信口評　未だ敢て　雌黄《ぎろん》し　口に信《まか》せて評せず

通釈および自注の訳は以下のようになろうか。

新聞が一部、首都から発刊されると、法令だけではなく「文明」も全国に伝わってゆく。縁側で日向ぼっこする父老たちはひそひそ話、みだりに批評などできないようだ。

新聞は時務を知り、是非を公にするため、山の奥であろうと海のはてであろうと、必ずとどけられる。すばらしいことだ。しかし西洋では、あらゆる意見表明はこれでおこなうので、ゆきすぎが起こらないように、政府の誹謗・個人の中傷に対する禁令を設けており、罪が軽ければ罰金、重ければ禁固に処せられる。日本も〔一八七五年の讒謗律・新聞紙条例など、〕一切それにならっている。ときの政治を述べる新聞もあって、「文明」といわなければ必ず「開化」といっている。

「新聞」を詠んだ詩である。これが定本になると、詩も注も全面的なさしかえとなっている。

欲知古事讀舊史　古事を知らんと欲さば　舊史を讀め
欲知今事看新聞　今事《しょし》を知らんと欲さば　新聞を看よ
九流百家無不有　九流百家も　有らざる無く

六合之内同此文　　六合《てんか》の内　此の文を同じうす

その通釈・自注は以下のとおり。

むかしのことを知るなら歴史を読めばよい。いまのことを知りたいのなら、新聞をみよ。あらゆる言論知識を記載して、国中おなじ情報がゆきわたる。

新聞は時務を研究し四国《せかい》を周知するためのもの、あらゆることを掲載する。五洲《せかい》万国に何か事件がおこると、朝に打電すれば、その晩には印刷にまわっている。「戸庭を出でざるも、天下のことを知る」（『老子』四十七章）といえよう。新聞の起源は「邸報（中国の官報）」にあって、体裁は叢書のようだが、その体はもっと遠大、用はさらに広汎である。

新聞に対する黄遵憲の評価は、原本段階ですでに高い。それでも、その詩と注の内容は、一八七〇年代後半の日本の新聞事情を、むしろ客観的にとらえ伝えようとするもので、かれ自身の主張は、なお希薄である。

ところが定本に至って、日本にとどまらず、新聞そのものに対する肯定推奨の積極的評価と化した。諸子百家や「体」「用」に説き及び「附会説」を織り込みつつ、「時務」を「六合の内」すべてに知らしめる媒体としての有用性をうったえたのである。かれ自身がのちに『時務報』という新聞発行に従事し、変法運動に参画したのも、偶然ではあるまい。

ついで、定本の第六十五首にあたる詩。やはりまず原本のテキストをみよう。

莫嫌蠻語笑陬隅　　蠻語を嫌ひ陬隅を笑ふ莫かれ
國字能通用有餘　　國字　能く通じて　用　餘り有り
丫髻女兒初弄筆　　丫髻の女兒　初めて筆を弄び
塗鴉便寄阿娘書　　塗鴉せば便《ただ》ちに寄す　阿娘《はは》に書を

日本の「国字《かな》」イロハを詠んだ詩である。通釈・自注は次のとおり。

野蛮なことばを使っていると嫌悪嘲笑してはならない。かなは十二分に役立つもの。はじめて筆をもった小さな女の子でも、落書きよろしく、おかあさんに手紙を書けるのだ。

日本語の音は四十七字・四十七音しかなく、しかもすべて単純な発音。伊呂波（イロハ）はあらゆる音をあらわし、書写も簡単だし習得もむずかしくない（伊はイ、呂はロ、波はハ、仁はニ、保はホ、返はヘ、止はト、知はチ、利はリ、奴はヌ、留はル、遠はヲ、和はワ、加はカ、與はヨ、多はタ、礼はレ、曾はソ、津はツ、称《ママ》はネ、奈はナ、良はラ、武はム、宇はウ、乃はノ、井はヰ、於はオ、久はク、也はヤ、末はマ、計はケ、不はフ、己はコ、江はエ、天はテ、阿はア、左はサ、幾はキ、由はユ、女はメ、美はミ、之はシ、恵はヱ、比はヒ、毛はモ、世はセ、寸はス。〔一字の片方の〕扁や旁を仮りるので、片仮名という。ひらかなのほうは、伊呂波の草書である）。だから日本のこどもは、ことばがしゃべれるようになって、かなをマスターすれば、俗書を読み、手紙を書くことができる。漢字と混ぜて使うこともあるけれども、かなだけで書けば、女でもわからない者はいない。

定本では詩のさしかえはあるが、自注はほとんどかわらない。新しい詩とその訓読・通釈を引くにとどめる。

不難三歳識之無　三歳にして「之と無とを識る」（『白氏文集』巻四五「與元九書」）に難からず
學語牙牙便學書　語を學びて「牙牙《イヤーイヤー》」便ちに書を學ぶ
春蚓秋蛇紛滿紙　春の蚓《みみず》に秋の蛇　紛として紙に滿ち
問娘眠食近何如　娘《はは》に眠食を問ふ　近ごろ何如と

三つのこどもでも、字をおぼえるのは難しくない。ことばがいえるようになれば、すぐ字を習っておぼえる。ミミズやヘビがはいずり回るような字で紙がいっぱいになる。おかあさん、ちかごろごきげんいかがですか、とたずねているのだ。

原本・定本いずれも、趣旨はほとんどかわらないが、詩をさしかえたのは、日本のかなという表音文字への評価、とりわけ識字・教育におよぼす効果に対する評価が、いっそう上がったためだと推定できる。

黄遵憲はつとに来日以前、自らに対し、
我手寫吾口　我が手もて吾が口を寫さば、
古豈能拘牽　古も豈に能く拘牽せんや
即今流俗語　即今の流俗の語もて、
我若登簡編　我れ若し簡編に登せば、
五千年後人　五千年の後の人、
驚為古爛斑　驚きて古爛斑と為さん

わたしのこの手で、わたしの話しことばをそのまま文字に書けばよいのだ。古い典故がどうして束縛できよう。いま世間で使われている俗語を書物に載せておけば、五千年後の人は、なんと由緒あるきらびやかなことばだとびっくりするだろう。(18)

と詠み、また後には社会に対し、『日本國志』巻三三、學術志で、

他日きっと、文体は現代に適合した通俗的なものにあらためることになろう。嗟乎《ああ》、天下の農民・職人・商人・婦女・幼児にすべて文字を使えるようにするには、日本の簡便なやり方にならわざるをえまい。

と論じて、くりかえし口語文を提唱した。後年の白話運動へつながる動きが、すでに萌芽しているのである。そもそも新しい詩風を試み、俗語・新語をふんだんに使う『日本雑事詩』じたい、その実践を試みたものだった。

このように『日本雑事詩』最大の特徴は、早くから任地の慣習・風俗のみならず、言論・教育をもふくむ日本社会そのものに着眼したこと、また改訂をへて、その注目がいよいよ強まった点にある。近代日本をモデルとする「変法」「新政」へ向かう歴史の流れに即してそのことを考えると、やはり先駆的・先覚的といって過言ではない。

そうした特徴は、ごく限られた客観的な観察記事に徹した何如璋『使東述略』『使東雑詠』とはすこぶる対蹠的であって、『日本雑事詩』の具体性と視野の広さ、評価の確かさはきわだっている。それが何如璋の託したものの

達成だったことはまちがいあるまい。

むすび

『日本雜事詩』ほどの作品が公使館開設まもなく、しかも詩集の形でできたことは、後進に影響を及ぼさずにはやまなかった。日本の案内書となって流布した、という直接的な反響はいうまでもない。かてて加えて、間接的なそれも想定できる。たとえば、海外事情を本国に知らせる出使日記が、日本でほとんどできなかったのは、『日本雜事詩』の存在が一因だったとは考えられないであろうか。

すでにそれがある以上、しかも同じ黄遵憲が、さらに詳しい『日本國志』の編纂をすすめていたとあっては、公使がことさらあらためてガイドブック的な「出使日記」を編纂するのは、蛇足にもひとしい。そんな事情が容易に想像できるし、それは公使にとどまらず、実際の調査にあたる部下たちにも、あてはまるだろう。たとえば二番手の姚文棟には、日本を記す余地は、目前の時局に対処する、散文の地理や軍事しか残っていなかった、というべきなのかもしれない。

駐日公使館の日本調査といえば、これまでの研究では、学術研究の方面を重視してきた。古籍の調査蒐集で名高い楊守敬はじめ、厖大な著述・記録が残っている以上、それは当然のことである。では、なぜ調査そのものに文化的学術的な傾向が強くなったのか。

日本とは一衣帯水、距離が近く、また文字を同じくする文化的な親近感、もっといえば優越感がある。そこで往々にして免れなかったのは、日本そのものに対する無関心にほかならない。楊守敬らの活動も、日本のなかに中国を求めたものにほかならないし、のちの「変法」「新政」では、日本モデルといいながら、それは日本じたいではなく、日本が採用した西洋近代を学ぶことを意味していた。

いわゆる「東遊日記」も、その所産である。日本は近いので往来しやすく、日清戦争を経てにわかに関心が高まると、訪問滞在した人々がおびただしい記録、日記を残すようになった。ただその種の著述をみると、当時の日本を総体として的確にとらえているようには思えない。観察・記録はすぐれて選択的、性急で偏っている。日本のなかに日本を見ず、中国・西洋をさがす態度・姿勢の然らしめるところであろう。

そうした文脈におくと、黄遵憲の著述は、やはり位置づけを見なおすべきではあるまいか。「日本研究の最高傑作」という評価が、そもそも示唆的である。何如璋が明言し、おそらく黄遵憲も抱いていたのは、日本を知らない、という自覚だった。その自覚があればこそ、後者は貪欲に情報をあつめ、広汎詳細冷徹な記述を残すことができたわけである。後続の人々は多かれ少なかれ、黄遵憲の著述を有するがゆえに、手にとって読んだかどうかにかかわらず、それだけで安易に同文・近隣の日本を知った気になり、かえってその視野を意識的・無意識的に限定偏向させてしまい、黄遵憲ほどの広さをもちえなかった。その作品が「最高傑作」でありつづけたゆえんである。

こうしてみてくると、公使館に限らず、華人の立場からする日中関係には、日本を知らない、という自覚を持っていた時期とそれが麻痺してしまった時代があった。麻痺したところに、海外事情を紹介する出使日記が出現しうる余地はない[19]。その分水嶺をなすのが『使東述略』『使東雜詠』とそれを継いだ『日本雜事詩』『日本國志』ということになる。日本の出使日記を位置づけるとすれば、そのようにまとめるのが、あるいはもっとも適切なのかもしれない。それが西洋と比較した、清末中国における近代日本の位置づけだったともいえよう。

第8章　調査から外交へ

――「随員日記」の研究

箱田恵子

はじめに

これまでの各章で、公使たちの「出使日記」は、その編纂・刊行の経緯や意図を考慮したとき、個人の世界観・西洋観を論じる材料としてよりも、在外公館のあり方、ひいては清朝の対外姿勢・対外政策の性質を反映するものとして見直す必要があることが明らかとなった。またその「出使日記」が、随行した部下の在外公館員の日記――すなわち広義の出使日記を含めた、さまざまな資料を用いて編纂されたものであり、在外公館全体の活動を反映したものであることも論じられてきた。

だとすれば、随行員たちの出使日記もまた、単に書き手個人の思想・世界観を論じるための材料としてだけでなく、その編纂・刊行の形態や目的を問い、史料としての性質を明らかにし、それと当時の在外公館をとりまく状況との関係が検討されなくてはならないだろう。

附録1「総目録」にあるように、随行員が海外赴任期間に書き残した記録は出使日記にとどまらないが、ここでは出使日記およびそれに密接な関連を有する出洋記録を一括りに「随員日記」と呼び、そのうち清末当時に刊行されていたものを検討対象としたい。「随員」という正式の官職に任じた公使館員の日記のみに限らないことを念のため申し添えておく。

一　「泰西風土記」——張徳彝の『四述奇』

張徳彝の出使日記について

「随員日記」としてまずとりあげるべきは、張徳彝の出使日記である。

張徳彝（一八四七〜一九一八）、本名は徳明、字は在初、漢軍鑲黄旗人。通訳人材の養成を目的とした京師同文館の最初の学生の一人で、清朝が初めて派遣した海外視察団（いわゆる斌椿視察団）に随行して出洋して以降、計八回の出洋経験を有し、通訳官から公使にまで累進した清末の外交官である。だが、張徳彝が研究者の関心を集める理由は、その対外交渉における活動ではなく、八回の出洋すべてにおいてかれが記した詳細な日記にある。

かれは斌椿視察団を皮切りに、バーリンゲーム使節団、また一八七〇年の崇厚謝罪使、さらに最初の常駐公使となった郭嵩燾にも随行しており、清朝官員の最初期の西洋体験を語る上で格好の研究対象である。八種の出使日記のうち、『七述奇』以外は『走向世界叢書』や『稿本航海述奇彙編』によって容易に目にすることができ[1]、張徳彝の出使日記全体に関する専論もある[2]。このほか、最初期の清末知識人の西洋体験記として、かれの出使日記を題材にその西洋観を論じた論考は少なくない[3]。

ただしかれの出使日記のうち、清末当時に刊行されていたのは『航海述奇』『四述奇』『八述奇』の三種のみである[4]。その中で本章の検討対象である「随員日記」にあたるのは、郭嵩燾の通訳官として欧洲に赴任したさいの記録である『四述奇』である。斌椿使節団の随行記録である『航海述奇』が申報館からの刊行であったのに対し、『四述奇』は京師同文館から、序文と凡例も付した形で刊行されており、とくに凡例は、張徳彝の出使日記のなかではこの『四述奇』で初めて付されるようになったものである。[5] ここに『四述奇』とそれ以前の出使日記との差異を認めることができよう。

また、第2章でも言及されたように、『四述奇』の内容は劉錫鴻の『英軺私記』の取材源となったものであるが、両書の対応しあう記述には相違があり、従来の研究ではそうした相違点を含め、日記の内容から張徳彝個人の西洋観・文明観を読みとることに関心が払われてきた。だが、そこでは『四述奇』の成書過程が十分に把握されておらず、ゆえにその「随員日記」としての史料的性格も理解されていない。ここでは『四述奇』の成書過程に注目し、『四述奇』が清朝在外公館の活動のなかで占める位置を明らかにする。

『四述奇』の成書過程とその性質

『四述奇』は、張徳彝が郭嵩燾の通訳官として光緒二年九月に北京を出発してから、ロンドン駐在、さらに光緒四年に駐露全権大使の崇厚に伴ってのロシアへの異動を経て、光緒六年に帰国するまでの記録である。[6] この『四述奇』を刊行するにあたり、張徳彝はその編集方針を「凡例」のなかで次のように述べている。

一、海邦の政俗、近年諸星使の著作林の如く、久しく已に人口に膾炙す。余は則ち其の緒餘を竊むに過ぎざるのみ。

一、是の書　本より泰西の風土人情を紀す。故に叙ぶる所の瑣事、累牘連篇を嫌はず。各國の政事の得失に至りては、自づから西土の譯書の考ふべきあり。

……

一、歴次の出洋、辱《かたじけな》くも譯事を承ると雖も、一切の密勿、闕いて書せず。亦た金人緘口（多辯を慎む）之意なり。

要するに、郭嵩燾の『使西紀程』や劉錫鴻の『英軺私記』、曾紀澤の『曾侯日記』がすでに刊行されているなかで、とくに西洋の「風土人情」を紹介するために『四述奇』を刊行したというのである。また、通訳官として交渉の機密を知り得たが、そうした内容はあえて記さなかったとする。実際、十六巻に及ぶ大部の『四述奇』は、西洋の社会風俗の詳細な描写に特徴があり、『四述奇』を含めた張徳彝の出使日記を「日記体の泰西風土記」と呼ぶ研究者もいる。(7)

また『四述奇』はイギリスの「朝眘會規（謁見儀式規定）」という冊子の訳（光緒三年正月十八日条）といった多くの「一次資料」も提供している。確かに『四述奇』には張徳彝の西洋観・世界観を窺わせる記述も見えるが、それは全体の記述のなかではごく限られた部分に過ぎず、記述の大半を占めるのは、「一次資料」を含めた海外事情の詳細な描写・紹介である。つまり、公使らの「出使日記」に比べ、『四述奇』はより純粋な西洋社会の観察・外国事情の報告を目指しているのであり、公使らのそれとは異なった目的のもとに成立した書なのである。そうした『四述奇』の性格を端的に表すのが、該書の構成である。

『四述奇』は日記体をとるが、日々の行動・見聞を記した部分と、日付とは関係のない西洋の文物・制度・風俗などに関する調査メモの部分とに大別できる。そして、多くが「記」「按英俗」などの書き出しで始まるこの調査メモの部分は(8)、もともとは日記とは別に用意されていた資料で、あとから日記のなかに分割して挿入されたものと考えられる。なぜなら、この調査メモの部分は、日記の記述が少ないところ、あるいは天気以外に記すことが無かった日の日記を補うように配置されており、『四述奇』の後半ほど、そうした傾向が顕著となっているからである。

また、『小方壺齋輿地叢鈔』が『四述奇』の内容を日記体の『随使日記』『使還日記』と、調査メモの部分だけを抜き書きした『使英雑記』『使法雑記』とに分けて編集し直しているのも、この当時に出使日記をトピックごとに再編集する習慣があったというだけではなく、そもそも『四述奇』が日記部分と後から挿入された「雑記」（＝調査メモ）部分とから構成されていたため、日記と「雑記」を分けた方が読み易いからである。実際、『四述奇』のなかから日付順に「雑記」部分を箇条書きに抜き出した『使英雑記』[10]では、二〜三の関連する「雑記」が続いていることが多く、[11]このことは『四述奇』の異なる日付に分散している「雑記」が、もともとはトピックごとにある程度まとまりのあった調査報告を分割して日記中に挿入していったものであることを示している。[9]

日記部分を基軸としつつ、さまざまな「一次資料」や別に用意していた文書を日記に割り振り挿入していくという『四述奇』の成り立ちは、第6章で確認した薛福成の『出使英法義比四國日記』を髣髴とさせるものであり、そこに単なる個人の日記や見聞録ではなく、在外公館の活動報告としての出使日記の特徴が表れていよう。

もっとも、薛福成が『出使英法義比四國日記』に挿入させた「論説」類と張徳彝が『四述奇』に挿入させた「雑記」類では、その内容は大きく異なっており、そこには時代状況の違いというだけでなく、公使と通訳官という両者の立場上の違いが関係している。

設立当初の在外公館にあって、通訳官である張徳彝の第一の任務は西洋事情の調査であり、それを上司である公使らに報告することであった。それは第2章で詳しく検討されたように、かれが収集・整理した情報を資料として劉錫鴻に提供し、劉錫鴻がそれを受けて総理衙門への報告書を作成していたことから見て間違いない。また、そのさいに劉錫鴻に提供された資料は、必ずしも日記体のものだけではなく、「雑記」の形のものも多く含まれていただろう。なぜなら、『英軺私記』の記述には『四述奇』の「雑記」類を踏まえたものが多数確認できるが、その中には光緒三年十月以降の、すなわち劉錫鴻が総理衙門に『英軺私記』を送付して以降の日付の『四述奇』に見える「雑記」が多数含まれているからである。[12]この日付の矛盾は、張徳彝が『四述記』に挿入する前の「雑記」類を劉錫鴻に提出していた、と考えれば説明できる。[13]

要するに、『四述奇』は設立当初の在外公館のスタッフである張徳彝が、上司に提出した西洋事情の調査報告を整理し直したものであり、その調査報告は上司である公使らを通じて本国に報告され、広く閲覧に供されるはずのものであった。だが、光緒初年の清朝では、西洋事情の情報を求める人々がいる一方で、公使たちの思想を反映した出使日記の正式な刊行は議論を巻き起こし、その刊行がはばかられることとなった。しかし、一八八〇年代の危機の連鎖のなか、西洋情報への需要は高まっていた。光緒九年に『四述奇』が同文館から刊行されたのも、そうした当時の状況がしからしめたものであろう。[14]『四述奇』は、より純粋な海外事情の報告として必要とされたのである。[15]そしてそれこそが、初期の在外公館の本来の重要任務であった。

このように、『四述奇』はもともと海外事情の調査報告書であり、刊行して清朝国内の需要に応えるべきものであった。一方、在外公館の内部で共有されることに意味のあった「随員日記」もある。次節ではそのような「随員日記」をとりあげ、在外公館の役割をその構成員たち自身がどのように考えていたのかを論じることとする。

二　在外公館員のガイドブック

銭徳培『歐遊隨筆』

『四述奇』以外の最初期の「随員日記」として銭徳培の『歐遊隨筆』がある。銭徳培、字は琴斎、順天大興県の人、光緒三年（一八七七）に設立されたばかりの駐独公使館の随員に任じられ、六年間にわたりベルリンに駐在した。『歐遊隨筆』はかれが光緒三年十月に出国して光緒九年十月に帰国するまでの記録である。日記体だが逐日ではなく、日記になっているのは移動や行事などのさいだけである。日記と日記の間は西洋（主に駐在地のドイツ）の制度や社会風俗など海外赴任中の見聞の覚書であり、まさに「随筆」である。[16]

『歐遊隨筆』は『小方壺齋輿地叢鈔』に収録されているが、成書年やそれ以外の刊行状況については分からない[17]。またこの書は、同じ最初期の「随員日記」である『四述奇』に比べ、清末当時においても、そして現代の研究者にもあまり注目されていない。他の出使日記と比較した時、『歐遊隨筆』の史料的価値としてドイツの社会風俗に関する紹介が多い点があげられるが、文章が平易で情報量も少なく、出使日記のなかでは見劣りがするからであろう[18]。その一方で、最初期の在外公館員の日記・文書をまとめて編纂された黎庶昌の『西洋雜志』には比較的多く抄録されている[19]。こうした扱いの違いは、この『歐遊隨筆』の「随員日記」としての内容的特徴が関わっている。

『歐遊隨筆』の内容的特徴として、まず西洋の外交官制度に関する記述が多いことがあげられ[20]、その一部は『西洋雜志』にも抄録されている[21]。また、西洋の外交官の俸給や清朝の在外公館員に関する規定など、在外公館員の待遇に関する記述も散見する[22]。

また、光緒七年に徐建寅に随行してフルカンの契約工場で清朝発注の装甲艦の建造状況を確認したことや[23]、光緒九年に責任者としてアムステルダム博覧会への参加に対応したさいの記録など[24]、自身が駐独公使館員として担当した主な任務に関する記録もこの日記の主要部分を占める。

このほか、公使館の経費・会計に関する記述が多いのも特徴的だが、これは銭徳培が駐独公使館の会計を司っていたからである[25]。

以上のように、『歐遊隨筆』には随員としての職務に関わる記述が多く、西洋の社会風俗の紹介を主とする『四述奇』に対し、『歐遊隨筆』は在外公館員向けのガイドブックとしての要素が強い。そして、黎庶昌が『西洋雜志』に『歐遊隨筆』を引用する理由もまたここにある。なぜなら『西洋雜志』もまた在外公館の役割を意識した、在外公館員向けのガイドブックであったからである。

黎庶昌『西洋雜志』

黎庶昌（一八三七〜一八九五）、字は蒓斎、貴州遵義県の人。曾国藩の幕友として名をはせ、郭嵩燾に随行してイギリスに赴任、ドイツ・フランス・スペインの清朝公使館の參贊を歴任、その間にはベルギー・イタリア・スイス・オーストリア・ポルトガルを遊歴しており、さらに二度にわたり駐日公使（一八八一～八四、八七～九〇年）を務めた、初期の在外公館の中心的な人物の一人である。

そのかれが、自らを含め初期の在外公館員の日記・文書を集めて編纂したのが『西洋雑志』である。この書は黎庶昌の死後の光緒二十六年（一九〇〇）に、かれの子孫によって刊行されたが、光緒十一年正月付の跋文が付された莫縄孫による抄本[26]が存在することから、そのころまでにはほぼ成立していたことが分かる[27]。

莫縄孫は貴州独山県の人、黎庶昌の甥にあたり、一八八五年から八七年まで劉瑞芬の參贊として欧洲（露・仏）に駐在している[28]。莫縄孫が『西洋雑志』を書き写したのは、海外赴任の参考にするためであったのだろう。

このように関係者の閲覧に供してはいたが、『西洋雑志』には序跋文や凡例などがないことから、黎庶昌じしんにはこの書を刊行する意志はなかったのだろう。このあたり、薛福成に序を求めた文集の『拙尊園叢稿』とは異なっている。ではなぜ『西洋雑志』を編纂したのか。その答えはこの書の構成にある。

先にも述べたように、『西洋雑志』八巻は、黎庶昌じしんの文章だけでなく、在外公館員の日記などの記録を集めて編纂されたものであった。他者の記述の抄録部分は、あわせて四七題四万字余りに上るという[29]。また、抄録された文書は広範に及び、郭嵩燾・劉錫鴻・陳蘭彬・曾紀澤ら公使の日記に加え、留学生監督だった李鳳苞の日記や先述した銭徳培の『歐遊隨筆』、羅豊禄の報告文やかれが友人にあてた書翰、さらには通訳官の張斯栒が翻訳した資料をも含む。また、「國書」やイギリス外務省にあてた「照會」といった外交文書も抄録している。つまり、『西洋雑志』は、初期の在外公館における外交活動や調査報告の結果を総合して編纂されたものといえよう。

また、『西洋雑志』八巻の構成からは、黎庶昌が上記の多様な文書を用いてこの書を編集した意図が読み取れる。『西洋雑志』の各巻は明らかに分野ごとに排列されており、巻一は「國書」や「照會」など主要な外交文書、巻二は駐在国との日常的な交際に関わる儀礼知識や外交官制度の説明、巻三は西洋各国の政治・社会制度、巻四は西洋各国の「洋務局」、巻五は西洋主要都市の風景・風俗、巻六は西洋各国の幣制、ヨーロッパの地形、西暦、巻七は黎庶昌じしんによる欧洲遊歴の記録、巻八は黎庶昌の書翰と清露境界の地誌、と整理できる。これらは、交渉、交際、洋務、外国事情の調査という、まさしく在外公館の任務と対応しており、また在外公館の全般的な機能・任務を体系的に示したいがゆえに、黎庶昌は在外公館のそれまでの活動記録である諸文書（日記や書翰など）と自身の見聞をあわせて分類・整理したのである。[30] この『西洋雑志』は、創設されたばかりの清朝在外公館の機能・任務を集約した、在外公館員向けの体系的なガイドブックだったのである。

また、巻七・巻八からは、黎庶昌が在外公館員の任務として遊歴を重視していたことが分かる。とくにかれが欧洲に駐在していた時期にはロシアとの間でイリ問題が緊迫化したこともあり、巻八には清露境界地帯への遊歴官派遣を求める曾紀澤あての書翰[31]や、西洋で収集した英・仏人の当該地域への遊歴記をまとめた文書[32]を収録している。対外的危機が高まるなか、在外公館に求められる調査の範囲も内容も変化している。それが黎庶昌の認識だった。

以上のように、『西洋雑志』は在外公館の機能・役割を体系化した、在外公館員向けのガイドブックというべき書であった。ただし、この書は黎庶昌の生前に刊行されることはなかった。ここに、清末当時の在外公館をとりまく状況が窺われる。

しかし、同じく在外公館員によって編纂された在外公館員向けのガイドブックでありながら、一八八〇年代半ばに公刊された「随員日記」がある。蔡鈞が編纂した『出洋瑣記』と『出使須知』である。

蔡鈞『出洋瑣記』『出使須知』

蔡鈞、字は和甫、第二代駐米公使の鄭藻如に随行して出洋し、光緒七年（一八八一）から十年まで駐スペイン公使館参賛を務めた。帰国後は総理衙門委員、上海道台などを経て、光緒二十七年から二十九年まで駐日公使を務めている。かれがスペインからの帰国後に編纂したのが『出洋瑣記』と『出使須知』で、いずれも光緒十一年に弢園王氏（王韜）によって刊行されている。[33]

『出洋瑣記』は完全な日記体をとるわけではないが、香港から日本・アメリカ・イギリス・フランスを経てマドリードに到着するまでの旅程と見聞（「海外郵程紀略」）、スペインの概況やマドリードでの見聞（「日都風俗紀略」「出使聯絡略述」「各國風俗略述」「日都小駐紀略」）、そして帰国時の日記（「自日旋華節略」）から成り、随行員としての出国から帰国までの海外赴任報告といってよい。さらにかれが帰国後、清仏戦争を背景に上奏した時務意見書を附録している（「奏疏條陳附録」）。

この『出洋瑣記』で注目すべきは「出使聯絡略述」で、在外公館における活動のなかでも駐在地の官民人士との日常的な交際を重視している。すなわち、出使したならば西洋の慣習に従って交際すべきであり、レセプションなどには必ず出席して情誼を厚くすべきとし、また西洋は議会制をとるので、議員たちとつながりを持つこと（「聯絡」）は外交交渉において清朝の利益となり、そのためには出洋は不可欠だとする。また、こうした交際のための特別経費を在外公館の費用のなかに確保すべきだとも主張している。[34] 蔡鈞は後年、上海道台として西洋的なダンスパーティを主催しているように、[35] こうした交際が西洋との外交には欠かせないと強く感じていたのである。

こうした「聯絡」の必要性とそのために公使以下の在外公館員に求められる能力・心得に関しては、附録の意見書のなかでもしばしば繰り返されている。そして、そうした自身の外交観を基に、在外公館員の職務や心得などを三十余りの項目にわたって整理した出使ガイドブックが『出使須知』である。なお、『出使須知』には南洋大臣の曾国荃と蔡鈞じしんの序文、王韜の跋文が添えられている。

しかし、この『出洋瑣記』『出使須知』は、刊行後すぐさま守旧派によって弾劾されることとなる。太僕寺少卿の延茂が、光緒十一年十一月二十六日に受理された上奏で、外国からの兵器購入に関し総理衙門委員であった蔡鈞を弾劾したが、そのさい、蔡鈞と西洋人との癒着を示す根拠として『出洋瑣記』を問題視したのである。すなわち、『出洋瑣記』の記述のなかに、蔡鈞がスペインを去る時、西洋人が蔡鈞と腰を抱き接吻し互いに涙を流して

（別れを惜しんだ）のは、まるで家族や父子のようだったとあることをとりあげ、なぜ西洋人とこれほど親密なのか、自分には理解できないと非難する。また、『出洋瑣記』が上奏文を附録して刊行していることも非難の対象となった。[36] この延茂の上奏により、総理衙門に蔡鈞への戒告と『出洋瑣記』『出使須知』の版木の焼却が命じられた。[37]

日常的な交際により西洋人と情誼を厚くすることは、蔡鈞にとって西洋との外交に欠かせないことであったが、守旧派からすればそれは洋人との癒着以外の何物でもなく、嫌悪の対象でしかなかった。洋務に対する風当たりがなおも厳しいなか、西洋人との親密な交際など多くの清朝知識人には考えられなかったにちがいない。後に『小方壺齋輿地叢鈔』が『出洋瑣記』と『出使須知』を収録したさいに「出使聯絡略述」が除かれていたのは、こうした風潮を反映したものであろう。

だが、対外的危機の高まりを受け、一八八〇年代、とくに清仏戦争の後になると、洋務に対する知識人の態度にも変化が生じ、それとともに出使に対する態度や「随員日記」のあり方にも変化が見られるようになる。

三　清仏戦争後の変化——知識人の遊歴と在外公館

清仏戦争を契機に、知識人の間で洋務の重要性に対する認識が広まり、海外事情への関心も高まった。光緒十三年（一八八七）の『小方壺齋輿地叢鈔』の刊行はそうした情勢を反映したものである。また、同じ年に清朝は中央官庁に所属する中下級官僚十二名を海外視察に派遣している。いわゆる遊歴官の派遣である。[38]「畏途（つらい役目）」として伝統的な知識人には忌避され、科挙の資格を有しない、あるいはいわゆる「雑途」の実務家たちに委ねられてきた海外への赴任も、科挙によって採用された「正途」の出身で、中央政府在任の官員が海外事情を知り、洋務を研究する手段として注目されるようになったのである。[39] そして、こうした知識人の態度の変化は、「随員日記」の変化にもみてとれる。その典型例が王詠霓の『道西齋日記』（別名『歸國日記』）である。

王詠霓（一八三八〜一九一五）、字は子裳、浙江黄巖県の人、光緒六年（一八八〇）の進士で、一八八四年に許景澄に随行して渡欧した。一八八七年にドイツから帰国するさい、一八八五年に総理衙門が在外公館員による遊歴を認める上奏を行っていたのを利用し、イギリス・アメリカ・日本を視察して帰国した。[40] その時の「遊歴記」が『道西齋日記』である。これまで見てきた「随員日記」は、その著者（張徳彝・銭徳培・蔡鈞）が科挙の資格を有しないのに対し、王詠霓は進士であり、この点でも一八八七年当時の状況を反映していよう。

陳明遠による同書への序は、[41]『道西齋日記』のような「遊歴記」が世に問われる理由を端的に示している。

歳壬辰（一八九二年）に居を海上《シャンハイ》に移し、牘もて禮し門を杜ぐ、適《たま》たま吾が郷の王先生子裳（王詠霓）皖《あんき》より來り、相ひ見えて道故す、箸《あらは》す所の『道西齋日記』を出して明遠《わたし》に示し、序文を索《もと》めたれば、受けて之を讀む……禁《おぼ》えず慨然として曰く「方今は中外一家、地球を環りて游び外邦の事を談ずる者人を尠《すくな》くせず。其の庸猥汚下の輩、略や一語言・一技藝の末に通ぜば、自ら洋務に託し、以て其の能を炫《てら》ふ者は、論ずる無し矣。其の一、二の才智有るの士、半都《たいはん》は舊聞を摭拾し、翻譯して書を成し、歸國して著作を誇り、名を盜み人を欺く、實に用に當たる無き者之有り。是に反して守舊の者有り、則ち又た外事を詆斥し、以て正を守りて撓まずと為す、而るに中外交渉の故に於いては、漠として意を措かず、即《たと》ひ問ふに一名一物の微を以てするも、亦た茫乎として其れ對《こた》ふ可き莫《な》く、適《かへ》つて外人の笑を招くのみ。於戲《ああ》。斯《かく》の若《ごと》き三者、烏《いづ》くんぞ稱するに足らんや」と。先生は吾が浙の名宿たりて、文章・經濟の素より蓄ふ者宏し。伯靈《ベルリン》より歸りたるに、查《ふね》は英《イギリス》・美《アメリカ》・日本の諸國を經たれば、其の風土・人情・政事の得失、筆《かき》て之を誌《しる》さざる靡《な》し、と許れり。……

清朝の在外公館が創設されてから十年以上がたち、随行員の出使記録をはじめ、海外事情を書き記した著作は、それなりに蓄積されていた。だが陳明遠にいわせれば、その書き手、すなわち従前の洋務の担い手や在外公館員は、

「語言《がいこくご》」や「技藝《ぎじゅつ》」を身につけただけでいばるような庸劣下賤な実務家か、多少は才知があっても、その記録は旧聞を翻訳してまとめたにすぎず、ものの役に立っていない。反面、対外交渉の重要性も実務も分からぬ守旧派もいて、物笑いになっている。そうした情況のなか、『道西齋日記』は、進士出身で「文章」「經濟」の素養ある知識人が、海外事情を実地に調査した記録であり、そうした知識人の記したものだからこそ、単なる旧聞の翻訳などとは異なって、自身の確かな視点に基づき、海外事情の本質を捉え、伝えることができるのだということであろう。

確かに『四述奇』などそれまでの出洋報告が現地の資料の翻訳に多くを依っていたことは否定できない。むしろ『四述奇』はそうした資料の提供を目指したものでさえあった。だが、知識人一般の洋務や海外事情への関心が高まるなか、これまでの出使日記に代わる海外調査報告として、知識人自ら実地に調査した「遊歴記」が必要だと考えられるようになったのである。

先述した一八八七年の遊歴官派遣のほかにも、この時期には駐独公使の洪鈞が翰林院庶吉士の在外公館での海外研修を提起したり、総理衙門や海軍衙門の章京の在外公館への派遣が議論されたりしており、実務家に委ねられてきた洋務を「正途」・中央の官僚らエリート知識人の責務と捉え、そうした知識人の「遊歴」の手段として在外公館が注目されていた。(42)

たとえば、一八九四年に駐英公使の龔照瑗が欧洲に赴任したさいには、三等參贊として海軍衙門章京の彥愷と鳳淩が随行していたが、かれらは海軍衙門から派遣された「遊歷官」であった。(43) これは一八八七年の遊歴官派遣が在外公館の人事とは別に実施されたのとは対照的である。また、龔照瑗の随行員のなかには進士出身で翰林院編修の宋育仁が含まれるが、かれは一八九五年には帰国し、『泰西各國采風記』を奉呈している。(44) 宋育仁は海外赴任の直前に翁同龢を訪れ、自身の著した『時務論』数万言を見せたといい、(45) かれの海外赴任も制度改革のための海外事情調査を目的とするものであった。

しかし、在外公館は「遊歴」が十分な成果を上げるに必要な機能を有していないとの批判が、同じく龔照瑗に随行した陳春瀛によってなされていた。

陳春瀛、字は幼海、榯廬、福建長楽県の人、光緒十五年（一八八九）の進士。龔照瑗に随行して渡欧するも、清英の「滇緬界務商務條約」の批准書を本国に持ち帰るため、一八九四年九月にロンドンを発って帰国した。陳春瀛がこの帰国の道中に記したのが『回颿日記』である。

その自序に述べるとおり、「貿易が盛んになり、交渉が頻繁となったため、中朝は使節を派遣して出洋・駐在させるようになった。そこで使命を受けて赴任するものも、使節に随行して奔走するものも、規定として日記をつけたので、道程や見聞、海外事情は（これまでの出使日記に）すでに詳しく述べられている」として、往路には日記をつけていなかったかれが、帰路に日記を記し、それを帰国後上梓した背景には、日清戦争の勃発と清軍の大敗という当時の情勢があり、[46] よってその内容は時務論が中心となっている。英露対立や海外華人への対応に関し、陳春瀛の意見は薛福成のものに近いが、その主張の中心は、中国と西洋の社会の相違を前提に、今の清朝で「變法」を行うにはまず「變習」を行うべきというにあった。これまで三十余年にわたる洋務において「變法（制度改革）」が行われなかったとはいえないが、それが成果を上げなかった原因は清朝の官僚社会における悪習にあるとし、「變習」のための官制と俸禄の改革が「變法」に先んじて行われるべきとする。[47] また、議会と銀行を西洋の富強の主たる要因とみなすが、これらの制度を中国に導入にするにはまず教育の普及など、やはり中国社会の変革が先であるとする。[48]

『回颿日記』は以上のような時務論を帰路に見聞した海外事情と照らし合わせながら展開したものであるが、香港に到着する前日の日記（すなわちこの書のほぼ最後）に、出使の利弊を論じる文を添えている。そこではまず、出洋によって大いに見聞が広がると期待されたが、清朝在外公館の現状は、任地で見学に行きたくとも経費的にも権限的にも言語的にも制約を受け、在外公館員らは終日集まって、ふざけ合うか、のんきに昼寝の夢心地にいるかに過ぎない、と述べる。そして、在外公館の問題点として次の三点を指摘する。

第一は、公使館であるため、大使館に比べ外交上の権限が限られるという体制の上の問題。第二は、在外公館の人事がコネによって行われ、私的集団と化していることの弊害。第三は、在外公館の経費削減により、在外公館員の俸給が減らされたため、有為の人材がこのポストを忌避する恐れがあるという経費面での問題である。これに対し、政府は経費を惜しまず大使館への格上げを実施するとともに、在外公館員のポストを削減して個々の俸給を十分な額にすることを提案する。そして最後に、出使の官途は西洋の制度にならって専任とすべきだとの結論を述べる。具体的には、出洋の意志のある者を総理衙門に報告して引見のうえ候補者として記録し、新任公使の派遣のさいにそのリストから随行員を選ぶこととし、有能な者は西洋の制度にならって在外公館で累進させる、というもので、これが「弊源を取り去る一番の方法だ」とする[49]。

日清戦争の敗北という現実を背景とするゆえ、『回颿日記』は海外事情を伝えるだけではなく、洋務＝変法自強のあり方を改めて論じるために記され刊行された。このような「随員日記」の最後にあたる部分に在外公館の制度改革が論じられたのは、「既に武守無く、時に責言有り（防衛力を欠く上に外国からの圧迫を受けている）」という情勢のもと、外交とこれを司る在外公館の役割が重要性を増したからにほかならない[50]。海外事情の調査・洋務の研究という場として知識人に注目された在外公館だが、日清戦争の敗北と清朝をめぐる国際情勢の緊迫を受け、その外政機関としての機能・役割があらためて重視されることとなったのである。だが、当時の清朝在外公館は、総論でも述べたとおり、恒久的・専門的な制度上の位置づけにはなく、人事も公使に一任されており、コネ人事の私的集団と言わざるを得ない状況であった。陳春瀛の指摘は、まさにそれを裏打ちするものである。ただ、そうした在外公館において、現場の実際的対応のなかで、次第に専門的な外交人材が養成されつつあったのも事実であった[51]。

四　外交報告としての「随員日記」

義和団事変を経て、総理衙門は外務部に改組された。それは臨時的・暫定的な機関から、中央官庁の第一に置かれる専門の外政機構への制度的変化であった。[52]その一方で、在外公館の人事は依然として公使に委ねられており、制度面においてその位置づけに変化は見られなかった。[53]だが、制度面はともかく、在外公館は実際において専門的な外政機構へと変化を遂げつつあったのであり、呉宗濂の『随軺筆記』はそうした在外公館の変化を示すものである。

呉宗濂（一八五五〜？）、字は把青、江蘇嘉定県の人、上海広方言館と京師同文館でフランス語を学び、一八八五年に通訳見習いとして駐英公使館に派遣され、劉瑞芬・薛福成・龔照瑗の歴代公使のもとで仏文通訳を務め、一八九七年に帰国。一九〇二年に駐仏公使館の二等參贊として渡欧、後に駐イタリア公使となっている。[54]同文館出身の通訳官として在外公館に赴任し、長期の海外勤務経験を有し、公使にまで累進した専門外交官という点で、張徳彝とよく似た経歴を有する。だが同じ通訳官の「随員日記」でありながら、呉宗濂の『随軺筆記』は、張徳彝の『四述奇』とは内容も性質も大きく異なるものとなっていた。この違いに在外公館の変化が、ひいてはその情報を受け取る清末中国社会の変化が端的に示されている。

『随軺筆記』は光緒二十八年（一九〇二）正月の刊行だが、その内容は龔照瑗が公使であった、一八九四年から九七年までの在外公館の活動記録で、巻一「記程」、巻二「記事」、巻三「記聞」、巻四「記游」の四巻から構成される。各巻には「例言（凡例）」が添えられており、その内容や編集方針が示されている。

巻一「記程」は、新たに駐英・法《フランス》・義《イタリア》・比《ベルギー》公使に任じられた龔照瑗を迎えるため帰国した呉宗濂が、龔照瑗に随行して再度出洋したさいの日記で、光緒二十年三月の上海出発から同年五月初めにフランス政府に信任状を捧呈するまでを記す。日記の冒頭に、龔照瑗から道中の見聞を編集し提出するよう命じられたことが記されており[55]、この点は従来の随行員の日記・記録が出使日記の資料として公使に提出されていた慣行を踏襲している。

ただ興味深いのは、「例言」で、西洋人は通商と伝教によって海外植民地の拡大を図っており、海外の港湾都市を訪れるたびに、その物産や産業まで調査報告し、当局者もその報告を多いに参考にしているのだ[56]、と西洋人がこうした旅行記を記す理由とその対外政策上の意義がわざわざ述べられていることで、呉宗濂がこの「記程」のどこに注目して読んでほしいと思っていたのかが窺われる。

巻二「記事」は、龔照瑗公使時期の英仏との交渉記録で、主として外交交渉の記録と兵器購入など洋務関係の交渉の記録から成る。

龔照瑗公使時期には、英仏との重要な外交交渉として雲南隣接地域の境界・通商問題があり、電信や「照會」、条約などの外交史料から、両国との交渉経緯が示されている。このような外交交渉の詳細に関する外交文書は、従来の出使日記にはあまり多くなく、『四述奇』では「あえて言及しない」としたものである。だが、駐在国との外交交渉は在外公館の主要任務であり、外政機関としての在外公館の活動報告には欠かせない内容である。また、『金軺籌筆』や薛福成の『滇緬劃界圖説』『出使公牘』など、在外公館における外交交渉の記録の編纂がそれまでにもなかったわけではなく、呉宗濂が薛福成の通訳官であったことを考えても、こうした流れを踏襲したものといえよう。

また、呉宗濂はこの「記事」を編集するにあたり、自身が関わった文書だけではなく、他の在外公使員が翻訳した文書なども含め、在外公館の文書全体を整理して提示している。これにより、龔照瑗公使のもとにおける在外公館の外交活動全般を知ることができる。

巻三「記聞」は、在外公館における情報収集の成果を集めたものである。その内容は、清朝本国から公使のもとに通知された大官らの上奏や西洋の現行制度・規定など「わが国の政策・民生の助けとなる」制度に関するもの、西洋諸国の陸海軍の軍事行政や兵器技術の情報、さらに日清戦争期の外国新聞の論調や西洋諸国の政策・動向、などである。[57] 情報収集もまた在外公館の重要任務であり、この意味でも在外公館の活動成果を提示しているのがこの「記聞」である。

巻四「記游」は、海軍衙門から派遣された遊歴官のために作成した軍事施設・工場の視察報告書であり、前半はフランス、後半はベルギー・イタリアを視察したもので、それぞれ上海時務報館と杭州経世報館からすでに刊行したものである。[58] また、ロシアのニコライ二世の戴冠式に出席する李鴻章に随行してロシアに赴いたさいの記録と、その帰途にドイツのフルカンを視察した記録も添付している。先述したように龔照瑗公使のもとには海軍衙門章京の遊歴官が三等参賛として随行しており、呉宗濂は通訳官としてかれらの視察に同行し、その報告書を代作したのである。李鴻章使節団への随行も含め、この巻は本国から派遣される使者・視察員に対応した出張記録となっている。

以上が呉宗濂の『随軺筆記』の内容であり、この書は本来的には龔照瑗公使の管轄下の在外公館における活動報告である。だが、この書の構成・内容は、出使日記の歴史とそこに反映される在外公館の変化を示していよう。

日記体の「記程」は初期の出使日記の典型であり、公使が通訳官に報告を命じた記録という点でも創設以来の在外公館と出使日記のあり方を踏襲している。だが、「記事」のように外交交渉の詳細に関わる外交文書は、初期の出使日記や「随員日記」には見られなかったもので、これは薛福成の周辺を中心に在外公館のなかで起こった変化を反映している。[59] 在外公館での情報収集の成果を示す「記聞」でも、海外事情や洋務の調査・研究というだけでなく、日清戦争に関する外国新聞の翻訳や西洋諸国の政策動向の調査をあえて収録しているように、外政機関の報告書としての性格を強めている。また「記游」は、遊歴官の調査と在外公館の関係を具体的に示すものである。一八八〇年代後半以降、洋務をめぐる議論のなかで、在外公館の現状やその役割も議論されたことは前節で見たとおりである。その調査能力はしばしば批判を受けていたが、在外公館が遊歴官の視察調査を助けて代わりに作成した報告書を、日清戦争後のいわゆる変法期に、時務報館や経世報館から刊行しているのは、本国社会の求める外国情報を提供すると同時に、在外公館が求められている役割を果たしていることのアピールでもあろう。

『随軺筆記』に含まれる個々の要素――出使時の道中の見聞、洋務の調査、「國書」や「照會」などの外交文書、外国新聞からの取材――は、従来の出使日記にも見られたものではある。だが、『随軺筆記』の「例言」を読めば明らかなように、この「随員日記」は、在外公館の諸機能を意識してそれらの資料を分類整理し、在外公館の外交活動の体系的な紹介として編集されており、とくに外政機関としての在外公館の役割や存在意義が明確に示されている。海外事情の調査・紹介を主とする「風土記」や「遊歴記」とは異なる、まさに「外交報告」が在外公館員によって編纂され、刊行されたのである。

そして、この「外交報告」が光緒二十八年（一九〇二）正月に刊行されたことも重要である。「記程例言」によれば、龔照瑗公使期（一八九四～九七年）の記録をこの時期にあらためて編集したのは、上官の命によるという[60]。龔照瑗公使期といえば、日清戦争により東アジアの国際情勢も清朝の外交的立場も大きく変化した時期にあたる。義和団事変を経て外務部が設立された直後に、そうした重大な変革期の外交記録が、中国最初の専門外交官の一人となる呉宗濂によって編纂されたことは、清朝の対外的な体制が新しい段階に入ったことを物語っていよう。

むすび

本章では、清末に刊行された随員の出使日記およびそれに関連する著書を「随員日記」としてひとまとめにし、この「随員日記」の性格の変化を追うことで、在外公館のあり方とその変化を確認した。本章の最初と最後にとりあげた張徳彝の『四述奇』と呉宗濂の『随軺筆記』は、奇しくも同じ同文館出身の通訳官の手になるものであるが、両書は内容も編集方針も大きく異なっていた。そしてそうした違いは、通訳官がその職能上、在外公館の調査活動の中心となる存在であることからしても、在外公館のあるべき活動報告に対する認識の違いを表すものに他ならず、それはつまり在外公館のあり方・役割が変化したことを示している。

設立当初の在外公館の主要な役割は、中国の外にある西洋社会の観察であり、海外事情の報告であった。それは当時の清朝の対外姿勢を反映したものである。だが、一八八〇年代に入ると、対外的な危機が継起するなか、洋務のあり方をめぐる議論に伴い、在外公館の内外でそのあるべき機能・役割も論じられた。この時期の「随員日記」の内容もそうした状況を反映したものであったことは、先に見てきたとおりである。当時の議論においては、在外公館を洋務＝変法自強のための西洋研究の場とみなす認識が依然として強かったが、とくに在外公館においては、外政機関としての在外公館の役割が強調されるようになり、それは日清戦争の敗北と義和団事変の危機を経て決定的となった。義和団事変を直接のきっかけとして、臨時的な機関であった総理衙門が、恒久的な外政機関としての外務部に改組されたまさにその時期に、呉宗濂の『随軺筆記』が世に出たのは、決して偶然ではない。「随員日記」を含め、出使日記が在外公館のあり方を、そしてその背景にある清朝の体制を反映するものである以上、新しい体制に応じた在外公館の活動報告がなされることとなったのである。

補論4　ミセラーネ、あるいは出使日記の運命

岡本隆司

はじめに——「出使日記」と節略《ダイジェスト》

著述を歴史的に調べてみるというのは、しばしばとても難しい。いまなら、刊行に関わるデータは、容易にとりそろえることが可能である。版本は明記されているし、発行部数の追跡もたやすい。したがって、いかほど世に受け入れられたかも想定できる。しかし昔の、しかも中国の書籍は、そうはいかない。

本書でとりあげてきた、公使たちの「出使日記」は、その最たるものである。公刊にいたった日記、ましてやそのうち現存するものは、ごくわずかなので、それをみただけでは、「出使日記」がどれほど流布し、どんな影響力をもったか、を把握することはできない。

ただ随所に述べてきたとおり、同じ著者・同じ題名の日記でも、異本・ヴァリエーションが存在する。それらを跡づけていけば、もとより完全は望めないにしても、ある程度の情況をうかがうことも不可能ではあるまい。

「出使日記」はもとの日記を添削して作っていた。オリジナルの日記それ自体が、すでに記録者の目と頭と筆で、

事象を選別しているわけだが、重ねてその記録・文章を精選改訂し、伝えたいものを強調し、不要なものを棄てた著述だということになる。また読み手の側が編纂・刊行の過程で、さらに有用無用を判断して添削する場合も考えられよう。

出使日記はその性格から、多かれ少なかれ以上のような過程を経ざるをえない著述なのであって、だとすれば、ダイジェストという現象は、出使日記というものに免れない、本来的な属性であるともいえる。そこから日付がとびとびになる、あるいはすっかりなくなってしまうのも避けられない。

そもそも逐日ではないダイジェストという形態は、「出使日記」公刊の画期をなした薛福成『出使英法義比四國日記』がすでにそうである。しかしこの著述は、記事の分量が多く、密度も濃く、省略してある日付も少ないので、日付の脱落はそう目立たない。

それに対し、節略したのがあからさまにわかる「出使日記」もある。ここまで紹介していないものの大多数が含まれるといってよい。大部でないことも共通する。ここでは、実際の形態はさまざまな、そうした類をいくつかとりあげ、初歩的基礎的な考察を加えたい。「出使日記」の性格や位置づけ、ひいてはそれが消滅するゆえんをさぐる手がかりにもなるだろう。

一　「出使日記」と叢書

『英軺私記』

まずとりあげるのは、初期の「出使日記」、『英軺私記』である。この日記はすでに第2章で詳論したものだが、そこでも述べたとおり、異本が存在する。第2章では便宜的に、一貫して『英軺私記』という書名で論じたけれども、底本にしたのは、『小方壺齋輿地叢鈔』所収の『英軺日記』なるタイトルの日記体テキストをもとにした版本であった。これを『輿地叢鈔』本と略称しよう。

ところがこの書には別に、まごうことなく「英軺私記」と題するテキストもある。いささかややこしいが、ここでとりあげる『英軺私記』は、光緒二十一年（一八九五）に湖南省長沙で刊行され、いまは『靈鶼閣叢書』に収める版本であり、これを『叢書』本と呼ぶ。この叢書は総論でもみたとおり、江標が編集したものである。

この版本は封面に「乙未三月、江氏正本を長沙に寫録す」という奥書があり、『輿地叢鈔』本とは体裁・分量がまったく異なる。日付を記さず、トピック別にタイトルをつけた文章二十三篇を配して編集したもので、全部で二十一葉（一葉二十三字×二十二行）ある。

では、内容は『輿地叢鈔』本とどうちがうのか、少しその具体的な出入をみてみよう。理解の便のため、第2章で引用したのと同じ文章をとりあげ、やはり同じく『輿地叢鈔』本のナンバリングを付しておく。

まずはイギリス議会の様子を記した26「開會堂情形」という一篇で、清末の士大夫がつとに議会制に関心を示した文章として著名なもの。『輿地叢鈔』本では光緒二年十二月二十五日条に繋けるそれを、『叢書』本は開巻劈頭に配置する。

その末尾の一節に、

……白き洋紙書を啓きて、琅琅と宣誦す、刻を逾へて、乃《やうや》く畢る。國主退く。大教士堪特伯里《カンタベリー》、余と立談せること數語にして、遂に出づ。(1)

という一文がある。これに対応する『輿地叢鈔』本の記述には、

……白き洋紙書を啓きて、琅琅と宣誦す、刻を逾へて、畢る。國主御座より降り、長媳と接吻して去る。(2)

とあって、傍線部がまったく異なっているのである。

そもそもこの「開會堂情形」の段は『輿地叢鈔』本のほうがかなり長いので、一見すると、『叢書』本は『輿地

叢鈔』本に取捨選択を施し，抄録したものにみえる。けれどもこのくだりから考えれば，その蓋然性はむしろ低い。この段は『西洋雜志』に引くテキストがむしろ近く[3]，系統の異なる別個の底本があったと考えるべきだろう。

確認のため，いまひとつやはり第2章で引用した，光緒三年五月二十日条93「英國地方官之制」の一節もみてみよう。これは『叢書』本が第四番目に配する文章にあたり，以下のようになっている。

此の制，漢の三老・明の里老と略ぼ同じ。然れども其の舉ぐる所の者は富民にして，之を舉ぐる者も亦た富民なり，官復た其の事に參預せず。惟ふに舉ぐる所の者富なり，故に貪黷の憂無し，惟ふに之を舉ぐる者富なり，故に賄囑の患無し。惟ふに官其の事に預らず，故に仰承俯注の難無し。民を以て民を治む，事，公議に歸す。獲ざること有らば，則ち紳耆の衆を合し以て之を圖る，當らざること有らば，則ち紳耆，諸を美爾に商して之を改む。是を用て，教に遺法無く，養に缺財無く，訟に冤民無く，貿易に欺偽無し。道路は清潔，橋梁は畢修，巡捕人役，其の職に勤めて敢へて惰せず。美爾の治むる能はざる所は，乃ち諸を家部に達し，制するに官法を以てす焉。官は紳力を助くるも，紳の肘を掣せず。

傍線部の一文が加わった以外は，すべて『輿地叢鈔』本と同文である[4]。わずかにこれだけの出入ながら，総括する趣旨の一文，しかもより長編なはずの『輿地叢鈔』本には存在しないセンテンスが加わっている以上，『叢書』本は『輿地叢鈔』本を単に縮約した版本だとはいえない。

だとすれば，『靈鶼閣叢書』が依拠した『英軺私記』の底本，つまり江標が「寫録」した「正本」とは，『小方壺齋輿地叢鈔』のそれとは別だった蓋然性が高い。というのも，『靈鶼閣叢書』は『英軺私記』の著者をはっきり劉錫鴻と記しながら，所収する各篇の内容は，第2章の考察に基づいていえば，『四述奇』から取材したところが多くを占め，劉錫鴻の個性というべき，その「伸中抑西」的な意見は，すべて抜いてあるからである。また各篇の排列も，時系列の『輿地叢鈔』本とは前後齟齬するところがある。

もっともその別テキストが，どんなものだったかはわからないし，さしあたって復原も不可能である。現存する当時の諸テキストから、若干をうかがっておくほかない。

そもそも通行の『輿地叢鈔』本は、第2章で述べたように日付を入れながらも、少なからずトピックごとに改段を施してあった。中国流にいえば、編年体・日記体の記述を紀事本末体に編集しなおすようなものであり、『輿地叢鈔』本は前者から後者になりかけの過渡的な形態だともいえる。そこに鑑みれば、『英軺私記』は当局者間の、いわゆる「回し読み」の段階(5)で、日記体とは異なるダイジェスト版ができ、使われていた可能性がある。

同じ時期、公になった英訳のテキストをみると、そのことがいっそうはっきりしよう。その内容は『輿地叢鈔』本の記述と同じで、また排列の順序も食い違いはない。けれどもまったく日付を記しておらず、トピック別に章を分かち、それぞれ「鉄道・鉱山など（Railways, Mines, &c.)」「日本人（The Japanese)」「ロンドン市街など（The London Street, &c.)」などと、タイトルを付した体裁になっている。もちろん英語圏の読者にとっても、このような紀事本末体のほうが、日記体よりはるかに読みやすかっただろう。

『輿地叢鈔』本の光緒二年十一月十七日（一八七七年一月一日）条14「始見火輪車」には、スエズで運河を実見した劉錫鴻が、はじめて鉄道に乗ったくだりがあり、汽車・鉄道のくわしいありさまを描写している。その冒頭部分、以下のような書き出しである（もとあった割注は省略）。

> 余の火輪車を見るや、諸《これ》を此《ここ》に始む。車制は前後四輪、上蓋の板屋は数間、機器《エンジン》は前に居る。屋高は約六尺、深廣は各《おのおの》の車の大小が如し。一車にて足らずんば、輒《すなは》ち数車を綴屬して行き、長さ百歩に亙るも、而れども行は滯らず。鐵路は寛きこと約そ四・五尺、兩旁墳起せること小埂が如くして以て輪を承く。程の慢なる者も、一時に亦た百餘里。故常《つね》に數晝夜にして萬里達すべし。技の奇巧、縮地を逾ゆ矣。然れども以て諸《これ》を中國に行はば、則ち嬴股肱の策・綏を執りて舟を操り輦を挽き、以て人貨を度載せる者、盡く其の業を廢さざる莫からん。……

英訳本はこれを訳して、次のようにいう。傍線部以外、すべて省略したわけである。

IV. Railways

But if railways were laid down in China, the large class engaged in the transport of men and goods— carters, boatmen, trackers, &c.— would find their occupation gone. ……[6]

傍線部の前で「地球が狭くなるほどの巧緻な技術だ」と讃歎しておきながら、「しかし中国には適用できない」とつづく文脈である。にもかかわらず、英文ではだしぬけに「しかし（But）」と始まっていて、どう逆接なのか、文脈がとりづらい。

こうしたところから、オリジナルの漢文テキストが日記体、あるいは『輿地叢鈔』本そのままであり、訳者がそこから任意のトピックを選りすぐってアレンジした、とは考えにくい。かりにそうだったなら、「しかし（然 But）」を冒頭に残すことは、作文技術からみてありえないからである。翻訳前の漢文原文の段階からすでに、『輿地叢鈔』本よりもコンパクトなトピック別に近づいた、紀事本末体的な構成になっていた、そこで不用意に「然」の字が残ってしまい、その漢文を忠実に英訳した、と考えるほうが自然である。[7]

つまり、『叢書』本と同様のダイジェスト版本は、一八八〇年以前にすでに存在していたことになる。その段階のものが実際に『叢書』本の底本になったかどうかはわからない。けれども日記体のオリジナルの記録を節略改編して閲覧の便に供する、という慣習があったことはたしかであろう。

英訳もふくめ、現存する『英軺私記』の各種テキストは、それがさまざまな形をとってあらわれたものなのであって、もちろん『叢書』本もそのひとつである。江標はそうした慣習をうけ、抱懐する自分なりの関心・目的から底本を選び、編集をほどこして出版したことになり、こうして『英軺私記』はおそらく劉錫鴻じしんが訴えようとしたこととは、まったくちがう印象を読者に与える本となった。劉錫鴻という人物の歴史的評価が定まりにくいのも、主著『英軺私記』のこうした残り方にその淵源があるのかもしれない。

『使徳日記』

以上が当時通例の慣習だったとすれば、ほかの出使日記でも同じ特徴がうかがえるはずである。そこで次に、やはり同じく『靈鶼閣叢書』に収める『使徳日記』をとりあげよう。

『英軺私記』の著者・劉錫鴻は、光緒四年四月、ベルリンに転出し、駐独公使を拝命したものの、一年たたずに解任された。後任に就いたのが、留学生の監督としてヨーロッパに滞在していた候選道台・李鳳苞で、その出使日記が『使徳日記』である。

李鳳苞（一八三四〜一八八七）、字は丹崖、江蘇省崇明県の人。江南製造総局など、いわゆる「洋務」をあつかう機関で西洋の技術・自然科学を研究し、李鴻章の高い評価を受けた人物で、渡欧したのも、その資質と経歴が買われてのことである。駐独公使も代理の期間まで含めると、六年の在任におよび、その間、北洋海軍の軍艦購入に尽力した。帰国後の一八八五年、それにまつわる汚職で弾劾を受けたのは有名である。明らかに当時の馬建忠[8]と同じく、李鴻章を標的とする政敵の攻撃だった。これを機に、官界を引退する。

そんな李鳳苞が著した『使徳日記』は、新版の『走向世界叢書』に入らなかった[9]こともあってか、ほかの「出使日記」と比べて、さほど著名な書物ではなく、あまり注目もされてこなかった。とはいえ、それが書物としての価値を決めるものではない。当時のドイツ事情をつぶさに説いたのみならず、清朝その他の国々との関係にも意を注いだ記録として、「史料価値」が高いとする評価が、けだし穏当なところだろう[10]。

『英軺私記』と同じく、『使徳日記』にも複数の版本があり、やはり二系統に分かれる。日記体とトピック別じてのものとである。異なるのは『使徳日記』の場合、コンパクトなトピック別のものが、先行する『小方壺齋輿地叢鈔』に収められ、『靈鶼閣叢書』に入っているのは日記体、『英軺私記』とはちょうど逆なのである。これもそれぞれ『輿地叢鈔』本・『叢書』本と呼ぼう。

『叢書』本は奥書に「江氏、足本を刻す」と記すとおり、その日記体の「足本」のほうが、李鳳苞の著したオリジナルに近い形態なのは、いうまでもあるまい。『叢書』本に収めるのは、光緒四年十月初二日（一八七八年一〇月二七日）から十二月二十九日（一八七九年一月二一日）まで、わずか三ヵ月足らずの期間だが、ところどころ脱落はありながらも、ほぼ逐日、記録がそなわっている。

それに対し、『輿地叢鈔』本は「日記」と題しながら、まったく日付を記さず、時系列の排列に関わらない、完全なトピック別の体裁になっている。『叢書』本のテキストが『輿地叢鈔』本のもとになっていたのは明らかで、両者対照すれば、それが容易に確認できる。

以下は『輿地叢鈔』本冒頭の一節、李鳳苞が代理公使に着任したさいの記事である。

> 光緒二年、苞《わたし》候選道を以て員弁を帯同し、各國に赴き文藝・兵法を學習す。四年、旨を奉じ、出使徳國《ドイツ》大臣を署理す。外部畢魯《ビューロー》見に約《まね》きたるに、劉京堂（劉錫鴻）とともに往く。……

以下、劉錫鴻とドイツ外相ビューロー（Bernhard E. von Bülow）、李鳳苞の会話と続く。卒読すると一続きの文のようだが、このうち「旨を奉じ、出使徳國大臣を署理す」は、『叢書』本の光緒四年十月初二日条に繫り、李鳳苞がなおロンドンにいるときの出来事である。「外部畢魯」以下は、かれがベルリンに着いて二日後・同年同月初十日（一八七八年一一月四日）条の記述を抄録したものにほかならない。

『輿地叢鈔』本は以下、ドイツ皇帝の謁見、外交官の等級と外交儀礼、現地の新聞事情など、まさしくトピックごとにまとまった叙述がつづく。その材料もほぼ『叢書』本の日記体の記述から採られている。

もちろん『輿地叢鈔』本が、『叢書』本にある題材を網羅的に採取、整理再編したわけではない。われわれの関心を引くのは、第2章でとりあげた井上馨のような、当時の日本人との交わりであり、『使徳日記』にもそれを載せる。『叢書』本の光緒四年十二月二十二日・二十六日・二十九日の各条には、駐独日本公使青木周蔵との会話がみえ、それぞれ「公法」「條約」、「地産」「西曆」、「高麗」「勤學」を語っている。ほかの日本人随員・留学生らとの会談にも説き及び、青木の妻がドイツ人であるとか、ドイツの「政教・風俗」に関する青木の深い知見や日本人学生の勤勉、造詣を称賛する記述もある。

たとえば、『叢書』本の十二月二十二日（一八七九年一月一四日）条をみよう。

> 日本使愛俄《あおき》基來たりて談及すらく、「交渉公法、當今の要務為り、而して東邊の條約、尚ほ商すべきの處多し。如《たと》へ教士に内地に入り傳教せしむるを准せども、而れども商人に屋を買ひ居住するを准さず。又た通商口岸にては洋人は應に在る所の國の管理に歸すべし、如《も》し刑罰同じからずと謂はば、亦た通商口にて應に用ぶべきの律を酌定すべし。阿《オルコック》（Sir Rutherford Alcock）公使中國に在りて議する所の通商口百里内にて釐を免ずるは、亦た妥ならざるに屬す。當時幸ひに未だ擧行せず」と。又た謂へらくは「明年六月十二日（一八七九年七月二三日）、徳君夫婦五十春金婚の慶なり。應に函もて中國に告げ、一の國書を頒たしむべし、或いは時に届《いた》らば電報を發して之を賀さしむべし」と。

内地雑居・治外法権・オルコック協定など、日本近代史にとっても興味深い記述だろう。しかし『輿地叢鈔』本はそうした記事を一律に削除、傍線部のみ以下のように書き換えた。

> 徳の皇と后、明年六月十二日は五十春金婚の慶為り。日本使愛俄《あおき》基告げて曰く「應に中國に通知し、一の國書を發さしむべし、或いは時に届らば電報を發して之を賀さしむべし」と。

これだけで一段のトピックが完結している。つまり日本公使との交際、あるいは条約改正、日清関係を述べるのではなく、あくまでドイツ事情紹介の一環にすぎない。『輿地叢鈔』本がこれしか載せないところに、その編者もしくは、その底本を作成した人々の意図・目的、あるいは意識・姿勢がかいまみえるだろう。

逆にいえば、『叢書』本を出した江標は、通行とは別の版本の『英軺私記』『使徳日記』を閲覧、入手したうえで、あえて『小方壺齋輿地叢鈔』とは逆の方向を行こうとしていたわけであり、そこにかれ自身の経歴・立場・方針をうかがうことができる。そしてその方向は、のちの版本にもひきつがれたから、時代全体の転換をも示すといって過言ではない。

二　「出使日記」と文集

『使西日記』

以上、ダイジェストされ叢書に収まることで、位置づけが変わった「出使日記」の事例をみてきた。もちろんこれは『英軺私記』『使徳日記』、『小方壺齋輿地叢鈔』『靈鶼閣叢書』の場合に限ったことではなく、ほかの著作・叢書についても、多かれ少なかれ同じことがいえるだろう。

しかしダイジェストの「出使日記」は、こうした類型ばかりにとどまらない。いまひとつ、個人の文集・別集に収められるタイプがあり、叢書収録型とは別の系統をなしている。ついで、こちらをとりあげよう。系統は別だといっても、これもやはり叢書収録型と同じ知的雰囲気の所産だとおぼしい。文集を編纂する側が、「出使日記」を文集に収めたほうがよい、多くの関係者の目にふれたほうがよい、とみなすようになってきたことを示すからである。

この文集収録型の嚆矢は、一八九〇年に歿した曾紀澤の『使西日記』である。光緒十九年（一八九三）、上海の江南製造総局で活版印刷されたこの「出使日記」は、上奏文・書翰・詩文とならんで、曾紀澤の文集である『曾恵敏公遺集』の一部をなす。

駐独公使李鳳苞もつとめたことがある江南製造総局は、李鴻章の設置にかかる兵器廠で、自然科学書の翻訳・出版も手がけた「洋務」の一大センターである。第3章註(3)に述べたとおり、当時の総辦が曾家の縁者だったことから、文集の出版にいたったものらしく、縁故関係が作用していたのは、おそらくまちがいない。それでも、ほかならぬ江南製造総局が『使西日記』を刊行した、という事実の意味は看過できないだろう。『使西日記』ひいては曾紀澤の『遺集』そのものが、西洋を知るための「洋務」の書という位置づけであり、かつまたそれに一定以上の需要をみこめた、と解せられるからである。

曾紀澤の「出使日記」としては、すでに総論・第3章でつぶさにみたとおり、『曾侯日記』が先行して出版されていた。したがって、後に出たこの『使西日記』を知るには、まずは『曾侯日記』との異同から確認しなくてはならない。

一見してすぐわかるのは、収録期間の長短である。曾紀澤本人のヨーロッパ在任中に、かれ自身のあずかりしらぬまま刊行された『曾侯日記』は、光緒四年九月初一日（一八七八年九月二六日）から翌年の三月二十六日（一八七九年四月一七日）まで、およそ半年あまりの期間を記す。それに対し、歿後に出た『使西日記』はその少し前、光緒四年七月二十七日（一八七八年八月二五日）の公使任命から始まっており、もちろん在外公使をつとめあげ、帰国復命するまでをカヴァーしている。

前者が九月初一日からはじまるのは、もともと報告用の日誌だったので、単にその区切りがよかったからにすぎない。それに対し『使西日記』の始まり方は、いかにも事後の編纂物らしく、「奉使」をきわだたせたものである。八月二十八日（九月二四日）条、赴任前の朝見で西太后と交わしたやりとりを収録したのは、見せ場作りとしてその最たるもの、この筆法はおそらく、張蔭桓の『三洲日記』にも踏襲された。

以下、両者つきあわせてゆくと、重なる日付はほぼ記述が同じで、『使西日記』が『曾侯日記』を下敷にしたことがわかる。もちろんすべてが重なるわけではなく、前者は日付がとんでいて、後者のように逐日の体裁にはなっていない。つまりはダイジェストしてあるわけである。

それでは、光緒五年三月二十七日以降、『曾侯日記』に収めない期間は、どうか。逐日の体裁になっていないこと自体、それ以前とかわらない。けれども日付の脱落がいっそう頻繁になり、記述の密度が前後で著しく異なっている。

これは総理衙門および関係当局に送っていた原本の日記の段階で、すでにそのような疎密があったのか、それとも『曾侯日記』に収めない期間は、編集出版する側が、重要とおぼしき記事以外に大ナタをふるったのか。そのあたりくわしく知るすべはない。

　またその採否の基準もはっきりしない。いま便宜的に原本の日記に近いものとして、『曾惠敏公手寫日記』の記述を材料として考えてみよう。光緒五年閏三月十二日（一八七九年五月二日）条に、以下のような一節がある。

　是の日、太姆士《タイムズ》新報、日本の琉球を呑據するの事を論じ、語に譏訕を含む。之を閲て憤懣す。[12]

『使西日記』は先行する文もふくめ、この日付の記事全体をオミットしている。引用した短文は、いうまでもなく日本の「琉球処分」に関する記述であって、日本側の言い分・主張を重点的に紹介しつつ、琉球・朝鮮をめぐる日中の対立を論評した『タイムズ』紙の記事[13]に不満を述べたものである。これは総論註(64)に引用した、光緒五年五月十四日条の趣旨と深い関連があるはずで、『使西日記』が削除して載せなかったのには、もちろんそれなりの理由があるのだろうが、少なくとも筆者に納得できる根拠は思いつかない。

　逆に『手寫日記』にない記述が『使西日記』にある場合もある。光緒五年十月十二日（一八七九年一一月二五日）条に、

　フランス公使館は郭筠丈（郭嵩燾）が、その賃貸契約いっさいを馬眉叔（馬建忠）に任せたものである。ところが眉叔は倨傲きわまりなく、西洋人に対して無礼で、これをうらむ人は多い。当の利格夫人も馬建忠に話がおよぶと、眉をつりあげ歯がみし、憤懣やるかたない様子。パリでは議員をはじめ、下は男女の藝人にいたるまで、やはりかれを深く恨む者がいる。[14]

という記述があるが、この文そのものが『手寫日記』にはなく、その同日条の欄外に「接另紙」と記す。つまりこれは、もともと別紙に控えてあった記事であり、「出使日記」を編纂するさいに、取捨する資料となったものだろう[15]。曾紀澤じしんとしては、部下で通訳官の馬建忠に対する評言を書き込んだものだが、これを『使西日記』があえて採録し印刷に付したねらいははかりかねる。関係者の利害が作用しているのだろうか。

このように、『使西日記』のダイジェストぶりには、わからないことが多い。その意味では、扱いにくい史料であると同時に、まだまだ研究の余地を残す素材でもある。

ひとつはっきりしていることは、『使西日記』の出版が、『出使英法義比四國日記』と時を同じくしていた事実である。後者はすでに述べたとおり、著者の薛福成みずから積極的にとりくんだものだったのに対し、『使西日記』は事情が同じではない。別人のはからいによるものである。世上は「出使日記」の自発的な出版のみならず、文集への収録をも奇としなくなっていた。郭嵩燾の『使西紀程』が騒動をひきおこし、版木を毀たれてから十五年。時代は確かに変わったのである。

『西軺紀略』

そうした時代の転換は、薛福成・曾紀澤ばかりではつくせない。二人は清朝内での地位はともかく、外からみれば、大いに活躍した当代随一の華人外交官だった。いわば大物・別格なので標準とはしがたい。いまひとつ事例がほしいところである。

イギリスに常駐した、この二人の在任は連続していない。間にもう一人いる。劉瑞芬である。

劉瑞芬（一八二七〜一八九二）、字は芝田、安徽省貴池県の人、おそらく同郷のつてで李鴻章の幕府に入り、主として「洋務」畑で業績をあげ、上海の租界・海関を管轄する上海道台となった。最大の港・上海に限らず、開港場とその海関も所轄する道台は、この当時「海関道」と称され、外国人の相手をせねばならなかったので、「洋務」通でなくてはつとまらなかったポストである。またつとめ上げれば、出使大臣に任じられる昇進ルートもできあがりつつあった。煙台・蕪湖の道台だった張蔭桓や寧波の道台だった薛福成もその好例、当時還暦に近かった劉瑞芬は、いっそう典型的である。

上海道台から駐英公使に転出、ロンドンに着任した一八八六年五月六日から、九〇年四月二二日まで、在任は四年におよび、その間半年足らず、駐露公使も兼任している。いわゆるグレート・ゲームが高まりをみせていたこの時期、英露に駐在した公使であれば、さぞ活躍の機会もあったはずで、第6章でみたとおり、イギリスに駐在した薛福成などは、それを十分に生かしていた。劉瑞芬にはしかし、目立った事蹟はない。著名な前任者と後任者に挟まれて、あたかも谷間のよう、いたって地味な存在である。むしろ蔵書家としてのほうが有名だろうか。ことによると、本人の故意にして巧みな韜晦だったのかもしれない。

同時期のアメリカには、張蔭桓が公使として駐在していた。怜悧なかれが当時も以後も、華々しい活躍をみせ、「変法」に深く関わったあげく、流罪に処せられ、非業の死を遂げるのと比べると、劉瑞芬の希薄な存在感は、光と影のようなコントラストに映る。

これは外国駐在から帰国して以後の活動・業績にもよっていた。十歳年少の張蔭桓は、北京で総理衙門大臣となって、中央の政局と列強との交渉に深く関わったのに対し、劉瑞芬は広東巡撫に就任、わずか二年後の一八九二年に任地で歿する。これだけでも、知名度に大きな差が出て、おかしくはない。

そしておそらく、それにいっそう拍車をかけたのは、両者の「出使日記」である。一八九六年刊行の張蔭桓『三洲日記』は、第5章でみたとおり、当時の政治情勢を意識して出した浩瀚、詳密な日記だった。変法派はじめ、おびただしい人士が読んだにちがいない。

劉瑞芬にも「出使日記」がある。駐英公使任命から帰国まで、光緒十二年二月十五日（一八八六年三月二〇日）から十六年四月二十一日（一八九〇年六月八日）の期間をつづった『西軺紀略』である。一八九六年に刊行されたのも、在任期間をまるごとふくむのも、『三洲日記』と同じ。にもかかわらず、『西軺紀略』がここで論じるタイプの「出使日記」、つまり文集の一部にすぎないため、影響力はまるで異なっている。

劉瑞芬の文集は『養雲山荘遺稿』といい、通例の文集と変わらず、子孫・縁者が編集して出したものである。その目的も故人の顕彰という慣例どおりのものだろう。だから注目すべきは、そんな文集に『西軺紀略』という「出使日記」が入っている事実であり、それで顕彰になった、という当時の通念である。そうした点、『曾恵敏公遺集』の『使西日記』という前例を踏襲していたにちがいない。

『西軺紀略』は一巻・六十四葉・二万六千字ほどのコンパクトな著述で、これも八巻二十七万字もの浩瀚な『三洲日記』と対蹠的なところ。卒読すると、とりつく島もない印象だが、それでも当時の欧洲事情と劉瑞芬の交渉活動、およびその意義がたどれるように、編集に工夫が凝らしてある。序文の一部、その大意をみておこう。

古くは、外国に出て使節に任じるのは、国交を固め、外国事情に通じるためであった。……この書に選び残したのは、風土名勝と宴会儀礼が半ばをしめる。見聞をひろめ、交誼を明らかにしたものであって、これがいわゆる国交の固めにあたる。外国事情に通じるについても、いささか言及しており、勉学して任官をめざす人士にも、参考になる記述があるはずで、人材育成の一助にもなろう。わたし自身の事蹟は、幸い失敗は少なかったが、もとより大したものではない。たくさんあった記述のうち、無意味なものは削って、息子の世璋に浄書させ、「西軺紀略」と題した。

特徴的なのは、日記部分とは別に、末尾の十葉ほどを「雑記」と題して、ヨーロッパの文物制度を述べる部分を設けたことである。第8章の考察からすれば、これは随行員の集めた調査メモを載せたものである蓋然性が高い。度量衡・為替レートから、リヴィングストン（David Livingstone）の冒険やパナマ運河開通といった時事、そして国際政治にまで及んでいる。たとえば、

西洋の大國、人の土地を謀るに、毎に設計すらく、管する所の省を以て、其をして變じて屬國と為さしめ、再び定めて變じて自主の國と為し、しかる後に釁を尋ねて占奪す。其の陰謀詭計、亦た險なり矣哉。

と、おそらくオスマン帝国・バルカンの「東方問題」を念頭においてであろう、西洋帝国主義の侵略方法を述べたうえで、

英外部云へらく「現ま中國に一極大好處を予《あた》ふ、因りて西藏《チベット》を認めて屬國と為す」と。從前并びに西藏を以て

> 中國の屬地と為さず、更に認めて中國の内地と為さざるなり。

その原理が清朝・チベットにもふりかかってくる可能性を示唆した。また、

> 土耳其《トルコ》所屬の埃及《エジプト》・法國《フランス》所屬の丟尼《チュニス》・英所屬の中印度。其の王在りて其の政存し、其の國未だ滅びざるに、既に保護統屬に歸さば、即ちに使臣を專派するを准さず。

とあり、清朝「所屬」の朝鮮が全權公使を欧米に派遣したことでこじれていた清韓関係[16]を寓した叙述である。当時の清朝当局者が自他の国際関係をいかにみていたか、をよくあらわす。以後の中国外交に結びついてくる論点があるのも、いうまでもあるまい。その意味で、地味な劉瑞芬と『西軺紀略』はもっと検討されてしかるべき題材だといえよう[17]。

むすびにかえて——出使日記の消滅

一八九〇年代は総論でもみたとおり、「出使日記」の出版が急増した時期である。それは出使日記がいわば市民権を獲得するプロセスであると同時に、既刊未刊のダイジェスト版が増殖し、さらにまた、それが叢書・文集の一部をなしてゆく過程でもあった。ごくわずかな事例にすぎないものの、ここではそのいわば典型的な一面を紹介したつもりである。

ほかにも言及すべきものはある。収録した叢書の数の多さでいえば、第1章でみた郭嵩燾『使西紀程』の右にでるものはあるまい。その多くは『使西紀程』全編を収めるが、その一部を抜粋、ダイジェストしたものもある。また縁者・関係者がダイジェストして編纂し、文集へ収録した、というケースでいえば、第6章でつぶさに考察した薛福成の『出使日記續刻』も、その一例に数えてよいだろう。

ダイジェストされる、叢書・文集に収められる、ということは、一個の著述としての独立性を失ってゆく過程だといってもよい。啓蒙にせよ、顕彰にせよ、多かれ少なかれ作者が著した本来の意図とは異なる、一定の目的があったからである。『英軺私記』など、その典型であった。それは「出使日記」の独自性の喪失でもある。

独立性・独自性を失った「出使日記」は、もはや特殊な著述ではない。そして、中国が「瓜分」の危機に遭い、外交の観念も定着してくるなか、「出使」という経歴も、特異ではなくなってきた。外交・外交官という概念があたりまえな時代が到来すれば、やがて「出使日記」という著述のカテゴリーそのものが不要になろう。

もちろんそれは、公使・随行員などの日記、海外旅行記や外交記録がなくなる、という意味ではない。そうした著述は以前にもまして、おびただしく書かれた。著名なところでいえば、顔恵慶・顧維鈞らの日記などを想起すればよい。それはしかしながら、同時代・後世における欧米・日本の外交当局・外交官の報告書・メモワールの類なのであって、もはや出使日記ではなかった。それはすでに消滅しているのである。そんな転換をしめす一例として、「許文肅公日記」にふれて本書をしめくくろう。

文肅公・許景澄（一八四五～一九〇〇）、字は竹篔、浙江省嘉興県の人。一八八四年、李鳳苞の後任として駐独・駐仏公使に就任、のちベルギー駐在・ロシア駐在も兼任した。帰国後の一八九八年、罪をえた張蔭桓の後任として、総理衙門大臣となる。帰任した在外公使が総理衙門大臣に就任するのは、遅くとも曾紀澤以来の慣例で、その系列の曾紀澤・張蔭桓・許景澄いずれも、終わりを全うしていない。本国と出先のギャップがそれだけ深かった、という事情をあらわすものだろう。許景澄は一九〇〇年、義和団事変にさいし、西太后に列強への宣戦をやめるよう最後まで諫め、主戦派に憎まれて処刑された。

「許文肅公日記」はそんな許景澄の日記である。日付がとびとびになっており、『許文肅公遺稿』という文集の一部をなすことから、ここでみてきた条件をそなえるものである。ところがその期間は、光緒七年（一八八一）四月から二十六年（一九〇〇）六月までの範囲にわたっており、これは在外期間ばかりにとどまらないから、純然たる

「出使日記」の体裁にはなっていない。さりとて、ふつうの日記ともいいきれない。「出使」・外交と切り離せない性格を有しているからである。

この日記を収める『許文肅公遺稿』は一九一八年・二〇年、陸徴祥らが外交部図書処から刊行したものである。陸徴祥は民国政府で外交総長に任じた外政専門家で、ペテルブルクで通訳官をつとめた一八九〇年代に、許景澄の薫陶をうけた、いわば門弟子だった。[18] 端的にいえば、『遺稿』刊行は弟子が先師を顕彰したものなのである。

さらに文脈をひろげてみれば、陸徴祥が率いた民国政府外交部という立場から、前代では受け容れられず、非業の死を遂げた一外政家の名誉回復をはたそうとしたにひとしい。そしてそれは兼ねて、出使日記を必要とした前世紀の対外関係の持ち方を総括清算し、自らのいわゆる近代外交を正当化することでもある。同じく顕彰目的の文集が収める日記でも、それがなお「出使日記」でありえた曾紀澤・劉瑞芬・薛福成の場合とは、もはや時代がちがっていた。

陸徴祥は『遺稿』の序で、許景澄が「使才」を論じた光緒二十二年の言を引用する。

> 外交官は方言《がいこくご》に通ずるを以て最要と為す。歐洲各國の使臣、大都《みな》能く英・法・德三國語言を操る。吾輩惜しむらくは、未だ此の道を講究せず。異日如《たと》へば胡馨吾（胡惟德）・劉紫升（劉式訓）・陸子興（陸徴祥）の輩、出でて使事を膺くれば、舌人《つうやく》を帯するを免かるべきに庶《ちか》からん。豈に快事に非ざらんや。

これをたとえば、本書二八〜二九頁に引いた馬建忠の文章や、一五六頁所引の張蔭桓『三洲日記』「自跋」の一節と対比してみればよい。出使日記世代の許景澄らとは異なる、外国語もできる次世代の専業的「外交官」が育ってきていること、それがほかならぬ陸徴祥たちであることがわかる。

許景澄が実際にこのとおりを述べたかどうかは疑わしい。当時の漢語に「外交官」という語彙概念が存在したとは思えないからである。けれども二〇世紀の「外交官」陸徴祥の立場からみれば、これが正しい発言だった。自らの存在理由をあらわしているからである。

通訳・随員が出使大臣ではなく、「外交官」になってゆく過程[19]は、第8章でみた、かれらの「随員日記」が調査メモから外交記録に転化するプロセスと重なり、出使日記の消滅とも軌を一にする。そうした視座からすれば、「外交官」たちが編纂した「許文肅公日記」は、出使大臣許景澄の日記ではあっても、断じて「出使日記」ではありえない。消滅すべきそのカテゴリーを葬送して、忌むべき時代の終焉を確かめる、そんな著述だったといえようか。

註

総論

（1）H. Nicolson, *Diplomacy*, pp. 195–196. H・ニコルソン『外交』一九〇〜一九一頁。明らかな誤字は訂正した。

（2）明治日本の例は、いうまでもないので省略する。非ヨーロッパ諸国として、中国と比較しうるのは、とりわけ鈴木董氏が論じてきたオスマン帝国の事例であろう。たとえば、鈴木董「世界秩序・政治単位・支配組織」一七九〜一八〇頁、同「近代オスマン帝国の外交網の拡大過程」を参照。もっとも、実地に両者の具体的な比較を行うには、アジア史の側で個別研究の蓄積とそれを通じた論点の整理が必要であって、なお時期尚早である。

（3）吉田茂『回想十年』序文、一〜三頁。

（4）日本で比較すべきものを探すとすれば、久米邦武編『特命全権大使　米欧回覧実記』がその最たるものだろうが、そこからもわかるように、日記やメモワールはあっても、清朝の出使日記のような形態にはなっていない。具体的な『米欧回覧実記』との対比は、本書補論1、とくに註(14)を参照。『米欧回覧実記』より前、幕末の遣欧使節関係の日記にも、同じことがいえよう。たとえば、尾佐竹猛『幕末遣外使節物語』を参照。前註(2)にみたイスラーム圏では、たとえば、鈴木董「一八世紀初頭オスマン帝国の遣欧使節制度と「使節の書」」、あるいはイランの「旅行記文学」・「官命」紀行をとりあげた、守川知子「ガージャール朝期旅行記史料研究序説」四四〜六八頁が、比較すべき事例研究として参照に値する。

（5）王鍾翰「關於總理衙門」。S. M. Meng, *The Tsungli Yamen*. M. Banno, *China and the West*. 呉福環『清季總理衙門研究』。外交制度全般では、古くは陳體強『中國外交行政』、新しくは王立誠『中國近代外交制度史』があるけれども、清末の在外公館については、いずれもごく一部の言及にとどまり、しかも動態的な考察にはなっていない。

（6）K. Biggerstaff, "The Establishment of Permanent Chinese Diplomatic Missions Abroad," I. C. Y. Hsü, *China's Entrance into the Family of Nations*.

（7）坂野正高『中国近代化と馬建忠』。

（8）Yen-p'ing Hao and Er-min Wang, "Changing Chinese Views of Western Relations," pp. 170–171. 坂野正高「張蔭桓著『三洲日記』（一八

九六年刊）を読む」。溝口雄三「ある反「洋務」」。佐藤慎一『近代中国の知識人と文明』。茂木敏夫「近代中国のアジア観」、同「馬建忠の世界像」。佐々木揚『清末中国における日本観と西洋観』。Feng Chen-Schrader, *Lettres chinoises.* 佐藤三郎『中国人の見た明治日本』。岡本隆司『馬建忠の中国近代』。鈴木智夫『近代中国と西洋国際社会』。尹徳翔『東海西海之間』。

（9）鍾叔河『従東方到西方』。手代木有児『清末中国の西洋体験と文明観』。

（10）箱田恵子『外交官の誕生』。

（11）園田節子『南北アメリカ華民と近代中国』。青山治世「清末中国における在外領事設置問題の研究」。

（12）たとえば、馮爾康『清代人物傳記史料研究』二一一～二一二頁、陳左高『中國日記史略』一六九頁。

（13）現代にまでつづく外交使節の等級は、一八一五年のウィーン会議、および一八一八年のエクス・ラ・シャペル会議で決まった、大使（ambassadeur）・公使（envoyé et ministre plénipotentiaire）・辦理公使（ministre résident）・代理公使（chargé d'affaires）の四つである。現代は一国を代表する常駐使節といえば、第一の大使を派遣するのが普通であるけれども、当時はそうではない。世界全体でみれば、むしろ第二の公使のほうが多かった。大使はいわゆる「文明国」・列強、つまりヨーロッパ国際社会の正式なメンバーシップを有する数少ない「大国」が交換した使節であり、「大国」とそのレヴェルに達しない「小国」とが、あるいはそうした「小国」どうしが交換したのが、公使だったからである（たとえば、横田喜三郎『外交関係の国際法』二～五頁を参照）。

もちろん当時の日本・清朝も「小国」の範疇に入り、なればこそ常駐の出使大臣も、公使と位置づけられた。これは当時の西洋からみた国際秩序、その東アジアに対する位置づけの如実な反映でもある。日本や中国ごときが大使を派遣するなど、おこがましい、というわけであって、そのあたりの「文明」的な差別意識は厳然と存在していた。

もっとも、当時の清朝の出使大臣が「公使」と自称したさい、とりわけ本国向けに、そうした公使のニュアンスをどこまで含んでいたかはわからない。使節の四等級に対する当時の漢訳は、『萬國公法』巻三、第一章第六節、頁三では「一等使臣」「二等使臣」「三等使臣」「四等使臣」、『星軺指掌』第三章第一～四節では「頭等公使」「二等公使」「三等公使（駐京大臣）」「四等公使（署理公使、代辦（公使））」であって、単に「公使」というだけでは、どのランクか定まらないからである。等級をはっきりさせたい場合は、「二等」「三等」などと明示するのを常とした。

清朝も「大使（全権大臣便宜行事）」を派遣したことがある。後述の『金軺籌筆』に関わって本書第4章にもふれるリヴァディア条約を結んだ崇厚がそうだった。当時なおヨーロッパに滞在していた元駐英公使・郭嵩燾は、それに対する「大国」の側のみかたとして、在華勤務が長く漢語にも堪能なイギリス外交官ウェードが「大使（頭等公使）」に驚愕した事実を、またロシアが「全権」ではあっても、大使ではない、とみなして「二等公使」で遇した、という「巴黎《パリ》新報」の記事を記しており（『郭嵩燾日記』第三巻、光緒四年十月初四日・十二月十二日条、六七二、七二九頁）、当時の情況の一端がみてとれよう。

（14）随行員の日記については、本書附録1「出使日記関連史料総目録」（以下「総目録」と略記）、および第8章を参照。そのうち、もっとも体系的にそろっているのが、張徳彝のものである。在外公使常駐がはじまってからの日記である『四述奇』以下は、在外公館とその日記記録との関係を明らかにしてくれる材料となるはずであり、そのいっそう詳細な検討は、今後の課題としたい。

(15) 従来は『走向世界叢書』に代表されるように、狭義のものと広義のものはおろか、「出使」と「出洋」すら区別せずに論じてきたけれども、「出使日記」という概念を明確にそれだけに限定したみかたもある。楊易「晩清外交官及其著述」二一六頁を参照。ここでもひとまず、その所論にしたがう。

(16) 早くは、『郭嵩燾日記』『曾紀澤日記』がある。典型的なのは、張蔭桓の「出使日記」たる『三洲日記』を、その『甲午日記』『戊戌日記』とあわせ収録した『張蔭桓日記』であろう。また『薛福成日記』も、その例にもれない。各々について、本書第1章・第3章・第5章・第6章を参照。それぞれの人物の一貫した著述を復原するところに意義がある反面、出使日記としての編纂という当時の意味を曖昧にしかねない点で、注意が必要であろう。

もっとも、現在ではなく当時に「別集」の一部とする、という事象もあったが、その意味については、本書補論4でふれたい。

(17) 『奏定出使章程』上巻、「總理衙門片奏」光緒三年十一月初一日、頁三。また『皇朝掌故彙編』「外編」巻一八、頁八、『中美關係史料　光緒朝二』「總署收軍機處交出張蔭桓抄摺」光緒十六年五月二十九日、一四五二頁、後述の薛福成『出使英法義比四國日記』「咨文」頁一にも引用がある。

(18) たとえば佐々木前掲書、一一八、一二〇頁註(17)。『曾紀澤日記』上冊、劉志惠「前言——還一個全璧、給一個説法」三頁を参照。

(19) 『清季外交史料』巻一二、郭嵩燾「辦理洋務搆陷摺」光緒二年十月三十日受理、頁二六～二九。朱維錚「使臣的實録與非實録」一四七～一四八頁の「劉錫鴻が張徳彝を剽窃（鈔襲）した」という指摘は、むしろ在外公館の組織的なとりくみの一環と解すべきものであろう。

(20) 『曾侯日記』光緒四年九月初八日条、『曾紀澤日記』中冊、七八二～七八六頁。岡本前掲書、第I部第二章第三節を参照。

(21) たとえば『曾紀澤日記』中冊、光緒四年三月二十日・八月初二日・十二日条、七三七、七六六、七六七、七六九頁。

(22) 「回し読み」という表現は、溝口前掲論文、二九七～二九八頁から拝借したものだが、その論述は外交上の制度的な側面を考慮に入れていないので、そのままではしたがえない。

(23) ほぼ通説になっているこのみかたに対し、張宇權『思想與時代的落差』一五八～一五九頁は、郭嵩燾が言及する劉錫鴻の日記が『英軺私記』と異なる可能性に言及し、疑問を呈している。

(24) 溝口前掲論文、二八五、二九七頁。

(25) 『郭嵩燾日記』第三巻、光緒三年七月初十日条、二七二頁。また、『郭嵩燾先生年譜』六六五～六六六頁、張宇權前掲書、一四三頁をも参照。もっとも『郭嵩燾先生年譜』にいう、弾劾のため日記を「破棄した。さもなくば後人は郭嵩燾の時勢世事に対する洞察見識を詳しく知ることができたはずだ」とのコメントは、誤解を招きかねない。のちの『郭嵩燾日記』の刊行からわかるように、かれは日記そのものはつけていたのであって、それを外に見せることをしなくなった、「出使日記」にしたてあげなくなった、ということなのである。

(26) 黎庶昌「上沈相國書」『西洋雜志』二五二〜二五三頁。なおこの『西洋雜志』という著述は、本書第8章にてくわしく論じる。

(27)『清季外交史料』巻一二、郭嵩燾「辦理洋務搆陷摺」光緒三年十月三十日「奉旨」、頁二六〜二九。

(28) こうした過程を、広義の出使日記と対比してみると、のちに、本書第7章でとりあげる黄遵憲『日本雜事詩』に光緒五年の刊本があり、このあたりが『使西紀程』の公刊と同じ方向にあるといえようか。

これ以降しばらく、広義の出使日記も公刊は確認できない。この次に来るのは、郭嵩燾・劉錫鴻の随行員としてヨーロッパに赴任し、崇厚・曾紀澤にも仕えた張徳彝の『四述奇』十六巻本であり、同文館から光緒九年に刊行されている。イリ紛争がひとまず収拾したのち、清仏・日清の関係が悪化しつつあったその時期に、同文館・総理衙門が狭義（出使大臣）ではなく、広義の出使日記を刊行しているところに、看過すべからざる意味があるとみるべきであろう。

(29) 李慈銘『桃花聖解盦日記』己集第二集、光緒三年六月十八日条、『越縵堂日記』第一〇冊、所収、七四五五頁。『潤于集』奏議巻一、「請撤回駐英使臣郭嵩燾片」光緒三年十一月十一日、頁二八。『郭嵩燾先生年譜』六六六、七一三頁。そのもっとも早く、かつ有名な一例として、『萬國公報』の連載（第四四一号（光緒三年四月二十一日）・第四四四号（五月十三日）〜第四五〇号（六月二十五日））があげられるであろう。第四四一号五七二葉裏に、「此稿中國京城業已印成書矣。茲照書登報」とあって、刊本の転載だということがわかる。

(30)『曾紀澤日記』上冊、劉志惠前掲「前言」三頁を参照。

(31)『曾惠敏公電稿』「致總署電」〔光緒七年〕十二月二十四日、三四〜三五頁、『曾紀澤日記』中冊、光緒八年正月二十日条、一一四七頁。

(32)『曾惠敏公遺集』文集巻五、「巴黎覆陳俊臣中丞」壬午（光緒八年）九月二十一日、頁二。

表1にも掲げたとおり、『金軺籌筆』には光緒二十二年刊行の『中俄交渉記』と題する異本がある。内容にちがいはない『中俄交渉記』が、どのような経緯をたどって、その書名で公刊にいたったのか、必ずしも明らかではない。おそらく曾紀澤じしんの配ったものが、『金軺籌筆』とは別に流布したものだと思われる。

なお北京の国家図書館には、抄本の『中俄交渉記』全一冊が所蔵されている。内容も刊本とほとんどかわらない。収録期間が光緒六年八月二十八日から七年正月二十五日で、始期が刊本の光緒六年六月二十九日よりも遅くなっているだけである。

ただし「中俄交渉記」なる書名は目録上のみのことで、書籍そのものにそうした書名がついているわけではない。抄本の表紙には「光緒六年歳次庚辰曾紀澤使俄伊犂案・問答節略」、保管用の函にも「曾大臣與俄外部問答節略」（清・不著編者名氏）と記すばかりであり、むしろ「外交檔案」の一部だった可能性も否定できないように思われる。以上の記述は、青山治世氏の調査と示教による。「問答節略」という文書については、本書一一六頁の引用文、および一三三～一三四頁を参照。

(33)『掲秀山房叢書』の書誌・異本については、本書附録1「総目録」を参照。文献目録には、掲出しない。なお管見のかぎり、附録1「総目録」に記載するほか、封面に「光緒九年孟夏月□□□山房鈔栞」と記載し、冒頭に「定和十款條程　中法新約」（一八八五年四月四日締結の清仏間の、いわゆる天津条約）を収録する『金軺籌筆』の版本（公益財団法人東洋文庫所蔵）もある。

(34) たとえば『中國近現代人物名號大辭典』二一四頁。

(35)『掲秀山房叢書』には朱克敬のほか、郭嵩燾らが湖南で設立した思賢講舎や禁煙公社の構成員の著述を収めており、朱克敬と『掲秀山房叢書』もこうした結社と何らかの関係があったと思しい。そうだとすれば、『金軺籌筆』の収録も特定の集団の、一定の主張を反映するものだったことになる。思賢講舎・禁煙公社については、許順富『湖南紳士與晩清政治變遷』一六九～一七七頁を参照。なお『曾紀澤日記』下冊、光緒十二年十一月初八日条、一五四五頁に、曾紀澤じしんが『金軺籌筆』を読んだ記事を載せ、「廣鈞侄、何を以てか之を刊し、傳播せしむるを致すや、解せざるなり」とある。これによれば、湖南における光緒九年の『金軺籌筆』刊行には、曾廣鈞が関わっており、しかも伯父の曾紀澤の同意を得ていなかったことになる。以上の記述は、青山治世氏の示教による。

(36) この刊本では、おそらく本体の交渉記録の理解をたすけるため、冒頭に「奏摺」のセクションを増補し、曾紀澤の「改定俄國約章疏」「續陳改訂俄約艱難情形疏」という上奏文を収める（『清季外交史料』巻二五、頁九～二〇にも再録）。そのほかは、先行する刊本とほとんど変わるところはない。なお楊楷が序文で、朱克敬が『掲秀山房叢書』に「入れ」たというのは、前述したような漢籍目録と同じ誤解だと思われる。

(37)『無錫楊仁山先生遺著』「先府君行状」一～二頁を参照。
なお、銭恂（一八五三～一九二七）は浙江省呉興県の人、字は念劬。その事蹟については、箱田前掲書、二一九～二二七頁を参照。

(38)『無錫楊仁山先生遺著』文存、「光緒通商列表自序」光緒十二年六月、一九頁、『光緒通商列表』「中國西洋紀年周始月日表第一」頁二、同、自跋、丁亥五月。

(39) 佐藤慎一前掲書、八一～九五頁、手代木前掲書、七三～一〇二頁、箱田前掲書、一二六～一五五頁を参照。

(40)『李文忠公全集』朋僚函稿巻二〇、「復丁稚璜宮保」光緒七年七月二十二日、頁一五。

(41)『養知書屋文集』巻一三、「致李傅相」頁二三。
ここにいわゆる「洋務」、および本書で用いる「洋務」概念は、たとえば当時の攘夷論者が用いたような、あるいは後の変法論者や革命派が定義し、現代中国語の「洋務運動」にまでつづいたような、ネガティヴなニュアンスを含まない。これについては、さしあたり岡本隆司「「洋務」・外交・李鴻章」、同「中国近代外交へのまなざし」などを参照。やや具体的には、本書第2章註(41)に論及する。

(42)『李文忠公尺牘』巻一二、「復廣東臬台王」光緒十五年四月二十日、頁一五（日付は『李鴻章全集』第三四冊、五三九頁で補足）。『近代名人手札眞蹟』第三冊、盛宣懷あて薛福成の書翰、一一四六〜一一四八頁。

(43) Great Britain. Foreign Office, General Correspondence [hereafter cited as FO17], FO17/1103, Bourne to Foreign Office, May 10, 1890. *The Times*, Mar. 28, 1890, "Chinese Diplomatic Representation Abroad."

(44) 薛福成の曾紀澤論としては、『出使日記續刻』光緒十九年八月初三日条（『薛福成日記』下冊、八二六頁）にみえる、歴代常駐公使に対する論評の右に出るものはあるまい。ただし「聯俄甚英」論に関しては、薛福成じしん、少なくとも書面では、これを却けている。『庸盦海外文編』巻三、「海關出入貨類敘略」癸巳、頁四八〜五〇、『庸盦全集』第一冊、所収、三六六〜三六七頁。

(45)『出使英法義比四國日記』「咨文」光緒十七年十二月二十日、頁二。

(46)『甲午日記』四月三十日の条、『張蔭桓日記』所収、四八一頁。ジェラールが指摘したというのは、『出使英法義比四國日記』光緒十六年三月十五日条であろう。

(47) この薛福成の動きについては、岡本隆司『『清韓論』の研究』一六頁に少しくふれておいた。

(48) ひとまず、その編者に焦点をあてた、潘光哲「王錫祺（一八五五—一九一三）傳」を参照。

(49) 当時の「地理認識」については、大澤顯浩「『地球韻言』について」を参照。

(50)『養知書屋文集』巻一三、「致黎蓴齋」頁三一。『郭嵩燾先生年譜』九八六〜九九〇頁は、日付を光緒十六年正月に繫けており、それにしたがう。

(51) 丁文江・趙豐田編『梁啓超年譜長編』二八頁。

(52)『各國日記彙編』、李廷爵「序」光緒二十二年。

(53) 小野川秀美『清末政治思想研究』一八一頁。

(54)『靈鶼閣叢書』については、黄政「江標生平與著述刻書考」、謝莉珠「江標及其《靈鶼閣叢書》研究」が包括的な研究を試みている。

(55) もっともその詳細はわからない。『游記彙刊』杜貴墀「序」に「特に新學書局を設く。刊行する所は、たとへば『西史類函』『游記彙刊』、時務の諸書甚だ夥し」と若干の記述があるくらいである。なおこの杜貴墀は岳陽の人で挙人、前註(35)に言及した思賢講舍の一員であった。許順富前掲書、一七四頁を参照。

(56) 湯志鈞『戊戌變法人物傳稿』上冊、一八一〜一八二頁、小野川前掲書、一八一頁、茅海建「戊戌變法期間的保舉」一八一、一八三頁。

(57)『適可齋記言』巻二、「巴黎復友人書」戊寅夏、頁一四～一五、坂野前掲書、三二頁、岡本前掲書、四二～四三頁。

(58)『適可齋記言』巻二、「瑪賽復友人書」戊寅冬、頁二一～二二、坂野前掲書、三五、四一頁、岡本前掲書、五一～五二頁。

在外使節制度が異なっていた以上、当時の清朝在外公館の構成も、現在のそれと必ずしも同じではない。公使館員のうち、本書に頻出し、引用文中にも言及する「參贊」は、今でいえば参事官・秘書官・書記官・補佐官に相当し、「随員」は文字どおり随員、あるいはアタシェにあたる。そうした公使館のスタッフの総称として、本書は公使館員もしくは随行員と表記する。

(59)同上、六三～六四頁。

(60)『曾惠敏公遺集』文集巻三、「倫敦致總署總辦論事三條」光緒五年正月初九日、頁五。

(61) *The Times*, Oct. 28, 1889, “Reform in the Chinese Diplomatic Service.”

(62) *The Times*, Mar. 28, 1890, “Chinese Diplomatic Representation Abroad.” この史料記述じたいは、前註(43)でみたような新任駐英公使薛福成への疑念、過小評価に関連したものであるから、割り引いて聴かねばならないし、その点はマカートニーらがまもなく反論している（*The Times*, July 1, 1890）。しかしマカートニーらは在外公館に向けられた批判には答えておらず、外国人顧問たるかれの存在じたいがそうした論評を裏づけるものだったともいえよう。

時期的にも内容的にも、これに応じる清朝側の議論として、久しく在欧公使館の随行員をつとめた張德彝の、光緒十六年八月および光緒十九年に慶親王に呈した外交制度改革の意見書がある（『光禄大夫建威將軍張公集』「條陳」頁二三～三三、『醒目清心録』第一三冊、所収、一四三～一六四頁）。その梗概については、手代木前掲書、一九〇～一九二頁を参照。

(63) *The Times*, Aug. 24, 1878, “Conference on International Law.”

(64)『曾紀澤日記』中冊、光緒五年五月十四日条、八九〇頁、『使西日記』巻二、頁一二。

トウィスは一八七四年から八七年まで、国際法学会の初代座長をつとめた著名なイギリスの国際法学者である。主著に *The Law of Nations considered as Independent Political Communities* があり、その序文を曾紀澤の前任・郭嵩燾の国際法に関するコメントからはじめており（p. xvii）、その見識と中国とのかかわりは、注目に値する論点になろう。

(65) The Marquis Tseng, “China, the Sleep and the Awakening,” pp. 8-9.『皇朝蓄艾文編』巻一、曾紀澤著、顔詠經口譯・袁竹一筆述「中國先睡後醒論」頁三六。

(66)鈴木智夫『洋務運動の研究』五四三～五五〇頁、戴東陽『晚清駐日使團與甲午戰前的中日關係』第二章・第三章を参照。その何如璋はもちろんヨーロッパの曾紀澤とも連絡をとっていたから、両者は互いに影響をおよぼしあっていたのかもしれない。

(67) Chow, Jen-hwa, *China and Japan*, pp. 98-99, 142-143；鈴木前掲書、五五二～五五六頁、岡本隆司『属国と自主のあいだ』三九～四三頁を参照。

(68)『庸盦海外文編』巻三、「論中國在公法外之害」壬辰、頁一五～一六、『庸盦全集』第一冊、所収、三五〇頁。この文章については、さらに佐藤慎一前掲書、八六～八八頁を参照。

第1章

（1）佐々木『清末中国における日本観と西洋観』七〇～七一、七三～七五頁に網羅的な紹介がある。そこに言及のない論考として、Owen H. Wong, *A New Profile in Sino-Western Diplomacy*, 佐藤慎一『近代中国の知識人と文明』七八～八一頁、小野泰教「郭嵩燾・劉錫鴻の士大夫観とイギリス政治像」もある。執筆にあたり、それぞれに多くを教えられたけれども、以下では、とくに必要がある場合を除いて、逐一注記しない。

（2）『郭侍郎奏疏』巻一二、「擬銷假論洋務疏」頁七。この文書の日付は、『罪言存略』所収のテキストによれば、光緒二年閏五月二十六日である。また後述する『使西紀程』光緒二年十二月初六日条にも、「当時は誹謗を多くうけた（鄙人為時詬病多矣）」とある。

（3）『郭嵩燾日記』第一巻、咸豊十年正月二十日条、二九九～三〇〇頁。佐々木前掲書、八二～八三頁。

（4）郭嵩燾の人選・任命は、北洋大臣の李鴻章によるとみられるが、詳細な経緯はなおよくわからない。さしあたりJ. D. Frodsham, trans., *The First Chinese Embassy to the West*, pp. xxviii, xxxvi–xxxvii, 箱田『外交官の誕生』三四～三八頁を参照。

（5）『洋務運動』第一冊、一三六～一四四頁。

（6）『養知書屋文集』巻三、「罪言存略小引」己卯（光緒五年）六月、頁一九。

（7）『洋務運動』第一冊、一四四頁。

（8）『郭侍郎奏疏』巻一二、「擬銷假論洋務疏」頁五～七。

（9）『郭嵩燾先生年譜』下冊、五六五、五九四頁。Frodsham, *op. cit.*, p. xlviii.

（10）本書総論註(29)参照。

（11）『郭嵩燾日記』第三巻、六五～九七、一〇六～一四〇頁。『走向世界叢書』（嶽麓書社版）所収『倫敦與巴黎日記』二七～九六頁、『郭嵩燾等使西記六種』一～七四頁は、各条ごとに「日記」と『使西紀程』のテキストを併記し、かつ底本と「原稿」の出入を注記しており、参照に便利である。

（12）これについては、佐々木前掲書、一一六～一一八頁も参照。

（13）底本は『漢書』の引用をはじめ、三ヵ所「原稿」の文をきりつめている。趣旨はかわらないが、「原稿」のほうが意をつくした表現である。

（14）『養知書屋文集』巻三、頁一六。佐々木前掲書、一〇〇～一〇一、一一〇頁。

（15）岡本『馬建忠の中国近代』五九～六一、六四頁。

（16）楚金編「郭筠仙手札并跋」、郭嵩燾の朱克敬あて書翰、光緒三年九月初五日、六八～六九頁、『清季外交史料』巻一二、郭嵩燾

「辦理洋務搆陷摺」頁二六～二九。

(17) 李慈銘『桃花聖解盦日記』丁集第二集、光緒二年五月初一日条、己集第二集、光緒三年六月十八日条、『越縵堂日記』第一〇冊、所収、六九五四、七四五五頁。なお李慈銘は、この評言を書き入れる前に、「旅途でみたことを記すに、意にまかせて誇張虚飾（記道里所見、極意誇飾）」した『使西紀程』から「とりわけけしからんもの（其尤悖者）」として、長文の抜粋を行っている。それがさきに引用した、十一月十八日および十二月初四日条である。同上、七四五三～七四五五頁。

(18)『湘綺樓日記』第一巻、光緒三年四月二十八日条、五六九頁。

(19)『出使英法義比四國日記』巻二、光緒十六年三月十三日条、頁九～一〇。

(20) たとえば、佐藤慎一前掲書、七九頁。

(21) これは、たとえば『養知書屋文集』巻一一、「倫敦致李伯相」「復姚彦嘉書」（『罪言存略』によれば、前者は光緒三年三月、後者は光緒五年四月）などの書翰をみるだけでもわかる。

第2章

(1) 日本では東洋文庫に所蔵がある。また近代中国史料叢刊三編第四五輯（文海出版社、一九八八年）に影印本をおさめる。

(2) 鍾叔河『従東方到西方』四三一頁。これは当の郭嵩燾が述べたところに拠っているので、その信憑性は疑わしい。

(3) 溝口「ある反「洋務」」。

(4) 張宇權『思想與時代的落差』一三二～一三八頁。

(5)「總理衙門刻」本は『郭嵩燾日記』第三巻、六三七～六三八頁、「光緒間」版本は、朱維錚「使臣的實録與非實録」一五九頁による。

(6) そのほか、『各國時事類編』『星軺日記類編』に一部が引用掲載されており、そこでの書名も「英軺日記」である。本書附録1「総目録」を参照。

(7)『翁同龢文獻叢編』三～二四頁。『薛福成日記』上冊、光緒四年十月二十一・二十二・二十三日条、二三一～二三三頁。

(8) F. S. A. Bourne, trans., "Diary of Liu Ta-jên's Mission to England."

(9)『西洋雜志』には、おそらくいっそうオリジナルに近いテキストをふんだんに引用するけれども、『小方壺齋輿地叢鈔』本とはかなりの出入がある（譚用中「嚴防書稿編輯・校點・注釋中的差錯」二一〇頁を参照）。また青山治世「清末中国の在外公館と博覧会」一三五頁も参照。

(10) たとえば、『西洋雜志』に「劉京堂英軺私記」として引用し、李慈銘は「英軺私記二巻」をみて、その読後感を記している（『荀學齋日記』乙集下、光緒七年二月初十日条、『越縵堂日記』第一二冊、所収、八九五〇頁）。おそらく劉錫鴻じしんの命名と思われるけれども、その由来・来歴などは必ずしも明らかではない。

(11) たとえば、『走向世界叢書』（嶽麓書社版）所収『英軺私記・随使英俄記』は、『西洋雑志』から劉錫鴻「日耳曼紀事（ドイツ見聞録）」をそのまま転載しながら、イギリス関係の記述は『小方壺齋輿地叢鈔』本にしたがっており、前註(9)でみた『西洋雑志』との出入は、ほとんど考慮に入れておらず、ちぐはぐな校訂となっている。

(12) ほかの標点本や抄録を逐一あげることは煩瑣にわたるため、省略する。なお抄訳に Frodsham, *The First Chinese Embassy to the West*, pp. 110–149 がある。

(13) 『續修四庫全書總目提要』第二三冊、三〇八〜三〇九頁、溝口前掲論文。前者は續修四庫全書に『靈鶼閣叢書』本を入れたところから、本来はその解題となるはずのものだが、実際には、『小方壺齋輿地叢鈔』本の存在をあげ、そちらに対する解題になっている。

(14) それぞれ『走向世界叢書』所収『英軺私記・随使英俄記』八三、九五頁。(1)は鍾叔河前掲書、四四五〜四四六頁が、(2)は溝口前掲論文、二七九頁がとりあげて考察の対象としている。

(15) 本書総論註(28)にも言及した『四述奇』の詳細は、第8章を参照。ここでは、『走向世界叢書』所収『英軺私記・随使英俄記』所収のテキストをもちいる。引用は、同上、三七五、三九二〜三九三頁。

(16) これについては、本書総論註(19)を参照。そこで言及した朱維錚氏の、劉錫鴻による「剽窃（鈔襲）」という論点を批判した張宇權前掲書、一八〇頁の所論には、あまり説得力がない。前後の事情、あるいは文章表現からみて、劉錫鴻が張徳彝の文を下敷にして、日記を作成していたのは明らかだからである。張宇權前掲書、一八〇頁にあげる「雷同」の例はいずれも、そうみてまちがいない。もちろん尹徳翔『東海西海之間』一二七〜一三三、一四九頁の趣旨も成り立たない。

(17) 『走向世界叢書』所収『英軺私記・随使英俄記』一五七〜一五九頁。この条は溝口前掲論文、二九一頁がすでにとりあげて考察の対象としている。

(18) 『走向世界叢書』所収『英軺私記・随使英俄記』四九六、五〇三、五〇八頁。各日条の冒頭にある「記」については、本書第8章第一節でくわしい説明を行う。

(19) たとえば、小野川『清末政治思想研究』四一〜四三、五〇頁。

(20) 『續修四庫全書總目提要』三〇八頁。

(21) 『走向世界叢書』所収『英軺私記・随使英俄記』一二五頁。この条は溝口前掲論文、二八三頁がすでにとりあげている。

(22) 『走向世界叢書』所収『英軺私記・随使英俄記』三七二頁。

(23) 『郭嵩燾日記』第三巻、同日条、一七八〜一七九頁。劉錫鴻の発言の訳文は、溝口前掲論文、二八四頁を拝借した。

(24) 『走向世界叢書』所収『英軺私記・随使英俄記』一一九頁。なお、二月十五日条にあるイギリスの税制に関する記事と井上馨のプロフィールは、『四述奇』ではそれぞれ、光緒三年二月二十五日・二十七日条、『走向世界叢書』所収『英軺私記・随使英俄記』三七一、三七二頁にあって、やはり日付が食い違っている。

(25) たとえば、『續修四庫全書總目提要』三〇八～三〇九頁、鍾叔河前掲書、四三二頁、溝口前掲論文、二七五～二七六頁。

(26)『走向世界叢書』所収『英軺私記・随使英俄記』五〇～五一頁。

(27)『洋務運動』第二冊、「同治六年二月十五日大學士倭仁摺」三〇頁。李細珠『晩清保守思想的原型』一六九～一七〇頁。

(28) 岡本「「洋務」・外交・李鴻章」六～一一頁を参照。

(29)『走向世界叢書』所収『英軺私記・随使英俄記』一二七～一三〇頁。

(30) 同上、一四一頁。引用文中の「カシュガル（喀什噶爾）」とは、いわゆるヤークーブ・ベグ政権を指す。本書第4章を参照。

(31)「波斯《ペルシア》公使」との会見は、『四述奇』（『走向世界叢書』所収『英軺私記・随使英俄記』四二二～四二三頁）は五月二十八日に繋げており、しかも鉄道導入の話のみである。これは『郭嵩燾日記』第三巻、同日条、二四八頁とも合う。ただし後者は「土耳其」「公使」の発言になっている。『英軺私記』は『四述奇』のこの文章を二月十五日の井上馨との会見に繋げる（『走向世界叢書』所収『英軺私記・随使英俄記』一二〇頁）。

(32) 同上、一四二頁。

(33)『劉光禄遺稿』巻二、「讀郭廉使論時事書偶筆」光緒元年、頁一三。

(34) 同上、頁二三～二五。

(35) 同上、頁一三～一四。

(36) 溝口前掲論文、二七〇頁。

(37)『劉光禄遺稿』巻二、「讀郭廉使論時事書偶筆」光緒元年、頁九、八。

(38)『走向世界叢書』所収『英軺私記・随使英俄記』一〇九、一一〇頁。

(39) 鍾叔河前掲書、四四二頁、溝口前掲論文、二八二頁。

(40) 同上、二七三、二八二頁が主張する、西洋との「比較」によった中国に対する劉錫鴻の「ペシミズム」は、たしかにその滞欧経験によるヨーロッパへの評価向上が、ひとつの要因をなしているにちがいない。しかしその基礎には、やはり「道」「器」・「士」「庶」の分離、および「華夏」の「道」とそれを身につけた「士」の優位を無条件に確信する観念がある。それを「東西の別なき、しかもそれぞれの「独自性を容認した」「ユニバーサリズム」とまとめる（たとえば同上、二七八、二八九頁）のは、果たして正当であろうか。

(41) 以上から考えて、一口に「附会」といっても、いわゆる「附会説」に直結させるのは短絡的に失し、時と場合により辨別して考える必要があるように思われる。

そもそも、いわゆる洋務派・変法派がとなえた「附会説」や「中体西用」は、かれら自身がほんとうに附会の論理を信じていた、というよりも、道器（＝本末・体用）の分離と差別が正しい、と頭から信じる大多数の知識人に語りかけるには、そう立論、表現するほかなかったのであり、かれらを説得するための、いわば戦略的・方便的な論理の色彩がむしろ強い。西洋の事物を雅俗・尊卑・褒貶の価値付与と差別なく、そのまま直截に表現、伝達、了解できるようになるには、日本漢語を通じた翻訳概念の摂取普及を待たねばならなかったからである。その附会が諸子から経書に重点を移す（小野川前掲書、四～五、五三、七〇、七四頁）のも、「思想の発展」というより、情勢の変化、とりわけ対外的な危機の高まりに応じ、説得相手の物わかりがよくなってきた、というほうが正確であって、必ずしも「洋務」に内在する「思想」の問題ではない。本書第1章でみた郭嵩燾も「上下一心」「具有本末」というように、道器（＝本末・体用）の一体化が、そのめざす根幹にあることに変わりはなかったからである。逆に、その分離・差別が、「洋務」に反対する立場の人々に顕著な論理だったから、洋務思想の根幹を「中体西用」とみなしては、正反対の錯誤を犯しかねないであろう。たしかに「中体西用」が正しいと信じていた人は多かっただろうし、実際の「洋務」もそうしたかたちで進んだのも否定しがたい。しかしそれが「洋務派」とよばれる人たちの素志・本意だったかどうかは、別の問題である（岡本前掲論文を参照）。

劉錫鴻じしんの「附会」はしたがって、いわゆる洋務派・変法派がとなえる「附会説」とは本質的に異なるものであり、変法と接続させて考えるのも適切ではない。著名なかれの鉄道反対論（岡本隆司訳「西洋に倣った鉄道の導入に反対する上奏文」『新編原典中国近代思想史』八七～一〇四頁を参照）にも、こうした『英軺私記』の論理・観念が貫かれており、現実の政治過程でそれが表現されたものと位置づけることができよう。

補論1

（1）実際には康熙・雍正年間にロシアへの使節が派遣されている。康熙二十七年（一六八八）に露清の境界問題について交渉するため、索額図《ソンゴト》らが派遣されており、また康熙五十一年には、当時ロシア領内にいたトゥルグートのアユキ・ハンのもとに使節が派遣されている。前者については、索額図に同行した張鵬翮が『奉使俄羅斯行程録』を、また後者についても、図理琛《トゥリシェン》が『異域録』を著して刊行されており、出使日記の前例として言及されることもあった。ただし、これらの使節はロシア皇帝のもとを訪れたものではない。一方、雍正年間の遣露使節はロシア皇帝への謁見、「一跪三叩頭」の礼を行ったが、この遣露使節の記録は漢文の公式記録からは抹殺されている。そのため、清末当時の漢人社会においては、バーリンゲーム使節団こそ最初の欧米諸国への外交使節ということになる。この点については、野見山温「清雍正朝対露遣使考」、同『露清外交の研究』所収、とくに一〇三～一〇五頁を参照。また、雍正遣露使については、柳澤明「一七八六年の「キャフタ条約追加条項」をめぐる清とロシアの交渉について」一二一頁、松浦茂「清朝の遣ロ使節とロシアの外交姿勢」も参照。

（2）関鋭武『蒲安臣使團研究』第六章。
（3）M. C. Wright, *The Last Stand of Chinese Conservatism*.
（4）バーリンゲーム使節団に関しては、F. W. Williams, *Anson Burlingame and the First Chinese Mission*, K. Biggerstaff, "The Official Chinese Attitude toward the Burlingame Mission," 関鋭武前掲書などを参照。
（5）バーリンゲーム使節団にも京師同文館の学生六名が随行したが、かれらは通訳のための人員であり、そのうち三名はフランス滞在中の同治八年五月、先に帰国を命じられている。これは、使節団の派遣がそもそも一年を期限とする「試み」であったものが、滞在期間の長期化で支出が予想外に膨らみ、使節団の規模の縮小を余儀なくされたからである。『籌辦夷務始末』巻五一、「總理各國事務恭親王等奏」同治六年十月乙巳受理、頁二六～二八、『走向世界叢書』（嶽麓書社版）所収『歐美環游記』同治八年五月十七日条、七九〇頁、『薛福成日記』上冊、同治八年十月初六日条、四五頁を参照。
（6）『籌辦夷務始末』巻五二、「總理各國事務恭親王等奏」同治六年十一月庚戌受理に添付「給蒲安臣閲看條款」頁二～三。なお「章京」とは書記官の意であり、後述の総理衙門総辦章京というのは、あえて現在の外務省組織で比定すれば、外務事務次官あたりに相当する。
（7）S. F. Wright, *Hart and the Chinese Customs*, pp. 368–369.
（8）バーリンゲーム使節団の記録としては、他に孫家穀の『使西書略』と同文館の学生であった張徳彝の『再述記』（『走向世界叢書』所収『歐美環游記』）があるが、前者は非常に短い概要であり、後者は著者が同治八年にフランスから先に帰国したため、使節団の全行程を記録したものではない。両書については、本書附録1「総目録」三八二、三九七頁を参照。
（9）たとえば呉以義は、清末中国知識人の西洋科学観を検討する題材の一つとして『初使泰西記』をとりあげており、また尹徳翔は、『初使泰西記』の特徴を西洋科学技術に対する詳細な紹介と中国の伝統的儒教思想よりなされる西洋文化・社会批評に見出している。呉以義『海客述奇』、尹徳翔『東海西海之間』第三章を参照。
（10）『清代官員履歴檔案全編』第二六冊、五七六頁、『清史稿』第二七冊、「疆臣年表十二」八二四六～八二五七頁。
（11）袁昶『毗邪臺山散人日記』、『歴代日記叢鈔』第七二冊所収、六四～六六頁。
（12）W. A. P. Martin, *A Cycle of Cathay*, pp. 376–377.
（13）オルコック協定の顚末や天津教案後の変化については、坂野正高『近代中国外交史研究』第五章「同治年間の条約論議」、同『近代中国政治外交史』第八章「同治中興と洋務運動」を参照。
（14）『米欧回覧実記』の出版については、田中彰「解説――岩倉使節団と『米欧回覧実記』」、久米編『米欧回覧実記』第一巻、所収を参照。
（15）たとえば翁同龢は、斌椿が西洋各国を遊歴し、帰国後一書を著したこと、その書が盛んに西洋の繁栄や美術品の精巧さを褒め称えていることなどを記し、「喜んで鬼奴（外国に媚を売るもの）になりさがった」と評している（『翁同龢日記』第二巻、同治八年三月十一日条、七一三頁）。一方、『初使泰西記』に関する記述は、翁同龢の日記には見えない。

(16) 後述するように、ほかに『小方壺齋輿地叢鈔』所収の『初使泰西記』があるが、その内容は基本的に光緒三年刊本と同じである。大きな違いは、『小方壺齋輿地叢鈔』収録本が編者を「宜垕」（避熱主人の息子）としている点と、同治七年七月初三日の条の最後に、バーリンゲームが龍を描いた黄色地に藍の縁取りの旗を作成し、使節外出時にこれを掲げた、との一文が加えられている点である。『初使泰西記』の版本については、本書附録1「総目録」三八一～三八二頁参照。

(17) 『走向世界叢書』（嶽麓書社版）所収『初使泰西記』は『小方壺齋輿地叢鈔』収録本との校訂も行っており、前註の相違点も指摘している（二八七頁）。

(18) こうした整理による問題の典型例が、本書第6章で論じる薛福成の出使日記である。

(19) ここでも便宜性を考慮し、史料の典拠には『走向世界叢書』所収『初使泰西記』の頁数を示すこととするが、『走向世界叢書』所収『初使泰西記』に反映されていない部分はもとの刻本に依拠し、その葉数を示す。

(20) 前註(16)参照。なお『小方壺齋輿地叢鈔』収録本は、あるいは同治十三年時点で宜垕が用意していた刻本を底本とするのかもしれない。

(21) 梁啓超『西學書日表』附巻、頁三四、『增版東西學書錄』三八六頁。

(22) 李圭『環遊地球新錄』については、本書補論2、附録1「総目録」三八三頁を参照。

(23) このとき両者を仲介した「耆繼庵戚弟」とは『初使泰西紀要』の校字者の耆照のことであろう。

(24) 『走向世界叢書』所収『初使泰西記』同治六年十二月初十日条、二五〇頁。なお、同治帝が初めて外国公使を謁見したのは、親政を開始した同治十二年（一八七三）であり、この時に総理衙門と外国公使らの間でひとまずの謁見儀礼が取り決められた。尤淑君『賓禮到禮賓』二二五～二四一頁を参照。

(25) たとえば、同治七年二月二十五日条の日付変更線に関する記述などがその典型である。同上、二五七頁を参照。また、『紀要』では経由地の詳細などが省略されている。

(26) 張蔭桓も「志克庵の日記」と称しているように、『初使泰西記』は日記体をとるが、必ずしも逐日の記録があるわけではない。これは刊本が抜粋本であるからだけではない。志剛本人も上海出発直前の同治七年二月初一日条に「今後は毎月朔日に必ず日記を記すこととする」と記し、とくに記すべき内容がなくとも毎月朔日だけは「某所のホテルに滞在中」などと記していることからして、はじめから毎日の日記を記したものではなかったのであろう。なお、後述するように、光緒三年刊本と『紀要』では、同じ記事が別の日付に見られる例がいくつか確認され、編集にあたって日付の移動がなされたと考えられる。日記体とはいえ日付に必ずしも意味はない点、他の出使日記と同様である。

(27)『三洲日記』同日条の記述より、張蔭桓は孫家穀とは直接の面識があったことが分かるが、志剛とは面識はなかったようであり、その原稿を読んだ可能性は低いと思われる。また、張蔭桓の随員として同じくワシントンに駐在していた許玨もまた『初使泰西記』を読んでいたことが窺われるが、その書名を『出使泰西初記』と記している。『復庵遺集』書札巻一、「與宗湘文（宗源翰）」頁四～五を参照。なお、これらの例以外に出使関係者で『初使泰西記』に言及しているものは、管見の限り認められない。

(28) たとえば、*New York Times*, Aug. 8, 1868, "The Chinese Embassy — Their Entertainment in Auburn — Departure for Niagara Falls" は、オーバーンの水道会社を訪れた志剛が、非常に熱心に水道設備を調査していたことを報じている。

(29) 尹徳翔前掲書、とくに七〇、八五、八六～八七頁。

(30) 先述したように、二つの刊本の違いには、『紀要』の補足説明によるものがある。また、後述するように、国際関係の変化に起因する相違点もある。

(31)『薛福成日記』上冊、二三一～二三三頁。本書第2章註(7)も参照。

(32) 光緒三年刊本は同治九年三月二十九日条（『走向世界叢書』所収『初使泰西記』三四七頁）、『紀要』は同治七年閏四月十六日条（同上、二七〇頁）。

(33) 同上、同治八年十二月初三日条、三三三頁。

(34) 同上、同治七年閏四月十六日条、二七〇頁。なお、交際（＝儀礼）と交渉の関係について、のちに薛福成は、西洋外交がこれを区別し、それぞれの意義を認めるのに対し、清朝は交際を重視して譲歩しない一方で、交渉を軽視して多くの権益を失ってきた、と論じている。佐藤『近代中国の知識人と文明』八八～九一頁を参照。

(35) 一八七六年締結の英清芝罘《チーフー》協定第II部第一条。*Treaties, Conventions, etc.*, Vol. 1, pp. 301–302.

(36)『走向世界叢書』所収『初使泰西記』同治七年閏四月十三日条、二六九頁。

(37)『紀要』巻一、第二三～二四葉。郭開は戦国・趙の人物で、名将の廉頗・李収を讒言によって貶め、趙の滅亡を早めた。后勝は戦国・斉の宰相で、秦から賄賂を受けて斉王に秦に降ることを勧め、斉を滅亡に導いた人物である。

(38)『走向世界叢書』所収『初使泰西記』同治七年六月初九日条、二七一～二七五頁。

(39) 同上、同治七年十一月十九日条、三〇三頁。

(40) 同上、同治九年二月初八日条、三三九～三四一頁。ペテルブルク滞在中の一八七〇年二月二三日にバーリンゲームが病死したため、それ以降は志剛が代わって各国との交渉にあたっていた。

(41) 同上、同治七年十月初七日条、総理衙門あて「説帖」第三節、三〇一～三〇二頁。

(42) 同上、同治七年十二月十二日条、三一三～三一四頁。

(43) 同上、同治九年七月十五日条、三六七頁、『紀要』巻四、第二一葉。

（44）『走向世界叢書』所収『初使泰西記』同治九年四月十五日条、三五六〜三五七頁、『紀要』巻四、第九葉。
（45）『走向世界叢書』所収『初使泰西記』三一二頁。
（46）同上、三〇二頁。
（47）同上、同治九年二月十四日・二十八日条、三四一、三四三〜三四四頁。
（48）同上、同治七年一一月二十日条、三〇四〜三〇五頁。

補論2

（1）一九八〇年代に中国大陸で刊行されて好評を博し、本書でもとりあげる多くの「出使日記」が収録されている『走向世界叢書』いずれの版にも収録されていない。
（2）ほかに、一八六七年にアメリカを訪れた清朝の使節団（いわゆるバーリンゲーム使節団）の記録として、志剛『初使泰西記』や張徳彝『再述奇』があるが、『初使泰西記』はアメリカ自体の様子を詳しく紹介した部分は少なく、その点では『使美記略』のほうが詳細である。張徳彝の『再述奇』（『走向世界叢書』所収の『欧美環遊記』）はアメリカに関する詳細な見聞を含むが、張家所蔵の稿本であり、清末当時には出版されていない。一八七四年に清朝の官費アメリカ留学生の第三陣を引率して渡米した祁兆熙（上海出洋局護送委員）の『游美洲日記』（上海南洋中学旧蔵鈔本、『走向世界叢書』嶽麓書社版に収録）もあるが、これも清末に出版されておらず、多くの人々の目に触れるものではなかった。『初使泰西記』については本書補論1を、『再述奇』については附録1「総目録」三九七頁を、『游美洲日記』については同「総目録」三八三頁のほか、鈴木智夫『近代中国と西洋国際社会』第三章をそれぞれ参照されたい。
（3）鈴木前掲書、第四章を参照。
（4）李圭『環遊地球新録』は、『走向世界叢書』いずれの版にも収録され、研究者の注目を集めてきた。鍾叔河『従東方到西方』第一五章も参照。また、『環遊地球新録』のほうが、『使美記略』に比べ読み物として格段に面白い印象を受けるのも確かである。
（5）したがって、『使美記略』が本国の総理衙門に提出されたことは間違いないと思われるが、それを明示する史料は今のところ確認できない。
（6）『使美記略』については、梁碧瑩『陳蘭彬與晩清外交』三三五〜三五一頁、尹徳翔『東海西海之間』二二八〜二三〇頁にそれぞれ解題的な紹介がある。
（7）『近代中國』第一七輯、三六九〜四一八頁に、陳絳氏によって標点校注が施された全文が掲載されており、ここでも大いに参考にした。その底本は排印本（広東省中山図書館所蔵）で、『小方壺齋輿地叢鈔』所収本によって校訂を行っている。
（8）中国国内では、北京の国家図書館、北京大学図書館、広東省中山図書館（前註参照）で所蔵が確認できる。日本国内では、管見の限り東洋文庫に一冊所蔵されているのみである（『順天時報』の元社員であった松村太郎が寄贈したコレクションの一つである）。

（9）おそらく排印本が先に刊行されており、『小方壺齋輿地叢鈔』の編者がそれを入手して収録したのだろう。

（10）陳蘭彬の生涯とその事蹟については、梁碧瑩前掲書が最も詳しい。ただ、同書は地元広東の愛国的偉人を顕彰しようという色彩が濃厚である。

（11）陳蘭彬らがアメリカの前駐華公使代理ウィリアムズらと会見し、アメリカの地理について詳しく知ることができたという記述に続いて、三十七の「邦」（州）、十の「屬」（準州）、二つの「部落」（インディアン保留地とアラスカ）について、それぞれの位置（緯度・経度）や所属都市、人口などが克明に記されている。

（12）当時イギリスに留学中だった福州船政学堂の学生十二人が、軍艦による遠洋航海訓練の途上でアメリカのニューポートに寄港し、「中國官」がハートフォードに滞在中であると聞きつけ、黄建勲がかれらを代表して謁見に訪れたという。ニューポートに寄港していた十二人のなかには、劉歩蟾・林泰曾・蔣超英・嚴復・薩鎮冰らが含まれており（八月初四日条）、黄建勲が陳らに渡したであろう海軍情報を記した文書も、これらの留学生によって書かれたものだったかもしれない。

（13）「六會館」については、本書一〇一頁を参照。現地の英語では "Six Companies" と称した。最近の研究として、Yucheng Qin, *The Diplomacy of Nationalism* を参照。また「商董」とは会館のリーダーを指す。おおむね科挙の学位を有していたので「紳董」ともいう。

（14）『中美關係史料　光緒朝一』三九三頁。鈴木前掲書、一七七～一七八頁も参照。

（15）『郭嵩燾日記』第三巻、光緒四年五月二十二日条、五四九～五五〇頁。鈴木前掲書は、総理衙門が郭嵩燾に送付したとするが誤りである（一七八頁）。北京のブレドンが総理衙門に百部送付するひと月近くも前に、ロンドンでハートが郭嵩燾に同書を贈っていることになるが、もともと同書の執筆・刊行はハートの強い意向を受けて行われたものであり（『環遊地球新録』「作者自序」）、出版後まもなくハートのもとに届けられ、ハートはこれを携えてイギリスに向かい、郭嵩燾にも贈ったのであろう。

（16）前述の通り、『環遊地球新録』の原稿となった「美會紀略」「遊覽隨筆」「東行日記」は、一八七六年時点で『申報』に連載されており、当時中国に帰国していた陳蘭彬もおそらく目にしていたはずである。

（17）李圭『環遊地球新録』巻四、「東行日記」光緒二年五月二十七日条（『走向世界叢書』（嶽麓書社版）所収『漫遊隨録・環遊地球新録・西洋雜志・歐遊雜録』三三〇頁）。ちなみに、『使美記略』では、ユタ準州を通過したさいの記述において、「大塩湖《グレート・ソルトレイク》」については言及されているが、ヤングが建設した「塩湖城《ソルトレイクシティ》」についてはなぜか触れられていない。ただ、前述のアメリカ全国概況のユタ準州の箇所には、「其の埠は塩湖と曰ふ」との記述がある。

（18）『海國圖志』巻六三、「外大西洋　彌利堅西路」（林則徐訳、魏源輯）所収の「彌利堅國因底阿土番四部」「土番十四種」頁一〇～一六、『瀛環志略』巻九、「北亞墨利加米利堅合衆國」頁二九～三一、李圭撰『環遊地球新録』巻四、「東行日記」光緒二年五月二十

八日条（『走向世界叢書』所収『漫遊随録・環遊地球新録・西洋雑志・歐遊雜録』三三一頁）。『海國圖志』では、インディアン（因底阿）の居住地域について比較的多くの紙幅を割いているが、その「教化・化導」のあり方については、「書館」「廟宇」を建て「教師」を設けて「文字」などを教えているというにとどまり、具体性を欠いている。なお、アメリカ人最初の来華宣教師として有名なブリッジマン（Elijah C. Bridgman 漢名は裨治文）が『美理哥合省國志略』を増補改訂して一八六一年に上海で出版した『大美聯邦志略』には、モルモン教に関する記述はなく、インディアンについては「印甸諸部」で言及されているが、『使美記略』のような「教化・化導」の様子は描かれていない。

(19) このほかいわゆるインディアンについては、先述したアメリカの全国概況（八月二十日条）には、「邦」（州）や「屬」（準州）以外に、二つの「部落」として「野番部」（インディアン保留地）と「阿拉士格《アラスカ》部」があげられ、アラスカには「印度番《インディアン》」と「衣士哥馬士《エスキモー》」が居住していることが紹介されている。

(20) スペイン駐在公使も兼務しているのは、華人迫害が問題化していたキューバとフィリピンが当時スペイン領であったためである。公使就任以前、留学生監督としてアメリカに駐在していた陳蘭彬が、容閎とともにキューバに華人迫害問題の調査に赴いていたことは前述したとおりである。なお、アメリカ合衆国および南北アメリカ大陸の華人問題に関する近年の研究成果としては、移民を対象とする園田『南北アメリカ華民と近代中国』、アメリカ社会からみた貴堂嘉之『アメリカ合衆国と中国人移民』、中国近代外交史の視角からみた箱田『外交官の誕生』を参照。

(21) 同日条には、会館の経費は「華人が帰国するさいの寄付（祇華人回國時、酌量抽捐）」に依存していたことも記されている。

(22) 蘇武は前漢の人、西域に使節として派遣され匈奴の捕虜となったが、最後まで屈服せず、十九年後に漢に帰国した。鍾儀は春秋時代の楚出身の古琴奏者で、鄭の捕虜となったのち晋に贈られたが、故郷の楽調を棄てなかったという。

(23) 鈴木前掲書、一六二頁を参照。

(24) 『小方壺齋輿地叢鈔』第十二帙が収録するアメリカ合衆国関係の書物・文章は、『使美記略』以外には次のものに限られる。岡本監輔『亞美理駕諸國記』、同『美國記』、蔡錫齡『紅苗紀略』、李圭『美會紀略』、同『東行日記』、闕名『舟行紀略』。ちなみに、駐独公使館随員の王詠霓が一八八七年にドイツから帰国するさいに記した日記（『道西齋日記』『歸國日記』）には、通過したアメリカに関する部分で「陳記」「李記」の記述について言及されている。「陳記」とは陳蘭彬の『使美記略』を、「李記」とは李圭の『環遊地球新録』を指し、一八八〇年代後半においても、在外公館スタッフたちが参照するアメリカ関係の記録がこの両書であったことがうかがわれる（光緒十三年三月二十五日・二十七日・二十九日の各条。そのほか『瀛環志略』も参照されている）。王詠霓の日記に『使美記略』への言及がみられることについては、箱田恵子氏の示教による。『道西齋日記』（『歸國日記』）については、本書第8章第三節を、その書誌については、附録1「総目録」三七七頁を参照。

第3章

(1) 曾紀澤は、湖南省湘郷県の人、字は劼剛、諡は惠敏。父の蔭により戸部員外郎となり、一八七七年に父爵（一等毅勇侯）を承襲、一八七八年から八六年まで駐英・仏・露公使としてヨーロッパに駐在し、帰国前に総理海軍事務衙門帮辦大臣、兵部左侍郎に任命され、帰国後は総理各国事務衙門大臣、戸部右侍郎を歴任、一八九〇年四月に在職のまま病歿した。駐英・駐仏・駐露の各公使としての在職期間は、本書附録1「総目録」三四七、三五五～三五六、三五八～三五九頁を参照。曾紀澤の「外交」活動を評価した研究のなかでもとくに傑出しているのが、李恩涵『曾紀澤的外交』である。なお、大陸の研究では最近、黄小用『曾紀澤的外交活動與思想研究』が出版されたが、その第一章・第二章は、構成・内容ともにほぼ李恩涵前掲書の第一章～第五章を剽窃したものである。

(2) 同書の標点排印本に『曾紀澤遺集』（『曾紀澤集』として再版）がある。

(3)『遺集』所収の「詩集」には、一八八一年にすでに歿していた実弟の曾紀鴻が兄紀澤の「詩集戊集」のために光緒三年（一八七七）に記した序が付されており、そのなかで曾紀鴻は、渡欧中であった兄の「詩册」はすべて自分が保管していたと述べている。『遺集』の「詩集」には、「戊集」に続いて在欧時期から北京で病歿するまでの詩詞も「己集」上下巻として収録されている。「詩集」のみならず、「奏疏」「文集」の原稿も曾家が保管していたものを提供したと考えるのが自然であろう。また、版元である江南製造総局の当時の総辦は、かつて曾紀澤駐欧時の駐仏二等參贊を務め、曾紀澤夫人の実弟でもあった劉麒祥（曾国藩の盟友劉蓉の子）であり、『遺集』の出版に関与していた蓋然性は高い。

(4) 後者は『手寫日記』と『曾侯日記』を底本とし、『手寫日記』にはない記述を『曾侯日記』によって補充している。

(5) 曾紀澤日記の各種版本について検討したものとして、本書総論、一三～一九頁の言及のほかに、以下のものがある。鍾叔河『従東方到西方』三二〇～三二六頁、『曾紀澤日記』上冊、劉志惠「前言」、潘光哲「王錫祺傳」四二一～四二二頁、青山治世「曾紀澤の出使日記について」。

(6) のち『各國日記彙編』にも転載されている。また、刊行年不詳の上海著易堂鉛印本（東京大学総合図書館所蔵）もある。

(7) 同書の書誌については、本書総論註(32)(33)を、内容については、第4章を参照。

(8) 同書は『曾侯日記』を改題して再録したもので、内容にほぼ出入はみられない。

(9)『曾惠敏公遺集』所収の「日記」は、書名を表記する場合は、巻端題にしたがって『曾惠敏公使西日記』あるいは略して『使西日記』と記したほうが正確であろう。しかし、『小方壺齋輿地叢鈔再補編』にも『使西日記』と題する曾紀澤の日記が収録されており、しかも後述するとおり、若干の異同があるため、これと混同しないために、本章では便宜的に『遺集・日記』と略記する。

(10) 同書は『遺集・日記』を再録したものだが、『遺集・日記』とも「手稿日記」とも異なる追加があり、その追加は『小方壺齋輿地叢鈔再補編』の編集者（王錫祺じしんか）によってなされた可能性が高い。詳しくは、青山前掲論文、八二～八三頁を参照。

(11) 同書は『遺集・日記』、『出使英法日記』（『小方壺齋輿地叢鈔』所収）、『使西日記』（『小方壺齋輿地叢鈔再補編』所収）を輯校したものである（輯校者は張玄浩）。

(12) 『手寫日記』から出使時期（その前後も若干含む）を抜粋しただけの同書は、『手寫日記』を底本とし『曾侯日記』とも照合した『曾紀澤日記』が刊行された以上、学術研究においては、もはや使用に耐えないといわざるをえない。

(13) 同書（嶽麓書社版）は『手寫日記』を標点排印したものだが、『手寫日記』にはなく『曾侯日記』にのみみられる記事も補充している。しかし、『遺集・日記』との照合、とくに『曾侯日記』に採録されていない光緒五年三月二十七日以降の記事との照合は行われておらず、『遺集・日記』にしかみられない記事が欠落していることには、注意を要する。青山前掲論文、八一頁を参照。なお最近、中華書局から同書が再版され、初版における誤植や標点の誤りなどが改められたというが、未見であり、本章は初版本に拠っている。

(14) 一八八二年一月一～七日付の『申報』の第一頁に『曾侯日記』の出版広告（「曾侯日記出售」）が掲載されている。

(15) 『曾惠敏公電稿』「致總署電」〔光緒七年〕十二月二十四日、三四～三五頁。

(16) 郭嵩燾の『使西紀程』も、かれの「手稿日記」（『使西紀程』と同期間の部分は、『郭嵩燾日記』第三巻所収）との対校により、その出入を検証することができる（詳細は本書第1章を参照）。ただ、郭嵩燾の「手稿日記」には、『使西紀程』の編集作業に関わる記述は見当たらず、また、湖南省図書館に所蔵されているというその原本も未見であり、本章で示す曾紀澤の報告用日記のような詳細な作成過程をつかむことはできない。

(17) 報告用日記の作成過程については、『曾紀澤日記』上冊、劉志惠「前言」四頁にも言及するが、本節で示す具体的な作成方法については把握されていない。

(18) それが『曾紀澤日記』中の『曾侯日記』から補充された部分にあたる。

(19) 『曾惠敏公手寫日記』第四冊二〇五九頁～第五冊二四四八頁（＋同冊二五〇三～二五〇六頁）。この印を付す作業が、光緒六年四月十六～十八日条にいう「圈記」であり、この印によって範囲指定された箇所が「應鈔者」（抜粋すべきもの）だったとみてよいだろう（これについては、『曾紀澤日記』上冊、劉志惠「前言」四頁にも指摘されている）。この印がまとまって出てくるのは光緒六年四月十一日までだが、この日で「圈記」の作業が終わっているのは、その翌日の条から日記の「冊子」が切り替わっているため、ここを区切りとしたのであろう（『曾惠敏公手寫日記』第五冊、二四四八頁を参照）。「圈記」の印が付されているすべての日付については、青山前掲論文、八六～八七頁註(37)を参照。

(20) 若干異同がみられるのは、おそらく「手稿日記」中の「圈記」が付された部分を書き写させたものに、曾紀澤がまた手を入れたためであろう（青山前掲論文、八七頁註(38)を参照）。

(21) 『曾惠敏公遺集』文集巻三、頁一、「巴黎致總署總辦論事七條」戊寅十二月十九日。

(22)『曾紀澤日記』中冊、光緒五年二月初十日条、八四七頁。これより前の一八七九年一月四〜一四日にかけて、曾紀澤は一度ロンドンに赴き、郭嵩燾からの事務引き継ぎやソールズベリ外相との会見（一月八日）は行っているが、イギリス国王への謁見と信任状捧呈は行われず、再びパリに戻っている。

(23)同上、光緒五年三月二十七日条、八六五頁。ただ、同日条には「日記の瑣事を刪削す」と二度書かれているが、報告用日記を完成させたと明記する記述は、その後の日記にも見当たらない。

(24)同上、光緒六年四月十六・十七・十八日条、九八二、九八三頁。

(25)「手稿日記」の光緒六年七月初八日条には、「核對従官繕余日記」「校閲日記繕本、改正誤字」との記述があり（『曾紀澤日記』中冊、一〇〇六頁）、最後の校閲作業は、後述するロシア赴任後の一八八〇年八月一三日に行われたことがわかる。

(26)「手稿日記」に「圏記」の印がまとめて付されているのは光緒六年四月十一日（一八八〇年五月一九日）までで、その作業は、前述のとおり光緒六年四月十六〜十八日（同月二四〜二六日）のあいだに行っていたようである。また、四月十一日条から大きく飛んで六月二十二日（同年七月二八日）条のみ「圏記」の印がみられる。つまり、一八八〇年八月一三日ごろ完成させたと思われる報告用日記の収録期間は、光緒五年三月二十七日〜六年四月十一日＋六月二十二日（一八七九年四月一八日〜八〇年五月一九日＋同年七月二八日）だったと推測される。

(27)本書八頁を参照。

(28)前註(25)を参照。

(29)『曾惠敏公手寫日記』第一冊、呉相湘「曾惠敏公手寫日記影印本跋」三頁。

(30)『曾惠敏公遺集』文集巻五、「巴黎覆陳俊臣中丞」壬午（光緒八年）九月二十一日、頁二。引用した日記に関する部分は、書翰末尾に載せる。

(31)ただ、これが無断で刊行されていくことにはやはり不満を抱いており、甥の曾廣鈞が関わっていた光緒九年の『金軺籌筆』の刊行についても、後年怒りを露わにしている。本書総論註(35)を参照。

(32)『遺集・日記』の編集・刊行の経緯は未詳である（『曾惠敏公遺集』の編纂経緯については、前註(3)を参照）。『遺集・日記』とそれを再録した『使西日記』（『小方壺齋輿地叢鈔再補編』所収）については、青山前掲論文、第三節を参照。

(33)曾紀澤は、赴任前に『使西紀程』はもちろん、劉錫鴻の「英軺日記」にも目を通している（『曾紀澤日記』中冊、光緒四年八月初一日・初二日・初七日・十二日条、七六六〜七六九頁）。

(34)以下、とくに必要がある場合を除き、言及する「報告用日記」が『曾侯日記』をも指すことは、いちいち注記しない。

(35)ラフォン（Louis Charles Georges Jules Lafont）はフランスのコーチシナ軍事総督兼海軍司令官、フランダン（Joseph Hippolyte Frandin）はフランス駐清公使館の通訳官で、曾紀澤の渡欧にさいして清朝が法《フランス》文翻譯としてフランスから借用し、曾に同行していた。斐龍（Peyron か）については未詳である。

（36）『曾惠敏公遺集』文集巻三、「巴黎致總署總辦」己卯五月十五日、頁五～七。この提案に対する総理衙門の反応は史料上確認できない。この提案の詳細については、青山前掲論文、一〇一～一〇三頁を参照。

（37）『中外舊約章彙編』第一冊、三九四～三九七頁。ちなみに、曾紀澤は清・ブラジル条約締結の発端を作った貢献が認められ、のちにブラジル政府から勲章を授与されており（『曾紀澤日記』中冊、光緒八年二月三十日〔一八八二年四月一七日〕条、一一五五～一一五六頁）、この勲章授与に関する記事は『曾惠敏公遺集使西日記』の同日条にも採録されている。

（38）The Marquis Tseng, "China, the Sleep and the Awakening." 漢訳「中國先睡後醒論」は、『新政真詮』初編、および『皇朝蓄艾文編』巻一「通論一」所収。

（39）光緒五年二月初四日条には、パリ市長主催パーティで駐仏オスマン公使が曾紀澤に向かって「トルコは中国と誼を通じたいと願っている」と語ったことが記されている。

（40）憲法・法制調査のためヨーロッパに滞在していた伊藤博文は、同じく在欧中だった「曾紀澤と数回突っ込んで話合い、互いに先入見を捨て、東西各国の情勢を痛感し……そこで琉球問題にも論及し……お互いの意見には甚だ合致するところがあった」と、一八八五年二月の駐日公使徐承祖との会談時に述べている（西里喜行『清末中琉日関係史の研究』四五五頁）。『曾紀澤日記』にも、曾紀澤がイギリス、フランス、ロシアで数度伊藤博文と会談したことが記されている（中冊、光緒八年十二月十二日、九年二月十二日・十九日・二十九日・五月初四日条、一二一八、一二三二、一二三三、一二三六、一二五二頁。光緒八年十二月十二日条は氏名が伏せ字になっているが、伊藤であることは間違いないだろう）。

（41）『日本外交文書』第二〇巻、一二三～一三一、一四七～一五〇、一六三～一六八頁。五百旗頭薫『条約改正史』二八七頁も参照。

（42）小野川『清末政治思想研究』四二頁。

（43）「機括」とは、もともと古代中国の兵器である弩の発射装置をいい（『莊子』内篇「齊物論」）、清末には洋式機械の発動装置をも指すようになった（たとえば、王韜「火器説略前序」『弢園文録外編』所収、二二四頁）。

（44）ここまでは小野川氏による和訳（同前掲書、四二頁）をベースにしたが、文字の誤読と誤訳を改め、中略箇所には「……」を補った。これ以下の部分を小野川氏が訳出しなかった理由はわからない。

（45）村田雄二郎「康有為と「東学」」二八二頁。

（46）以上、小野川前掲書、四四～四五頁を参照。小野川氏はつづけて、「このことは単に特殊な個人が抱く見解の域を越えて、次第に西学に留意するものの共通の通念になろうとしている。換言すれば、一個の風潮を形成しようとするのである」と述べている（同上、四五頁）。

（47）同上、四五頁。

(48) 同上、四三頁。渡欧の途上で示された「洋務派の代表的な見解」というのは、『曾侯日記』光緒四年九月二十一日条に掲載されている『文法舉隅』に寄せた曾紀澤の序文の一節を指している。『文法舉隅』については、本章表3の注(2)をみよ。

(49)『上海縣續志』巻一八、「張煥綸傳」を参照。また、張煥綸の教育事業については、熊月之「近代進歩教育家張煥綸」を参照。

(50) 小野「郭嵩燾・劉錫鴻の士大夫観とイギリス政治像」。

(51)『適可齋記言』巻二、「上李伯相言出洋工課書」丁丑夏、頁二～七、岡本『馬建忠の中国近代』第二章、坂野『中国近代化と馬建忠』二〇～二七頁を参照。

(52)『適可齋記言』巻二、「上李伯相言出洋工課書」丁丑夏、頁七。岡本前掲書、二八、二六二頁を参照。

(53) 詳しい内容については、岡本前掲書、二四～二七頁を参照。

(54)『適可齋記言』巻二、「自記」頁七。

(55) 岡本前掲書、二八頁も参照。

(56) この意見書については、前述したとおり、小野川氏も「西人の政教に対する関心」の一例として言及する（小野川前掲書、四三、五一頁）。

(57) 本書一四～一五頁に引用したメジャーによる序文を参照。

(58) 郭嵩燾や曾紀澤の「出使日記」を参考にしながら、自らの「出使日記」の形態や記載内容を、出版を前提に追究していったのが薛福成であり、かれの『出使英法義比四國日記』の冒頭に付された総理衙門あての「咨呈」や「凡例」には、その苦心の様子が直截に吐露されている。たとえば、本書二一～二三頁を参照。

第4章

(1) 以後十年におよぶロシアのイリ占領について、とくにその「ローカルな視点」からみなおした最近の研究成果として、野田仁「イリ事件再考」を参照。

(2) この人物は本書でもすでに何度か言及しているが、ここでまとめて簡単に紹介しておく。崇厚（一八二六～一八九三）、内務府鑲黄旗人、完顔氏、字は地山、号は鶴槎。道光二十九年（一八四九）の挙人。第二次アヘン戦争当時、天津に勤務していたため、列強と関わることが多く、渉外の人材と認められ、戦争終結後の咸豊十一年（一八六一）、三口通商大臣に任命され、あらためて天津に駐在する。同治年間、各国との条約締結にたずさわり、一八七〇年の天津教案では、謝罪使としてフランスに赴いた。本書にいう「崇厚謝罪使」とは、これを指す。帰国後は総理衙門大臣に任じたのち、盛京将軍代理となって、ロシア赴任を迎えた。なお崇厚の伝記的な研究として、湯仁澤『經世悲歡』がある。

(3) *E. g.* I. C. Y. Hsü, *The Ili Crisis*, esp. pp. 78-196. 李恩涵『曾紀澤的外交』六三～一六三頁、S. C. M. Paine, *Imperial Rivals*, esp. pp.

132-173. 特筆すべきは、ロシア側の関連アルヒーフを縦横に駆使したА. Д. Воскресенский, *Дипломатическая история русско-китайского Санкт-Петербургского договора* であり、『金軺籌筆』の記事を確認するのに大いに役立つ。筆者が通観したかぎり、ここでとくに問題とすべき齟齬はみあたらなかった。

(4) ギルス・ジョミニ・メルニコフの肩書は、『金軺籌筆』原文にはそれぞれ「外部尚書（外相）」「署外部尚書（外相代理）」「外部總辦（外務次官）」とあって、厳密にいえば誤りである。なぜそう誤ったのかはわからない。

(5)『曾紀澤日記』中冊、光緒六年九月初三日・十月初九日・十一月十八日の条、一〇二一、一〇二九、一〇三七頁。

(6) Hsü, *op. cit.*, p. 153.

(7) *Дневник Д. А. Милютина*, стр. 267. Hsü, *op. cit.*, pp. 163-164. Воскресенский, Указ. соч., стр. 168-170.

(8)『曾紀澤日記』中冊、光緒六年十月初六日の条、一〇二八頁。

(9) C. & B. Jelavich, eds., *Russia in the East*, pp. 115, 116-117.

(10) *Ibid.*, pp. 121-122.

(11)『清季外交史料』巻二五、「使俄曾紀澤中俄改訂條約蓋印畫押摺」光緒七年二月十五日受理（正月二十八日）、頁一一。

(12)『曾恵敏公遺集』奏疏巻二、「敬陳管見疏」庚辰四月十九日、頁六〜八。

(13)『曾恵敏公遺集』奏疏巻三、「改訂俄約辦事艱難情形疏」辛巳正月二十八日、頁七〜八。「ママ」とした「外務」は、原文どおり。当時の中国外政にとって重要な概念となるこの語については、岡本『馬建忠の中国近代』二六五〜二六六頁、同「中国近代外交へのまなざし」、とくに一七頁を参照。また本書第6章註(41)にも、その一面を論ずる。

(14) その影響を最も強く受けた一人が、この四巻本を編んだ楊楷だったといえる。本書総論、一七〜一八頁に引用したその序文を参照。

(15)『曾恵敏公遺集』奏疏巻三、「改訂俄約辦事艱難情形疏」辛巳正月二十八日、頁七。

(16) もちろんロシア側が、現実に交渉の場で、どこまで国際法に依拠していたか、また清朝側にそれをいいつのったかは、自ずから別の問題である。それは当時の東方に対するロシアの姿勢と国際法との関係というべき論点であって、ロシア史プロパーの研究でも、具体的に徴すべきものはみあたらない。参照に値するのは、時期がややずれるものの、天野尚樹「近代ロシア思想における「外来」と「内発」」くらいであって、むしろ今後の研究課題であろう。

(17) 曾紀澤は交渉に臨む前から、崇厚が帯びた「全権」の地位や本国の強硬派の動向と関わって、つとにその困難な見通しを憂慮していた。たとえば「致陳蘭彬書」光緒六年二月初三日、「曾紀澤未刊書牘」所収、一五三〜一五四頁、『曾恵敏公遺集』文集巻三、「倫敦致丁雨生（丁日昌）中丞」光緒六年二月十五日、頁一四〜一五を参照。ただそれは必ずしも、国際法の観点によっていたわけではない。それを獲得したところに、ペテルブルク交渉の意義があるともいえよう。

（18）前註(14)に言及した楊楷が、その典型であろう。箱田『外交官の誕生』一四三～一五五頁、および本書第6章で論及するように、「公法」準拠はむしろ、後任の薛福成の具体的な試行錯誤のなかで、あらためて自覚、実践、主張される問題である。
その点、Paine, *op. cit.*, pp. 165–166 に、「イリ危機」を通じて「清朝は国境・主権という西洋的な概念（the European norms for borders and sovereignty）を用いざるをえなくなった」というのは、この時期にかぎっていえば、実証を経ざる過大評価だといわざるをえない。

（19）そうした曾紀澤の具体的な交渉活動については、李恩涵前掲書を参照。筆者の論及としては、岡本『属国と自主のあいだ』三四五～三四六、四四三頁、同「属国と保護のあいだ」、同「「主権」の生成と「宗主権」」、また、岡本隆司訳「チベット問題に関し、ロンドンより李鴻章に送った書簡」『新編原典中国近代思想史』所収、一〇四～一〇九頁も参照。

第5章

（1）張蔭桓の事蹟に関しては、箱田『外交官の誕生』七五、二九七～二九八頁に、簡にして要をえた解説と先行研究の紹介がある。そこに説き及ばない最近の中国語の著述として、李吉奎『晩清名臣張蔭桓』、王蓮英『張蔭桓與晩清外交』もあるが、とくに新味はない。

（2）「總理各國事務衙門清檔」各國交渉雜項 01–34–003–14–002、張蔭桓の上奏、光緒十六年五月二十九日受理。

（3）いわゆる「原稿本」は、『奉使日記』（南京図書館所蔵本）。「標点本」は、『張蔭桓日記』所収、一～四四六頁。

（4）坂野「張蔭桓著『三洲日記』を読む」四九四～四九五頁。

（5）以下の引用につき、少し補足しておく。この日付は西暦では、一八八六年四月六日である。『三洲日記』所載の日付は、機械的に西暦への置き換えができないので、注意しなければならない。
通訳官の「鄭鵬翀」は、上海図書館所蔵『奉使日記』巻一、同日条によって補った。

「外国人職員のビー」はもと弁護士、サンフランシスコ駐在領事にも任じ、一八九二年に歿するまで、在米華人のために尽力した（Qin, *The Diplomacy of Nationalism*, pp. 112–113, 116, 120, *et passim*）。

「会館」「紳董」については、本書補論2註(13)を参照。

「検査官ティニン」は未詳。『三洲日記』原文は「總査官天年」に作り、アメリカ国務省側の文書には、"the Surveyor of the Port," "Mr. Tinnin" とある（United States, Department of State, General Records of Department of State [hereafter cited as USDS], Notes to Foreign Legations, Bayard to Cheng Tsao Ju, Apr. 9, 1886）。「天」は広東音で tin^{1}、「年」は nin^{4}である。

（6）坂野前掲論文、四九七頁。

（7）マスコミはたとえば、*New York Times*, Apr. 7, 1886, "An Insult to China — Her Minister Treated like a Coolie under the Law" を、議会

関係は *Congressional Record*, 49th Cong., 1st sess., Vol. 17, 1886, p. 3920. USDS, Notes from the Chinese Legation, Vol. 2, Cheng Tsao Ju to Bayard, Apr. 7, Apr. 21, 1886；Notes to Foreign Legations, Bayard to Cheng, Personal, Apr. 7, 1886 を参照。

（8）『三洲日記』では巻一、光緒十二年四月初五日戊辰・初九日壬申・六月二十六日戊子条。USDS, Notes from the Chinese Legation, Vol. 2, Chang Yen Hoon to Bayard, May 8, 1886；Notes to Foreign Legations, Bayard to Chang Yen Hoon, May 12, 1886.『申報』光緒十二年七月十一日、「録張樵野星使致美國外部函」「擇譯美國外部拜亞《ベイヤード》復張樵野星使函」。

（9）たとえば、『三洲日記』巻一、光緒十二年七月二十三日甲寅条を参照。

（10）『三洲日記』巻二、光緒十二年十一月二十八日丁巳条。ベルモントは当時、ニューヨーク州選出の下院議員で外交委員長。張蔭桓と接触の多かった議員の一人である。

（11）『三洲日記』巻二、光緒十二年十一月十四日癸卯条。

（12）この交渉については、M. H. Hunt, *The Making of a Special Relationship*, pp. 104–105 のほか、Qin, *op. cit.*, pp. 111–112 がサンフランシスコ六大会館の立場から、箱田前掲書、七九～八六頁が外交交渉の見地から、その経過を跡づけている。

（13）『三洲日記』巻三、光緒十三年正月初五日癸巳の条。のち張蔭桓はベイヤードとの移民自制の条約交渉で、アメリカ連邦政府による移民の「保護」を重視する主張を行い、失敗に終わる（後註(27)を参照）が、引用したくだりは、当時のアメリカ側の態度全般を物語るもので、そうした交渉結果に対する伏線をもなしているといえよう。

（14）USDS, Notes to Foreign Legations, Bayard to Chang Yen Hoon, Oct. 22, 1886. その漢訳テキストは、『總理各國事務衙門清檔』第二七五冊「出使美國」、美外部拜亞の張蔭桓あて照復、一八八六年一〇月二二日である。

（15）事件の詳細については、朱士嘉編『美國迫害華工史料』「署金山總領事歐陽明稟」光緒十一年九月十三日、八一～八二頁を参照。

（16）同上、「張蔭桓致美國外部函稿」光緒十二年五月二十七日、一〇一～一〇二頁。その英訳テキストはUSDS, Notes from the Chinese Legation, Vol. 2, Chang Yen Hoon to Bayard, June 28, 1886 である。

（17）『三洲日記』巻一、光緒十二年七月初四日乙未条。

（18）『總理各國事務衙門清檔』第二七五冊、張蔭桓の美國外部大臣拜亞あて照會、光緒十二年九月十五日。その英訳テキストはUSDS, Notes from the Chinese Legation, Vol. 2, Chang Yen Hoon to Bayard, Oct. 12, 1886 である。

（19）『三洲日記』巻二、光緒十二年十月初三日壬戌条。

（20）『總理各國事務衙門清檔』第二七五冊、張蔭桓の美國外部大臣拜亞あて照復、光緒十二年十月初三日。USDS, Notes from the Chinese Legation, Vcl. 2, Chang Yen Hoon to Bayard, Oct. 29, 1886.

（21）引用は、上海図書館所蔵『奉使日記』巻四、光緒十二年十一月十五日甲辰条による。原文は以下のとおり。

科士達已回、早間將外部復文送閲、並訂晩八點鐘往晤。科言「外部回文、謂〈前函所述華人被害數十命、指爲失實〉。**蓋將洛案**

二十八命剔開、以為總統已諭議院賠、此外只三命。此誠一面之詞。洛案議賠、係華人損失之項。至命案、未辦兇、安能撇除不計、合之澳路非奴一起、計共斃三十六命。謂非數十命乎。當駁復**以愧之**」。**虮蝮言多失信、甚難共事。**

現行の刊本『三洲日記』巻二、同日条には、ゴチックの部分を省略してある。

　この出入がおこった正確な理由はわからないけれども、まもなく後の十一月十九日戊申条に、以下のようなくだりがある。これには、両テキストの出入はない。

　午間、科士達來、自攜擬駁烏廬命案稿、謂「虮蝮前文、指爲失實、殆將去文「並未辦兇」一句略過、遂致上下脱節。或係外部庸手所爲、虮蝮尚不至是、現與駁復、使之自愧」。

　昼にフォスターが来訪し、自らウォルド社殺人事件に関する反駁書の草稿をもってきて言うには、「ベイヤードから前回来た文書に、正確ではない、と指摘しているくだりは、どうやらこちらから送った文書にいう「まったく犯人を処罰したことがない」の一節を省略したために、前後くいちがいをおこしているようです。国務省のヘボ役人の手になるものかもしれません。ベイヤード本人がしたためたのなら、まさかこんなふうにはならなかったでしょう。とりあえずかれに反駁する返書を出して、自分で恥じ入らせるようにしましょう」と。

つまり引用したベイヤードの反論書には手違いがあるようなので、ベイヤード本人を必ずしも責められないといっているのであり、刊本ではこの十一月十九日戊申条と対応させるために、十一月十五日甲辰条の記述を省略整理した可能性がある。

なお引用文中にでてくる「オロフィーノ（澳路非奴）」とは、アイダホ準州のオロフィーノ（Oro Fino）金鉱で一八八五年九月一八日におこった殺人事件であり、華人五名が誘拐絞殺された。くわしくはたとえば、朱士嘉編前掲書、「署金山總領事歐陽明稟」光緒十一年九月初二日、八四頁を参照。

（22）USDS, Notes to Foreign Legations, Bayard to Chang Yen Hoon, Dec. 4, 1886. 管見では現在のところ、その漢訳テキストは見あたらない。なお引用文中に言及する「二月一八日付の返答」というのは、USDS, Notes to Foreign Legations, Bayard to Cheng Tsao Ju, Feb. 18, 1886 であり、大統領の教書・中米間の条約なども引用して国務省の基本的な立場を説いた、すこぶる長大かつ重要な文書である。その詳細については、稿を改めて検討したい。

（23）たとえば、坂野前掲論文、四九九、五〇九頁、箱田前掲書、八六、三〇三頁を参照。

（24）USDS, Notes from the Chinese Legation, Vol. 2, Chang Yen Hoon to Bayard, Dec. 18, 1886.「アメリカの偉大な国際法学者」とはホイートン（Henry Wheaton）のことを指し、引用の一節は *Elements of International Law*, p. 421 にある。また箱田前掲書、九三頁も参照。

（25）『三洲日記』巻三、光緒十三年正月十八日丙午の条。なお引用文中にでてくる「タコマ（的欽巴）」の事件とは、一八八五年一一月三日、数百人の華人が放火掠奪をうけ、住居を逐われた事件である。詳細はたとえば、朱士嘉編前掲書、「砵崙《ポートランド》埠中華會館紳董

會同的欽巴遷寓砵嵜埠之各華店司事等呈金山總領事稟函」光緒十一年十月初七日、八四〜八五頁を参照。

「セントルイス（新舊）の殺人事件」は、一八八五年六月一日、賭博がらみで華人が華人を殺害した事件であるので、白人の華人迫害とは性質が異なるけれども、張蔭桓はアメリカ側のその捜査・審理に疑問をいだいていた。そのくわしい経緯は、『三洲日記』巻三、光緒十三年正月二十八日丙戌の条に記載がある。フォスターの「斡旋」の結果、犯人として捕らえられた六名は、全員釈放された。『三洲日記』巻五、光緒十三年十一月二十二日乙亥の条を参照。

(26) 張蔭桓じしんが当時、本国に上奏した文書でも、簡略ながら同様のことを述べている。『華工出國史料彙編』第四冊、「使美張蔭桓洛士丙冷案定議並擬訂條款摺」光緒十三年二月初四日、一三五五頁。

(27) その交渉過程に関しては、箱田前掲書、八六〜一〇〇頁を参照。

(28) その意味で、坂野前掲論文、五〇三頁の「事に触れ、折に触れて、見聞をあるがままに記録し、淡々と突き放して、それぞれの国の制度を考察している」という論評は、実情と乖離しているといえよう。

(29) これに関わる清米の交渉を Qin, *op. cit.*, pp. 113-115 は、もっぱら「条約遵守（treaty defender）」の観点から、また貴堂『アメリカ合衆国と中国人移民』二〇八〜二〇九頁は、アメリカ側の「巧妙な」対応、清朝側の「戦略的外交」とその場のテクニックの巧拙で描くけれども、いずれも清朝の事情をみない一面的な叙述といわざるをえない。スペイン（マニラ）の華商迫害に対する賠償や領事の設置でも、上にみたベイヤードの場合と同じ論理を用いている（たとえば『三洲日記』巻三、光緒十三年二月初七日・巻四、光緒十三年閏四月十五日の各条を参照）からである。

(30) 典型的なのは、『三洲日記』巻二、光緒十二年十一月二十日己酉条に、アメリカ憲法の漢訳を載せることである。この翻訳作業じたいは、張蔭桓の赴任前の一八八〇年、デンバーでの華人迫害事件を契機にしたものだ（李文杰「首部漢譯美國憲法問世考」を参照）が、『三洲日記』はそれをあえて収録したいきさつ・理由について、何も述べておらず、精確なことはわからない。しかしこの日付に繋げることからみて、本章で述べた清米政体論争と関連する蓋然性が高い。『總理各國事務衙門清檔』第二七五冊、「光緒十二年十二月十八日收張蔭桓函」にも、「アメリカは憲法を口実にする（彼以國例為言）」、「いっさい憲法に委ねて罪状が公正を失うようなことにはなるまい（何至盡委之國例、以至情罪失當哉）」という。また箱田前掲書、九三、三〇五頁も参照。

第6章

(1) 薛福成の洋務思想の特徴として、領事派遣による積極的な海外華人保護を提唱し、さらに華人の海外渡航を禁じてきた旧例を廃止するよう求めた（『出使奏疏』巻下、「請豁除舊禁招徠華民疏」光緒十九年五月十六日、頁五〜九、『庸盦全集』第一冊、所収、五九七〜五九九頁）ことが端的に示すように、西洋の富強の基盤としてその経済政策を重視した点、さらに中国の富強のためには西洋に倣った改革＝「変法」を不可避とみなした点が指摘される。また、国際法受容を中核とする対外姿勢の改変を提言したことから、海外体験によるかれの国際認識とその背景をなす文明観の変化も、研究者の注目を集めてきた。なお、薛福成と領事設置・海外華人保護に関する先行研究については、青山治世「清朝駐英公使薛福成の領事設置活動」の「はじめに」にあげる諸研究のほか、鄔秋龍「略論薛福成的設領思想」など、多数を確認できる。薛福成の国際法受容とその文明観については、佐藤『近代中国の知識人と文明』八一〜九五頁を参照。また、薛福成の外交思想全般を扱った最近の研究として劉悦斌『薛福成外交思想研究』などがある。

（2）黄樹生「薛福成著述版本考述」を参照。この論文は、薛福成の著作の版本を網羅的に調査したもので、薛福成じしんや家族・門人による刊行状況とともに、日清戦争以降のいわゆる変法期にさまざまな版本が流布していたことが分かる。そこから、かれの著作が当時の知識人の間にいかに広まっていたかが想像できよう。

（3）『走向世界叢書』所収『出使英法義比四國日記』。この書の冒頭に収められている鍾叔河「從洋務到變法的薛福成」の一文（同『從東方到西方』に再録）も『出使四國日記』と『續刻日記』をまったく区別せずに論じている。同上、四七三〜五一八頁を参照。

（4）たとえば、手代木『清末中国の西洋体験と文明観』第三章第一節も、両書の史料的性質の違いを意識せず、「出使中に得た世界の動向に関する膨大な情報の記録」として区別なく扱っている。さらにいえば、同書は後述する活字本『薛福成日記』も「出使期の日記」として、これら出使日記と同列に扱っている。

（5）薛福成は出使日記や『庸盦海外文編』などの文集のなかに、西洋各国の政治・経済・文化・社会に関する考察や自己の見解について論じた文章を多数残している。これらの「論議（議論之文）」に相当する文章を、本章では便宜上「論説」と呼び、出使日記の他の内容（旅程、行事、新聞記事の抜き書き、世界地誌の抄訳など）と区別する。

（6）沈林一「出使日記續刻跋」にも「公嘗て瀛環志略に續かんことを議し、隨員に分飭して泰西地志を繙繹せしめ、已に十のうち六七を得て、其の大略を日記之中に摘す」と述べられている。

（7）管見の限り、この問題に関する専論としては、鄒振環「薛福成與《瀛環志略》續編」があげられるだけである。

（8）南京図書館所蔵の手稿本の概要とその史料的価値の一端については、蔡少卿「前言」『薛福成日記』上冊、所収、三〜五頁を参照。

（9）活字本『薛福成日記』では、同一日付の日記内容が刻本から補われている場合、脚注に「此日日記原稿缺、今據刻本補之」、あるいは「此節日記內容原稿缺、今據刻本補之」と注記してその部分を示している。ただし、この補充は不完全で、稿本にない内容のすべてが刻本から補われているわけではない。

（10）油印本と稿本の閲覧にあたり、南京大学の張学峰教授および南京図書館古籍部に御協力いただいた。ここに記して謝意を表したい。

（11）たとえば、稿本日記には光緒十六年二月二十九日付の日記は存在しないが、刻本では翌三月三十日の記載内容を分割し、その前半部分を二月二十九日の日記としている。

(12) たとえば、ロンドンの清朝公使館に保存されていた南洋調査に関わる張之洞の総理衙門あて咨文は、稿本では光緒十六年六月二十二日条に引くのに対し、刻本では六月二十二日から二十七日にわたる各条に分割して引用されている。青山治世「清末の出使日記とその外交史研究における利用に関する一考察」を参照。

(13) なお、国内外の新聞記事や次に述べる国内人事などの抄録は、必ずしも薛福成本人が行っていたわけではなく、稿本日記の筆跡より窺うに、書き写すべき記事を薛本人が指示した上で、随行員が筆写していたと思われる。

(14) *The Times*, Nov. 13, 1890, "The Siberian Railway."

(15) 鍾叔河前掲論文を参照。

(16) 追加部分のなかには、清朝公使館に保管されていた過去の文書や、公使館員に翻訳させた地誌なども含まれ、『出使四國日記』編纂のために薛福成がさまざまな種類の文書に取材していたことがあらためて確認できる。

(17) 『庸盦海外文編』巻三所収の「赤道下無人才説」は、「庚寅」（光緒十六年）の作となっている（『庸盦全集』第一冊、三四五頁）が、その内容は『出使四國日記』光緒十六年正月二十八日条の内容と稿本日記の光緒十七年十二月二十二日条の内容を合わせたものである。なお、薛福成の人種観や環境決定論的思想について、F. Dikötter, *The Discourse of Race in Modern China*, pp. 54–55, 90–91, 坂元ひろ子『中国民族主義の神話』三二～三四頁を参照。

(18) 本書総論で述べたように、薛福成は歴来の在欧公使館の対外交渉をアピールするため、『出使四國日記』に過去の活動記録である「旧巻」をあえて抜き書きし引用しているが、この旧巻の抜き書きにも、稿本の段階から見えるものと刻本で追加されたものとの二種類がある。前者は、本国からの問い合わせなど、実際目前の必要があって旧巻を参照した時のものであるが、後者は、海軍建設における活動（光緒十六年閏二月十八日・二十日条）や遊歴官派遣に関わるもの（光緒十六年六月十二日条）など、洋務における在外公館の役割を確認させるものが多い。こうした点からも、薛福成の明確な編集意図を知ることができよう。

(19) たとえば、議会については、巻三の光緒十六年七月二十二日条、街路は巻四の十六年九月十四日条、学校は巻六の十七年正月初三日条に追加されている。

(20) 薛福成の附会説および伝統的価値観による西洋文明理解については、佐藤『近代中国の知識人と文明』九三頁や手代木前掲書を参照。

(21) たとえば、巻二の光緒十六年四月初一日条や四月初十日条など。

(22) たとえば、巻二の光緒十六年三月二十四日・五月初七日、巻六の十七年二月初十日の各条など。

(23) たとえば、巻二の光緒十六年四月十一日条はポーランド分割やプロイセンによるドイツ統一、十三日・十四日条はサン・ステファノ条約とベルリン会議の結果を述べている。

（24）薛福成の南洋領事館増設論については、青山治世「清末における「南洋」領事増設論議」を参照。

（25）実際、先行研究のなかには『出使四國日記』の記述に依拠して、交渉開始の経緯をこの通りに解しているものも見られる。たとえば、丁鳳麟『薛福成評傳』二二二～二四〇頁。

（26）FO17/1104, Sieh Ta-jen to the Marquis of Salisbury, Nov. 25, 1890 ; Sieh Ta-jen to the Marquis of Salisbury, Dec. 11, 1890.

（27）FO17/1104, Sieh Ta-jen to the Marquis of Salisbury, Sept. 25, 1890.

（28）当時、中国・西欧間の船便による通信に要する時間は一月から一月半ほどであった。あるいは、長くて六十日という説もある（Chow, *China and Japan*, p. 73）ものの、いずれにせよ同じである。あくまで推測だが、薛福成がこの総理衙門の咨文に接したのは、張之洞の南洋調査に関する咨文を稿本日記に書き写している光緒十六年六月二十二日ごろだったのではないだろうか。前註(18)でも述べたように、薛福成は闇雲に旧巻を書き写していたわけではなく、実際の必要があって旧巻を確認していることが多いからである。

（29）南洋の領事設置に関わる文書を引用した巻四の冒頭の二日分の日記も、最後の二日分の日記も、本来は一続きの文章であったと思われる。ともに一日目の日記は受け取った文書の引用のみ、それを受けた二日目の日記は、前日に引用した文書の内容に対して「余査……」「余問……」という唐突な表現で始まるが、これは清朝の公文書の形式を想起させるものである。先にも指摘したが、『出使四國日記』ではもともと一続きの文書を数日分に分割していることがしばしば見られるから、この部分の日記も本来は一続きの文章であったと見て間違いない。こうした『出使四國日記』の特質に留意せず、この史料の日付に依拠して外交交渉の細かな経過を追うのは問題であろう。

（30）『出使公牘』巻三、「論英派員駐喀什噶爾及商設香港領事書」（庚寅）、頁五～七、『庸盦全集』第一冊、所収、六八一～六八二頁。また「再論添設香港領事及英派員駐喀什噶爾書」（庚寅）では、この間の経緯について、以前に総理衙門から南洋の領事設置について指示を受けたさい、糸口がないことに苦労したが、駐華英国公使ウォルシャム（Sir John Walsham, 2nd Baronet of Knill Court）がカシュガルへの官員駐在を要請したと聞き、この機に乗じた、と述べている。同書、同巻、頁一八、『庸盦全集』第一冊、所収、六八七頁を参照。

（31）確かに南洋の領事設置交渉を扱った先行研究においても、『出使四國日記』以外の史料（『出使公牘』など）を用いて、これとカシュガル領事設置問題の関係性について言及している（たとえば丁鳳麟前掲書や青山前掲「清朝駐英公使薛福成の領事設置活動」）。だが、交渉開始のそもそもの発端について、『出使四國日記』の記述に依拠し、これを「八月十一日に届いた総理衙門の咨文」に求める発想から出発している限り、それは薛福成の外交交渉を検討する前提部分で、すでにかれが意図的に編集した『出使四國日記』の影響を受けてしまっているといえよう。なお、この香港とカシュガルへの領事設置に関する清英間の交渉と薛福成のスタンスについては、箱田『外交官の誕生』一四八～一四九頁も参照。

（32）『續刻日記』の凡例に「日記中の文字、已に『庸盦文外編』『海外文編』に見る者十餘篇有り、茲に復た録さず、以て緟複を免る」とある通り、明確な編集方針のもとにこれらの論説は削除されている。なお、『庸盦文外編』は光緒十九年三月の自序が付されており、薛福成自ら編集・刊行したもの、『庸盦海外文編』は薛福成が残した原稿を陳光淞（薛福成の女婿）が整理し、光緒二十一年に刊行したものであり、『續刻日記』が刊行されたのは光緒二十四年である。

（33）なお、出使以前の稿本日記にも、『籌洋芻議』などの著書や文集に収録される論説の草稿にあたるものはほとんど見られない。ここからも、以前の薛福成には著書や論説の草稿を日記に書きつける習慣はなかったと見てよいだろう。

（34）ただしロシア皇帝の発言に関するこの日記の内容は、「書俄皇告洪大臣之言」として『庸盦海外文編』巻四、頁五八〜五九、『庸盦全集』第一冊、所収、四〇三〜四〇四頁に収録されている。

（35）『籌洋芻議』「變法」頁四六〜四九、『庸盦全集』第一冊、所収、四三九〜四四一頁。

（36）たとえば、国内事件に関する上諭の抄録に対し「擬刪」などの編集方針が書き込まれていたり、光緒十八年閏六月初三日には「已見海外文編」「去」「論中國在公法外之害」の「眉批」が書き込まれていたりする。なお、蔡少卿整理の活字本『薛福成日記』では、このような「眉批」の一部について、脚注に記す場合もあれば、日記の本文に入れてしまい、薛本人による日記の記述の一部のように扱っている場合もあるなど、整理の方針が一定していない。

（37）稿本日記に記された論説は、文集所収の論説の草稿にあたり、稿本日記の草稿と文集所収の論説との間で、表現や分量がかなり異なる場合もある。本章は薛福成がどのような状況のもと、どのような論説を日記に書き記したのかを検討することが目的であるため、稿本日記の草稿と文集の論説との異同については検討しない。

（38）『續刻日記』巻二、光緒十七年九月十二日条。青山前掲「清朝駐英公使薛福成の領事設置活動」三三〜三四頁も参照。

（39）箱田前掲書、第五章を参照。

（40）たとえば、二月初一日条や二月初二日条を参照。

（41）本章では diplomacy に対応する日本語として「外交」の語を用いているが、ここでは当時の中国渉外担当者の認識を表す語として、薛福成が用いた「外務」の表現をそのまま使用した。なお、清末中国の対外姿勢・外交認識が「夷務」から「洋務」、そして「外務」へと変容する過程について、岡本「中国近代外交へのまなざし」を参照。

（42）パミールにおける中・英・露三国の国境画定問題については、矢野仁一『近世支那外交史』八六五〜八六八頁、G. J. Alder, *British India's Northern Frontier*, pp. 206–299 などを参照。

（43）箱田前掲書、第五章を参照。

（44）薛福成の死後、三男や世界地誌の翻訳に関わった随行員らが刊行した世界地誌書については、鄒振環前掲論文、二八〇〜二八三頁および附録2「清朝在外公館員表」四七〜四九頁を参照。

補論3

（1）崔国因の経歴や事蹟については、沈雲龍「崔國因其人其事」、梁碧瑩『艱難的外交』第七章、郭静洲「蕪湖徽商崔國因的官場興衰」ほかを参照。また、崔の出使日記に基づいて、その国際認識や外交思想、アメリカ観などを論じたものに、周國瑞「駐美公使崔國因的世界認識・國防及外交思想」、劉薇「崔國因外交思想及實踐」、趙可「崔國因的美國富強觀」がある。また、崔は官に就くまで医業にも従事していたという（『出使美日祕崔日記』序）。

（2）沈雲龍「崔國因其人其事」四一頁。

（3）「奏為國體不立後患方深請鑒前車速籌布置恭摺」『枲實子存藁』頁一〇～二四。崔国因はこの上書のなかで、「自強之道」として「儲人才」「興國利」「練精兵」「設武備院」「築砲臺」「修鐵路」「精水師」「精製器」「設議院」「講洋務」「增兵船」の十一項目を挙げている。趙可「論崔國因對西方議院制度的認識」、梁碧瑩『艱難的外交』第七章、孔祥吉「淮系人物在近代中國社會變革中的作用」二二二～二二三頁も参照。

なお崔国因の議会設立の提言は、洋務・変法に関する研究で問題となる「附会説」の要素を含んでいない点に注意すべきである。本書二二七～二二八頁にみるような、いわばストレートにその利点を強調する提案だったのであって、なればこそ、政権内部であっさり却下され、官界・輿論の話題にのぼらなかった。本章で後述する「好き」「嫌い」とも表現した、かれのこのような直截さは、当時ではむしろ希有といってよいだろう。それがどこに由来するのか、さだかではない。いずれにしても、『崔日記』を含めたかれの自強論を学説史にいかに位置づけるかは、今後の課題である。

（4）光緒二十年鉛印本も『出使美日祕國日記』と通称されることが多いが、それは同版本の封面にそう書かれているためとおぼしい。本書では、漢籍目録の体例にしたがい、第一巻第一葉の一行目に記されている『出使美日祕崔日記』を書名とする。『小方壺齋輿地叢鈔再補編』第一二帙所収本には、『崔日記』冒頭の序は含まれていない。なお、標点本に『出使美日祕日記』がある。

（5）『崔日記』のなかで『出使英法義比四國日記』に直接言及した記述は見当たらない。

（6）掲載されている地誌情報や国際情勢の傾向をみると、その目的は次の三点にまとめられよう。

　①欧米の「富強」の実態とその方法を伝えること。

　②アフリカ・アジアなどは、欧米に植民地とされている実態を伝えること。

　③欧米各国による世界規模の競争や駆け引き（それにともなう国際政治）の現状を伝えること。

（7）この「中國屬國」に関する翻訳の機微については、岡本『属国と自主のあいだ』第八章第三節を参照。

（8）瑞沅と梁誠の派遣については、『三洲日記』光緒十二年八月初五日（一八八六年九月一日）条。また、盛宣懷が機器の発注を上奏した「上海織布局在外洋定造機器清摺」光緒十一年、『上海機器織布局』一二一～一二九頁も参照。

（9）『崔日記』光緒十五年九月初八日（一八八九年一〇月二日）条。刊本では、この部分は他の按語のように割注にはなっておらず、一見「陳任案」にある記述にもみえる。しかし、これは刊本の編集者がそのように解釈しただけで、「交渉」と「富強」を強調する、その後に散見するかれの按語とも平仄が合っていることから、ここでは崔国因じしんのコメントとして捉えたい。

(10)『施肇基早年回憶録』二二頁。施肇基は、崔国因の後任となった楊儒のもとで通訳官見習い（學習翻譯）を務め、のち清朝最後の駐米公使（一九一一～一二年）となっている。

(11) 洋食（洋餐）を理由に宴会への参加を断っている例は、『崔日記』光緒十五年十二月初九日（一八八九年一二月三〇日）条ほか時おり散見する。また光緒十六年閏二月初二日（一八九〇年三月二二日）条では、アメリカの婦人団体が書翰で面会を申し込んできたのを断るなどしている。ただ、『崔日記』をみる限り、全体としては、施肇基がいうほど引きこもっていたようにはみえない。

(12) たとえば、『崔日記』光緒十五年十二月二十六日（一八九〇年一月一六日）条では、イギリスの軍人がロシアに対抗して黒龍江などの地にいち早く鉄道を建設するよう勧めたことを紹介している。

(13)『崔日記』光緒十六年二月十二日（一八九〇年三月二日）、十七年二月十八日（一八九一年三月二七日）、十九年三月十五日（一八九三年四月三〇日）の各条。また、十九年正月初五日条も参照。

(14)「奏為國體不立後患方深請鑒前車速籌布置恭摺」光緒九年、『臬實子存藁』頁一〇～二四。

(15)『崔日記』光緒十五年九月二十五日（一八八九年一〇月一九日）、二十七日（二一日）、十六年正月二十五日（一八九〇年二月一四日）の各条。

(16)『崔日記』光緒十八年正月初三日（一八九二年二月一日）条。ここにいう上奏とは、崔国因の文集に収録されている「為度支日絀請監成憲實事求是以裕利源恭摺」（時期未詳、『臬實子存藁』頁四二～五五）を指していると思われる。また、『崔日記』光緒十八年五月十二日（一八九二年六月六日）条も参照。

(17)『崔日記』光緒十八年十二月二十九日（一八九三年二月一五日）条。「泰山の土壌」云々は、『史記』李斯列伝の一節「是を以て太山は土壌を譲らず、故に能《よ》く其の大を成す。河海は細流を擇ばず、故に能く其の深を就《な》す」に拠り、些細なことも疎かにしなければ、それが大きな業績につながる、の意である。

また光緒十九年四月二十二日（一八九三年六月六日）・六月十八日（七月三〇日）条では、ポルトガルとの治外法権紛争についても、新聞記事などを詳細に引用し、日本側の対応を高く評価している。

(18)『崔日記』光緒十九年正月十九日（一八九三年三月七日）条。

(19)『崔日記』光緒十五年十一月初十日（一八八九年一二月二日）条。そのほか、光緒十五年十二月十七日（一八九〇年一月七日）条、十八年八月二十五日（一八九二年一〇月一五日）条など、随所に多数決や解散などの議会のしくみも紹介されている。

(20)『崔日記』光緒十九年四月二十九日（一八九三年六月一三日）条。

(21) 前者については、日本語の研究では、鈴木『近代中国と西洋国際社会』第二・第三章を参照。その他の先行研究については同書、八九～九一頁の註(1)を参照。後者については、林慶元『福建船政局史稿』第二編三、沈岩『船政學堂』を参照。
(22)『崔日記』光緒十五年九月二十一日（一八八九年一〇月一五日）条。
(23)『崔日記』光緒十六年九月十二日（一八九〇年一〇月一五日）条。なお、同留学事業の期間が始期・終期ともに誤っているが、その理由は未詳である。
(24)『崔日記』光緒十六年二月十三日（一八九〇年三月三日）条。この学堂売却の一件については未詳である。アメリカ留学事業についての容閎側の言い分については、『西学東漸記』第十九章「留学生派遣の終局」を参照。
(25)『崔日記』光緒十六年二月十七日（一八九〇年三月七日）条。
(26)『西学東漸記』一九八～二〇二頁。
(27)『崔日記』には、前任者までの領事設置要請の事例として、ハワイ・マニラ・ペルー・ニューヨーク・ポートランドなどが、「旧案」を引用する形でとりあげられている（光緒十五年九月二十六日、同十月初三日・初十日・二十九日、十一月十五日の各条）。うち在ニューヨーク領事の設置は、鄭藻如の在任中に奏請によって設置が実現していることが記されている（光緒十五年十一月初一日条）。
(28)『崔日記』光緒十六年九月初一日（一八九〇年一〇月一四日）条。在シンガポール領事の設置を駐英公使の郭嵩燾が建議した一八七〇年代後半から八〇年代前半までの清朝政府の領事設置問題に対する認識については、青山「存外領事像の模索」を参照。
(29)周國瑞「從一則文獻資料解析駐美公使崔國因」一二〇～一二二頁。
(30)青山「清末における「南洋」領事増設論議」を参照。
(31)一八六〇年の清露北京条約によって沿海州がロシアに割譲されて以降、琿春一帯の帰属と境界の画定が清露間の課題の一つとなっていたが、一八八六年に行われた呉大澂の対露交渉によって、琿春の一部の黒頂子がわずかに清朝に返還されるにとどまっていた。趙中孚『清季中俄東三省界務交渉』第四章第二節を参照。
(32)『崔日記』光緒十五年十二月三十日（一八九〇年一月二〇日）条。同様の内容は、光緒十六年五月初一日（一八九〇年六月一七日）条など、随所で語られている。光緒九年の上奏は、『臬實子存藁』所収の「奏爲國體不立後患方深請鑒前車速籌布置恭摺」頁一〇～二四にあたる。
(33)『崔日記』光緒十五年十月二十二日（一八八九年一一月一四日）条。
(34)『崔日記』光緒十六年十二月十三日（一八九一年一月二一日）条。
(35)『崔日記』光緒十七年三月初八日（一八九一年四月一六日）条。
(36)楊楷らの「聯俄甚英」論については、本書総論一七～一九頁を、薛福成の対露構想については、前章一九六～二〇二、二〇六～二〇七頁を参照。

（37）一八八九年一二月、陸奥宗光が外務大臣就任のため駐米公使を退任していたため、ここにいう「日本公使」とは、臨時代理公使（書記官）であった佐野愛麿と思われる。
（38）『崔日記』光緒十五年十二月十五日（一八九〇年一月五日）条。
（39）『日本鐵道史』九一五頁。
（40）『崔日記』光緒十六年十二月十一日（一八九一年一月二〇日）条。
（41）『崔日記』光緒十七年二月十一日（一八九一年三月二〇日）条。
（42）『崔日記』光緒十六年九月十七日（一八九〇年一〇月三〇日）条。
（43）『崔日記』光緒十七年四月初七日（一八九一年五月一四日）条。
（44）周國瑞「一位外交官眼中的歐洲國際形勢及走向」を参照。
（45）『崔日記』光緒十九年五月十一日（一八九三年六月二四日）条。
（46）『崔日記』光緒十九年七月十四日（一八九三年八月二五日）条。按語の前には、アメリカ・チリ間の賠償問題やベーリング海峡での漁業問題をめぐる米英交渉の様子が記されている。一八六〇年代末以来、アメリカの華人排斥運動の中心人物であったブレインについては、『西学東漸記』二一三～二一四頁の百瀬弘氏による注釈を参照。
（47）Yen Ching-hwang, *Coolies and Mandarins*, pp. 242-247.
（48）一九〇三年に進士に及第し工部主事や度支部主事などを務めることになる甘鵬雲が、一八九六年に『崔日記』の内容を簡単に箇条書きした『出使美日祕崔日記目録』が残されている。甘はその跋文において、著者の崔国因は、「鐵路を修めて以て強敵を馭し、税務を整頓し、機局を興辦し、礦産を開き、茶桑を種《う》えて、以て利源を施し、鐵廠を設けて製造を精にし、以て漏卮を塞ぎ、而して自強の本を為さん」としていると評価している。
（49）周國瑞「從一則文獻資料解析駐美公使崔國因」。
（50）「條陳辛丑三月早請大學士掌院代奏未行　為謹擬新政備資採擇恭摺」、「上李傅相書」光緒三十四年三月初三日、『枲實子存藁』頁六八～七一。

第7章

（1）たとえば、張偉雄『文人外交官の明治日本』、陳捷『明治前期日中学術交流の研究』、王宝平『清代中日学術交流の研究』を参照。
（2）実藤恵秀『明治日支文化交渉』、佐藤三郎『中国人の見た明治日本』。また『走向世界叢書』所収『日本日記・甲午以前日本游記五種・扶桑游記・日本雑事詩』も、編集の方向性は期せずして同じである。
（3）佐藤三郎前掲書、一〇頁。

（4）佐々木『清末中国における日本観と西洋観』。

（5）駐日公使としての何如璋の施策については、鈴木智夫『洋務運動の研究』第五編第二章（初出一九七四年）が先駆的である。

（6）実藤恵秀「初代駐日公使何如璋の赴任日記」、同前掲書、所収。

（7）刊行時期が確実にわかるのは、『小方壺齋輿地叢鈔』所収本なので、光緒十七年となる。佐藤三郎前掲書、三七頁は、総理衙門に送られて、「その後まもなく公刊され」、一般読書人に読まれたというけれども、根拠を示していない。それ以前、一八七九年一月・二月の『萬國公報』第一一巻第五二一・第五二二号に掲載された「擇述使東述略大義」「使東雜詠」「續使東雜詠」があって、「公刊され」たかどうかはともかく、その存在は早くから知られていた。

（8）実藤前掲論文、九～六六頁。

（9）同上、六五～六六頁。

（10）こうした点、多くが「紀行詩集である」「使朝鮮録」（夫馬進「使琉球録と使朝鮮録」一六一頁）を髣髴させる。行き先は異なっても、「使東」という概念は共通しており、その体例をひきついだ可能性は否定できない。何如璋のみならず、副使の張斯桂の著した『使東詩錄』もある。後述の黄遵憲『日本雜事詩』も同じであるから、『日本雜事詩』という作品が残ったのは、たんに黄遵憲がすぐれた詩人だったから、とみなすばかりではおそらく不十分だろう。清代の「東アジア世界」という枠組（夫馬前掲論文、一三九頁）の継続・転換としてとらえるべき事象なのかもしれない。もっともそれを論証するには、まだまだ材料と考察が足らないので、ここでは問題提起にとどめておく。

（11）実藤前掲論文、四四～四五頁。

（12）同上、五七～五八頁。

（13）同上、六五～六六頁。

（14）これに関する最も先駆的な研究は、実藤恵秀「姚文棟ものがたり」「親日以前ものがたり」、同前掲書、所収、一二二～一三七、一五四～一五七、一九二～一九五、一九七～二〇一頁である。いっそうくわしい研究として、陳捷前掲書、四八、八七～八八頁、王宝平前掲書、二一一～二三八頁などを参照。

（15）こうした評価じたいはほとんど普遍的で、引用の必要もないけれど、この表現は、島田虔次『隠者の尊重』一〇一頁の一節を拝借したので、とくに注記する。

（16）『日本國志』に関する最新の研究は、何如璋も課題とした日本史の記述について考察する、佐々木揚「黄遵憲の日本史」があり、従前のおびただしい『日本國志』研究も、そこに整理紹介されている。

（17）『日本雜事詩』には、次のような邦訳がある。島田久美子注『黄遵憲』、実藤恵秀・豊田穣訳『日本雜事詩』、筧久美子監修「黄遵憲『日本雜事詩』訳注稿」、林香奈・劉雨珍「黄遵憲『日本雜事詩』訳注稿」。以下の訳文や解釈は、以上を参考にした岡本隆司訳

「日本雑事詩（抄）」『新編原典中国近代思想史』所収、とくに二〇七～二〇九、二一一～二一二頁にもとづいている。

（18）『人境廬詩草』巻一、「雑感」第二首、『人境廬詩草箋注』上冊、所収、四二～四三頁。訓読・通釈は、島田久美子注前掲書、二五、二七、二八頁を参照した。

（19）もとよりそれは、公使館・当局の調査研究がまったくなくなった、という意味ではない。たとえば陳家麟『東槎聞見録』（光緒十三年刊、『小方壺齋輿地叢鈔』第一〇帙所収）は、駐日公使館として日本を調査研究した書物である。しかしそれは、あくまで遊歴官の傅雲龍に資料を提供する目的で編まれたものであり、出使日記の形態をとらなかったことに注目すべきだろう。

遊歴官あるいは傅雲龍については、佐々木前掲書、一九二、二〇〇～二〇一、二五二～二六五頁、王宝平前掲書、三〇三～三三三頁、陳捷前掲書、三一六～三三〇頁、箱田『外交官の誕生』一八一～一八四頁を参照。また本書第8章註(38)(39)もみよ。

第8章

（1）一九八〇年の『走向世界叢書』編集時に張徳彝日記の手稿が発見された経緯については、鍾叔河『従東方到西方』六〇～六一頁を参照。『走向世界叢書』はこの時発見された『七述奇』以外の七種を、別の書名を冠して収録する。欠けていた『七述奇』の稿本は、のちに中国歴史博物館で発見されている。趙金敏「關於張德彝《七述奇》手稿」を参照。

（2）王熙「一個走向世界的八旗子弟」。

（3）たとえば、手代木『清末中国の西洋体験と文明観』第三章第二節。

（4）『航海述奇』は申報館石印本（一八八〇年）、『四述奇』は京師同文館鉛印本（一八八三年）が存在する。また両書は『小方壺齋輿地叢鈔』にも収録されているが、後述するとおり『四述奇』の内容は『隨使日記』『使還日記』『使英雜記』『使法雜記』のように、日記と「雜記」（調査メモ）の部分に分けて収録している。駐英公使時期（一九〇一～〇五年）の日記である『八述奇』には、宣統年間刊本の存在が認められている。このほか安雅書局刊印の『總署官書鈔・使俄日記』が存在するが、年代は不詳。詳しくは王熙前掲論文、第二章第二節を参照。

（5）『稿本航海述奇彙編』では『三述奇』（一八七〇年の崇厚謝罪使に随行したさいの日記）にも「凡例」が付されているが、この「凡例」は『四述奇』とまったく同文であり、かつ内容からして清朝の在外公館設置以降に作成されたものに違いなく、『四述奇』の凡例を後から『三述奇』に付したとみて間違いない。

（6）『四述奇』の詳細な書誌情報は、本書附録1「総目録」三七二頁を参照。

（7）尹徳翔『東海西海之間』第六章。実際、『航海述奇』以来、目次は国・地域ごとになっており、それは『四述奇』も変わっていない。

（8）『四述奇』には「記」「記英俗」「按英俗」などの表現で始まる「雜記」が多いけれども、なかにはとくに冒頭に何も記さないが、内容からみて「雑記」と考えて間違いないものもある。たとえば、光緒六年三月二十七日、二十八日、二十九日の郵便・電信に関する一連の記事など（『走向世界叢書』（嶽麓書社版）所収『英軺私記・随使英俄記』八〇八～八〇九頁）。

（9）本書二七四～二八〇頁を参照。

（10）『使英雑記』『使法雑記』が張徳彝のもとの報告書を底本としている可能性も考えられるが、以下の理由から、その可能性は低いと考える。まず『使英雑記』『使法雑記』には『四述奇』で「記」で始まる全ての「雑記」が抜粋されているわけではなく、また『使英雑記』『使法雑記』の「雑記」の収録順は、『四述奇』の日付順とほぼ完全に一致しており、『四述奇』を底本にそこから「雑記」と思われる部分を順に抜粋して『使英雑記』『使法雑記』を編纂したものと考えた方が自然である。

（11）たとえば司法制度関係、茶会関係、家樸の雇用関係、郵便電信関係など、箇条書きになっている「雑記」にもある程度のまとまりが認められる。

（12）尹徳翔は『英軺私記』と『四述奇』との「雷同」箇所として八十二ヵ所を指摘し、そのうち二十数ヵ所が『四述奇』の光緒三年十月以降の日記に見えるとする（尹徳翔前掲書、一三三頁）。だが、その二十数ヵ所のほとんどは「記」などの表現で始まる「雑記」であり、本書第2章でも検討されている『四述奇』光緒三年十月初七日条などは、まさにその典型例である。本書五九～六二頁を参照。

（13）張宇権と尹徳翔は、この日付の矛盾を根拠に、張徳彝の『四述奇』が劉錫鴻の『英軺私記』に「雷同」したとする。張宇権『思想與時代的落差』一八〇頁、尹徳翔前掲書、一三三頁を参照。だが、この日付の矛盾は、張徳彝が「雑記」を後から『四述記』に割り振って挿入したことによって生じたと考えたほうが整合的である。

（14）『四述奇』刊行の背景については、本書総論註(28)を参照。

（15）このようなより純粋な西洋事情の情報源としての出使日記の受容については、本書七八～七九頁、二七五頁も参照。

（16）もっとも、日記と調査メモの合体という点は、さきの『四述奇』などと同じである。

（17）『小方壺齋輿地叢鈔』所収の版本以外に、木活字本の『歐遊隨筆』二巻が存在するが、刊行年などの情報はない。いずれも自跋文を付すが、その年月日は記されていない。本書附録1「総目録」三七七頁も参照。

（18）尹徳翔前掲書、二三八頁。

（19）最初期の公使以下の在外公館員の記録のなかで、『西洋雑志』に最も多く引用されているのは劉錫鴻の『英軺私記』だが、次に多いのがこの『歐遊隨筆』である。

（20）『歐遊隨筆』（『小方壺齋輿地叢鈔』第一一帙所収、以下同じ）第三九七葉表、第三九九葉裏、第四一八葉裏など。

（21）『西洋雑志』六四～六五頁。

（22）『歐遊隨筆』第三九八葉裏、第四〇七葉裏など。

（23）『歐遊隨筆』第四一一葉表～第四一二葉裏。
（24）『歐遊隨筆』第四一八葉表、第四二二葉裏～第四二五葉裏。
（25）『歐遊隨筆』第四〇〇葉。
（26）中国国家図書館蔵、光緒十一年莫繩孫家版、全二冊。また『西洋雜志』については、本書附録1「総目録」三四一頁を参照。
（27）「ほぼ」というのは、莫繩孫抄本には『歐遊隨筆』からの引用部分が全く無いためで、ここから『歐遊隨筆』の記事を含む刊本の形ができ上がったのは、一八八五年以降であったことが分かる。なお、莫繩孫抄本は巻七を欠くが、これについては跋文で「其の倉卒に黔に回りたるを以て、未だ検出を經ず、他日應に之を補錄すべし」と述べている。また、莫繩孫抄本の巻八にある「與張廉卿（張裕釗）書」と「與莫芷升（莫庭芝）書」は刊本にはなく、後者は同じく黎庶昌撰の『拙尊園叢稿』巻六に収録されている。なお、曾紀澤の光緒四年九月二十四日の日記には「黎蒓齋の『記事雜俎』を閱す」とある。『曾紀澤日記』中冊、七九五頁。
（28）莫繩孫については、『清代官員履歷檔案全編』第六冊、八二頁を参照。また『西洋雜志』莫繩孫抄本の自跋で、黎庶昌のことを「姑夫」と称している。
（29）譚用中「標點説明」『西洋雜志』所収、一頁。
（30）『走向世界叢書』所収の『西洋雜志』は、他者の手になる記述部分がすべて削除されており、このために在外公館全体の活動成果を基に体系化された該書の本来の構成も、そこに込められた黎庶昌の編纂意図も反映しないものとなっている。『走向世界叢書』主編者の鍾叔河が、黎庶昌の記述の重点は本人の行動・交際でもなく、公使館の交渉・応酬でもなく、外洋の基本情報でさえなく、当時の西洋諸国の社会・文化にあると評し、そうした記述によって映し出される「一九世紀西洋生活の一巻風俗図」ばかりに『西洋雜志』の価値を見出している（鍾叔河『從東方到西方』三八一頁）のが、そうした『走向世界叢書』の校訂の問題を如実に物語っている。
（31）「上曾侯書」「答曾侯書」「再上曾侯書」、『西洋雜志』二五三～二五九頁。
（32）「由北京出蒙古中路至俄都路程考略」「由亞西亞俄境西路至伊犂等處路程考」、『西洋雜志』二五九～二八二頁。
（33）『出洋瑣記』と『出使須知』の専論として、それぞれ權赫秀「晚清中國與西班牙關係的一部罕見史料――蔡鈞著《出洋瑣記》韓國藏本及其內容評介」、同「研究近代中國對外關係史的一部珍貴史料――介紹蔡鈞著《出使須知》韓國藏本」（いずれも、同『東亞世界的裂變與近代化』所収）がある。なお、この論文が紹介する韓国奎章閣所蔵本は、筆者が用いた東洋文庫および東北大学附属図書館所蔵の刊本と同じ版本と思われる。
（34）『出洋瑣記』（弢園王氏刊本）、第一一葉表～第一三葉裏。こうした指針を忠実に守ったのが、たとえば鄭藻如の後任の張蔭桓である。本書第5章で言及したとおり、その『三洲日記』には、この種の交際を実践していた記事が多くを占める。
（35）『時務報』第四六冊、光緒二十三年十一月初一日、「上海道台跳舞會記」一八九七年一一月六日（*North China Daily News* からの翻訳）、『強學報・時務報』第四冊、所収、三一四〇～三一四一頁。
(36)『月摺檔』光緒十一年十一月下巻、一八一～一八四頁。なお尹徳翔も、このように西洋人との親密な関係を示した表現は、清末の出使日記には珍しい、として注目している。尹徳翔前掲書、二四一～二四二頁を参照。
(37)『光緒朝上諭檔』第一一冊、光緒十一年十一月二十七日上諭、三〇八頁。
(38)一八八七年の遊歴官派遣については、佐々木『清末中国における日本観と西洋観』第三章、王曉秋・楊紀國『晩清中國人走向世界的一次盛舉』を参照。
(39)箱田『外交官の誕生』一八〇～一八一頁。
(40)『駐徳使館檔案鈔』六二〇頁。なお一八八五年の総理衙門の上奏とは、中央官庁所属の官僚を在外公館に派遣する形での遊歴官派遣を提起した謝祖源の上奏に応えたもので、この時には総理衙門は謝祖源の提案を退け、在外公館員のなかに適当な人物がいれば、随時遊歴を行わせればよいとしていた。この総理衙門の上奏や遊歴官と在外公館の関係については、箱田前掲書、一八〇～一八二頁を参照。
(41)『道西齋日記』の書誌については、本書附録1「総目録」三七七～三七八頁を参照。ここでは、中国国家図書館古籍館所蔵、徽休屯鎮同文堂鐫印本を用いた。以下に引用する陳明遠の序は、その第一葉に載せる。なお、陳明遠は駐日公使館の參贊を務めた人物。本書附録2「清朝在外公館員表」七五頁を参照。
(42)この間の議論については、箱田前掲書、一八五～一八七頁を参照。
(43)本書附録2「清朝在外公館員表」五〇頁。
(44)『清代官員履歴檔案全編』第六冊、五九〇頁。『泰西各國采風記』については、本書附録1「総目録」四〇〇頁を参照。
(45)『翁同龢日記』第六巻、光緒二十年正月二十日条、二七一四頁。ただし翁同龢は「此の人亦た奇杰なり、惟ふに制度を改め術數を用ゐるは、恐らく能く言ふも行ふ能はざるのみ」と評している。
(46)『回颿日記』自序。『回颿日記』については、本書附録1「総目録」三七五頁を参照。
(47)『回颿日記』光緒二十年九月初一日条、第一五葉～第一八葉。
(48)『回颿日記』光緒二十年九月十一日条、第二五葉～第二七葉。
(49)『回颿日記』光緒二十年九月十七日条、第三四葉～第三七葉。
(50)『回颿日記』同日条、第三四葉。
(51)箱田前掲書、第六章を参照。
(52)総理衙門から外務部への改組については、川島真「外務の形成」を参照。
(53)箱田前掲書、二〇〇～二〇三頁を参照。

(54) 呉宗濂の略歴については、『清代履歴檔案全編』第八冊、二九一頁を参照。
(55)『随軺筆記』巻一、第一葉。
(56)『随軺筆記』巻一、「記程例言」。
(57)『随軺筆記』巻三、「記聞例言」。
(58)『随軺筆記』巻四、「記游例言」。
(59) 本書総論、二〇～二三、三三～三四頁を参照。
(60)『随軺筆記』巻一、「記程例言」。

補論4

(1) ここでは「國主」に作るけれども、この文章冒頭では「國王」であり、用字が一定していない。異本はおおむね「國主」「君主」に作るし、ヨーロッパの国王《キング》は、「君主」「國主」と表記するのが当時の通例であるので、「國王」は校正がゆきとどかなかったものとみられる。
(2)『走向世界叢書』所収『英軺私記・随使英俄記』八一頁。
(3)『西洋雜志』一六～一七頁。
(4)『走向世界叢書』所収『英軺私記・随使英俄記』一五九頁。
(5) 本書総論註(22)を参照。
(6) Bourne, trans., "Diary of Liu Ta-jên's Mission to England," p. 614.
(7) 前註所引の英訳論文は英語圏の読者を意識し、ことさら劉錫鴻の意見を紹介する方針だった（*Ibid.*, p. 612）ため、自ずから「伸中抑西」的な文章・言辞を多くとりあげている。引用した「鉄道」も同じで、その意味では『叢書』本と対極の内容だといってもよい。『西洋雜志』や翁同龢・薛福成の摘録（本書第2章註(7)(9)・補論1註(31)を参照）とも異なる、そうしたダイジェスト本があらかじめ存在、流布していた可能性を想定することができよう。
(8) 岡本『馬建忠の中国近代』一七九～一八一頁。
(9)『走向世界叢書』（湖南人民出版社版）には、後述の曾紀澤『使西日記』とともに収録されており、底本は『叢書』本である。ただしそれは、いわばつけ足し的な、ごく軽い扱いであって、嶽麓書社刊行の新版に収録されなかったのも、そうした軽視に基づくと思われる。
(10) たとえば、閆俊俠「一本雖薄却重的晩清出洋大臣日記」一三〇頁を参照。
(11) 作成手続もふくめた曾紀澤の「出使日記」の全貌については、本書第3章のほか、青山「曾紀澤の出使日記について」を参照。

（12）『曾紀澤日記』中冊、八七二頁。
（13）*The Times*, May 2, 1879, "China."
（14）引用の訳文など、岡本前掲書、二三、二六一頁を参照。「利格夫人」は清朝の駐仏公使館の家主だが、未詳。
（15）『曾紀澤日記』中冊、九三一頁、『曾惠敏公手寫日記』第四冊、二三一八頁。
（16）岡本『属国と自主のあいだ』第六章・第七章を参照。
（17）本書脱稿後に『安徽貴池南山劉氏瑞芬公世洐公支系史乘』上巻を入手、閲覧することができた。地元・一族顕彰の書物だが、『西軺紀略』の影印をはじめとする劉瑞芬の関連史料、および戴國芳「晩清外交官劉瑞芬出使西洋的活動和認識——解讀《西軺紀略》紀實、了解劉瑞芬的活動和思想」など、伝記的な研究を収めていて有用である。今後いっそうの研究の進展を期待したい。
（18）陸徴祥（一八七一～一九四九）は江蘇省上海県の人、字は子興。その事蹟の詳細については、唐啓華「陸徴祥與辛亥革命」が周到である。
（19）こうした転換の全般的情況は、箱田『外交官の誕生』を参照。

あとがき

研究というのは、なべて思わぬ機縁ではじまる。何げない思いつきが成長したり、ふと手にとった書物に引きこまれたり。あらかじめ綿密な計画を立てて、なにがしかの成果を期する、といえば、世間向きにはいかにも立派だけれど、どう励んだところで、予期以上の収穫は望めない。研究とは自他にとって新しくなくてはならぬものだとすると、ためにするのは、どうやら真の研究ではなさそうである。

もうかれこれ十五年も前、といえばいいすぎか。共著者の箱田恵子・青山治世の両氏とはじめた『三洲日記』の会読が、小著の出発点になっている。『三洲日記』は小著でもくりかえし論じた重要な出使日記だが、はじめからそんなことが、わかっていたわけではない。既刊の坂野正高先生の論文に導かれて、おもしろそうだ、と頁を繰り、字面を追っていただけである。

ところが読み進めるはしから疑問百出、三人いても文殊の智慧はなかなか出てこない。そのつど頭をひねっているうち、『三洲日記』ひとつだけ読んでいても不可だと衆議一決。その精読は続けながらも、並行していっそう広汎な調査も必要だということになった。

清末中国の外交官・在外公館の研究をおすすめだった若い両氏に触発啓発されることで、筆者も及ばずながら、その手のことをあらためて勉強しはじめ、少し目鼻がついてきたところで、科研費の補助をうけて、少し大がかりに調べてみることにした。これがおよそ十年前。

まずは出使日記を網羅的に収集し、刊行の有無を確認し、版本異本を比較対照することから。折しも北京留学に出られた青山氏には、現地での資料調査をお願いし、また在外公館の人事を悉皆調査なさっていた箱田氏には、関係する人物を網羅的にとりあげていただいた。そのうち、従前の整理や研究に多大の欠陥・問題があることが明らかになってくる。それと前後して、清末在外公館特有の史料群として出使日記というカテゴリーをとらえる視座を獲得できた。

そのありようを巨細にまとめて編んだのが、以下の報告書であり、小著の下敷きをなしている。

岡本隆司編『中国近代外交史の基礎的研究——一九世紀後半期における出使日記の精査を中心として』科学研究費補助金研究成果報告書、二〇〇八年

これが幸いにしておおむね好評をえて、出版の慫慂も一再ならずあった。もちろん倉卒にしあげたものなので、リライトの機会はあるに越したことはない。また刊行に値する、それなりの成果だという自負もあった。まんざらでもなかったのである。

ところが、ここから小著を出すまで、五年かかっている。何とも怠惰悠長なことだが、それなりの言い訳はなくもない。

目録・索引ならそれに純化すべきで、いわゆる報告書ならともかく、いやしくも学術書として出す以上、そうであってはならないだろう。専門家・知識人を相手として読める本にしなくてはならない。目録に少し説明をつけただけのおざなりな、あるいは杓子定規、無味乾燥な書誌解題のようなものは、およそ通用するはずがないだろうし、自らも屑しとするところではなかった。では、どうしたものか。

いかんせん浅学菲才の身、非凡な識見があるわけではなく、また何か卓越した方法を思いつくはずもない。少し考えて豁然、別に奇を衒う必要もない、素材がすぐれているのだから、そのよさを生かせばよい、と思い至って、あらためて数ある出使日記を読みなおしながら、成書の構想をめぐらすことにした。

出使日記は個人の著述の体裁をとりながらも、相互に関連する、まとまった一大史料群である。それに携わった

人々もおびただしい。その特徴をあるがままに示せば、そんな史料を存在せしめた「時代」を描くことになる。当時の中国の外政内政と在外公館のありかた、その背景にある官民の社会、そこで営まれる政治・思想とその展開、などなど。歴史すべてが視野に入ってこよう。

ジャンルをあらかじめ分け隔てすることは、そもそもいらない。むしろ既成の枠組にもとづくジャンル自体を問いなおすほどの素材であって、同時代の世界史をみなおす手がかりにもなりうる。集めては読み、読んでは集め、ひとつづつ考えてゆくうち、ようやく一書の構成も固まった。欧米はもとより、日本・西アジアとの関連や比較など、次になすべきことも、これで具体的にみえてこよう。

世人は往々にして誤解する。何か史料があれば、既成の視角からそのごく一部、片言隻句のテキストをとりあげただけで、分析と称する。

もちろん研究は精細でなくてはならない。しかしテキストはその集積たるコンテキストがあって、はじめてテキストたりうる。一部は全体をうかがうためにこそ検討すべきだし、全体がわからねば、どんな一部かもはかりしれない。少なくとも出使日記をめぐっては、こうしたあたりまえが、わきまえられてこなかった。おそらくいまも、そうであろう。

現在も刊行のつづく、中国大陸のおびただしい資料集・研究書など、その典型である。本文でもくりかえし言及したとおり、型にはまった分析枠組はいわずもがな、史料の解釈、いな読解、句読からして、あまりにも水準が低い。素養・条件に劣る外国人がいくら力をつくしても、不十分なものしかできないのは、なお情状酌量の余地もあろう。しかし資料を所有所蔵する自国史の研究者なら、もう少しまじめにやってほしい、最低限の責務は果たしてほしい、と思うのは筆者だけではあるまい。

けっきょくは基本がなっていないのである。自分の手で集め、目で読み、頭で考えない。手許に資料が集まれば、すぐ既成の知見や理論で処理してお茶を濁す。史料公開・情報技術がすすむなか、別に大陸に限らない学界当世の風潮。なんとお手軽なものである。それが最新の研究方法、グローバル化というなら、時代遅れでかまわない。いや自ら志願して、すでにそうなりつつある。劣化・低俗化の最先端にまでつきあう必要はない。

とはいっても、ここにいたるには、やはり平坦な道ではなかった。かかった時間が何よりそれを物語っている。会読をはじめたころから数えると、筆者は研究に進歩もなければ、身分も変わらず、要するに馬齢を重ねただけだが、大学院生だった共著者の両氏は、いまや押しも押されぬ第一線の研究者。うたた今昔の感にたえない。

先述の報告書は、小著の刊行を以て役割を終える。小著は総論・附録および各処に、その内容をすべてふくむほか、第5章が以下の拙稿にもとづく。

「張蔭桓『三洲日記』とアメリカ華人移民問題」岡本隆司編『「異文化共生学」の構築――異文化の接触・交渉・共存をめぐる総合的研究』平成二四年度京都府立大学・重点戦略研究費・研究成果報告書、二〇一三年

出版を視野に入れてからは、書誌とも論文とも見分けのつかない中身の構築にとまどい、名古屋大学出版会の橘宗吾氏に書物を作るお立場から、随時ご助言をいただいた。氏の叱咤鞭撻がなかったら、いまなお世に問える形にはなっていまい。それでは他との共有、次への発展はありえないから、研究の意義はなかば失われてしまう。橘氏にくわえ、細心周到な編集・校正をいただいた林有希・長畑節子の両氏にも、心からの謝意を捧げたい。

また小著を刊行するにあたっては、日本学術振興会から平成二六年度科学研究費補助金（研究成果公開促進費「学術図書」）の割捐をえている。それなくして、やはり小著の刊行はありえなかった。関係各位に甚深の感謝を申し上げる。

二〇一四年六月

岡本隆司

附録1　出使日記関連史料総目録

青山治世編

目　次

凡　例

一　総理衙門期（一八六一～一九〇一年）における清朝の出使大臣・副使・参賛・領事・随員・翻訳らによる日記体の史料を中心に、その撰者名、史料名、各種版本の書誌、全録・節録史料、関連史料などの情報を分類別に整理した。各日記の撰者による出使関係のその他の著作や史料も附記した（＊印）。そのほか、以下に該当する出使関連の記録・史料も収録した（日記体ではないが、比較的詳細に日付が附されている紀行文も含めた）。

a）「特使日記・視察日記」「特使随員日記」…総理衙門期に特使あるいは視察・調査のために海外に派遣された清朝の官僚あるいはその随員による日記（一八八七～八九年に派遣された遊歴官の日記を含む）。朝鮮などに派遣された冊封使およびその随員の日記は除外した。

b）「副使・領事・随員・翻訳による日記以外の史料」…日記体の史料が現存しない（あるいは未発見の）総理衙門期の在外使節の副使・領事・随員・翻訳によるその他の形態の史料

c）「その他の出国日記」…総理衙門期に公的な任務によらずに、海外に旅行した私人の日記や旅行記、留学日記、外国機関に雇用され出国した際の日記、闕名・佚名の海外旅行日記

d）「外務部期の日記」…外務部期（一九〇一～一二年）における清朝の在外官僚・特使・海外調査官およびその随員の日記。駐在・留学・旅行などのため日本に滞在した際のことを記した所謂「東遊日記」は除外した。

なお、撰者名や書名、あるいは内容の一部が伝わりながら、現在所在のわからない日記も多く、そうしたものは「所在不明」と附記した。また、所在はわかっているがいまだ閲覧の機会を得ていないものは「未見」と附記した。

二　「出使大臣日記」欄は、総理衙門期に専任が置かれたもののみ独立した欄を設け、専任が置かれなかったものは除外した。「諭命／到任／卸任」の日付は『清季中外使領年表』（後掲）に拠った。各「出使大臣日記」欄の掲載順も同書にしたがった。各出使大臣の管轄下にある副使・参賛・領事・随員・翻訳による日記や関連史料があるものは、備考欄末尾の【　】内に撰者名と書名を附記した。

三　表記上の混乱を避けるため、目録中の漢字は原則として可能な限り正字を用いた。日記の収録期間は中国暦と西洋暦を併記し、漢籍の刊行年は中国年号を用いた。それ以外の年号・暦は基本的に西洋暦を用い、「出使大臣日記」欄では以下のように略記した。

（例）一八六五年八月二八日→六五・八・二八、一九〇二年二月一七日→〇二・二・一七

四　稀覯本や特に注記が必要な版本については所蔵機関を附記した（所蔵機関の表記は次のように略した）。

國家圖書館…北京・国家図書館（旧北京図書館）　京大人文研…京都大学人文科学研究所
社科院近史所…中国社会科学院近代史研究所　桑原文庫…京都大学文学研究科図書館桑原（隲藏）文庫
中研院傅斯年圖書館…台北・中央研究院傅斯年図書館　實藤文庫…東京都立中央図書館實藤（恵秀）文庫

五　全録する史料は次のとおりである（大文字アルファベットにより略記した）。

A　『小方壺齋輿地叢鈔』王錫祺輯、光緒十七年序上海著易堂石印本（[影印版]臺北：廣文書局、一九六二年／杭州古籍書店、一九八五年／稿

本、國家圖書館善本閲覽室藏）

（注）廣文書局版と杭州古籍書店版は影印元の版本が異なり、廣文書局影印版の第一一帙には孫家穀『使西書略』と王詠霓『歸國日記』が採録されていない。『小方壺齋輿地叢鈔』の二種の版本の収録内容の異同については、潘光哲「王錫祺（一八五五―一九一三）傳」四一四頁に詳しい。

B　『小方壺齋輿地叢鈔補編』王錫祺輯、光緒二十年序上海著易堂石印本（〔影印版〕臺北：廣文書局／杭州古籍書店、一九八五年）

C　『小方壺齋輿地叢鈔再補編』王錫祺輯、光緒二十三年序上海著易堂石印本（〔影印版〕臺北：廣文書局／杭州古籍書店、一九八五年）

D　『小方壺齋叢書』一〇帙二五九種、王錫祺輯、稿本・一〇冊（國家圖書館善本閲覽室藏）

E　『中外地輿圖説集成』同康廬編、光緒二十年上海順成書局石印本（胡振元・孫永昌校）、光緒二十年上海積山書局石印本

F　『各國時事類編』沈純輯、光緒二十一年上海書局石印本

G　『靈鶼閣叢書』江標輯、光緒二十一～二十三年元和江標湖南使院刊本（藝文印書館輯『百部叢書集成』臺北：藝文印書館、一九六四～七〇年に影印収録）

H　『各國日記彙編』萬選樓主人輯、光緒二十二年上海書局石印本（Y〔第一四二冊一〇一～四一二頁〕に影印収録）、光緒二十四年上海書局石印本

I　『游記彙刊』佚名輯、光緒二十三年湖南新學書局刻本（國家圖書館分館藏）

J　『西政叢書』求自強齋主人〔梁啓超〕編、光緒二十三年慎記書莊石印本

K　『銕香室叢刻』初集：光緒二十三年、續集：光緒二十四年沔陽李世勛鉛印（V〔第六五冊〕に影印収録）

L　『通學齋叢書』鄒凌沅輯、四六冊、通學齋鉛印本（國家圖書館分館・國立國會圖書館藏）

M　『西洋雜志』黎庶昌編著、八巻、光緒二十六年遵義黎氏刊本、光緒十一年莫繩孫家鈔本（巻七「西洋遊記」は缺、國家圖書館善本閲覽室藏）、譚用中標點本（貴陽：貴州人民出版社、一九九二年）、STZ所収（三種とも黎庶昌の著述〔「蒓齋雜記」〕部分のみ採録、Tは巻六の「歐洲地形考略」を未採録。Sは喩岳衡・朱心遠校點、Tは喩岳衡等校點・鍾叔河校、Zは王繼紅校注）、〔フランス文訳〕Li Shuchang; trad. du chinois par Shi Kang-qiang; avant-propos de Viviane Alleton, *Carnet de notes sur l'Occident*, Paris: Editions de la Maison des Sciences de l'Homme, 1988.

N　『星軺日記類編』席裕琨編、七六巻、光緒二十八年雲間麗澤學會石印本（國家圖書館分館・天津圖書館藏）

O　『近代中國史料叢刊』臺北：文海出版社、一九六〇～七〇年代（影印）

P　『近代中國史料叢刊續編』臺北：文海出版社、一九七〇年代（影印）

Q　『叢書集成初編』上海：商務印書館、一九三六年／北京：中華書局、一九八五年（標點排印）

R　『叢書集成續編』臺北：藝文印書館、一九七〇年／臺北：新文豐出版公司、一九八九年

S　『走向世界叢書』長沙：湖南人民出版社、一九八〇～八二年（標點排印）

T　『走向世界叢書』鍾叔河主編、長沙：嶽麓書社、一九八四～八六年（標點排印）

U　『叢書集成新編』臺北：新文豐出版公司、一九八五年（影印）

V　『叢書集成續編』上海書店出版社、一九九四年（影印）

W　『續修四庫全書』上海古籍出版社、集部別集類は一九九五年／史部傳記類・地理類は一九九七年（影印）

X『中華歴史人物別傳集（國家圖書館分館藏）』劉家平・蘇曉君主編、北京：綫裝書局、二〇〇三年（影印）
Y『歴代日記叢鈔』李德龍・兪冰主編、北京：學苑出版社、二〇〇六年（影印）
Z『西洋映像手記』第一輯、李雪濤主編、北京：社會科學文獻出版社、二〇〇七年（標點排印）

六　節録する史料集は次のとおりである（目録中では小文字アルファベットにより略記した）。
a『洋務運動』〈中國近代史資料叢刊〉中國史學會主編、上海人民出版社、一九六一年
b『華工出國史料匯編』第四輯、陳翰笙主編、北京：中華書局、一九八一年
c『清代日記匯鈔』〈上海史資料叢刊〉上海人民出版社、一九八二年（「晩清二十五種日記輯錄」部分は陳左高輯・標點）
d『晩清海外筆記選』福建師範大學歴史系華僑史資料選輯組編、北京：海洋出版社、一九八三年
e『歴代名人日記選』鄧進深選注、廣州：花城出版社、一九八四年
f『近代中國對西方及列強認識資料彙編』中央研究院近代史研究所編、臺北：中央研究院近代史研究所、一九八四年
g『海外見聞』余美雲・管林輯注、北京：海洋出版社、一九八五年（底本不明記）
h『中國近代文學大系　第九集第二三・二四卷　書信日記集』鄭逸梅・陳左高主編、上海書店、一九九二年（第二四卷の卷末に「近代日記知見簡目」あり）
i『郭嵩燾等使西記六種』〈中國近代學術名著叢書〉王立誠編校、上海：生活・讀書・新知三聯書店、一九九八年／香港：三聯書店、一九九八年
j『新加坡古事記』饒宗頤編、香港：中文大學出版社、一九九四年
k『晩清外交使節文選譯』〈近代文史名著選譯叢書〉雷廣臻譯注、成都：巴蜀書社、一九九七年
l『中國古籍中有關新加坡馬來西亞資料匯編』余定邦・黄重言等編、北京：中華書局、二〇〇二年
m『中國古籍中有關緬甸資料匯編』余定邦・黄重言編、北京：中華書局、二〇〇二年

七　引用する経世文編の一覧は以下のとおりである（目録中では丸数字記号により略記した）。
①『皇朝經世文續編』一二〇卷、葛士濬編、光緒十四年圖書集成局刊、光緒十七年廣百宋齋刊、光緒二十七年上海久敬齋鉛印（○〔第七五輯七四一〕はその影印）
②『皇朝經世文續編』一二〇卷、盛康編、光緒二十三年武進盛氏思補樓刊（○〔第八四・八五輯八三四～八四〇・八四一～八四二〕は思補樓刊本影印）、光緒二十三年上海掃葉山房石印
③『皇朝經世文新增時務續編』四〇卷、甘韓輯、光緒二十三年上海掃葉山房石印（○〔第八一輯八〇一〕影印收録）
④『皇朝經世文三編』陳忠倚輯、光緒二十四年上海書局石印（○〔第七六輯七五一〕影印收録）
⑤『皇朝經世文新編』麥仲華編、光緒二十四年上海大同譯書局刊
⑥『皇朝經濟文新編』六一卷、宜今室主人輯、光緒二十七年上海宜今室石印〈〈近代中國史料叢刊第三編〉〔第二九輯二八一～二八六〕に影印收録）
⑦『皇朝經世文統編』邵三棠編、光緒二十七年上海寶善齋刊

八

⑧『皇朝經世文編五編』求是齋編、光緒二十八年宜今室刊

⑨『皇朝蓄艾文編』于寶軒編、光緒二十九年上海官書局刊（〈中國史學叢書二二〉臺北：臺灣學生書局、一九六五年はその影印）

提要・解題文献（目録中ではカタカナにより略記した）

ア『續修四庫全書總目提要（稿本）』中國科學院圖書館整理（〔影印版〕濟南：齊魯書社、一九九六年）

イ『歴代日記叢鈔提要』俞冰主編、北京：學苑出版社、二〇〇六年

ウ『歴代日記叢談』陳左高著、上海：上海畫報出版社、二〇〇四年

エ『從東方到西方――走向世界叢書叙論集』鍾叔河著、長沙：嶽麓書社、二〇〇二年（同『走向世界――近代知識分子考察西方的歴史』北京：中華書局、一九八五年の増補改訂版）

オ『東海西海之間――晩清使西日記中的文化觀察・認証與選擇』尹德翔著、北京：北京大學出版社、二〇〇九年

カ『中國史籍解題辭典』神田信夫・山根幸夫編、東京：燎原書店、一九八九年

キ『中國古文獻大辭典・地理卷』王兆明・付朗雲主編、長春：吉林文史出版社、一九九一年

ク『中國檔案文獻辭典』中國檔案學會檔案文獻編纂學術委員會編、北京：中國人事出版社、一九九四年

ケ『中國邊疆古籍題解』范秀傳主編、烏魯木齊：新疆人民出版社、一九九五年

コ『中國散文大辭典』林非主編、鄭州：中州古籍出版社、一九九七年

サ『中國歴史大辭典』鄭天挺・吳澤・楊志玖主編、上海：上海辭書出版社、二〇〇〇年

シ『湘學新報』「交涉書目提要」

ス『新學書目提要』通雅齋書局編・沈兆禕著、上海：通雅書局、光緒二十九年〔卷一～三〕・光緒三十年〔卷四〕（後掲熊月之編『晩清新學書目提要』に排印収録）

九　参考文献（書誌目録・報刊篇目・工具書等）

徐維則輯・顧燮光補輯『增版東西學書錄』光緒二十八年會稽徐氏石印本（王韜・顧燮光等編『近代譯書目』北京圖書館出版社、二〇〇三年に影印収録）

趙惟熙編『西學書目答問』光緒二十七年（後掲熊月之編『晩清新學書目提要』に排印収録）

熊月之編『晩清新學書目提要』上海：上海書店出版社、二〇〇七年

姚佐綬・周新民・岳小玉合編『中國近代史文獻必備書目』北京：中華書局、一九九六年

北京圖書館古籍組編『北京圖書館普通古籍總目　第四卷　地誌門』北京圖書館出版社、二〇〇三年

北京大學圖書館編『北京大學圖書館藏古籍善本書目』北京大學出版社、一九九九年

中國科學院圖書館編『中國科學院圖書館藏中文古籍善本書目』北京：科學出版社、一九九四年

『京都大學人文科學研究所漢籍目錄』上・下册、京都大學人文科學研究所、一九七九・一九八〇年

全國漢籍データベース http://kanji.zinbun.kyoto-u.ac.jp/kanseki/（京都大學人文科學研究所附屬漢字情報研究センター）

中央研究院漢籍電子文獻 http://hanji.sinica.edu.tw/（臺北：中央研究院）

近代中國研究委員會編『經世文編總目錄』（東京）：近代中國研究委員會、（一九五六年）
上海圖書館編『中國近代期刊篇目彙錄』第一卷、上海人民出版社、一九六五年
故宮博物院明清檔案部・福建師範大學歷史系合編『清季中外使領年表』北京：中華書局、一九八五年（修訂再版一九九七年）
魏秀梅編『清季職官表（附人物錄）』臺北：中央研究院近代史研究所、一九七七年（再版二〇〇二年）／北京：中華書局、二〇一三年
秦國經主編『中國第一歷史檔案館藏清代官員履歷檔案全編』上海：華東師範大學出版社、一九九七年

十　引用した二次文献で本書「文献目録」にあるものは略記にとどめ、ないものは書誌情報をすべて掲出した。

◇出使英國大臣日記

出使大臣	諭命／到任／卸任	出使日記	備考・関連史料
郭嵩燾	（イギリス） 七五・八・二六／七七・一・二一／七九・一・二五 （フランス） 「出使法國大臣」欄參照	『使西紀程』二卷　A D E F H I K N V W Y d f g i j	〔收錄期間〕光緒二年十月十七日（一八七六年一二月二日）～十二月初八日（一八七七年一月二一日） 刻本（二卷一册）、鉛印本（不分卷一册、北京大學圖書館藏）、A〔第一一帙〕（.j〔九四～九六頁〕の底本）、光緒二十三年成都志古堂刻本（書名は『郭侍郎使西紀程』、國家圖書館分館藏）、民國二十二年上海蟫隱盧石印本（W〔第五七六册〕はその影印）、K〔續集第六册〕（W〔第五七七册〕・V〔第六五册五二一～五四一頁〕はその影印、d〔五～七頁〕の底本）、Y〔第一四二册一五五～一九六頁〕はHの影印。後掲『郭嵩燾日記』第三卷〔一〇六～一四〇頁〕に『使西紀程』の「原稿」收錄（Aと出入あり）、Dは一卷本、E〔第二三册〕は卷一二〇〔三～九葉〕所收（闕名）。そのほか王西清・盧梯青共編『西學大成』（光緒二十一年上海醉六堂書坊石印本）「寅編 地學」にも收錄（書名は『西使紀程』）。T〔二七～九六頁〕所收の『倫敦與巴黎日記』は各條ごとに『使西紀程』の原文を併記。選注本に『郭嵩燾集――使西紀程』〈中國啓蒙思想文庫四〉（陸玉林選注、瀋陽：遼寧人民出版社、一九九四年。丁守和主編『中國近代啓蒙思潮』上卷、北京：社會科學文獻出版社、一九九九年〔一一五～一一六頁〕はその節選）。譚紹興・張浩・汝玉虎譯注『近代名人日記選譯』〈近代文史名著選譯叢書〉（成都：巴蜀書社、一九九七年）〔二六～三二頁〕に節錄と現代漢語譯（注釋附、底本不明記）。『萬國公報』第四四一卷（光緒三年四月二十一日）・第四四四卷（五月十三日）～第四五〇卷（六月二十五日）に連載。英文譯に *The First Chinese Embassy to the West: the Journals of Kuo Sung-Tao, Liu Hsi-Hung and Chang Te-yi* あり。 **★詳細については本書第1章參照。** 〔提要・解題〕ア〔第三册六頁〕・カ〔一三四頁〕
		『倫敦與巴黎日記』　T i l m	〔收錄期間〕光緒二年十月十七日（一八七六年一二月二日）～五年三月初五日（一八七九年三月二七日） 書名はTの編者による（T凡例一頁）。Tは郭嵩燾日記手稿本（その排印本が後掲『郭嵩燾日記』）の標點節錄（出國期間は全錄、出國前と歸國後は出

使・洋務に関する部分のみ節録）。l〔二五六～二七〇頁〕・m〔一二八六頁〕はTの節錄。
〔提要・解題〕エ〔一二〕・コ〔四二二頁〕

「郭少宗伯日記」（「郭少司馬日記」）M

M所收（郭嵩燾手稿日記からの拔粋、譚用中標點本では一～二、五～七、一四～一六、九一～九二、一〇五～一〇九、一六八～一六九頁）。

『郭嵩燾日記』全四冊（長沙：湖南人民出版社、一九八一～八三年、底本は湖南省圖書館藏手稿本、b〔六三四～六三六頁〕・h〔一三巻四八一～五二五頁〕はその節錄、bは日附に誤りが多い）。〔提要・解題〕ウ〔九六～九九頁〕

＊『郭侍郎奏疏』一二巻（光緒十八年男炎生等刊、O〔第一六輯一五一〕・『叢書集成三編』〔臺北：新文豐出版公司、一九九七年〕第二〇冊はその影印、〔標點排印本〕楊堅點校『郭嵩燾奏稿』長沙：嶽麓書社、一九八三年、k〔一～四九頁〕に譯注節錄あり）。『養知書屋文集』一八巻・『養知書屋詩集』一五巻（光緒十八年男炎生等刊、O〔第一六輯一五二〕・前掲『叢書集成三編』第五九冊はその影印、朱克敬輯『挹秀山房叢書』所收、〔標點排印本〕楊堅點校『郭嵩燾詩文集』長沙：嶽麓書社、一九八四年）。『三星使書牘』三卷（光緒三十四年上海廣智書局排印本、郭嵩燾書函四一通收錄）。『郭嵩燾未刊書札』（『近代史資料』總八八號、一九九六年五月、劉金庫整理、原本は遼寧省博物館藏）。楚金「郭筠仙手札弁跋」（『中和月刊』一卷一二期、一九四〇年）。「玉池老人自叙」（光緒十九年養知書屋鋟板、X〔第五二冊四九七～五二八頁〕はその影印）。

郭嵩燾：一八一八～一八九一、字は伯琛、號は筠仙、晩號は玉池老人、湖南省湘陰縣人。經歷は本書第1章をみよ。
〔傳記史料〕王先謙「兵部左侍郎郭公神道碑」、同「郭筠仙先生西法畫象序贊」、繆荃孫「書郭筠仙侍郎事」（以上、『續碑傳集』卷一五「光緒朝部院大臣」）、『清史稿』卷四四六「列傳」二三三
〔年譜〕『郭嵩燾先生年譜』、陸寶千『郭嵩燾先生年譜補正及補遺』（臺北：中央研究院近代史研究所、二〇〇五年）
【副使：劉錫鴻『英軺日記』、三等參贊：黎庶昌「奉使倫敦記」「西洋遊記」、隨員兼翻譯：張斯栒「張斯栒集譯」、三等翻譯：張德彝『隨使日記』】

曾紀澤	（イギリス） 七八・八・二五／七九・一・二五／八六・五・六 （フランス） 「出使法國大臣」欄参照 （ロシア） 「出使俄國大臣」欄参照	『曾侯日記』一巻　H Y	〔收錄期間〕光緒四年九月初一日（一八七八年九月二六日）～五年三月二十六日（一八七九年四月一七日） 光緒七年序申報館仿聚珍排印本（尊聞閣主人〔申報館主英國人メジャー（Ernest Major）〕編『申報館叢書餘集』所收、尊聞閣主人序あり、『申報』三一一六～三一二二號〔一八八二年一月一～七日〕第一面に「曾侯日記出售」の廣告記事あり）、上海著易堂鉛印本（刊行年未詳、東京大學總合圖書館藏）。Hは一巻本（Y〔第一四二册一九七～二六二頁〕はその影印）。英文節譯 “Extracts from the Diary of Tseng 'Hou-Yen', Chinese Minister to England and France” (Translator: J. N. Jordan) が *The China Review*, Vol. 11, No. 3, 1882-1883 に、英文による内容紹介が A. P. Parker, “The Diary of Marquis Tseng,” *The Chinese Recorder and Missionary Journal*, Vol. 22, Nos. 7, 8, July and August, 1891 に掲載されている。 **★詳細については本書第3章参照。**
		『出使英法日記』A I S Y	〔收錄期間〕光緒四年九月初一日（一八七八年九月二六日）～五年三月二十六日（一八七九年四月一七日） A〔第一一帙〕（『曾侯日記』〔『申報館叢書餘集』本〕を改題して收錄、Y〔第九七册三四三～三八八頁〕はその影印）。『使西日記（外一種）』Sは『曾惠敏公使西日記』（後掲）・『出使英法日記』A・『使西日記』Cを輯校したもの（張玄浩輯校）。 〔提要・解題〕ア〔第三册二〇頁〕・イ〔二四三頁〕・ウ〔一四六～一四七頁〕
		『曾侯日記』M	M巻二所收の「法蘭亭《フランダン》成婚」（譚用中標點本では五二～五三頁）。「某月某日」とされているが、内容は『曾惠敏公手寫日記』の光緒五年六月初六日（一八七九年七月二四日）條（『曾紀澤日記』八九八頁）と一致。同内容の記事は刊本『曾惠敏公使西日記』（後掲）の同日條にも掲載されているが、刊本では削除された部分がそのまま收錄されているため、『曾惠敏公手寫日記』またはその鈔本から直接引用したものと思われる。
			〔收錄期間〕光緒四年七月二十七日（一八七八年八月二五日）～十二年十一月十九日（一八八六年一二月一四日）〔『曾惠敏公遺集』所收本〕／光緒四年七月二十七日（一八七八年八月二五日）～十二年十一月十六日（一八八六年

	一二月一一日）〔Cによる〕。光緒四年九月～五年三月は逐日記され、その後頻繁に間斷あり。六年以降は毎月數日分或いは一日分の記事しかない。八年以降は數ヵ月分記事がないところもある。
『曾惠敏公使西日記』二巻 PWXY（『使西日記』CFNSbd、「日記」O、『曾惠敏公日記』）	『曾惠敏公遺集』（光緒十九年江南製造總局鉛印本、O〔第一九輯一八二〕・P〔第二三輯二二五〕・W〔第五七七册〕・X〔第六二册五四三～五八四頁〕・Y〔第九一册三四三～三八八頁〕・『近代中國史料叢書』〔臺北：臺灣學生書局、一九六五年〕はその影印、喩岳衡點校『曾紀澤遺集』長沙：嶽麓書社、一九八三年〔二〇〇五年再版本の書名は『曾紀澤集』〕はその標點排印、d〔一一～一二頁〕の底本）・『曾惠敏公全集』（光緒二十年上海鉛印本、光緒二十年上海石印本）所收。C〔第一一帙〕は『曾惠敏公使西日記』の再録（若干の出入あり、b〔五七四～五七七頁〕の底本）。ほかに佚名輯『遊記叢鈔』第四册所收本（民國鈔本、國家圖書館藏、收録期間は光緒四年七月二十七日～十月初一日、劉家平・周繼鳴主編・國家圖書館分館編『古籍珍本遊記叢刊』一六、北京：綫裝書局、二〇〇三年〔八九四三～八九九二頁〕はその影印）、『曾惠敏公日記』（『清末名家自著叢書初編』所收『曾惠敏公遺集』第八册、臺北：藝文印書館、一九六四年）あり。また『曾文正公全集』（一九三二年上海掃葉山房石印本）にも收録。標點排印本に『使西日記（外一種）』Sあり（『曾惠敏公遺集』本・『出使英法日記』A・『使西日記』Cを輯校したもの、張玄浩輯校、李鳳苞『使德日記』との合訂、曾紀澤・李鳳苞『使歐日記』〔臺北：黎明文化事業公司、一九八八年〕はこれと收録内容が同じだが底本不明記、Sを翻印したものか）。 **★詳細については本書補論4参照。** 〔提要・解題〕イ〔二三四～二三五頁〕・カ〔一三六頁〕・ク〔二二六頁〕・ケ〔一五九～一六〇頁〕・サ〔下巻一八六三頁〕
『出使英法俄國日記』T hl	〔收録期間〕光緒四年正月初一日（一八七八年二月二日）～十二年十二月三十日（一八八七年一月二三日） T（王杰成標點）の底本は後掲『曾惠敏公手寫日記』。l〔二八一～二八五頁〕・h〔二四巻一八〇～一八六頁、ロシア出使部分〕はTの節録、譚紹興・張浩・汝玉虎譯注『近代名人日記選譯』〈近代文史名著選譯叢書〉（成都：巴蜀

書社、一九九七年）一一九～一三九頁）に節録あり（注釋附、底本不明記）。

〔提要・解題〕エ〔一三〕・オ〔第八章〕・コ〔四二五頁〕

『曾惠敏公手寫日記』（呉相湘主編〈中國史學叢書〉一三、臺北：臺灣學生書局、一九六五年、湘鄉曾八本堂家藏手寫本影印、j〔一〇三～一〇五頁〕の底本）、劉志惠點校輯注・王澧華審閲『曾紀澤日記』（長沙：嶽麓書社、一九九八年、標點排印、『曾惠敏公手寫日記』を底本とし『曾侯日記』により補訂。劉志惠整理『曾紀澤日記』〈中國近代人物日記叢書〉北京：中華書局、二〇一三年はその修訂版、巻末に「人名索引」を新たに附す）。

*『曾惠敏公遺集』一七巻（光緒十九年江南製造總局鉛印本）・『曾惠敏公全集』（光緒二十年上海鉛印本、光緒二十年上海石印本）には、『日記』二巻のほかに『奏疏』六巻、『文集』五巻、『詩集』四巻も收錄。『曾惠敏公遺集』は、影印本にO〔第一九輯一八二〕・P〔第二三輯二二五〕・〈清末名家自著叢書・初編〉所收本（臺北：藝文印書館、一九六四年）、標點排印本に喩岳衡點校『曾紀澤遺集』（長沙：嶽麓書社、一九八三年／再版二〇〇五年〔書名は『曾紀澤集』〕、l〔二八五～二九三頁〕に節錄、k〔五〇～一一二頁〕に譯注節錄あり）あり。『曾惠敏公遺集』のうち、『曾惠敏公奏疏』六巻はP〔第二三輯二二二〕・W〔史部詔令奏議類五一〇〕に、『曾惠敏公文集』五巻はP〔第二三輯二二三〕・W〔集部別集類一五六二〕に、『曾惠敏公詩集』はP〔第二三輯二二四〕に影印收錄。そのほか、『曾惠敏公電稿』（北京：全國圖書館文獻縮微複製中心、二〇〇五年、國家圖書館藏原件〔光緒七～九年〕の影印）、『三星使書牘』三巻二冊（光緒三十四年上海廣智書局排印本、曾紀澤書函五三通收錄）、「曾紀澤未刊書牘」（『近代史資料』總七五號、原本は國家圖書館善本閲覧室藏）、「曾紀澤函札」（一冊、社科院近史所藏。曾紀澤が在歐中の光緒八年に家族・親戚・部下・本國の官僚などにあてた書翰一一二通）、「曾紀澤法越事件有關文電」（楊恩壽鈔稿・一冊、社科院近史所藏）あり。曾紀澤の英文論説に The Marquis Tseng, “China, the Sleep and the Awakening” あり（漢文譯は「中國先睡後醒論」、『新政眞詮初編』・⑨巻一「通論一」所收）。

曾紀澤：一八三九～一八九〇、字は劼剛、號は夢瞻、諡は惠敏、湖南省湘鄉

縣人。曾國藩の長子、同治九年戸部員外郎、光緒三年父爵（一等毅勇侯）を承襲。歸國後光緒十二～十六年まで總理衙門大臣。

〔傳記史料〕「惠敏公行狀」（X〔第六二冊四八五～四九六頁〕所收）、「曾惠敏公榮哀錄」（X〔四九七～五三八頁〕所收）、兪樾「曾惠敏公墓志銘」（『續碑傳集』巻一五「光緒朝部院大臣」、兪樾『春在堂雜文五編五』）、『清史稿』巻四四六「列傳」二三三、『清史列傳』巻五八「新辦大臣傳二」

〔年譜〕朱尚文編『曾紀澤先生年譜』〈人人文庫〉（臺北：臺灣商務印書館、一九七五年）、潘德利・王宇『曾紀澤年譜』（北京：中國社會科學出版社、二〇一一年）

劉瑞芬	（イギリス） 八五・七・二七／八六・五・六／九〇・四・二三 （ロシア） 「出使俄國大臣日記」欄參照 （イタリア） 八七・六・二三／八九・三・三一
『西軺紀略』一巻	〔收録期間〕光緒十二年二月十五日（一八八六年三月二〇日）～十六年四月二十一日（一八九〇年六月八日） 『養雲山莊遺稿』一一巻八册（光緒十九年刊本、光緒二十二年刊本）所收。『清史稿』巻一四六「志」一二一「藝文」二「史部・地理類」では四巻本とある。 **★詳細については本書補論4参照。**
	*『劉中丞奏稿』（光緒二十二年序刊本、O〔第六一輯六〇三〕はその影印）、『養雲山莊詩文鈔』（光緒十九年刊本、O〔第六一輯六〇四〕はその影印）、劉容撰『劉中丞奏議』（光緒十一年思賢講舍校刊本）、「劉瑞芬出使英法義比案（光緒十三年）」（『國家圖書館藏清代孤本外交檔案』二二〔北京：全國圖書館文獻縮微複製中心、二〇〇三年〕所收）。ほかに劉瑞芬駐英期の奏稿・國書等が呉宗濂『隨軺筆記』O〔第五九輯五八四〕巻三「記聞」に附錄として收録されている。 劉瑞芬：一八二七～一八九二、字は芝田、號は青山・召我、安徽省貴池縣人。歸國後は廣東巡撫。 〔傳記史料〕兪樾「墓誌銘」（前掲『養雲山莊詩文鈔』所收）、同「廣東巡撫劉公神道碑」（『續碑傳集』巻三二「光緒朝督撫十二」）、『清史稿』巻四四六「列傳」二三三 **【隨員：鄒代鈞『西征紀程』・余思詒『樓船日記』】**

〔收録期間〕光緒十六年正月十一日（一八九〇年一月三一日）～十七年二月三

薛福成	（イギリス） 八九・五・一五／九〇・四・三／九四・八・三 （フランス） 「出使法國大臣」欄参照 （イタリア） 八九・五・一五 （ベルギー） 八九・五・一五	『出使英法義比四國日記』六巻　A O T W X Y a b d i j l m（『出使四國日記』S Z f g h）	十日（一八九一年四月八日） 『出使英法義比四國日記』六巻（顧錫爵・趙元益・張美翊參校／王豐鎬・呉宗濂・胡惟德・陳星庚采譯／潘承烈繕錄）：光緒十七年無錫傳經樓家刻本（蘇州大學圖書館藏、未見、後掲黃樹生論文による〔刊行年は序跋によるものか〕）、光緒十八年無錫薛氏刻本（六册、『庸盦全集』本、刊記「光緒壬辰季春開雕」、北京大學圖書館藏）、光緒十八年上海醉六堂石印本（三册、『庸盦全集』本、刊記「光緒壬辰莫春之初吳俊書耑」、北京大學圖書館藏）、光緒十八年吳俊書齋鉛印本（三册、刊記「光緒壬辰莫春之初吳俊書耑・醉六堂發兌」、大きさが異なるだけで内容は光緒十八年上海醉六堂石印本と同じ、北京大學圖書館藏）、光緒十八年上海鴻寶齋石印・醉六堂發兌本（上海圖書館・二松學舍藏）、光緒十八年吳俊書齋石印本、光緒二十年孫谿朱氏校・校經堂刻本（上海圖書館・京大人文研藏）、光緒二十二年上海圖書集成印書局鉛印本（三册、O〔第一二輯一一七〕はその影印）、光緒二十三年湖南新學書局刊本（關西大學圖書館藏）、光緒二十三年望龍學社刻本（未見）、光緒二十三年成都志古堂刻本（八巻本、未見）、『庸盦全集』（光緒二十四年涵芬樓刊、臺北：華文書局一九七一年版はその影印）所收本（光緒十八年無錫薛氏刻本と同じ版木による印刷、刊記「光緒壬辰季春開雕」、X〔第六二册一～一七七頁〕・Y〔第一三四册〕はその影印）、A〔第一一帙〕（中山大學東南亞歷史研究所編『中國古籍中有關菲律賓資料匯編』北京：中華書局、一九八〇年〔一七五～一七六頁〕の底本）、『中外時務經濟文編』（光緒二十八年上海積山書局石印）所收本。W〔第五七八册三八七～五六二頁〕は光緒十八年刻本（刊記「光緒壬辰季春開雕」）の影印、T〔五七～三四四頁〕の底本は『庸盦全集』（版本不詳）所收本（張玄浩・張英宇校點）、aは第八册〔二八八～三一八頁〕所收、b〔五六四～五七一頁〕の底本は光緒十八年刊本、d〔三三一～四三、八九～九〇、二五五～二五六頁〕の底本は光緒二十年刻本、l〔三三二～三四一頁〕・m〔一三〇二～一三三一頁〕はTの節錄、j〔一二六～一三六頁〕は底本不明記、『籌洋芻議――薛福成集』（瀋陽：遼寧人民出版社、一九九四年）に節錄（丁守和主編『中國近代啓蒙思潮』上巻、北京：社會科學文獻出版社、一九九九年〔一二五～一二六頁〕はその節選）。譚紹興・張浩・汝玉虎譯注『近代名人日記選譯』〈近代文史名著選譯叢書〉（成都：巴蜀書社、一九九七

年）〔一〇六～一一八頁〕に節録（注釋附、底本不明記）。

『出使四國日記』：S（安宇寄校點）の底本は光緒十七年傳經樓家刻本、h〔二四巻一六三～一七九頁〕の底本は『庸盦全集』（光緒無錫薛氏傳經樓家刻）所收本、Z（寶海校注）の底本は『庸盦全集』（光緒二十三年上海醉六堂石印）所收本。丁鳳麟・王欣之編『薛福成選集』（上海人民出版社、一九八七年）〔五七八～五九三頁〕に節録（底本は不明記だが『庸盦全集』所收本だろう）。

★詳細については本書第6章参照。

そのほか、⑥に節録五篇（「外史」巻一に「英吉利用商務闢荒地説」〔庚寅日記〕、「籌洋」巻一に「論俄羅斯立國之勢」「再論俄羅斯立國之勢」〔辛卯日記〕、巻二に「西法爲公共之理説」〔庚寅日記〕・「西洋諸國導民生財説」〔辛卯日記〕）、L所收『通學彙編』「雜類」と『舊小説』「己集」〔第二冊二二一～二二三頁〕に「觀巴黎油畫記」〔出使四國日記庚寅〕の節録、k〔一二一～一二三頁〕に光緒十六年閏二月二十四日條（「巴黎觀油畫記」）の譯注節録あり。

〔提要・解題〕ア〔第三冊一五頁〕・イ〔二九一～二九三頁〕・ウ〔一七〇～一七一頁〕・エ〔二〇〕・オ〔第七章〕・ク〔二三八頁〕・ケ〔三四三～三四四頁〕・コ〔四二五頁〕・サ〔上巻九二二頁〕

『出使日記續刻』十巻
TWXYbijl（『四國日記續刻』N）

〔收録期間〕光緒十七年三月初一日（一八九一年四月九日）～二十年五月二十八日（一八九四年七月一日）
薛慈明（瑩中）校理、光緒二十三年無錫傳經樓家刻本（無錫市圖書館藏）、『庸盦全集』（光緒二十四年涵芬楼刊本、臺北：華文書局一九七一年版はその影印）所收本（刊記「光緒戊戌季夏開雕」）、光緒二十七年重校石印本（Xの影印）。T〔三四五～九六四頁、張玄浩・張英宇校點〕の底本は傳經樓校本。W〔第六二冊一七九～三五三頁〕・Y〔第一三五冊一六五～五一三頁〕はその影印。W〔第五七八冊五六三～六七三頁・第五七九冊一～二七四頁〕・『中華文史叢書』第三六冊（臺北：華文書局、一九六八年）所收本は光緒二十四年刊本影印、b〔五七一～五七三頁〕の底本は光緒二十三年刊本、j〔一三七～一五二頁〕は底本不明記（タイトルは『出使日記』）、l〔三四一～三五八頁〕はTの節録、『籌洋芻議——薛福成集』（瀋陽：遼寧人民出版社、一九九四年）に節録（丁

守和主編『中國近代啓蒙思潮』上巻、北京：社會科學文獻出版社、一九九九年〔一二六〜一二九頁〕はその節選）。丁鳳麟・王欣之編『薛福成選集』（上海人民出版社、一九八七年）〔五九四〜六三三頁〕に節録あり（底本は不明記だが『庸盦全集』所收本だろう）。

★詳細については本書第6章参照。

〔提要・解題〕ア〔第三冊一六頁〕・イ〔二九五頁〕・ウ〔一七〇〜一七一頁〕・キ〔八九頁〕

『薛福成日記』（蔡少卿整理、長春：吉林文史出版社、二〇〇四年、標點排印、收錄期間は同治七年正月初一日〜光緒二十年五月二十八日）は、南京圖書館藏稿本三九巻を底本とし、出使期間部分は刊本『出使英法義比四國日記』『出使日記續刻』により補訂。

*『庸盦全集』（光緒二十三年無錫薛氏傳經樓家刻本、光緒二十三年上海醉六堂石印本、光緒二十四年涵芬樓刊本〔臺北：華文書局一九七一年版はその影印〕、光緒二十七年上海書局石印本〔復旦大學圖書館藏〕、光緒三十四年刻本〔江西省圖書館藏〕）。『薛福成全集』（臺北：廣文書局、一九六三年）は光緒季傳經樓『庸盦全集』家刻本の影印。節錄標點本に丁鳳麟・王欣之編『薛福成選集』（上海人民出版社、一九八七年）あり。『庸盦全集』（光緒二十四年涵芬樓刊本）に收錄されている出使關係の史料には、『庸盦海外文編』四巻、『出使奏疏』二巻（k〔一二四〜一五七頁〕はその譯注節錄）、『出使公牘』十巻（e〔八一〜八二頁〕はその節錄）がある。ほかに『庸盦文別集』六巻（光緒二十九年醉六堂石印本、上海古籍出版社一九八五年版標點本〔施宣園・郭志坤標點〕）、『續瀛環志略初編』八冊（光緒二十八年無錫傳經樓石印本）、『白雷登避暑記』C〔第一一帙〕、「薛福成等出使外洋採辦機械函牘」一冊（稿本、北京大學圖書館藏）、『滇緬劃界圖說』一巻（光緒二十八年無錫薛氏傳經樓刻本、『中國方志叢書・華南地方』二四九はその影印、文瑞樓主人輯『皇朝藩屬輿地叢書』第六集第二八種〔光緒二十九年金匱浦氏靜寄東軒石印本〕所收、m〔一三三一〜一三八四頁〕はその節錄―オ〔二六一頁〕）、『中外時務經濟文編』六種（一二冊、光緒二十八年上海積山書局石印本、國家圖書館分館藏）、『三星使書牘』三巻二冊（光緒

			三十四年上海廣智書局排印本、薛福成書函四五通收錄）、薛福成撰『薛叔耘遺著十六種』（南京圖書館藏、うち出使關係の子目は「出使信函稿」「西征零草」「出使公牘」「出使奏疏」「出使四國奏疏」「駐法奏疏」「出使奏疏草稿」、影印版に薛福成撰『薛叔耘遺著十六種』〈無錫文庫・第四輯〉南京：鳳凰出版社、二〇一一年あり）。その他、各種『經世文編』に薛福成の上奏・論説が多數掲載されている。 ※薛福成の各種の著作版本については黃樹生「薛福成著述版本考述」も參照。 薛福成：一八三八～一八九四、字は叔耘、號は庸盦・湘三子、江蘇省無錫北鄉寺頭人。 〔傳記史料〕夏寅官「薛福成傳」（『碑傳集補』卷一三「使臣」）、錢基博「薛福成傳」（同上）、『清史稿』卷四四六「列傳」二三三、『清史列傳』卷五八「新辦大臣傳二」
龔照瑗	九三・一一・二／九四・八・三／九七・四・一九		＊『龔照瑗函稿』（影印：〈晚清四部叢刊・史部〉第四九卷〔臺中：文听閣圖書有限公司、二〇一〇年〕所收）、『中東戰紀本末三編』（駐英佛公使館抄存）、「龔照瑗往來官電（選錄）」（『中日戰爭』〈中國近代史資料叢刊續編〉第六册、北京：中華書局、一九九三年、五六五～六〇六頁）はその卷二の標點選錄（『中日戰爭』〈中國近代史資料叢刊續編〉第一二册、北京：中華書局、一九九六年、四八八頁に解題あり）。吳宗濂「龔星使照瑗與英外部會議紀錄」（經世報館編『經世報』〔光緒二十三年經世報館石印本〕所收）。 龔照瑗：生歿年未詳、字は仰蘧、安徽省合肥縣人。 【二等參贊：吳宗濂『隨軺筆記』、參贊：宋育仁『泰西各國采風記』、隨員：陳春瀛『回颿日記』】
羅豐祿	九六・一一・二三／九七・四・一九／〇三・五・二六		＊Mに福州船政局留學生監督翻譯時期の「羅豐祿與友人書」（譚用中標點本では七〇～七二、一五三～一五四、一六〇～一六三頁）と「羅豐祿記」（同上一一三～一一七、一二三～一二六頁）が收録されている。 羅豐祿：一八五〇～一九〇三、字は稷臣、福建省閩縣人。福州船政學堂學生、襄辦肄業局事宜、李鳳苞駐獨隨員、李鴻章歐米巡歷に同行。 【參贊：張德彝『六述奇』】

◇出使俄國《ロシア》大臣日記

出使大臣	諭命／到任／卸任	出使日記	備考・関連史料
崇厚	七八・六・二二／七八・一二・三一／七九・一〇・一〇		＊袁同禮校訂・主編〈新疆研究叢刊〉第八種『金軺籌筆』（臺北：一九六四年影印）の附録に「崇厚之自白」あり。「崇厚奏疏（有關中俄伊黎條約）」（一冊、社科院近史所藏）、「崇厚函稿底簿」（四冊、社科院近史所藏）。 崇厚：一八二六～一八九三、字は地山、號は子謙、別號は鶴槎、滿洲鑲黃旗人、完顏氏。〔傳記史料・年譜〕『清史稿』巻四四六「列傳」二三三、崇厚述・衡永編『鶴槎年譜』（民國十九年刻本、『北京圖書館藏珍本年譜叢刊』一六九〔北京圖書館出版社、一九九八年〕所收本はその影印）【随員：張德彝『使俄日記』】
邵友濂〔署〕	七九・一〇・二二／　／八〇・八・三		駐俄頭等參贊。＊出使期間（一八七八年一〇月～八一年二月）の「文稿」一六件（内七件が崇厚起草の照會・奏摺・總理衙門あて書翰、九件が邵友濂自身の總理衙門・朋僚あて函稿）・「家書」五八通が鎭江市博物館に所藏されている（鎭江市博物館「邵友濂使俄文稿和家書中的沙俄侵華史料」『文物』一九七六年第一〇期）。〔傳記史料〕『清史列傳』巻六三「已纂未進大臣傳二」【随員：張德彝『使俄日記』『使還日記』】 邵友濂：?～一九〇一、原名は維埏、字は小村・筱村、浙江省餘姚縣人、同治擧人。
		『出使英法俄國日記』T h1	※「出使英國大臣日記：曾紀澤」欄參照。 〔収録期間〕光緒六年六月二十九日（一八八〇年八月四日）～七年正月二十五日（一八八一年二月二三日）〔『金軺籌筆』・『中俄交渉記』・「伊犁定約中俄談話録」による〕 『金軺籌筆』四巻：A〔第三帙〕・Iでは「闕名」、後掲『掲秀山房叢書』所收本（光緒九年刊）では撰者名の表記なし。I・『掲秀山房叢書』所收本（光緒九年刊）は四巻・附「和約」「專條」「陸路通商章程」「俄〔鄂〕商前

曾紀澤	八〇・二・二三／八〇・八・三／八六・八・一七	『金軺籌筆』四卷　AI 『中俄交涉記』四卷　O 「伊犁定約中俄談話錄」 『光緒六年歳次庚辰曾紀澤使俄伊犁案・問答節略』	往中國貿易過界卡倫單」。『揺秀山房叢書』所收本〔第一五・一六册〕（光緒九年陳揺秀山房刻本、國家圖書館分館藏）は四卷・附「和約」一卷。『揺秀山房叢書』所收本には光緒九年刋本と同じ内容の光緒十年刋本（封面に「光緒十年湘南刋」、國家圖書館分館・國立國會圖書館藏）もある。ほかに光緒十三年序無錫楊楷刻本あり（袁同禮校訂主編『新疆研究叢刊』第八種〔臺北：臺灣商務印書館、一九六四年〕所收本はその影印）。『揺秀山房叢書』（光緒二十年重刋本）では『金軺籌筆』は缺。 〔提要・解題〕シ〔第一二册光緒二十三年七月十一日〕 『中俄交涉記』四卷：光緒二十二年積山書局石印本（O〔第一二輯一一五〕はその影印）。光緒十三年楊楷序あり。 「伊犁定約中俄談話錄」：程演生輯錄『中國内亂外禍歴史叢書　第二七册　奉使俄羅斯日記』（北京：神州國光社、一九三六年、排印標點）〔八五～二六六頁〕所收。「和約」以下は未收錄。底本不明記。同書「序言」（程演生）〔五～六頁〕に若干の解説あり。 『光緒六年歳次庚辰曾紀澤使俄伊犁案・問答節略』：鈔本一册、國家圖書館分館藏。收錄期間は光緒六年八月二十八日～七年正月二十五日。 井上陳政『禹域通纂』（大藏省、一八八八年／〔復刻〕東京：汲古書院、一九九四年）下卷に「伊犂《ママ》商約本末」〔附錄・八九～二六六頁〕と題して日本語譯（讀み下し）を收錄（底本不明記）。 **★詳細については本書第4章參照。** ※『金軺籌筆』以下の原稿（「問答節略」）の實際の著錄者が翻譯の慶常であったことは、曾紀澤の手稿日記の記述から推測できる（『曾紀澤日記』一〇二二、一〇二九、一〇三七頁）。 曾紀澤：※本目錄三四九～三五〇頁參照。
劉瑞芬	八五・七・二七／八六・八・一七／八七・一・四		※「出使英國大臣日記：劉瑞芬」欄參照。
洪鈞	八七・六・三／八八・一・四／九一・二・二五		*「洪鈞出使俄德奧案（光緒十三年）」（國家圖書館藏歴史檔案文獻叢刊『國家圖書館藏清代孤本外交檔案』二二〔北京：全國圖書館文獻縮微複製中心、二〇〇三年〕所收）、「洪鈞使歐奏稿」（『近代史資料』總六八號、一九八八年一月、原本は蘇州博物館藏、吳琴整理）、『中俄交界全圖』（光緒十六年

石印本）、「洪鈞致薛福成札五通」（『東南文化』一九八六年第二期）。

洪鈞：一八三九～一八九三、字は陶士、號は分卿、江蘇省呉縣人。同治狀元、出使德國大臣兼任。

【隨員：張德彝『五述奇』】

許景澄

九〇・九・九／九一・二・二五／九七・五・二八

『許文肅公日記』一卷

OWXY

〔收錄期間〕光緒七年四月二十七日（一八八一年五月二四日）～二十六年六月二十四日（一九〇〇年七月二〇日）（光緒十年前半は「未記」、光緒二十五年は「缺」）

出使日記として編集・刊行されたものではない。

光緒間鉛印本（盛沅編輯、洪昌鼎參訂、Y〔第一〇六冊二九五～三七二頁〕はその影印）、許同莘編『許文肅公遺稿』一二卷（一九一八年外交部圖書處排印本・O〔第一九輯一八三〕・W〔第一五六四冊〕はその影印）、盛沅輯『許文肅公外集』（一九二〇年鉛印本）所收。X〔第六五冊三五五～三七四頁〕の影印元は不明（盛沅編輯、洪昌鼎參訂、方元熙・朱文枘・盛慶琳・高學源・許鼎鈞校字）。

★詳細については本書補論4参照。

〔提要・解題〕イ〔二五四～二五五頁〕

*『許文肅公遺書』（〈清末名家自著叢書〉〔臺北：藝文印書館、一九六四年〕所收）と『許文肅公遺稿』（『清代新疆稀見奏牘彙編――同治・光緒・宣統朝卷』〔烏魯木齊：新疆人民出版社、一九九七年〕所收）は民國七年排印本影印。ほかに盛沅輯『許竹篔侍郎尺牘真迹』二卷（光緒三十三年刊）、『許竹篔先生奏疏錄存』二卷、『許竹篔先生出使函稿』一四卷（光緒間鉛印本、『許竹篔先生奏疏錄存』二卷と『許竹篔先生出使函稿』一四卷は、編者名・出版者名・出版年の記載はないが、唐文治『茹經先生自訂年譜』によれば、義和團事變後の光緒二十九年に唐文治が編輯し文明書局に依託して印刷したものという。張守常「許景澄的兩種遺集」『北京檔案史料』總五二號、一九九七年第六期、五四頁による）、「許景澄（駐俄公使）來往電稿」一冊（鈔本、收錄期間は光緒二十年六月十七日～二十一年十月十五日、社科院近史所藏）。『帕米爾圖說』（I所收のほか、胡祥鑅輯『漸學廬叢書』〔光緒二十三年元和胡氏漸學廬石印〕、『小方壺齋輿地叢鈔三補編』にも收錄）、『西北邊界圖地名譯漢考證』

			（光緒二十二年刻本、光緒二十八年上海藻文書局石印本）。 許景澄：一八四五～一九〇〇、字は竹筠・竹篔、諡號は文肅、浙江省嘉興縣人。同治七年進士、庶吉士、翰林院編修。 〔關聯史料〕甘肅師範大學歷史系編『帕米爾資料匯編』（蘭州：甘肅師範大學歷史系、一九七八年） 〔傳記史料・年譜〕俞樾「清故吏部左侍郎許公墓志銘」（『碑傳集補』卷五「部院大臣三」）、章梫「許景澄傳」（『碑傳集三編』卷六「部院三」）、高樹撰・嚴一萍增補『許文肅公年譜』（〈清末名家自著叢書〉臺北：藝文印書館、一九六四年所收）、『清史稿』卷四六六「列傳」二五三、『清史列傳』卷六二「已纂未進大臣傳一」
楊儒	九六・一一・一三／九七・五・二八／〇二・二・一七		＊『楊儒庚辛存稿』（中國社會科學院近代史研究所近代史資料編輯組編、北京：中國社會科學出版社、一九八〇年。〈近代史資料專刊〉所收改訂再版〔北京：知識產權出版社、二〇一三年〕、〈近代中國史料叢刊三編〉〔第四輯三九〕）、楊儒編『中俄會商交收東三省電報彙鈔』（O〔第三四輯三三九～三四〇〕のほか民國文殿閣編『國學文庫』第二二編にも收錄）、「奧國弭兵社與駐俄楊公使往復書札」（『知新報』第一三二冊、光緒二十六年十一月十五日）。k〔一五八～一九五頁〕は『楊儒庚辛存稿』『清季外交史料』等の譯注節錄。 楊儒：?～一九〇二、字は子通、號は罧庵（罧は退の古字）、漢軍正紅旗人、同治擧人。ロシア駐在中に病歿。※「出使美國・日斯巴尼亞・祕魯大臣：楊儒」欄（三六六頁）も參照。 〔傳記史料〕『清史稿』卷四四六「列傳」二三三、『清史列傳』卷六三「已纂未進大臣傳二」

◇出使法國《フランス》大臣日記

出使大臣	諭命／到任／卸任	出使日記	備考・関連史料
郭嵩燾（兼）	七八・二・三／七八・五・六		※「出使英國大臣日記：郭嵩燾」欄參照。
			※日記については「出使英國大臣日記：曾紀澤」欄參照。

曾紀澤(兼)	七八・八・二五／七九・一・四／八四・四・二八		＊「曾紀澤與法外部往來照會」（『中法戰爭』〈中國近代史資料叢刊〉第五冊、上海：新知識出版社、一九五五年、七九～八六頁）。
許景澄(兼)	八四・四・二八／　／八七・三・一五		※「出使俄國大臣日記：許景澄」「出使德國大臣日記：許景澄」欄參照。
劉瑞芬(兼)	八七・六・二三／八七・三・一五／九〇・三・二三		※「出使英國大臣日記：劉瑞芬」欄參照。
薛福成(兼)	八九・五・一五／九〇・三・二三／九四・五・二七		※「出使英國大臣日記：薛福成」欄參照。
龔照瑗(兼)	九三・一一・一一／九四・五・二七 九五・七・二九（專使）／　／九五・三・一一		※「出使英國大臣日記：龔照瑗」欄參照。
慶常	九五・一〇・六／九五・三・一一／九九・九・二八		慶常：生歿年未詳、字は藹堂、漢軍鑲紅旗人。駐佛參贊などを歷任。出使法國大臣任命時は五品候補京堂。
裕庚	九九・六・一九／九九・九・二八／〇二・三・一七		裕庚：?～一九〇五、字は朗西、漢軍正白旗人、優貢生出身、一八九五～九八年出使日本大臣、九九年總理衙門大臣。※「出使日本大臣日記：裕庚」欄も參照。

◇出使德國《ドイツ》大臣日記

出使大臣	諭命／到任／卸任	出使日記	備考・関連史料
劉錫鴻	七七・四・三〇／七七・一一・一五／七八・八・二五	「日耳曼紀事」（M七則・『英軺私記』二則）GQTU	〔收錄期間〕（光緒三年〔原文には「戊寅」（光緒四年）とあるが「丁丑」（光緒三年）の誤り〕）十月二十二日（一八七七年一一月二六日）、十一月初二日（一二月六日）、光緒三年十二月二十五日（一八七八年一月二七日）、（光緒四年）正月十四日（二月一五日）、（光緒三年）十一月二十日（一八七七年一二月二四日）（Tによる） Mに七則（「劉京堂日耳曼紀事」、譚用中標點本では一一～一三、三四～三七、七八～八二頁）、G所收『英軺私記』に二則收錄（U〔第九八冊〕はその影印、Q〔一七～一九頁〕の底本）、T所收『英軺私記』中の「日耳曼紀事」〔二一三～二二五頁〕はM七則・G二則を合わせて收錄したもの（朱純校點）。 〔提要・解題〕ア〔第二三冊三〇八～三〇九頁〕・ウ〔一四一～一四二頁〕・オ〔第五章〕・カ〔一〇～一一頁〕・ク〔二二四頁〕 ＊『駐徳使館檔案鈔』所收「劉錫鴻任内卷略」一冊、『劉光祿遺稿』二卷（三

七一頁参照)。

劉錫鴻：※本目録三七〇頁参照。

李鳳苞	(ドイツ) (署)七八・八・二五 (専)七九・五・一三／　／八四・一〇・一七 (イタリア) 八一・四・五／　／八五・一二・三一	『使徳日記』一巻 AFGINOQSUYah	〔収錄期間〕光緒四年十月初二日(一八七八年一〇月二七日)~十二月二十九日(一八七九年一月二一日) フランスからドイツに赴任した最初の三ヵ月間の日記。 ダイジェスト版(日記體ではない):A〔第一一帙〕(Y〔第八九册八二~九六頁〕はその影印)。 日記體:G所收(O〔第一六輯一五五〕・U〔第九八册九八~一九六頁〕はその影印、Qの底本)。佚名輯『遊記叢鈔』第三一册(民國鈔本、國家圖書館藏、Y〔第九七册三八九~五四〇頁〕はその影印。劉家平・周繼鳴主編・國家國書館分館編『古籍珍本遊記叢刊』一六〔北京:綫裝書局、二〇〇三年、八六一七~八七六八頁〕にも影印收錄)。S所收本(曾紀澤・李鳳苞『使歐日記』の合訂本、張玄浩輯校)の底本はG(QAにより校訂)。曾紀澤『使西日記』(臺北:黎明文化事業公司、一九八八年)所收(底本不明記、Sを翻印したものか)。a〔二七一~二七三頁〕の底本は光緒二十三年刊本(G所收本か)、h〔二四卷七四~八四頁、中獨文學交流部分〕の底本はQ。 **★詳細については本書補論4参照。** 〔提要・解題〕ア〔第三册一二頁〕・イ〔二二四頁―A、二四三~二四五頁―『遊記叢鈔』所收本〕・オ〔第八章〕・ク〔二二六頁〕・a〔第八册五五八頁〕 *『駐德使館檔案鈔』所收「李鳳苞任内卷略」三册、『李星使來去信』二四卷(鈔本、北京大學圖書館藏)、「巴黎答友人書」(①卷一〇三「洋務三・洋務通論下」)。 李鳳苞:一八三四~一八八七、字は丹崖、號は海容、江蘇省崇明縣人。縣學增生、捐班道員出身、福州船政學堂留學生監督。ドイツ出使から歸國後は北洋營務處總辦となり水師學堂を兼管。ドイツ駐在中の軍艦製造發注に絡み六〇萬兩の賄賂を受け取ったとして彈劾され罷免、歸鄉。 〔傳記史料〕『淸史稿』卷四四六「列傳」二三三 **【參贊:徐建寅『歐游雜錄』、隨員:錢德培『歐遊隨筆』、鍾天緯『刖足集』、二等翻譯:陳季同「巴黎半月密記」】**

許景澄	（ドイツ） 八四・四・二八／八四・一〇・二七／八七・六・二三 （オランダ） 八四・四・二八／八四・一〇・二七／八七・六・二三 （イタリア） 八四・四・二八／八四・一二・三一／八七・六・二三	『許文肅公日記』一巻 OWY	〔収録期間〕光緒七年四月二十七日（一八八一年五月二四日）～二十六年六月二十四日（一九〇〇年七月二〇日）。光緒十年前半と光緒二十五年は缺 ※「出使俄國大臣日記：許景澄」欄參照。 *『駐德使館檔案鈔』所收「許竹篔任內卷略」二册、『外國師船圖表』（光緒十四年上海蜚英館石印本〔國家圖書館藏〕、光緒二十二年浙江官書局石印本）。 ※その他は「出使俄國大臣日記：許景澄」欄參照。 許景澄：※「出使俄國大臣日記：許景澄」欄參照。 【随員：王詠霓『道西齋日記』】
洪鈞（兼）	八七・六・二三／ ／九一・四・五		※「出使俄國大臣日記：洪鈞」欄參照。 *『駐德使館檔案鈔』所收「洪文卿任內卷略」二册、「洪鈞使歐奏稿」（『近代史資料』總六八號、一九八八年一月、蘇州博物館所藏原本の標點、吳琴整理）。
許景澄	九〇・九・九／九一・四・五／九七・一・七		※上記「許景澄」欄參照。
呂海寰	九七・六・二三／九八・一・七／〇一・三・二三	『庚子海外紀事』「問答」	〔収録期間〕光緒二十六年五月初三日（一九〇〇年五月三〇日）～二十七年七月初七日（一九〇一年八月二〇日） 稿本（『庚子海外紀事』二卷〔光緒二十七年毛祖模編錄底稿本〕所收、〈清代稿本百種叢刊〉〔二七・史部〕文海出版社はその影印）、清朝駐獨公使側とドイツ外務省との間の「問答節略」であり、逐日ではない。光緒二十七年上海辦理商紀行轅排印本（四卷、O〔第五輯四六〕はその影印）。 *『呂海寰奏稿』、『呂海寰往來信稿類纂』、『呂海寰往來譯稿』、『呂海寰往來電函錄稿』（〈近代中國史料叢刊三編〉〔第五八輯五七三～五七五〕）、『呂海寰雜抄奏稿』（『北京大學圖書館館藏稿本叢書』第一〇～一二册、天津古籍出版社、一九八七年）、『奉使公函稿』（大連圖書館藏）、「呂海寰出使發電」（『近代史資料』總六〇號、一九八六年。一八九七年一〇月～九八年七月の本國との往來電文一八件）、「呂海寰奏摺」（寫本、國家圖書館藏）。 呂海寰：一八四二～一九二五、字は鏡宇・鏡如、號は敬輿・又伯、晚年は惺

齋、山東省萊州府掖縣人。

◇出使美國《アメリカ》・日斯巴尼亞《イスパニア（スペイン）》・祕魯《ペルー》大臣日記

出使大臣	諭命／到任／卸任	出使日記	備考・関連史料
陳蘭彬	七五・一二・一一／七八・九・一九／八一・六・二四	『使美記略』一巻　A d g	〔収録期間〕光緒四年正月二十八日（一八七八年三月一日）～九月初六日（十月一日） 排印本（東洋文庫藏）、A〔第一二帙〕（d〔一一八～一二七頁〕の底本）。排印本とAには字句に若干の出入あり〔下記陳絳校注を參照〕。上海中山學社編『近代中國』第一七輯（上海社會科學院出版社、二〇〇七年、三六九～四一八頁。排印本〔廣東省中山圖書館藏〕を底本としAにより校訂、陳絳校注）、梁碧瑩『陳蘭彬與晩清外交』五六八～六一八頁（Aを底本とし陳絳校注を參照）に標點收録。 **★詳細については本書補論2参照。** 〔提要・解題〕ア〔第三冊二四頁〕・ウ〔一四五～一四六頁〕・オ〔第八章〕・キ〔二〇七頁〕・上記『近代中國』第一七輯〔三六九頁〕・梁碧瑩『陳蘭彬與晩清外交』〔第六章五〕 *『使美百吟』（陳家に所藏されていたが散佚。李漢魂「翰林陳蘭彬」、朱振聲編『李漢魂將軍日記』上集第一冊、香港：香港聯藝印刷有限公司、一九七五年、二九～三〇頁による。梁碧瑩『陳蘭彬與晩清外交』六三六～六三七頁に轉録）、「出使外國詩」（六〇首收録、李欽主編『陳蘭彬頌』〔香港：中國文化出版社、二〇〇八年〕四四～七五頁、梁碧瑩『陳蘭彬與晩清外交』六一九～六二七頁に轉録）。
		「陳副憲節略」M	〔収録期間〕（光緒五年）四月初一日（一八七九年五月二一日）～初三日（二三日） M巻一所收「日國呈遞國書情形」（譚用中標點本では九～一一頁）。スペイン・マドリードでの信任状（國書）捧呈時の記録。
			陳蘭彬：一八一六～一八九五、字は荔秋・麗秋、廣東省吳川縣人。經歷は本書補論2をみよ。

			＊崔國因『出使美日祕崔日記』（後掲）には陳蘭彬在任中の駐米公使館の檔案記録が随所に引用されている（梁碧瑩『陳蘭彬與晚清外交』四八一～六三七頁）。 〔傳記史料〕朱祖謀「總理各國事務大臣都察院左副都御史兼禮部左侍郎陳公神道碑」（『碑傳集三編』巻一七「使臣」、梁碧瑩『陳蘭彬與晚清外交』六三〇～六三二頁に轉錄）、陳喬森「清禮部左侍郎麗秋陳公諱文」（李欽主編『陳蘭彬頌』〔香港：中國文化出版社、二〇〇八年〕一一二～一一三頁、梁碧瑩『陳蘭彬與晚清外交』六三三～六三五頁に轉錄）、李漢魂「翰林陳蘭彬」（朱振聲編『李漢魂將軍日記』上集第一冊〔香港：香港聯藝印刷有限公司、一九七五年〕二九～三〇頁、梁碧瑩『陳蘭彬與晚清外交』六三六～六三七頁に轉錄） 【副使：容閎『西學東漸記』（*My Life in China and America*）、在キューバ總領事館翻譯：譚乾初『古巴雜記』】
鄭藻如	八一・六・二四／八一・一二・二四／八五・七・二六＊ ＊病免		鄭藻如：一八二四～一八九四、字は玉軒、廣東省香山縣濠頭人。擧人出身。 ＊崔國因『出使美日祕崔日記』（本欄後掲）には鄭藻如在任中の駐米公使館の檔案記録が随所に引用されている。 〔傳記史料〕張仲弼修『香山縣志續編』（一九二〇年刊）巻一一「列傳」一九～二〇頁 【隨員：蔡鈞『出洋瑣記』、吳廣霈（劍華）「查視祕魯華工記」、在キューバ總領事館翻譯：譚乾初『古巴雜記』】
		『三洲日記』八巻　W X Y a b d f h j l	〔収録期間〕光緒十二年二月初八日（一八八六年三月一三日）～十五年十一月十三日（一八八九年一二月五日） 光緒二十二年京都粵東新館刻本（八冊、W〔第五七七冊〕はその影印、b〔五七八～五九九頁〕の底本。管見の限り日本國内では東京大學東洋文化研究所圖書館倉石文庫に所藏するのみ）、光緒三十二年上海石印本（八冊、後掲『張蔭桓詩文珍本集刊』〔第二・三冊〕はその影印、d〔一八～二九、二三一～二四四頁〕・l〔三二三～三二六頁〕の底本）、同文書局刊本（出版年未詳、光緒二十二・三十二年刊本跋に「甲午歲暮復有嶺川之役、往來滬上、假寓同文書局、就草本中重爲綴拾、擬付石印、詎展轉鈔謄、脱漏殊甚、因復重寫一遍、就廠肆刊之」とある。臺北・中央研究院人文社會科學研究所が影印本を

張蔭桓	八五・七・二七／八六・四・二七／八九・九・二八		所藏)。X〔第六一册、三一～四〇四頁〕とY〔第一一六～一一八册〕は光緒三十二年上海石印本影印、a〔第八册二七四～二八七頁〕・f〔二五三～二五八頁〕・阿英編『反美華工禁約文學集』(北京:中華書局、一九六〇年、五八〇～五八八頁)は標點節錄(底本は光緒二十二年刊本か)、h〔二四巻一一七～一三〇頁〕は標點節錄(底本不詳)、j〔一〇一～一〇二頁〕は底本不明記。『張蔭桓日記』〈近現代名人日記叢刊〉〔一～四四六頁〕)所收(全錄標點、底本不明記)。 **★詳細については本書第5章參照。** 〔提要・解題〕ア〔第二九册四九〇頁〕・イ〔二七三～二七四頁〕・ウ〔一六一頁〕・オ〔第八章〕・ク〔一二三頁〕・コ〔四二五頁〕・サ〔上巻八〇頁〕・a〔第八册五五七頁〕・前掲『張蔭桓日記』〔前言〕
		『奉使日記』十六巻	〔收錄期間〕光緒十二年二月初八日(一八八六年三月一三日)～十五年十一月十三日(一八八九年一二月五日) 稿本(一六册、上海圖書館藏)、光緒十六年奉呈。朱罫綫紙に半葉縱二一字・横一〇行で筆錄。『三洲日記』にある序・跋はない。第一册に目錄あり。『三洲日記』と字句の出入あり。出入の特徴:①字句の書き換え・削除、②奉呈本としての配慮による異同、③刋本にはなく奉呈本にのみ記載されている人名・字句・文章がある、④『三洲日記』にはない引用文がある(例:光緒十二年五月十三日條のアメリカ國務省あて書翰の要約、同年十一月七日條の張蔭桓の張之洞あて咨文、同月十八日条の劉玉麟が翻譯したアメリカ大統領の一般教書の拔粹)。
		『奉使日記』不分巻	〔收錄期間〕光緒十二年二月初八日(一八八六年三月一三日)～十五年十一月十三日(一八八九年一二月五日) 鐵畫樓鈔本(二〇册、南京圖書館藏)。光緒十二年二月初八日～八月十五日までは、罫綫のない白紙に半葉縱二二字・横八行で筆錄。光緒十二年八月十六日～十五年十一月十三日までは、版心に「鐵畫樓」とある罫綫紙に縱一八字・横八行で筆錄。 『三洲日記』にある序・跋・目錄はない。本文の字句はほぼ『三洲日記』と同じ。

張蔭桓：一八三七～一九〇〇、字は皓巒、號は樵野、別號は紅棉主人、廣東省南海縣佛山鎮人。

＊曹淳亮・林鋭選編『張蔭桓詩文珍本集刊』（五冊、上海古籍出版社、二〇一三年。『三洲日記』のほか、「奏稿」二〇篇、「戊戌日記」三卷、「家書」一〇篇、『鐵畫樓詩鈔』五卷、『鐵畫樓駢文』二卷、『鐵畫樓詩續鈔』二卷、「張樵野先生詩稿」、「駢體正宗稿」を影印收錄）、張蔭桓撰「粵東會館碑」（光緒二十三年十一月九日建立、北京市崇文區打磨廠街所在）

〔傳記史料〕「戸部左侍郎南海張公事狀」（X〔第六一冊二二五～二二九頁〕）、張祖廉「戸部侍郎張公神道碑銘」（『碑傳集補』卷六「部院大臣三」）、「張蔭桓傳」（『南海縣志』〔宣統二年〕卷一六）、『清史稿』卷四四二「列傳」二二九、「張蔭桓傳」（『佛山忠義鄉志』〔民國〕卷一五）

※張蔭桓の各種文獻史料については『張蔭桓戊戌日記手稿』（澳門：尚志書舍、一九九九年）王貴忱「後記」を參照。

【在キューバ總領事館翻譯：譚乾初『古巴雜記』】

崔國因

八九・三・二二／八九・九・二八／九三・九・二

『出使美日祕崔日記』（『出使美日祕國日記』）十六卷　C N O W Y b d f g h j l

〔收錄期間〕光緒十五年九月初一日（一八八九年九月二五日）～十九年八月初四日（一八九三年九月一三日）

光緒二十年鉛印本（O〔第二八輯二七五〕・W〔第五七八冊一～三八六頁〕・Y〔第一二八・一二九冊、卷一一は缺〕はその影印、d〔三一～三三、一五九～一八四、二四七～二五五頁〕・h〔二四卷一～二一頁〕の底本）。b〔六〇〇～六三四頁〕・j〔一二四～一二六頁〕・中山大學東南亞歷史研究所編『中國古籍中有關菲律賓資料匯編』（北京：中華書局、一九八〇年、一七六～一七八頁）の底本はC〔第一二帙〕。標點排印本に劉貫中・劉發清點注『出使美日祕日記』（合肥：黃山書社、一九八八年、l〔三三〇～三三二頁〕はその抜粹）あり（底本は不明記だが光緒二十年鉛印本だろう）。

★詳細については本書補論3參照。

〔提要・解題〕ア〔第二三冊五六一～五六二頁〕・イ〔二八四頁〕・ウ〔一六九～一七〇頁〕・オ〔第八章〕・ク〔二三八頁〕・サ〔上卷九二二頁〕

※甘鵬雲撰『出使美日祕崔日記目錄』（光緒二十二年鈔本、Y〔第一三〇冊一～八五頁〕はその影印）〔提要・解題〕イ〔二八四～二八五頁〕。

			*『杲實子存藁』一巻（光緒二十八年崔氏排印本、臺中：文听閣圖書有限公司二〇一二年影印本）。 崔國因：一八三一〜一九〇九、字は惠人、號は篤生（自號は宣叟）、安徽省太平縣人。經歷は本書補論3をみよ。 【在キューバ總領事：譚乾初『古巴雜記』】
楊儒	九二・二・八／九三・九・二／九七・四・二九		楊儒：※「出使俄國大臣日記：楊儒」欄參照。 【在キューバ總領事：余思詒『古巴節略』、隨員：謝希傅『歸槎叢刻』「隨楊星使游美洲安達斯山記」】
伍廷芳	九六・一一・二二／九七・四・二九／〇三・一〇・二六		*丁賢俊・喩作風編『伍廷芳集』〈中國近代人物文集叢書〉（北京：中華書局、一九九三年）、『伍先生公牘』二巻O〔第六六輯六五二〕、『論美國與東方交際事宜（美國費城大書院演説）』（光緒石印本、光緒二十六年アメリカでの講演稿）、Wu Ting-fang, *America: Through the Spectacles of an Oriental Diplomat*, New York: Frederick A. Stokes Co., 1914（〔英文版〕『一個東方外交官眼中的美國』太原：山西教育出版社、二〇〇二年／〔中文譯〕李欣譯『一個東方外交官眼中的美國』上海：學林出版社、二〇〇六年）. 伍廷芳：一八四二〜一九二二、字は文爵、號は秩庸、廣東省新會縣人（シンガポール生まれ）。 【參贊：汪大鈞「費城商務博物會記」（伍廷芳の代筆）、駐ペルー參贊：謝希傅『歸槎叢刻』、學習翻譯：施肇基『施肇基早年回憶錄』】

◇出使日本大臣日記

出使大臣	諭命／到任／卸任	出使日記	備考・関連史料
			〔收錄期間〕光緒三年七月九日（一八七七年八月一七日）〜十二月二十一日（一八七八年一月二三日） 鉛印本（一冊、實藤文庫藏）。F〔卷一七・一八〕全錄、O〔第五九輯五八二〜五八三頁〕は木下彪藏抄本影印、T〔八七〜一〇八頁〕・S〔四五〜六八頁〕の底本は「民國廿四年如璋第四子壽田自印本」（王曉秋標點・史鵬校訂）、民國二十四年汕頭安平路藝文鉛印本（一冊、附『使東雜詠』、國家圖書館分館

何如璋	七六・九・三〇*／七七・一二・二四／八〇・一二・二 *諭命副使、諭授正使は七七・一・一五	『使東述略』AFHKNOSTVYdg	藏)、K〔續集第七册〕(V〔第六五册〕はその影印)、Y〔第一四二册二六三～二八二頁〕はHの影印、趙中孚・張存武・胡春惠主編『近代中韓關係史資料彙編』第一二册(臺北:國史館、一九九〇年、排印標點)〔六〇九～六二六頁〕・d〔八五～八八頁〕の底本はA〔第一〇帙〕、『何如璋集』(天津人民出版社、二〇一〇年〔六五～八二頁〕)に標點全錄(各種版本により校勘)。「擇述使東述略大義」(『萬國公報』第五二一卷、光緒四年十二月十二日)。實藤惠秀『明治日支文化交涉』〔八～六六頁〕に日本語譯あり。 〔提要・解題〕ウ〔一四二～一四三頁〕・エ〔一〇〕・カ〔一三八頁〕・サ〔下卷一八六三頁〕 **★詳細については本書第7章参照。** *『使東雜詠』(鉛印本〔實藤文庫藏〕、A〔第一〇帙〕・S〔六九～八六頁〕・T〔一〇九～一二八頁〕・g・『萬國公報』〔第五二一卷光緒四年十二月十二日～第五二二卷同十九日〕・前掲『何如璋集』〔三～一四頁〕)、『袖海樓詩草』(鈔本、中國科學院圖書館藏、上記『何如璋集』所收〔一五～三八頁〕)、『使東雜記』(A〔第一〇帙〕・K〔續集第七册〕)、『使日函牘』(イ〔三一九頁〕による。散佚〔上記『何如璋集』編校整理説明二頁〕)、『何少詹文鈔』(『茶陽三家文鈔』O〔第三輯二三〕所收)、『何宮詹公家書』(家藏鉛印本、上記『何如璋集』所收)、『峨叔奏稿雜存』(家藏、上記『何如璋集』所收)、「在日本筆談資料」(上記『何如璋集』〔二八五～三七四頁〕)、「何如璋・黃遵憲等和朝鮮金弘集的筆談(一八八〇年)」(李慶編注『東瀛遺墨——近代中日文化交流稀見史料輯注』上海人民出版社、一九九九年)。 - - - - - - - - - - 何如璋:一八三八～一八九一、字は子峨、號は璞山・淑齋、廣東省大埔縣人(後掲兪政『何如璋傳』三頁では、字は衍信、號は子峨、別號は璞山)。同治七年進士、翰林院編修。歸國後福建船政大臣、馬尾敗戰により罷免・歸鄉。 〔傳記史料〕温廷敬「清詹事府少詹事何公傳」(『碑傳集補』卷一三「使臣」)、吳道鎔「出使日本大臣何公家傳」(『碑傳集三編』卷一七「使臣」)、『清史稿』卷四四四「列傳」二三一 **【副使:張斯桂『使東詩錄』、參贊:黃遵憲『日本雜事詩』『日本國志』、在長崎領事:余瓗『輶軒抗議』】**

黎庶昌

八一・四・五／八三・二・一四／八四・一〇・五

＊『拙尊園叢稿』六巻（光緒十九年上海醉六堂刋本、光緒二十一年金陵狀元閣刋本、O〔第八輯七六〕・W〔第一五六一册〕・〈清末民初史料叢書〉第二種〔臺北：成文出版社、一九六八年〕はその影印、Nにも拔粹あり）。『使東奏議』二巻・『使東文牘』二巻（陳捷『明治前期日中學術交流の研究』八七頁では「未刻のようであるが、現存するかどうか未だに不明」とし、黃萬機『黎庶昌評傳』（貴陽：貴州人民出版社、一九八九年）二七九頁では「散佚した」とする。『增版東西學書錄』〔附下之下二八頁〕でも「未見」）。『黎蒓齋星使條議』一册（『皇朝八賢文編』美國哈門脫石印本所收、國家圖書館分館藏、『拙尊園叢稿』からの拔粹）。「黎庶昌和宮島誠一郎的筆談（一八八二年・一八八四年）」・「徐承祖・黎庶昌爲借抄足利學校所藏皇侃『論語義疏』抄本致日本外務大臣（井上馨・伊藤博文）的信（一八八七－一八八八年）」（李慶編注『東瀛遺墨——近代中日文化交流稀見史料輯注』上海人民出版社、一九九九年所收）。『日本紀遊詩』二巻。黎庶昌等著・孫點編次・黃萬機等點校・中國人民政治協商會議貴州省遵義市委員會宣教文衞委員會編『黎星使宴集合編補遺』（貴陽：貴州人民出版社、二〇〇一年）。「遊日光山記」A〔第一〇帙〕、「遊鹽原記」C〔第一〇帙〕、「訪徐福墓記」C〔第一〇帙〕（以上の三篇は『拙尊園叢稿』巻六にも收錄）。黎庶昌編『古逸叢書』二六種二〇二巻六〇册（光緒十年日本東京使署刻本）。『黎蒓齋集』不分卷・附餘編二巻（光緒二十三年上海石印黎星使叢稿本〔『增版東西學書錄』附下之下二八頁〕）。『黎氏家集』一四種三八卷（光緒十四年日本使署刋本、『叢書集成三編』）。

黎庶昌：一八三七～一八九七、字は蒓齋、貴州省遵義縣人、廩貢生、曾國藩の幕僚。

※「參贊・隨員・翻譯日記：出使英國」欄（三七〇頁）參照。

〔傳記史料〕夏寅官「黎庶昌傳」（『碑傳集補』卷一九「監司三」）、葉昌熾「黎庶昌蒓齋事實」（同上）、『清史稿』卷四四六「列傳」二三三

【隨員：姚文棟『讀海外奇書室雜著』『日本地理兵要』『日本國志』、楊守敬『日本訪書志』】

＊「駐日使臣承祖陳明朝鮮在日活動之自由黨人被查拿日本祖護金玉均情形及

徐承祖	八四・一〇・五／八四・一一・二七／八八・一・四		探得日廷大吏官制縁由稟啓」（中國第一歴史檔案館藏「醇親王府檔案」一二三）。「徐承祖・黎庶昌爲借抄足利學校所藏皇侃『論語義疏』抄本致日本外務大臣（井上馨・伊藤博文）的信（一八八七－一八八八年）」（李慶編注『東瀛遺墨――近代中日文化交流稀見史料輯注』上海人民出版社、一九九九）。『條議存稿』一巻（光緒十一年上海聚珍書局排印本、東洋文庫藏）、『徐孫麒星使條議』（『皇朝八賢文編』所收、前掲『條議存稿』と同内容）、「徐承祖呈遞條陳」光緒十年閏五月初二日（中國第一歴史檔案館藏「軍機處錄副奏摺・洋務運動檔案」〇三－一六八－〇四）は總理衙門へ上呈されたもの（前掲『條議存稿』・『徐孫麒星使條議』と同内容）。 徐承祖：生歿年未詳、字は孫麒、江蘇省六合縣人。陳蘭彬駐米時の隨員。 【隨員：姚文棟『讀海外奇書室雜著』『日本地理兵要』『日本國志』、陳家麟『東槎聞見錄』】
黎庶昌	八七・九・一三／八八・一・四／九一・一・二九		※上記「黎庶昌」欄參照。
李經方	九〇・九・九／九一・一・二九／九二・一〇・一一* *九二・一・四丁憂→汪鳳藻（署）		李經方：一八五五～一九三四、字は伯行・端甫、安徽省合肥縣人、李鴻章の嗣子。舉人出身。劉瑞芬駐英時は參贊。 〔傳記史料〕「李經方墓誌」（國家圖書館藏）
汪鳳藻	九二・七・九／九二・一〇・一一／九四・八・四		汪鳳藻：一八五一～一九一八、字は雲章、號は芝房、江蘇省元和縣人。上海外國語言文字學館（後の廣方言館）、京師同文館出身、のち進士、翰林院庶吉士、編修。ロシア・ドイツ駐在の參贊を經て、出使日本大臣。 【在神戸領事：鄭孝胥『鄭孝胥日記』】
裕庚	九五・七・一〇／九五・九・一三／九八・一〇・二九		裕庚：?～一九〇五、字は朗西、漢軍正白旗人、優貢生出身。出使日本大臣退任後、歸國して太僕寺少卿に任じられ總理衙門大臣となるが（一八九九年一～六月）、すぐに出使法國大臣に轉出。 〔關聯文獻〕「裕庚出身始末」（『清朝野史大觀』巻八「清人逸事」所收）
李盛鐸	九八・一〇・六*／九八・一〇・三／〇一・一一・二七 *九八・九・一九諭署		*『李盛鐸電稿』（全四冊〔第三冊缺〕、社科院近史所藏。『近代史資料』一九八二年第四期總五〇號に排印收錄、杜春和整理注釋。一九〇〇年七月一日～〇一年一一月四日發電底稿、第三冊分の一九〇〇年一〇月一一日～〇一年三月二二日は缺）、「李盛鐸任駐日公使時公牘等件」（一冊、社科院近

			史所藏）、『李盛鐸檔』虞和平主編・中國社科院近代史所編〈近代史所藏清代名人稿本抄本〉第一輯一三七～一四二・二～七（鄭州：大象出版社、二〇一一年、影印本）。 李盛鐸：一八五八～一九三七、字は椒微、號は木齋。江西省德化縣人。進士出身、一九〇六～〇九年出使ベルギー大臣、併せて海外憲政考察を行う。

出使朝鮮大臣（出使日記の存在は未確認）

出使大臣	諭命／到任／卸任	出使日記	備考・関連史料
徐壽朋	九八・八・二／九九・一・二五／〇一・九・一五		徐壽朋：?～一九〇一、字は進齋、直隷省清苑人、廩貢生、捐納により道員。一八八一年から駐米公使館二等參贊（鄭藻如・張蔭桓時期）、歸國後は李鴻章の幕僚。一八九八年八月朝鮮に出使、義和團事變後、北京に戻り講和交渉に參加、一九〇一年外務部左侍郎。まもなく病歿。 〔傳記史料〕『清史稿』卷四四六「列傳」二三三、『清史列傳』卷六三「已纂未進大臣傳二」、「徐壽朋墓碑」（拓本、國家圖書館藏）

◇副使日記

＊出使英國

劉錫鴻『英軺私記』一巻 GMOQSTUf	劉錫鴻：生歿年未詳、原名は錫仁、字は雲生、廣東省番禺縣人。道光二十八年舉人。駐英副使ののち出使德國大臣に轉出。 郭嵩燾駐英の副使。 〔收錄期間〕光緒二年七月三十日（一八七六年九月一七日）～三年八月十四日（一八七七年九月二〇日）〔Aによる〕 光緒「總理衙門刻」本（『郭嵩燾日記』第三卷六三七頁）。光緒間鉛印本・袖印石印本（ともに上下二卷本、所在不明〔朱維錚「使臣的實錄與非實錄——晚清的六種使西記」一五九頁による。前掲「總理衙門刻」本と同じか〕）。A〔第一一帙〕はT〔四七～二一二頁〕・d〔七～八頁〕・j〔九六～九八頁〕の底本（TはGとMにより校訂）、G所收本（江標が「正本」を寫錄したもの。O〔第一六輯一五四〕・U〔第九八册九八～二〇九頁〕はその影印、Qの底本）、Sは朱純校點、Mに節錄あり（「劉京堂英軺私記」、譚用中標點本では一三～一四、一六～一七、二九～三三、四四、六六～六九、七一～七八、八八

g.i l（『英軺日記』一巻　AFNdj）	～九一、一〇七～一〇八、一二九～一三〇、一六三頁）、l〔二五二～二五五頁〕はTの節録、任訪秋主編『中國近代文學大系　第三集第一一集　散文集二』（上海書店、一九九二年）〔四八六～五〇六頁〕はSの節録（一五篇）。英譯にF. S. A. Bourne, tr., "Diary of Liu ta-jen's Mission to England," *The First Chinese Embassy to the West: the Journals of Kuo Sung-Tao, Liu Hsi-Hung and Chang Te-yi* あり。ほかに翁同龢による「摘錄」（翁萬戈輯『翁同龢文獻叢編之六　外交・借款』臺北：藝文印書館、二〇〇三年）〔二一～二四頁〕あり。 **★詳細については本書第2章・補論4参照。** 〔提要・解題〕ア〔第二三册三〇八～三〇九頁〕・ウ〔一四一～一四二頁〕・エ〔一八〕・オ〔第五章〕・カ〔一〇～一一頁〕・ク〔二二四頁〕・コ〔四二六頁〕・サ〔下卷一七三〇頁〕 ＊『劉光祿遺稿』二卷（刻本、木活字本、〈近代中國史料叢刊三編〉〔第四五輯四四六〕影印收錄、aに摘錄） 〔傳記史料〕「劉錫鴻傳」（『番禺縣續志』〔一九三一年刊〕卷二二「人物志五」、『碑傳集三編』卷一七「使臣」）

◇参贊・隨員・翻譯日記

＊出使英國	
黎庶昌『奉使倫敦記』C j（『奉使英倫記』一卷　RV）	黎庶昌：※本目錄三六八頁参照。 郭嵩燾の三等參贊。イギリスへの渡航記。 〔收錄期間〕光緒二年十月十七日（一八七六年一二月二日）～十二月八日（一八七七年一月二一日）〔Cによる〕 『奉使倫敦記』：C〔第一一帙〕、『拙尊園叢稿』六卷（光緒十九年上海醉六堂刊本、光緒二十一年金陵狀元閣刊本、O〔第八輯七六〕・W〔第一五六一册〕・〈清末民初史料叢書〉第二種〔臺北：成文出版社、一九六八年〕はその影印、Nにも拔粋あり）卷五「餘編之内」所收、jは九八頁。ロンドンまでの渡航記以外に「由倫敦至柏林路程紀略」、「英國進出款項大數」、「耶蘇復生日之節」が附されている（下記『奉使英倫記』には未收錄）。 『奉使英倫記』：汪康年輯『振綺堂叢書』（光緒二十年泉唐〔錢塘〕汪氏刊刻本、漸學廬臧版）所收（R新文豐出版版〔第二四五册七三一～七三七頁〕・V〔第六五册五六七～五七一頁〕はその影印）。前掲『奉使倫敦記』と本文部分の内容はほぼ同じだが文字に出入あり。 〔提要・解題〕ア〔第三册七頁―『奉使英倫記』〕 ＊『海行錄』一卷（光緒十五年刻本） 〔傳記史料〕※「出使日本大臣日記：黎庶昌」欄参照
黎庶昌「西洋遊記」第一～七　MSTZh	黎庶昌：※本目錄三六八頁参照。 郭嵩燾の三等參贊。

	〔收錄期間〕光緒三年十月十日（一八七七年一一月一四日）～七年七月二十三日（一八八一年八月一七日） M卷七所收。S〔一四五～一七七頁〕・T〔五一〇～五三九頁〕・Z〔一五二～一八二頁〕の底本はM光緒二十六年刊本。h〔二四卷一一二～一一六頁〕はSの節錄。 〔提要・解題〕ア〔第三七册二二九頁―M〕・ウ〔一四四～一四五頁〕 *「卜來敦記」C〔第一一帙〕（『拙尊園叢稿』卷五、『舊小說』「己集」〔第二册二二六～二二七頁〕にも收錄）、「巴黎賽會紀略」C〔第一一帙〕（『拙尊園叢稿』卷六、『舊小說』「己集」〔第二册二二三～二二六頁〕にも收錄）、k〔一九六～二一八頁〕に「開色遇刺」「古巴設立領事情形」「答曾侯書」の譯注あり。「黎庶昌遺札」（『歷史文獻』第八輯、二〇〇四年、原本は上海圖書館藏、一四二頁に關聯書翰あり）。 〔傳記史料〕※「出使日本大臣日記：黎庶昌」欄參照
張德彝 『四述奇』十六巻（『隨使英俄記』T l） 『隨使日記』十巻　A Y d g j	張德彝：一八四七～一九一八、原名は德明、字は在初、漢軍鑲黃旗、遼寧省鐵嶺縣人。京師同文館出身。郭嵩燾の三等翻譯。 〔收錄期間〕『四述奇』：光緒二年九月十五日（一八七六年一〇月三一日）～六年七月三十日（一八八〇年九月四日）／『隨使日記』：光緒二年九月十五日（一八七六年一〇月三一日）～四年十一月十四日（一八七八年一二月七日）〔Aによる〕 『四述奇』：一六巻本（光緒九年序同文館刊本〔一六册、貴榮校〕、光緒著易堂仿聚珍鉛印本〔八册〕）、四巻本（『存採叢書』〔東京近藤活版所排印〕所收、關西大學圖書館增田涉文庫藏）、稿本（國家圖書館分館藏、『稿本航海述奇彙編』〔北京圖書館出版社、一九九七年〕第三・四册はその影印）。T（『隨使英俄記』）〔二四五～八九一頁〕の底本は著易堂本（稿本により校訂、楊堅校點）、l〔二七〇～二七六頁〕はTの節錄。〔提要・解題〕エ〔一九〕・コ〔四二七頁〕 『隨使日記』一〇巻：『四述奇』の前半部分。A〔第一一帙〕（Y〔第九一册五一～二一六頁〕はその影印、d〔八～一一頁〕・j〔八七～八八頁〕はその節錄）。 **★詳細については本書第8章參照。** 〔提要・解題〕イ〔二三一～二三二頁〕・オ〔第六章〕・キ〔三二六頁〕 *『使英雜記』A〔第一一帙〕g j、『使法雜記』A〔第一一帙〕g、『醒目清心錄』六〇巻・『光祿大夫建威將軍張公集』四巻（民國七年鉛印・石印本）・『英文話規』不分巻（光緒鈔本）・『中外百年曆』不分巻（光緒十一年鈔本）（『醒目清心錄』以下は『醒目清心錄』〔北京：全國圖書館文獻縮微中心、二〇〇四年〕に影印收錄）。
	鄒代鈞：一八五四～一九〇八、字は甄伯、號は沅帆、湖南省新化縣羅洪人。地理學者、地圖公會を創設。のち京師大學堂地理總教習。 劉瑞芬の隨員。一八八六年春、歐洲への渡航記。 〔收錄期間〕光緒十二年二月十二日（一八八六年三月一七日）～三月二十五日（四月二八日） 光緒十七年鉛印本、光緒二十三年湖南新學書局木刻本、A〔第一一帙〕（d〔二九～三一頁〕・l〔三一九～三二三頁〕・j

鄒代鈞『西征紀程』四巻　AINcdjl	〔一二〇～一二二頁〕・c〔三四三～三四六頁〕の底本)。標點本に『西征紀程・中俄界記』〈湖湘文庫〉(長沙：嶽麓書社、二〇一〇年、三～一三九頁、陶新華校點)あり。 *『中外輿地全圖』(光緒二十九年輿地學會刻本)、『中俄界記』(光緒兩湖書院活字本、宣統三年湖北武昌亞新地學社刊本、前掲嶽麓書社標點本)、『兩湖書院地理講義』、『兩湖書院日本輿地課程』。 〔提要・解題〕ア〔第三冊六頁〕・ウ〔一六〇頁〕・ケ〔一一三頁〕・キ〔一一二頁〕 〔傳記史料〕鄒永修「鄒徵君傳」(『碑傳集補』巻四三「疇人二」)
余思詒『樓船日記』二巻　Ya(『航海瑣記』四巻)	余思詒：生歿年未詳、字は易齋、江蘇省武進縣人。のち楊儒駐米時に在キューバ總領事(一八九三年～九六年一二月)、伍廷芳駐米時に在サンフランシスコ總領事(一八九七年四月～九八年六月)。劉瑞芬の随員。 光緒十三年北洋海軍が英・獨に發注していた軍艦四隻(靖遠・致遠・經遠・來遠)を中國へ護送して歸國する際の日記。 〔收錄期間〕光緒十三年六月二十六日(一八八七年八月一五日)～十四年四月初八日(一八八八年五月一八日)(光緒十三年十二月二十五日～十四年三月十五日まで間斷あり)(『樓船日記』光緒三十年鉛印本・『航海瑣記』鈔本による) 『樓船日記』上下二巻：光緒三十年上海商務印書館鉛印本(重印、上海商務印書館刊『航海瑣記』所收本、扉頁書名は「航海瑣記　樓船日記」)、光緒三十二年鉛印本(三版、『航海瑣記』所收本、Y〔第一二五冊七九～一七二頁〕は巻下のみ收錄、a〔第三冊三九二～三九七頁〕はその節錄)。 〔提要・解題〕イ〔二七九～二八〇頁〕・ク〔一三六頁〕・サ〔下巻三〇二〇頁〕・a〔第八冊五五八頁〕 『航海瑣記』四巻：鈔本(甘肅省圖書館藏、『瀛環志略・航海瑣記』〈中國公共圖書館古籍文獻珍本彙刊・史部〉北京：中華全國圖書館文獻縮微複製中心、二〇〇〇年〔二五九～三七七頁〕はその影印)。 〔提要・解題〕ア〔第三三冊一〇七頁〕・前掲『瀛環志略・航海瑣記』〔影印前言〕 ※『航海瑣記』四巻(鈔本)のほうが日記原本に近いと思われる。『樓船日記』二巻(鉛印本)では、『航海瑣記』四巻(鈔本)の記載中不要と思われる部分(食事や座談についての簡單な記述)が削除されているところが多い。收錄期間は同じ。自序・凡例の順序が逆になっているほか、『樓船日記』二巻(鉛印本)のみ自序の前に周懋琦「易齋仁丈大人閣下日來校讀」あり。 *『航海瑣記』(上海商務印書館刊)は『樓船日記』、『海戰要略』、『風性説』、『羅經差』、『歸航陳迹』から成るが、『樓船日記』、『羅經差』以外は「未印」という(前掲『樓船日記』光緒三十年鉛印本の書名頁裏による。同書巻頭には劉瑞芬による「航海瑣記序」〔光緒十六年六月〕あり)。
王豐鎬「日記」	王豐鎬：生歿年未詳、字は省三。江蘇省上海人。京師同文館畢業。一九〇一年駐日公使館參贊、一九〇二年在横濱總領事。

〔收錄期間〕不明
薛福成の翻譯學生。　※復旦大學歷史系資料室編『二十世紀中國人物傳記資料索引』上篇一（上海：上海辞書出版社、二〇一〇年）九〇頁。
ドイツに派遣された際の日記。薛福成『出使英法義比四國日記』光緒十六年十二月二〇〜二十三日條に摘錄。日附なし。

呉宗濂『隨軺筆記』四卷　O
：卷一「記程」
：卷四「記游」

呉宗濂：一八五五〜一九三〇?、字は挹青・挹清、號は景周、江蘇省嘉定縣人。上海廣方言館學生から京師同文館に移り畢業、光緒十一年駐英使館法文學生、十三年駐佛三等翻譯、十九年駐佛三等翻譯、二十三年駐英二等翻譯、二十八年充駐佛二等參贊、二十九年駐スペイン代辦、三十二年考察政治二等參贊、三十三年駐オーストリア代理公使、三十四年八月署外務部左參議、十二月署外務部右丞、宣統元年出使イタリア大臣。

龔照瑗の二等參贊。

卷一「記程」：一八九四年新任の出使英國大臣龔照瑗に隨行して渡英する途上（上海〜パリ）の日記。

卷四「記游」：一八九四〜九六年海軍衙門により歐洲視察の遊歷官として派遣された彦愷と鳳凌に隨行した際の記錄（一部日記體）。遊歷官のために代筆し總理衙門に上呈されたという（「爲游歷官代作、藉呈譯署」〔卷四の題記〕）。

〔收錄期間〕「記程」：光緒二十年三月初九日（一八九四年四月一四日）〜五月初三日（六月五日）／「記游」：〔フランス遊歷一〕光緒二十年三月初九日（一八九四年四月一九日）〜七月初八日（八月八日）、〔フランス遊歷二〕光緒二十一年正月初十日（一八九五年二月四日）〜三月初四日（三月二九日）※これ以降のベルギー・ドイツ・ロシアへの遊歷部分（光緒二十二年）は日記體になっていない。

光緒二十八年著易堂鉛印壽萱室藏版、光緒二十九年著易堂鉛印壽萱室藏版（O〔第五九輯五八四〕はその影印）。ほかに臺北：廣文書局一九七二年影印版（光緒活字板印影印）あり。卷二「記事」・卷三「記聞」には、龔照瑗の總理衙門あての書翰や劉瑞芬駐英時の奏稿、條約關係史料などが多く收錄されている。
★詳細については本書第8章參照。
〔提要・解題〕ア〔第八册四五〇頁〕・ウ〔一八一〜一八二頁〕
＊呉宗濂譯纂『隨軺遊記初集』四卷（時務報館石印本、上海圖書館藏）、呉宗濂譯纂・鳳凌編輯『隨軺紀游續集』二卷（附呉宗濂譯纂「隨軺紀游餘編」・「呉挹清観察宗濂上內外當道匡時急策十八條（光緒乙未十一月）」）（光緒二十三年經世報館石印本、國家圖書館分館藏、『經世報』第三册光緒二十三年七月下〜第一二册光緒二十三年十月下にも連載）。『隨軺紀游續集』の收錄內容は、卷一：「游歷比利時國」（光緒二十二年十月十七日〜）、卷二：「游歷義大利國」（十一月初一日〜）、附「遵查義大利國武備製造情形上龔星使稟（光緒丙申十一月）」、隨軺紀游餘編：「比國」。「隨軺紀游餘編」は『經世報』第一四册光緒二十三年十一月中〜第一六册光緒二十三年十二月にも連載。Nの引用書目にある呉宗濂譯『隨軺遊記』は『隨軺遊記初集・續集』と同じと思われる。

		＊呉宗濂「龔星使照瑗與英外部會議紀録」（『經世報』第七・八册光緒二十三年九月上・中掲載）、「上前出使英義比大臣龔星使條陳」（前掲『經世報』・後掲『壽萱室條議存稿』所收）、「上龔星使條陳」（『經世報』第一～三册光緒二十三年七月上～下に連載）、呉宗濂・鳳凌「遵査義大利國武備製造情形上龔星使稟」（前掲『經世報』第一二册、『隨軺筆記』卷四「記游」所收）、「上某當道國時策」（⑨卷三「通論三」所收）、「上龔仰蘧星使條陳」（⑨卷五六「交渉三」所收）、『出使條陳』（光緒二十三年經世報館石印本）、『壽萱室條議存稿』（光緒二十七年鉛印本、國家圖書館分館藏）、呉宗濂輯『出洋通商擧隅』（光緒二十七年壽萱室鉛印本）、呉宗濂・趙元益譯『澳大利亞洲新志』一卷GQ（Qの底本はG）、薛福成鑑定／呉宗濂・郭家驥譯／張美翊述『布加利亞國志・土耳其國志・羅馬尼亞國志・塞爾維亞國志・門得内各羅國志・希臘國志』（光緒二十八年石印本）、歐盟輯撰／呉宗濂・潘元善譯『德國陸軍考』四卷（光緒二十七年江南製造局鉛印本）。呉宗濂等譯／趙元益等述『英法義比志譯略』四卷（光緒二十五年上海石印本）。
1	陳春瀛『回颿日記』XY	陳春瀛：生歿年未詳、號は楝廬、福建省長樂縣人。戊戌變法中に光緒帝の召見を受ける。のち裕庚駐日時の隨員。龔照瑗の隨員。イギリスとの間で締結した「滇緬條約」を中國へ護送した際の日記（フランス・シンガポール等を經由）。 〔收録期間〕光緒二十年八月十一日（一八九四年九月一〇日）～九月十八日（一〇月一六日） 光緒二十一年旃蒙協洽涂月排印本（X〔第三二册四八五～五〇四頁、第八三册三四七～三六六頁〕、Y〔第一三八册二七九～三五八頁〕はその影印）、光緒二十七年跋旃蒙協洽涂月排印本（中國科學院圖書館藏）、光緒二十年排印本（1〔三六四～三六六頁〕の底本、光緒二十一年旃蒙協洽涂月排印本と同じか）。上記すべての版本の序によれば、著者じしんが香港到着後に膠印版數十册を印刷という。また光緒二十七年跋排印本の跋によれば、戊戌（一八九八）年に光緒帝の召見を受けた際、上諭に從いこの日記の寫本を進呈したという。 **★詳細については本書第8章参照。** 〔提要・解題〕ア〔第三二册一一九～一二〇頁〕・イ〔三〇七～三〇八頁〕・ウ〔一八三～一八四頁〕 〔傳記史料〕民國『長樂縣志』「列傳四・循績」
	張德彝『六述奇』十二卷	張德彝：※本目録三七二頁參照。 羅豐祿の參贊。 〔收録期間〕光緒二十三年十月十九日（一八九七年一一月一三日：奉旨）～二十六年四月十一日（一九〇〇年五月九日） 稿本（『稿本航海述奇彙編』〔北京圖書館出版社、一九九七年〕第六～八册に影印收録、北京圖書館〔現國家圖書館〕柏林寺書庫所藏清稿影印）。 〔提要・解題〕オ〔第八章〕

＊出使俄國

張德彝
『四述奇』十六巻（『随使英俄記』T）
『使俄日記』四巻　AYg
『使還日記』一巻

張德彝：※本目録三七二頁參照。

崇厚・邵友濂〔署〕の二等翻譯。

〔収録期間〕『使俄日記』：光緒四年十一月十六日（一八七八年一二月一〇日）〔Aによる〕／『使還日記』：光緒六年正月十二日（一八八〇年二月二一日：パリ到着）～七月三十日（九月四日：北京到着）〔Aによる〕、三年の任期満了と父の病氣の重篤により歸國する際の日記／『四述奇』：光緒二年九月十五日（一八七六年一〇月三一日）～六年七月三十日（一八八〇年九月四日）〔Tによる〕

『四述奇』一六巻：※上記「出使英國」欄所載の張德彝『四述奇』・『随使日記』を參照）。

『使俄日記』：A〔第三帙〕所収（Y〔第九七册二三五～三四二頁〕と興振芳主編『遼海叢書續編』〔瀋陽市古籍書店、一九九三年〕第二册〔一〇二八～一〇五八頁〕はその影印）。

〔提要・解題〕イ〔二四一～二四二頁〕・サ〔下巻一八六四頁〕

『使還日記』：A〔第一一帙〕所収（Y〔第一〇五册六一九～六四四頁〕はその影印、j〔八八～八九頁〕はその節録）、c〔二九八～二九九頁〕は底本不明記。

〔提要・解題〕イ〔二五〇～二五二頁〕

＊出使德國

徐建寅『歐遊雜録』二巻　ANSTegjl
（西游日記）

徐建寅：一八四五～一九〇一、一名は寅、字は仲虎、江蘇省無錫縣人。徐壽の次男。

李鳳苞の二等參贊。日記は英佛遊歴も含む。

〔収録期間〕光緒五年八月二十七日（一八七九年一〇月一二日）～七年八月初一日（一八八一年九月二三日）

光緒徐氏家刻本（鍾天緯校字、S・T〔六一七～七八八頁〕の底本、Sは何守眞校點、Tは鍾叔河校點、l〔二九五～二九七頁〕はTの節録）、A〔第一一帙〕、j〔一〇七～一〇八頁〕は底本不明記。

〔提要・解題〕ア〔第三册一九頁〕・ウ〔一四八頁〕・エ〔一七〕・キ〔一九七頁〕・ケ〔三七〇頁〕・コ〔四二六頁〕・シ〔第一六册光緒二十三年八月二十一日〕
＊『西輶紀略』一巻（譯書公會報本、『譯書公會報』第七册光緒二十三年十一月十三日掲載、L所収『通學彙編』「國志類」にも轉載）、「閲克鹿卜廠造炮記」（『格致彙編』第四年第五巻光緒七年五月掲載、L所収『藝學彙編』にも轉載）、「閲博物會内紡紗機器記略」（『格致彙編』第四年第一一巻光緒七年十一月掲載）、徐建寅譯述『德國合盟本末』一巻（無錫徐氏家刻本、⑨巻六二「外史三」所収）、『美國合盟本末』一巻（無錫徐氏家刻本）、『德國合盟紀事本末』二巻（J〔第四册〕所収本）、『德國擴充海軍條議』（光緒十三年）。徐建寅譯編『德國議院章程』一巻がG・J〔第五册〕・闕名輯『質學叢書初集』（光緒二十二・二十三年武昌質學會）第三函・東山主人輯『新輯各國政治藝學全書』（光緒二十八年鴻寶書局石印本・袖海山房藏板）に収録されている。ほか『江南製造局譯書彙刻』（光緒間江南製造局排印本）

	に譯書に對する徐建寅の筆述が多數收錄されている。 〔傳記史料〕『清史稿』卷五〇五「列傳」二九二「藝術」四
錢德培『歐遊隨筆』二卷　AFMgjl	錢德培：生歿年未詳、順天府大興縣人、祖籍は浙江省山陰縣。のち光緒十年參贊兼辦出使オランダ・オーストリア・イタリア交渉事務、十六年黎庶昌駐日參贊。李鳳苞の隨員。 〔收錄期間〕光緒三年十月十八日（一八七七年一一月二二日）～九年十月初九日（一八八三年一一月八日） 木活字本（二卷、出版年等不詳、北京・首都圖書館藏）、A〔第一一帙〕（l〔二七九～二八一頁〕・j〔一〇二～一〇三頁〕の底本）。ほかに『歐遊隨筆』四卷（自排印本〔徐維則輯・顧燮光補輯『增版東西學書錄』附下之下二五頁〕）があるというが所在不明。Mに節錄あり（「錢參贊（德培）歐游隨筆」、譚用中標點本では三五～三六、六一～六五、一〇四、一四四～一五二、二〇〇～二〇一頁）。 **★詳細については本書第8章參照。** 〔提要・解題〕ア〔第三册一九頁〕・オ〔第八章〕 *『重遊東瀛閱操記』一卷（自刻本〔徐維則輯・顧燮光補輯『增版東西學書錄』附下之下二五頁による〕、所在不明）
王詠霓『道西齋日記』Y（『歸國日記』AYdg）	王詠霓：一八三八～一九一五、名は仙驥、別名は蜺、字は子裳、號は六潭・旌夫・鶴叟など、浙江省黃巖縣人。光緒六年進士、刑部主事。歐洲より歸國後、安徽省鳳陽知府、池州知府等を歷任、安徽省の教育事業に盡力し、光緒三十年に師範學堂を創設。 許景澄の隨員。一八八七年歐洲より歸國時の日記。遊歷官の規定を援用して歸國時に英米日本を視察（『駐德使館檔案鈔』六二〇頁）。 〔收錄期間〕光緒十三年三月初四日（一八八七年三月二八日）～閏四月二十四日（六月一五日）〔『歸國日記』・『道西齋日記』とも同じ〕 『道西齋日記』二卷：光緒十三年序刻本（一册、徽休屯鎭同文堂鐫印、曹獻之・甯修〔ともに著者の門人、青陽人〕による校刊、陳明遠序・許景澄序〔光緒十三年〕、裕德・王脩植・黃慶澄の題詞あり、中國科學院圖書館藏）、光緒十八年上洋鴻寶齋石印本（陳明遠序・許景澄序〔光緒十三年〕、裕德の題辭あり、Y〔第一一八册四五五～五六八頁〕はその影印、d〔一五六～一五九頁〕の底本〔タイトルは「歸國日記」〕）。 『歸國日記』：A〔第一一帙〕（Y〔第一二四册四一三～四五〇頁〕はその影印、d〔八八、一五六～一五九頁〕の底本、一五六～一五九頁の在米華人に關する記述部分は『道西齋日記』光緒十八年石印本も參照）、ただしAの廣文書局影印版には未收錄。『道西齋日記』にある序・題詞・跋はない。 **★詳細については本書第8章參照。** 〔提要・解題〕イ〔二七五頁（『道西齋日記』）、二七七～二七八頁（『歸國日記』）〕・ウ〔一六八頁（『歸國日記』）〕

＊『道西齋尺牘』二巻（東洋文庫藏）、『函雅堂集』〔影印本〕〈晩清四部叢刊〉第六編〔臺中：文听閣圖書有限公司、二〇一一年〕所收。

張德彝『五述奇』十二巻	張德彝：※本目録三七二頁參照。 洪鈞の隨員。 〔収録期間〕光緒十三年五月初三日（一八八七年六月二三日：奉旨）～十六年十月二十三日（一八九〇年一二月四日） 稿本（『稿本航海述奇彙編』北京圖書館出版社、一九九七年、第五・六册に影印收録。北京圖書館〔現國家圖書館〕柏林寺書庫所藏清稿影印）。
姚文棟（張德馨・張成瑜）『偵探記』二巻　Om	姚文棟：一八五三～一九二九、字は子梁、上海南翔人。一八八一～八七年駐日公使館隨員。洪鈞の隨員。任期終了により歸國する途中インド・ビルマの諸都市を視察し、その報告の内容は出使英國大臣薛福成を通して總理衙門や李鴻章に傳えられた（薛福成『庸盦全集』〔光緒二十四年刊本〕「出使公牘」巻二、一五～二一頁）。撰者は姚文棟となっているが、張德馨〔騰越人、附生〕と張成瑜〔騰越人〕がビルマ文で記したものを各々譯出したビルマ偵察日記を合刊したもの。張德馨と張成瑜は、姚文棟から雲南・ビルマ國境に關する調査を依頼されたビルマ駐在坐探張成濂〔擧人〕によって調査のため派遣された。張德馨は張成濂の族人、張成瑜は張成濂の弟。 〔収録期間〕巻上：張德馨「密察英人窺探大金沙江上游一帶邊地情形」は光緒十六年十一月初八日（一八九〇年一二月一九日）～十七年三月初五日（一八九一年四月一三日）／巻下：張成瑜「密察英人窺探潞江下游以東至九龍江一帶邊地情形」は光緒十六年十月十六日（一八九〇年一一月二七日）～十七年三月三十日（一八九一年五月七日） 『姚氏四種』（光緒間刻本）所收（O〔第一八輯一七九〕はその影印、m〔一三八四～一三九九頁〕の底本はO）、『讀海外奇書室雜著』六種（七册、光緒間刊本、中研院傅斯年圖書館藏）第二册所收。ア〔第三册二四頁〕には「南槎雜著本」とあるが、『南槎雜著』は『姚氏四種』（光緒間刻本）の別名か？（『姚氏四種』には『南槎雜著』との書名は記されていない。オ〔三二頁〕では『姚氏四種』とは別に單獨の叢書名として擧げられている）。 〔提要・解題〕ア〔第三册二三頁〕 ＊『雲南勘界籌邊記』二巻BIOm（『姚氏四種』〔光緒間刻本〕所收、O〔第一八輯一七九〕・繆文遠主編『西南史地文獻』第一五巻〈中國西南文獻叢書九〇〉〔蘭州大學出版社、二〇〇三年〕はその影印／後掲『讀海外奇書室雜著』六種第七・八册所收／光緒二十三年湖南新學書局木刻本／Bは第七帙所收／m〔二四一四～二四二八頁〕の底本はO／方國瑜主編『雲南史料叢刊』第九巻〔昆明：雲南大學出版社、二〇〇一年〕所收。〔提要・解題〕ケ〔三二頁〕）、姚文棟編『集思廣益編』二巻（『姚氏四種』〔光緒間刻本〕所收、O〔第一八輯一七九〕はその影印、m〔一四〇〇～一四一四頁〕の底本はO）。 ＊『讀海外奇書室雜著』六種（七册、光緒間刊本、中研院傅斯年圖書館藏）：第一册『東槎雜著』一巻、第二册『偵探記』二巻、第三册『集思廣益編』二巻、第四册『天南同仁集』三巻、第五册『借箸籌防論略』一巻、附『礮概淺説』

	一巻、第六・七冊沈敦和譯述『雲南勘界籌邊記』二卷。 ※そのほか下記「副使・領事・隨員・翻譯の日記體以外の史料・出使日本：姚文棟」欄參照。 〔年譜〕姚明輝（姚文棟の子）撰『景憲府君年譜』（鈔本、上海圖書館藏）
＊出使美國・日斯巴尼亞・祕魯	
蔡鈞『出洋瑣記』ＡＥＦＫＶｄｇｊｌ	蔡鈞：生歿年未詳、字は和甫、八旗漢軍、浙江省仁和縣人。蘇松太道、のち出使日本大臣。鄭藻如の隨員。 〔收錄期間〕後半部分（マドリード到着～香港到着）：光緒八年三月十七日（一八八二年五月四日）～十年三月十一日（一八八四年四月六日）。前半部分は、光緒七年（一八八一年）秋から記述が始まるが日記體になっていない。後半部分は、スペイン滯在時期は間斷が多いが、スペイン到着から歸國するまで（光緒十年二月初一日〔一八八四年三月七日〕～）は間斷が少ない。 光緒十年王韜鉛印本、光緒十一年弢園王氏〔王韜〕刻本（『出洋瑣記』一卷、附『秦疏條陳』一卷）、Ａ〔第一一帙〕（ｌ〔三〇六～三〇八頁〕・ｊ〔一一九～一二〇頁〕の底本）、Ｋ〔續集第八册〕（ｊ〔第六五册五七三～五八八頁〕はその影印、ｄ〔一二～一六頁〕の底本）、Ｅ〔第二三册〕（卷一二一〔一～六葉〕）。 **★詳細については本書第8章參照。** 〔提要・解題〕ア〔第三七册二五二頁〕・オ〔第八章〕・キ〔八九頁〕・シ〔第一七册光緒二十三年九月初一日〕 ＊『出使須知』（一卷、光緒十年排印本、Ａ〔第一一帙〕、Ｅ〔第二三册、卷一二一、六～一一葉〕）〔提要・解題〕ア〔第一一册二〇八頁〕
余思詒（謝希傳）「余易齋觀察由華盛頓陸路至墨西哥紀程」Ｌ	余思詒：生歿年未詳、字は易齋、江蘇省武進縣人。劉瑞芬駐英の隨員、在キューバ總領事。※「出使英國：余思詒『樓船日記』」欄參照。 謝希傳：生歿年未詳、字は子方・芷汸、江蘇婁縣人。光緒年間に楊儒・伍廷芳の隨員としてアメリカ・スペイン・ペルーに出使（楊儒の隨員、伍廷芳の駐ペルー參贊）。 〔收錄期間〕光緒二十年六月二十六日（一八九四年七月二八日）～七月初八日（八月八日） 謝希傳『歸槎叢刻』（光緒二十四年東山草堂鉛印本）所收の『墨西哥述略』一卷の卷末に收錄（題下に「據稟稿刪節」とあり）。謝希傳自身が記したものか、余思詒が記したものを收錄したものかは不明。『墨西哥述略』はＬにも收錄されている。※『墨西哥述略』には「黎藻泉太守由舊金山水路至墨西哥紀程」（六月二十四日～八月十三日、年代未詳）も收錄されている。 ＊『古巴節略』（※「副使・領事・隨員・翻譯による日記以外の史料・記錄：出使美國・日斯巴尼亞・祕魯」欄參照）。

＊出使日本

王同愈『栩緣日記』

王同愈：一八五五～一九四一、字は勝之、號は栩緣、江蘇省元和縣人。光緒十五年進士、汪鳳藻の參贊。
〔收錄期間〕光緒十九年十二月十四日（一八九四年一月二〇日）～二十年六月二十八日（七月三〇日）（出使期間のみ）
顧廷龍編『王同愈集』（上海古籍出版社、一九九八年）所收（一二八～四五〇頁、出使期間は一三三～一四〇頁）。出使日記として編集・刊行されたものではない。

＊朝鮮駐在

闕名『清使駐箚朝鮮日記』不分卷

〔收錄期間〕光緒十一年九月十五日（一八八五年一〇月二二日）～十五年十二月二十七日（一八九〇年一月一七日）
朝鮮史編修會藏寫本（不分卷一冊、ア〔第九冊二三四頁〕によるが所在不明）。ア〔第九冊二三四頁〕には、「此日記一冊、即護送李是《ママ》應之使臣所記者、其書自光緒十一年九月十五日起、迄十五年十二月二十七日止。考其所記、上自朝政、下及閭巷瑣事、無不載入、而於朝鮮風土習俗、及華商在朝鮮之生活狀況、記之尤悉。……至華人在朝鮮經商情形、所記尤多。朝鮮與日本之關係、記亦至繁。亦研究朝鮮近代史者、可資參考之史料也。惟不著撰人、不無遺憾。……而編中又言及中國駐朝鮮之領事、故知撰者又非領事、若僅屬一臨時使臣。又何駐朝數年之久、是以究屬某氏與夫所任職務殊堪待考」とあり、光緒十四年二月二十七日條・光緒十五年二月十四日條の一部が引用されている。
〔提要・解題〕ア〔第九冊二三四頁〕

◇領事（理事官）日記

＊出使日本

鄭孝胥『鄭孝胥日記』第一冊

鄭孝胥：一八六〇～一九三八、字は蘇戡・太夷、福建省閩縣人。光緒八年舉人のち廣西邊防大臣、安徽・廣東按察使、湖南布政使、滿洲國國務總理。

李經方の在築地副理事、汪鳳藻の在神戸理事（一八九三年四月～九四年八月十日〔日清戰爭の勃發により引揚〕）。

『鄭孝胥日記』第一冊所收の「辛卯東行記」「壬辰日記」「癸巳日記」「甲午日記」（光緒十七年四月十四日～二十年八月）。

中國歷史博物館編・勞祖德整理『鄭孝胥日記』〈中國近代人物日記叢書〉（北京：中華書局、一九九三年）に日本駐在時期の日記が含まれる（日記稿本は中國歷史博物館藏）。出使日記として編集・刊行されたものではない。

◇特使日記・視察日記（遊歷官を含む）

斌椿：一八〇三～?、字は友松、內務府漢軍正白旗人。山西襄陵知縣の經歷あり。同治三年海關總稅務司ハートの文案

斌椿『乗槎筆記』ADFHNSTYdfgjl（『乗査筆記』KOV）	となる。 一八六六年斌椿使節團。派遣時は三品銜總理各國事務衙門副總辦。 〔收錄期間〕同治五年正月初八日（一八六六年二月二二日）～十月初七日（一一月一三日） 『乗槎筆記』：家刻本（T〔八三～一四四頁〕の底本、鍾叔河校點）、稿本（一巻、南開大學圖書館藏）、傅氏長恩閣鈔本（一巻、傅以禮編『長恩閣校訂三代遺著』五巻、國家圖書館善本室藏）、木活字本（二册、國家圖書館分館藏）、明治五年翻刻本（二巻、重野安譯閲・大槻誠之訓點、東京袋屋龜次郎刊本・脩文塾藏版）、光緒八年北京琉璃廠琳琅閣刻本（三册、『海國勝遊草』『天外歸帆草』も收錄、國家圖書館分館藏）。A〔第一一帙〕は一巻（j〔八五頁〕の底本）、Sは底本不明記、Hでは二巻（Y〔第一四二册一〇九～一五三頁〕はその影印）、d〔一～二頁〕は底本不明記、l〔二二七～二二八頁〕はTの節錄、Dは一巻本。 『乗査筆記』：同治八年序刊本（O〔第五五輯五四四～五四五〕はその影印、影印元は一巻本。〈中華文史叢書〉第一二輯所收本〔臺北：華文書局、一九七〇年〕はその影印、影印元は不分巻）、同治八年序文寶堂刻本（一巻、前掲同治八年序刊本と同じか）、K〔續集第五册〕は二巻（V〔第六五册五四三～五六六頁〕はその影印）。 〔提要・解題〕ア〔第三册一八頁、第一二册五二二頁〕・ウ〔一一二四頁〕・エ〔三〕・オ〔第二章〕・カ〔一五七頁〕 *『海國勝遊草』（同治七年刊本、T〔一四五～一八一頁〕・l〔二二八頁〕）、『天外歸帆草』（同治七年刊本、T〔一八三～二一〇頁〕・l〔二二八～二二九頁〕）、ともにTの底本は家刻本（鍾叔河校點）、lはTの節錄。
志剛（宜垕）『初使泰西記』（『初使泰西紀要』）AFPSTabcdfgjl	志剛：生歿年未詳、滿洲鑲藍旗人、擧人。 一八六八～六九年バーリンゲーム使節團：辦理中外交渉事務大臣。 〔收錄期間〕同治六年十二月初二日（一八六七年一二月二七日）～同治九年十月二十六日（一八七〇年一一月一八日）〔ATによる〕 『初使泰西記』四巻（同治十一年避熱主人編次）：光緒三年避熱窩刻本（京都隆福寺寶書堂發兌）、光緒三年京都琉璃廠路南林華齋書坊排印本（P〔第二三輯二二一〕はその影印）、光緒三十年刊本（避熱主人編次、〈清末民初史料叢書〉〔第八〇册、臺北：成文出版社、一九六九年〕に影印收錄）。 『初使泰西紀要』四巻：光緒十六年刻本（二册、且園主人編次、妙蓮居士參訂、繼菴耆照校字。巻頭に松齡の序〔光緒十六年五月〕あり）。光緒三年刊本とは内容にかなり出入がある（本書補論1參照）。 『初使泰西記』一巻：A〔第一一帙〕（b〔五六〇～五六一頁〕・c〔三〇〇～三〇二頁〕・dの底本）。内容は光緒三年刊本とほぼ同じ。 Aabcjlは撰者を宜垕とするが誤り（避熱主人編次本の序に「錄寄小兒宜垕、俾拓耳目」とある）。S・T〔二二三～四〇三頁〕の底本は同治十一年刊本（『初使泰西紀要』且園主人編次本とA所收本により校訂、底本にはなく他の版本にある文字は【】内に附記。Sは谷世及輯校、Tは鍾叔河輯點）。STには「附錄」として「孫家穀使西書略」・

	「恭親王等奏請派蒲安臣權充辦理中外交渉事務使臣摺（同治六年十一月初二日）」・「恭親王等奏請派志剛・孫家穀會同蒲安臣出使各國摺（同治六年十一月初一日）」・「總理衙門給蒲安臣閲看條款（同治六年十一月初一日）」が標點收録されている。1〔二四〇頁〕はTの節録。jは志剛『丁卯初使泰西記』〔八九頁〕と宜垕『初使泰西記』〔九〇頁、底本はA〕を別々に標點節録。 **★詳細については本書補論1参照**（とくに光緒三年刊『初使泰西記』と光緒十六年刊『初使泰西紀要』との内容の相違について）。 〔提要・解題〕エ〔四〕・オ〔第三章〕・カ〔一六六頁〕・ク〔二一五頁〕・サ〔上巻一五八四頁〕 **【隨員：張德彝『再述奇』】**
孫家穀『使西書略』一巻 ASTf	孫家穀：生歿年未詳、字は稼生、安徽省壽州人。 一八六八～六九年バーリンゲーム使節團：辦理中外交渉事務大臣。 〔收録期間〕同治七年初旬（一八六八年初め）～同治九年十月初七日（一八七〇年一〇月三〇日）。日記體ではない。 A〔第一二帙〕（ただし廣文書局版の影印元版本には未收録）。S〔附録一〕・T〔三八一～三八三頁〕は志剛『初使泰西記』の附録として掲載。下記「孫稼生書」は『使西書略』と同じ内容を含むが、大きな出入が見られる。若干の字句の異同のほか、孫家穀本人の病氣や家族に關すること、皇帝に關わる記述などが『使西書略』では省かれている。『使西書略』はこの書翰から公開が憚られる部分を削除し修正を加えたものだろう。書翰の末尾には「僕於公牘之外、私有記載、意欲別立體裁、不落近人日記習套、擬明春請假數月、整理成帙、再行寄呈雅政、縷此奉達、不盡區區」とある。 ＊「孫稼生書」（孫家穀の方濬師〔總理衙門章京〕あて書翰、「庚午臘月中浣（一八七一年一月三〇日～二月八日頃）」執筆、方濬師撰『蕉軒隨錄 續錄』盛冬鈴點校、〈清代史料筆記叢刊〉北京：中華書局、一九九五年、三三九～三四二頁）。「各國形勢類考」（④巻七一「洋務三・外洋疆域」所收）。 **【隨員：張德彝『再述奇』】**
崇厚『崇厚使法日記』	崇厚：一八二六～一八九三、字は地山、號は子謙、別號は鶴槎、滿洲鑲黄旗人、完顔氏、道光の擧人。 一八七〇年天津教案對佛謝罪使（奉命時の位階・職名は頭品頂戴太子少保三口通商大臣兵部左侍郎）。 〔收録期間〕一八七一（？）年一二月二日（同治十（？）年十月二十日）～七二年二月九日（同治十一年一月一日）〔河北省圖書館ホームページによる〕　※全行程で崇厚に隨伴した隨員張德彝の『三述奇』の收録期間が一八七〇年一〇月二五日（北京出發）～一八七二年三月四日（北京到着）である上、崇厚の日記にはパリ・コミューン（一八七一年三月一八日～五月二八日）の情景が二〇ヵ所以上記述されている（上記ホームページ）というから、收録期間の始期が一八七一年一二月二日というのは疑問。 稿本（五册、河北省圖書館古籍與地方文獻閲覽室藏、未見）。 〔傳記史料〕『清史稿』巻四四六「列傳」二三三 〔年譜〕崇厚述・衡永編『鶴槎年譜』（民國十九年刻本、『北京圖書館藏珍本年譜叢刊』一六九〔北京圖書館出版社、一九九八年〕）

	所収本はその影印） 【随員：高從望『随軺筆記』、張德彝『三述奇』】
祁兆熙『游美洲日記』　T 「放洋日記」	祁兆熙：?～一八九一、號は翰生、上海人。派遣時は同知。 一八七四年清朝米國留學生團第三陣引率：上海出洋局護送委員。 『游美洲日記』：〔收錄期間〕同治十三年八月初九日（一八七四年九月一九日）～十二月初一日（一八七五年一月八日）〔Tによる〕 上海南洋中學舊藏鈔本（王培孫紀念物）（T〔一八三～二八五頁〕の底本、任光亮整理標點）。Tには「附」として「出洋見聞瑣述」が、附録として「一個留美幼童的回憶（温秉忠氏一九二三年一二月二三日在北京税務專門學校D班的演講、原文係英文）」（高宗魯譯、原載『傳記文學』三七卷三期）が收錄されている。 〔提要・解題〕エ〔七〕・ク〔二一九頁〕・コ〔四二四頁〕 「放洋日記」（稿本）：所在不明。h二四卷末「近代日記知見簡目」〔八三八頁〕には『檔案與歷史』一九八六年第三期所載とあるが同誌には未收錄。
王承榮『游歷記』　j	王承榮：生歿年未詳。金陵機器局通判。 一八七五年、金陵機器局により大礮工場視察のためイギリス・フランス・ドイツに派遣（王爾敏『清季兵工業的興起』臺北：中央研究院近代史研究所、一九六三年、一七六頁）。 選堂藏鈔本（j〔九四頁〕の底本、所在不明）。
李圭『環遊地球新錄』（『各國地球新錄』）四卷　FNSTfgjl ：卷一「美會紀略」　Ad ：卷二「遊覽隨筆」 ：卷三「遊覽隨筆」 ：卷四「東行日記」　AD bdj	李圭：一八四二～一九〇三、字は小池、江蘇省江寧人。寧波關文牘、のち浙江省海寧知州。 一八七六年フィラデルフィア萬國博覽會視察記、往路に日本を、歸路にシンガポールを經由。 〔收錄期間〕光緒二年四月二十一日（一八七六年五月一四日、上海出發）～十二月初四日（一八七七年一月一七日、上海歸還）〔Tによる〕 『環遊地球新錄』四卷：光緒四年序善成堂刊本（東洋文庫藏）、光緒四年序鉛印本（實藤文庫藏）、光緒十年江寧李氏刻本（北京大學圖書館藏）、光緒十年甬上厲齋刻本（國家圖書館分館藏）、民國鉛印本（北京大學圖書館藏）。S・T〔一六七～三六二頁〕の底本は「原刻本」、Sは「清活字本」により參校（Sは谷及世校點、Tは鍾叔河校點）、l〔二七七～二七九頁〕はTの節錄、j〔一〇〇頁〕は底本不明記。『環遊地球新錄』四卷は、李圭が渡航先から隨時『申報』に寄稿（一八七六年六月七日～一一月八日付）していたものを補訂のうえ合刊したもの（『申報』での見出し：「東行日記」「美國寄居華人緣起幷叙近日情形」「中國會事紀略」「記哈佛幼童觀會事」等）。 『各國地球新錄』四卷：光緒二十一年寶善書局石印本（二冊、國家圖書館分館藏）。 「美會紀略」「東行日記」：A〔第一二帙〕所收（d〔八四～八五、一一〇～一一八頁〕・b〔五六一～五六三頁〕・j〔九八～一

〇〇頁〕の底本)。

そのほか『萬國公報』は『環游地球新錄』から轉載する形で「美國設會緣起」「會院總略」「各物總院」「游覽隨筆」「東行日記」との見出しで連載している(第五〇四卷一八七八年九月七日～第五三六卷一八七九年四月二六日)。

〔提要・解題〕ア〔第二二冊五一八～五二〇頁〕・ウ〔一四一頁―「東行日記」〕・エ〔一五〕・コ〔四二六頁〕

*『環遊海國圖詩』(光緒間刊本〔『中國近代文學大辭典』合肥：黃山書社、一九九五年、五七六～五七七頁による〕、所在不明)。

〔傳記史料〕李詳「運同銜升用同知浙江海寧州知州李君事狀」(『續碑傳集』卷四五「守禮六」)

李鳳苞「李監督日記」M

李鳳苞：※本目錄三六〇頁參照
一八七七年福州船政學堂留學生總監督として渡歐、イギリス・フランスに滯在。
〔收錄期間〕光緒四年八月十三日(一八七八年九月九日)、十五日(一一日)、二十一日(一七日)。八月二十一日附に「去年五月會與日意格《ジケル》往觀……去年所見來迎之式」などとあることから渡歐二年目の光緒四年八月の記載と思われる。M卷四所收(譚用中標點本では一一七～一二〇、一二〇～一二三、一二六～一二九頁)。八月二十一日附の記事は『李星使來去信』二四卷(鈔本、北京大學圖書館藏)卷二所收「來信八號」の附件「閱看七端克水雷艇廠記(日記內摘出)」とほぼ同じ內容だが、文字の出入が散見されるほか、M所收記事の末尾(……亦省晝之一法也)に續いて、『李星使來去信』所收の記事には、「閱畢、上車回倫敦、已暮色昏黃矣。去冬聞蒲恩云、七瑞克小艇鋼賣太薄、行駛鹹水、輒易蝕破、故英國相戒不用。今見局面開拓、各國爭購、且英國定造者尚在河中、則蒲恩之說明是造謠嫉妬矣」との記述がみられる。「日記摘出」の後ろに「坿抄該廠來函」と「坿圖」を收錄する。

陳季同『西行日記』四卷

陳季同：一八五一～一九〇七、字は敬如・鏡如、號は三乘槎客、福建省侯官縣人。一八六九年福州船政局に入る。のち一八七八年から駐佛、駐獨、駐イタリア勤務。臺灣民主國の外務大臣。

一八七五～七六年歐洲視察(ジケルの引率による福州船政學堂からのフランス留學に際して)。この日記が認められて沈葆楨(船政大臣)の賞識を得る(後揭『清代陳季同《學賈吟》手稿校注』校注說明八頁)。

〔收錄期間〕未詳
所在不明(後揭沈瑜慶「陳季同事略」に日記中の記載が一部紹介されているが、現在は所在不明〔楊萬里「又傷利器未逢時――陳季同手稿《學賈吟》讀後」、『古籍整理』二〇〇六年第二期〕)。

*歐文による著作の中國語譯に黃興濤等譯『中國人自畫像』(貴陽：貴州人民出版社、一九九八年、原書は英譯本 *The Chinese painted by themselves*, 1890)、〈陳季同法文著作譯叢〉(桂林：廣西師範大學出版社、二〇〇六年、李華川譯『吾國』〔原書名 *Mon pays, la Chine d'aujourd'hui*, 1892〕、韓一宇譯『中國人的快樂』〔原書名 *Les plaisirs en Chine*, 1890〕、段映虹譯『巴黎印象記』〔原書名 *Les Parisiens peints par un Chinois*, 1891〕、同譯『中國人自畫像』〔原書名 *Les Chinois peints par eux-mêmes*, 1886 初版一八八四〕、李華川・凌敏譯『中國人的戲劇』〔原書名 *Le théatre des*

	Chinois: étude de moeurs compares, 1886〕）あり。詩集に『學賈吟』（上海圖書館藏、影印本は『學賈吟』上海：上海古籍出版社、二〇〇五年、標點校注版本は沈岩校注『清代陳季同《學賈吟》手稿校注』北京：國家圖書館出版社、二〇一一年）あり。また『三乘槎客詩文集』一〇巻、『盧溝吟』一巻、『黔游集』一巻もあるというが（後掲「陳季同事略」「陳季同傳」）、いずれも所在不明（『清代陳季同《學賈吟》手稿校注』校注説明九頁）。 〔傳記史料〕沈瑜慶「陳季同事略」（沈瑜慶・陳衍『福建通志・列傳』巻三九「清列傳」八）、陳衍「陳季同傳」（『閩侯縣志』巻六九）
黄楙材『西輶日記』四巻 AFINYfgjlm	黄楙材：生歿年未詳、字は豪伯、江西省上高縣人。官は知縣。光緒二年江西貢生を以て同文館、天津・上海の機器局に入り學習。 一八七八～八〇年四川總督丁寶楨の命によりビルマ・インドを視察。 〔收錄期間〕光緒四年七月初七日（一八七八年八月五日）～六年六月初四日（一八八〇年七月一〇日）〔Aによる〕 『得一齋雜著』四種（光緒十二年新陽趙氏夢花軒刻本、趙元益輯『新陽趙氏彙刻』〔光緒十一～十五・二十八年新陽趙氏刊本、j〔第一六八册一三九～二三三頁〕はその影印〕所收、一九七九年上海古籍書店掃描油印版あり）所收（Y〔第九七册一三九～二三四頁〕はその影印）、A〔第一〇帙〕一巻（j〔一〇六頁〕・l〔二九三～二九四頁〕・m〔一一九八～一二〇九頁〕の底本）、光緒二十二年桐城江召棠刻本、光緒二十三年湖南新學書局刻本、光緒三十年揚州益智書社鉛印本。 〔提要・解題〕ア〔第八册六五八頁〕・イ〔二四〇～二四一頁〕・ウ〔一四七頁〕・ケ〔二〇四～二〇五頁（『得一齋雜著』）〕 ＊『得一齋雜著』には『西輶日記』以外に『印度劄記』二巻（A〔第一〇帙〕E〔第二三册〕FINj〔一〇七頁〕）、『遊歷芻言』一巻（A〔第一〇帙〕FINl〔二九四～二九五頁〕j〔一〇六～一〇七頁〕）、『西徼水道』一巻（IN）が收錄されている。ほかに『滬遊脞記』一巻（K〔續集第九册〕）あり。また、「金沙江源流考」「鴉龍江源流考」「瀾滄江源流考」「潞江源流考」「檳榔江考」「禹貢黑水考」「恆河考上」「恆河考下」「印度河」「西域圖説」が①巻七三「兵政十二」と⑦巻二〇「地輿部五・水道」に、「南洋形勢」が①巻一〇三「洋務三・洋務通論下」に、「西域圖説」「西域形勝」「騰越邊檄」が②巻八九「兵政十五・塞防下」に、「五印度形勢（游歷芻言）」「騰越邊檄」「西域形勝」が⑦巻一六「地輿部一・地球事勢通論」に、「南洋形勢（游歷芻言）」が⑦巻一〇一「通論部二」に收錄されている。
王之春『談瀛録』：巻一・巻二「東遊日記」Acg	王之春：一八四二～?、字は椒生・芍棠・爵棠、號は芍塘・芍塘居士、湖南省清泉縣人。 一八七九年南洋大臣沈葆楨の命により日本を視察。 〔收錄期間〕光緒五年十月十八日（一八七九年一二月一日）～十一月二十四日（一八八〇年一月五日） 光緒六年清泉王之春刻本（四巻）、光緒六年上海文藝齋刻本（三巻、彭玉麟序、『王之春集』趙春晨・曾主陶・岑生平點校〔〈湖湘文庫〉長沙：嶽麓書社、二〇一〇年〕の底本、「東遊日記」は五六二～五八七頁）、A〔第一〇帙〕（c〔三二八～三三〇頁〕の底本）。 〔提要・解題〕ア〔第三七册二七三頁〕・ウ〔一四八～一四九頁〕

	*「東洋瑣記」(『談瀛録』巻三、前掲『王之春集』五八八~五九八頁に標點收録) ア〔第一〇帙〕、「日本國輿地圖」(光緒六年刻本、國家圖書館藏)、「瀛海卮言」(A〔第一一帙〕・E〔第二四册〕)。※そのほか後掲「王之春『使俄草』」(三九三頁) 欄參照。
池仲祜『西行日記』二巻	池仲祜:生歿年未詳、字・號は不明、福建人。光緒二十年舉人、北洋海軍軍官。 一八八〇年イギリス渡航・滯在記。 〔收録期間〕光緒六年十一月初五日(一八八〇年一二月六日)~七年十月初一日(一八八一年一一月二二日) 光緒三十四年上海商務印書館鉛印本(自敍・林紓序・陳寶琛題簽)。巻下の日記後に「七省海軍議」、巻末に「書後」。
袁大化『東遊日記』不分巻(『東遊俄邊日記』四巻)	袁大化:生歿年未詳、字は行南、安徽省渦陽縣人。廩生出身。 一八八一~八二年、吳大澂の命を受けロシアとの國境地域からハバロフスク・ウラディヴォストークなどを視察。 〔收録期間〕光緒七年二月二十八日(一八八一年三月二七日)~十一月二十九日(一八八二年一月一八日) 『東遊日記』不分巻:宣統元年刻本(重印)一册、李興盛・曹威・全保燕主編『東遊日記(外十六種)』〈黑水叢書〉(哈爾濱:黑龍江人民出版社、二〇〇九年、上・七三九~七七七頁)排印收録。「偵探黑河俄情日記・東遊日記一」(光緒七年二月二十八日~三月二十二日)、「査探三姓太平溝廠往返紀程・東遊日記二」(同年四月二十五日~五月初九日)、「泛舟伯力偵探敵情紀程・東遊日記三」(同年六月二十一日~閏七月二十一日)、「赴甯古城琿春勘設站道游歷海參崴岩杵河雙城子俄埠由三岔口回三姓日記・東遊日記四」(同年九月二十日~十一月二十九日)。巻末に「日記多俗俚不成文、聊以記當日邊塞之苦耳、己酉暮冬重印於梁園旅次」との自跋あり。 『東遊俄邊日記』四巻:光緒間活字本(ア〔第二九册四九九頁〕による)、『東遊日記』の初刊本と思われるが所在不明。 〔提要・解題〕ア〔第二九册四九九頁(『東遊俄邊日記』)〕
馬建忠『南行記』二巻 COWjl	馬建忠:一八四四~一九〇〇、字は眉叔、江蘇省丹徒縣人。一八七六年フランス留學、郭嵩燾フランス滯在時には通譯を務める。一八七九年博士號を取得して歸國後李鴻章の洋務・外交活動を補佐。輪船招商局會辦、上海機器織布局總辦も務める。 一八八一年李鴻章の非公式特使として香港・インドを訪問、アヘン貿易についての政廳への打診と調査。 〔收録期間〕光緒七年六月二十三日(一八八一年七月一八日)~八月二十三日(一〇月一五日)〔Cによる〕/光緒七年六月二十三日(一八八一年七月一八日)~八月二十六日(一〇月一八日:上海歸着)〔Oによる〕 『適可齋記行』六巻(光緒二十二年南徐馬氏木刻本、O〔第一六輯一五三〕・W〔第一五六五册〕はその影印、『自強學齋治平十議』〔第六・七册〕光緒二十三年文瑞樓石印本)所收(巻二~三)。C〔第一〇帙〕(l〔二九七~三〇〇頁〕・j〔一〇八~一〇九頁〕はその節錄)。また『馬建忠集』(王夢珂點校、北京:中華書局、二〇一三年、一〇二~一三七頁、底本は光緒二十二年木刻本〔前言六頁〕)に標點收録。 〔提要・解題〕ア〔第二九册四七一頁(『適可齋記行』)〕・ウ〔一五三~一五四頁(『適可齋記行』)〕・カ〔二五三頁(『適可齋記言

	記行』)〕・シ〔第九冊光緒二十三年六月十一日（『適可齋記行』)〕・a〔第八冊五五八頁（『適可齋記言記行』)〕 〔傳記史料〕『清史稿』巻四四六「列傳」二三三 【同行：呉廣霈『南行日記』】
呉廣霈『南行日記』C l Y j	呉廣霈：生歿年未詳、字は瀚濤・劍華、號は琴溪子、安徽省涇縣人。何如璋駐日の随員、鄭藻如駐米の随員（一八八三年駐ワシントン公使館随員、一八八四年から駐ペルー分館随員）、蔡鈞駐日の署三等參贊。民國後は清史館に入り清史編纂に參與。 一八八一年馬建忠のインド派遣に同行した時の日記。 〔收錄期間〕光緒七年六月二十三日（一八八一年七月一八日）〜八月二十三日（一〇月一五日）〔Cによる〕 弢園王氏〔王韜〕排印本（一冊、『增版東西學書錄』〔附下之下二四頁〕によるが未見）、〈古今説部叢書〉九集所收本（上海：國學扶輪社、一九一三年排印／上海文藝出版社一九九一年影印版は中國圖書公司和記一九一五年再版本の影印）、C〔第一〇帙〕（l〔三〇〇〜三〇六頁〕・j〔一〇九〜一一二頁〕はその節錄）、『古今遊記叢鈔』（民國三年石印本）所收本（Y〔第一〇七冊四〇三〜四七二頁〕はその影印）。 〔提要・解題〕イ〔二五八〜二五九頁〕・ウ〔一五四頁〕 *『劍華堂續罪言』一冊（光緒間鉛印本、國家圖書館分館藏。〔影印本〕〈晩清四部叢刊〉第七編〔臺中：文听閣圖書有限公司、二〇一二年〕所收）。
馬建忠 『東行初錄』一巻 COW 『東行續錄』一巻 COW 『東行三錄』一巻 COW	馬建忠：※前頁參照。 『東行初錄』：一八八二年五〜六月にアメリカ・朝鮮間のシューフェルト條約締結時に朝鮮に派遣された際の日記。 『東行續錄』：同年六〜七月にドイツ・朝鮮條約締結時に朝鮮に派遣された際の日記。 『東行三錄』：同年八〜九月に壬午變亂の收拾のために朝鮮に派遣された際の日記。 〔收錄期間〕『東行初錄』：光緒八年三月十四日（一八八二年五月一日）〜四月二十四日（六月九日）、『東行續錄』：光緒八年五月朔（一八八二年六月一六日）〜十八日（七月三日）、『東行三錄』：光緒八年六月十九日（一八八二年八月二日）〜七月二十三日（九月五日）〔C・『適可齋記行』所收本による〕 『適可齋記行』六巻（光緒二十二年南徐馬氏木刻本、O〔第一六輯一五三〕・W〔第一五六五冊〕はその影印。光緒二十三年文瑞樓石印本）所收（巻四『東行初錄』、巻五『東行續錄』、巻六『東行三錄』）、C〔第一〇帙〕（殷夢霞・于浩選編『使朝鮮錄』下册〔北京圖書館出版社、二〇〇三年〕所收はその影印）。また『東行初錄』『東行續錄』『東行三錄』ともに中國歴史研究社編〈中國内亂外禍歴史叢書〉第三三册（上海：神州國光社、一九三六年）、同編〈中國歴史研究資料叢書〉（神州國光社、一九五一年修訂版／〔再版〕上海書店、一九八二年）、王夢珂點校『馬建忠集』（北京：中華書局、二〇一三年、一三八〜一九九頁、底本は光緒二十二年木刻本〔前言六頁〕）所收（いずれも排印標點）。ほかに周光培編『清代筆記小説』二六〈歴代筆記小説集成八六〉（石家莊：河北教育出版社、一九九六年）影印本、『筆記小説大觀』一

	○編一〇（臺北：新興書局、一九七五年）排印本あり。中國史學會主編『中日戰爭』〈中國近代史資料叢刊〉（上海：新知識出版社、一九五六年）第二册にも收錄（「初錄」一四八～一七三頁、「續錄」一七三～一八二頁、「三錄」一八二～二一〇頁、底本は光緒二十四年石印本とするが〔同書第七册文獻解題〕、光緒二十三年の誤りだろう）。『東行三錄』の韓國語譯が『興宣大院君　史料彙編』（石坡學術研究院、玄音社、二〇〇五年）第四卷、二二九～二六二頁に、日本語譯が岡本隆司『馬建忠の中國近代』（京都大學學術出版會、二〇〇七年）第Ⅱ部第二章に收錄されている。 〔提要・解題〕ア〔第二九册四七一頁（『適可齋記行』）〕・ウ〔一五三～一五四頁（同上）〕・カ〔二五三頁（同上）〕・シ〔第九册光緒二十三年六月十一日（『適可齋記行』）〕・a〔第八册五五八頁（『適可齋記言記行』）〕 ＊『適可齋記言』四卷（光緒二十二年南徐馬氏木刻本、O〔第一六輯〕・W〔第五六五册〕はその影印。光緒二十三年文瑞樓石印本、a〔第一册四〇三～四五一頁、第三册四〇六～四一〇頁、第七册三三九～三四三頁〕の底本。佚名編『自強學齋治平十議』第四・五册〔光緒二十三年文瑞樓石印本〕・J〔第二七册〕にも收錄）。排印本に『適可齋記言』（北京：中華書局、一九六〇年、底本は光緒二十二年木刻本、光緒二十三年石印本により誤字を參校訂正）、選注標點本に『采西學議――馮桂芬馬建忠集』（鄭大華點校、〈中國啓蒙思想文庫三〉瀋陽：遼寧人民出版社、一九九四年）あり。また『馬建忠集』（王夢珂點校、北京：中華書局、二〇一三年）に標點收錄（『適可齋記言記行』の底本は光緒二十二年木刻本、『法國海軍職要』の底本はJ所收本、『法律根原』の底本は『皇朝經世文新編續集』）。 〔傳記史料〕『清史稿』卷四四六「列傳」二三三 〔年譜・事略〕方豪「馬建忠先生事略」（『方豪六十自訂稿』下册、臺北：臺灣學生書局、一九六二年）、蔣文野「馬建忠編年事輯（增補稿）」（同『《馬氏文通》論集』石家莊：河北教育出版社、一九九五年）、薛玉琴「馬建忠年譜簡編」（同『近代思想前驅者的悲劇角色――馬建忠研究』北京：中國社會科學出版社、二〇〇六年）
鄭觀應（鄭官應）『南遊日記』hjl	鄭觀應：一八四二～一九二二、原名は官應、字は正翔、號は陶齋、廣東省香山縣人。一八八四年六～八月、督辦粵防軍務大臣彭玉麟の密使として東南アジアを歷訪した際の日記。派遣目的は「暗結暹羅、襲攻西貢」（シャムと結んでベトナムのフランス軍を挾擊）の實現と敵情視察。シンガポール・ペナンの輪船招商局分局等を據點に活動。 〔收錄期間〕光緒十年五月十九日（一八八三年六月一二日）～六月二十二日（八月一二日） 夏東元編『鄭觀應集』上册（上海人民出版社、一九八二年）〔九四一～一〇〇九頁、日記部分は九四六～九八四頁〕所收（底本は臺北・中央圖書館〔現國家圖書館〕藏清稿本、清稿本は『中山文獻』〈中國史學叢書一一〉〔臺北：臺灣學生書局、一九六五年〕に影印收錄）。夏東元編『鄭觀應集』（八册、北京：中華書局、二〇一三年）にも收錄。h〔二四卷二五八～二八一頁〕・l〔三一〇～三一九頁〕は『鄭觀應集』上册からの節錄。j〔一一二～一一九頁〕は底本不明記。 〔提要・解題〕ウ〔一五六～一五七頁〕 ＊『海行日記』二卷（所在不明）

呉大澂『皇華紀程』一巻
RYhj

呉大澂：一八三五～一九〇二、字は清卿・止敬、號は恆軒、別號は愙齋・白雲山樵、江蘇省呉縣人。同治六年進士、翰林院編修。

光緒十二年（一八八六年）琿春勘界日記、ロシアとの交渉についても記す。ウラディヴォストークも訪問。

〔收錄期間〕光緒十二年正月十七日（一八八六年二月二〇日）～九月十五日（一〇月一二日）

手稿本（R藝文印書館版はその影印）、『殷禮在斯堂叢書』所收（底本は手稿本。一九二八年東方學會排印、一九七一年藝文印書館版・R新文豐出版版〔第二四四冊七一～八七頁〕・j〔第四四冊三八七～四〇一頁〕はその影印。一九三〇年東方學會鉛印、Y〔第一一五冊五七七～六四八頁〕はその影印）。ほかに關大虹・李曉晨標注本（〈長白叢書初集〉長春：吉林文史出版社、一九八六年）、〈黑水叢書〉所收本（哈爾濱：黑龍江人民出版社、二〇〇五年）あり。h〔二四卷九八～一一一頁〕の底本は「排印本」（『殷禮在斯堂叢書』本か）。

〔提要・解題〕ア〔第三四冊二一一～二一二頁〕・イ〔二七二～二七三頁〕・ウ〔一一三～一一四頁〕
＊『北征日記』（未刊稿、後掲顧廷龍『呉愙齋先生年譜』に節錄あり）は一八八二年督辦寧古塔防務在職中の日記で、ロシア側との交渉に關する記述あり。〔提要・解題〕ウ〔一一三頁〕
〔傳記史料・年譜〕兪樾「前湖南巡撫呉君墓志銘」（『續碑傳集』卷三二「光緒朝督撫十二」）、顧廷龍『呉愙齋先生年譜』〈燕京學報專號一〇〉（北平：哈佛燕京學社、一九三五年、〔影印版〕臺北：文海出版社、一九六五年）、『清史稿』卷四五〇「列傳」二三七

傅雲龍『游歷圖經餘紀』十五卷
STg
：「游歷日本圖經餘紀」
：「游歷加納大圖經餘紀」
：「游歷祕魯圖經餘紀」
：「游歷巴西圖經餘紀」
：「游歷美利加圖經餘紀」
：「游歷古巴圖經餘紀」

傅雲龍：一八四〇～一九〇一、字は懋元、浙江省德清縣人、監生。

一八八七～一八八九年日本・南北アメリカ視察の遊歷官。

〔收錄期間〕光緒十三年六月初四日（一八八七年七月二四日）～十五年十月十七日（一八八九年一一月九日）〔後掲『傅雲龍日記』による〕。「游歷日本圖經餘紀」部分は、「前編（上・下）」：光緒十三年六月初四日（一八八七年七月二四日）・七月十日（八月二八日：奉命遊歷）・十八日（九月五日）・八月十六日（一〇月二日：北京出發前日）～十四年四月十八日（一八八八年五月二八日）、「後編」：光緒十五年四月二十八日（一八八九年五月二四日）～十月十七日（一一月九日）〔標點本『傅雲龍日記』とTによる〕

『游歷圖經餘紀』一五卷（光緒十五年鉛印本）、標點本に傅訓成整理『傅雲龍日記』（杭州：浙江古籍出版社、二〇〇五年。附錄「傅雲龍書信選」）あり。「游歷日本圖經餘紀」はS〔一〇九～二一八頁〕・T〔一八七～三一四頁〕に標點收錄（底本は『游歷日本圖經』實學齋刊本、收錄名は「游歷日本餘紀」、王曉秋標點・史鵬校訂）。

〔提要・解題〕ア〔第八冊四四五頁〕・ウ〔一六七頁（「游歷日本圖經餘紀」）〕・シ〔卷三〕
＊『游歷日本圖經』三〇卷（光緒十五年日本鉛印本：王寶平編『晚清東遊日記彙編』〔上海古籍出版社、二〇〇三年〕に影印收錄。京都大學・關西大學・北京大學・華東師範大學等圖書館藏の版本は黎庶昌の序があるのみ、浙江圖書館・大阪府立大學圖書館藏の版本は加えて李鴻章等の序もある〔王曉秋・楊紀國『晚清中國人走向世界的一次盛擧——一八八七年海外游歷使研究』六五

頁〕)。A〔第一〇帙〕所收の「日本山表記」・「日本河渠志」・「日本沿革」・「日本疆域險要」とC〔第一〇帙〕所收の「日本風俗」、E所收の「日本疆域險要」〔第二二册〕・「日本沿革」「日本河渠志」〔第二二册〕は『游歷日本圖經』三〇巻からの抜粋)、『游歷加納大圖經』八卷、『游歷祕魯圖經』四卷(『奉諭游歷祕魯圖經』四卷、光緒二十八年石印本あり)d〔二四四~二四七頁〕、『游歷巴西圖經』一〇卷(『奉諭游歷巴西圖經』六卷、光緒二十八年石印本あり)、『游歷美利加圖經』三二卷(光緒間鉛印曁石印本)、『游歷古巴圖經』二卷、『籑喜廬叢書』四種(東京:光緒十五年德清傅氏影刻本)、『六大洲說』(C〔第一帙〕・④卷七一「洋務三・外洋疆域」)、『地圖經緯說』(C〔第一帙〕・④卷八「學術八・測算中」)、『地橢圓說』(C〔第一帙〕)、『傳雲龍別國名歸一表』(光緒二十八年莆陽晏仲孚鈔本、國家圖書館藏)、『遊日本詩變前編』二卷・同『後編』二卷・『遊美利加詩權』一卷・『遊加納大詩隅』一卷(以上は石印本〔『增版東西學書錄』附下之下三〇頁による〕)、『不易介集詩稿』(光緒十五年東京鉛印本、「游巴西詩志」「游祕魯詩鑑」「游古巴詩董」收錄)、『洋務實學新編』二卷(石印本)。そのほか「美利加水師阻道說」「美利加礮臺經驗說」が④卷五八「兵政十五・地利」に、「上海軍衙門王大臣書」が⑨卷三「通論三」に、「華盛頓傳阿但斯」が⑨卷一一「君德」に、「記中國自明代以來與西洋交涉大略」が⑨卷五五「交涉二」に、「中外約表」が⑨卷五七「交涉四」に、「中國美利加度量衡比較表」「中國巴西度量衡比較表」「中國日本度量衡比較表」が⑨卷七六「算數三」に、「別國名歸一表」がL〔第一四册〕所收の闕名輯『環球各國事物彙表』一卷に收錄されている。

〔傳記史料〕傳范初等「傳雲龍行狀」(傳氏家藏史料)、『德清縣新志』(一九二三年)卷七

繆祐孫『俄游日記』四卷

AYg(「日記」O)

繆祐孫:生歿年未詳、字は柚岑・右岑、江蘇省江陰縣人。光緒十二年進士、戸部主事を授けられ、員外郎に昇進。繆荃孫の從弟。

ロシア視察の遊歷官。派遣時は戸部學習主事。洪鈞のロシア赴任に随行してロシアを視察。行程は上海、廈門・福州、臺灣、香港、東南アジア、イタリア、ドイツからロシア。

〔收錄期間〕光緒十三年九月十三日(一八八七年一〇月二九日)~十五年七月二十七日(一八八九年八月二三日)〔稿本による〕/光緒十三年九月十三日(一八八七年一〇月二九日)~十五年六月初一日(一八八九年六月二八日)〔AOYによる〕

稿本(四卷、北京大學圖書館藏、『北京大學圖書館館藏稿本叢書』第一七册〔天津古籍出版社、一九九一年、一~二四七頁〕に影印收錄)、『俄游彙編』一二卷(光緒十五年上海秀文書局石印本、「彙編」八卷・「日記」四卷、O〔第八九輯八八九〕はその影印)所收、A〔第三帙〕、光緒間鉛印本(四卷、國家圖書館分館藏、Y〔第一二四册四五一~六一一頁〕はその影印)。

〔提要・解題〕ア〔第三册一三頁(『俄游彙編』)〕・イ〔二七八頁〕・ウ〔一六八頁〕

*「俄羅斯源流考」E〔第一〇册〕、「俄羅斯疆域編」E〔第一〇册〕、「俄羅斯戸口略」E〔第一一册〕、「取中亞細亞始末記」E〔第一一册〕、「取悉畢爾始末記」E〔第一一册〕、「通俄道里表」A〔第三帙〕E〔第一二册〕、「俄羅斯山形志」E

〔第一三冊〕、「俄羅斯水道記」g（以上は『俄游彙編』からの轉載）。Nにも『俄游彙編』からの抜粋あり。
〔傳記史料〕『江陰縣續志』（一九二〇年）巻一五

崇禮『奉使朝鮮日記』B
Y

崇禮：一八三三頃～?、字は受之、遼寧省瀋陽縣人、滿洲正白旗人、清皇室の姻親。官は戸部左侍郎、滿洲副都統、護軍統領右翼總兵、總理衙門大臣、熱河都統、光緒二十六年東閣大學士、文淵閣大學士。一八九〇年朝鮮神貞大王大妃趙氏死去に對する弔使（副使）崇禮の日記（正使は續昌）。
〔收錄期間〕光緒十六年八月十三日（一八九〇年九月二六日）～十月十六日（一一月二七日）〔光緒間木活字本による〕／B所收本は朝鮮到着日（九月二四日〔一一月六日〕）まで（それ以下は「下闕」とし未收錄。その理由に對する假說は岡本隆司後掲論文、註87を參照）
光緒間木活字本（Y〔第一三五冊四一～一六四頁〕はその影印；中國科學院所藏本も同一版本。關西大學圖書館内藤文庫藏の光緒間排印本も同一か）、光緒間鉛印本（不分巻、南京圖書館藏、未見、上記の版本と同一か）、B〔第一〇帙〕（殘缺、殷夢霞・于浩選編『使朝鮮錄』下冊〔北京圖書館出版社、二〇〇三年〕所收はその影印）。
『奉使朝鮮日記』は『使韓紀略』を下敷にして著されたもの。『使韓紀略』は李鴻章・袁世凱らによって漢文本と洋文本が刊行されている（漢文本・洋文本ともに「欽使奉命前來賜祭朝鮮國王母妃卷（附使韓紀略中、英文各一册）」〔臺北・中央研究院近代史研究所藏「駐韓使館保存檔案」一―四一―一六―八〕に、漢文本のみがFO228/1072, Chinese Encl. in Hillier to Beauclerk, No. 28, Oct. 25, 1892に、洋文本がFO228/1091, Hillier to Beauclerk, No. 28, Oct. 25, 1892に收錄されている）。漢文本の撰者は「隨節幕府」、洋文本の書誌はPrivate Secretary of the Imperial Commissioners Comp., *Notes on the Imperial Chanese Mission to Corea, 1890*, Shanghai, 1892, 32pp.（東洋文庫藏、モリソン・パンフレット）※以上は、岡本隆司「『奉使朝鮮日記』の研究」（『京都府立大學學術報告（人文・社會）』五八、二〇〇六年一二月）を參照。
〔提要・解題〕イ〔二九四～二九五頁〕
〔傳記史料〕『清史稿』巻四四〇「列傳」二二七、『清史列傳』巻六一「新辦大臣傳五」

鳳凌『四國游紀』不分巻
『游餘僅志』二巻

鳳凌：生歿年未詳、蒙古巴禹特氏、正紅旗蒙古祥善佐領下人。裕庚駐佛時は二等參贊。一八九三～九六年、海軍衙門による歐洲視察の遊歷官（游歷章京五品銜兵部主事）として派遣（游歷章京四品銜刑部員外郎彥愷とともに）。出使英國大臣龔照瑗の英國赴任に隨行して渡航。
『四國游紀』：不分巻四冊、光緒二十八年石印本（國家圖書館分館藏）。
〔收錄期間〕光緒二十年三月初九日（一八九四年四月一四日：上海出發）～二十二年十一月十一日（一八九六年一二月一五日：イタリア視察）
〔提要・解題〕ア〔第三三冊五七七頁〕
『游餘僅志』：二巻、民國十八年鉛印本（國家圖書館分館藏）。
〔收錄期間〕光緒十九年二月二十日（一八九三年四月六日）～二十一年十二月二十五日（一八九六年二月八日）

	＊吳宗濂譯纂・鳳淩編輯『隨軺紀游續集』二卷（附：吳宗濂譯纂「隨軺紀游餘編」、「吳挹清観察宗濂上内外當道匡時急策十八條（光緒乙未十一月）」）（光緒二十三年經世報館石印本、『經世報』〔光緒二十三年經世報館石印〕に附録として連載）。『隨軺紀游續集』の收録内容は、卷一「游歷比利時國」（光緒二十二年十月十七日～）、卷二「游歷義大利國」（十一月初一日～）、附「遵査義大利國武備製造情形上龔星使稟（光緒丙申十一月）」、隨軺紀游餘編：「比國」。吳宗濂『隨軺筆記』卷四「記游」は吳宗濂が遊歷官に隨行した際の記録で（一部が日記體）、遊歷官のために代筆し總理衙門に上呈されたもの（卷四書名下の注記）。 〔關聯史料〕彥愷『隨軺紀游吟草』一卷、同『隨軺紀游吟稿』一卷（稿本、國家圖書館分館藏） 〔提要・解題〕ア〔第五册三三八頁〕
黃慶澄『東遊日記』CH NSTYg	黃慶澄：一八六三～一九〇四、字は源初・虞初・愚初、號は壽昌老人、浙江省平陽縣人。光緒十六年舉人、上海梅溪書院教習。早年孫詒讓・金晦に師事。光緒二十四年『算學報』・『史學報』を創刊。 一八九三年五～六月日本旅行記。安徽巡撫沈秉成が紹介狀を書き、出使日本大臣汪鳳藻が旅費を提供。 〔收録期間〕光绪十九年五月初四日（一八九三年六月一七日：上海出發）～七月初四日（八月一五日：上海歸還） 光緒二十年東甌詠古齋刻本（平陽圖書館・實藤文庫藏、『東游日記・湖上答問・東瀛觀學記・方國珍寇温始末』陳慶念主編〈蒼南文獻叢書〉八〔上海古籍出版社、二〇〇五年、一～四六頁〕に標點收録、陳慶念點校）、光緒二十年北京詠古齋刊本、C〔第一〇帙〕、H所收（一卷、Y〔第一四二册二八三～三四二頁〕はその影印）。T〔三一五～三八〇頁〕・S〔二一九～二七六頁〕に標點收録（Tの底本は光緒二十年刊本、Sの底本は光緒二十年刻本とする。ともに王曉秋標點・史鵬校訂）。光緒二十年東甌詠古齋刻本・同年北京詠古齋刊本には孫詒讓の序あり。温州（東歐）の書肆から出版されたのも孫詒讓との關係によるものか。 ＊『湖上答問』（光緒二十年北京詠古齋刻本、温州圖書館藏、前掲『東游日記・湖上答問・東瀛觀學記・方國珍寇温始末』に標點收録〔四七～六六頁〕、陳慶念點校）。 〔提要・解題〕ウ〔一八二～一八三頁〕・ク〔二三九頁〕・前掲『東游日記・湖上答問・東瀛觀學記・方國珍寇温始末』の後記〔一三七～一三九頁〕
聶士成『東游紀程』四卷	聶士成：?～一九〇〇、字は功亭、安徽省合肥縣人。武童出身。 一八九三年一〇月～九四年五月、天津を出發し東三省・朝鮮を經てロシア國境の六三都市を視察。 〔收録期間〕光緒十九年九月初五日（一八九三年一〇月一四日）～二十年四月二十三日（五月二七日） 光緒二十一年序合肥聶氏石印本。卷一・二「日歷」（東三省の地理、朝鮮の政治・軍事・經濟、清露國境の情況）、卷三「圖説」（「東省志要」「游俄臆測」「游韓管見」「愛琿説」等三六篇）、卷四「東三省韓俄交界道里表」。榮孟源・章伯鋒主編『近代稗海』第一輯（成都：四川人民出版社、一九八五年）〔二一五～一九七頁〕に卷一・二「日歷」のみ標點收録（廖一中整理、『東游紀程・日知堂筆記』〈近代史料筆記叢刊本〉〔北京：中華書局、二〇〇七年〕に再録）。

〔提要・解題〕ア〔第八冊四三九頁〕・ウ〔一七七～一七八頁〕・オ〔六四～六五頁〕・前掲『近代稗海』〔第一輯一一七頁〕・前掲『東游紀程・日知堂筆記』〔三頁〕

＊『東三省韓俄交界道里表』一巻〈問影樓輿地叢書第一集〉（光緒三十四年京師新昌胡思敬鉛印本、〔影印版〕Q・U〔第九六冊〕・一九六九年臺北華文書局版）。

〔傳記史料〕『清史稿』巻四六七「列傳」二五四、『清史列傳』巻六一「新辦大臣傳五」

王之春『使俄草』八巻　COdjl（『使俄日記』）

王之春：※本目録三八五頁参照。

一八九四～九五年にアレクサンドル二世の葬儀参列とニコライ二世の即位慶賀のためロシアに派遣され、途中イギリス、フランス、ドイツも經由。派遣時は湖北布政使。

〔収録期間〕光緒二十年十月十六日（一八九四年一一月一三日）～二十一年閏五月十七日（一八九五年七月九日）〔COによる〕

『使俄草』八巻：光緒二十一年上海文藝齋石印本（O〔第七輯六七〕はその影印）、光緒二十一年上海文藝齋刻本（『王之春集』趙春晨・曾主陶・岑生平點校〈湖湘文庫〉長沙：嶽麓書社、二〇一〇年、六〇三～八三二頁〕の底本）、C〔第三帙〕（d〔四四～四七頁〕・l〔三六一～三六四頁〕・j〔一五二～一五五頁〕の底本）。

『使俄日記』：光緒二十二年上海石印本（扉頁題名は『使俄草』）。

〔提要・解題〕ア〔第三冊二四頁〕・ウ〔一八三頁〕・オ〔第八章〕・カ〔一二七頁〕・ク〔二四〇頁〕・ケ〔一五九頁〕・サ〔下巻一八六三頁〕

＊「王之春赴俄唁賀案」「王之春赴俄唁賀案目録」（光緒鈔本、孫學雷・劉家平主編『國家圖書館藏清代孤本外交檔案』第二五冊〔北京：全國圖書館文獻縮微複製中心、二〇〇三年〕影印收録）、關聯の「奏稿・條陳」（上記『王之春集』八三三～八四一頁に標點收録）。

【随員：楊宜治『俄程日記』】

林樂知（Young John Allen）：一八三六～一九〇七、アメリカ人宣教師、『萬國公報』主編。

蔡爾康：一八五八～一九二三?、字は紫黻・芝紱（『李傳相歷聘歐美記』による）、上海人、『申報』主筆・編輯。

方受穀：生歿年等未詳、別號は桃溪漁隱（イ〔三一六頁〕）、晉安人（『節相壯游日錄』光緒二十二年天津絳雪齋刻本による）。

惺新龕主：本名等未詳、章武人（『節相壯游日錄』光緒二十二年天津絳雪齋刻本による）。

一八九六年、李鴻章がロシアをはじめ歐米諸國を歴訪した際の日記。李鴻章が自ら執筆したものではない。

林樂知譯・蔡爾康輯『李傳相歷聘歐美記』二巻：

〔収録期間〕光緒二十二年四月十四日（一八九六年五月二六日：「專使記略」）～八月初七日（九月一四日：「美軺載筆」）

光緒二十五年上海廣學會譯著圖書集成局鉛印本（X〔第五四冊四三一～四八〇頁〕はその影印）、上海商務印書館排印

林樂知譯・蔡爾康輯『李傳相歷聘歐美記』二巻　OX （林樂知・）蔡爾康等『李鴻章歷聘歐美記』ST1 桃溪漁隱（方受穀）・惺新盦主輯『節相壯游日録』XY（『傳相游歷各國日記』、『海外見聞録』）二巻	本（O〔第八一輯八〇八〕はその影印）。歐米の新聞に取材して翻譯・編集したもの。 蔡爾康等（Tによる、Sでは蔡爾康・林樂知編譯）『李鴻章歷聘歐美記』： 〔收錄期間〕光緒二十二年四月十四日（一八九六年五月二六日）〜九月十八日（一〇月二四日） S・T〔九〜二六五頁〕標點本（張英宇點・張玄浩校）、底本は前掲『李傳相歷聘歐美記』（光緒二十五年上海廣學會鉛印本）と後掲『傳相游歷各國日記』（光緒二十三年上海石印本）。『傳相游歷各國日記』巻上にはあり『李傳相歷聘歐美記』にはない文章を、Tでは括弧（【 】）で、Sでは倣宋字體で補充し、巻下所收の記事のうち『李傳相歷聘歐美記』には掲載されていないものを「附錄」として掲載（Sでは倣宋字體）。1〔三六八〜三六九頁〕はTの節錄。 桃溪漁隱（方受穀、イ〔三一六頁〕による）・惺新盦主輯『節相壯游日錄』（別名『李傳相游歷各國日記』『海外見聞錄』）二巻： 〔收錄期間〕光緒二十二年正月十八日（一八九六年三月一日）〜九月十八日（一〇月二四日）（光緒二十二年天津綘雪齋刻本による） 『節相壯游日錄』（光緒二十二年天津綘雪齋刻本、X〔第五四册一四九〜一九四頁〕・Y〔第一四一册四八七〜六六四頁〕はその影印）、『傳相游歷各國日記』（光緒二十三年上海石印本）、『海外見聞錄』（光緒二十三年上海刻本、上海圖書館藏）。巻上は前掲『李傳相歷聘歐美記』（光緒二十五年上海廣學會刋本）の記事と多くは同じものだが簡略化されており、巻下の時論（内外各新聞からの引用記事）はほとんど重複していない（Tの鍾叔河解說、三〇頁）。左舜生選輯『中國近百年史資料續編』（上海：中華書局、一九三三年／廣州：中華書局、一九三八年。〈民國叢書〉第五編・歷史・地理類六六〔上海書店、一九九六年〕所收本はその影印）〔三八七〜四一五頁〕に標點收錄（書名は『李傳相游歷各國日記』、底本不明記）。森槐南「李鴻章各國遊歷の日記」（『外交時報』第一三〜一五號、一八九九年）は『傳相游歷各國日記』の日本語抄譯（第一三號掲載箇所の冒頭に解説あり）。『傳相游歷各國日記』には李瀚章の序文があり。同日記は隨員であった李經方・李經述の手になるものとする。 〔提要・解題〕ア〔第八册四五八頁〕・イ〔三一六頁〕・ウ〔一八七頁〕・エ〔二一一〕・コ〔四二三頁〕
張蔭桓「英軺日記」二巻	張蔭桓：※本目錄三六五頁參照。 一八九七年、イギリスのヴィクトリア女王即位六〇周年記念式典に清朝政府代表として參列した際の日記か。所在不明。
李家駒「東行雜錄」XY	李家駒：一八七〇〜一九三八、字は柳溪、漢軍正黃旗人。光緒二十年進士、翰林院編修。一九〇七年出使日本大臣（遊學生總監督を兼務）、一九〇八年三月考察日本憲政大臣を受命し、八月退任歸國。 一八九八年日本教育（學校）視察。派遣時は翰林院編修。 〔收錄期間〕光緒二十四年七月十四日（一八九八年八月三〇日）〜十一月初九日（一二月二一日） 有正業齋稿本（國家圖書館藏『李家駒日記』所收、X〔第八一册八一〇〜八二一頁〕・Y〔第一四三册二三五〜二八〇頁〕は

	その影印）。 〔提要・解題〕イ〔三二四～三二五頁〕 *「有正業齋雜記」（國家圖書館藏、X〔第八一册八二三～八二七頁〕・Y〔第一四三册二八一～三〇四頁〕はその影印）は日本考察の復命上奏の鈔本。
朱綬『東遊紀程』	朱綬：生歿年等未詳。 一八九八年、江西省の私費による日本教育視察（近代中國最初の私費形式による對日教育視察團〔後掲『晩清中國人日本考察記集成――教育考察記』、呂順長「解題」三頁〕）。 〔收錄期間〕光緒二十四年六月十三日（一八九八年七月三一日）～八月二十日（一〇月五日） 不分巻（一册、光緒二十五年鴻寶堂刊本、王寶平主編・呂順長編著『晩清中國人日本考察記集成――教育考察記』杭州大學出版社、一九九九年、九一～一二〇頁はその影印）。ほかに二巻本（南昌刻本〔『增版東西學書錄』附下之下二五頁〕）があるというが所在不明。
李樹棠『東徼紀行』XY	李樹棠：生歿年未詳、字は少青、安徽省合肥縣人。 一八九九年、北洋大臣裕祿の命を受け金鑛探索のため黒龍江漠河に赴いた際、奉天・吉林から愛琿・淸露國境・ウラディヴォストーク・朝鮮・日本を經由して煙臺に到るまでの日記。 〔收錄期間〕光緒二十四年十一月二十二日（一八九九年一月三日）～二十五年四月二十一日（六月九日） 稿本（國家圖書館藏）、光緒間鉛印本（X〔第三一册二四五～二六五頁〕・Y〔第一四三册五〇五～五八六頁〕はその影印）。 〔提要・解題〕イ〔三二七～三二八頁〕
劉學詢『游歷日本考査商務日記』二巻　OY	劉學詢：一八五五～一九三五、廣東省香山縣人。李鴻章の幕僚、光緒十二年進士。 一八九九年日本商務視察（特派專使日本考査商務）。日本在上海總領事小田切萬壽之助とともに渡航。派遣時は花翎二品銜道員。慶寛（員外郎銜）も同行。 〔收錄期間〕光緒二十五年六月初一日（一八九九年七月八日）～八月初二日（九月六日）〔光緒二十五年石印本による〕 光緒二十五年上海劉氏石印本（O〔第八三輯八二九〕・Y〔第一四四册一～一五八頁〕はその影印）。 〔提要・解題〕イ〔三二八～三二九頁〕・ウ〔一九〇～一九一頁〕
沈翊清『東遊日記』一巻	沈翊清：一八五五～?、一名は翊青、字は丹曾、號は澄園・逋梅・補梅、別號は瓠叟、福建省侯官縣人。光緒十五年擧人、薛福成駐英時の隨員。沈葆楨の孫。 〔收錄期間〕光緒二十五年六月初二日（一八九九年七月九日）～十一月十一日（一二月一三日） 光緒二十六年福州刻本〔陳寶買凝禧・林獻貞參校、福州吳玉田刻刷〕（一册、王寶平主編『晩清東游日記彙編二――日本軍事考察記』上海古籍出版社、二〇〇四年〔三八五～四二二頁〕と王寶平主編・呂順長編著『晩清中國人日本考察記集

	成――教育考察記』杭州大學出版社、一九九九年〔一二一～一六一頁〕はその影印)。 〔提要・解題〕ア〔第三三冊五七四頁〕・ウ〔一八九～一九〇頁〕・前掲王寶平主編(二〇〇四年)〔「解題」二頁〕 【同行者：丁鴻臣『東瀛閲操日記』『游歴日本視察兵制學制日記』】
丁鴻臣 『東瀛閲操日記』二卷(『四川派赴東瀛游歴閲操日記』Y) 『游歴日本視察兵制學制日記』二卷	丁鴻臣：生歿年未詳、字は雁廷、湖南省長沙人。四川威遠後軍提督。一八九九年、日本の學制・兵制視察のため四川總督奎俊によって派遣された九人のうちの一人。 〔收錄期間〕『東瀛閲操日記』：光緒二十五年七月十三日(一八九九年八月三〇日)～二十六年正月十六日(一九〇〇年二月一五日)／『游歴日本視察兵制學制日記』：光緒二十五年七月十三日(一八九九年八月三〇日)～十一月十二日(一二月一四日) 『東瀛閲操日記』二卷：光緒二十六年蓉城(成都)刻本・李宏年校(Y〔第一四四冊四六五～六三八頁〕・王寶平主編『晩清東游日記彙編二――日本軍事考察記』上海古籍出版社、二〇〇四年〔三〇九～三五二頁、書名は「四川派赴東瀛游歴閲操日記」〕所收本はその影印)。 〔提要・解題〕イ〔三三〇～三三一頁〕・前掲王寶平主編(二〇〇四年)〔「解題」一～二頁〕 『游歴日本視察兵制學制日記』二卷：鈔本(王寶平主編『晩清東游日記彙編二――日本軍事考察記』上海古籍出版社、二〇〇四年〔三五三～三八四頁〕はその影印)。內容は『東瀛閲操日記』とほぼ同じだが簡略。『東瀛閲操日記』の初稿本か(前掲王寶平主編二〇〇四年〔「解題」二頁〕)。 〔提要・解題〕前掲王寶平主編(二〇〇四年)〔「解題」二頁〕 【同行者：沈翊清『東遊日記』】
醇親王載灃『醇親王使德日記』(『醇親王載灃使德日記』)	醇親王載灃：一八八三～一九五一、愛親覺羅氏、醇親王奕譞の子、宣統帝溥儀の父。溥儀即位後は攝政王。一九〇一年對獨謝罪使(駐清公使ケテラー〔Clemens A. F. von Ketteler〕殺害に對する)。 〔收錄期間〕光緒二十七年五月二十七日(一九〇一年七月一二日)～十月初六日(一一月一六日) 稿本(北京・首都博物館藏)。『北京檔案史料』(總一六號、一九八九年四期、耿來金選編、タイトルは「醇親王載灃使德日記」)・『近代史資料』(總七三號、一九八九年七月、丁山整理、タイトルは「載灃辛丑使德日記」)に標點收錄(『北京檔案史料』所收の日記は社科院近史所藏本〔光緒朝文件四〇「和碩醇親王出使德行程撮要及日記等」〕が底本)。 〔提要・解題〕ク〔二六三頁〕 ＊丁山輯「醇親王使德往來文電選」(『近代史資料』總七四號、一九八九年八月、原本は首都博物館藏)、『醇親王使德始末恭紀』(光緒間鉛印本、國家圖書館分館・北京大學圖書館藏。〔提要・解題〕ア〔第一五冊九一頁〕)、「載灃辛丑使德日記(四)」(『紫禁城』一九九〇年第一期)に「電報摘錄」「信函摘錄」收錄(溥任標點)。 〔傳記史料〕『清史稿』卷二二一「列傳」卷八「諸王」七

那桐「東使日記」

那桐：一八五六～一九二五、字は琴軒、滿洲鑲黃旗人、葉赫那拉氏、舉人出身。總理衙門大臣、戸部尚書、外務部尚書、軍機大臣、內閣協理大臣を歴任。

一九〇一年對日謝罪使（駐清公使館書記生杉山彬殺害に對する）。

〔收錄期間〕光緒二十七年七月初四日（一九〇一年八月一七日）～九月初一日（一〇月一二日）。

稿本（北京市檔案館藏）。北京市檔案館編『那桐日記』（北京：新華出版社、二〇〇六年）上册〔三八五～四〇一頁〕所收（初出は『北京檔案史料』二〇〇一年第四期、一八七～二〇四頁）。
＊唐文治代筆「奉使日本記」（本目錄三九九頁をみよ）、張瑗提供／梅佳・田尚秀・孫剛整理「那桐奏摺存稿」（『北京市檔案史料』二〇〇五年第一輯、光緒二十七年四月～三十一年十二月の三五件）。前掲『那桐日記』の附錄に「那桐親書履歷本」「那桐奏摺存稿（光緒二十七年四月―光緒三十一年十二月）」あり（下册〔一〇七九～一一一三頁〕）。
【參贊：張德彝『七述奇』、隨員：唐文治代筆「奉使日本記」】

◇特使隨員日記

張德彝『航海述奇』四卷　AFSTcdefgj　l

張德彝：※本目錄三七二頁參照。

一八六六年斌椿使節團の隨員。

〔收錄期間〕同治五年正月二十日（一八六六年三月六日）～九月十八日（一〇月二六日）〔ATによる〕

稿本（國家圖書館分館藏：『稿本航海述奇彙編』北京圖書館出版社、一九九七年、第一册はその影印）、尊聞閣主人輯『申報館叢書』本（上海申報館刊、一八八〇年刊行〔『申報』一八八〇年七月二七日～八月五日に「航海述奇出售」の廣告記事あり〕）、A〔第一一帙〕（d〔二～五、二五九～二六一頁〕・j〔八五～八七頁〕・c〔二九三～二九七頁〕の底本）。S・T〔四〇五～六〇七頁〕は「張氏本宅藏同治庚午（九年）稿本（四卷）」〔上記稿本と同じ本だろう〕とAにより校訂（鍾叔河校點）。l〔二三〇～二三二頁〕はTの節錄。

〔提要・解題〕ウ〔二一九～二二〇頁〕・エ〔五〕・オ〔第六章〕・ケ〔四二八頁〕・コ〔四二六頁〕

張德彝『再述奇』六卷　g（『歐美環遊記』STl）

張德彝：※本目錄三七二頁參照。
一八六八～六九年バーリンゲーム使節團の隨員。
〔收錄期間〕同治六年十二月十一日（一八六八年一月五日）～八年九月二十六日（一八六九年一〇月三〇日）
稿本（國家圖書館分館藏、『稿本航海述奇彙編』〔北京圖書館出版社、一九九七年、第一・二册〕はその影印）。S・T〔六〇九～八三二頁〕の底本は『再述奇』張氏本宅藏光緒乙亥（元年）稿本（六卷）〔上記稿本と同じ〕（左步青標點）、Sのタイトルは『歐美環遊記（再述奇）』（左步青點・米江農校）、l〔二三八～二三九頁〕はTの節錄。內容は「經日本東渡記」「合衆國遊記」「英吉利遊記」「法郎西」「歸程記」に分かれる。

	〔提要・解題〕ウ〔一二〇～一二二頁〕・エ〔五〕・オ〔第六章〕・コ〔四二六～四二七頁〕
高從望『隨軺筆記』六巻	高從望：生歿年未詳、字は引之、直隸省任邱人。 一八七〇～七一年崇厚謝罪使の隨員（派遣時は花翎三品銜廣東候補道）。 〔收錄期間〕同治九年六月初二日（一八七〇年六月三〇日：奉命）～十年七月十三日（一八七一年八月二八日：天津到着） 自鈔稿本（二册、南京圖書館藏、未見）、巻首に「壬申季春繕訂」。江慶柏「『隨軺筆記』（手稿）――一部惟一記錄目擊巴黎公社起義的中國日記」（『南京師範大學文學院學報』二〇〇二年第一期）にパリ・コミューン前後の部分が標點節錄されている（同治十年正月二十九日〔一八七一年三月一九日〕～四月十六日〔六月三日〕）。
張德彝『三述奇』八巻 Weg（『隨使法國記』 STl）	張德彝：※本目錄三七二頁參照。 一八七〇～七二年崇厚謝罪使の隨員（派遣時は花翎四品銜兵部候補員外郎）。 〔收錄期間〕同治九年六月初一日（一八七〇年六月二九日：奉命出使）・十月初二日（一〇月二五日：北京出發）～十一年正月二十五日（一八七二年三月四日：北京到着） 稿本（國家圖書館分館藏、『稿本航海述奇彙編』〔北京圖書館出版社、一九九七年〕第二・三册とWはその影印）。S・T〔二八七～五九九頁〕の底本は「張氏家藏同治十二年稿本」〔上記稿本と同じ〕（左步青標點、Sは鍾叔河校〔タイトルは『隨使法國記（三述奇）』〕、Tは米江農校訂、l〔二四〇～二四四頁〕はTの節錄）。孫家穀序と自序あり。k〔二一九～二三四頁〕に節錄あり（タイトルは「巴黎公社目擊記事」）。 〔提要・解題〕ウ〔一二一～一二二頁〕・エ〔八〕・オ〔第六章〕・ケ〔四四五～四四六頁〕・コ〔四二七頁〕
楊宜治『俄程日記』二巻	楊宜治：生歿年未詳、字は虞棠、室名は香史齋、四川省成都人。同治六年進士。 一八九四～九五年王之春の對露使節の隨員。 〔收錄期間〕光緒二十年十月二十六日（一八九四年一一月二三日）～二十一年六月十九日（一八九五年八月九日） 稿本（上下巻、附「懲齋日記」、北京大學圖書館藏、『北京大學圖書館館藏稿本叢書』第一七册〔天津古籍出版社、一九九一年、二四九～四一七頁〕はその影印、解題あり）、光緒二十一年鉛印本、光緒成都楊氏刻本（北京大學圖書館藏）。
劉文鳳『東陲紀行』一巻	劉文鳳：生歿年・字號は未詳、安徽省懷寧縣人。 北洋大臣王文韶により黑龍江などの礦務督理のために派遣された周冕（字は少逸）に同行。上海から煙臺、仁川、長崎、釜山、ウラディヴォストークを經由して黑龍江に到り礦務事業に從事、一九〇二年に上海經由で安慶に歸着。黑龍江周邊の地理・礦務（特に黑河・漠河）・風俗やロシアの幣制、國境貿易に從事する華商などに關する記述が多い。 〔收錄期間〕光緒二十二年四月初六日（一八九六年五月一八日）～二十七年五月十一日（一九〇一年六月二六日）。光緒二十三年・二十五年の記載がなく、その他の期間も間斷が多い。 光緒間刻本（一册、『陸庵叢書』所收本）。李興盛等編『東遊日記（外十六種）』〈黑水叢書〉（哈爾濱：黑龍江人民出版

	社、二〇〇九年）〔上・七七九～八二一頁〕に標點收錄。 〔提要・解題〕ゥ〔一八六頁〕
張德彝「七述奇」	張德彝：※本目録三七二頁參照。 一九〇一年對日謝罪使那桐の參贊（記名道花翎二品銜）。 〔收錄期間〕光緒二十七年五月十八日（一九〇一年七月三日）～八月初四日（九月一三日） 稿本（中國歷史博物館藏）。趙金敏「關於張德彝《七述奇》手稿」に標點收錄（底本は稿本）。日本の皇后への謁見が行われた日を以て執筆を中斷。稿本の扉頁題記に「七述奇未成稿。此次出使日本、因當戰後、所負使命、深覺有辱國體、故輟而不述」とあり（趙金敏「關於張德彝《七述奇》手稿」一二二頁）。
唐文治「奉使日本記」 「東瀛日記」	唐文治：一八六五～一九五四、字は穎侯、號は蔚芝・蔚之、別號は茹經、室名は茹經堂。江蘇省太倉人。光緒十八年進士。總理衙門章京、外務部主事、員外郎、商部右丞・左丞、農工商部左侍郎署理尚書等を歷任。光緒三十三年丁母回籍。その後教育事業に盡力し、民國成立後上海交通大學校長。 一九〇一年對日謝罪使那桐の隨員（戸部主事）。 「奉使日本記」：〔收錄期間〕光緒二十七年七月初四日（一九〇一年八月七日）～九月初一日（一〇月一三日）。唐文治『茹經堂文集』一編（一九三五年刊、P〔第四輯三一～三四〕・〈民國叢書〉第五編九四はその影印）卷六所收。王桐蓀・胡邦彥・馮俊森等選注『唐文治文選』（上海交通大學出版社、二〇〇五年、四六～四八頁）に節錄あり。唐文治が專使那桐のために代筆したもの。日記體ではない。 「東瀛日記」：自訂年譜にその存在が記されているが未刊行（唐文治著・唐慶詒補『茹經先生自訂年譜正續篇』〈近代中國史料叢刊三編〉臺北：文海出版社、三九頁）。稿本などの所在も不明。收錄期間も未詳。

◇副使・領事・隨員・翻譯による日記以外の史料（以上の〔關聯史料〕欄で挙げたものを除く）

＊出使英國	
左秉隆 『海南群島紀略』 『檳榔嶼紀略』一巻 『檳城游記』一巻	左秉隆：生歿年未詳、字は子興、駐防廣州正黃旗漢軍忠山佐領下人。廣東同文館を經て京師同文館に入り、のち同英文副教習。曾紀澤駐英時に英文三等翻譯となり、一八八一年に在シンガポール領事。その後廣東洋務局總辦、在シンガポール總領事（一九〇七～一〇年）。 曾紀澤・劉瑞芬・薛福成時の在シンガポール領事 すべて所在不明。力鈞『檳榔嶼志略』（完本の所在は不明、稿本の殘稿を北京大學圖書館が所藏、d〔四八～五六頁〕に節錄あり）卷八「藝文志」に、「左秉隆檳榔嶼紀略一卷：(力）鈞案、秉隆、字子興、廣東駐防漢軍人、任新嘉坡領事十年多善政、纂輯綦富、海南羣島皆有紀略、檳榔嶼尤詳、余纂志略多取資焉」、「左秉隆檳城游記一卷：(力）鈞案、左子

	興領事將假旋入檳城、游足跡所至條記於册、屢索之靳焉。蓋未經刪定、不輕示人也、故志略少引及之」とある。
黄遵憲「上薛福成稟文」	黄遵憲：一八四八～一九〇五、字は公度、別號は人境廬主人、廣東省嘉應縣人、舉人出身。駐日參贊、在サンフランシスコ總領事。 薛福成の參贊・在シンガポール總領事。 在シンガポール總領事在任中の薛福成あての上申が、吳振清・徐勇・王家祥編校整理『黄遵憲集』下（天津人民出版社、二〇〇三年）「文集・公牘」と、陳錚編『黄遵憲全集』上（北京：中華書局、二〇〇五年）第四編「公牘」に標點節錄されている。
宋育仁『泰西各國采風記』五卷　CNi（『采風記』）	宋育仁：一八五七～一九三一、字は芸子、四川省富順縣人、光緒十二年進士、庶吉士、翰林院檢討、成都尊經書院山長。 龔照瑗の二等參贊。 『采風記』五卷（光緒二十一年上海書局石印本〔二册〕、光緒二十二年袖海山房石印本〔四册〕、光緒二十二年成都刻本〔四册〕、闕名輯『質學叢書初集』〔光緒二十二・二十三年武昌質學會刻本〕第三函）、『泰西各國采風記』五卷（光緒二十二年袖海山房石印本、附『時務論』一卷）、『泰西各國采風記』四卷（光緒二十二年袖海山房石印本、附『紀程』『感事詩』『時務論』）。C〔第一一帙〕所收。光緒二十一年に光緒帝に進呈されている（『清代官員履歷檔案全編』第六册、五九〇頁）。 *「時務論」（『自強學齋治平十議』〔光緒二十三年文瑞樓石印〕第一〇册・⑨卷二「通論二」所收）、『公法駁正』（『增版東西學書錄』〔附下之上四頁〕では「未見」）、「外洋學校」（④卷七六「洋務八・外洋通論二」所收）、「外洋禮俗」（④卷七七「洋務九・外洋通論三」所收）。 〔傳記史料〕蕭月高「宋芸子先生傳」（『碑傳集三編』卷三五「儒林四」）
張斯栒「張斯栒集譯」M	張斯栒：字は聽帆、浙江省寧波人。 郭嵩燾・曾紀澤・劉瑞芬・薛福成の隨員兼翻譯。 M卷五所收の「倫敦集略」に引用（譚用中標點本では一五四～一六〇頁）。一八七七年の翻譯。

*出使德國

	鍾天緯：一八四〇～一九〇一、江蘇省松江華亭縣金山亭林鎭人。一八七二年から上海廣方言館で英語を學び、七五年から徐建寅のもとで山東機器局の經營に關わり、ドイツから歸國後は江南製造総局翻譯館でフライヤーらと西洋書の翻譯に從事、格致書院にも參與。 李鳳苞の隨員。 『内篇』一卷は光緒二十七年序刻本、『外篇』一卷・『詩詞雜著』一卷・附錄は民國二十一年跋鉛印本。〈晩清四部叢刊〉

鍾天緯『刖足集』

第六編（臺中：文听閣圖書有限公司、二〇一一年）所收の影印本あり。『中日戰爭』〈中國近代史資料叢刊續編〉第一二冊（北京：中華書局、一九九六年、二五五～二七二頁）に節録あり（同四九一頁に解題あり）。『内篇』所收の「代擬覆粵督稿」「代擬奏請續派官生來洋肄業摺」「代擬致駐俄劉參贊」「代擬稟李爵相稿」（いずれも執筆年は「庚辰・辛巳」〔光緒六・七年〕）は公使李鳳苞の書翰や上奏を代筆したものと思われる。また同所收の「賽珍會論」「綜論時勢」「開鐵路置電綫論」「論處置高麗」「與程禧芝書」「與某君書」（いずれも執筆年は「庚辰・辛巳」）も、ドイツ駐在時に執筆されたものと思われる。

＊別に『隨軺載筆』二巻（ドイツ赴任時の渡航日記を含む）があったというが散佚（『刖足集』附録「鍾鶴笙徵君年譜」光緒五年の項。同「鍾徵君傳」では『星軺隨筆』二巻と記す）。

陳季同「巴黎半月密記」

陳季同：※本目録三八四頁參照。

李鳳苞の二等翻譯。

張振鵾主編『中法戰爭』第一冊〈中國近代史資料叢刊續編〉（北京：中華書局、一九九六）〔五四一～五六一頁〕所收。

李鴻章に上呈されたもの（桑兵「陳季同述論」『近代史研究』一九九九年四期、一一八頁、李華川『晚清一個外交官的文化歷程』北京大學出版社、二〇〇四年、二二頁）。

〔事略〕沈瑜慶「陳季同事略」（沈瑜慶・陳衍『福建通志・列傳』卷三九「清列傳」八）、陳衍「陳季同傳」（『閩侯縣志』卷六九）

＊出使美國・日斯巴尼亞・祕魯

容閎『西學東漸記』（*My Life in China and America*）

O S T a d l

容閎：一八二八～一九一二、號は純甫・蒓浦、廣東省香山南屏鎮人。一八七二～七五年清朝官費アメリカ留学事業（幼童留美）の學生監督。

陳蘭彬の副使。

原書は Yung Wing, *My Life in China and America*, New York: Henry Holt and Company, 1909. 漢語譯に徐鳳石・惲鐵樵譯『西學東漸記――容純甫先生自叙』（上海：商務印書館、一九一五年。再版に『西學東漸記』〈史地小叢書〉〔上海：商務印書館、一九三四年〕O〔第九五輯九四四〕はその影印、『西學東漸記――容閎自傳』〈文星集刊〉〔臺北：文星書店、一九六五年〕あり）、ほかに王蓁譯『我在美國和在中國生活追憶』（北京：中華書局、一九九一年）、惲鐵樵・徐鳳石譯『容閎自傳』（北京：團結出版社、二〇〇五年、英語原文も掲載）あり。T〔三五～一八二頁〕の底本は一九一五年刊漢語譯本、英文原書により校訂增補（張叔方補譯、楊堅校譯、韋聖英補校、鍾叔河標點）。a〔第二冊一八四～一九九頁、第四冊五〇九～五一四頁〕は底本不明記、d〔二一六～二一九頁〕はSの節録、l〔二二六～二二七頁〕はTの節錄。日本語譯注に百瀨弘譯注・坂野正高解説『西學東漸記――容閎自傳』〈東洋文庫一三六〉（東京：平凡社、一九六九年）あり。

〔提要・解題〕エ〔六〕・コ〔四二四頁〕・サ〔上卷九八二頁〕

	※容閎の日記と書翰が上海に保管されていたが、一九三二年の日本軍の上海爆撃時に燒失したという（Thomas E. LaFargue, *China's First Hundred: Educational Mission Students in the United States 1872-1881*, State College of Washington, 1942〔リプリント版：Washington States University Press, 1987〕, p. 164. 收錄期間等は未詳。前掲『西學東漸記――容閎自傳』坂野正高解説、二八二頁による）。しかし、陳左高『中國日記史略』（上海翻譯出版公司、一九九〇年）二〇四頁には、容閎の日記がアメリカに現在も所藏され、アメリカの『亞細亞雜誌』がそれを翻譯連載したことがあるとの傳聞が記されている。 〔傳記史料〕容聯芳「容閎傳」（『容氏譜牒』巻一五）
譚乾初『古巴雜記』 A d g	譚乾初：生歿年未詳、字は子剛、廣東省順德縣人。 陳蘭彬・鄭藻如・張蔭桓時の在キューバ總領事館翻譯官、崔國因時の在キューバ總領事。 A〔第一二帙〕（d〔二一九～二三〇頁〕の底本）。 〔提要・解題〕キ〔七三頁〕
黄遵憲「上鄭玉軒欽使稟文」	黄遵憲：※本目錄四〇〇頁參照。 鄭藻如時の在サンフランシスコ總領事。 黄遵憲が公使鄭藻如に提出した上申書の一部で、内容は在米華僑の組織、生活から華僑保護のための交渉・訴訟に關するものが中心。第一八～三七號の計二五篇（第二七號は缺、第一八號・第二八號は二篇ずつ、第二四・二九・三〇・三六號には附稟あり）。執筆期間は光緒八年七月二十三日（一八八二年九月五日）～九年二月二十四日（一八八三年四月一日）。 手稿（廣東省梅縣檔案館藏）。『近代史資料』總五五號（一九八四年四月）、陳錚編『黄遵憲全集』上（北京：中華書局、二〇〇五年、四六一～四九七頁）に標點收錄。前掲『近代史資料』總五五號〔三一～三二頁〕に華東師範大學中文系近代文學室による「編者按」あり。 〔提要・解題〕ク〔二二九頁〕 ※この稟文については、汪松濤「關於黄遵憲上鄭玉軒稟文」（吳澤主編『華僑史研究論集（一）』上海：華東師範大學出版社、一九八四）參照。
吳廣霈（劍華）「查視祕魯華工記」	吳廣霈（劍華）：※本目錄三八七頁參照。 鄭藻如の隨員（一八八四年から駐ペルー分館隨員）。 鄭觀應『盛世危言增訂新編』（光緒二十一年刊）巻一三「販奴」附錄（夏東元編『鄭觀應集』上海人民出版社、一九八二年、上冊四一六～四一七頁所收）、④巻六〇「刑政四・律例」・⑨巻六一「外史二」にも收錄。『近代經世文選錄』（〈近代文史名著選譯叢書〉成都：巴蜀書社、一九九七年、一六八～一七一頁）に注釋付標點節錄とその現代漢語譯あり（底本は④あるいは⑨）。

闕名「遊覽美國京城博物院記」L	一八八四年一月一二日ワシントンの博物館參觀記。 L所收『通學彙編』〔第二册〕に收錄。冒頭に「癸未十二月十五日（一八八四年一月一二日）隨出使美國欽差大臣鄭公往美京博物院」、文末に「觀已乃謝別院主、回署而記之于册」とあり、撰者は鄭藻如の參贊・隨員の一人であったと思われる。
余思詒『古巴節略』Bd	余思詒：※本目錄三七三頁參照。 楊儒時の在キューバ總領事。 B〔第一二帙〕（d〔二五六〜二五八頁〕の底本）。 〔提要・解題〕キ〔七三頁〕
謝希傳 『歸槎叢刻』七種　LN 「隨楊星使游美洲安達斯山記」	謝希傳：生歿年未詳、字は子方・芷汸、江蘇婁縣人。楊儒・伍廷芳の隨員としてアメリカ・スペイン・ペルーに出使。楊儒の隨員、伍廷芳の參贊（ペルー駐在）。 『歸槎叢刻』七種：光緒二十四年東山草堂鉛印本（Lは七種すべて收錄、Nに拔粹あり）。收錄內容は、第一集：『祕魯出使章程』一卷、『祕義交犯條款』一卷、『檀香山群島志』一卷、『墨西哥述略』一卷、『文牘偶存』一卷、『皇華攬要』一卷（j〔八九頁〕）、『德國新制紀要』一卷。『檀香山群島志』卷末には「戊戌三月希傳識」とあり。光緒二十四年鉛印本の目錄には第二集（『環輿簡覽』『美國師船表補』『古巴述畧』、『隨軺小牘』）があるとするが未收錄（すべて未刊行。『增版東西學書錄』〔附下之下一八頁〕では『環輿簡覽』は「未刻成」とする）。 「隨楊星使游美洲安達斯山記」：『萬國公報』第九九册光緒二十三年三月と⑨卷七八「雜纂二」所收。 ＊『蝸寄廬日記』五卷二册（稿本、舊上海市歷史文獻圖書館藏。h〔二四卷八四六頁〕による、未見）。 〔提要・解題〕ウ〔一七八〜一七九頁〕
施肇基『施肇基早年回憶錄』	施肇基：植之、浙江省錢塘人。コーネル大學留學、一八九九年駐露公使館翻譯、のち湖北留美學生監督、考察大臣參贊官を經て一九一〇年外務部右丞、一九一一年駐米公使。楊儒・伍廷芳の學習翻譯。 〈傳記文學叢書〉九（臺北：傳記文學出版社、一九六七年）所收（「留美時期（一八九三年至一九〇二年）」〔一九〜三五頁〕）。
汪大鈞「費城商務博物會記」L	汪大鈞：一八六二〜一九〇六、原名は舜俞、字は仲虞・頌虞、浙江省錢塘人。附貢生、伍廷芳駐米時（第一次）の駐米公使館參贊、在ハワイ領事、のち廣東候補道に至る。一八九八年に上海で『工商學報』を主宰し主編を務める。汪康年・曾廣銓と『時務日報』を發行。汪大燮の胞弟。伍廷芳の參贊。 『時務報』（第六二册光緒二十四年四月十一日）、『湘報』（第一三五號光緒二十四年七月初七日、『蘇報』からの轉

載）、L所收『通學彙編』「商類」。丁賢俊・喩作風編『伍廷芳集』（〈中國近代人物文集叢書〉北京：中華書局、一九九三年、三〇～三三頁）に標點收錄（『湘報』第一三五號よりの引用）。

＊出使日本

張斯桂『使東詩錄』一卷 ST	張斯桂：生歿年未詳、字は魯生、浙江省慈谿縣人。 何如璋の副使。 王錫祺編『小方壺齋叢書』三七種七一卷『四集』（光緒間鉛印本、國家圖書館善本閲覽室・京大人文研藏）所收（T〔一三五～一五七頁〕の底本、費成康校注）、鈔本（一册、國家圖書館分館藏）。 〔提要・解題〕サ〔下卷一八六三頁〕
黃遵憲	黃遵憲：※本目錄四〇〇頁參照。 何如璋の參贊。 『日本雜事詩』二卷：光緒五年同文館鉛印本（二册）、光緒五年天南遯窟鉛印本（一册）、『弢園叢書』本（光緒五年南遯窟活字版）、明治十三年栃木縣早乙女要作鉛印本（二册）、光緒十一年梧州鷰江榷舍刻本（一册）、光緒十二年中華印務總局鉛印本（一册）、光緒十一年廣東黃遵憲鷰江榷舍刻本（二册）、光緒二十四年長沙富文堂刻本（二册、P〔第一〇輯九五〕はその一九五七年鈔寫本の影印）、A〔第一〇帙〕、I〔第二五册〕、光緒二十五年長沙刻本（二册）、臺北：藝文印書館一九七四年版（未見）、武田熙編『日本雜事詩』（二册、北京：祝惺元、一九四四年）、同編『新編日本雜事詩』（北京：新民印書局、一九四四年）。陳錚編『黃遵憲全集』上（北京：中華書局、二〇〇五年）に標點收錄（底本は光緒二十四年長沙富文堂重刊本）。Sの『日本雜事詩廣注』（鍾叔河輯校）とT〔五三五～八一三頁〕の『日本雜事詩（廣注）』（鍾叔河校點）は『日本雜事詩』の各項目に『日本國志』の關聯記事を插入して標點を附したもの。日本語譯注に實藤惠秀・豐田穰譯『日本雜事詩』（〈中國文學叢書〉東京：生活社、一九四三年／〔改訂版〕〈東洋文庫〉東京：平凡社、一九六八年）あり。島田久美子注『黃遵憲』（〈中國詩人選集二集一五〉東京：岩波書店、一九六三年）にも一部收錄。 **★詳細については本書第7章參照。** 〔提要・解題〕エ〔一二〕・サ〔上卷四四〇頁〕 『日本國志』四〇卷：四〇卷首一卷本（光緒二十四年上海圖書集成印書局刋本、P〔第一〇輯九六〕・臺北：文海出版社一九六八年版・〈晚淸東遊日記彙編〉上海古籍出版社二〇〇一年版はその影印、光緒二十四年浙江書局重刊本〔一〇册〕、麗澤學會輯『五洲列國志匯』〔光緒二十八年雲間麗澤學會石印本〕所收）、光緒十六年羊城圖文齋刻本（四〇卷一四册本、未刊行〔鄭海麟『黃遵憲傳――附黃遵楷傳』北京：中華書局、二〇〇六年、一六八頁〕）。S・T〔五三五～八一三頁〕は『日本雜事詩』の各項目に『日本國志』の關聯記事を插入し標點を附したもの。W〔第七四五册〕は光緒十六年廣

『日本雜事詩』二卷　A PSTg 『日本國志』四十卷　P STW	州富文齋刻本（南京圖書館藏）の影印。吳振清・徐勇・王家祥點校整理の標點本（天津古籍出版社、二〇〇五年、底本は南開大學圖書館藏の盧弼手校羊城富文齋改刻本）、陳錚編『黃遵憲全集』下（北京：中華書局、二〇〇五年、底本は光緒二十四年上海圖書集成印書局刊本）に標點收錄。『湘學報』第二八冊（光緒二十四年正月二十一日）〜第三五冊（光緒二十四年閏三月十一日）に連載。「日本職官志序」「日本刑法志序」「日本鄰交志後序」「日本工藝志序」「日本食貨志商務篇」「日本食貨志後序」「日本物產志序」が⑤に、「日本刑法志序」が⑦卷四三「內務部十七・刑律」に、「日本鄰交志後序」が⑦卷四六「外交部一・交涉」に、「記日本初行徵兵令」が⑦卷七二「經武部三・各國兵制」に、「日本國志叙」「日本國志凡例」「日本國統志一・二」が⑨に、「日本刑法志序」「日本鄰交志後序」「日本工藝志序」が⑥に、「日本國志序」（薛福成序・自序・各志敘を含む）がL〔第二一冊〕に收錄されている。※各種版本については前揭鄭海麟『黃遵憲傳――附黃遵楷傳』一六八〜一七〇頁を參照。 〔提要・解題〕ア〔第二三冊六六二〜六六四頁〕 ＊陳錚編『黃遵憲全集』上（北京：中華書局、二〇〇五年）は、ほかに「人境廬詩草」「文錄」「函電」「公牘」「筆談」を收錄。 ＊鄭海麟・張偉雄編校『黃遵憲文集』（京都：中文出版社、一九九一年）、吳振清・徐勇・王家祥編校整理『黃遵憲集』上・下（天津人民出版社、二〇〇三年）、『人境廬詩草』一一卷（駐外時期部分は卷三・四・六・七、各種版本あり。錢仲聯箋注『人境廬詩草箋注』〈中國古典文學叢書〉〔上海古籍出版社、一九八一年〕、錢仲聯主編『中國近代文學大系第四集第一四卷　詩詞集一』〔上海書店、一九九一年〕に九七首收錄、1〔三七八〜三七九頁〕に「番客篇」の節錄〔底本は一九三一年商務印書館版〕）、「朝鮮策略」（高麗大學校中央圖書館編『金弘集遺稿』〔高麗大學校出版部、一九七六年〕に影印收錄、『近代史資料』總九七號、一九九九年〔鄭海麟校訂、底本は手鈔本〕・陳錚編『黃遵憲全集』上〔北京：中華書局、二〇〇五年、底本不明記〕に標點收錄）、郭眞義・鄭海麟編著『黃遵憲題批日人漢籍』（北京：中華書局、二〇〇九年）。 〔傳記史料・年譜・事略〕梁啓超「嘉應黃先生墓志銘」（『碑傳集補』卷一三「使臣」）、『清史稿』卷四六四「列傳」二五一、黃遵楷「先兄公度先生事實述略」（X〔第六八冊六三七〜六四五頁〕影印收錄、前揭『黃遵憲全集』下冊に標點收錄）、黃遵庚・黃干甫「黃遵憲生平事迹」（前揭『黃遵憲全集』下冊に標點收錄）、錢仲聯「黃公度先生年譜」（前揭『人境廬詩草箋注』所收）、吳天任編著『清黃公度先生遵憲年譜』（臺北：臺灣商務印書館、一九八五年）
余瓗（乾耀）『輶軒抗議』 二卷　P	余瓗：一八三四〜一九一四、字は和介、號は元眉、別號は乾耀、廣東省新寧縣人、咸豐十一年舉人、內閣中書。何如璋駐日時の在長崎領事（理事）。 光緒二十年自序刻本、光緒二十三年自序刊本（P〔第一〇〇輯九九九〕はその影印）。『中法戰爭』〈中國近代史資料叢刊〉（上海：新知識出版社、一九五五年）第四冊〔七九〜八六頁〕、『中日戰爭』〈中國近代史資料叢刊〉（上海：新知識出版社、一九五六年）第二冊〔三四七〜三五四頁〕に節錄。

	〔提要・解題〕サ〔下巻三〇二七頁〕
黄超曾『東瀛遊草』	黄超曾：生歿年未詳、號は吟梅・吟楳、江蘇省崇明縣人。 黎庶昌駐日（一八八一～八四年）の随員。 光緒十一年鉛印本（一册）。 ＊黄超曾編・陳洙重選『同文集』（一巻、陳洙輯『房山山房叢書』〔民國九年江浦陳氏刋本〕所收、嚴一萍選輯『叢書菁華』〔臺北：藝文印書館〕彙編類に影印收錄）。
楊守敬 『日本訪書志』十六巻・十七巻 『日本訪書續志』 『日本訪書志補』	楊守敬：一八三九～一九一五、字は惺吾、號は鄰蘇、湖北省宜都人、同治擧人。 黎庶昌の随員。 『日本訪書志』：光緒二十三年宜都楊守敬鄰蘇園刻本（十六巻本と十七巻本あり。十六巻本は十七巻本に比べ、縁起目録が多く後跋がない）。臺北：廣文書局有限公司一九八一年版、揚州：江蘇廣陵古籍刻印社一九九一年影印版あり。賈貴榮輯『日本藏漢籍善本書志書目集成』第九・一〇册（北京圖書館出版社、二〇〇三年）所收。 楊守敬撰・王重民輯『日本訪書續志』、楊守敬撰・王重民輯『日本訪書志補』〈中華圖書館協會叢書三〉（北平：中華圖書館協會、一九三〇年鉛印）。 標點本に張雷校點『日本訪書志・日本訪書志補』（瀋陽：遼寧人民出版社、二〇〇三年）。 ＊「楊守敬與日本森立之筆談稿」（『近代史資料』總九〇號、一九九七年、張新民整理）、陳捷「楊守敬と宮島誠一郎の筆談錄」（『中國哲學研究』一二、一九九八年）、「學書邇言」（手稿、湖北省博物館藏。陳上泯「楊守敬手稿『學書邇言』與中日書法藝術交流」『文物』一九七九年第一一期を參照）。 〔傳記史料〕陳三立「宜都楊先生墓志銘」（『碑傳集三編』巻四一「文苑六」）、『清史稿』巻四八六「列傳」二七三「文苑」三
陳家麟『東槎聞見錄』四巻　A　g	陳家麟：生歿年未詳、字は軼士、江蘇省六合人。 徐承祖の随員。 光緒十三年鉛印本（上海圖書館藏）、A〔第一〇帙〕。『東槎聞見錄』所收の「日本貨幣論」「日本學校論」「日本刑罰論」が下記顧厚焜『日本新政考』に引用されている。「日本刑罰論」「日本學校論」が⑨巻一三「法律」に、「日本貨幣論」が⑨巻三一「幣制二」に收錄されている。分類別に日本の地理・歴史・言語・文化・政治・風俗・人物・物產等の情況について敘述したもの（記事は『日本地理提要』『日本述略』『日本雜事』『衢華館詩錄』『使東述略』『國史紀事本末』『東槎筆記』等から輯錄、g〔一六頁〕）。 〔提要・解題〕キ〔七九頁〕
	姚文棟：※本目錄三七八頁參照。 黎庶昌・徐承祖の随員。

姚文棟
『讀海外奇書室雜著』一卷
『讀海外奇書室雜著』一卷（『東槎雜著』四種所收）
『東槎雜著』一卷（『讀海外奇書室雜著』六種所收）
『讀海外奇書室雜著』（東槎雜著）
『東槎雜著』一卷（A所收）
『日本地理兵要』十卷
『日本國志』十卷

『讀海外奇書室雜著』一卷：光緒十一年（上海姚氏）鉛印本。序・目錄なし。卷末に姚文棟による短い跋文（乙酉十月）あり。收錄子目のうち「東京名勝詩集序」は下記『讀海外奇書室雜著』（光緒十八年・十九年刻本）卷一『東槎雜著』には未收錄。

『讀海外奇書室雜著』一卷：『東槎雜著』四種の第一册（光緒間刊本、中研院傅斯年圖書館藏）。

『東槎雜著』一卷：『讀海外奇書室雜著』六種の卷一第一册（光緒間刊本、中研院傅斯年圖書館藏）。

『讀海外奇書室雜著』（東槎雜著）一卷：光緒十八年刻本・光緒十九年刻本。卷頭に孫詒經（戊子十月二十五日）と程嘉樹（丁亥五月十六日）の序あり。目錄の末尾に姚文棟による短い序文あり（前揭光緒十一年鉛印本の一卷末の跋と同文）。卷末に黃觀保の後序（戊子冬月）、楊元麟の書後（辛卯年仲秋廿九日）、劉世濬の跋（光緒癸巳〔十九年〕春二月三日）あり。收錄子目のうち「與胡虎臣兵部書」は前揭光緒十一年鉛印本には未收錄。光緒十八年刻本は劉世濬の跋がないほかは光緒十九年刻本と同じ。兩版本とも同一の版木による印刷。光緒十八年刻本に劉世濬の跋を追加したものが光緒十九年刻本と思われる。

『東槎雜著』：A〔第一〇帙〕所收、後揭『日本地理兵要』の「例言」と同文。前揭『讀海外奇書室雜著』一卷（光緒十一年鉛印本）・『讀海外奇書室雜著』六種卷一『東槎雜著』所收の「日本地理兵要例言」とも同文。

『日本地理兵要』一〇卷：光緒十年總理各國事務衙門同文館聚珍版（八册、王寶平主編『晚清東游日記彙編二——日本軍事考察記』〔上海古籍出版社、二〇〇四年〕に影印收錄）。日本陸軍省編『兵要日本地理小誌』を參照して翻譯・編輯したもの。

〔提要・解題〕サ〔上卷四四一頁〕

『日本國志』一〇卷（稿本、南京圖書館藏）：塚本明毅『日本地理提要』の翻譯（王寶平「埋もれた日本研究の名作——姚文棟の『日本國志』について」〔『中國研究月報』六一五、一九九九年五月〕、同「黃遵憲・姚文棟著『日本國志』中雷同現象考」〔胡令遠・徐靜波編『近代以來中日文化關係的回顧與展望』上海財經大學出版社、二〇〇〇年〕を參照）。

〔提要・解題〕ア〔第三七册一四四～一四五頁〕

＊『東槎雜著』四種（光緒間刊本、中研院傅斯年圖書館藏）：『讀海外奇書室雜著』一卷、『海外同人集』二卷・附補遺一卷、『歸省贈言』一卷、『墨江修禊詩』一卷。『海外同人集』以下は河田小桃編次・由良久香校定。三種合册本（國家圖書館分館藏）、『海外同人集』二卷（光緒滇南刻本）もあり。『海外同人集』は、「日本友人」（藤野正啓・小山朝宏・杉村武敏・小牧昌業・秋葉斐・星野世恆・橋本維孝・土屋宏・丸山鑽・齋藤篤信・村上信忠・蒲生重章・川口翯・森立之・稲垣天眞・片山潛・小倉規矩・橋本甯ら）の姚文棟あて書翰や題跋を輯錄したもの（後揭呂萬和「片山潛與姚文棟」〔『學林漫錄』第九集、北京：中華書局、一九八四年〕の附錄に片山潛からの書翰二通の標點注釋あり）。

＊『讀海外奇書室雜著』六種（七册、光緒間刊本、中研院傅斯年圖書館藏）：第一册『東槎雜著』一卷、第二册『偵探記』二卷、第三册『集思廣益編』二卷、第四册『天南同仁集』三卷、第五册『借箸籌防論略』一卷（附『礮概淺説』一卷）、沈敦和譯述第六・七册『雲南勘界籌邊記』二卷。

＊『姚文棟著書』六書（五册、光緒間刊本、國會圖書館藏）：第一册『讀海外奇書室雜著』一卷、第二册『海外同人集』二卷・『補遺』一卷（河田小桃輯）・『歸省贈言』一卷、第二・三册『墨江修禊詩』一卷、第三・四册『雲南勘界籌邊記』二卷、第五册『偵探記』二卷。

＊『東槎雜著』三〇種：『日本地理兵要』一〇卷、『日本國志』一〇卷、『日本藝文志』六卷、『日本會計錄』四卷、『日本火山温泉考』四卷、『日本海陸驛程考』八卷、『日本礦産考』、『日本東京記』一卷、『日本近史』六卷、『中東年表』一册、『日本氏族考』、『日本古今官制考』、『日本通商始末』、『日本經解彙函』六五種、『日本文源』、『日本文錄』、『海外文傳』、『日本沿海大船路』、『小船路詳細路綫圖』六四幅、『琉球地理志』三卷、『訂正朝鮮地理志』八卷、『安南小志』一卷、『俄羅斯屬地西卑利亞新造鐵路圖併説』等（張敏「略論姚文棟邊防思想及實踐」『史林』一九九九年第二期、七六頁による）。

＊「答東洋近出古書問」「日本國志凡例」が①卷五「文學一」と⑦卷三「文教部三・史學」に、「答倭問興亞」「日本地理兵要例言」が①卷一〇三「洋務三・洋務通論下」に、「上黎星使書」が①卷一一〇「洋務十・軍政下」に、「琉球小志跋」「答馬相伯書」が①卷一〇七「洋務七・邦交四」に、「贈朝鮮人李秉輝歸國序」が①卷一一八「洋務十八・固圉中」に、「答倭問興亞」が①卷一〇一「通論部一」に収錄されている。

＊姚文棟輯『日本會計錄』四卷（石印本、國家圖書館分館藏）、『琉球地理小志』一卷（光緒九年刊本）、『琉球説略』一卷（A〔第一〇帙〕）、『琉球小志補遺』一卷。

〔年譜〕姚明輝（姚文棟の子）撰『景憲府君年譜』（鈔本、上海圖書館藏）

＊出使美國・英國

許玨『復庵遺集』O

許玨：一八四三～一九一六、字は靜山、晩號は復庵、江蘇省無錫縣人、擧人出身。一九〇二～〇六年出使イタリア大臣。

張蔭桓駐米時の隨員、薛福成駐英時の參贊（一八九二年丁母憂歸國）、楊儒駐米時の參贊。

民國十一年刊本（二四卷八册、〈清末民初史料叢書四九〉本〔臺北：成文出版社、一九七〇年〕はその影印）。收錄内容は『奏議』三卷、『出使公牘』一卷、『佐軺牘存』二卷、『禁煙牘存』六卷、『文』四卷、『詩』二卷、『書札』五卷、『家書節鈔』一卷（隨員時の文章は主に『佐軺牘存』に收錄）。陳寶琛題像、秦敦世作序、馬其昶撰「清故出使義國大臣許公墓誌銘」收錄。許玨の子同萊・同範・同藺・同華編、從子許同莘校。邵循正等編『中日戰爭』（〈中國近代史資料叢刊〉上海：新知識出版社、一九五六年）第五册二六〇～二七五頁、任訪秋主編『中國近代文學大系　第三集第一三卷散文集四』（上海書店、一九九三年）一～一二頁に節錄あり。

〔提要・解題〕サ〔下卷二一九九頁〕

＊陶世鳳纂『復庵先生集』一〇卷・附錄一卷（一九二六年無錫許氏聚珍仿宋本。一九二六年無錫許氏聚珍版排印本、O〔第二三輯二二六〕はその影印。〈新安許氏先集〉所收一九二六年無錫許氏簡素堂排印本）。『復庵文集』（〔影印本〕〈民

國文集叢刊〉所收、臺中：文听閣圖書有限公司、二〇〇八年)。

〔傳記史料〕馬其昶「清故出使義國大臣許公墓誌銘」(『碑傳集補』巻一三「使臣」、『復庵遺集』にも收錄)。

◇遊歴官（一八八七～八九年）の日記以外の史料（上記の関連史料欄で挙げたものを除く）

顧厚焜 『日本新政考』二巻　I 「美國地理兵要」「巴西政治考」「巴西地理兵要」　B 『美利加英屬地小志』一巻	顧厚焜：一八四三頃～?、字號は少逸、江蘇省元和縣人。光緒九年進士、派遣時は刑部學習主事。一八八七年九月末から日本・南北アメリカを視察（傅雲龍とともに）。日本での調査期間は六ヵ月。 『日本新政考』二巻：光緒十四年鉛印本（國家圖書館藏）、光緒間鉛印本（北京大學圖書館藏）、東洋文庫所藏本（刊行地・刊行年不明）。一八八八年四月頃日本で印刷（『申報』一八八八年四月九日・八月三日〔佐々木揚『清末中國における日本觀と西洋觀』二一一頁〕）。J〔第二五・二六册〕所收（王寶平主編／劉雨珍・孫雪梅編『晚清東游日記匯編——日本政法考察記』上海古籍出版社、二〇〇二年〔一～三八頁〕に影印收錄、編者による解題あり）、丁冠西輯〈各國政治藝學全書〉所收（光緒二十八年上海東山書局刊本）、〈新輯各國政治藝學全書〉所收（光緒二十八年鴻寶書局石印本）。⑨巻一四に節錄。ほぼすべての版本に黎庶昌序と自序あり。巻一は「洋務部」「財用部」「陸軍部」「海軍部」、巻二は「考工部」「治法部」「紀年部」「爵祿部」「輿地部」から成り、計七三個の細目がある。巻二「輿地部」所收の「對馬島考」（⑨所收本では巻二、三六～三七頁）はC〔第一〇帙〕にも收錄されている。「日本學校章程考」「日本學校沿革論」「日本足利學校考」が⑨巻一四「學校二」に、「亞東對馬島考」が⑨巻四八「地學三」に收錄されている。 「美國地理兵要」「巴西政治考」「巴西地理兵要」：すべてB〔第一二帙〕所收。 『美利加英屬地小志』一巻：『漸學廬叢書』所收（光緒二十五年元和胡氏石印本）。 ＊『美國政治考』『英屬地加拿他政治考』『祕魯政治考』『古巴政治考』は、『吳縣志』巻六八下および『申報』一八八九年八月二日付に書名のみあるが、實物は未確認（佐々木揚『清末中國における日本觀と西洋觀』二一一頁）。 〔傳記史料〕『吳縣志』（一九三三年刊）巻六八下
劉啓彤譯述 『星軺考轍』四巻 ：「英政概」「法政概」「英藩政概」Bj（「英法政概」四巻） ：「歐洲各國火輪車道紀略」「英國火輪車編年紀略」「印度車道紀略」 『各國鐵道圖考』四巻	劉啓彤：一八五四頃～?、字號は丹廷、江蘇省寶應縣人。光緒十二年進士、派遣時は兵部學習主事。一八八七年から英佛視察、八九年インド・シャム・ヴェトナムを經て歸國。 『星軺考轍』四巻：光緒十五年同文書局石印本（國家圖書館藏）。「英政概」「法政概」「英藩政概」はB〔第一一帙〕・J〔第二四册〕・丁冠西輯『各國政治藝學全書』（光緒二十八年上海東山書局刊）・東山主人輯『新輯各國政治藝學全書』（光緒二十八年鴻寶書局石印）にも收錄。j〔二〇八頁〕は「英藩政概」の節錄（底本はB）。別に『英藩政概』四巻（光緒二十三年雙梧書屋石印本）あり。「歐洲各國火輪車道紀略」「英國火輪車編年紀略」「印度車道紀略」は⑨巻三五「郵運一」にも收錄。 『各國鐵道圖考』四巻：光緒二十二年倉山書局石印本、光緒二十四年上海書局石印本。 〔傳記史料〕『寶應縣志』（一九三二年刊）巻一二

李瀛瑞『歐西風土記』	李瀛瑞：一八四七頃～?、山東省萊陽縣人、光緒九年進士、派遣時は刑部候補主事。一八八七年～八九年、劉啓彤・陳爔唐・孔昭乾とともに歐洲視察（歸國途中に病歿）。『歐西風土記』は未完成だったが、後に息子により總理衙門に上呈されたという（王曉秋・楊紀國『晩清中國人走向世界的一次盛擧――一八八七年海外游歴使研究』二二五頁）。 〔關聯史料〕「李君瀛瑞墓誌銘」（『萊陽文史資料』第六輯、一九八四年）
陳爔唐『游編』	陳爔唐：一八六七～?、字は少和、號は燮卿・翕青、江蘇省江陰縣人、光緒十二年進士、派遣時は工部學習主事。英佛を視察。『江陰縣續志』（一九二〇年刊）巻一六所載の傳記には「英法を遊歴し、著して遊編四冊あり、疾を以て歸る」とあるというが、『遊編』四冊の所在は不明（佐々木揚『清末中國における日本觀と西洋觀』二〇三頁）。 〔傳記史料〕『江陰縣續志』（一九二〇年刊）巻一六、繆荃孫「陳君燮卿傳」（『碑傳集三編』巻四〇「文苑五」）
孔昭乾『英政備考』二巻	孔昭乾：一八五六頃～?、字號は樛園、江蘇省吳縣人、光緒九年進士、派遣時は刑部候補主事。一八八七年～八九年、劉啓彤・李瀛瑞・陳爔唐とともに英佛を視察（視察中にイギリスで服毒自殺）。 鈔本（二冊、北京大學圖書館藏）。
洪勳『游歴聞見録』十八巻 1 ：「游歴意大利聞見録」C ：「游歴瑞典那威聞見録」C ：「游歴西班牙聞見録」C ：「游歴葡萄牙聞見録」C ：「游歴聞見總略」Cj ：「游歴聞見拾遺」Cj	洪勳：一八五五頃～?、浙江省餘姚人。光緒六年進士、派遣時は戸部學習主事。 一八八七年一二月（上海出發）～八九年七月（リスボン出發）、イタリア・スウェーデン・ノルウェー・スペイン・ポルトガルを視察。 『游歴聞見録』十八巻四冊（光緒十六年石印本）。收録内容は輿圖・內編（イタリア・スウェーデン・ノルウェー・スペイン・ポルトガル）・外編・總略・拾遺・附録「輿圖中法字母合譜」。「游歴意大利聞見録」「游歴瑞典那威聞見録」「遊歴西班牙聞見録」「遊歴葡萄牙聞見録」「遊歴聞見總略」「遊歴聞見拾遺」はC〔第一一帙〕にも收録（『游歴聞見録』一八巻から採録したものだろう）。1〔三七八頁〕に巻一八「拾遺」所收の「新加坡人行」の標點節録あり（底本は光緒十六年上海仁記石印本、前掲「光緒十六年石印本」とは別版本か）、中山大學東南亞歴史研究所編『中國古籍中有關菲律賓資料匯編』（北京：中華書局、一九八〇年）〔一七八～一七九頁〕・j〔一二四頁〕の底本はC〔第一一帙〕。 *「洪勳游歴歐洲報銷冊」（中國第一歴史檔案館藏「外務部檔・綜合類」四五〇七―二）
徐宗培「遊歴官徐宗培呈送手槍曁機器圖書案」	徐宗培：字號は子厚、順天府人。監生、派遣時は戸部候補員外郎。 洪勳と行動をともにしたと推定される。 臺北・中研院近史所檔案館藏總理各國事務衙門檔案（〇一―三四―〇〇四―〇一：光緒十六年十一月）。
	李秉瑞：一八五一頃～?、字號は醴泉・體乾、廣西省臨桂縣人。光緒九年進士、派遣時は禮部學習主事。一八八七～八九年インドや英佛を視察。報告書の所在は不明（佐々木揚『清末中國における日本觀と西洋觀』二〇三頁）。 程紹祖：一八四九頃～?、字號は菊村・鞠存、江西省新建縣人。監生、派遣時は兵部候補主事。

報告書の所在が不明な遊歴官	一八八七年からドイツ視察。報告書の所在は不明（佐々木揚『清末中國における日本觀と西洋觀』二〇五頁）。 金鵬：一八五四頃～?、廣西省臨桂縣人。光緒十二年進士、派遣時は戸部學習主事。派遣先・報告書の所在等は不明（佐々木揚『清末中國における日本觀と西洋觀』二〇五頁）。

◇その他の出国日記（旅行日記、私人日記、留学日記、外国機関に雇用されて出国した際の日記、闕名・佚名日記）

闕名『遊覽東洋日記』L Y	一八七六年日本旅行日記。長崎・神戸・大阪などを遊覽。 〔收録期間〕光緒二年四月二十日（一八七六年五月一三日：上海出發）～五月初三日（二五日） 『格致彙編』第一年第五卷光緒二年五月（一八七六年六月）。L〔第二六册〕所收本は『格致彙編』からの轉録（Y〔第九一册一～一〇頁〕はその影印）。 〔提要・解題〕イ〔二二九～二三〇頁〕
福州船政學堂留學生の日記 嚴宗光（嚴復）「漚舸紀經」T 李壽田「筆記」T 吳德章「歐西日史」T 梁炳年「西游日錄」T 羅臻祿「西行課紀」T	嚴復：一八五四～一九二一、初名は宗光、字は又陵、福建省侯官縣人。福州船政學堂第一期生、留學から歸國後は福州船政學堂教習、北洋水師學堂總教習、同總辦を歷任。 吳德章：一八五二頃～?、福建省侯官縣人。監生出身、福州船政學堂でフランス語や理工學を學ぶ。留學から歸國後は總辦閩廠事務兼南洋造船總監工を務め、以後一貫して留學・造船事業に從事。 李壽田・梁炳年・羅臻祿：生歿年等未詳 一八七七～八〇年の福州船政局英佛留學生による日記。すべて郭嵩燾手稿日記の光緒四年五月初二日・初七日（一八七八年六月二日・七日）條に引用されているもの（『郭嵩燾日記』第三卷五二〇～五三一、五三五～五三八頁。Tの『倫敦與巴黎日記』五九四～六〇七、六一二～六一五頁）。同初七日條には楊廉臣の「日記」もあるとするが引用されていない。いずれも原本の所在は不明。※かれらが日記をつけ、副本を作って提出し、回讀することは、「選派船政生徒出洋肄業章程」において義務づけられていた（「閩廠學生出洋學習摺」光緒二年十一月二十九日・清摺、『李文忠公全集』奏稿卷二八、頁二八）。
王韜 『扶桑遊記』三卷　AO STg 『東遊日記』不分卷	王韜：一八二八～一八九七、字は紫詮、號は仲弢、別號は弢園老人・天南遯叟。 『扶桑遊記』：〔收録期間〕光緒五年閏三月初七日（一八七九年四月二七日）～七月十五日（九月一日） A〔第一〇帙〕、光緒五年自序・明治十三年岡千仞跋鉛印本（木下彪所藏本、O〔第六二輯六一四〕はその影印）、東京報知社印本（明治十二年上卷出版、明治十三年中卷・下卷出版。序文は自序・重野安繹・中村正直、跋文は龜谷行・平安西尾・岡千仞。S〔一七一～三一五頁〕・T〔三八一～五三三頁、陳尚凡・任光亮標點〕の底本）、明治十二～十三年東京栗本鋤雲鉛印本、明治十三年刊訓點本三種合册本（桑原文庫藏）。 〔提要・解題〕エ〔一四〕・カ〔二九六頁〕・コ〔四二三頁〕・サ〔上卷一四二八頁〕

	『東遊日記』不分巻：〔收錄期間〕光緒五年三月十五日（一八七九年四月六日）～六月十四日（八月一日） 稿本（一冊、國家圖書館分館藏）。※随所に加筆・修正が施されている。日本へ出發する前の日記（光緒五年三月十五日～閏六月六日）を含む。『扶桑遊記』と重複している期間には出入が多いが、記されている基本的な活動内容はほぼ同じ。稿本『東遊日記』の記述は簡略であり、これに加筆し出版用に整理したものが刊本『扶桑遊記』と思われる（光緒五年六月十五日～七月十五日の部分にも別の稿本が存在したと思われる）。 〔提要・解題〕ア〔第八冊四五五頁〕 〔年譜〕張志春編著『王韜年譜』（石家莊：河北教育出版社、一九九四年） ＊「琉球向歸日本辨」A〔第一〇帙〕、「日本通中國考」A〔第一〇帙〕。
李筱圃『日本紀遊』AK STVg	李筱圃：生歿年未詳、江西省吉安知府同知の經歴あり。 一八八〇年日本旅行日記。 〔收錄期間〕光緒六年三月二十六日（一八八〇年五月四日）～五月十一日（六月一八日） A〔第一〇帙〕（S〔八七～一〇八頁〕・T〔一五九～一八五頁〕の底本、王曉秋標點・史鵬校訂）、K〔續集第一〇冊〕（書名は『日本記遊』、V〔第六五冊〕はその影印）。g〔四一～四三頁〕に節録あり。AKVでは闕名とするが、撰者が李筱圃であることは、佐藤三郎『中國人の見た明治日本――東遊日記の研究』〔六〇～六一頁〕・T〔六八頁〕・g〔四二頁〕を參照。 〔提要・解題〕ウ〔一五〇～一五一頁〕・サ〔上巻四三九頁〕 ＊闕名『日本雜記』一巻（A〔第一〇帙〕K〔續集第一〇冊〕V〔第六五冊〕g〔一六～一七、三〇頁〕）の撰者も李筱圃と思われる。Aでは『日本紀遊』の次に收錄され、K（V）では『日本記遊』と合冊になっているうえ、「今王（明治天皇）即位已十三年」との記載があり、李筱圃が訪日した年（明治十三年・一八八〇年）とも一致する。 〔關聯史料〕「大河内文書・桂閣筆話」（大東文化大學圖書館・早稲田大學圖書館藏、その一部が日本語譯され、大河内輝声筆談・さねとうけいしゅう編譯『大河内文書――明治日中文化人の交遊』〈東洋文庫一八〉〔東京：平凡社、一九六四年〕に收錄されている）
闕名『舟行紀略』AE	一八八二年アメリカへの渡航日記（日本を經由）。 A〔第一二帙〕、E〔第一二冊〕。
闕名『澳洲紀遊』AE	一八八八年オーストラリア旅行記。 A〔第一〇帙〕、E〔第一三冊巻一一七、二～三葉〕所收。 〔提要・解題〕ア〔第三三冊五六〇頁〕・キ〔四〇一頁〕
	潘飛聲：一八五八～一九三四、字は公歡・贊思、號は蘭史・劍士・槎客、別號は獨立山人、廣東省番禺縣人。ベルリン

潘飛聲『西海紀行卷』一卷　Cgj（『西海紀行』）	大學に招聘されて漢文學を教授、歸國後香港などの新聞（中外日報など）でジャーナリストとして活躍。上海に移り南社に入る（南社四劍の一人）。 一八八七年中國からドイツへの渡航日記。「日本人井上哲（井上哲次郎）」の序（光緒十五年六月ベルリン寓居にて）あり。 〔收錄期間〕光緒十三年七月十三日（一八八七年八月三一日：香港出發）～八月二十二日（一〇月八日：ベルリン到着） 『說劍堂集』（二冊、光緒十七年羊城富文齋刻本、東京都立中央圖書館井上〔哲次郎〕文庫藏）、『說劍堂集』（六冊、光緒二十三年序刻本、國家圖書館分館藏）所收、C〔第一帙〕（・j〔一二一～一二三頁〕の底本）。『古今文藝叢書』第三集（一九一五年上海廣益書局鉛印）に收錄（何藻輯『古今文藝叢書』〔揚州：江蘇廣陵古籍刻印社、一九九五年〕では第二集に收錄）。 〔提要・解題〕ウ〔一六五頁〕 ＊『海山詞』、『柏林竹枝詞』、『老劍文稿』（以上『說劍堂集』〔光緒二十三年序刻本〕所收）。
潘飛聲『遊薩克遜日記』Y	潘飛聲：※前項參照。 一八九〇年ドイツ・ベルリン滯在中の薩克遜（ザクセン Sachsen）旅行日記。 〔收錄期間〕光緒十六年四月初六日（一八九〇年五月二四日）～四月初九日（五月二七日） 『說劍堂集』（六冊、光緒二十三年序刻本、國家圖書館分館藏）所收（第四冊、Y〔第一三五冊一～一五頁〕はその影印）。姚文棟の序（光緒十六年四月）あり。 〔提要・解題〕イ〔二九三～二九四頁〕
潘飛聲『天外歸槎錄卷』一卷　Cgj	潘飛聲：※前項參照。 一八九〇年ドイツから中國への歸國日記。 〔收錄期間〕光緒十六年七月十一日（一八九〇年八月二五日：ベルリン出發）～八月二十四日（一〇月七日：黃浦到着）〔Cによる〕 光緒二十年刻本（『說劍堂集』六冊〔光緒二十三年序刻本〕所收、國家圖書館分館藏）、C〔第一帙〕（j〔一二三頁〕の底本）。『古今文藝叢書』第三集（一九一五年上海廣益書局鉛印本）に收錄（何藻輯『古今文藝叢書』〔揚州：江蘇廣陵古籍刻印社、一九九五年〕では第二集に收錄）。 〔提要・解題〕ウ〔一六五～一六六頁〕 ＊『天外追槎錄』（『說劍堂集』刻本所收、國家圖書館分館藏）。
許寅輝『客韓筆記』X	許寅輝：字は復初、號は獨醉山人、江蘇省上元縣人。文童出身。 光緒十九年春イギリス駐朝總領事の招聘を受け辦理文案として朝鮮に渡り通譯も兼任。日清戰爭前後に朝鮮に滯在した際の日記。 〔收錄期間〕光緒十九年秋（一八九三年）・二十年三月（一八九四年三～四月）～二十一年八月十九日（一八九五年一〇

	月七日） 光緒三十二年長沙刻本（國家圖書館藏、X〔第三一册二二五～二四四頁〕はその影印）。章伯鋒・顧亞主編『近代稗海』第一〇輯（成都：四川人民出版社、一九八八年、五三三～五六五頁、顧菊英整理）、『滇輶日記・東使紀程（外一種）』〈近代史料筆記叢刊〉（北京：中華書局、二〇〇七年、底本は光緒三十二年長沙刻本、顧菊英整理）に標點收錄。『中日戰爭』〈中國近代史資料叢刊續編〉第六册（北京：中華書局、一九九三年、四一〇～四二六頁）に標點節錄。 〔提要・解題〕前掲『近代稗海』第一〇輯〔五三七頁〕・前掲『滇輶日記・東使紀程（外一種）』〔一一七頁〕・『中日戰爭』〈中國近代史資料叢刊續編〉第一二册（北京：中華書局、一九九六年）〔四八四頁〕
闕名『遊越南記』Cd	一八九六年ベトナム旅行。 〔收錄期間〕光緒二十二年二月十三日（一八九六年三月二六日）～三月初十日（四月二二日） C〔第一〇帙〕（d〔四七～四八頁〕はその節錄）、吳曾祺輯『舊小說』（商務印書館、一九一五年／上海書店、一九九五年影印）所收。 〔提要・解題〕ア〔第三七册一三五～一三六頁〕
蔣煦「東遊日記」Y	蔣煦：生歿年未詳、字は可贊、江蘇省無錫縣人。 一八九七年日本の神戸で開催されていた博覽會參觀時の日記。私費で渡航。 〔收錄期間〕光緒二十三年三月三十日（一八九七年五月一日）～五月三十日（六月二九日） 蔣煦『西遊日記』（光緒三十一年漢口維新中西印書館鉛印本、Y〔第一五五册四一九～六三九頁〕はその影印。本目錄四一七～四一八頁をみよ）の附錄として收錄（Y〔第一五五册六二三～六三九頁〕）。
闕名「弭兵會日記」L	〔收錄期間〕光緒二十五年四月初十日（一八九九年五月一九日）～二十四日（六月二日） 『萬國公報』第一二六册光緒二十五年六月（一八九九年七月）所載、L所收『通學彙編』〔第二册〕にも轉載。 「弭兵會」は一八九九年のハーグ平和會議。公使楊儒と隨員何惠德・羅貞祥が出席していることが記されている。
文廷式『東游日記』一卷 Ph	文廷式：一八五六～一九〇四、字は道希、號は雲閣・芸閣、江西省萍鄉縣人、光緒十六年進士。 一九〇〇年日本滯在日記。 〔收錄期間〕光緒二十五年十二月初三日（一九〇〇年一月三日）～二十六年三月十六日（四月一五日） 趙鐵寒編『文芸閣先生全集』P〔第一四輯一三二〕第一册（日記部分は稿本を底本にした排印、h〔二四卷四六九～四九〇頁〕の底本）、趙鐵寒編『文廷式全集』第一册（臺北：大華印書館、一九六九年）、汪叔子編『文廷式集』下册〈中國近代人物文集叢書〉（北京：中華書局、一九九三年）所收。 〔提要・解題〕ウ〔一六二～一六四頁—「文廷式日記五種」四〕 *「日記手稿本」一册（上海圖書館藏、未見）。

◇外務部期の日記（東遊日記・私人日記を除く）
出使大臣・領事・随員・留学生監督日記

張德彝『八述奇』二十卷 （『使英日記』）	張德彝：※本目錄三七二頁參照。 出使英國大臣（一九〇二年五月二六日到任～〇五年一二月一六日卸任）。一九〇二年アルフォンソ一三世の戴冠式への清朝特使としてスペインも訪問。 〔收錄期間〕光緒二十七年十月初四日（一九〇一年一一月一四日：奉旨）～三十二年三月十八日（一九〇六年四月一一日） 稿本（國家圖書館分館藏、『稿本航海述奇彙編』〔北京圖書館出版社、一九九七年〕第八～一〇册はその影印）、潘士魁校。 〔提要・解題〕オ〔第八章〕 *「張德彝出使奏稿」（『近代史資料』總九四號、一九九八年。スペイン訪問時の奏稿）。『醒目清心錄』六〇卷・『光祿大夫建威將軍張公集』四卷（一九一八年鉛印・石印本）・『英文話規』不分卷（光緒鈔本）・『中外百年曆』不分卷（光緒十一年鈔本）（『醒目清心錄』以下は、張德彝纂・國家圖書館編『醒目清心錄』〔北京：全國圖書館文獻縮微中心、二〇〇四年〕に影印收錄）。 〔關聯史料〕屈春海編「光緒年間中英「高昇」輪索賠交涉案」（『歷史檔案』二〇〇二年第二期）
黃誥 『義軺紀程』 『赴洋駐義回京日記』不分卷	黃誥：生歿年未詳、廣州駐防正黃旗漢軍武英佐領下人、光緒二十四年進士、翰林院庶吉士。出使イタリア大臣（一九〇六年二月一七日到任～〇八年七月二三日卸任）。 『義軺紀程』：鉛印本（一册、國家圖書館分館藏）。香港經由で中國を出發しイタリアに到着するまでの日記。 〔收錄期間〕光緒三十一年十二月二十二日（一九〇六年一月一六日）～三十二年正月十九日（一九〇六年二月一二日） 『赴洋駐義回京日記』不分卷：宣統元年鉛印本（中國科學院圖書館藏）※この日記の所在については許峰源氏の示教を得た。 〔收錄期間〕赴洋日記：光緒三十一年十二月二十二日（一九〇六年一月一六日）～三十二年正月十九日（一九〇六年二月一二日）。駐義日記：光緒三十二年正月十九日（一九〇六年二月一二日）～三十四年六月二十五日（一九〇八年七月二三日）。回京日記：光緒三十四年六月二十五日（一九〇八年七月二三日）～三十四年七月十七日(一九〇八年八月一三日) 〔關聯史料〕中國第一歷史檔案館編「光緒三十二年中國參加意大利米蘭賽會史料」上・中（『歷史檔案』二〇〇六年第一・二期）
錢恂「日記函稿」	錢恂：一八五三もしくは五五～一九二七、初名は學嘉、字は念劬、浙江省吳興縣人。薛福成の門下に入り、一八九〇年薛の随員として歐洲に出使。一八九八年湖北留日學生監督、一九〇五年考察憲政大臣參贊を經て〇七年に出使オランダ大臣、翌年出使イタリア大臣に轉任し〇九年に歸國。

出使オランダ大臣（一九〇七年六月一一日到任～一九〇八年七月一九日卸任）。

〔收錄期間〕光緒三十三（一九〇七）年。一ヵ月或いは數か月單位を一まとまりにして綴じられているが、順序はバラバラ。

一冊（社科院近史所藏）。執務日記。ハーグ平和會議などに關する記載あり。
＊「錢恂（出使荷蘭大臣）咨呈稿」（一冊、社科院近史所藏）、「出使和國大臣錢恂咨札」（光緒三十三年八月～三十四年六月、同上）、『二二五五疏』O〔第五四輯五三五〕。

馬廷亮『馬廷亮手書日記』

馬廷亮：生歿年未詳、字は拱宸、廣東省南海縣人。一時期駐日公使館にも勤務、のち北京政府外交部特派奉天交涉員。
〔收錄期間〕光緒三十三年十一月二十八日（一九〇八年一月一日）～宣統二年十二月二十九日（一九一一年一月二九日）（十二月初一日～二十九日は「日記補遺」欄）、民國九（一九二〇）年一月一日～民國十六（一九二七）年一月八日
駐漢城總領事（一九〇六年六月～？）在任期間を含む。
南海馬氏稿本（一〇冊、北京大學圖書館藏）。

錢文選「遊英日記」Y

錢文選：一八七四～一九五三、譜名は燦陞、字は士青、自號は誦芬堂主人。諸生、光緒二十九年京師大學堂譯學館入學、學部出洋留學襄監官。一九一三年在サンフランシスコ領事、財政部駐米監務調查員を兼任。
駐英游學生監督としてロンドンに駐在した際の日記。
〔收錄期間〕宣統二年八月（一九一〇年九～一〇月）～十一月十三日（一二月一四日）
『環球日記』（一九二〇年上海商務印書館鉛印本、Y〔第一六六冊三六五～五三六頁〕はその影印）の第一部として收錄（一～三七頁）。同書にはほかに「遊美日記」「遊日本日記」「重遊美國日記」（いずれも一九一三年の日記）が收錄されている。また、八三～一二三頁には「附列辨學文件」として駐英遊學生監督在任時の關聯資料も收錄されている。

特別使節・視察日記

載振：一八七六～一九四八、字は育周、滿洲鑲藍旗人、慶親王奕劻の長子。一九〇三年商部尚書、一九〇六年農工商部に改組後も尚書、翌年辭職、一九一一年弼德院顧問大臣。〔傳記史料〕『清史稿』卷二二一「列傳」八「諸王」七「高宗諸子」

唐文治：※本目錄三九九頁參照。

一九〇二年英國王エドワード七世戴冠慶賀使、唐文治は參贊、英・比・佛・米・日本を歷訪・視察。

〔收錄期間〕光緒二十八年三月初四日（一九〇二年四月一一日）～八月二十四日（九月二五日）

光緒二十九年上海文明書局鉛印本（O〔第七四輯七三四〕・W〔第五八三冊〕はその影印）、上海商務印書館鉛印本（Y〔第一四八冊四七七～六四四頁〕はその影印）、光緒二十八年內府抄本（『故宮珍本叢刊』（史部・地理・外紀）第二七四冊〔海口：海南出版社、二〇〇一年〕はその影印）、j〔一五五～一五八頁〕は底本不明記。載振『英軺日記』（北京：民族出版

載振・唐文治『英軺日記』十二巻　OWYj	社、二〇一〇年。影印元は不明記だが光緒二十九年文明書局本の影印。ただし邊欄・版心部分は新たに附け替えられている）。唐文治が載振のために執筆編集したもの（唐文治著・唐慶詒補『茹經先生自訂年譜正續篇』〈近代中國史料叢刊三編〉臺北：文海出版社、四七頁）。Yは唐文治撰とする。「英軺日記序」が唐文治撰『茹經堂文集』一編（一九三五年刊、P〔第四輯三一～三四〕・〈民國叢書〉第五編九四はその影印）巻四に、「英軺日記序」「英軺日記十則（附錄：英軺雜詠）」が王桐蓀・胡邦彥・馮俊森等選注『唐文治文選』（上海交通大學出版社、二〇〇五年、四八～六一頁）に収録されている。 〔提要・解題〕ア〔第三一冊七四一頁〕・イ〔三四四～三四五頁〕・ウ〔一九八頁〕・オ〔第八章〕・シ〔巻四〕 ＊唐文治『職思隨筆』（稿本、中國第一歷史檔案館藏）第一二冊に歸國後の上奏「振星使由英回京條陳」が収録されている。
銭單士釐『癸卯旅行記』三巻　STegh	銭單士釐：一八五八～一九四五、字は蕊珠、號は受茲、室名は受茲室、浙江省蕭山人（海寧生まれ）、銭恂の夫人、銭稻孫の母。 一九〇三年、日本・朝鮮・中國東北・西シベリア・ロシア（歐洲部）の旅行日記。官僚である夫に同行した際の日記であり、國際關係に關わる記述も多いため、ここに舉げておく。 〔收錄期間〕光緒二十九年二月十七日（一九〇三年三月一五日）～四月三十日（五月二六日）〔Tによる〕 一九〇四年日本同文印刷舍鉛印本、民國鈔本（國家圖書館分館藏）。Sは「日本同文印刷舍版」を底本とし「稿本」（舊北京圖書館藏、上記「民國鈔本」と同一か）により校訂（楊堅校點、h〔二四巻四九一～五〇五頁〕はSの節錄）、T〔六八一～七六三頁〕は「稿本」（同上）を底本とし「日本同文印刷舍版」により校訂（楊堅校點）。銭恂による題記と自序あり。日本語譯註本に鈴木智夫譯註『癸卯旅行記譯註——銭稻孫の母の見た世界』（東京：汲古書院、二〇一〇年、底本は一九〇四年日本同文印刷舍鉛印本）あり。 〔提要・解題〕ウ〔二〇一～二〇二頁〕・エ〔二二五〕・ク〔二六八～二六九頁〕・ケ〔四〇八～四〇九頁〕・コ〔四二七頁〕・サ〔下巻二三三五頁〕・前掲鈴木智夫譯注本〔i～xi頁〕 ＊『歸潛記』一〇巻（錢氏家刻毛本、STの底本）。銭恂が公使としてイタリアに駐在していた時期の單士釐の見聞記（銭恂と銭稻孫が執筆した文章も多く含む）。初印本の署名は銭恂とあるため、多くの所藏機關の書誌は銭恂を撰者とするが、母の歿後に銭稻孫が著した「追憶」では單士釐の著作とされている（エ〔六五九頁〕）。
蔣煦『西遊日記』Y	蔣煦：本目錄四一四頁參照。 光緒二十九年（一九〇三）五月～八月、ガラス工場開設のための歐洲（ドイツ）視察（湖北武備學堂ドイツ人教習何福滿と留洋學生丁曉樹が同行。鐵道にてロシアを經由）。 〔收錄期間〕光緒二十九年四月初四日（一九〇三年四月三〇日）～十月二十二日（一二月一〇日） 光緒三十一年漢口維新中西印書館鉛印本（Y〔第一五五冊四一九～六三九頁〕はその影印）。

	〔提要・解題〕イ〔三五九～三六〇頁〕・ウ〔二〇一頁〕
陳琪『環游日記』	陳琪：一八七八～一九二五、字は蘭薰、浙江省青田人。一八九九年江南陸師學堂入學、一九〇一年兩江總督の命により日本軍事視察。一九〇三年湖南巡撫の命により再度日本軍事視察。 一九〇四年湖南巡撫の命により渡米しセントルイス萬國博覽會の湖南省の出展を擔當、同時に實業調査を實施。博覽會後に歐洲に行きドイツ陸軍を視察。この間、日・米・英・佛・獨・露・奧・伊・葡・西・ベルギー・トルコなどを周遊。 〔收錄期間〕光緒三十年四月二十九日（一九〇四年六月一二日）～三十一年二月二十七日（一九〇五年四月一日） 湖南學務處光緒三十一年刋本（浙江省温州圖書館藏、未見）。 ＊『新大陸聖路易博覽會游記』『漫游記實』（蔡克驕「近代中國博覽業的先驅陳琪及其著述」『近代史研究』二〇〇一年第一期によるが所在不明）。
佚名『游美受虐日記』Y	一九〇五年の在米華人・留學生の差別情況と華人側・清朝領事の對應について敘述。 〔收錄期間〕光緒三十一年四月二十九日（一九〇五年六月一日）～五月初四日（六月六日） 佚名輯『遊記叢鈔』第三六册（民國鈔本、國家圖書館藏）所收（Y〔第一五五册六〇九～六三四頁〕・劉家平・周繼鳴主編・國家國書館分館編『古籍珍本遊記叢刋』一六、北京：綫裝書局、二〇〇三年〔八九一一～八九三六頁〕はその影印）。 〔提要・解題〕イ〔三六六頁〕
嚴璩・恩慶『越南游歷記』d	嚴璩：一八七八～?、字は伯玉、福建省侯官縣人。嚴復の長子。早年天津北洋水師學堂に入り、畢業後英國に留學、光緒二十二年駐英隨員、光緒二十七年駐獨三等翻譯。ベトナム調査から歸國後、各國考察政治大臣の二等參贊。のち廣東洋務局長、北京政府鹽務署參事、財政次長兼鹽務署長、國民政府司法行政總務司長などを歴任。 恩慶：生歿年等未詳。 嚴璩は出使フランス大臣孫寶琦の三等參贊、當時は江蘇補用道。恩慶の當時の官職は候選主事（その他未詳）。 一九〇五年、孫寶琦の命によりベトナム各地の華商の情況を視察した際の日記と資料。 〔收錄期間〕光緒三十一年四月初七日（一九〇五年五月一〇日：香港到着）～七月初七日（八月七日：香港歸着） 光緒三十一年鉛印本（不分卷）。d〔五六～七二頁〕の底本は自刊鉛印本（光緒三一鉛印本と同じか）。收錄内容は「（嚴璩・恩慶の）呈文」「法屬中印度紀略」「日記」「河内埠廣幫身税名數」「河内華商名單」「安沛華商名單」「法屬南圻六省酒商名單」「隄岸機器米磨公司九家名單」「法屬越南海關税則摘錄」。 〔提要・解題〕ア〔第三四册二一二～二一三頁〕
	鄭世璜：生歿年未詳、字は蕙晨、浙江省慈谿縣人。派遣時は江蘇候補道臺。 一九〇五年インド視察團代表（両廣總督周馥の命によるもので、目的は茶の利權回收とアヘン輸入の防止）。

鄭世璜『乙巳考察印錫茶土日記』Y	〔収録期間〕光緒三十一年四月初九日（一九〇五年五月一二日）～八月二十七日（九月二五日） 光緒三十一年刻本（一冊、國家圖書館分館藏）、光緒三十一年木活字本（二冊、清華大學圖書館藏）、光緒三十一年活字本（Y〔一五六冊一七一～三三四頁〕はその影印）。『邊疆邊務資料初編（一）西南邊務』（北京：中央編譯出版社、二〇一一年）に影印收錄。附錄に「四月二十九日稟文」「考察錫蘭印度茶務並煙土税清摺」「陳煙土税則」「條陳改良內地茶業簡易辦法稟文」あり。 〔提要・解題〕イ〔三六九～三七〇頁〕
陸溦『乙巳年調査印錫茶務日記』Y	陸溦：生歿年未詳、字は澄溪、江蘇省武進縣人。 一九〇五年インド視察團（鄭世璜）の一員（書記官）。 〔収録期間〕光緒三十一年四月初九日（一九〇五年五月一二日）～八月二十七日（九月二五日） 宣統元年南洋印刷官廠鉛印本（Y〔一五六冊三～一七〇頁〕はその影印）。『邊疆邊務資料初編（一）西南邊務』（北京：中央編譯出版社、二〇一一年）に影印收錄。日記中に各種の表が插入されている。附錄に「錫蘭印度書稿」「印度官收鴉片情形」あり。 〔提要・解題〕イ〔三六八～三六九頁〕
戴鴻慈『出使九國日記』十二巻　TSlhYgj	戴鴻慈：?～一九一〇、字は少懷、廣東省南海縣人、諡號は文誠。光緒二年進士、のち法部尚書、軍機大臣、協辦大學士。 一九〇五～〇六年出洋考察憲政五大臣による海外政治調査の一つ。歐米・日本各國の政治分野の考察を實施。 〔収録期間〕光緒三十一年十一月十一日（一九〇五年一二月七日）～三十二年六月二十一日（一九〇六年八月一〇日）〔Tによる〕／光緒三十一年六月十四日（一九〇五年七月一六日）～三十二年六月二十三日（一九〇六年八月一二日）〔Sによる〕 光緒三十二年農工商部設工藝局印刷科鉛印・北京第一書局發行（Y〔第一五七冊一～三八六頁〕はその影印、S・T〔三六七～五五七頁〕の底本、陳四益標點、h〔二四巻八〇七～八一三頁〕はSの節錄、l〔三六九～三七二頁〕はTの節錄）。j〔一五八頁〕は底本不明記。 〔提要・解題〕ア〔第八冊四三八頁〕・イ〔三七三～三七四頁〕・ウ〔二〇五～二〇六頁〕・エ〔二一二〕・カ〔一四八頁〕・ク〔二七四頁〕・コ〔四二四頁〕 ＊端方・戴鴻慈『列國政要』（光緒三十三年石印本）、端方・戴鴻慈『歐美政治要義』（光緒三十三年石印本）。 〔關聯史料〕故宮博物院明清檔案部編『清末籌備立憲檔案史料』（北京：中華書局、一九七九年） 〔傳記史料〕『清史稿』巻四三九「列傳」二二六
載澤『考察政治日記』TlY	載澤：一八六八～一九二八または三〇、原名は蕉、滿洲正白旗人、愛新覺羅氏、愉郡王胤禑の子孫奕棖の第七子。一八九四年晉鎮國公、一九〇七年度支部尚書、〇九年督辦鹽務大臣、一一年度支大臣。

	一九〇五～〇六年考察憲政五大臣による海外政治調査の一つ。欧米諸國を視察（日本も經由）。 〔收錄期間〕光緒三十一年六月十五日（一九〇五年七月一七日）～三十二年六月初四日（一九〇六年七月二四日） 〔Tによる〕 宣統元年上海商務印書館鉛印本（Y〔第一五六册四七三～六四二頁〕はその影印、T〔五五九～七〇四頁〕の底本、吳德鐸標點）。1〔三六七～三六八頁〕はTの節錄。 〔提要・解題〕イ〔三七二～三七三頁〕・ク〔二七四頁〕 ＊載澤等譯『日本憲法疏證』四卷（附『皇室典範』一卷）（光緒三十四年政治官報局鉛印本）。 〔關聯史料〕故宮博物院明清檔案部編『清末籌備立憲檔案史料』（北京：中華書局、一九七九年）
蔡琦『隨使筆記』	蔡琦：生歿年未詳、福建省龍溪縣人。 一九〇五～〇六年出洋考察憲政大臣戴鴻慈・端方に隨行した際の日記。 〔收錄期間〕光緒三十一年十一月二十三日（一九〇五年一二月一九日）～三十二年五月初三日（一九〇六年六月二四日） 鉛印本（不分卷一册、國家圖書館分館藏）、民國鈔本（一册、タイトルは『筆記』、國家圖書館分館藏）。日記部分は「日本國」（光緒三十一年十一月二十四日～十二月初九日）、「美國」（十二月初十日～光緒三十二年正月二十九日）、「英國」（二月初一日～初五日）、「法國」（二月初六日～十二日）、「德國」（二月十三日～三月二十七日）、「俄國」（三月二十八日～四月初七日）、「奧國」（四月初八日～二十二日）、「匈牙奴國」（四月二十三日～二十五日）、「意大利國」（四月二十六日～閏四月初三日）に分けられている。
金紹城『十八國游記』（『十八國游日記』P）	金紹城：一八七七～一九二六、字は鞏伯、一字は拱北、號は北樓・藕湖、浙江省南潯鎭人。光緒二十八年から英國留學、英文・法律に通ず。また清末民初の書畫家・書畫理論家。當時の職名は上海會審公堂襄讞委員。大理院推事、監獄協會會員。民國後は國務院祕書。 一九一〇年、萬國監獄改良會議の清朝代表として渡米、同時に歐米諸國司法・監獄制度視察の任務も帶び一八ヵ國を歷訪。 〔收錄期間〕宣統二年五月二十五日（一九一〇年七月一日）～三年三月二十三日（一九一一年五月二一日） 稿本（P〔第二一輯二〇五〕、桑兵主編・廣東省立中山圖書館・中山大學圖書館編『清代稿鈔本』第一五一册〔廣州：廣東人民出版社、二〇一一年〕所收はその影印）、民國太原監獄石印本（一册、國家圖書館分館藏）。 〔提要・解題〕ウ〔二一二～二一四頁〕 ＊王樹榮筆述・金紹城譯『各國監獄制度譯略』（國家圖書館分館藏）、『藕廬詩草』（P〔第二一輯二〇五〕所收）。 〔傳記史料〕袁榮法「金北樓先生家傳」（P〔第二一輯二〇五〕所收）、「金紹城墓誌」（浙江省湖州市出土、國家圖書館藏）

《著者紹介》

岡本《おかもと》 隆司《たかし》

現 在 京都府立大学文学部准教授

主 著 『近代中国と海関』(名古屋大学出版会，1999 年，大平正芳記念賞)
『属国と自主のあいだ』(名古屋大学出版会，2004 年，サントリー学芸賞)
『中国経済史』(編，名古屋大学出版会，2013 年) ほか

箱田《はこだ》 恵子《けいこ》

現 在 宮城教育大学教育学部准教授

主 著 『外交官の誕生』(名古屋大学出版会，2012 年) ほか

青山《あおやま》 治世《はるとし》

現 在 亜細亜大学国際関係学部講師

主 著 『近代中国の在外領事とアジア』(名古屋大学出版会，2014 年近刊) ほか

出使日記の時代

2014 年 8 月 20 日 初版第 1 刷発行

定価はカバーに
表示しています

著 者 岡 本 隆 司
箱 田 恵 子
青 山 治 世

発行者 石 井 三 記

発行所 一般財団法人 名古屋大学出版会

〒 464-0814 名古屋市千種区不老町 1 名古屋大学構内
電話 (052) 781-5027/FAX (052) 781-0697

印刷・製本 ㈱クイックス ISBN978-4-8158-0778-8

索　引

・本索引は「人名・事項」「書名」「欧文」の 3 部より成る。著述は「書名索引」に一括してまとめた。ただし典故の古典や欧文論著については，その限りではない。
・漢語は原則として，日本語の字音で排列した。中国以外の国名・地名も例外ではない。たとえば「巴西」は「ブラジル」ではなく「はせい」，「華盛頓」は「ワシントン」ではなく「かせいとん」。原名が明白なものには，ルビを附して示した。
・漢字の字体は，原則として本書での表記にしたがい，正字・略字を混用する。本文・附録いずれにも出てくるものに関しては，附録に準じて正字表記とした。
・語句ではなく，意味でとったものも少なくない。
・イタリックの数字は，巻末よりの逆頁を示す。
・→の「　」『　』は，書名索引に項目があることを示す。

人名・事項

ア　行

カ 行

タ　行

ナ　行

ハ　行

マ　行

ヤ　行

ラ・ワ行

書　名

ア　行

カ　行

サ　行

タ　行

ナ　行

ハ　行

マ　行

ヤ　行

ラ・ワ行

欧　文

図表一覧

別名字号一覧

・本書に記載する別名・字号すべてをあげた。なお疑わしいものには？を付してある。
・そのほか，主な出使日記に見える別名・字号をも採録している。
・表記は正確を期して正字に従い，親字の総画数で排列した。

一画

一琴	李維格
一齋	曹金泳

二画

九香	許鼎霖
人境廬主人	黃遵憲
力侯	莫鎭藩
又伯	呂海寰
又陵	嚴復

三画

三乘槎客	陳季同
久香	許鼎霖
士青	錢文選
士熙	劉鏡人
子久	汪奎綬
子元	李德順
子方	謝希傅
子玖	汪奎綬
子庚	吳焯
子貞	劉慶汾
子厚	徐宗培
子欣	陸徵祥
子剛	譚乾初
子峨（莪）	何如璋
子振	聯興
子涵	方培容
子莪	何如璋
子通	楊儒
子梁	姚文棟
子雲	汪洪霆
子與	孫點
子綸	何定求
子裳	王詠霓
子銘	盧永銘
子興	左秉隆
子興	陸徵祥
子衡	左運璣
子豫	張桐華
子靜	潘志俊
子謙	崇厚
子聽	方濬益
小池	李圭
小村（邨）	邵友濂
小圃	彭光譽
小軒	張永熞
小琴	黃邦俊

四画

丹如	蔣斯彤
丹廷	劉啓彤
丹厓	李鳳苞
丹崖	李鳳苞
丹曾	沈翊清
五樓	廕昌
介生	蕭仁杰
仁山	楊文會
仁山	楊楷
仁川	楊楷
元眉	余瓗
公度	黃遵憲
公歡	潘飛聲
六潭	王詠霓
午樓	廕昌
友松	斌椿
太夷	鄭孝胥
天南遯叟	王韜
孔懷	馮國勛
少山	延年？
少白	歐陽庚
少和	陳爔唐
少青	李樹棠
少耕	羅嘉傑
少嵐	梁佟年
少逸	周冕
少逸	顧厚焜
少懷	戴鴻慈
尺衡	許之琪
引之	高從望
文言	徐善慶
文若	王同愈
文忠	林則徐
文泉	聯涌
文卿	洪鈞
文肅	許景澄
文誠	戴鴻慈
文爵	伍廷芳
木庵	塔克什訥
木齋	李盛鐸
止敬	吳大澂
王蜺	王詠霓

五画

仙舟	董瀛
仙舟	龔心湛
仙洲	董瀛
仙洲	龔心湛
仙驥	王詠霓
冬青	桂榮
冬卿	桂榮
功亭	聶士成
幼海	陳春瀛
北樓	金紹城
可贊	蔣煦
召我	劉瑞芬
右岑	繆祐孫
平甫	黃達權
正則	李昌洵
正翔	鄭觀應
玉川	蘇淮清
玉池老人	郭嵩燾
玉屏	黃宗憲
玉軒	鄭藻如
玉堂	張鳳書
玉符	邱瑞麟
玉璣	胡璇澤
白雲山樵	吳大澂
禾叔	林怡游

六画

仰蘧	龔照瑗
仲弢	王韜
仲武	莫繩孫
仲虎	徐建寅
仲華	恩光
仲虞	汪大鈞
仲蘭	瑞沅
光照	容閎
吉士	黎子祥
吉甫	升允
吉甫	賡善
如齋	楊淦
在初	張德彝
地山	崇厚
竹雲	許景澄
竹筠	許景澄
竹篔	許景澄
行一	于德楙
行南	袁大化
西平	李企晟

七画

伯玉	嚴璩
伯申	黃致堯
伯行	李經方
伯純	承厚
伯琛	郭嵩燾
伯龍	周瓏
克庵	志剛
克菴	志剛
冶生	蘇紹良
吟梅	黃超曾
吟楳	黃超曾
君雲	劉宗駿
希九	延齡
希山	程贊清
希粱	易學灝
彤士	譚國恩
志粱	姚文棟
杏南	陶大均
杉綠	王樹善
沅帆	鄒代鈞
芝山	緒齡
芝田	劉瑞芬
芝房	汪鳳藻
芝垣	汪洪霆
芝眉	李可權
芝軒	張宗良
芝笙	劉式訓
芍棠	王之春
芍塘	王之春
芍塘居士	王之春

八画

乳羔	徐承禮
劼剛	曾紀澤
受之	崇禮
受生	黎汝謙
受茲	錢單士釐
叔平	楊振鏞
叔芸	薛福成
叔耘	薛福成
叔虁	羅忠堯
命九	廷鐸
和介	余璃
和伯	劉孚翊
和甫	蔡鈞
孟昂	袁世選
孟毓	郭萬俊
官應	鄭觀應
宗光	嚴復
岳松	曾紀壽
延卿	顧錫爵
弢園老人	王韜
念劬	錢恂
易齋	余思詒
松生	陳遠濟
東巖	張泰
季友	汪鳴梧
育周	載振
芸子	宋育仁
芸閣	文廷式
芷升	莫庭芝
芷沅	石祖芬
芷汸	謝希傅
芷泉	謝祖沅
芳圃	李炳琳
長素	康有爲
雨生	丁日昌
青山	劉瑞芬

九画

俊臣	陳士杰
南生	胡璇澤
南甫	陳桓
南弼	陳樹棠
厚余	徐乃光
宣叟	崔國因
峙青	黄書霖
建甫	譚祖綸
建勳	楊榮忠
建霞	江標
彥嘉	姚嶽望
恆軒	吳大澂
拱北	金紹城
拱宸	馬廷亮
春舫	舒文
春卿	聯芳
昭扆	伍光建
星甫	黎汝恆
星垣	楊樞
柚岑	繆祐孫
柳溪	李家駒
衍信	何如璋
盈科	陸永泉
相如	馮昭煒
相伯	馬建常
省三	王豐鎬
省之	施肇曾
省山	王豐鎬
眉叔	馬建忠
祉蕃	王大慶
禹山	洪鑾
禹廷	彭承謨
秋坪	郭家驥
秋輦	何彥昇
秋樵	呂增祥
紀高	世楨
紅棉主人	張蔭桓
茇南	陳樹棠
茇卿	陳樹棠
茉卿	蔣子蕃
飛鸞	何愼之
香史齋	楊宜治
香林	方懋薫
香蓀	朱克敬

十画

勉騫	潘任邦
哲父	陳明遠
哲甫	陳明遠
孫麒	徐承祖
徐寅	徐建寅
恭甫	楊葆寅
振之	沈鐸
振夫	王肇鋐
挹青	吳宗濂
挹青	壽勳
挹清	吳宗濂
挹卿	吳宗濂
挹卿	壽勳
晉錫	羅培鈞
栩緣	王同愈
桐封	張晉
海容	李鳳苞
益三	世增
祝朋	姚家禧
祝彭	姚家禧
秩庸	伍廷芳
純甫	容閎
茹經	唐文治
茹經堂	唐文治
荃臺	汪鳳瀛
荔秋	陳蘭彬

十一画

乾耀	余瓗
健侯	聯豫
曼齋	王治本
寄蛣廬	袁寶璜
康侯	劉麒祥
庸盦	薛福成
惕盦	兪奎文
旌夫	王詠霓
梅史	沈文熒
涵生	錢廣濤
淑齋	何如璋
清臣	馬格里
清卿	吳大澂
瓠叟	沈翊清
異州	孫點
異甫	孫點
朗西	裕庚
紫升	劉式訓
紫垣	鍾文耀
紫雲	汪洪霆
紫詮	王韜
紫箴	劉式訓
翊青	沈翊清
莘耕	陳志尹
逖先	張祖翼
逋梅	沈翊清
陶士	洪鈞
陶齋	鄭觀應
雪橋	梅壽祺
雪樵	梅壽祺

十二画

勝之	王同愈
弼士	張振勳
復初	許寅輝
復庵	許玨
惠人	崔國因
惠敏	曾紀澤
惠疇	金采
惺吾	楊守敬
惺齋	呂海寰
敬之	顧士穎
敬如	陳季同
敬亭	劉漢英

樂賓	赫德
澗蘋	金維梻
潤甫	曹驤
澄園	沈翊清
澄溪	陸灤
稼生	孫家穀
稷臣	羅豐祿
蔭菊	胡樹棠
蔚之	唐文治
蔚芝	唐文治
蕉	載澤
蓬雲	梁廷贊
蕁齋	黎庶昌
論道	劉宗駿
鄰蘇	楊守敬
鋤圃	陳國經
震東	梁誠
鞏伯	金紹城
養原	陳允頤
駘選	李之騏

十六画

學嘉	錢恂
學齋	李春官
錦堂	歐陽明
橘孫	徐廣坤
樹南	左棠
樵野	張蔭桓
獨立山人	潘飛聲
獨醉山人	許寅輝
璞山	何如璋
穎侯	唐文治
縉堂	梁殿勳
翰生	祁兆熙
翰卿	王文藻
蕙晨	鄭世璜
蕊珠	錢單士釐
醒塵	羅臻祿
錫仁	劉錫鴻
錫安	慶熙
錫齋	慶熙
靜山	許玨
篤生	崔國因

十七画

燮卿	陳爔唐
懋元	傅雲龍
擢猷	鄭汝騤
燦陛	錢文選
績臣	于德梻
翼甫	查燕緒
翼敷	鄭鵬翀
翼雲	鄭鵬程
謙齋	任敬和
鞠存	程紹祖

十八画

擷珊	世增
爵棠	王之春

十九画

瀚生	鄭汝騤
瀚濤	吳廣霈
藕湖	金紹城
贊延	黃仲良
贊思	潘飛聲
贊虞	容揆
鏡如	陳季同
鏡如	呂海寰
鏡宇	呂海寰
鵬九	王錫庚
麗秋	陳蘭彬
黼堂	程贊清

二十画

夔九	鳳儀
寶森	劉玉麟
寶森	羅庚齡
繼庵	耆照？
耀南	曾海
耀軒	張鴻南
藹廷	陳善言
藹堂	慶常
蘇戡	鄭孝胥
蘇龕	鄭孝胥
藻亭	江鑑
醴泉	李秉瑞
馨吾	胡惟德

二十一画

儷秋	陳蘭彬
蘭史	潘飛聲
蘭舟	李家鏊
蘭蓀	伍元芝
蘭薰	陳琪
鶴汀	瞿昂來
鶴伯	劉孚翊
鶴叟	王詠霓
鶴庭	瞿昂來
鶴笙	鍾天緯
鶴槎	崇厚

二十二画

聽帆	張斯栒
聽颿	張斯栒
聽濤	朱貴申

二十三画

體乾	李秉瑞

二十四画

讓三	張美翊
靄亭	陳善言
靄堂	慶常

文献目録

・本書で言及したもののみを列挙した。
・和文（50 音）・中文（拼音《ピンイン》）・欧文（アルファベット）の順に排列した。
中文については，正確を期すため，おおむね正字の表記に従っている。
・個別の出使日記は，原則として掲載しない。本文・註で言及するものについては，すべて附録 1「出使日記関連史料総目録」に掲出してある。
・またその「総目録」に関わる参考文献は，別途に掲出する。重複もいとわなかった。

青山治世「清末における「南洋」領事増設論議――清仏戦争後の議論を中心に」『歴史学研究』第 800 号，2005 年。

―――「清末中国の在外公館と博覧会――19 世紀後半における博覧会知識の受容と博覧会開催の試み」『地方博覧会の文化史的研究』研究代表者柴田哲雄，平成 17 年度～平成 19 年度科学研究費補助金（基盤研究(C)）研究成果報告書，2008 年，所収。

―――「曾紀澤の出使日記について」『洛北史学』第 10 号，2008 年。

―――「清末中国における在外領事設置問題の研究――「南洋」領事の増設問題を中心に」愛知学院大学大学院文学研究科博士論文，2008 年。

―――「清末の出使日記とその外交史研究における利用に関する一考察」『現代中国研究』第 22 号，2008 年。

―――「在外領事像の模索――領事派遣開始前後の設置論」，岡本隆司・川島真編『中国近代外交の胎動』東京大学出版会，2009 年，所収。

―――「清朝駐英公使薛福成の領事設置活動」，金丸裕一編『近代中国と企業・文化・国家』ゆまに書房，2009 年，所収。

天野尚樹「近代ロシア思想における「外来」と「内発」――F・F・マルテンスの国際法思想」『スラブ研究』第 50 号，2003 年。

五百旗頭薫『条約改正史――法権回復への展望とナショナリズム』有斐閣，2010 年。

王宝平『清代中日学術交流の研究』汲古書院，2005 年
大澤顯浩「『地球韻言』について――清末の地理認識とその表現」，高柳信夫編著『中国における「近代知」の形成』学習院大学東洋文化研究叢書，東方書店，2007 年，所収。

岡本隆司『属国と自主のあいだ――近代清韓関係と東アジアの命運』名古屋大学出版会，2004 年。

―――「『清韓論』の研究――近代東アジアと公法」，河村貞枝編『国境をこえる「公共性」の比較史的研究』平成 14 年度～17 年度科学研究費補助金研究成果報告書　2006 年。

―――「「洋務」・外交・李鴻章」『現代中国研究』第 20 号，2007 年。

―――「属国と保護のあいだ――1880 年代初頭，ヴェトナムをめぐる清仏交渉」『東洋史研究』第 66 巻第 1 号，2007 年。

―――『馬建忠の中国近代』京都大学学術出版会，2007 年。

―――「中国近代外交へのまなざし」，岡本隆司・川島真編『中国近代外交の胎動』東京大学出版会，2009 年，所収。

―――「「主権」の生成と「宗主権」――20 世紀初頭の中国とチベット・モンゴル」，石川禎

浩・狭間直樹編『近代東アジアにおける翻訳概念の展開』京都大学人文科学研究所現代中国研究センター，2013 年，所収。

尾佐竹猛『幕末遣外使節物語——夷狄の国へ』講談社学術文庫，1989 年。

小野泰教「郭嵩燾・劉錫鴻の士大夫観とイギリス政治像」『中国哲学研究』第 22 号，2007 年。

小野川秀美『清末政治思想研究』増補版，みすず書房，1969 年。

筧久美子監修「黄遵憲『日本雑事詩』訳注稿」(一) ～ (十二)，『未名』第 13～22，24～25 号，1995～2004，2006～2007 年。

川島真「外務の形成——外務部の成立過程」，岡本隆司・川島真編『中国近代外交の胎動』東京大学出版会，2009 年，所収。

貴堂嘉之『アメリカ合衆国と中国人移民——歴史のなかの「移民国家」アメリカ』名古屋大学出版会，2012 年。

久米邦武編／田中彰校注『特命全権大使　米欧回覧実記』岩波文庫，全 5 巻，1985 年。

『講座世界史 4 資本主義は人をどう変えてきたのか』歴史学研究会編，東京大学出版会，1995 年。

坂元ひろ子『中国民族主義の神話——人種・身体・ジェンダー』岩波書店，2004 年。

佐々木揚『清末中国における日本観と西洋観』東京大学出版会，2000 年。

———「黄遵憲の日本史——『日本国志』「国統志」の考察」『川勝守・賢亮博士古稀記念　東方学論集』川勝博士古稀記念論集刊行会編，汲古書院，2013 年，所収。

佐藤三郎『中国人の見た明治日本——東遊日記の研究』東方書店，2003 年。

佐藤慎一『近代中国の知識人と文明』東京大学出版会，1996 年。

実藤恵秀『明治日支文化交渉』光風館，1943 年。

———・豊田穣訳『日本雑事詩』平凡社東洋文庫，1968 年。

島田（筧）久美子注『黄遵憲』中国詩人選集二集，岩波書店，1963 年。

島田虔次『隠者の尊重——中国の歴史哲学』筑摩書房，1997 年。

「清国欽差大臣一行到着来省候ニ付上申」日本外務省記録，アジア歴史資料センター Ref. A01100165500.

『新編原典中国近代思想史　第 2 巻　万国公法の時代——洋務・変法運動』村田雄二郎責任編集，岩波書店，2010 年。

鈴木董「18 世紀初頭オスマン帝国の遣欧使節制度と「使節の書」——ウィーン派遣大使シラフタール・イブラヒム・パシャの事例」『東洋文化』第 67 号，1987 年。

———「世界秩序・政治単位・支配組織——比較のなかの後期イスラム帝国としてのオスマン帝国」『東洋文化』第 75 号，1995 年。

———「近代オスマン帝国の外交網の拡大過程——文化世界と近代西欧国際体制系への参入の型についての比較史的一考察　明治日本と清末中国との対比において」，同編著『オスマン帝国史の諸相』東京大学東洋文化研究所研究報告，山川出版社，2012 年，所収。

鈴木智夫『洋務運動の研究——一九世紀後半の中国における工業化と外交の革新についての考察』汲古書院，1992 年。

———『近代中国と西洋国際社会』汲古書院，2007 年。

『西学東漸記——容閎自伝』百瀬弘訳注／坂野正高解説，平凡社東洋文庫，1969 年。

園田節子『南北アメリカ華民と近代中国——19 世紀トランスナショナルマイグレーション』東京大学出版会，2009 年。

『中国文化界人物総鑑』橋川時雄編，中華法令編印館，1940 年。

張偉雄『文人外交官の明治日本——中国初代駐日公使団の異文化体験』柏書房，1999 年。

陳捷『明治前期日中学術交流の研究——清国駐日公使館の文化活動』汲古書院，2003 年。

手代木有児『清末中国の西洋体験と文明観』汲古書院，2013 年。

ニコルソン，H・(Harold Nicolson)／斎藤眞・深谷満雄訳『外交』東京大学出版会，1968 年。

西里喜行『清末中琉日関係史の研究』京都大学学術出版会，2005 年。

野田仁「イリ事件再考——ロシア統治下のイリ地方（1871-1881 年）」，窪田順平・承志・井上充幸編『イリ河流域歴史地理論集——ユーラシア深奥部からの眺め』松香堂，2009 年，所収。

野見山温『露清外交の研究』酒井書房，1977 年。

箱田恵子『外交官の誕生——近代中国の対外態勢の変容と在外公館』名古屋大学出版会，2012 年。

林香奈・劉雨珍「黄遵憲『日本雑事詩』訳注稿」（十三）～（十六），『未名』第 26～29 号，2008～11 年。

坂野正高『近代中国外交史研究』岩波書店，1970 年。

———『近代中国政治外交史——ヴァスコ・ダ・ガマから五四運動まで』東京大学出版会，1973 年。

———「張蔭桓著『三洲日記』（一八九六年刊）を読む——清末の一外交家の西洋社会観」『国家学会雑誌』第 95 巻第 7・8 号，1982 年。

———『中国近代化と馬建忠』東京大学出版会，1985 年。

夫馬進「使琉球録と使朝鮮録」，同編『増訂　使琉球録解題及び研究』榕樹書林，1999 年，所収。

松浦茂「清朝の遣ロ使節とロシアの外交姿勢」『アジア史学論集』第 4 号，2011 年。

溝口雄三「ある反「洋務」——劉錫鴻の場合」，同『方法としての中国』東京大学出版会，1989 年，所収。

村田雄二郎「康有為と「東学」——『日本書目誌』をめぐって」，孔祥吉・村田雄二郎『清末中国と日本——宮廷・変法・革命』研文出版，2011 年，所収。

茂木敏夫「近代中国のアジア観——光緒初期，洋務知識人の見た「南洋」」『中国哲学研究』第 2 号，1990 年。

———「馬建忠の世界像——世界市場・「地大物博」・中国—朝鮮宗属関係」『中国哲学研究』第 7 号，1997 年。

守川知子「ガージャール朝期旅行記史料研究序説」『西南アジア研究』第 55 号，2001 年。

柳澤明「1768 年の「キャフタ条約追加条項」をめぐる清とロシアの交渉について」『東洋史研究』第 62 巻第 3 号，2003 年。

矢野仁一『近世支那外交史』弘文堂書房，1940 年。

横田喜三郎『外交関係の国際法』有斐閣，1963 年。

吉田茂『回想十年』新潮社，1957 年。


『安徽貴池南山劉氏瑞芬公世珩公支系史乘』劉重光・楊世奎等編撰，全 2 巻，文物出版社，2012 年。

蔡佩蓉『清季駐新加坡領事之探討（一八七七——一九一一）』新加坡國立大學中文系・八方文

化企業公司，2002年。

陳體強『中國外交行政』商務印書館，1945年。

陳左高『中國日記史略』上海翻譯出版公司，1990年。

『籌辦夷務始末』同治朝，全100巻，台聯國風出版社影印本，再版，1972年。

楚金編「郭筠仙手札并跋」『中和月刊』第1巻第12期。

『出使美日祕崔日記目録』甘鵬雲撰，光緒二十二年鈔本。國家圖書館所蔵（『歴代日記叢鈔』第130冊に影印収録）。

『大美聯邦志略』裨治文（Elijah Coleman Bridgman）撰，墨海書館活字版，咸豐11年刊。

戴東陽『晩清駐日使團與甲午戰前的中日關係（1876–1894）』社會科學文獻出版社，2012年。

丁鳳麟『薛福成評傳』南京大學出版社，1998年。

丁文江・趙豐田編『梁啓超年譜長編』上海人民出版社，1983年。

馮爾康『清代人物傳記史料研究』商務印書館，2000年。

『奉使俄羅斯行程録』張鵬翮撰，全1巻，『藝海珠塵』呉省蘭輯，聽彝堂，嘉慶中刊本，全8集64冊，竹集，所収。

『奉使日記』全20冊，清張氏鐵畫樓抄本。南京圖書館所蔵。

『復庵遺集』許玨撰，全24巻，民國11年鉛印，清末民初史料叢書，臺1版，成文出版社，1970年。

『各國日記彙編』萬選樓主人輯，上海書局石印，光緒22年。

『光緒朝東華録』朱壽朋編・張靜廬校點，中華書局，1984年。

『光緒朝上諭檔』中國第一歴史檔案館編，全34冊，廣西師範大學出版社，2008年。

『光緒通商列表』楊楷撰，光緒12年序，13年跋，近代中國史料叢刊續編第48輯，文海出版社，所収。

『國家圖書館藏清代孤本外交檔案』第14冊，全國圖書館文獻縮微複製中心，2003年。

郭靜洲「蕪湖徽商崔國因的官場興衰」『文史春秋』2008年第1期。

『郭侍郎奏疏』郭嵩燾撰，全12巻，光緒18年刊，近代中國史料叢刊第16輯，文海出版社，所収。

『郭嵩燾等使西記六種』王立誠編校，生活・讀書・新知三聯書店，1998年。

『郭嵩燾日記』全4巻，湖南人民出版社，1981〜1983年。

『郭嵩燾先生年譜』郭廷以編定・尹仲容創編・陸寶千補輯，中央研究院近代史研究所，1971年。

『海國圖志』魏源撰，全100巻，魏光燾平慶涇固道署重刊刻本，光緒2年。

『稿本航海述奇彙編』張德彝著，全10冊，北京圖書館出版社，1997年。

『華工出國史料彙編　第1輯　中國官文書選輯』陳翰笙主編，中華書局，全4冊，1985年。

『皇朝蓄艾文編』于寶軒輯，上海官書局，全80巻，光緒29年。

『皇朝掌故彙編』「外編」全40巻，張壽鏞等輯，求實書社鉛印，光緒28年。

黄樹生「薛福成著述版本考述」『江南大學學報（人文社會科學版）』2005年第2期。

黄小用『曾紀澤的外交活動與思想研究』湖南大學出版社，2013年。

黄政「江標生平與著述刻書考」北京大學中國語言文學系碩士論文，2011年。

『澗于集』「奏議」全6巻，張佩綸撰，民國7年。

『近代名人手札眞蹟——盛宣懷珍藏書牘初編』王爾敏・陳善偉編，全9冊，香港中文大學中國文化研究所史料叢刊（3），中文大學出版社，1987年。

『近代中國』上海中山學社編，上海社會科學院出版社，第 17 輯，2007 年。
孔祥吉「淮系人物在近代中國社會變革中的作用」『歷史教學』2006 年第 3 期。
李恩涵『曾紀澤的外交』中央研究院近代史研究所，1966 年。
『歷代日記叢鈔』李德龍・俞冰主編，學苑出版社，全 200 冊，2006 年。
『李鴻章全集』顧廷龍・戴逸主編，國家清史編纂委員會文獻叢刊，全 39 冊，安徽教育出版社，2008 年。
李吉奎『晚清名臣張蔭桓』廣東人民出版社，2005 年。
李文杰「首部漢譯美國憲法問世考」『北大史學』第 15 輯，2010 年。
『李文忠公尺牘』全 32 卷，合肥李氏石印本，民國 5 年。
『李文忠公全集』李鴻章撰・呉汝綸編，全 165 卷，光緒 31～34 年，文海出版社，1984 年。
李細珠『晚清保守思想的原型——倭仁研究』社會科學文獻出版社，2000 年。
『靈鶼閣叢書』江標輯，元和江氏湖南使院刊本，光緒 21～23 年。
『劉光禄遺稿』劉錫鴻撰，全 2 卷。
梁碧瑩『艱難的外交——晚清中國駐美公使研究』天津古籍出版社，2004 年。
———『陳蘭彬與晚清外交』廣東人民出版社，2011 年。
梁啓超『西學書目表』全 3 卷附 1 卷・『讀西學書法』時務報館刊本，光緒 22 年序。
林慶元『福建船政局史稿（增訂本）』福建人民出版社，1999 年。
劉薇「崔國因外交思想及實踐」湖南師範大學碩士論文，2007 年。
劉悦斌『薛福成外交思想研究』學苑出版社，2011 年。
茅海建「戊戌變法期間的保舉」，同『戊戌變法史事考二集』生活・讀書・新知三聯書店，2011 年，所収。
『民國人物大辭典（增訂本）』徐友春主編，河北人民出版社，全 2 冊，2007 年。
閔鋭武『蒲安臣使團研究』中國文史出版社，2002 年。
潘光哲「王錫祺（一八五五——一九一三）傳」，郝延平・魏秀梅主編『近世中國之傳統與蛻變——劉廣京教授院士七十五歳祝壽論文集』中央研究院近代史研究所，全 2 冊，1998 年，上冊，所収。
『強學報・時務報』中國近代期刊彙刊，全 5 冊，中華書局，1991 年。
『清代官員履歷檔案全編——中國第一歷史檔案館藏』秦國經編，全 30 冊，華東師範大學出版社，1997 年。
『清代職官年表』錢實甫編，中華書局，全 4 冊，1980 年。
『清季外交史料』「光緒朝外交史料」王彦威・王亮輯，全 218 卷，民國 21～24 年，書目文獻出版社影印本，1987 年。
『清季中外使領年表』中國第一歷史檔案館・福建師範大學歷史系合編，中華書局，1985 年。
『清史稿』趙爾巽等編，中華書局標點本，全 48 冊，1977 年。
邱志紅「《英文舉隅》與《英文話規》」『尋根』2008 年第 5 期。
權赫秀『東亞世界的裂變與近代化』中國社會科學出版社，2013 年。
『人境廬詩草箋注』黄遵憲著／錢中聯箋注，中國古典文學叢書，上海古籍出版社，全 3 冊，1981 年。
『上海機器織布局——盛宣懷檔案資料選輯 6』陳旭麓・顧廷龍・汪熙主編，上海人民出版社，2001 年。
『上海縣續志』呉馨等修・姚文枏等纂，上海南園刊本，民國 7 年。
『申報』上海，日刊，同治 11 年～民國 38 年。

沈岩『船政學堂』書林，2012年。
沈雲龍「崔國因其人其事——「歷任我國駐美公使大使一覽表」的一點小補充」『傳記文學』第10巻第2期，1967年。
『適可齋記言』馬建忠撰，南徐馬氏木刻本，光緒22年。
石霓『觀念與悲劇——晚清留美幼童命運剖析』上海人民出版社，2000年。
『施肇基早年回憶録』施肇基著，傳記文學叢書，傳記文學出版社，1967年。
蘇精『清季同文館及其師生』蘇精，1985年。
譚用中「嚴防書稿編輯・校點・注釋中的差錯——湘版書《西洋雜志》讀後」，湖南省出版事業管理局編『湘版圖書評集』湖南省出版事業管理局，1982年，所収。
唐啓華「陸徵祥與辛亥革命」，中國史學會編『辛亥革命與二十世紀的中國』中央文獻出版社，全3冊，2002年，下冊，所収。
湯仁澤『經世悲歡——崇厚傳』上海社會科學院出版社，2009年。
湯志鈞『戊戌變法人物傳稿』中華書局，全2冊，1961年。
『弢園文録外編』王韜撰，中華書局，1959年。
「外交檔案」。中央研究院近代史研究所所藏。
『萬國公報』林樂知（Young John Allen）主編，上海，1874～1907年。
『萬國公法』惠頓（Henry Wheaton）著／丁韙良（William Alexander Parsons Martin）譯，北京崇實館，全4巻，同治3年。
王寶平「甲午戰前中國駐日翻譯官考」『日語學習與研究』2007年第5期。
王立誠『中國近代外交制度史』甘肅人民出版社，1991年。
王蓮英『張蔭桓與晚清外交』光明日報出版社，2011年。
王熙「一個走向世界的八旗子弟——張德彝《稿本航海述奇彙編》研究」中山大學歷史系博士論文，2004年。
王曉秋・楊紀國『晚清中國人走向世界的一次盛舉——一八八七年海外游歷使研究』遼寧師範大學出版社，2004年。
王鍾翰「關於總理衙門」，同『清史雜考』人民出版社，1957年，所収。
『翁同龢日記』翁萬戈編・翁以鈞校訂，中西書局，全8巻，2012年。
『翁同龢文獻叢編之六　外交・借款』翁萬戈輯，藝文印書館，2003年。
呉福環『清季總理衙門研究』文津出版社，1995年。
鄔秋龍「略論薛福成的設領思想——兼與張之洞相比較」『學術月刊』2000年第11期。
『無錫楊仁山先生遺著』楊道霖撰・楊曾勗輯，香港排印本，民國50年，近代中國史料叢刊第54輯，文海出版社，所収。
呉以義『海客述奇——中國人眼中的維多利亞科學』上海科學普及出版社，2004年。
『枲實子存藁』崔國因撰，光緒間刻本。
『西洋雜志』黎庶昌撰／譚用中點校，貴州人民出版社，1992年。
『湘綺樓日記』王闓運撰，嶽麓書社標點本，全5巻，1997年。
『小方壺齋輿地叢鈔』王錫祺輯，上海著易堂印，光緒17年序。
『小方壺齋輿地叢鈔再補編』王錫祺輯，上海著易堂印，光緒23年序。
謝莉珠「江標及其《靈鶼閣叢書》研究」東呉大學中國文學系碩士論文，2011年。
『新政眞詮』何啓・胡禮垣撰，中國報館排印本，光緒26年。
『醒目清心録』張德彝纂，國家圖書館分館編，全國圖書館文獻縮微複製中心，全13冊，2004年。

『星軺指掌』馬爾頓（Charles de Martens）撰・葛福根（Friedrich Heinrich Geffckens）註／聯芳・慶常譯，同文館鉛印本，光緒 2 年。
熊月之「近代進步教育家張煥綸」『華東師範大學學報』1983 年第 1 期。
許順富『湖南紳士與晚清政治變遷』湖南人民出版社，2004 年。
『許文肅公遺稿』許景澄撰，全 12 巻，外交部圖書處排印本，民國 7，9 年，近代中國史料叢刊』第 19 輯，文海出版社，所収。
『續修四庫全書總目提要（稿本）』中國科學院圖書館整理，齊魯書社影印本，全 38 冊，1996 年。
『薛福成日記』蔡少卿整理，國家清史編纂委員會文獻叢刊，吉林文史出版社，全 2 冊，2004 年。
閆俊俠「一本雖薄却重的晚清出洋大臣日記——淺談李鳳苞及其《使德日記》」『蘭州學刊』2006 年第 12 期。
『洋務運動』中國史學會主編，中國近代史資料叢刊，上海人民出版社，全 8 冊，1961 年。
楊易「晚清外交官及其著述」『北京檔案史料』1999 年第 1 期。
『養雲山莊遺稿』劉瑞芬撰，全 11 巻，光緒 19，22 年刊。
『養知書屋文集』郭嵩燾撰，全 28 巻，光緒 18 年刊，近代中國史料叢刊第 16 輯，文海出版社，所収。
『異域録』圖理琛撰，全 1 巻，刊本，私家版，雍正元年序。
尹德翔『東海西海之間——晚清使西日記中的文化觀察・認證與選擇』北京大學出版社，2009 年。
『瀛環志略』徐繼畬撰，福建撫署刻本，道光 28 年。
『庸盦文別集』薛福成撰，上海古籍出版社，1985 年。
『庸盦全集』薛福成撰，光緒 24 年刊本，華文書局影印本，全 2 冊，1971 年。
『游記彙刊』佚名輯，湖南新學書局，光緒 23 年。國家圖書館地方志家譜閲覽室所蔵。
尤淑君『賓禮到禮賓——外使覲見與晚清涉外體制的變化』社會科學文獻出版社，2013 年。
『越縵堂日記』李慈銘撰，國家清史編纂委員會文獻叢刊，廣陵書社影印本，全 18 冊，2004 年。
『月摺檔』。臺灣故宮博物院所蔵。
『增版東西學書録』徐維則輯・顧燮光補輯，『近代譯書目』王韜・顧燮光等編，北京圖書館出版社，2003 年，所収。
『曾惠敏公電稿』全國圖書館文獻縮微複製中心，2005 年。
『曾惠敏公手寫日記』曾紀澤撰，臺灣學生書局，中國史學叢書，全 8 冊，1965 年。
『曾惠敏公遺集』曾紀澤撰，江南製造總局刊本，光緒 19 年，近代中國史料叢刊續編第 23 輯，文海出版社，所収。
『曾紀澤集』喩岳衡點校，嶽麓書社，2005 年。
『曾紀澤日記』劉志惠點校輯注・王澧華審閱，嶽麓書社，全 3 冊，1998 年。
「曾紀澤未刊書牘」『近代史資料』総第 75 号，1989 年。
『曾紀澤遺集』喩岳衡點校，嶽麓書社，1983 年。
『張蔭桓日記』任青・馬忠文整理，近現代名人日記叢刊，世紀出版集團・上海書店出版社，2004 年。
張宇權『思想與時代的落差——晚清外交官劉錫鴻研究』天津古籍出版社，2004 年。
趙金敏「關於張德彝《七述奇》手稿」『近代史研究』1985 年第 6 期。

趙可「論崔國因對西方議院制度的認識」『達縣師範高等專科學校學報』2000 年第 1 期。
———「崔國因的美國富強觀」『西南交通大學學報（社會科學版）』第 2 巻第 4 期，2001 年。
趙中孚『清季中俄東三省界務交涉』中央研究院近代史研究所，1970 年。
『中俄交涉記』積山書局石印本，光緒 22 年，近代中國史料叢刊第 12 輯，文海出版社，所收。
『中國近現代人物名號大辭典（全編增訂本）』陳玉堂編著，浙江古籍出版社，2005 年。
『中美關係史料　光緒朝二』中央研究院近代史研究所編，中國近代史資料彙編，1988 年。
『中美關係史料　光緒朝一』中央研究院近代史研究所編，中國近代史資料彙編，1988 年。
鍾叔河『從東方到西方——走向世界叢書叙論集』嶽麓書社，2002 年。
『中外舊約章彙編』王鐵崖編，生活・讀書・新知三聯書店，全 3 冊，1957 年。
周谷「鞠躬盡瘁的外交家楊儒」『傳記文學』第 49 巻第 1 期，1986 年。
周國瑞「一位外交官眼中的歐洲國際形勢及走向（1889-1893）」『淮陽工學院學報』第 14 巻第 2 期，2005 年 4 月。
———「駐美公使崔國因的世界認識・國防及外交思想（1889-1893）」華東師範大學碩士論文，2006 年。
———「從一則文獻資料解析駐美公使崔國因」『歷史檔案』2012 年第 4 期。
『駐德使館檔案鈔』劉錫鴻等撰，中國史學叢書初編，學生書局，1966 年。
朱士嘉編『美國迫害華工史料』中華書局，1958 年。
朱維錚「使臣的實録與非實録——晚清的六種使西記」，同『求索真文明——晚清學術史論』上海古籍出版社，1996 年，所収。
朱有瓛主編『中國近代學制史料』第 1 輯，華東師範大學出版社，1983 年。
『拙尊園叢稿』黎庶昌撰，金陵狀元閣刊，光緒 21 年，近代中國史料叢刊第 8 輯，文海出版社，所収。
『總理各國事務衙門清檔』。北京大學圖書館所蔵。
「總理各國事務衙門清檔」各國交涉雜項・張蔭桓進呈出使日記及保薦李經方徐壽朋案。中央研究院近代史研究所所蔵。
『奏定出使章程』民國刊。東京都立中央図書館実藤文庫所蔵。
『走向世界叢書』鍾叔河主編，湖南人民出版社，全 20 冊，1981～83 年。
『走向世界叢書』鍾叔河主編，嶽麓書社，全 10 冊，1984～86 年。
鄒振環「薛福成與《瀛環志略》續編」『學術集林』第 14 巻，1998 年。
『最近官紳履歷彙録』敷文社編，近代中國史料叢刊第 45 輯，文海出版社，所収。
『罪言存略』郭嵩燾撰，時報館重刊本，光緒 14 年。

Alder, Garry John. *British India's Northern Frontier 1865-95: a Study in Imperial Policy*, London: Published for the Royal Commonwealth Society by Longmans, 1963.
Banno, Masataka（坂野正高）. *China and the West 1858-1861, the Origins of the Tsungli Yamen*, Cambridge, Mass.: Harvard University Press, 1964.
Biggerstaff, Knight. "The Establishment of Permanent Chinese Diplomatic Missions Abroad," *The Chinese Social and Political Science Review*, Vol. 20, No. 1, 1936.
———. "The Official Chinese Attitude toward the Burlingame Mission," *The American Historical Review*, Vol. 41, No. 4, 1936.
Bourne, Frederick Samuel Augustus, trans. "Diary of Liu Ta-jên's Mission to England," *The*

Nineteenth Century, Vol. 8, 1880.

Chen-Schrader, Feng. *Lettres chinoises: Les diplomates chinois découvrent l'Europe (1866–1894)*, Paris: Hachette Littérature, 2004.

Chow, Jen-hwa (周仁華). *China and Japan, the History of Chinese Diplomatic Mission in Japan, 1877–1911*, Singapore: Chopmen Enterprises, 1975.

Congressional Record: containing the Proceeding and Debates of the Congress, Washington D. C.: Government Printing Office, 1874–.

Dikötter, Frank. *The Discourse of Race in Modern China*, Stanford: Stanford University Press, 1992.

Frodsham, John David, translated and annotated by. *The First Chinese Embassy to the West: the Journals of Kuo Sung-Tao, Liu Hsi-Hung and Chang Te-yi*, Oxford: Clarendon Press, 1974.

Great Britain. Foreign Office, General Correspondence, China, (1815–1905), FO17.

Hao, Yen-p'ing (郝延平) and Er-min Wang (王爾敏). "Changing Chinese Views of Western Relations, 1840–1895," in John King Fairbank and Kwang-ching Liu (劉廣京), eds., *The Cambridge History of China, Vol. 11, Late Ch'ing, 1800–1911, Part 2*, Cambridge, etc.: Cambridge University Press, 1980.

Hsü, Immanuel C. Y. (徐中約) *China's Entrance into the Family of Nations: the Diplomatic Phase, 1858–1880*, Cambridge, Mass.: Harvard University Press, 1960.

———. *The Ili Crisis: a Study of Sino-Russian Diplomacy, 1871–1881*, Oxford: Clarendon Press, 1965.

Hunt, Michael H. *The Making of a Special Relationship the United States and China to 1914*, New York: Columbia University Press, 1983.

Jelavich, Charles and Barbara, eds. *Russia in the East, 1876–1880: the Russo-Turkish War and the Kuldja Crisis as Seen through the Letters of A. G. Jomini to N. K. Giers*, Leiden: E. J. Brill, 1959.

LaFargue, Thomas Edward. *China's First Hundred: Educational Mission Students in the United States, 1872–1881*, Pullman: Washington States University Press, 1987.

Martin, William Alexander Parsons. *A Cycle of Cathay or China, South and North with Personal Reminiscences*, New York: Fleming H. Revell Company, 1896.

Meng, S. M. (蒙思明) *The Tsungli Yamen: Its Organization and Function*, Cambridge, Mass.: Harvard University Press, 1962.

New York Times, New York, daily, 1851–.

Nicolson, Harold. *Diplomacy*, 2nd ed., Oxford: Oxford University Press, 1950.

Paine, Sarah C. M. *Imperial Rivals: China, Russia, and their Disputed Frontier, 1858–1924*, Armonk: M. E. Sharpe, 1996.

Qin, Yucheng. *The Diplomacy of Nationalism: The Six Companies and China's Policy toward Exclusion*, Honolulu: University of Hawai'i Press, 2009.

The Marquis Tseng (曾紀澤). "China, the Sleep and the Awakening," *The Asiatic Quarterly Review*, Vol. 3, Jan. 1887.

The Times, London, daily, 1785–.

Treaties, Conventions, etc., between China and Foreign States, 2vols., China. Imperial Maritime Customs, III—Miscellaneous Series, No. 30, Shanghai, 1908.

Twiss, Travers. *The Law of Nations Considered as Independent Political Communities: On the Rights and Duties of Nations in Time of Peace*, 2nd ed., revised and enlarged, Oxford: Clarendon Press, 1884.

United States. Department of State, General Records of Department of State:

Notes from the Chinese Legation in the United States to the Department of State, 1868-1906, 6 vols.

Notes to Foreign Legations in the United States from the Department of State, China, 1868-1906.

Wheaton, Henry. *Elements of International Law*, 6th ed., with the last corrections of the author, additional notes, and introductory remarks, containing a notice of Mr. Wheaton's diplomatic career, and of the antecedents of his life, by W. B. Lawrence, Boston: Little, Brown & Co., 1855.

Williams, Frederick Wells. *Anson Burlingame and the First Chinese Mission to Foreign Powers*, New York: Charles Scribner's Sons, 1912.

Wong, Owen Hong-hin（黄康顯）. *A New Profile in Sino-Western Diplomacy: the First Chinese Minister to Great Britain*, Kowloon: Chung Hua Book Co., 1987.

Wright, Mary Clabaugh. *The Last Stand of Chinese Conservatism: the T'ung-Chih Restoration, 1862-1874*, Stanford: Stanford University Press, 1957.

Wright, Stanley Fowler. *Hart and the Chinese Customs*, Belfast: W. M. Mullan, 1950.

Yen Ching-hwang（顔清湟）. *Coolies and Mandarins: China's Protection of Overseas Chinese during the Late Ch'ing Period*（*1851-1911*）, Singapore: Singapore University Press, 1985.

Воскресенский, Алексей Дмитриевич. *Дипломатическая история русско-китайского Санкт-Петербургского договора 1881 года*, Москва: Памятники исторической мысли, 1995.

Дневник Д. А. Милютина, том 3 1878-1880 гг., редакция и примечания Петр Андреевич Зайончковского, Москва: Государственная библиотека СССР имени В. И. Ленина. Отдел рукописей, 1950.

Нарочницкий, Алексей Леонтьевич. *Колониальная политика капиталистических держав на Дальнем Востоке, 1869-1895*, Москва: Изд-во Академии наук СССР, 1956.

附録 2　清朝在外公館員表（1877〜94）

箱田恵子編

凡　例

1　本表は，最初の在外公館が設立された 1877 年から日清戦争が勃発する 1894 年 8 月までに赴任した公使とその随行員を対象とする。この期間の在外公館こそが出使日記を生み出した母体であり，そのあり方が出使日記の性格を規定しているためである。

2　在外公館員の職位は，出使大臣は「公使」（崇厚のみ「大使」）とするが，「參贊」以下，「翻譯」「隨員」「學生」「學習翻譯」などは清朝の呼称をそのまま用いた。ただし，駐日領事は「理事官」が清朝の呼称であるが，他地域と同じく「領事」とする。これより下位の「供事」「武弁」「醫官」などは，本表に含まない。

職位には（　）内にもとの官職を記した。もっとも網羅的ではなく，判明したものに限っている。

3　本表は公使の兼任状況や在外公館員の人的つながりを考慮し，ヨーロッパ・アメリカ大陸・日本の 3 地域に大別する。国名・地名は日本語表記を用いた。

ヨーロッパの清朝在外公館には，駐イギリス，駐フランス，駐ドイツ，駐ロシアの各公使館と，駐英公使管轄下の駐シンガポール領事館（1891 年総領事館），駐ペナン領事館を含む。

アメリカ大陸の在外公館には，駐アメリカ，駐スペイン，駐ペルーの各公使館と，それぞれの管轄下にある駐サンフランシスコ総領事館，駐ニューヨーク領事館，駐キューバ総領事館，駐マタンサス領事館，駐カヤオ領事館を含む。

日本の在外公館には，駐日公使館と管轄下の駐横浜兼築地領事館（本表では駐横浜領事館と略記する，以下同じ），駐神戸兼大阪領事館（駐神戸領事館），駐長崎領事館，駐箱館兼新潟・夷港領事館（駐箱館領事館）を含む。

なお，公使・領事の任命期間や兼任状況の詳細については，『清季中外使領年表』を参照。

4　異動については，随行した公使の任期を基準とする。複数の公使・在外公館に勤務した在外公館員の場合は，備考欄に出洋経歴を記した。また，一人の公使が複数の国の公使館・領事館を管轄するため，随行した在外公館員は勤務地ごとに參贊・領事，翻譯，隨員，學生・學習翻譯などの順で示した。

具体的な勤務地が不明な場合は，職位のみを記し，表の末尾に配置した。公使の兼任状況が複雑で，随行員の勤務地が不明なものが多い場合は，勤務地によって分けず，職位順に配列した。なお疑わしいものには，？を付してある。

5　出洋経歴が長期にわたる人物は，最初の勤務地の備考欄にその後の出洋経歴などを記し，以後は「参照：駐某国公使館・丸数字」と注記した。丸数字は公使の代位を示す。たとえば「参照：駐英公使館①」は初代駐英公使・郭嵩燾期の表を意味する。

以上のような場合を含め，複数の公使のもとに勤務した在外公館員は，最初の勤務時期の備考欄

にすべての勤務地・時期を【　】内に同様の方法で示した。たとえば【駐英公使館①②，駐独公使館②】など。

6　在外公館員の別名・字号は，代表的なもの一つを採録した。別にまとめた「別名字号一覧」も参照されたい。

7　出使日記をはじめ，在外公館での調査活動に関わる主な著作・訳書を備考欄に示した。複数の公使に随行した人物の著作・訳書は，出洋経験とは異なり，その調査が行われた時期の備考欄に記した。なお，書名の前の「*」は附録1「総目録」（表中では「附録1」と略記）に記載されていることを示す。

8　本表作成にあたっては，『中国文化界人物総鑑』『清代職官年表』『清季中外使領年表』『民國人物大辭典』などの人名辞典類，T. E. LaFargue, *China's First Hundred*, 石霓『觀念與悲劇』，蘇精『清季同文館及其師生』などの研究書にくわえ，「外交檔案」（とくに02-12「出使設領」）などの文書・檔案，さらには各種の出使日記を参照した。
それぞれあげた参考文献は，すべて「文献目録」に掲出してある。出使日記については，附録1「総目録」を参照。

I　ヨーロッパ

(1) 駐イギリス公使館

①郭嵩燾（駐英公使：1877～79；駐仏公使（兼）：1878～79）

名前（字号）	籍貫	職位（原官）	備考（出洋経験，出使日記など）
郭嵩燾 （筠仙）	湖南湘陰	駐英公使 （福建按察使，候補侍郎）	道光27年（1847）進士 1878年駐仏公使を兼任 ＊『使西紀程』
劉錫鴻 （雲生）	廣東番禺	駐英副使 （刑部員外郎，三品銜候補五品京堂）	道光28年（1848）擧人 1877～78年駐独公使 ＊『英軺私記』 【駐英公使館①，駐独公使館①】
黎庶昌 （蒓齋）	貴州遵義	三等參贊 （江蘇候補直隸州知州）	1877年駐独公使館參贊→1878年駐仏公使館參贊→1879年駐スペイン公使館參贊 1882～84，1888～91年第2・4代駐日公使 ＊『西洋雜志』＊『奉使倫敦記』 【駐英公使館①②，駐独公使館①，駐米公使館①，駐日公使館②④】
張德彝 （原名は德明，字は在初）	漢軍鑲黃旗	三等翻譯 （花翎四品銜兵部員外郎）	京師同文館 1866年斌椿視察団，1868年バーリンゲーム使節団，1870年崇厚謝罪使に随行（→附録1：特使随員） 1877年駐英公使館→1878年駐露公使館→1880年帰国 1887年駐独公使館參贊→1896年駐英公使館參贊 1902～05年駐英公使 ＊『四述奇』 【駐英公使館①，駐露公使館①，駐独公使館④】
鳳儀 （夔九）	蒙古正黃旗	三等翻譯 （戸部員外郎）	京師同文館 1866年斌椿視察団，1868年バーリンゲーム使節団に随行 駐英公使館翻譯→參贊に昇進 帰国後，上海廣方言館英文教習，『西國近事彙編』の翻訳 1902～06年駐シンガポール総領事 【駐英公使館①②③】
張斯栒 （聽帆）	浙江慈谿	随員兼翻譯 （候選通判）	→ 1887年駐独公使館→1878年駐英公使館→1879年駐米公使館→1882年駐英公使館（～94年，二等翻譯に）

			1899年湖北留日學生監督，張斯桂の兄弟 ＊「張斯栒集譯」(『西洋雜志』収録) 【駐英公使館①②③④，駐独公使館①，駐米公使館①】
李荊門 (湘浦)	江蘇甘泉	隨員 (廣東候補知縣)	→1878年駐仏公使館隨員→英・仏・露三国公使館を往来，1882年三等參贊に昇進 【駐英公使館①②】
姚嶽望 (彥嘉)	江蘇陽湖	隨員 (候選通判)	1878年帰国
劉孚翊 (鶴伯)	江西南豐	隨員 (候選知府)	→1877年駐独公使館隨員→1880年在任中に病歿 【駐英公使館①，駐独公使館①②】
黃宗憲 (玉屏)	湖南新化	隨員 (中書科中書)	
張鳳書 (玉堂)		隨員	→1877年駐独公使館隨員 【駐英公使館①，駐独公使館①】
胡璇澤 (玉璣)	廣東番禺	駐シンガポール領事(道員)	現地華人
蘇溎清 (玉川)		駐シンガポール領事館隨員 (鹽提擧銜布政使經歷)	→1880年駐シンガポール領事代理（～81年） 【駐英公使館①②】
聯芳 (春卿)	漢軍鑲白旗	駐仏公使館翻譯	京師同文館 1868年バーリンゲーム使節団に随行 1878年より英・仏・露3国公使館の翻譯・參贊を歴任（～87年） 1901年外務部右侍郎→1905年外務部左侍郎(～10年) 【駐英公使館①②③】
陳季同 (敬如)	福建侯官	駐仏公使館幫辦翻譯	福州船政局求是堂藝局前學堂 福州船政局派遣留學生監督秘書 1878年駐独公使館翻譯→1884年駐仏公使館參贊(～91年) ＊「巴黎半月密記」(附録1：特使・視察も参照) 【駐英公使館①④，駐独公使館②③】
羅豐祿 (稷臣)	福建閩縣	駐仏公使館幫辦翻譯	福州船政局求是堂藝局後學堂 福州船政局派遣留學生監督翻譯 1878年駐独公使館へ，まもなく帰国 1896～1901年駐英公使 ＊「羅豐祿與友人書」＊「羅豐祿記」(『西洋雜志』収録) 【駐英公使館①，駐独公使館②】
馬建忠 (眉叔)	江蘇丹徒	駐仏公使館幫辦翻譯	福州船政局派遣留學生監督隨員，1880年帰国 1881年インド調査，1882年に三度の朝鮮行

			(→附録 1：特使・視察)

参照）郭嵩燾『郭嵩燾日記』，張德彝『四述奇』。

②曾紀澤（駐英公使：1879～86；駐仏公使（兼）：1879～84；駐露公使（兼）1880～86）

名前（字号）	籍貫	職位（原官）	備考（出洋経験，出使日記など）
曾紀澤 （劼剛）	湖南湘郷	公使 （花翎候補四五品京堂）	＊『曾侯日記』＊『金軺籌筆』
陳遠濟 （松生）	湖南茶陵	駐英公使館二等參贊 （道銜候選郎中）	曾紀澤の妹婿，ロンドンにて病歿
劉翰清 （開生）	江蘇武進	駐英公使館三等參贊 （鹽運使銜候選道）	→ 1879 年駐仏公使館參贊
左秉隆 （子興）	駐防廣州漢軍正黃旗	駐英公使館三等翻譯 （五品銜都察院學習都事）	廣東同文館出身 → 1881 年駐シンガポール領事（～91 年） 1907～10 年駐シンガポール総領事 【駐英公使館②③④】
陳志尹 （莘耕）	江西南豐	駐英公使館三等翻譯 （江蘇候補同知）	→ 1882 年帰国
鳳儀（夔九）	蒙古正黃旗	駐英公使館翻譯	参照：駐英公使館①
張斯栒 （聽帆）	浙江慈谿	駐英公使館隨員兼翻譯 （知府銜候選同知直隸州知州）	参照：駐英公使館①
楊文會 （仁山）	安徽石埭	駐英公使館隨員 （員外郎銜候選中書科中書）	→駐法公使館隨員→ 1882 年帰国 1886 年再び出洋 【駐英公使館②③】
李炳琳 （芳圃）	直隸灤州	駐英公使館隨員 （五品銜候選知縣）	→駐露公使館隨員
李貴朝［朝貴？］ （登甫）	四川金堂	駐英公使館隨員 （江蘇候補府經歷）	→駐仏公使館隨員
曹金泳 （一齋）	湖南長沙	駐英公使館隨員 （候選縣丞）	→駐仏公使館隨員
蕭仁杰（介生）	湖南善化	駐英公使館隨員	
賀慶銈		駐英公使館隨員 （同知銜陝西候補知縣）	
謝先任 （智卿）		駐英公使館學生 （候選典史）	→ 1882 年駐仏公使館隨員 （機器學生）
王世綬 （欽軒）		駐英公使館學生 （同知銜儘先選用	→四等翻譯 （機器學生）

		知縣）	
曹恩浩		駐英公使館學生 （監生）	
黎庶昌（蒓齋）	貴州遵義	駐仏公使館二等參贊	参照：駐英公使館①
聯興 （子振）	漢軍鑲白旗	駐仏公使館三等翻譯 （内閣候補中書）	京師同文館 1878 年駐仏公使館翻譯→ 1884 年駐独公使館→ 1886 年駐露公使館仏文翻譯→ 1888 年駐独公使館翻譯，同年帰国 【駐英公使館②③，駐独公使館④】
聯芳 （春卿）	漢軍鑲白旗	駐仏公使館三等翻譯 （戸部儘先即補郎中）	→駐露公使館二等翻譯 参照：駐英公使館①
李荊門 （湘浦）	江蘇甘泉	駐仏公使館随員 （補用直隷州知州廣東候補知縣）	→ 1882 年駐仏公使館三等參贊 参照：駐英公使館①
楊書霖		駐露公使館三等參贊 （同知銜候選知縣）	擧人
劉麒祥（康侯）	湖南湘郷	駐露公使館随員	→ 1881 年駐仏公使館二等參贊
桂榮 （冬卿）	漢軍鑲藍旗	駐露公使館三等露文翻譯 （候選知府戸部儘先即補郎中）	参照：駐露公使館①
塔克什訥 （木庵）	漢軍正藍旗	駐露公使館三等露文翻譯 （四品銜工部儘先即補員外郎）	参照：駐露公使館①
慶常 （靄堂）	漢軍鑲紅旗	駐露公使館仏文三等翻譯	→ 1884 年駐仏三等參贊 参照：駐独公使館①
慶全		四等露文翻譯 （八品官）	京師同文館
王錫庚 （鵬九）		候補随員 （四品銜儘先選用知州）	のち駐仏公使館參贊（龔照瑗期） 【駐英公使館②⑤】
楊淦 （如齋）		圖畫學生 （五品銜四川試用縣丞）	1879 年，帰国途上に病歿
蘇溎清 （玉川）		駐シンガポール領事官代理 （鹽提擧銜布政使經歷）	参照：駐英公使館①
左棠	駐防廣州正	駐シンガポール領	左秉隆の甥

(樹南)	漢軍黃旗	事館隨員代理	

参照)『曾紀澤遺集』,『國家圖書館藏清代孤本外交檔案』,『四述奇』,『歐遊隨筆』。

③劉瑞芬(駐英公使:1886～90;駐露公使(兼):1886～87;駐仏公使(兼):1887～90)

名前(字号)	籍貫	職位(原官)	備考(出洋経験,出使日記など)
劉瑞芬 (芝田)	安徽貴池	公使 (二品頂戴,江西布政使)	*『西軺紀略』
李經方 (伯行)	安徽合肥	駐英公使館參贊	1891～92年駐日公使 1907～10年駐英公使 【駐英公使館③,駐日公使館⑤】
鳳儀(夔九)	蒙古正黃旗	駐英公使館參贊	参照:駐英公使館①
莫繩孫 (仲武)	貴州獨山	駐露公使館參贊	→ 1887年駐仏公使館參贊 黎庶昌の親類
聯芳 (春卿)	漢軍鑲白旗	駐露公使館參贊 (三品銜儘先前即選知府)	→ 1887年帰国 参照:駐英公使館①
張斯栒 (聽帆)	浙江慈谿	駐英公使館隨員兼二等翻譯 (二品銜候選道)	参照:駐英公使館①
聯興(子振)	漢軍鑲白旗	駐露公使館翻譯	参照:駐英公使館②
李家鏊 (蘭舟)	江蘇上海	駐露公使館學習翻譯	1891年帰国時にシベリア鉄道調査,1896年天津・北洋俄文學堂→ 1897年駐ウラディヴォストーク商務委員→ 1911年東三省交渉員,ハルピン鐵路交渉局総辦 民国:吉林省西北路觀察使,署理駐ウラディヴォストーク総領事,シベリア高等外交委員,外交部參事,東省特別區高等審判廳廳長,駐ソ連外交代表などを歴任,1925年フィンランド公使,1926年モスクワで病歿 【駐英公使館③,駐独公使館④】
吳宗濂 (挹清)	江蘇嘉定	駐英公使館學習翻譯・駐仏公使館三等翻譯	上海廣方言館→京師同文館 1885年駐英公使館仏文學生→ 1887年駐仏公使館三等翻譯→ 1897年駐英公使館二等翻譯→ 1902年駐仏二等參贊→ 1903年駐スペイン公使館參贊→ 1906年考察政治二等參贊→ 1907年駐墺公使館參贊→ 1908年外務部右丞→ 1909年駐伊公使 【駐英公使館③④⑤】
余思詒 (易齋)	江蘇武進	駐英公使館隨員	→ 1887年装甲艦を護送して帰国 1893年駐キューバ総領事→駐米公使館三等參贊→ 1897年駐サンフランシスコ総領事(～98年) *『樓船日記』

			【駐英公使館③，駐米公使館⑤】
方培容（子涵）	江蘇上元	隨員	
汪奎綬（子久）	江蘇呉縣	隨員（鹽大使）	
董瀛（仙洲）	直隷大興	隨員（布政使理問）	
潘志俊（子靜）	江蘇呉縣	隨員（候選知府）	
梅壽祺（雪樵）	江蘇江寧	隨員（工部額外主事）	1889 年時点で駐仏公使館勤務
楊文會（仁山）	安徽石埭	隨員	参照：駐英公使館②
曹驤（潤甫）	江蘇上海	隨員	
洪遐昌（嵩年）	安徽祁門	駐英公使館隨員	→駐神戸領事（1891～93 年）
沈金年（裴莊）	江蘇烏程	隨員	
張祖翼（逖先）	安徽桐城	隨員	
呉焯（子庚）	安徽貴池	隨員	
王文藻（翰卿）	江蘇陽湖	隨員	
蘇紹良（冶生）	江蘇上海	隨員	
楊自超（葵園）	安徽石埭	隨員	
方懋薫（香林）	江蘇上元	隨員	
鄒代鈞（沅帆）	湖南新化	隨員	＊『西征紀程』
胡樹榮（蔭菊）	江蘇呉縣	學習翻譯	
左秉隆（子興）	駐防廣州漢軍正黃旗	駐シンガポール領事（五品銜都察院學習都事）	参照：駐英公使館②

参照）鄒代鈞『西征紀程』，張德彝『五述記』。

④薛福成（駐英公使：1890～94；駐仏公使（兼）：1890～94）

名前（字号）	籍貫	職位（原官）	備考（出洋経験，出使日記など）
薛福成（叔耘）	江蘇無錫	公使（湖南按察使，二品頂戴候補三品京堂）	＊『出使英法義比四國日記』＊『出使日記續刻』
許珏（靜山）	江蘇無錫	駐英公使館參贊（候選知縣）	参照：駐米公使館③
陳季同（敬如）	福建侯官	駐仏公使館參贊	参照：駐英公使館①
慶常（靄堂）	漢軍鑲紅旗	駐仏公使館二等參贊	参照：駐独公使館① 訳書：『越南三圻考』『東埔寨考』（いずれも『續瀛環志略初編』所収）

張斯栒 （聽帆）	浙江慈谿	駐英公使館二等翻譯兼隨員 （二品銜候選道）	参照：駐英公使館①
吳宗濂 （挹清）	江蘇嘉定	駐仏公使館三等翻譯	参照：駐英公使館③ 訳書：『澳大利亞洲新志』（趙益謙と共訳）『土耳古國志』等（郭家驥と共訳，張美翊述），『英法義比志譯略』（世增と共訳，趙元益・顧錫爵述）など
瞿昂來 （鶴庭）	江蘇寶山	英文四等翻譯	京師同文館 →三等翻譯（龔照瑗公使期） 訳書：『日本國志』『印度史』（いずれも『續瀛環志略初編』所収）など 【駐英公使館④⑤】
那三 （華祝）	廣東	翻譯 （候選直隸州知州）	京師同文館（英文）
顧錫爵（延卿）	江蘇如皋	隨員（廩貢生）	訳書→吳宗濂・世增を参照
錢恂 （念劬）	浙江吳興	隨員 （直隸候補縣丞）	→ 1891 年駐露・独公使館隨員→ 1893 年駐仏公使館→ 1895 年帰国→ 1898 年湖北留日學生監督→ 1905 年考察政治大臣參贊 1907～08 年駐オランダ公使 【駐英公使館④⑤，駐独公使館⑤】
張美翊 （讓三）	浙江鄞縣	隨員 （優廩生）	擧人 訳書→吳宗濂・世增を参照
楊振鏞 （叔平）		隨員 （浙江候補鹽大使）	
沈翊清 （澹梅）	福建侯官	隨員 （江蘇候補縣丞）	光緒 15 年（1889）擧人，沈葆楨の孫 福州船政局第三批留學生監督 帰国後，日本視察（→附録 1：特使・視察）
左運璣（子衡）		隨員（候選通判）	
王詠霓 （子裳）	浙江黃巖	隨員 （補用直隸州知州）	参照：駐独公使館③
聯豫 （健侯）	内務府漢軍正白旗	隨員 （指省浙江候補同知）	1906 年駐藏辦事大臣
承厚 （伯純）	滿洲正藍旗	駐仏公使館隨員 （吏部主事）	参照：駐独公使館④
潘承烈 （景周）		駐仏公使館隨員 （候選府經歷）	参照：駐独公使館③
趙元益 （靜涵）	江蘇新陽	医官兼翻譯學生 （候選知縣）	擧人 訳書→吳宗濂・世增を参照
胡惟德 （馨吾）	浙江吳興	駐英公使館翻譯學生 （擧人）	上海廣方言館→京師同文館，擧人 1890 年駐英公使館翻譯學生→隨員

			1893 年駐米公使館随員→參贊→ 1896 年駐露公使館參贊→ 1902 年駐露公使→ 1907 年外務部右丞→ 1908 年駐日公使→ 1910 年外務部右侍郎，左侍郎 民国：駐仏公使，外交部総長など 【駐英公使館④，駐米公使館⑤】
王鳳喈 （儀亭）	浙江寧波	翻譯學生 （候補千總）	第二批留美幼童 病歿
王豐鎬 （省三）	江蘇上海	翻譯學生 （附生）	京師同文館 1890 年駐英・仏公使館翻譯學生→三等翻譯 在英中にグリニッジ大学入学，1895 年帰国 1901 年駐日公使館參贊→ 1902 年駐横浜総領事代理→同年に帰国，郷試をうけ舉人に 考察政治大臣に随行して出洋 民国：外交部交渉員 ＊「日記」（『出使英法義比四國日記』に摘録） 【駐英公使館④⑤】
世增 （益三）	漢軍正白旗	翻譯學生 （同文館學生）	京師同文館 翻譯學生→仏文三等翻譯→ 1897 年駐露公使館二等翻譯→駐露三等參贊→ 1904 年帰国 訳書：『中國印度圖説』（陳星庚述）『暹羅志』（張美翊述）『越南國志譯略』（顧錫爵述）（いずれも『續瀛環志略初編』所収），『佛郎西志譯略』（顧錫爵述），『檀香山群島志擬稿』（張美翊述）など 【駐英公使館⑤⑥】
郭家驥 （秋坪）	順天宛平	翻譯學生 （監生）	京師同文館（仏文） 駐ポルトガル公使館二等秘書官 民国：外交部承參廳參事 訳書：『革雷得志略』ほか→吳宗濂を参照
陳星庚 （鈞侯）	浙江鄞縣	學生	舉人 訳書：『中國印度圖説』『緬甸國志』（いずれも世增訳・陳星庚述，『續瀛環志略初編』所収）
左秉隆 （子興）	駐防廣州漢軍正黄旗	駐シンガポール領事 （五品銜都察院學習都事）	参照：駐英公使館②
黄遵憲 （公度）	廣東嘉應	駐シンガポール総領事 （二品銜分省補用道）	参照：駐日公使館①
張振勳 （弼士）	廣東大埔	駐ペナン副領事 （候選同知）	現地華人 →駐シンガポール総領事代理（～1897 年） 【駐英公使館④⑤】

参照）『薛福成日記』。

⑤龔照瑗（駐英公使：1894〜97；駐仏公使（兼）：1894〜95）

名前（字号）	籍貫	職位（原官）	備考（出洋経験，出使日記など）
龔照瑗 （仰蘧）	安徽合肥	公使 （四川布政使，賞侍郎銜三品京堂候補）	
宋育仁 （芸子）	四川富順	駐英二等參贊	光緒 8 年（1882）進士 1895 年帰国 ＊『泰西各國采風記』
曾廣銓 （敬貽）	湖南湘郷	駐英公使館參贊	1905 年駐朝鮮公使 曾紀澤の甥
慶常（靄堂）	漢軍鑲紅旗	駐仏公使館二等參贊	参照：駐独公使館①
王錫庚（鵬九）		駐仏公使館參贊	参照：駐英公使館②
彥愷 （琴堂）		三等參贊 （刑部員外郎）	海軍衙門章京（遊歷官） ＊『隨軺紀游吟稿』
鳳淩 （瑞臣）	蒙古正紅旗	三等參贊？ （兵部主事）	海軍衙門章京（遊歷官） → 1899 年駐仏公使館三等參贊 ＊『游餘僅誌』＊『四國游記』
吳宗濂 （挹清）	江蘇嘉定	駐仏公使館二等翻譯	参照：駐英公使館③ ＊『隨軺筆記』
王豐鎬（省三）	江蘇上海	駐英公使館三等翻譯	参照：駐英公使館④
瞿昂來 （鶴庭）	江蘇寶山	英文三等翻譯 （候選縣主簿）	参照：駐英公使館④
世增 （益三）	漢軍正白旗	仏文三等翻譯	
劉鏡人 （士熙）	江蘇寶山	三等翻譯	上海廣方言館→京師同文館 1894 年駐英・仏公使館→ 1896 年三等翻譯→ 1897 年駐露公使館→東省鐵路總監工 1905〜08 年駐露公使館二等參贊 1911 年駐オランダ公使 民国：駐露公使
聯涌 （文泉）		仏文翻譯 （四品銜大理寺候補寺丞）	京師同文館
鄧廷鏗 （琴齋）	廣東番禺	駐英公使館翻譯？ （候選同知）	→ 1897 年駐スペイン公使館翻譯 訳書：『英國鐵路公司章程』（鄧廷鏗訳・楊葆寅纂輯） 参照：駐米公使館③
伍元芝 （蘭蓀）	江蘇上元	駐英公使館隨員 （内閣中書）	光緒 18 年（1892）進士
李企晟（西平）	浙江秀水	駐英公使館隨員	

龔心湛 （仙舟）	安徽合肥	駐英公使館随員 （遇缺儘先選用知縣）	参照：駐米公使館④
錢恂（念劬）	浙江呉興	駐仏公使館随員	参照：駐英公使館④
潘承烈 （景周）		駐仏公使館随員 （同知銜指分湖北候補知縣）	参照：駐独公使館③
查濟元 （榮椿）	浙江海寧	駐仏公使館随員	擧人 → 1897 年帰国
陳春瀛 （幼海）	福建長樂	随員	光緒 15 年（1889）進士 → 1894 年滇緬界務条約批准書を携えて帰国 1895 年駐日公使館随員 ＊『回颿日記』
王樹善 （杉緑）	江蘇上海	随員	→ 1896 年駐サンフランシスコ総領事館随員 → 1900 年駐スペイン公使館二等參贊→ 1903 年帰国 民国：駐スラバヤ領事
周榮曜		随員 （記名選用道）	1903 年大阪勧業博覧会視察 1905 年駐ベルギー公使任命（未任）
袁世選（孟昴）		随員	
陳國經（鋤圃）		随員（候選教諭）	
李盛鐘 （琴伯）		随員 （中書科中書）	
楊葆寅 （恭甫）	江蘇東臺	随員 （指分湖北試用縣丞）	訳書：『英國鐵路公司章程』→鄧廷鏗を参照
朱壽慈		随員（候選縣丞）	
沈銘		随員（揀選知縣）	
汪鳴梧 （季友）		随員 （江蘇候補巡檢）	
周瓏 （伯龍）	浙江瑞安	随員 （補用筆帖式）	ロンドンで病歿
金維楙（澗蘋）		随員（候選縣丞）	
黄邦俊（小琴）	安徽合肥		未任？
吳大梁		随員 （直隸試用從九品）	
吳葆誠［啓］		随員	
劉式訓 （紫升）	江蘇南匯	駐仏公使館翻譯學生	上海廣方言館→京師同文館 1894 年駐仏公使館翻譯學生→ 1895 年駐独公使館四等翻譯→三等翻譯→駐露公使館→ 1899 年帰国

			1902 年駐仏公使館二等參贊→ 1905 年駐仏公使（～11 年） 民国：外交部次長 【駐英公使館⑤，駐独公使館⑤】
羅肇□（新甫）		英文學生	
朱貴申（聽濤）		廣方言館高才生	
徐善慶（文言）	江蘇上海	廣方言館高才生	聖約翰書院卒 駐英公使館留学生，駐ポルトガル公使館三等翻譯，外務部翻譯 民国：駐長崎領事，駐サンフランシスコ総領事など
張振勳（弼士）	廣東大埔	駐シンガポール総領事代理（三品銜候選知府）	参照：駐英公使館④
劉玉麟（寶森）	廣東香山	駐シンガポール総領事館翻譯	参照：駐米公使館③
張鴻南（耀軒）	廣東梅縣	駐ペナン副領事	現地華商

参照）『鄭孝胥日記』，呉宗濂『隨軺筆記』。

(2) 駐フランス公使館

① 郭嵩燾（1878～79） →参照：駐英公使館①
② 曾紀澤（1879～84） →参照：駐英公使館②
③ 許景澄（1884～87） →参照：駐独公使館③
④ 劉瑞芬（1887～90） →参照：駐英公使館③
⑤ 薛福成（1890～94） →参照：駐英公使館④
⑥ 龔照瑗（1894～95） →参照：駐英公使館⑤

(3) 駐ドイツ公使館

①劉錫鴻（駐独公使：1877～78）

名前（字号）	籍貫	職位（原官）	備考（出洋経験，出使日記など）
劉錫鴻（雲生）	廣東番禺	公使（駐英副使，賞加二品頂戴）	参照：駐英公使館①
黎庶昌（蒓齋）	貴州遵義	參贊	参照：駐英公使館①
慶常（靄堂）	漢軍鑲紅旗	三等仏文翻譯	京師同文館 1870 年崇厚謝罪使に随行 1877 年駐独公使館三等翻譯→ 1878 年駐露公使館三等翻譯→ 1884 年駐仏公使館三等參贊→ 1887 年駐露公使館二等參贊→ 1891 年駐仏公使館二等參贊→ 1896 年駐仏公使（～99 年）

			【駐英公使館②④⑤，駐独公使館①②③④，駐露公使館①】
賡音泰 （韶甫）		四等独文翻譯	京師同文館 駐独公使館翻譯→二等參贊（1897年）にまで累進，廕昌公使期まで參贊を務める 【駐独公使館①②③④⑤】
廕昌 （五樓）	満洲正白旗	四等独文翻譯	京師同文館 駐独公使館翻譯→ドイツ陸軍士官学校→1884年帰国 1901～06，1908～09年駐独公使 【駐独公使館①②】
劉孚翊（鶴伯）	江西南豐	隨員	参照：駐英公使館①
張斯栒（聽帆）	浙江慈谿	隨員	参照：駐英公使館①
張鳳書（玉堂）		隨員	参照：駐英国公使館①
錢德培 （琴齋）	直隷大興	隨員	1878～83年駐独公使館隨員 1887～90年駐日公使館隨員兼參贊 1901年日本軍の大演習視察のため訪日 ＊『歐游隨筆』＊『重遊東瀛閲操記』 【駐独公使館①②，駐日公使館④】

参照）錢德培『歐遊隨筆』。

②李鳳苞（駐独公使：1878～84）

名前（字号）	籍貫	職位（原官）	備考（出洋経験，出使日記など）
李鳳苞 （丹崖）	江蘇崇明	公使 （候選道，賞二品頂戴）	福州船政局留學生監督 ＊『使徳日記』
徐建寅（仲虎）	江蘇無錫	二等參贊	＊『歐遊雜錄』
劉孚翊（鶴伯）	江西南豐	隨員	病歿，参照：駐英公使館①
羅豐祿（稷臣）	福建閩縣	兼辦英文翻譯	参照：駐英公使館①
陳季同（敬如）	福建侯官	兼辦仏文翻譯	参照：駐英公使館①
慶常（靄堂）	漢軍鑲紅旗	仏文翻譯	参照：駐独公使館①
賡音泰（韶甫）		独文翻譯	参照：駐独公使館①
廕昌（五樓）	満洲正白旗	独文翻譯	参照：駐独公使館①
錢德培（琴齋）	直隷大興	隨員	参照：駐独公使館①
鍾天緯 （鶴笙）	江蘇華亭	隨員	上海廣方言館 ＊『刖足集』
王（子聰）		隨員（生員）	1882年在任中病歿

③許景澄（駐独公使：1884〜87；駐仏公使（兼）：1884〜87）

名前（字号）	籍貫	職位（原官）	備考（出洋経験，出使日記など）
許景澄 （竹篔）	浙江嘉興	公使 （賞二品頂戴陞用翰林院侍講）	同治 7 年（1868）進士 ＊『許文肅公遺稿』 ＊『外國師船圖表』（故随員劉孚翊の翻譯作業をもとに許景澄が集大成，随員楊兆鋆・王詠霓が輯述）
朱宗祥		參贊	
舒文 （春舫）	漢軍鑲黃旗	駐仏公使館參贊 （総理衙門章京）	
慶常（靄堂）	漢軍鑲紅旗	駐仏公使館二等參贊	参照：駐独公使館①
陳季同（敬如）	福建侯官	駐仏公使館參贊	参照：駐英公使館①
賡音泰（韶甫）		駐独公使館翻譯	参照：駐独公使館①
恩光 （仲華）		駐独公使館翻譯	京師同文館 総理衙門翻譯 【駐独公使館③④】
楊兆鋆 （誠之）	浙江烏程	駐独公使館随員	上海廣方言館→京師同文館 駐独公使館随員→定遠を護送して帰国 1902〜06 年駐ベルギー公使
汪洪霆 （子雲）	安徽休寧	駐独公使館随員 （指分湖北試用鹽提擧銜州同）	→ 1889 年駐米公使館三等參贊
岳廷彬 （斐君）	浙江嘉興	駐独公使館随員	1890 年再度許景澄に随行 【駐独公使館③⑤】
潘承烈 （景周）		駐独公使館随員	→ 1890 年駐英公使館随員 【駐独公使館③，駐英公使館④⑤】
謝祖沅（芷泉）	浙江山陰	駐独公使館随員	参照：駐日公使館②
王詠霓 （子裳）	浙江黃巖	駐独公使館随員 （刑部候補主事）	光緒 6 年（1880）進士 ＊『道西齋日記』 【駐英公使館④，駐独公使館③】
何壽康 （毓孫）		駐仏公使館随員	→駐露公使館随員 【駐独公使館③④】
李芳榮		駐仏公使館	参照：駐米公使館②

参照）『許文肅公遺稿』，『五述奇』。

④洪鈞（駐独公使：1887〜91；駐露公使（兼）：1888〜91）

名前（字号）	籍貫	職位（原官）	備考（出洋経験，出使日記など）
洪鈞 （文卿）	江蘇吳縣	公使 （内閣学士兼禮部侍郎銜）	同治 7 年（1868）進士 ＊『中俄交界全圖』

汪鳳藻 （芝房）	江蘇元和	駐独公使館二等參贊 （五品銜翰林院編修）	上海廣方言館→京師同文館，光緒9年（1883）進士 1887年駐独公使館參贊→1890年駐日公使館參贊→1892～94年駐日公使 【駐独公使館④，駐日公使館⑤⑥】
聯興（子振）	漢軍鑲白旗	駐独公使館翻譯	参照：駐英公使館②
賡音泰（韶甫）		駐独公使館翻譯	参照：駐独公使館①
恩光（仲華）		駐独公使館翻譯	参照：駐独公使館③
張德彝 （在初）	漢軍鑲黄旗	駐独公使館随員 （花翎三品銜候選知府）	参照：駐英公使館① ＊『五述奇』
姚文棟 （子梁）	江蘇上海	駐独公使館随員 （四品銜直隷候補同知）	→ 1891年帰国の途上，ビルマ・雲南境界を調査，薛福成に報告 ＊『偵探記』 参照：駐日公使館②
陶森甲 （榘林）	湖南寧郷	駐独公使館随員 （花翎候選同知）	任期満了による帰国の後，日本陸軍の演習視察のため訪日
洪鑾 （禹山）	江蘇呉縣	駐独公使館随員 （花翎五品銜分發河南通判）	
承厚 （伯純）	満洲正藍旗	駐独公使館随員 （吏部候補筆帖式）	→駐仏公使館随員 【駐独公使館④，駐英公使館④】
謝祖沅（芷泉）	浙江山陰	駐独公使館随員	参照：駐日公使館②
徐毓麟		駐独公使館随員	供事より昇進 （駐米公使館⑤の随員と同一人物？）
貝蔭泰		駐独公使館随員	供事より昇進
張永煜 （小軒）	江蘇崑山	駐独公使館學習翻譯 （鹽大使銜學生）	京師同文館 →駐独三等翻譯
慶常（靄堂）	漢軍鑲紅旗	駐露公使館二等參贊	参照：駐独公使館①
黄致堯 （伯申）	江蘇寶山	駐露公使館仏文翻譯 （五品銜即選中書科中書）	上海廣方言館→京師同文館 1887年駐露公使館翻譯，1893年駐米公使館随員 外務部二等仏文翻譯 1909年駐仏公使館二等翻譯 1910年駐スペイン公使館代辦使事二等參贊 【駐独公使館④，駐米公使館⑤】
塔克什訥 （木庵）	漢軍正藍旗	駐露公使館二等翻譯	参照：駐露公使館①
許寶蓮 （稚麟）	浙江仁和	駐露公使館随員 （花翎五品銜分發廣東鹽大使）	

王大慶 （祉蕃）	直隷臨楡	駐露公使館随員 （五品銜候選知縣）	
何壽康 （毓孫）		駐露公使館随員 （候選鹽大使）	参照：駐独公使館③
閻海明		駐露仏文翻譯 （候選筆帖式）	前同文館教習
李家鏊 （蘭舟）	江蘇上海	駐露學習翻譯	帰国時にシベリア鉄道調査 『俄羅斯鐵路圖表』（光緒 19 年） 参照：駐英公使館③
延年（少山？）		随員（候選同知）	
楊楫		随員	

参照）張德彝『五述奇』，「洪鈞使歐奏稿」。

⑤許景澄（駐独公使：1891～98；駐露公使 1891～96）

名前（字号）	籍貫	職位（原官）	備考（出洋経験，出使日記など）
許景澄 （竹篔）	浙江嘉興	公使 （候補翰林院侍講，賞加二品頂戴）	参照：駐独公使館③ ＊『許文肅公日記』＊『帕米爾圖説』
林怡游 （禾叔）	福建閩縣	駐独公使館三等參贊	参照：駐米公使館②
春順	満洲鑲藍旗	三等參贊 （海軍衙門章京）	
廣厚		駐独公使館随員 （海軍衙門章京）	遊歷官 → 1897 年駐独公使館會辦參贊（～1900 年）
賡音泰（韶甫）		駐独公使館翻譯	参照：駐独公使館①
劉式訓 （紫升）	江蘇南匯	駐独公使館四等翻譯	→駐独公使館三等翻譯→駐露公使館 参照：駐英公使館⑤
潘鴻 （儀甫）	浙江仁和	駐独公使館随員 （内閣中書）	同治 9 年（1870）擧人 →駐独公使館三等參贊
錢恂 （念劬）	浙江吳興	駐独公使館随員	参照：駐英公使館④ 『中俄界約斠注』7 巻
王鎭賢		駐独公使館随員 （四品銜工部候補郎中）	京師同文館
陳致遠		駐独公使館随員 （廣東試用縣丞）	
李德順 （子元）		駐独公使館學生 （六品銜同文館八品官）	京師同文館（ドイツ語） →二等翻譯にまで累進（1903 年帰国願い）

升允 （吉甫）	蒙古鑲黄旗	駐露公使館二等參贊 （総理衙門章京）	光緒8年（1882）擧人
羅臻祿 （醍塵）	福建閩縣	駐露公使館三等參贊 （分省候補知府）	→ 1897年駐英公使館（羅豐祿公使期）參贊 羅豐祿の兄
陸徵祥 （子興）	江蘇上海	駐露公使館二等翻譯	上海廣方言館→京師同文館 1890年駐露公使館翻譯→二等參贊 1905〜11年駐オランダ公使 民国：外交総長など
巴克他納《バクタナ》		駐露公使館三等翻譯 （四品銜戸部候補郎中）	京師同文館 総理衙門翻譯處俄文翻譯
金采 （惠疇）		駐露公使館随員 （同知銜直隷候補知縣）	参照：駐日公使館④
岳廷彬 （斐君）	浙江嘉興	駐露公使館随員 （分發試用縣丞）	参照：駐独公使館③
王文［元］錡		駐露公使館随員 （河南候補縣丞）	
沈雲鱗		随員	
林藩		随員	

参照）『薛福成日記』。

(4) 駐ロシア公使館

①崇厚（駐露大使：1878〜79）

名前（字号）	籍貫	職位（原官）	備考（出洋経験，出使日記など）
崇厚 （地山）	滿洲鑲黄旗	大使 （吏部左侍郎）	1870年出使法國謝罪使（→附録1：特使・視察）
邵友濂 （小村）	浙江餘姚	頭等參贊 （花翎二品銜，候選道，総理衙門章京）	同治4年（1865）擧人，総理衙門章京 → 1879年駐露大使代理（〜80年） 1895年，張蔭桓とともに日清戦争講和会談のため日本に派遣されるも，日本政府から拒否
蔣斯彤 （丹如）	漢軍鑲藍旗	三等參贊 （花翎河南候補知府）	→ 1880年帰国
張德彝 （在初）	漢軍鑲黄旗	二等翻譯 （花翎四品銜兵部員外郎）	参照：駐英公使館① ＊『四述奇』
慶常 （靄堂）	漢軍鑲紅旗	三等翻譯 （員外郎銜工部主事）	参照：駐独公使館①
桂榮	漢軍鑲藍旗	三等翻譯	京師同文館

(冬卿)		(戸部郎中)	1868 年バーリンゲーム使節団に随行 【駐英公使館②，駐露公使館①】
塔克什訥《タクシナ》 (木庵)	漢軍正藍旗	三等翻譯 (工部員外郎)	京師同文館 1868 年バーリンゲーム使節団に随行 → 1887 年二等翻譯 のち総理衙門俄文翻譯，北京俄文專修館監督，外務部翻譯 【駐英公使館②，駐独公使館④，駐露公使館①】
慶熙 (錫齋)	滿洲正白旗	隨員 (翻書房提調，理藩院即補員外郎)	
純錫 (感銘)	蒙古鑲藍旗	隨員 (翻書房收掌，理藩院主事)	
陳允頤 (養原)	江蘇武進	隨員 (舉人)	同治 12 年（1873）舉人 駐露公使館隨員→ 1881 年駐横浜領事（～85 年） 【駐露公使館①，駐日公使館②】
兪奎文 (惕盦)	浙江德淸	隨員 (五品銜光禄寺署正)	1870 年崇厚謝罪使に醫官として随行
賡善 (吉甫)	滿洲鑲紅旗	學習翻譯 (俄文學生八品官)	京師同文館
福連 (遠峰)	滿洲正藍旗	學習翻譯 (法文學生九品官)	京師同文館

参照）張德彝『四述奇』。

② 曾紀澤（1880～86） →参照：駐英公使館②
③ 劉瑞芬（1886～88） →参照：駐英公使館③
④ 洪鈞　（1888～91） →参照：駐独公使館④
⑤ 許景澄（1891～97） →参照：駐独公使館⑤

Ⅱ　アメリカ大陸

①陳蘭彬（駐米公使：1878〜81；駐スペイン公使（兼）：1878〜81；駐ペルー公使（兼）：1878〜81）

名前（字号）	籍貫	職位（原官）	備考（出洋経験，出使日記など）
陳蘭彬 （荔秋）	廣東呉川	公使 （刑部郎中，賞二品頂戴，太常寺卿）	咸豐 3 年（1853）進士 留美幼童監督官 ＊『使美記略』＊「陳副憲節略」（黎庶昌『西洋雜志』所収）
容閎 （純甫）	廣東香山	副使 （三品銜同知，賞二品頂戴，道員）	留美幼童監督官 ＊『西學東漸記』
蔡錫勇 （毅約）	福建龍溪	翻譯兼參贊	廣東同文館→京師同文館 翻訳：「美國合邦盟約」（張蔭桓『三洲日記』に掲載）
葉源濬 （緒東）	江蘇江寧	駐米公使館參贊	留美幼童漢文教習→參贊 1879 年病歿
陳嵩良（楚士）		駐米公使館參贊	陳蘭彬の甥
張斯栒 （聽帆）	浙江寧波	隨員 （候選通判）	參照：駐英公使館①
徐承祖 （孫麒）	江蘇六合	駐米公使館隨員	駐米公使館隨員（〜1881 年） 1884〜87 年駐日公使 【駐米公使館①，駐日公使館③】
黃達權 （平甫）	廣東香山	駐米公使館翻譯 （同知升用知府）	モリソン學校 留美幼童の引率
何愼之 （飛鸞）	廣東南海	翻譯	駐米公使館（張蔭桓公使期）の隨員 【駐米公使館①③】
呂祥（逸屏）		隨員	
陳桓（南甫）		隨員	
陳樹棠 （茇卿）	廣東香山	駐サンフランシスコ領事 （候選道）	駐サンフランシスコ領事（1880〜82 年） 1883 年総辦朝鮮商務委員（〜85 年）
朱和鈞		駐サンフランシスコ領事館隨員	ハワイ調査 →駐スペイン公使館參贊 【駐米公使館①②】
曾海 （耀南）	廣東南海	駐サンフランシスコ領事館翻譯	→ 1885 年駐米公使館翻譯→ 1886 年帰国 1895 年駐日公使館西文翻譯

			1907～09年駐ハワイ領事 【駐米公使館①②】
薛樹耀［輝］		駐サンフランシスコ領事館翻譯	
劉觀成		駐サンフランシスコ領事館随員	
陳爲焜		駐サンフランシスコ領事館随員	
金延緒		駐サンフランシスコ領事館随員	
楊名泰		駐サンフランシスコ領事館随員	
黎庶昌 （蒓齋）	貴州遵義	駐スペイン公使館參贊	参照：駐英公使館①
劉亮沅 （湘浦）	廣東香山	駐キューバ総領事 （戸部候補主事）	1879年駐キューバ総領事→1886年駐ペルー公使館二等參贊→1889年帰国 【駐米公使館①②③】
陳善言 （靄廷）	廣東新會	駐マタンサス領事 （同知銜分省儘先補用府經歷）	香港聖ポール書院 1879年駐マタンサス領事→1886年駐キューバ総領事→1889年帰国 【駐米公使館①②③】
劉宗駿 （君雲）	廣東香山	駐キューバ総領事館随員	留美幼童の漢文教習→駐キューバ総領事館随員→1884年駐米公使館随員（～楊儒公使期まで） 【駐米公使館①②③④⑤】
廷鐸 （命九）		駐キューバ総領事館仏文翻譯	駐キューバ総領事館仏文翻譯→駐スペイン公使館翻譯→1883年駐米公使館翻譯→1884年駐ペルー公使館翻譯→1885年帰国 【駐米公使館①②】
譚乾初 （子剛）	廣東順德	駐キューバ総領事館英文翻譯 （候選縣丞）	→駐キューバ総領事（1889～93年） 民国：駐メキシコ領事，駐シンガポール総領事 ＊『古巴雜記』 【駐米公使館①②④】
楊榮忠 （建勳）		駐キューバ総領事館學習随員	→楊儒公使期の翻譯 【駐米公使館①②⑤】
陳國芬		駐ハワイ領事 （同知銜）	現地華商 試辦一年後，領事官銜を授ける

参照）陳蘭彬『使美記略』，譚乾初『古巴雜記』，張德彝『四述奇』，『申報』。

②鄭藻如（駐米公使：1881～86；駐スペイン公使（兼）：1881～86；駐ペルー公使（兼）：1881～86）

名前（字号）	籍貫	職位（原官）	備考（出洋経験，出使日記など）
鄭藻如（玉軒）	廣東香山	公使（天津海關道，賞三品卿銜）	咸豐元年（1851）擧人
徐壽朋（進齋）	直隷清苑	駐米公使館二等參贊（按察使銜選用道）	→ 1884年駐ペルー公使館二等參贊 → 1886年駐米公使館二等參贊 1898～1901年駐朝鮮公使 1901年外務部左侍郎 【駐米公使館②③】
蔡國楨		駐米公使館三等參贊（五品銜儘先補用知縣江蘇候補縣丞）	→ 1884年駐米公使館二等參贊
趙志揚		駐米公使館翻譯（州同銜）	
廷鐸（命九）		駐米公使館翻譯（同知銜儘先選用知縣）	参照：駐米公使館①
鄭汝灝		駐米公使館翻譯（文童）	1884年駐米公使館翻譯
鄭蘭		駐米公使館隨員（中書科中書銜附貢生）	→ 1884年丁憂帰国
陸恩長		駐米公使館隨員（附貢生）	
吳廣霈（瀚濤）	安徽涇縣	駐米公使館隨員（指分直隷試用縣丞）	参照：駐日公使館① ＊「查視祕魯華工記」
徐學伊	直隷平谷	駐米公使館隨員（廩生）	1901～04年駐釜山・馬山浦領事 【駐米公使館②③】
蕭紹文		駐米公使館隨員（國子監典籍銜）	
嚴士綺		駐米公使館隨員	→ 1883年病気により帰国
李桂攀		駐米公使館幫辦翻譯（學生）	1884年駐米公使館幫辦翻譯
黃遵憲（公度）	廣東嘉應	駐サンフランシスコ総領事（鹽運使銜分省補用知府）	参照：駐日公使館①
曾海	廣東南海	駐サンフランシス	→ 1885年駐ニューヨーク領事館翻譯

（耀南）		コ総領事館翻譯 （州同銜監生）	参照：駐米公使館①
張宗良 （芝軒）	廣東南海	駐サンフランシスコ総領事館翻譯 （五品銜儘先選用知縣）	→ 1884 年病気により帰国 参照：駐日公使館①
黃錫銓		駐サンフランシスコ総領事館隨員 （生員）	→ 1885 年駐ニューヨーク領事館領事代理
王國遜		駐サンフランシスコ総領事館隨員 （五品銜）	
黎子祥 （吉士）		駐サンフランシスコ総領事館隨員 （州同銜）	上海廣方言館→京師同文館（英文） 1906 年駐元山領事（～09 年）
鄭鵬程 （翼雲）	廣東香山	駐サンフランシスコ総領事館隨員	→駐ペルー公使館隨員 【駐米公使館②③】
歐陽明 （錦堂）	廣東香山	駐ニューヨーク領事 （鹽提擧銜江蘇試用通判）	→ 1885 年駐サンフランシスコ総領事 【駐米公使館②③】
鄭鵬翀 （翼敷）	廣東香山	駐ニューヨーク領事館翻譯 （同知銜）	→ 1885 年駐サンフランシスコ総領事館翻譯 【駐米公使館②③】
賴鴻逵		駐ニューヨーク領事館隨員 （五品銜）	→ 1884 年駐キューバ総領事館隨員
劉宗蕃		駐ニューヨーク領事館隨員 （布政司理問銜）	1884 年駐ニューヨーク領事館隨員→ 1890 年駐米公使館隨員 【駐米公使館②③④】
歐陽庚 （少白）	廣東香山	駐ニューヨーク領事館學習翻譯 （前出洋肄業學生）	第一批留美幼童 1884 年駐ニューヨーク領事館學習翻譯→ 1885 年駐サンフランシスコ総領事館幫辦翻譯，1903 年駐サンフランシスコ総領事館翻譯，1906 年駐バンクーバー領事，1910 年駐パナマ総領事 民国：駐ジャワ総領事，駐英公使館一等秘書，駐チリ公使館代理一等秘書など 【駐米公使館②③】
朱和鈞		駐スペイン公使館參贊 （知府銜前先選用直隸州知州）	参照：駐米公使館①
鄭誠		駐スペイン公使館	→ 1885 年丁憂帰国

		翻譯	
李芳榮		駐スペイン公使館代理翻譯 （學生）	福州船政局派遣歐洲留學生（第二批） →駐仏公使館仏文翻譯→1885年駐スペイン公使館代理翻譯→1887年帰国途上，許景澄が駐仏公使館に留用 【駐米公使館②③，駐独公使館③】
蔡鈞 （和甫）	浙江仁和？	駐スペイン公使館随員	1883年病気により帰国 1901～03年駐日公使 ＊『出洋瑣記』，『出洋須知』
劉亮沅 （湘浦）	廣東香山	駐キューバ総領事 （四品銜分省補用直隷州知州）	参照：駐米公使館①
陳善言 （靄廷）	廣東新會	駐キューバ総領事館マタンサス領事 （同知銜分省儘先補用府經歷）	参照：駐米公使館①
譚乾初 （子剛）	廣東順德	駐キューバ総領事館翻譯 （同知銜選用縣丞）	参照：駐米公使館①
劉福謙		駐キューバ総領事館随員 （光禄寺學習署正）	→1884年駐カヤオ領事館領事（～89年） 【駐米公使館②③】
劉宗駿 （君雲）	廣東香山	駐キューバ総領事館随員 （同知銜前先選用知縣）	→1884年駐米公使館随員 参照：駐米公使館①
楊榮忠 （建勳）	廣東	駐キューバ総領事館學習随員 （儘先選用縣丞主簿）	参照：駐米公使館①
張祥和	江蘇無錫	駐ペルー公使館學習翻譯 （前出洋肄業學生）	第二批留美幼童 1884年駐ペルー公使館學習翻譯 楊儒公使期の翻譯 【駐米公使館②⑤】
林怡游 （禾叔）	福建閩縣	駐カヤオ領事館翻譯 （都司銜儘先守備）	福州船政局派遣歐洲留學生 1884年駐カヤオ領事館翻譯→1885年駐ペルー公使館翻譯→1890年駐独公使館三等參贊（～95年）→1896年駐英公使館二等參贊，同年病気により帰国 【駐独公使館⑤，駐米公使館②③】
游德隆		駐カヤオ領事館随員（六品頂戴）	1884年駐カヤオ領事館随員

参照）『中美關係史料　光緒朝二』。

③張蔭桓（駐米公使：1886～89；駐スペイン公使（兼）：1886～89；駐ペルー公使（兼）：1886～89）

名前（字号）	籍貫	職位（原官）	備考（出洋経験，出使日記など）
張蔭桓 （樵野）	廣東南海	公使 （三品卿銜，直隷大順廣道）	1895年日清講和会議全権として日本に派遣されるも，日本政府から拒否 1897年英国ヴィクトリア女王即位60周年記念式典に清朝代表として参列，欧米各国を歴訪（→附録1：特使・視察） ＊『三洲日記』
徐壽朋（進齋）	直隷清苑	駐米公使館參贊	参照：駐米公使館②
梁廷贊 （蓬雲）	廣東徳慶	駐米公使館參贊 （廣西候補知縣）	→ 1887年駐サンフランシスコ総領事（～89年）
彭光譽 （小圃）	福建崇安	駐米公使館三等參贊 （候補道）	→ 1889年駐米公使館二等參贊（～93年） 【駐米公使館③④】
梁誠 （震東）	廣東番禺	駐米公使館翻譯	第四批留美幼童 駐米公使館翻譯（1886～89年） 駐米公使（1902～07年） 駐独公使（1910～11年）
何愼之 （飛鸞）	廣東南海	駐米公使館翻譯兼隨員	参照：駐米公使館①
瑞沅 （仲蘭）		駐米公使館隨員 （候選知府）	→駐米公使館參贊
錢廣濤 （涵生）	江蘇	駐米公使館隨員 （際用知縣）	
許珏 （靜山）	江蘇無錫	駐米公使館隨員	駐米公使館隨員（1886～89年） 駐英公使館三等參贊（1890～92年） 駐米公使館二等參贊（1893年） 駐イタリア公使（1902～06年） ＊『復庵遺集』 【駐米公使館③⑤，駐英公使館④】
劉宗駿（君雲）	廣東香山	駐米公使館隨員	参照：駐米公使館①
徐學伊	直隷平谷	駐米公使館隨員 （遇缺儘先選用訓導）	参照：駐米公使館② →駐スペイン公使館隨員（徐立齋）か？
姚家禧 （祝彭）	廣東	駐米公使館隨員 （廣西補用通判）	
李春官 （學僊）		駐米公使館隨員	原供事，1894年に龔照瑗に供事として隨行 【駐米公使館③④】
彭承謨（禹廷）	湖南	隨員（候選縣丞）	
程贊淸 （黼堂）	浙江	隨員 （候補鹽大使）	

顧士穎 （敬之）	江蘇吳縣	駐米公使館學習翻譯	→駐米公使館翻譯→ 1889 年駐日公使館西文翻譯 【駐米公使館③，駐日公使館④⑤⑥】
歐陽明 （錦堂）	廣東香山	駐サンフランシスコ総領事 （江蘇候補直隸砯州知州）	参照：駐米公使館②
歐陽庚 （少白）	廣東香山	駐サンフランシスコ総領事館翻譯	参照：駐米公使館②
易學灝 （希梁）	廣東鶴山	駐ニューヨーク領事 （湖北候補知州）	
劉玉麟 （寶森）	廣東香山	駐ニューヨーク領事館翻譯 （通判銜）	第四批留美幼童 1886 年駐ニューヨーク領事館翻譯→ 1889 年駐米公使館翻譯→ 1894 年駐シンガポール総領事館翻譯→ 1897 年駐シンガポール総領事→ 1899 年駐英公使館三等參贊→ 1901 年駐ベルギー二等參贊→ 1904 年駐南アフリカ総領事→ 1907 年外務部→ 1910 年駐英公使 【駐米公使館③④，駐英公使館⑤】
劉宗蕃		駐ニューヨーク領事館隨員 （布政司理問銜）	参照：駐米公使館②
陸永泉 （盈科）	廣東香山	駐ニューヨーク領事館	第一批留美幼童 駐ニューヨーク領事館翻譯學生？ 駐ニューヨーク領事館翻譯 1909 年駐ニューヨーク領事兼二等通訳官 駐ニューヨーク領事館で刺殺される 【駐米公使館③④⑤】
延齡 （希九）	滿洲正黃旗	駐スペイン公使館參贊 （禮部郎中候選知府二等輕車都尉）	1889 年帰国 1900 年総理衙門章京
李芳榮		駐スペイン公使館代理翻譯 （學生）	→ 1887 年駐仏公使館 参照：駐米公使館②
緒齡 （芝山）		駐スペイン公使館隨員 （候補守備）	
徐［學伊？］ （立齋）		駐スペイン公使館隨員	
鄧廷鏗 （琴齋）	廣東番禺	駐スペイン公使館隨員	→ 1894 年駐英公使館→ 1897 年駐スペイン公使館翻譯 【駐米公使館③，駐英公使館⑤】

陳善言（靄廷）		駐キューバ総領事（同知銜分省補用知縣）	参照：駐米公使館①
張桐華（子豫）	廣東南海	駐マタンサス領事	駐マタンサス領事（～1889 年） 1891～1902 年駐長崎領事 張蔭桓の親族 【駐米公使館③，駐日公使館⑤⑥】
江鑑（藻亭）		駐キューバ総領事館随員（候選按察使經歷）	
張泰（東巖）		駐キューバ総領事館随員（刑部筆帖式）	病歿
李之騏（駘選）		駐キューバ総領事館随員（縣丞銜）	
劉亮沅（湘浦）	廣東香山	駐ペルー二等參贊（分省補用道）	参照：駐米公使館①
劉福謙		駐カヤオ領事（四品銜候選同知）	参照：駐米公使館②
莫鎮藩（力俟）	廣州駐防漢軍鑲藍旗	駐ペルー公使館翻譯	廣東同文館出身 廣東實學館の洋文教習？ 楊儒公使の随員，1903 年海外勤務中に病歿
鄭鵬程（翼雲）	廣東香山	駐ペルー公使館	参照：駐米公使館②
林怡游	福建閩縣	駐ペルー公使館翻譯	参照：駐米公使館②

参照）張蔭桓『三洲日記』，United States, Department of State, Notes from the Chinese Legation in the United States to the Department of States.

④崔國因（駐米公使：1889～93；駐スペイン公使（兼）：1889～93；駐ペルー公使（兼）：1889～93）

名前（字号）	籍貫	職位（原官）	備考（出洋経験，出使日記など）
崔國因（惠人）	安徽太平	公使（翰林院侍講）	同治 10 年（1871）進士 ＊『出使美日祕崔日記』
彭光譽（小圃）	福建崇安	駐米公使館二等參贊	参照：駐米公使館③
吳濬	安徽懷寧	駐米公使館二等參贊（戸部主事）	光緒 12 年（1886）進士？
汪洪霆（子雲）	安徽休寧	駐米公使館三等參贊（指分湖北候補班前補用知州）	参照：駐独公使館③

李維格 (一琴)	江蘇呉縣	駐米公使館翻譯	留英学生 1889年駐米公使館翻譯→1890年駐日公使館西文翻譯→駐横浜領事館翻譯 【駐米公使館④，駐日公使館⑤⑥】
容揆 (贊虞)	廣東新會	駐米公使館翻譯	第二批留美幼童，容閎の甥 1890年駐米公使館翻譯→二等參贊 民国：駐米公使館一等秘書 【駐米公使館④⑤】
劉玉麟（寶森）	廣東香山	駐米公使館翻譯	参照：駐米公使館③
劉宗駿（君雲）	廣東香山	駐米公使館隨員	参照：駐米公使館①
李春官（學龠）		駐米公使館隨員	参照：駐米公使館③
饒鳳起		駐米公使館隨員	
杜延祐		駐米公使館隨員	
左庚		駐サンフランシスコ総領事 (戸部員外郎)	京師同文館（英文）
黄恩煥	安徽休寧	駐サンフランシスコ総領事館隨員兼大清書院監督 (雙月選用通判)	京師同文館（英文）？（朱有瓛主編『中國近代學制史料』上冊，299頁）
沈桓	浙江秀水	駐ニューヨーク領事 (候選訓導)	
陸永泉 (盈科)	廣東香山	駐ニューヨーク領事館翻譯	参照：駐米公使館③
劉宗蕃		駐ニューヨーク領事館隨員	→ 1890年駐米公使館隨員 参照：駐米公使館②
楊慕璿	湖南長沙	駐スペイン公使館參贊	
龔心湛 (仙舟)	安徽合肥	駐スペイン公使館隨員	金陵同文館，江南製造總局，英国留学，龔照瑗の甥 1894～96年駐英公使館隨員 民国：財政部総長，国務総理代理など 【駐米公使館④，駐英公使館⑤】
譚乾初 (子剛)	廣東順德	駐キューバ総領事 (候選同知)	参照：駐米公使館①
譚培森	廣東順德	駐キューバ総領事館學生	→駐スペイン公使館翻譯→1909年駐メキシコ総領事代理→1910年駐メキシコ領事館通訳官
曹廉		駐マタンサス領事 (安徽定遠教諭)	駐マタンサス領事（～1891年）
廖恩燾	廣東歸善	駐マタンサス領事	1891年駐マタンサス領事（～94年）→駐キュー

（鳳舒）		（浙江試用同知）	バ総領事館二等翻譯→ 1903 年駐キューバ総領事（～07 年）
張曾紹		駐カヤオ領事 （候選縣丞）	駐カヤオ領事（～1892 年）
黎熺		代理駐カヤオ領事	1892 年駐カヤオ領事代理（～93 年） 駐ペルー公使館翻譯（伍廷芳公使期） 駐カヤオ領事（1907 年） 【駐米公使館④⑤】

参照）崔國因『出使美日祕崔日記』。

⑤楊儒（駐米公使：1893～97；駐スペイン公使（兼）：1893～97；駐ペルー公使（兼）：1893～97）

名前（字号）	籍貫	職位（原官）	備考（出洋経験，出使日記など）
楊儒 （子通）	廣州駐防漢軍正紅旗	公使	同治 6 年（1867）擧人 → 1897 年駐露公使（1902 年病歿）
何彥昇 （秋輦）	江蘇江陰	駐米公使館二等參贊 （花翎四品銜戸部行走郎中）	→ 1894 年駐キューバ総領事→ 1895 年駐米公使館二等參贊→ 1897 年駐露公使館二等參贊→ 1897 年帰国→ 1899 年ハーグ会議副議員
胡惟德 （馨吾）	浙江吳興	駐米公使館三等參贊 （分部主事）	参照：駐英公使館④
莫鎭藩（力侯）	廣東番禺	駐米公使館二等翻譯	参照：駐米公使館③
鍾文耀 （紫垣）	廣東香山	駐米公使館三等翻譯	第一批留美幼童，イェール大学卒 1893 年駐米公使館三等翻譯→ 1896 年二等翻譯→參贊 民国：駐米公使館翻譯秘書，駐マニラ総領事
尚希曾		駐米公使館三等翻譯	駐イタリア公使館隨員（許玨公使期）
容揆 （贊虞）	廣東新會	駐米公使館翻譯	参照：駐米公使館④
蘇鋭釗 （劍侯）	廣東南海	駐米公使館翻譯	第二批留美幼童 1893 年駐米公使館翻譯→ 1897 年駐露公使館→ 1900 年駐米公使館→ 1905 年駐マニラ総領事→ 1908 年帰国 1910 年駐シンガポール総領事 民国：駐日公使館秘書など
施肇曾 （省之）	浙江錢塘	駐米公使館隨員 （指分江西補用知縣）	上海・聖約翰書院 → 1896 年駐ニューヨーク領事（～97 年） 民国：駐オーストラリア副領事，駐パダン領事など
施肇基 （植之）	浙江錢塘	駐米公使館學習翻譯 （州同銜監生）	上海・聖約翰書院 1897 年コーネル大学入学→ 1899 年駐露公使館翻譯→ 1902 年帰国→湖北留美學生監督→考察大臣參贊

			1910年外務部右丞→1911年駐米公使（未任） 民国：駐英公使，駐米公使，外交部総長など 著書：*『施肇基早年回憶錄』
李丹麟	廣東	駐米公使館學習翻譯（理問銜福建試用縣丞）	
黎榮耀	廣東新會	駐サンフランシスコ総領事随員（江蘇試用同知）	→1891年駐サンフランシスコ総領事→1896年駐キューバ総領事→1899年駐フィリピン領事 1907年駐キューバ領事→1910年駐サンフランシスコ総領事
張廷楫	順天宛平	駐サンフランシスコ領事（花翎三品銜甘肅補用知府）	→1896年帰国
馮詠蘅	廣東	駐サンフランシスコ総領事館翻譯（指分直隸試用知縣）	→1896年駐サンフランシスコ総領事（～97年）
黃仲良（贊廷）	廣東番禺	駐サンフランシスコ総領事館翻譯（同知銜候選知縣）	第一批留美幼童
厲玉麒	浙江定海	駐サンフランシスコ総領事館學生（縣丞銜附貢生）	→1895年學習随員→1896年駐米公使館随員 →1897年駐露公使館随員→1900年三等參贊
徐乃光（厚余）	安徽南陵	駐ニューヨーク領事（花翎三品銜候選知府）	→1896年帰国
陸永泉（盈科）	廣東香山	駐ニューヨーク領事館翻譯	參照：駐米公使館③
延慶	漢軍鑲黃旗	駐スペイン公使館二等參贊（花翎三品銜内務府員外郎）	→1894年駐米公使館
余思詒（易齋）	江蘇武進	駐キューバ総領事（道員用候選知府）	參照：駐英公使館③ *『古巴節略』
謝希傅（子方）	江蘇婁縣	駐ペルー公使館參贊（廩生）	随員→1896年駐ペルー公使館參贊 *『歸槎叢刻』
何師呂	漢軍鑲紅旗	駐ペルー公使館随員（藍翎兵部行走員外郎）	→1896年帰国
黎熺	廣東番禺	駐ペルー公使館翻譯（福建補用道）	→1892年駐カヤオ領事代理（～93年） 參照：駐米公使館④

			翻譯：「義祕交犯專條」（→謝希傳『歸槎叢刻』所收「祕義交犯條款」）
常忠	滿洲鑲黃旗	駐ペルー公使館學習隨員 （候選同知）	→ 1896 年帰国
許鼎霖 （久香）	江蘇贛榆	駐カヤオ領事 （内閣中書）	光緒 8 年（1882）擧人 駐カヤオ領事（～1896 年） 1910 年資政院議員，1911 年奉天交涉使
胡鵬年		駐カヤオ領事 （中書銜候選教諭）	1896 年駐カヤオ領事（～1900 年）
許玨 （靜山）	江蘇無錫	二等參贊 （候選知府）	参照：駐米公使館③
楊榮忠 （建勳）	廣東	翻譯 （四品銜候選直隸州知州）	参照：駐米公使館①
張祥和	江蘇無錫	翻譯 （縣丞銜）	駐スペイン公使館翻譯？ 参照：駐米公使館②
王祖同	順天宛平	翻譯 （安徽試用布政使經歷）	→ 1897 年駐露公使館（～1902 年）
貴鏞	滿洲正黃旗	隨員 （禮部候補郎中）	→駐ペルー公使館參贊
劉宗駿 （君雲）	廣東香山	隨員 （知府候選直隸州知州）	参照：駐米公使館①
黃致堯 （伯申）	江蘇寶山	隨員 （知府銜選用同知）	参照：駐独公使館④
李奎光		隨員 （詹事府候補主簿）	
廣英	漢軍正白旗	隨員 （護軍參領銜候選六部主事）	
徐毓麟		隨員 （知府銜候選同知）	駐独公使館④隨員と同一人物？
梁詢	廣東黃埔？	隨員 （候選縣丞）	1904 年代理駐フィリピン領事 1904～07 年駐メキシコ領事
應祖錫	浙江永康？	隨員 （江蘇試用直隸州州同）	→駐スペイン公使館參贊
廖瀛		隨員	

		（指分江西試用縣丞）	
余則達		隨員 （候選府經歷）	
方燕申		隨員 （候選縣丞）	
黃桂馨		隨員 （候選縣丞）	
陳德雩		隨員 （附監生）	のち駐イタリア公使館隨員 訳書：『意大利税則章程』（駐意使署刊 1905 年）
陳恩梓	江蘇	學生 （廩生）	→駐サンフランシスコ総領事館隨員（伍廷芳公使期） 1911 年駐スラバヤ領事
孫澤霖	湖南湘陰	學生（候選縣丞）	→ 1897 年駐露公使館隨員（～1902 年）
張北銘	廣東	學生（候選縣丞）	

参照）周谷「鞠躬盡瘁的外交家楊儒」。

Ⅲ 日 本

①何如璋（駐日公使：1877〜80）

名前（字号）	籍貫	職位（原官）	備考（出洋経験，出使日記など）
何如璋 （子峨）	廣東大埔	公使 （二品頂戴翰林院侍講）	同治7年（1868）進士 ＊『使東述略』
張斯桂 （魯生）	浙江慈谿	副使 （即選知府）	張斯栒の兄弟 ＊『使東詩錄』
黃遵憲 （公度）	廣東嘉應	參贊	1882〜85年駐サンフランシスコ総領事 1891〜94年駐シンガポール総領事 ＊『日本雜事詩』＊『日本國志』 【駐英公使館④，駐米公使館②，駐日公使館①】
楊樞 （星垣）	駐防廣州漢軍正紅旗	駐日公使館西文翻譯	廣東同文館→京師同文館 1878〜81，1884〜87年駐日公使館英文翻譯→1887年駐長崎領事（〜91年） 1903〜07年駐日公使 1906年外務部參議 1909〜10年駐ベルギー公使 【駐日公使館①③④】
潘任邦 （勉騫）		駐日公使館東文翻譯	→1878年病気により帰国
陳文史		駐日公使館隨員	→1878年丁憂帰国
沈文熒 （梅史）		駐日公使館隨員	→1879年帰国
廖錫恩		駐日公使館隨員 （內閣中書）	→1878年駐神戸領事（〜82年）
陳衍範		駐日公使館隨員	徐承祖公使期に再度赴任 【駐日公使館①③】
張鴻淇		駐日公使館隨員	
何定求（子綸）	廣東大埔	駐日公使館隨員	何如璋の弟
楊守敬 （惺吾）	湖北宜都	隨員	同治元年（1862）擧人 ＊『日本訪書志』 【駐日公使館①②】
范錫朋	廣東大埔	駐横浜領事 （候補選同知）	駐横浜領事（〜1882年） 【駐日公使館①②】
沈鼎鐘		駐横浜領事館西文	【駐日公使館①②】

		翻譯	
蔡國昭		駐横浜領事館西文翻譯	→駐神戸領事館西文翻譯 【駐日公使館①②】
劉坤		駐横浜領事館随員	1886～87 年駐箱館領事 【駐日公使館①③】
劉壽鏗		駐神戸領事 （候選同知）	→ 1878 年丁憂
張宗良 （芝軒）	廣東南海	駐神戸領事館西文翻譯	1882 年まで日本駐在→ 1883 年駐サンフランシスコ総領事館翻譯（～84 年） 【駐日公使館①②，駐米公使館②】
馮昭煒 （相如）	廣東番禺	駐神戸領事館東文翻譯	
吳廣霈 （瀚濤）	安徽涇縣	駐神戸領事館随員	1877～79 年駐日神戸領事館随員 1881 年馬建忠のインド調査に随行（→附録 1：特使・視察） 1881 年駐米公使館随員→ 1884 年駐ペルー公使館随員→ 1885 年任期満了により帰国 1899～1901 年駐漢城領事 1901 年駐日公使館三等參贊 【駐米公使館②，駐日公使館①】
余瓗 （和介）	廣東新寧	駐長崎領事 （内閣中書）	咸豐 11 年（1861）舉人 駐長崎領事（1878～84 年） 1887 年，王榮和とともに南洋調査 ＊『輶軒抗議』 【駐日公使館①②】
梁殿勳 （縉堂）		駐長崎領事館西文翻譯	→駐日公使館西文翻譯 1887 年駐横浜領事館西文翻譯，病歿 【駐日公使館①②④】
任敬和（謙齋）	江蘇宜興	駐長崎領事館随員	1896 年駐英公使館随員
王治本 （維能）	浙江慈谿	駐日公使館學習翻譯 （候選庫大使）	現地華人
金佩亶		駐日公使館學習翻譯？	

参照）王宝平『清代中日学術交流の研究』，王寶平「甲午戰前中國駐日翻譯考」，「清国欽差大臣一行到着来省候ニ付上申」。

②黎庶昌（駐日公使：1882～84）

名前（字号）	籍貫	職位（原官）	備考（出洋経験，出使日記など）
黎庶昌 （蒓齋）	貴州遵義	公使 （知府，賞二品頂戴，記名道員）	参照：駐英公使館①

沈鼎鐘		駐日公使館西文翻譯	参照：駐日公使館①
梁殿勳（縉堂）		駐日公使館西文翻譯	参照：駐日公使館①
藍文清		駐日公使館隨員	
黎汝謙 （受生）	貴州遵義	駐日公使館隨員	光緒元年（1875）擧人，黎庶昌の甥 1882～84 年駐神戸領事 1891～93 年駐横浜総領事 訳書『華盛頓泰西史略』（蔡國昭と共訳） 【駐日公使館②⑤】
楊守敬（惺吾）	湖北宜都	駐日公使館隨員	参照：駐日公使館①
姚文棟 （子梁）	江蘇上海	駐日公使館隨員	→ 1887 年駐独公使館隨員（～91 年） ＊『日本國志』＊『日本地理兵要』＊『讀海外奇書室雜著』 【駐日公使館②③，駐独公使館④】
謝祖沅 （芷泉）	浙江山陰	駐日公使館隨員	→ 1886 年駐独公使館（～88 年） 【駐日公使館②，駐独公使館③④】
張沅		駐日公使館隨員	
杜紹棠		駐日公使館隨員	
方濬益（子聽）	安徽定遠	駐日公使館隨員	咸豐 11 年（1861）進士
孫點 （異州）	安徽	駐日公使館隨員	【駐日公使館②④⑤】
劉慶汾 （子貞）	貴州遵義	東文學生 （附生）	→ 1885 年駐日公使館學習翻譯→ 1886 年駐長崎領事館翻譯→ 1887 年駐日公使館東文翻譯兼箱館・築地副領事→ 1894 年參贊兼翻譯・副領事（～94 年帰国） 【駐日公使館②③④⑤⑥】
盧永銘 （子銘）	福建侯官	東文學生	東文學生→ 1885 年駐日公使館學習翻譯→ 1887 年駐横浜領事館東文翻譯→ 1891 年駐神戸領事館翻譯→ 1895 年駐日公使館東文翻譯→ 1905 年三等參贊兼東文翻譯→ 1906 年二等參贊 【駐日公使館②③④⑤⑥】
范錫朋	廣東大埔	駐横浜領事	～1882 年まで駐横浜領事 参照：駐日公使館①
陳允頤 （養原）	江蘇武進	駐横浜領事 （四品銜候選同知）	1882 年駐横浜領事（～84 年） 参照：駐露公使館①
陳瑞英		駐横領事館西文代理翻譯・翻譯	
郭萬俊 （孟毓）	四川漢源	隨員	光緒元年（1875）進士 →駐長崎領事代理
陳嵩泉		隨員	【駐日公使館②③】

羅庚齡 （寶森）	江蘇吳縣	駐横浜領事館學習東文翻譯 （従九品官銜）	1879 年駐横浜領事館東通事→駐横浜領事館學習東文翻譯→駐横浜領事館東文翻譯→駐長崎領事館東文翻譯→駐日公使館東文翻譯（～1901 年） 【駐日公使館②③④⑤⑥】
廖錫恩		駐神戸領事	～1882 年まで駐神戸領事 参照：駐日公使館①
馬建常 （相伯）	江蘇丹徒	駐神戸領事 （内閣中書）	1882 年駐神戸領事
張宗良 （芝軒）	廣東南海	駐神戸領事館西文翻譯	→駐サンフランシスコ総領事館翻譯（～1884 年） 参照：駐日公使館①
蔡國昭		駐神戸領事館西文翻譯	参照：駐日公使館① 『華盛頓泰西史略』（黎汝謙と共訳）
黄超曾（吟梅）	江蘇崇明	駐神戸領事館随員	＊『東瀛遊草』
于德楙 （績臣）	貴州貴筑	駐神戸領事館随員 （補選縣丞）	【駐日公使館②③】
楊錦庭		駐神戸領事館學習東文翻譯	→ 1886 年駐神戸領事館東文翻譯，在日病歿 【駐日公使館②③④】
余瓗（和介）	廣東新寧	駐長崎領事	参照：駐日公使館①
沈鐸 （振之）		駐長崎領事館西文翻譯	京師同文館 1891 年総理衙門英文翻譯 【駐日公使館②③④】
羅星垣		駐長崎領事館随員	
蔡霖		駐長崎領事館學習東文翻譯	現地華人 駐長崎領事館東通事（何公使期）→学習東文翻譯（黎公使期）を経て翻譯に 参照：駐日公使館③

参照）王宝平『清代中日学術交流の研究』，王寶平「甲午戰前中國駐日翻譯考」。

③徐承祖（駐日公使：1884～88）

名前（字号）	籍貫	職位（原官）	備考（出洋経験，出使日記など）
徐承祖 （孫麒）	江蘇六合	公使 （賞二品頂戴道員）	参照：駐米公使館① ＊『條議存稿』，『美英條約』4 冊（光緒 12 年）
陳明遠（哲甫）	浙江海鹽	随員兼參贊	【駐日公使館③④】
楊樞 （星垣）	駐防廣州漢軍正紅旗人	翻譯・參贊	参照：駐日公使館①
陶大均 （杏南）	浙江會稽	駐日公使館東文翻譯	東文學堂→東文翻譯 1895 年下関講和会議に翻譯として随行 1905 年奉天交渉使 1910 年外務部左丞 【駐日公使館③④⑤⑥】

淞林		隨員	
陳衍蕃		隨員	病歿
嚴士琯		隨員	
梁繼泰	浙江會稽	隨員 （同知銜儘先補用知縣）	1906年駐日公使館隨員→1907年横浜領事館隨員
謝傳烈	江蘇六合	隨員	徐承祖の表弟，病歿
陳家麟 （軼士）	江蘇六合	隨員	徐承祖の姻戚 ＊『東槎聞見錄』
姚文棟（子梁）	江蘇上海	隨員	参照：駐日公使館②
盧永銘（子銘）	福建侯官	學習東文翻譯	参照：駐日公使館②
馮國勛 （孔懷）	廣東番禺	東文學生	1887年東文學生→1890年雲南鉱務翻譯 1892年駐日公使館翻譯（蔡鈞公使期まで） →外務部日本股股員 民国：外務部特派交渉員 【駐日公使館③④⑥】
阮祖棠	浙江會稽	駐横浜領事 （江蘇本班前儘先補用同知）	
沈鐸 （振之）		駐横浜領事館西文翻譯 （候選直隸州知州）	参照：駐日公使館②
黃聰厚		代辦駐横浜領事館翻譯	【駐日公使館③④】
羅庚齡 （寶森）	江蘇吳縣	駐横浜領事館東文翻譯 （加州同銜）	参照：駐日公使館②
劉坤		隨員 （四品銜儘先選用通判）	→1886年駐箱館副領事（～87年） 参照：駐日公使館①
陳嵩泉		隨員	在日病歿 参照：駐日公使館②
徐承禮 （乳羔）	江蘇六合	駐神戸領事 （指分浙江試用同知）	徐承祖の弟
徐廣坤 （橘孫）		駐神戸領事館西文翻譯	上海廣方言館→京師同文館 【駐日公使館③④】
樊淙		駐神戸領事館西文翻譯	
楊錦庭		駐神戸領事館東文	参照：駐日公使館②

		翻譯	
解錕元		駐神戸領事館随員	
于德楙（績臣）	貴州貴筑	駐神戸領事館随員	参照：駐日公使館②
蔡軒		駐長崎領事 （大挑福建試用知縣）	
鍾進成	廣東香山	駐長崎領事館西文翻譯	第一批留美幼童 駐廣東，香港等のアメリカ領事館に勤務
蔡霖		駐長崎領事館東文翻譯	参照：駐日公使館②
劉慶汾 （子貞）	貴州遵義	駐長崎領事館東文翻譯	参照：駐日公使館②
梁偉年		駐長崎領事館随員	
徐致遠	江蘇六合	駐長崎領事館随員	→駐日公使館随員 【駐日公使館③④】
張晉 （桐封）		随員	→駐日公使館随員兼公學監督 【駐日公使館③④】

参照）王宝平『清代中日学術交流の研究』，王寶平「甲午戰前中國駐日翻譯考」。

④黎庶昌（駐日公使：1888～91）

名前（字号）	籍貫	職位（原官）	備考（出洋経験，出使日記など）
黎庶昌 （蒓齋）	貴州遵義	公使 （記名道員）	参照：駐英公使館①
陳明遠 （哲甫）	浙江海鹽	參贊 （中書科中書）	参照：駐日公使館③
錢德培 （琴齋）	直隷大興	參贊兼随員 （江蘇候補直隷州知州）	参照：駐独公使館①
鄭汝騤 （瀚生）	廣東香山	駐日公使館西文翻譯 （候選從九品官）	京師同文館（英文），鄭藻如の甥 →駐神戸領事館西文翻譯（汪鳳藻公使期） 【駐日公使館④⑤⑥】
劉慶汾 （子貞）	貴州遵義	駐日公使館東文翻譯，駐箱館等副領事	参照：駐日公使館②
陶大均 （杏南）	浙江會稽	駐日公使館東文翻譯	参照：駐日公使館③
莊兆銘（敬會）	浙江秀水	随員（候選道）	【駐日公使館④⑤】
孫點 （巽州）	安徽	随員 （抜貢直隷候補直隷州州判）	参照：駐日公使館②

李昌洵 （正則）	湖南瀏陽	駐日公使館随員 （州同銜）	【駐日公使館④⑤】
蔣子蕃（茉卿）	浙江奉化	随員（候選教諭）	同治 12 年（1873）擧人
蕭瓊 （榮奮）		随員 （儘先前選用未入流）	
徐致遠	江蘇六合	随員	参照：駐日公使館③
羅嘉傑 （少耕）	福建上杭	駐横浜領事 （江蘇候補知府）	駐横浜領事（～1891 年）
梁殿勳 （縉堂）		駐横浜領事館西文翻譯 （知府銜分省補用直隷知州）	病歿 参照：駐日公使館①
沈鐸 （振之）		駐横浜領事館西文翻譯	参照：駐日公使館②
盧永銘 （子銘）	福建侯官	駐横浜領事館東文翻譯 （府理問銜候選縣丞）	参照：駐日公使館②
曾紀壽 （岳松）	湖南湘郷	駐横浜領事館随員兼築地彈壓 （中書科中書）	→丁憂帰国
張晉 （桐封）		駐横浜領事館随員兼公學監督 （廣東候補鹽大使）	参照：駐日公使館③
金采 （惠疇）		駐横浜領事館随員 （附貢生）	京師同文館（仏文）？ → 1890 年許景澄に随行，駐露公使館随員に 【駐独公使館⑤，駐日公使館④】
蹇念咸 （虚南）	貴州遵義	駐神戸領事 （候補同知）	
徐廣坤 （橘孫）		駐神戸領事館西文翻譯 （工部員外郎）	参照：駐日公使館③
楊錦庭		駐神戸領事館東文翻譯	病歿 参照：駐日公使館②
黄君贈		代理神戸東文翻譯	
劉漢英 （敬亭）		駐神戸領事館随員 （候選教諭）	擧人
羅培鈞［均］ （晉錫）		駐神戸領事館随員 （五品頂戴候選州判）	
黎汝恆		駐神戸領事館随員	

(星甫)		(附生)	
王輝章		駐神戸領事館東文學習翻譯	學習翻譯→東文翻譯 【駐日公使館④⑤⑥】
楊樞 (星垣)	駐防廣州漢軍正紅旗人	駐長崎領事兼西文翻譯 (知府銜分省補用直隷知州)	参照：駐日公使館①
羅庚齡 (寶森)	江蘇吳縣	駐長崎領事館東文翻譯 (五品銜選用州同)	参照：駐日公使館②
禪臣		代理長崎西文翻譯	
黃漢	福建建陽	代理長崎東文翻譯	1904年駐日公使館東文四等翻譯
金其相		代理長崎東文翻譯	【駐日公使館④⑤】
左元麟 (瑞芝)	江蘇陽湖	駐長崎領事館隨員 (福建候補鹽大使)	
許之琪 (尺衡)	浙江仁和	駐長崎領事館隨員 (儘先補用直隷州知州)	
梁佟年 (少嵐)		駐長崎領事館隨員 (戸部候補郎中)	→領事代理
陳矩	貴州貴陽	隨員	
徐應臺		隨員	學習機器紡織
王肇鋐（振夫）	江蘇元和	隨員	【駐日公使館④⑤】
黃聰厚		代理西文翻譯	参照：駐日公使館③
吳葆仁		通事	【駐日公使館④⑥】

参照）王宝平『清代中日学術交流の研究』，王寶平「甲午戰前中國駐日翻譯考」，『薛福成日記』。

⑤李經方（駐日公使：1891〜92）

名前（字号）	籍貫	職位（原官）	備考（出洋経験，出使日記など）
李經方 (伯行)	安徽合肥	公使 (原江蘇候補道，賞二品頂戴)	参照：駐英公使館③
汪鳳藻 (芝房)	江蘇元和	參贊	参照：駐独公使館④
呂增祥 (秋樵)	安徽滁州	參贊 (五品銜直隷候補知縣)	参照：駐日公使館⑥

李維格 （一琴）	江蘇呉縣	駐日公使館西文翻譯 （監生）	参照：駐米公使館④
鄭汝騤 （瀚生）	廣東香山	駐日公使館西文翻譯 （候選縣丞）	参照：駐日公使館④
劉慶汾 （子貞）	貴州遵義	駐日公使館東文翻譯，駐箱館等副領事 （指省四川試用縣丞）	参照：駐日公使館②
陶大均 （杏南）	浙江會稽	駐日公使館東文翻譯 （六品銜候選鹽大使）	参照：駐日公使館③
鄭孝胥 （蘇盦）	福建閩縣	駐日公使館隨員 （内閣中書）	光緒 8 年（1882）舉人 駐築地副領事→駐神戸領事（1893～94 年） ＊『鄭孝胥日記』 【駐日公使館⑤⑥】
林介弼	安徽懷遠	駐日公使館隨員，東文學堂監督 （内閣中書）	【駐日公使館⑤⑥】
黄書霖 （峙青）	安徽舒城	駐日公使館隨員	舉人 →駐箱館副領事
潘恩榮	安徽休寧	駐日公使館隨員 （員外郎銜刑部主事）	【駐日公使館⑤⑥】
譚祖綸 （建甫）	廣東南海	駐日公使館隨員	『倭都景物志』 【駐日公使館⑤⑥】
孫點 （巽州）	安徽	駐日公使館隨員 （直隷補用直隷州州判）	参照：駐日公使館② 1891 年帰国途上で自殺
郭銘新		駐日公使館隨員 （直隷候補知縣）	【駐日公使館⑤⑥】
沈燮		駐日公使館隨員 （候選縣丞）	→病気により帰国
王肇鋐 （振夫）	江蘇元和	駐日公使館隨員	修輯日本沿海險要圖志附監生 『日本環海險要圖志』20 巻 参照：駐日公使館④
莊兆銘 （敬盦）	浙江秀水	駐日公使館隨員 （候選道）	参照：駐日公使館④
李昌洵 （正則）	湖南瀏陽	駐日公使館隨員 （指省湖北試用縣丞）	参照：駐日公使館④
陳昌緒	廣東番禺	駐日公使館學習東文翻譯	病気により一時帰国，1895 年再来日，駐日公使館東文翻譯

李鳳年	順天大興	翻譯學生	京師同文館 1890年東文學堂→1894年學習翻譯→1895年隨員兼翻譯 1901年外務部翻譯 【駐日公使館⑤⑥】
吳淼魁	廣東新安	東文學生	1891年東文學生→1894年學習翻譯→1896年翻譯（～李盛鐸公使期） 【駐日公使館⑤⑥】
吳葆仁		通事	参照：駐日公使館④
黎汝謙（受生）	貴州遵義	駐横浜領事（同知銜候選知縣）	参照：駐日公使館②
伍光建（昭扆）	廣東新會	駐横浜領事館西文翻譯（同知銜候選知縣）	北洋水師學堂→英国グリニッジ王立海軍大学留学 1890年駐日公使館西文翻譯 出洋考察政治大臣頭等參贊
盧永銘（子銘）	福建侯官	駐横浜領事館東文翻譯（六品銜候選縣丞）	参照：駐日公使館②
溫紹霖		駐横浜領事館隨員（國子監助教）	【駐日公使館⑤⑥】
查燕緒（翼甫）	浙江海寧	駐横浜領事館隨員（擧人）	【駐日公使館⑤⑥】
譚國恩（彤士）	廣東新會	駐横浜領事館隨員（工部主事）	【駐日公使館⑤⑥】
廖宗誠		隨員（候選縣丞）	
洪遐昌（嵩年）	安徽祁門	駐神戸領事（知府銜江西補用同知）	参照：駐英公使館③
張雲錦	安徽合肥	駐大阪副領事	【駐日公使館⑤⑥】
羅忠堯（叔羹）	福建閩縣	駐神戸領事館西文翻譯（三品銜候選知府）	福州船政局派遣留學生，羅豐祿の甥 1890年駐神戸領事館西文翻譯（～94年） 1896年駐英公使館三等參贊→1899年駐シンガポール総領事（～1902年） 【駐日公使館⑤⑥】
洪超	安徽祁門	駐神戸領事館隨員（擧人）	【駐日公使館⑤⑥】
李可權（芝眉）	安徽合肥	駐神戸領事館隨員	【駐日公使館⑤⑥】
張桐華（子豫）	廣東南海	駐長崎領事（同知銜湖北候補知縣）	参照：駐米公使館③

顧士穎（敬之）		駐長崎領事館西文翻譯（同知銜浙江候補知縣）	参照：駐米公使館③
羅庚齡（寶森）	江蘇呉縣	駐長崎領事館東文翻譯（四品銜候選通判）	参照：駐日公使館②
金其相		駐長崎領事館代理東文翻譯	参照：駐日公使館④
王輝章		駐長崎領事館代理東文翻譯	参照：駐日公使館④
魯說		隨員（國子監博士）	【駐日公使館⑤⑥】
孔繁模		隨員（候選知縣）	【駐日公使館⑤⑥】
唐家楨		駐長崎領事館學習東文翻譯	のち総理衙門東文翻譯，京師同文館東文館教習【駐日公使館⑤⑥】

参照）王宝平『清代中日学術交流の研究』，王寶平「甲午戰前中國駐日翻譯考」。

⑥汪鳳藻（駐日公使：1892～94）

名前（字号）	籍貫	職位（原官）	備考（出洋経験，出使日記など）
汪鳳藻（芝房）	江蘇元和	公使（翰林院編修，賞二品頂戴，記名知府）	参照：駐独公使館④
呂增祥（秋樵）	安徽滁州	參贊	参照：駐日公使館⑤
王同愈（勝之）	江蘇元和	參贊	光緒 15 年（1889）進士 ＊『栩緣日記』
汪鳳瀛（荃臺）	江蘇元和	暫參贊代理	汪鳳藻の弟
羅忠堯（叔羹）	福建閩縣	駐日公使館西文翻譯	参照：駐日公使館⑤
劉慶汾（子貞）	貴州遵義	參贊銜東文翻譯兼駐築地副領事	参照：駐日公使館②
羅庚齡（寶森）	江蘇呉縣	駐日公使館東文翻譯（遇缺即選用直隸知州）	参照：駐日公使館②
馮國勛（孔懷）	廣東番禺	駐日公使館東文翻譯	参照：駐日公使館③
林介弼	安徽懷遠	東文學堂監督	参照：駐日公使館⑤

壽勳（挹青）	蒙古鑲黃旗	東文學堂監督	陸軍部尚書
洪超	安徽祁門	隨員 （分發試用同知）	参照：駐日公使館⑤
郭銘新		隨員 （同知銜候選知縣）	→駐横浜領事館隨員 参照：駐日公使館⑤
潘恩榮	安徽休寧	隨員	参照：駐日公使館⑤
譚祖綸 （建甫）	廣東南海	隨員	～1897年まで日本駐在 参照：駐日公使館⑤
袁寶璜（渭漁）	江蘇吳縣	隨員（刑部主事）	
李嘉德	河南夏邑	隨員	→ 1899年駐仏公使館（～1902年）
吳猋魁	廣東新安	東文學生	参照：駐日公使館⑤
李鳳年	順天大興	學習東文翻譯	参照：駐日公使館⑤
吳葆仁		通事	参照：駐日公使館④
邱瑞麟（玉符）	江蘇元和	駐横浜領事代理	
黎汝謙 （受生）	貴州遵義	駐横浜領事	～1894年まで駐横浜領事 参照：駐日公使館②
石祖芬（芷沅）	江蘇吳縣	駐横浜領事	1894年駐横浜領事
伍光建 （昭扆）	廣東新會	駐横浜領事館西文翻譯	参照：駐日公使館⑤
李維格 （一琴）	江蘇吳縣	駐横浜領事館西文翻譯	参照：駐米公使館④
陶大均 （杏南）	浙江會稽	駐横浜領事館東文翻譯	参照：駐日公使館③
譚國恩 （彤士）	廣東新會	駐横浜領事館隨員	→丁憂帰国 参照：駐日公使館⑤
溫紹霖		駐横浜領事館隨員	参照：駐日公使館⑤
查燕緒（翼甫）	浙江海寧	駐横浜領事館隨員	参照：駐日公使館⑤
鄭孝胥（蘇龕）	福建閩縣	駐神戸領事	参照：駐日公使館⑤
世楨（紀高）	蒙古	駐大阪副領事	
張雲錦	安徽合肥	駐大阪副領事	参照：駐日公使館⑤
鄭汝騤 （瀚生）	廣東香山	駐神戸領事館西文翻譯	参照：駐日公使館④
盧永銘 （子銘）	福建侯官	駐神戸領事館東文翻譯 （同知銜候選知縣）	参照：駐日公使館②

李可權（芝眉）	安徽合肥	駐神戸領事館隨員	参照：駐日公使館⑤
羅肇輝		駐神戸領事館隨員	
張桐華（子豫）	廣東南海	駐長崎領事（同知銜湖北候補知縣）	参照：駐米公使館③
顧士穎（敬之）	江蘇吳縣	駐長崎領事館西文翻譯	参照：駐米公使館③
王宗福		駐長崎領事館西文翻譯	京師同文館
王輝章		駐長崎領事館東文翻譯	参照：駐日公使館④
魯説		駐長崎領事館隨員	参照：駐日公使館⑤
孔繁模		駐長崎領事館隨員	参照：駐日公使館⑤
孫肇熙（皥民）	山東濟寧	駐長崎領事館隨員	
唐家楨		駐長崎領事館學習東文翻譯	参照：駐日公使館⑤
黄書霖（峙青）	安徽舒城	駐箱館領事	～1894 年まで駐箱館領事 参照：駐日公使館⑤
洪濤		駐箱館領事	1894 年駐箱館領事（～95 年）

参照）王宝平『清代中日学術交流の研究』，王寶平「甲午戰前中國駐日翻譯考」，王同愈『栩緣日記』。